海南软件职业技术学院

百年校史

（1923—2023）

主　　编◎刘明鹏
副 主 编◎王清皿　张中平　陈廷锋　周夏雨
特约编审◎王先华

西南交通大学出版社
·成　都·

图书在版编目（CIP）数据

海南软件职业技术学院百年校史：1923-2023 / 刘明鹏主编. --成都：西南交通大学出版社，2023.10
ISBN 978-7-5643-9518-6

Ⅰ. ①海… Ⅱ. ①刘… Ⅲ. ①海南软件职业技术学院－校史－1923-2023 Ⅳ. ①G719.286.64

中国国家版本馆 CIP 数据核字（2023）第 191169 号

Hainan Ruanjian Zhiye Jishu Xueyuan Bainian Xiaoshi（1923—2023）
海南软件职业技术学院百年校史（1923—2023）

主编 刘明鹏

责任编辑	李 欣
封面设计	原创动力
出版发行	西南交通大学出版社 （四川省成都市金牛区二环路北一段 111 号 西南交通大学创新大厦 21 楼）
发行部电话	028-87600564 028-87600533
邮政编码	610031
网址	http://www.xnjdcbs.com
印刷	四川煤田地质制图印务有限责任公司
成品尺寸	210 mm×285 mm
印张	32.25
插页	22
字数	864 千
版次	2023 年 10 月第 1 版
印次	2023 年 10 月第 1 次
书号	ISBN 978-7-5643-9518-6
定价	300.00 元

海南软件职业技术学院百年校史

编纂委员会

主　　任：陈晖阳　詹少斌　魏应彬

副主任：刘明鹏　何锦旭　符传谊　陈娉婷　宋剑杰

成　　员：（按姓氏笔画）

王　虹　王　康　王清皿　李　开　刘来权

严丽丽　张中平　陈廷锋　罗孝友　周文玲

周夏雨　赵晓娟　黄江浩　符载冠　覃学锋

黎明珠

海南软件职业技术学院百年校史

编写组

（按姓氏笔画）

主　　编：刘明鹏

副 主 编：王清皿　张中平　陈廷锋　周夏雨

成　　员：王　炽　王可淦　王英华　卢传吉　李　超

刘来权　刘方明　朱国芳　严丽丽　陈德君

欧　若　唐惠超

特约编审：王先华

校徽

校训

励志笃学 厚德尚能

ASPIRE AIMLY STUDY EARNESTLY BEHAVE AMICABLY PRACTISE REMARKABLY

校风

求实创新 和谐奋进

PRACTICALITY CREATIVITY HARMONY ENDEAVOR

校歌

开启未来

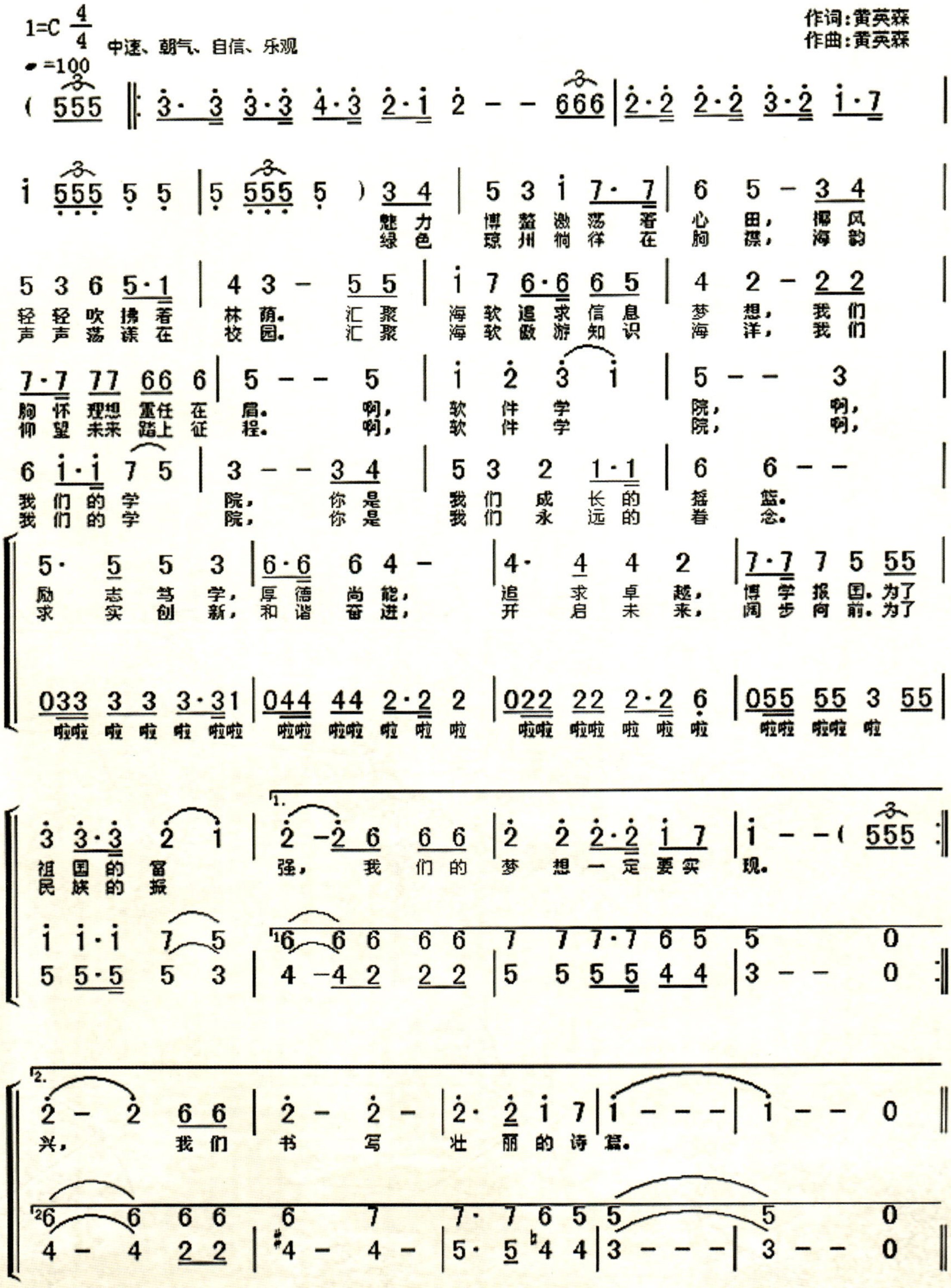
1=C 4/4
中速、朝气、自信、乐观
♩=100
作词:黄英森
作曲:黄英森
魅力 博鳌激荡着 心田，椰风 轻轻吹拂着 林荫。汇聚 海软追求信息 梦想，我们 胸怀理想重任在 肩。啊，软件学 院，啊，我们的学 院，你是 我们成长的 摇篮。
绿色 琼州徜徉在 胸襟，海韵 声声荡漾在 校园。汇聚 海软遨游知识 海洋，我们 仰望未来踏上征 程。啊，软件学 院，啊，我们的学 院，你是 我们永远的 眷念。
励志笃学，厚德尚能，追求卓越，博学报国。为了
求实创新，和谐奋进，开启未来，阔步向前。为了
啦啦 啦 啦 啦 啦啦 啦啦 啦啦 啦 啦 啦 啦啦 啦啦 啦 啦 啦 啦啦 啦啦 啦
祖国的富 强，我们的梦想一定要实 现。
民族的振 兴，我们书写壮丽的诗 篇。

1994年11月，国家教委副主任柳斌视察我校

2001年4月，教育部副部长张保庆视察我校

2001年11月19日，国家教委副主任、党组成员王明达视察我校

2002年1月22日，国家教委副主任、党组成员邹时炎视察我校

2006年，原海南省委书记、全国人民代表大会常务委员阮崇武参观我校实训基地

2006年12月，教育部副部长吴启迪在视察我校时题词：“信息技术人才摇篮”

2008年5月26日，海南省委书记卫留成听取我校新校区规划汇报

2008年9月25日，海南省人大常委会副主任康耀红视察我校

2014年5月19日，海南省委常委、组织部部长李秀领莅临我校检查指导工作

2016年5月6日，海南副省长王路领导参观职业教育周我校展区

2016年5月6日，海南省委书记罗保铭参观职业教育周我校展区

2016年8月30日，团中央书记处书记傅振邦一行莅临我校校地结对志愿服务基地调研指导工作

2017年9月23日，海南省人大常委会副主任许俊视察我校椰子寨大学生创业基地

2021年9月14日，海南省委常委、统战部部长苻彩香莅临我校调研指导工作

2019年11月23日，海南省委常委、统战部部长肖杰莅临我校调研指导工作

2022年12月1日，海南省委常委、统战部长苗延红视察我校

2019年12月，海南省委组织部副部长沈俊英视察我校

1923—2023

琼东中学创办人王大鹏

琼东中学首任校长陈公培

琼东中学创办人、县长王大鹏协同学校师生筑路

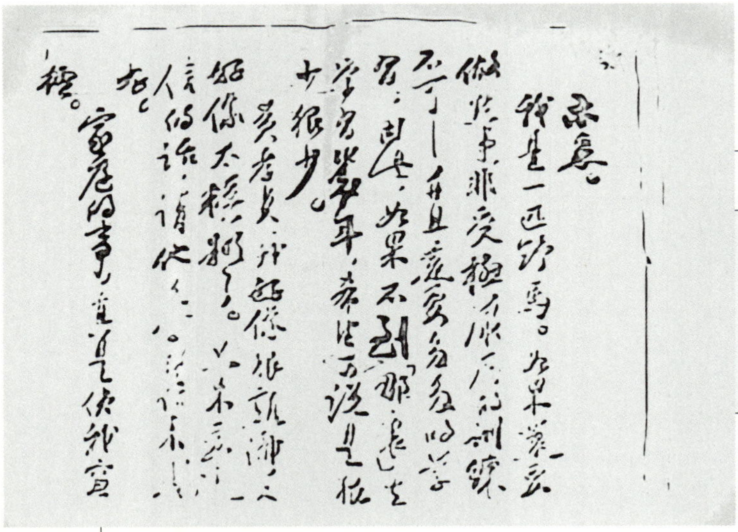

首任校长陈公培
给施存统书信稿

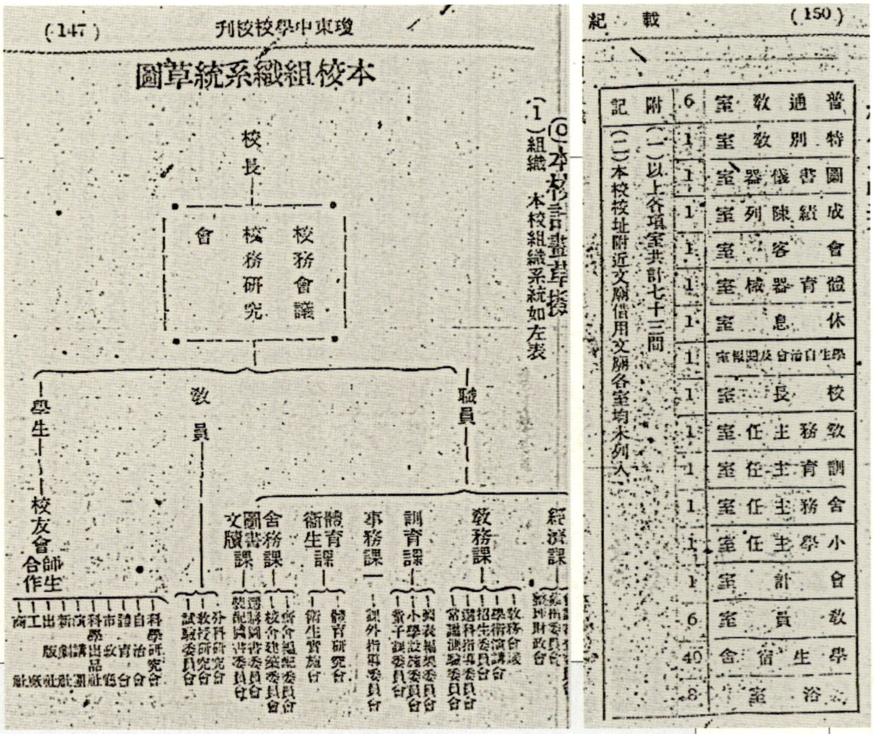

1925年琼东中学组织系统草图

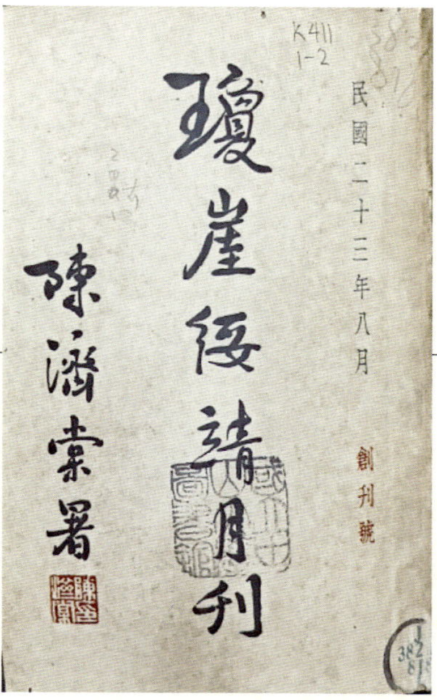

现藏于广州市中山图书馆的《琼崖绥靖月刊》上记载的琼东中学“黎海初控案”部分材料

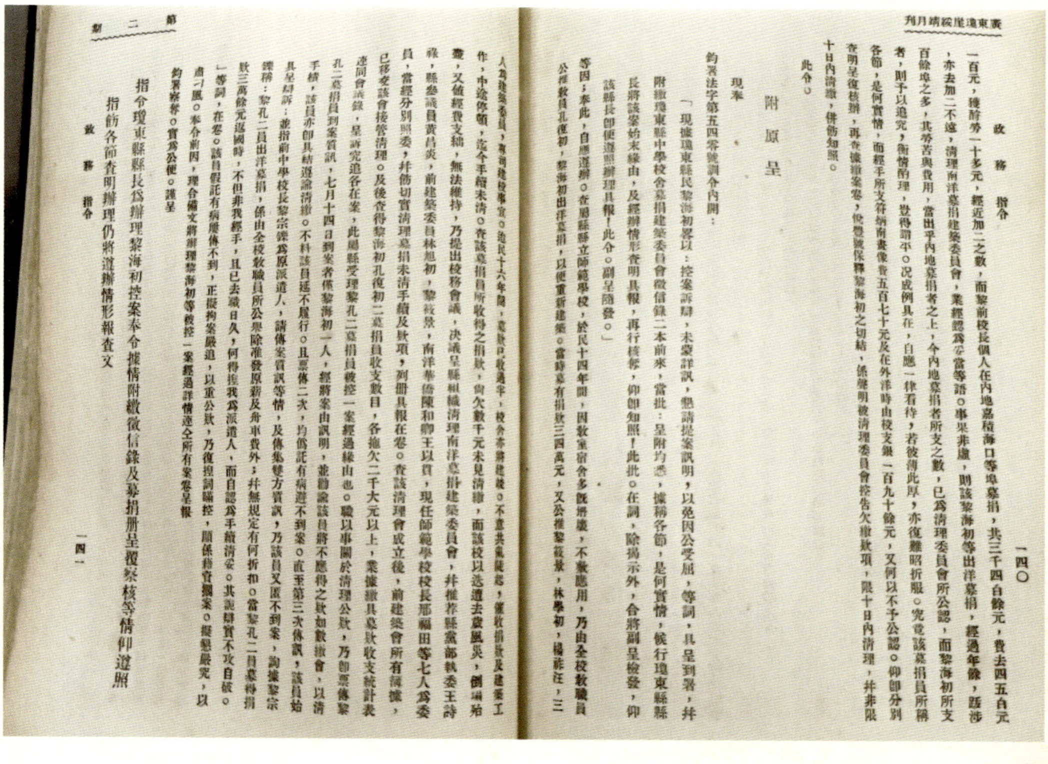

廣東瓊崖綏靖月刊　　一四〇

政務　指令

一百元，幾脟勞一十多元，經近加二之數，而黎前校長個人在內地嘉積海口等埠募捐，共三千四百餘元，費去四五百元，亦去加二不遠，清理南洋募捐建築委員會，業經認爲妥當等語。事果非虛，則該黎海初等出洋募捐，經過年餘，跋涉百餘埠之多，其勞苦與費用，當出乎內地募捐者之上，今內地募捐者所支之數，已爲清理委員會所公認，而黎海初所支者，則予以追究，衡情酌理，豈得謂平。况成例具在，自應一律看待，若彼薄此厚，亦復難昭折服。究竟該募捐員所稱各節，是何實情，而經手所支符炳南晝像晉五百七十元及在外洋時由校支銀一百九十餘元，又何以不予公認。仰即分別查明呈復核辦，再查該案卷，使豐號保釋黎海初之切結，係聲明被清理委員會控告欠繳款項，限十日內清理，並非限十日內清繳，併飭知照。

此令。

附原呈

現奉

鈞署法字第五四零號訓令內開：

「現據瓊東縣民黎海初等以：控案訴辯，未蒙詳訊，懇請提案訊明，以免因公受屈，等詞，具呈到署，並附據瓊東縣中學校舍募捐建築委員會徵信錄二本前來，當批：呈附均悉，據稱各節，是何實情，候行瓊東縣縣長將該案始末緣由，及經辦情形查明具報，再行核奪，仰即知照！此批。在詞，除揭示外，合將副呈檢發，仰該縣長即便遵照辦理具報！此令。副呈隨發。」

等因；奉此，自應遵辦。查前縣縣立師範學校，於民十四年間，因教室宿舍多既坍塌，不敷應用，乃由全校教職員公推教員孔復初，黎海初出洋募捐，以便重新建築。當時募有捐款三四萬元，又公推黎筱景，林學初，楊祚荘，三人爲建築委員，專司建校事宜。迨民十六年間，建築已成過半，校舍亦將建竣。不意共黨蹤起，催收捐款及建築工作，中途停頓，迄今手續未清。查該募捐員所收得之捐款，尚欠數千元未見清繳，而該校以迭遭去歲風災，倒塌殆盡，又値經費支絀，無法維持，乃提出校務會議，決議呈縣組織清理南洋募捐建築委員會，并推荐縣黨部執委王詩森，縣參議員黃昌炎，前建築委員林旭初，黎筱景，南洋華僑陳和卿王以貫，現任師範學校校長邢福田等七人爲委員，當經分別照委，并飭切實清理募捐未清手續及款項，列册具報在卷。查該清理會成立後，前建築會所有簿據，已移交該會接管清理。及後查得黎海初孔復初二募捐員收支數目，各拖欠二千大元以上，業據繕具募款收支統計表逵同會議錄，呈訴究追各在案，此屬縣受理黎孔二募捐員被控一案經過緣由也。職以事關於清理公款，乃飭票傳黎孔二募捐員到案質訊，七月十四日到案者係黎海初一人，經將案由訊明，並飭論該員將不應得之款如數撤會，以清手續，該員亦即具結遵諭清繳。不料該員延不履行。且票傳二次，均僞託有病避不到案。直至第三次傳訊，該員始具呈辯訴：並指前中學校長黎宗鑠爲原派遣人，請傳案質訊等情，及傳集雙方質訊，乃該員又匿不到案，詢據黎宗鑠稱：黎孔二員出洋募捐，係由全校教職員所公舉除准發原薪及舟車費外；并無規定有何折扣。當黎孔二員募得捐款三萬餘元返國時，不但非我經手，且已去職日久，何得指我爲派遣人，而自認爲手續清妥。其詭辯實不攻自破。」等詞，在卷。該員假託有病屢傳不到，正擬拘案嚴追，以重公款，乃復揑詞矇控，顯係藉資擱案。擬懇嚴究，以肅刁風。奉令前因，理合備文將辦理黎海初等被控一案經過詳情連仝所有案卷呈報

鈞署察核。實爲公便。謹呈

指令瓊東縣縣長爲辦理黎海初控案奉令據情附繳徵信錄及募捐册呈覆察核等情仰遵照

指飭各節查明辦理仍將遵辦情形報查文

政務　指令

第二期　　一四一

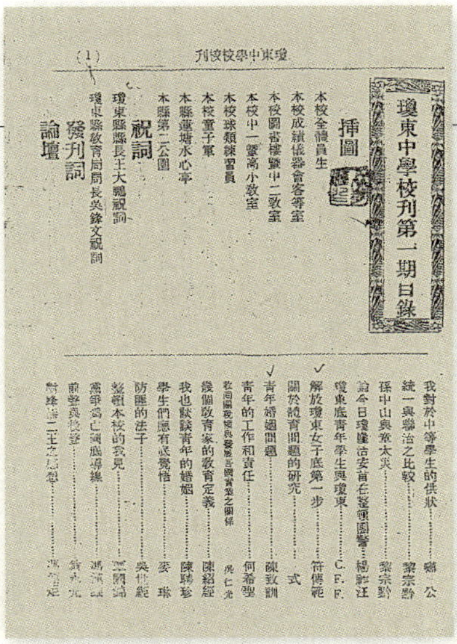
瓊東中學校刊 (1)

瓊東中學校刊第一期目錄

插圖
本校全體員生
本校成績儀器會客等室
本校圖書樓暨中二教室
本校中一暨高小教室
本校球類練習員
本校童子軍
本縣蓮塘水心亭
本縣第二公園

祝詞
瓊東縣縣長王大鵬祝詞
瓊東縣教育局局長吳鋒文祝詞

發刊詞

論壇

我對於中等學生的供狀……………………………………………公
統一與聯治之比較……………………………………………黎宗黔
孫中山與章太炎……………………………………………黎宗黔
論今日瓊崖治安首在整頓團警……………………………………………楊齡汪
瓊東底青年學生與瓊東……………………………………………C.F.F.
解放瓊東女子底第一步……………………………………………符傳範
關於體育問題的研究……………………………………………式
青年婚姻問題……………………………………………陳致訓
青年的工作和責任……………………………………………何希曌
教育與婚姻與發展吾國實業之關係……………………………………………吳仁光
幾個教育家的教育定義……………………………………………陳紹經
我也談談青年的婚姻……………………………………………陳騁珍
學生們應有底覺悟……………………………………………麥　珠
防匪的法子……………………………………………吳世純
整頓本校的我見……………………………………………

1925年出版的《琼东中学校刊》

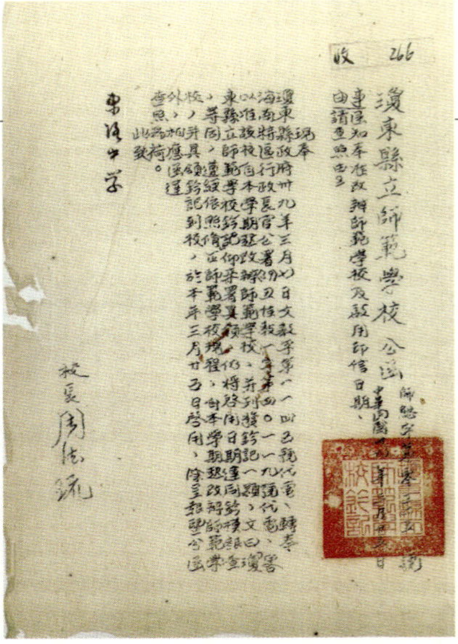
瓊東縣立師範學校公函

琼东县立师范学校总字第0325号公函（1950年春）

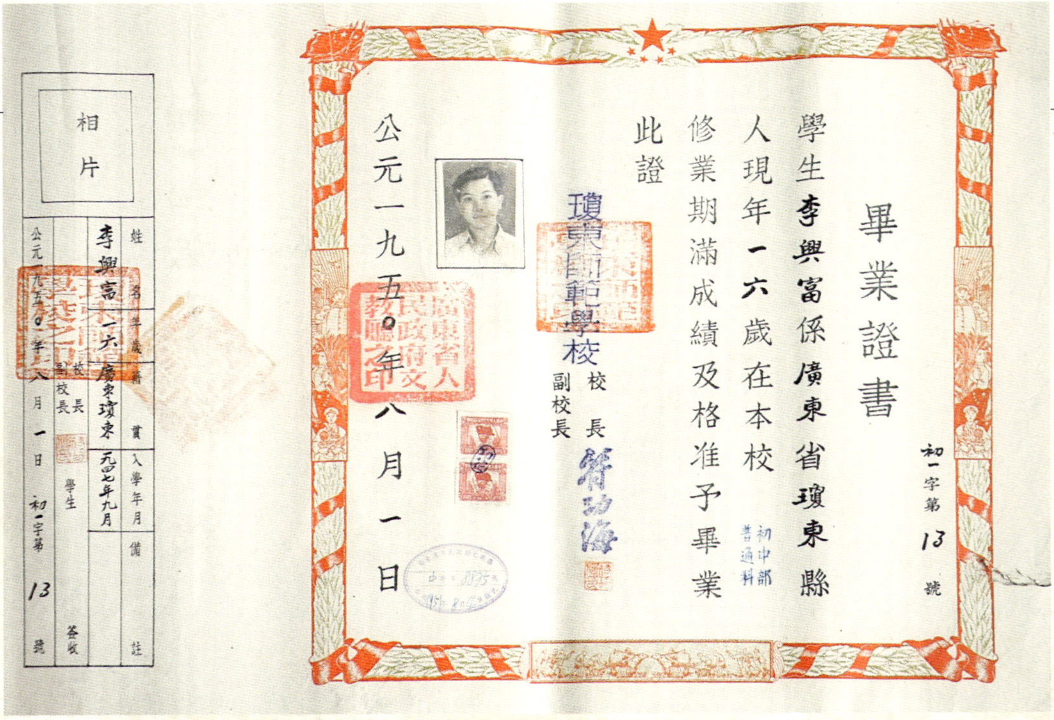
相片

姓名	年歲	籍貫	入學年月	備註
李興富	一六	廣東瓊東	元四七年九月	

公元一九五〇年八月一日　初一字第13號　校長　副校長　學生簽收

初一字第13號

畢業證書

學生李興富係廣東省瓊東縣人現年一六歲在本校初中部普通科修業期滿成績及格准予畢業此證

瓊東師範學校
校長　符功海
副校長

公元一九五〇年八月一日

1949年入学的中师学生毕业证书

琼东中学九人排球比赛

琼东中学组织的童子军开展校外活动

1955年入学的中师生第五届第八班（1958年毕业合影）

1960年16班共青团支部全体团员合影

1960年进京参加全国民兵先进代表大会的学生洪玉桂

1963年毕业的中师第28班学生毕业照

1964年，学校学生会全体成员和学校领导合影

1964年，学校34班全体同学在旧校门前的毕业照

“文化大革命”期间，校长朱德义和学生
在学农基地种植甘蔗

“文化大革命”期间，师生参加
全民性农业学大寨劳动大会战誓师大会

1973年“文化大革命”后期恢复招生的第一届毕业生合影照

1984年，学校为广东农垦系统培训代培生毕业留影

1997年，国家教委副主任柳斌题写的《琼海师范》刊名以及省教育厅领导祝贺创刊号的题词

广东琼海师范时期师生佩戴的校章

2003年9月6日，海南琼海师范学校升格为海南软件职业技术学院揭牌仪式

1997年11月15日，学校举行校庆暨第21届校运会活动

2005年，舞蹈《穿越》《马帮》在第一届全国大学生艺术展演活动表演类比赛中获舞蹈类一等奖

2005年，学校派往华南师范大学培训教师合影

2005年，学校派往苏州工业园区职业技术学院培训教师合影

2007年，学校领导陪同教育部高职高专人才培养工作水平评估专家参观校园

2007年，学校接受教育部首轮高职高专人才培养工作水平评估

2009年，学校学生志愿者服务博鳌亚洲论坛

2007年，首届学生就业信息部成立合影

2009年，学习实践
科学发展观活动动员会

2010年7月12日，中国共
产党海南软件职业技术学院第
一次代表大会召开

2010年，与海南生
态软件园签订战略合作
协议现场

2012年，学校接受
第二轮教育部高职高专
人才培养工作水平评估

学校召开“两学一做”学习教育活动部署会

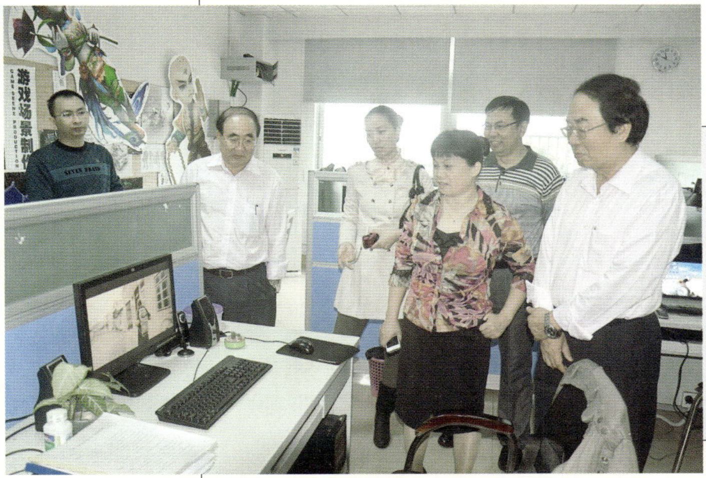

2012年11月，预评估组专家考察动画实训室

2012年12月，评估组专家考察大学生就业中心

2019年，学校男子排球队在2018—2019CUVA中国大学生排球联赛高职高专组比赛中获亚军

2021年，为庆祝建党100周年，师生创作海南红色题材连环画《琼崖怒潮》

2021年，学校第二届课程思政教学竞赛决赛现场

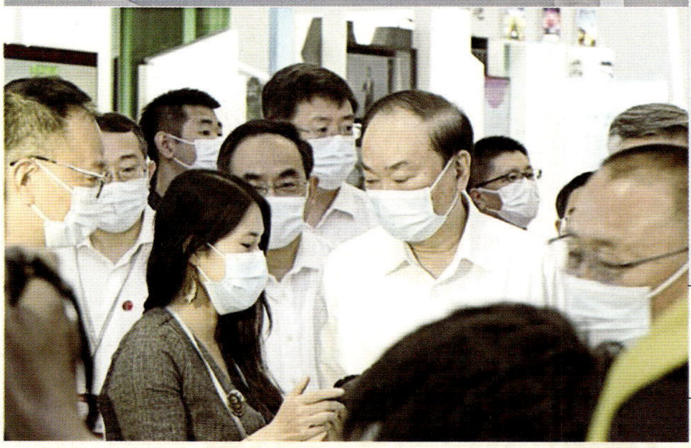

2021年为庆祝建党100周年，师生创作的椰雕作品在第十七届中国（深圳）国际文化产业博览交易会上受中央宣传部黄坤明部长关注

学校特聘北京大学王伟教授建立大师工作室

魏应彬校长为中国科学院数学与系统科学研究院数学研究所研究员、博士生导师、中国数学学会生物数学学会理事长陈兰孙教授颁发客座教授聘书

魏应彬校长为英国伯恩茅斯大学克里斯蒂娜博士颁发我校客座教授聘书

教师赴英国伯恩茅斯大学参加培训

学校教师赴新加坡南洋理工学院研修

2021年，与华为技术有限公司签订了战略合作协议

2022年，党的二十大代表王书茂在学校宣讲二十大精神

1. 广东琼海师范学校时期校门
2. 20世纪70年代初广东琼海师范学校时期的食堂
3. 琼海师范时期的校园文化长廊（博雅轩一隅）
4. 琼海师范学校时期的校园文化长廊一
5. 1973年学校遭特大台风破坏后师生参与建设的教室与学生宿舍
6. 琼海师范学校时期的金水桥一隅
7. 琼海师范学校时期的校园文化长廊二
8. 琼海师范学校时期的花巷一隅
9. 琼海师范学校时的校园风景

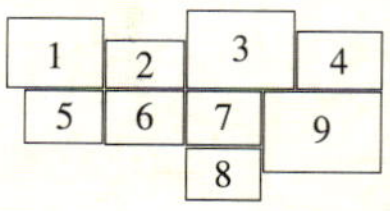

人民教育家

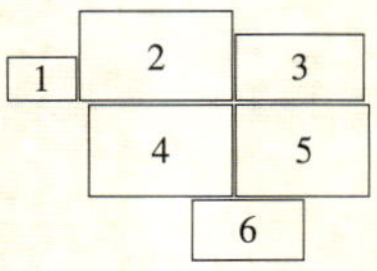

1. 建于20世纪90年代的艺术馆
2. 海南琼海师范学校时的办公大楼
3. 建于2002年的教学楼
4. 琼海师范学校时期的金水桥和建于2009年的综合楼
5. 2010年学校在澄迈软件园购置的实训楼
6. 建于2014年的实训楼

教学楼

A-01
海南软件职业技术学院
Hainan College of Software Technology

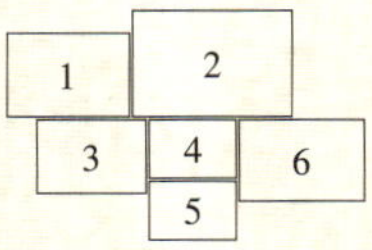

1. 建于2017年的学生公寓“博贤苑”
2. 海南软件职业技术学院校门
3. 建于2017年的学生公寓“圆梦苑”
4. 建于1998年海南琼海师范学校时期的科技楼
5. 建于20世纪80年代、扩建于2002年的图书馆
6. 建于2018年的第一食堂

海南软件职业技术学院
HNCST

1991年，国家教委表彰
全国先进师范学校的奖状

1997年，学校获得
海南省中等师范学校文明校园牌匾

1997年，学校获得海南省中等师范学校
校园文化建设先进单位牌匾

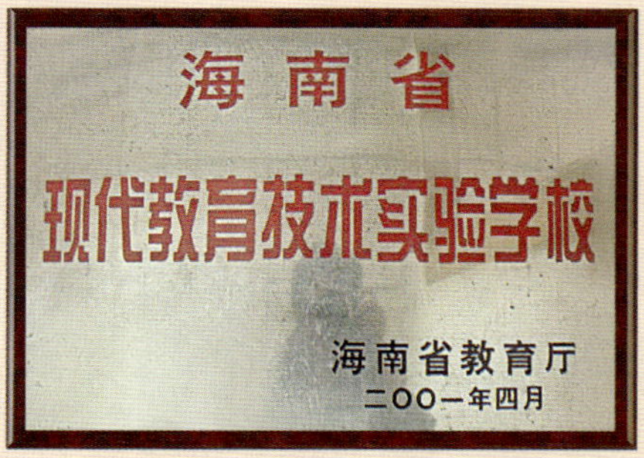

2001年，学校获得
海南省现代教育技术实验学校牌匾

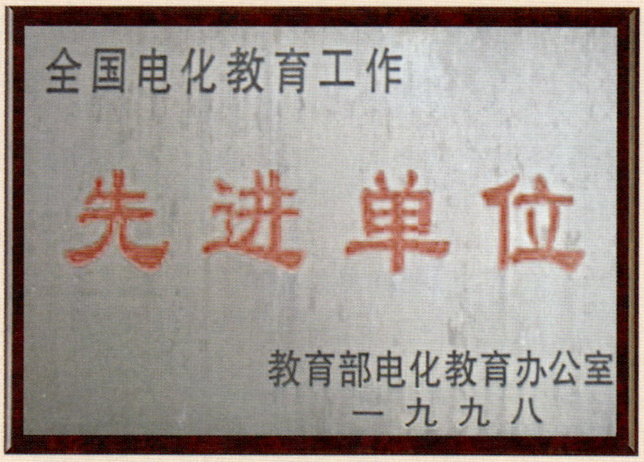

1998年，学校获得
全国电化教育工作先进单位牌匾

2000年，学校获得
全国学校艺术教育工作先进单位牌匾

1998年，学校获得
尝试教学实验研究全国先进单位牌匾

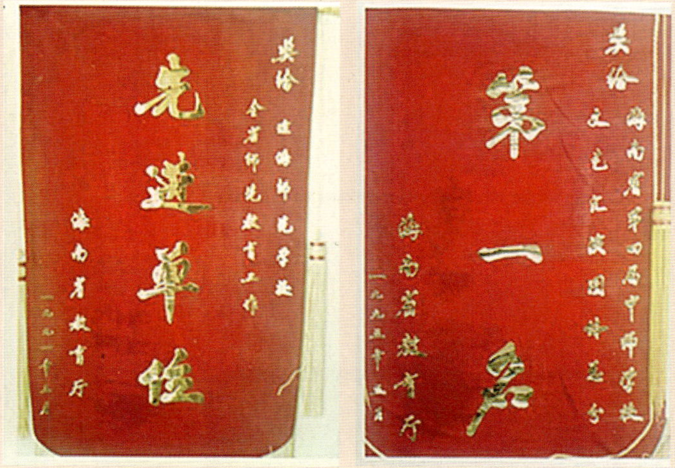

学校获奖锦旗

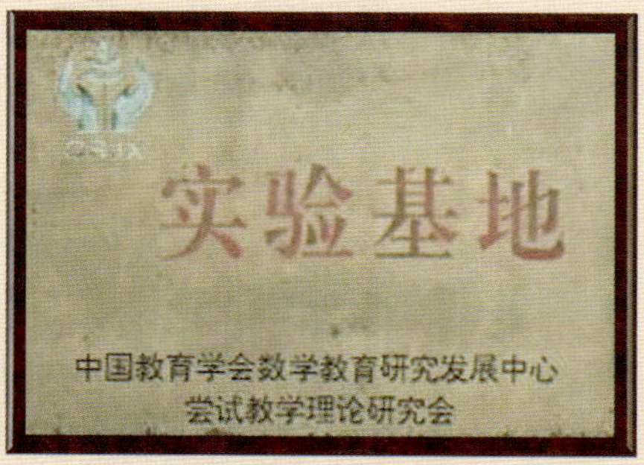

1998年，学校获得
实验基地奖牌牌匾

2001年，学校获得1999—2001年度
全国五四红旗团委创建单位牌匾

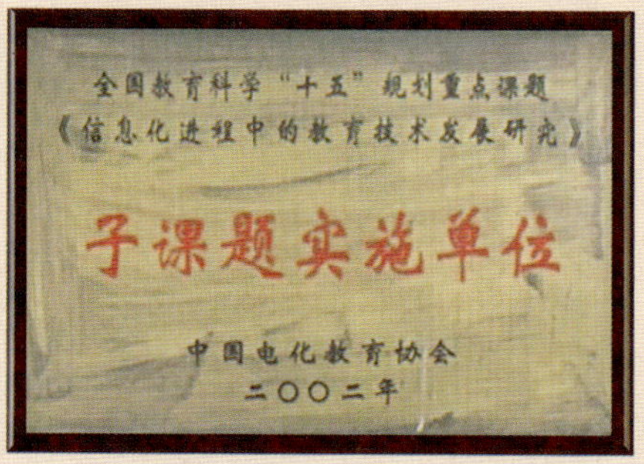

2002年，学校获全国教育科学“十五”规划
重点课题《信息化进程中的教育技术发展研究》
子课题实施单位牌匾

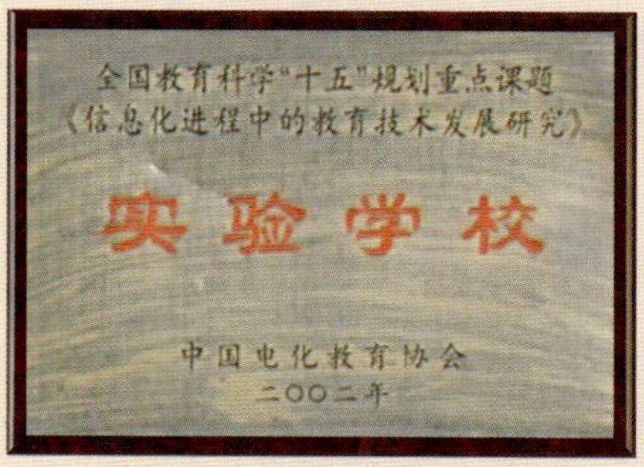

2002年，学校获全国教育科学“十五”规划
重点课题《信息化进程中的教育技术发展研究》
实验学校牌匾

2003年，学校获得全国五四红旗团委牌匾

2008年，学校获得
海南省普通高等学校省级精品课程
Flash动画设计与制作牌匾

2009年，学校获得
海南省普通高等学校省级教学团队
软件技术专业（Web应用系统）教学团队牌匾

2009年，学校获得
海南省普通高等学校省级特色专业建设点
软件技术牌匾

2011年，学校获得全国文明单位牌匾

2011年，学校获得全国高职高专院校
科研工作先进单位牌匾

2010年，学校获得
全国学校艺术教育先进单位牌匾

2013年，学校获得海南省科技进步奖证书

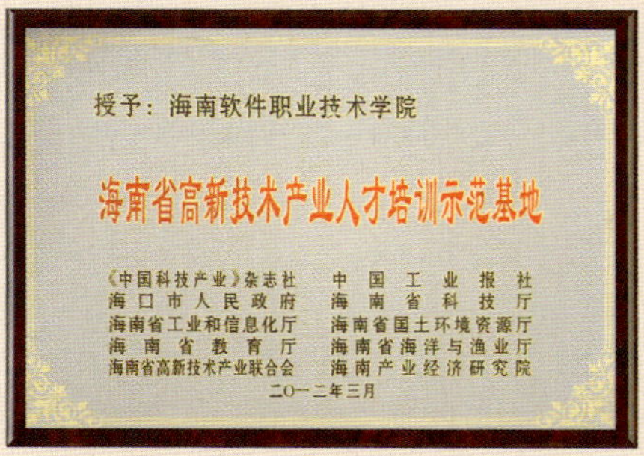

2012年，学校获得海南省高新技术产业
人才培养示范基地牌匾

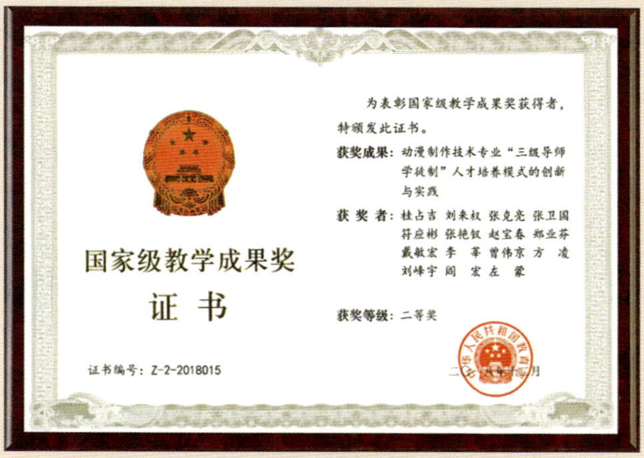

2018年，学校获得国家级教学成果奖证书

2017年，2016级传媒游戏班团支部荣获
全国高校“活力团支部”荣誉证书

2022年，学校林科锦获得
“冬奥网络安全卫士”荣誉证书

2017年，学校获得“全国文明单位”证书

序

2023年，注定是海南软件职业技术学院极不平凡的一年。学校迎来百年华诞！

新年伊始，一部记录学校一个世纪沧桑洗礼的校史编撰完成。岁月洗却历史铅华，椰风诵咏海软弦歌。回顾百年海软，犹如发源于五指山麓的万泉河，一头系着历史，一头奔向未来。

五百多年前，在海南东部会同县（琼东县前身）万泉河畔，诞生了一所官府创办的书院，名曰“正蒙清馆”。从此，文明薪火在琼东大地代代相传。

1923年，爱国志士琼东县长王大鹏将源于“正蒙清馆”的琼东县立第一高等小学校改办为琼东中学并附设师范班，聘请中国共产党早期创始人之一的陈公培任校长，翻开了海南琼东职业（师范）教育的扉页。陈公培在筹建琼东中学并任校长的一年时间里，发展了罗汉、鲁易、徐成章、徐天炳、王大鹏、严凤仪、王文明、王器民等一批共产党员。琼东成为海南进步青年的聚集地。大革命时期的琼东中学，如古树新芽萌生，奋力扎根、顽强生长，在祖国南端宝岛上传承一心为民、忠诚于党、信念坚定、勇于献身的红色基因。

此后，学校更名为琼东县简易师范学校。抗日战争时期，师生以天下兴亡、匹夫有责的爱国情怀，视死如归、宁死不屈的民族气节，纵山河破碎、校园被毁，始终怀有不畏强暴、血战到底的英雄气概和百折不挠、坚忍不拔的必胜信念。校长弃教从戎，参军抗战。师生或迁徙到长坡良玖蚂蝗乡村，或远徙定安县母瑞山，一边进行抗日救亡活动，一边上课。学校为民族存续文明火种，为救国报国培育人才，直至日寇驱除、学校回迁、琼东县立师范学校涅槃重生，在祖国南端宝岛万泉河畔书写了一段教育史上的传奇。

中华人民共和国成立后，尤其是海南建省后，学校服从党和国家需要，牢记初心、艰苦奋斗、无私奉献、立德树人，为海南城乡基础教育的普及与发展作出了重要贡献。

2003年3月，海南省人民政府正式批准海南琼海师范学校升格为海南软件职业技术学院。学校抢抓国家高等职业教育大发展的历史机遇，全面深化综合改革，持续强化质量特色；秉承“培养信息技术人才，服务经济社会发展”的办学理念；践行“铸就软件工匠摇篮，赋能产业创新发展”的办学宗旨；实施“质量立校，人才强校”的发展战略；坚持“立足海南，面向全国，服务信息产业，坚定职业教育”的办学定位；形成了“政行企校协同，校企共同育人”的办学格局。

百年海软，既是海南东部地区现代教育事业发展的壮丽画卷，也是学校与国家、民族荣辱与共、奋勇前行的光辉写照。

情系家国、牢记初心，是百年海软赓续、坚守的信念灵魂。具有光荣革命传统的海软，永远流淌着共产党人家国使命的红色血液，一代代师生把个人的命运同祖国与民族的命运紧密联系在一起，继往开来、奉献担当，谱写了与民族共命运、与时代相偕行的壮丽篇章。

坚忍奋斗、立德树人，是百年海软执着秉持的职业品质。因此，才有学校八十年中等职业教育，在大革命时期的求索牺牲，在抗日战争时期的不屈意志，在中华人民共和国建设时期的默默奉献；才有学校二十年高等职业教育，在改革开放中的创新发展，在民族复兴征程中的不懈追求。

面向未来、与时俱进，是百年海软开拓创新的精神动力。2000年以来，学校面对信息社会的到来，果断提出转型升格为海南省首家培养软件信息行业专门人才的高等职业院校，建设海南省规模最大的IT行业应用型人才培养培训基地的发展思路。2003年，走过八十年峥嵘岁月的学校实现了从中等师范教育向高等职业教育的跨越，完成了办学历史上的华丽蜕变，开启了海南软件职业技术学院繁荣发展的新征程。

回首学校历史，我们深切怀念每一位海软先贤，他们奠定了海软百年的基业。我们诚意致敬每一位建功立业、拼搏进取的海软校友，他们以赤子之心和不凡业绩共同铸造了海软百年荣光。我们由衷礼赞每一位为学校发展勠力同心、勤勉敬业的师生员工，他们用无悔的青春续写着海软百年辉煌。我们还要真挚感谢每一位对海软鼎力支持、守望相助的各级领导、学界同仁、社会贤达和海外侨胞。我们特别感恩琼东大地这片沃土和万泉河水滋养的海南琼海人民！

八十余万字的校史，是海软浓缩的昨天。今天，我们正处在中国特色社会主义新时代与中华民族实现伟大复兴的关键时期。中国的高等职业教育已进入质量至上、特色支撑、内涵发展的新阶段。海软在培育优秀人才、引领科技创新、促进社会发展、推动人类进步的进程中，承载着新的时代使命。海软将一如既往，坚持立德树人、践行“四个服务”的价值导向，以更开阔的视野、更大的担当、更大的作为，紧密对接国家重大战略和海南自贸港区域发展需求，传承红色基因，铸就蓝色梦想；培育情系家国、牢记初心，坚忍奋斗、厚德尚能，面向未来、与时俱进的新时代海软人。努力把海软建设成为扎根祖国南端宝岛、培养服务软件信息行业高端技能型人才的社会主义标杆职业技术大学。

是为序。

陈晖阳

2023年7月

凡　例

一、为隆重纪念海南软件职业技术学院建校一百周年，为全面记述学校百年来的发展历史和办学成就，为存史、资政、治校、育人汇聚文献资料，特编撰《海南软件职业技术学院百年校史（1923—2023）》。

二、本史编写坚持以马克思列宁主义、毛泽东思想、邓小平理论、“三个代表”重要思想、科学发展观、习近平新时代中国特色社会主义思想为指导，运用辩证唯物主义和历史唯物主义的观点和方法，实事求是地记述海南软件职业技术学院百年的发展历史。

三、本史所称“海南软件职业技术学院”（亦称“学校”或“海软”），根据语境有泛指（广义），也有特指（狭义）。泛指包括“琼东中学”“琼东县简易师范学校”“琼东县立师范学校”“琼东师范学校”“广东琼海师范学校”“海南琼海师范学校”“海南软件职业技术学院”百年来学校沿革中任何一个时期的校名；特指即学校升格为专科学校后高职时期的海南软件职业技术学院。

四、本史上限为1922年5月，下限为2023年3月。为清晰呈现学校沿革的历史渊源与发展脉络，特设“建校前史”一章。此外，为了内容完整，对部分历史追溯其发端；对学校教育教学发展的重要数据，下延至本书定稿付印前。

五、本史横排事类，纵述始末。按篇、章、节、目四级排列；述、记、志、传、图、表、录等体裁兼用。设上下篇，共十六章。大事记用编年体。

六、本史坚持“生不列传”原则。所录人物传记（简介），均是为学校创设、发展作出贡献的领导、校长、教师和知名校友。入选标准，由校史编撰委员会确定。本史所录的各类荣誉称号标准为市级及其以上党委、政府及教育行政部门授予的集体或个人荣誉。

七、本校史使用数据，有关经济社会发展类别的，以国家、省、市（县）统计局公布数据为准；有关学校教育教学业务类别的，以国家、省、市（县）教育行政部门及本校档案资料为准。

八、本史地名以现名为主，历史名称则括注今名。各个时期的党派、团体、组织机构、职务等直书当时名称。

办学前史

正蒙清馆
1604—1609 年

应台书院
1609—1637 年

同文书院
1637—1705 年

端山书院
1705—1905 年

端山学堂
1905—1912 年

会同县立第一高等小学
1912—1914 年

琼东县立第一高等小学
1914—1923 年

百年校史沿革图

琼东中学
1923—1932 年

↓

琼东县简易师范学校
1932—1950 年

↓

琼东县立师范学校
1950—1952 年

↓

琼东师范学校
1952—1959 年

↓

广东琼海师范学校
1959—1988 年

↓

海南琼海师范学校
1988—2003 年

↓

海南软件职业技术学院
2003 年至今

历任书记

任职时间	书记	性别	民族	籍贯	备注
1926 年 2 月—1926 年 3 月	陈秋辅	男	汉族	海南海口	党小组长
1926 年 3 月—1927 年 4 月	符传范	男	汉族	海南琼海	党支部书记
1958 年春—1960 年 5 月	曾献章	男	汉族	海南琼海	
1960 年 6 月—1962 年 9 月	林明甫	男	汉族	海南琼海	
1962 年 9 月—1970 年 3 月	吴桂民	男	汉族	海南海口	
1970 年 3 月—1974 年 8 月	王业侯	男	汉族	海南琼海	
1974 年 8 月—1979 年 10 月	朱德义	男	汉族	海南文昌	
1979 年 11 月—1984 年 7 月	邓焕明	男	汉族	海南文昌	
1984 年 7 月—1996 年 4 月	高荣泰	男	汉族	海南海口	
1996 年 4 月—2005 年 7 月	王恩周	男	汉族	海南东方	
2005 年 7 月—2008 年 3 月	陈礼民	男	汉族	海南万宁	
2008 年 4 月—2014 年 5 月	王恩周	男	汉族	海南东方	
2014 年 5 月—2023 年 6 月	詹少斌	男	汉族	广东普宁	
2023 年 7 月至今	陈晖阳	女	汉族	海南儋州	

历任校长（院长）

任职时间	校长（院长）	性别	民族	籍贯	备注
1923 年 6 月—1923 年 10 月	陈公培	男	汉族	湖南长沙	
1923 年 10 月—1924 年 2 月	施传惠	男	汉族	海南琼海	
1924 年 2 月—1924 年 4 月	姜心培	男	汉族	海南琼海	代理
1924 年 4 月—1924 年 4 月	陆兴焕	男	汉族	海南文昌	
1924 年 4 月—1924 年 7 月	吴锋文	男	汉族	海南文昌	代理
1924 年 7 月—1926 年 2 月	黎宗铄	男	汉族	海南琼海	
1926 年 2 月—1927 年 4 月	陈骏业	男	汉族	海南琼海	
1927 年 4 月—1932 年 9 月					国共分裂，学校被迫停办
1932 年 9 月—1933 年 9 月	麦煜熙	男	汉族	海南琼海	
1933 年 9 月—1934 年 5 月	黎先简	男	汉族	海南琼海	
1934 年 9 月—1935 年 5 月	邢福田	男	汉族	海南琼海	
1935 年 5 月—1935 年 9 月	王运灏	男	汉族	海南琼海	
1935 年 9 月—1936 年 9 月	陈镇亚	男	汉族	海南临高	
1936 年 9 月—1937 年 9 月	詹樑材	男	汉族	海南琼海	
1937 年 9 月—1939 年 2 月	王运灏	男	汉族	海南琼海	
1939 年 2 月—1939 年 5 月	詹尊泮	男	汉族	海南琼海	

任职时间	校长（院长）	性别	民族	籍贯	备注
1939 年 6 月—1944 年 10 月	符明德	男	汉族	海南琼海	
1944 年 10 月—1946 年 2 月	王运灏	男	汉族	海南琼海	
1946 年 2 月—1950 年 8 月	周德鎏	男	汉族	海南琼海	
1950 年 8 月—1952 年 8 月	符功海	男	汉族	海南琼海	
1952 年 8 月—1957 年 3 月	黎光亮	男	汉族	海南琼海	1955 年 8 月改任副职，主持学校工作
1958 年 3 月—1960 年 5 月	曾献章	男	汉族	海南琼海	
1960 年 6 月—1962 年 9 月	林明甫	男	汉族	海南琼海	
1962 年 9 月—1970 年 3 月	吴桂民	男	汉族	海南海口	1968 年 9 月起改任革委会主任
1970 年 3 月—1974 年 8 月	王业侯	男	汉族	海南琼海	革委会主任
1974 年 8 月—1978 年 9 月	朱德义	男	汉族	海南文昌	革委会主任
1978 年 10 月—1979 年 10 月	朱德义	男	汉族	海南文昌	
1979 年 11 月—1984 年 7 月	邓焕明	男	汉族	海南文昌	
1984 年 7 月—1996 年 8 月	高荣泰	男	汉族	海南海口	
1996 年 8 月—2008 年 4 月	王恩周	男	汉族	海南东方	
2008 年 4 月—2022 年 6 月	魏应彬	男	汉族	四川泸县	

目 录

100 人　物

100 大事记

附　录

概 述

在祖国的南端，有一宝岛横卧在碧波万顷的南海之上，她名曰海南。

海南岛别称琼州，简称琼，北以琼州海峡与广东省划界，西临北部湾与越南相对，东北濒南海与台湾省相望，东南和南部在南海中与菲律宾、文莱和马来西亚为邻。全省陆地面积3.5万平方公里，海域面积约200万平方公里，是全国地域面积最大的省。

两千多年来，钟灵毓秀的海南与大陆同根同治同发展，共同书写祖国文明的灿烂华章。

五百多年前，在海南东部会同县（琼东县前身）万泉河畔，诞生了一所官府创办的书院，名曰“正蒙清馆”。随着中国封建帝制的消亡，一百一十年前，几经更名的书院更名为“会同县立第一高等小学堂”。1923年，高等小学堂升级为一所以师范教育为主的中等学校，名曰琼东中学。学校从创办现代中等学校开始，历经琼东中学、琼东县简易师范学校、琼东县立师范学校、琼东师范学校、广东琼海师范学校、海南琼海师范学校八十年的中等师范教育薪火传承的历史。2003年，学校转型升格，更名为海南软件职业技术学院，之后又走过了二十年的高等职业教育灿烂光辉的历程。学校自开始中等（师范）教育一百年来，数易校名，几迁校址，饱经沧桑，革故鼎新，始终秉承一切为民、无私奉献的家国情怀，传播优秀中华传统文明、学习现代先进科学技术的教育理念，培养国家经世济用人才。今天，学校历经一个世纪的沧桑洗礼，将迎来100周年华诞。百年校史，既是海南东部地区现代教育事业发展的壮丽画卷，也是学校与国家、民族荣辱与共、奋勇前行的光辉写照。

一、历史渊源与学校沿革

（一）历史渊源

海南软件职业技术学院地处海南岛东部万泉河畔琼海市。这里风景秀丽，人杰地灵。上溯琼海市的历史，汉朝，属珠崖郡之玳瑁县。三国，属珠崖郡朱卢县。晋朝，属合浦玳瑁县。南北朝，先后分属越州、崖州、珠崖郡朱卢、珠崖县。隋朝，属珠崖郡颜卢县。唐太宗贞观十八年（644）置容琼县，后于显庆五年（660）在容琼县地置乐会县寓治南管。宋徽宗大观三年（1109）改属万安军，后复归琼州管辖。元朝至元二十八年（1291）析乐会县西北部地区成立会同县，明清时期隶属于琼州府。1914年会同县改名琼东县；1958年年底合并乐会县、万宁县（后万宁县析出）成立广东省琼海县。在这片具有悠久历史和丰厚文化的土地上，学校办学的历史渊源可以追溯到明代会同县知县卢章在县城创办的“正蒙清馆”。

明万历三十二年（1604），会同知县卢章在会同县衙东边的盐运分司旁（今塔洋镇中心小学）办“正蒙清馆”，招收学子在此读书研课。这是会同县创办书院的开始，也是该县清代至民国时期办学发展的基础。

明万历三十七年（1609），会同知县叶中声在“正蒙清馆”的基础上扩建学校，更名为“应台书院”。

明崇祯十年（1637），会同知县夏铸鼎将“应台书院”更名为“同文书院”。

清乾隆三十八年（1773），琼州知府萧应植取会同八景之一“端山耸翠”之景，又将“同文书院”更名为“端山书院”。自此，终其有清一代，书院皆名为“端山书院”。

明清两代书院教育，教师来源多为本地赋闲还乡官员或落第科举士子。书院课程设置，以尊孔读经为主，以“四书”“五经”为基本教材。培养目标主要为八股应试。

清光绪三十一年（1905），张之洞等向朝廷奏《请废科举折》后，历一千三百余年的科举制度至此终结。同年，端山书院更名为“端山学堂”。

民国元年（1912），端山学堂更名“会同县立第一高等小学”。

民国三年（1914），会同县更名为琼东县，“会同县立第一高等小学”更名为“琼东县立第一高等小学”。

民国十一年（1922）春，杨善集任琼东县立第一高等小学校长。他领导学生参加新文化运动：践行新思想、新道德教育；积极改革旧课程，推行新学制，实行男女同班学习；引导教师和学生参与公路建设、社会治安整顿、新文化新道德传播等社会活动。杨善集的新式教育改革，引来了守旧势力的强力抵制。杨善集辞职。

民国十一年（1922）秋，罗汉任琼东县立第一高等小学校长。罗汉对学校进行全面整顿，稳定了杨善集辞去校长职务后学校的混乱局面。受琼东县长王大鹏委托，罗汉着手谋划创建琼东师范学校。

民国十一年（1922）11月，琼东县民选县长王大鹏召集琼东县各界人士商议将琼东县立第一高等小学校改办师范学校事宜。

（二）学校沿革

民国十二年（1923）5月，琼东县县长王大鹏召集各界代表开会议决，将原定琼东县立第一高等小学校改办师范学校方案调整为改办琼东县立中学（附设师范）。至此，涵盖普通中等教育+中等师范职业教育的琼东中学正式成立。

琼东中学是民国年间海南成立的第五所中学。学校实行一校三制，即中学、师范和高等小学三种学制。名为琼东中学，但因为全县教育事业的发展有赖于教师的培养，学校最重视的还是师范教育。琼东中学附设师范班，是琼东地区开启师范教育的创始，因此海南软件职业技术学院将1923年定为学校创始元年。

民国十二年（1923）6月，琼东县政府正式委任陈公培为琼东中学校长。陈公培（1901—1968），原名陈善基，又名“吴明”。1919年，他参加李大钊发起组织的工读互助团，开始接受科学社会主义思想。1920年，陈公培到上海，结识陈独秀，加入上海共产主义小组，与陈独秀、李汉俊、俞秀松、施存统讨论起草第一部《中国共产党纲领》。1921年春，他赴法国勤工俭学，与张申府、赵世炎、周恩来、刘清扬等五人组成巴黎共产主义小组。1922年秋受党组织派遣到海南工作；1923年10月离开琼东县。在创建琼东中学并任校长的一年时间里，他为中国共产党在海南发展了罗汉、鲁易、徐成章、徐天炳、王大鹏、严凤仪、王文明、王器民等一批优秀共产党员。陈公培作为首任校长，他把中国共产党一切为民、情系家国、忠诚于党、无私奉献的红色基因注入了琼东中学。

民国十二年（1923）秋，琼东中学改制招生。招收师范生一个班、初中生两个班，合计招收新生100余人，加上在校的高等小学诸班及之前招收的一个师讲班，9月开学上课。

民国十三至十六年（1924—1927），执教于琼东中学的一批爱国青年知识分子在和国民党的合作与斗争中努力建设发展学校。他们筹募经费，建设校舍，招收新生，改革课程，服务社会。这一时期，校党团组织蓬勃发展。1926年2月，中共琼崖特别支部建立琼东中学党小组；3月，中共琼崖特别支部成立琼东中学党支部。

民国十六年（1927）4月22日，国民党右派琼崖警备司令黄镇球在海口府城地区屠杀共产党人，史称琼崖四二二事变。4月23日，琼东中学师生转入农村，以“武装斗争”对付国民党的“白色恐怖”。此后，琼东中学以“赤化学校”为由停课整顿。此时，虽然共产党人已经全部离开了学校，且部分主要领导人也已经牺牲，但是以“清党”反共为目的停课整顿工作一直延续了五年。

民国二十一年（1932）秋，琼东县琼东中学更名为琼东县立简易师范学校，招生复课。复课后，学校实行训育管理，实施党化教育。强制学生无条件服从国民党的国民教育，不得参加社会和政治活动，不准信仰共产主义。

民国二十六年（1937）七七事变后，学校师生自发组成抗日救亡宣传队，深入市镇乡村进行抗日宣传，发动各阶层人民结成广泛抗日民族统一战线，共同抗击日本帝国主义侵略者。

民国二十八年（1939）春，日本侵略军坂田旅团攻占琼东县城与嘉积镇。学校毁于战火，宣布停课。校长詹尊泮弃教从戎，参加国民革命军投入抗日。部分师生迁徙到长坡良玖乡蚂蝗村，利用祠堂作临时课堂上课。

民国三十年（1941）初，日伪维持会强令学校部分师生从长坡良玖乡蚂蝗村搬迁至嘉积镇（学院现址）依附日军驻军营地建校办学，强制学习日语，进行皇民教育。部分师生不愿随迁而远徙定安县母瑞山建立分校，一边进行抗日救亡活动，一边上课。此时，学校形成一校二部。日本军国主义统治时期，是海软教育史上最为惨痛的时期。

民国三十四年（1945）8月，抗日战争胜利。琼东县简易师范学校恢复统一办学；定安县母瑞山分校回迁。学校临时招收各类生员组成两个简易师范班、一个初中班。

民国三十四至三十六年（1945—1947），因县城原校区毁于战火，成为一片废墟，故先借用嘉积镇大礼乡大园村祠堂因陋就简办学，后迁至嘉积郊外大春坡原日伪时期的皇民学校，再迁回县城（今塔洋镇）日伪时期创办的皇民小学，最后又从县城迁回大春坡日军琼崖东路驻军的营房（今学校校址）。学校将日军营房改作教室。这些教室一直使用至20世纪70年代，1973年毁于特大台风。

民国三十六年（1947）秋，教育秩序逐渐恢复。学校招生规模不断扩大，招收初中三个班学生134名、简师四个班学生94名。全校共有学生228人，教职员工19人。

民国三十八年（1949）秋，学校招收三年制普通科中师班学生52人。学校又形成普师、简师、初中的一校三制。其时，有学生302人，教职工26人。学校筹备升格为中等师范学校。

1950年春，国民政府海南特区行政长官公署同意学校升格，更名为琼东县立师范学校。至此，学校完成了从初师（初中）层次到普通中师（高中）层次的过渡。学校与琼台师范学校、文昌县立师范学校并列成为海南地区三所普通中等师范学校。

1950年4月26日，琼东县城和嘉积镇解放。海南军政委员会按照“维持现状，逐步改革”的方针，接管了琼东县立师范学校。

1952年10月， 琼东县立师范学校更名为琼东师范学校。

1956年秋季，琼东县全面调整学校布局，普通中等教育与中等师范教育分离。琼东师范学校附设初中班全部移交嘉积中学；万宁初级中学附设师范班与乐会县简易师范学校师范班学生并入琼东师范学校。

从1950年4月海南解放到1958年，从国民经济恢复到完成社会主义三大改造，学校一直跟随党的战略部署，艰难地改造革新。虽然历经风雨，但整体上是朝着健康方向发展的，为海南基础教育事业培养了大批教师。

1959年，因海南行政区划调整，琼东、乐会、万宁三县合并为琼海县，琼东师范学校更名为广东琼海师范学校。

1958年9月至1976年10月，学校经历了社会主义建设探索阶段的艰难历程。从反右派斗争、“大跃进”“四清运动”到“文化大革命”，学校管理体制和正常教育教学秩序受到严重冲击。尤其是1966年开始的“文化大革命”运动，学校“停课闹革命”，陷入无序和混乱状态。其间，历经“红卫兵”造反派闹革命、“贫下中农管理学校”“工宣队管理学校”几个阶段。1968年9月，广东琼海师范学校“革命委员会”成立，“革命委员会”按照中央文革领导小组要求，决定1967、1968、1969三届学生全部离校，回农村或上山下乡参加农业生产劳动。之后由县“革命委员会”将1967、1968两届毕业生分配到公社学校当教师。1973年，学校复课，以“推荐+选拔”方式招收工农兵学员。1974—1976年，教育教学得到一定程度恢复，学校学生同时参加学工学农社会实践活动。

1976年10月，历时十年的“文化大革命”结束。1977年，全国大中专学校停止推荐入学，恢复高等（中等）学校招生考试制度。至此，广东琼海师范学校开始从以阶级斗争为纲逐步转移到以德育为首位、以教学为中心的健康发展轨道上。

1988年4月，海南建省。广东琼海师范学校随之更名海南琼海师范学校，迎来了全新的发展机遇期。

1989年9月，学校升格为副处级事业单位。1990年，学校由县（市）管划归省教育厅直管，学校经费列入省教育事业经费直接划拨管理体制。1992年2月，省委组织部决定将学校党组织由中共琼海市委管理划归省教育厅党组管理。

1994年12月，学校升格为正处级事业单位。

从1988年至2003年，学校办学条件进一步改善，教育信息化建设成果丰硕，为海南基础教育事业的发展培养了大批专业教师，深受社会各界好评，被誉为“全国师范学校一枝花”。

进入21世纪后，学校致力于教育信息化，在软件职业教育与开发领域处于海南省乃至全国领先地位。

2002年10月，学校向海南省人民政府申请改制，创办海南软件职业技术学院。同年年底，在专家评审会上，与会专家全票通过海南琼海师范学校转制升格为海南软件职业技术学院。

2003年3月，海南省人民政府正式批准海南琼海师范学校升格为海南软件职业技术学院。走过八十年峥嵘岁月的学校实现了从中等师范教育向高等职业教育的跨越，完成了办学历史上的华丽蜕变，开启了海南软件职业技术学院繁荣发展的新征程。

2007年2月，学校升格为副厅级事业单位。

海软升格转型以来，紧紧围绕立德树人的根本任务，重构教学课程，打造专业特色；秉承“培养信息技术人才，服务经济社会发展”的办学理念；践行“铸就软件工匠摇篮，赋能产业创新发展”的办学宗旨；实施“质量立校，人才强校”的发展战略；坚持“立足海南，面向全国，服务信息产业，坚定职业教育”的办学定位；形成了“政行企校协同，校企共同育人”的办学格局。将人才培养质量提升作为立校之本，扎实推进“教学质量提升计划”的实施。

在2007年和2012年两轮人才培养评估工作中，学校以优异的办学成绩，成为海南省唯一一所连续两次顺利通过教育部人才培养工作评估的公办高职院校。党的十八大以来，学校再接再厉，再创佳绩。2017年9月，学校入选教育部第二批现代学徒制试点单位。2018年1月，学校被授予全国“首批职业院校数字校园建设实验校”。2018年5月，学校被确定为海南省优质高等职业院校立项建设学校。2020年9月，学校获批首批海南省“双百”人才团队。2022年1月，学校被确定为“全省党建工作示范高校”培育建设单位。2022年4月，学校成为海南省“双高计划”立项建设学校。

二、基础设施与学校管理

（一）基础设施

海南软件职业技术学院坐落于博鳌亚洲论坛永久会址所在地、中国优秀旅游城市、海南省东部中心城市——琼海市。

学校的命运与建设和祖国的兴衰共沉浮。民国年间，学校因日寇入侵，战乱频仍，校园破落，设施简陋，条件艰苦，几次迁移。日伪时期，学校毁于战火硝烟，片瓦不存。抗战胜利后，学校迁入日伪时期建造的日军琼崖东路驻军营房办学。

中华人民共和国成立后，尤其是1978年党的十一届三中全会以后，学校随着祖国的改革开放、繁荣富强，对教育事业投入不断加大而开始谱写辉煌的篇章。

学校在升格转型前的中等师范学校时期，校园面积为138亩[①]。1984年，地方政府先后投入268万元基础建设经费，对简陋的校园进行改造，共修建了7幢教师套间楼、5幢学生宿舍楼以及图书馆、艺术馆、校门、食堂等建筑，总面积12 350平方米，最大限度地改善了办学条件。此后的几年间，学校师生自力更生，对学校基础设施按照规划进行改造，使学校逐渐变成功能分区合理、建筑美观、树木成荫、绿草如茵的花园式校园。

学校升格转型后，专业数量急剧增加，招生人数迅速增长，办学规模不断扩大。在省市领导和社会各界的支持下，至2020年，校园面积增加到326亩。

---

① 1亩约等于666.67平方米。

2003—2007年，学校投入资金2 800多万元，先后兴建各种实验室、计算机应用基地、实训基地、扩建图书馆，成功立项建设建筑面积为13 990.4平方米集实验、实训、教学于一体的综合楼，建设建筑面积为2 952.8平方米的第12幢学生宿舍，为学校的后续发展奠定了基础。

2007—2021年，学校拆除原三层办公大楼，建设综合楼和教职工住宅小区（师苑小区）；建设校内实验、实训室119间（其中，创新实验室9个），校外实习实训基地60个，省级实验教学示范中心1个；购置教学用计算机4 371台。学校投入教学科研仪器设备资金总值5 993.37万元；投入信息化设备资产值1 109.29万元。学校图书馆现馆藏文献102万册，其中纸质文献42万册、电子图书60万册，生均文献141.8册，生均年进纸质图书2.27册以上。

2015年，学校投入近900万元建设完成图书馆图书自助服务、终端桌面云图书检索服务、校园私有云服务（Paas），并利用私有云服务先后发布学校新门户（www.hncst.edu.cn）、教务管理系统、电子邮件、图书资料网上检索、招生录取查询、电子政务、数字化学习门户、精品课程、E-learn等近30个应用服务，并承担海南省教育厅科研管理评审、海南高职技能竞赛报名、中招评卷等多项网络服务；建成29T各类教学信息资源库，初步建成了第三代服务型校园网络。校园信息化应用已经成为学校师生教学、科研、管理及生活的一部分。学校网络信息中心已完成智慧校园规划设计。2017年，学校荣获中央电化教育馆颁发的“职业院校数字校园建设实验校”荣誉称号。

2018年，依据学校信息化发展规划，结合学校智慧校园建设需求，学校投入资金1 000多万元，改善学校网络基础平台问题，健全和完善学校信息系统，实现系统的集成和各个系统之间的数据共享，建立基于数据管理和利用的综合性技术方案的共享数据中心。建设完成智慧校园基础支撑平台、一站式办事服务大厅、人事系统、学工队伍建设系统、学生信息采集系统、升级更换出口路由器、核心交换机、认证计费系统；增加数据中心交换机、网络管理与运维管理系统。

2022年学校启动智慧校园大数据中心及基础平台建设项目二期工程，建设以学校基础信息库、教工基础信息库、学生基础信息库为基础的校园信息化基础数据平台，以物联网、云计算、大数据分析为核心技术，为全校师生提供环境全面感知、智慧型、数据化、网络化、协作型一体化的教学、科研、管理和生活服务。学校的信息化管理水平实现“系统互通、信息共享、业务协同”的信息化工作业态，网络安全及保障能力、学校信息服务能力达到省内外同类院校先进水平。

（二）学校管理

民国年间，社会动荡，校无定所，多次迁徙，内部管理以艰难地维持教学生存为主。加之兵燹战火、风暴天灾，管理资料片纸无存。

中华人民共和国成立后，在社会主义改造和社会主义建设探索阶段，学校按照党的教育方针，自力更生，艰苦办学，发展缓慢。“文化大革命”期间，曾出现“贫下中农管理学校”“工宣队管理学校”的情况，学校管理体制一度受到严重冲击。

党的十一届三中全会后，随着国家改革开放的全面推进，学校迎来了第一个快速发展期。学校管理逐步走向制度化、规范化，为升格转型奠定了坚实的基础。

2003年，学校从中等师范学校转型升格为高等职业技术学院，迎来了第二个高速发展期。学校转型升格二十年来，尤其是党的十八大以来，始终坚持党的领导，坚持依法治校，坚持民主管理。

1. 党的领导

学校党委严格遵循《中国共产党普通高等学校基层组织工作条例》，全面贯彻党的教育方针，落实立德树人根本任务。学校认真执行党委领导下的院长负责制。坚持党管办学方向、党管干部、党管人才、党管意识形态，领导改革发展，把党的领导落实到学校办学治校全过程各方面，确保党中央决策部署得到贯彻落实；坚持全面从严治党，以党的政治建设为统领，以坚定理想信念为根基，全面推进党的政治建设、思想建设、组织建设、作风建设、纪律建设，并把制度建设贯穿其中；坚持学校党的建设与人才培养、科学研究、社会服务、文化传承创新、国际交流合作等深度融合，为学校改革发展、完成党和国家重大战略任务提供思想保证、政治保证、组织保证；坚持把思想政治工作作为开展学校党的建设的重要抓手，把立德树人成效作为检验学校党的建设工作的根本标准；坚持抓基层强基础，健全学校党的组织体系、制度体系和工作机制，全面增强学校基层党组织生机活力。

2. 依法治校

学校党委领导下的院长负责制，集中体现在学校严格按照《海南软件职业技术学院章程》对学校进行管理。2005年，学校制定颁布了《海南软件职业技术学院章程》。此后，学校根据该章程制定了各类专项管理制度。2006年，学校制定颁布《学院党委重大问题议事规则（试行）》《学院院长办公会议制度（试行）》。2018年，学校制定颁布《学院“三重一大”决策制度实施办法》。这些议事和决策机制的建立健全，为重大决策、重要人事任免、重大项目安排和大额度资金使用事项的落实提供了科学决策、民主决策和依法决策依据。

二级学院（部）实行党政联席共同负责制。2004年，学校颁布实施《教学系（部）工作职责》。2009年，学校颁布实施《教学系部议事规则（试行）》。2020年，学校成立二级学院后，颁布实施《二级学院（部）议事规则》，随后修订为《二级学院（部）党政联席会议议事规则》。2021年1月，学校制订深化校院两级管理体制改革清单，扎实推进学校校院两级管理体制改革。2021年4月，为适应高等职业教育改革与发展的需要，进一步优化校内管理体制和运行机制，有效配置教育人力资源，提高办学质量与效益，推进学校高质量发展，学校对内设党政管理机构、教辅科研机构。

2007年12月，学校首次汇编印发《海南软件职业技术学院管理制度选编》，收录了学校2003年升格转型后至2007年6月30日前所制定的重要规章制度107个。这些制度分为党群行政管理、教学管理、科研设备管理、学生管理、后勤财务管理、图书档案管理和部门工作职责七大类。2012年，学校启动第二轮各项规则制度修订工作，同年12月编印成册。2016年5月，海南省教育厅正式通过《海南软件职业技术学院章程》。2018年，学校对各类管理规章制度进行了系统、全面的修订。经过两轮规章制度的建设，学校逐步建成了一整套较为科学的规章制度体系，形成了事事有人管、人人有职责的工作机制，促进了学校各项事业持续健康发展。

3. 民主管理

学校教职工代表大会每三年一届，每学年召开一次。主要行使审议建议权、审议通过权、审议决定权和评议监督权；听取和审议学校工作报告，对学校的办学指导思想、发展与建设规划、重大改革方案、财务工作报告、教职工队伍建设以及其他有关学校发展的重大问题提出意见、建议和方案；审议通过学校制定的聘任制实施方案、奖惩办法以及其他与教职工切身利益相关的重要规章制度，由校长颁布实施；审议决定教职工住房建设方案、福利费管理使用原则和办法，以及其他有关教职工福利的事项；参与监督、评议学校各级领导干部。

学校升格转型之初，对原琼海师范学校机构设置进行调整，建设完善校系两级管理，实现管理重心下移。机构调整后，设党委办公室、纪检监察审计处、机关党总支及各系党总支（直属党支部）、工会、团委；学校办公室、人事处、学生处、教务处、科研设备处、招生就业处、财务处、后勤处；软件工程系、网络工程系、信息工程系、信息技术教育系、艺术系、文科部、理科部、公共教学部（社会科学部）、图书馆等管理部门与教学单位。

经过二十年的发展，今天的海软，已经建设成为管理规范、特色鲜明、成果丰硕的国内知名高等职业技术学院。目前，学校已拥有一支师德高尚、教艺精湛的“四有好老师”队伍。截至2023年3月，学校有教职工521人（含外聘教师），其中专任教师385人，教授13人，副教授102人，讲师145人；专任教师中具有硕士学位的有210人，双师型教师167人；有海南省“515人才工程”第三层次专家3人，海南省杰出人才1人，海南省领军人才1人，海南省拔尖人才11人，“南海工匠”3人，其他高层次人才101人，柔性引进人才5人，海南省“双百人才”团队1个，省级优秀教学团队4个，省级教学创新团队2个。

学校设有软件工程学院（人工智能学院）、网络工程学院、经济管理学院、动画学院、机电工程学院、教育与艺术学院、国际教育与旅游学院、马克思主义学院、公共教学部、体育部，有专业34个，形成了以电子信息大类为主，艺术设计、财经旅游、文化教育、交通运输和装备制造等大类为辅协调发展的专业布局。

三、专业课程与教学科研

（一）专业设置

初等师范与中等师范学校时期，学校为培养具有综合素养的小学教师，不分专业，课程均按照国家对师范教育的要求设置。

学校升格转型前期，对课程体制进行了一系列重大改革，从师范教育逐渐向高等专业教育转变。1999年，学校开设数学大专班。2000—2002年，学校分别增设小学教育（文科、理科）大专班、小学科学教育大专班、小学音乐教育大专班，为学校从师范教育类向高等职业教育类逐渐过渡奠定了基础。学校升格转型后，围绕高等职业教育办学目标定位，设置了一系列面向未来、以现代信息技术为核心、具有海软特色高等职业教育的专业。

2003年，学校增设软件技术、计算机网络技术、网络系统管理（因特网应用）、计算机信息管理、电子商务、现代教育技术、多媒体设计与制作、小学教育（文科）、小学教育（理科）学前教育专业。2004年，学校增设游戏软件制作、计算机系统维护、计算机辅助设计与制造、计算机应用技术、信息安全技术、会计电算化、影视动画、音乐表演专业。2005年，学校增设图形图像制作、广告设计与制作、电脑艺术设计、音乐教育专业。至2007年，学校新增27个专业，停招、调整专业12个，所有专业（不含不同学制）目录达到34个。学校专业涵盖了电子信息、艺术设计传媒、制造、财经、文化教育等多个大类。学校专业特色明显，专业布局日趋合理。

2007年后，学校根据社会需求不断调整专业建设，停招4个专业，调整12个专业。学校按照专业建设管理的相关规定，进一步规范专业设置与调整，促使专业设置日趋合理科学。根据高素质技能型专门人才培养的需要，学校把软件技术专业分为桌面应用、WEB应用J2EE、WEB应用DOT NET、综合应用等4个方向。

2008年，学校成立第一届专业建设指导委员会。紧密结合区域产业结构调整和行业发展趋势，不断创新专业建设与发展模式，积极服务海南战略性产业，加大对精品课程、特色专业和省级教学团队的建设。同年，学校增设动漫设计与制作（三年制）、市场营销（三年制）、音乐表演（三年制）专业。

2009—2012年，学校建有软件技术、动漫设计与制作、计算机网络技术、电子信息工程技术4个省级特色专业；有电子商务、网络系统管理、广告设计与制作、会计电算化、计算机应用技术、应用电子技术6个校级特色（重点）专业。至此，学校形成了以电子信息大类为主体，艺术设计传媒、财经、旅游、文化教育等门类为辅协调发展的专业布局。

学校不断加强专业建设力度，成效显著。近几年来，优化数字艺术设计、互联网软件开发与服务、互联网运维、电子商务、电子技术服务五大专业群结构，新增9个完全匹配海南省重点产业的专业，认定省级骨干专业2个，国家级骨干专业1个，2个现代学徒制试点项目通过教育部验收，在开展中—高—本分段衔接培养的基础上，新增2年制（专升本）联办职业本科试点专业3个。2017年，学校动画学院动漫制作专业和国际教育与旅游学院的酒店管理两个专业获批为国家教育部第二批现代学徒制试点专业。2019年10月，这两个学徒制试点专业以优异的成绩通过了教育部验收。2020年，学校动画学院获批省级“三全育人”院系试点。

转制升格20年来，学校始终根据国家与海南社会经济发展的需求和高等职业教育的特点，根据“扬优、扶新、集群”的专业建设思路，根据“针对市场设专业”的原则，加强专业建设，构建了以重点专业建设为龙头、专业群为支撑、新专业为亮点的专业建设框架，以计算机技术为核心的计算机软件技术专业群和计算机网络技术专业群；以数字媒体设计技术为核心的动漫设计与制作专业群；以商务和管理技术为核心的电子商务专业群；以电子技术为核心的电子信息工程技术专业群；以旅游服务为核心的旅游与英语专业群；形成了以电子信息大类为主体，艺术设计传媒、财经、旅游、文化教育等门类协调发展的专业布局。

（二）课程（教材）建设

在80年的中等师范教育发展过程中，学校课程设置、教材选用基本上按照国家同时期的相关规定执行。

学校转制升格后，按照人才培养模式的基本要求，依据“突出应用性、贯穿实践性、体现前沿性”的原则，先后进行二次课程改革，构建促进学生知识、能力、素质协调发展的新课程体系。学校重点加强实践课程教学环节，突出学生技能培养。理论教学以必需、够用为度，注重人文与技术相结合，知识、能力和素质相统一。学校高度重视推行省级与校级精品课程项目建设。同时，出台海软《选修课管理制度》，对自然、社科、文体等门类的150余门课程进行规范化管理，规范教师选修课教学和学生选课制度。课程选修制的推行，有力地促进了学生综合素质的提高和个性化发展。

首先，以就业为导向，以应用为主体构建海软课程体系。学校按照各专业人才培养目标与规格的要求，从分析研究职业岗位（群）所应具备的知识、能力和素质入手，按照职业能力素质培养目标重构教学内容结构，建立模块化课程体系，把基本技能训练、专业技能训练与职业能力教育列入专业教学计划，实行真正意义上的“双证书”制度。在计算机网络技术和网络系统管理专业开设了“红旗软件Linux”考证课程；计算机辅助设计与制造专业开设了“AutoCAD”考证课程；软件技术专业开设了程序设计方面的考证课程，使毕业生在毕业时获得“双证书”，更符合用人单位的需求。在软件技术专业课程设置上，嵌入微软软件工程师职业培训的核心课程，打破了传统课程设置框架。根据软件行业、企业技术领域和软件职业相应岗位对人才的要求，主要针对社会需求的B/S架构的WEB开发人才和手机应用开发人才，根据两种主流的B/S开发平台和架构（J2EE和DOT Net），重新制定人才培养目标，重构课程体系。

其次，以精品课程建设为主线建设海软课程。为推进实施精品课程建设项目，发挥精品课程的辐射和引导作用，学校出台了《精品课程建设实施细则》。2007年，学校启动了6个重点专业和8个精品课程建设工程，并给予专项资金支持等。2008年，肖友荣教授负责的“FLASH动画设计与制作”课程被评为省级精品课程，取得学校获得省级教学质量工程奖项的历史性突破。2013年，张卫国教授负责的“三维动画基础”和白晓波教授负责的“计算机网络技术”2门课程被评为海南省普通高等学校省级精品课程。2018年，雷燕瑞副教授申报的课程“数据库应用”被认定为第二批海南省高校精品在线开放课程立项建设课程。2020年，肖友荣教授申报的课程“计算机应用基础”和张卫国教授申报的课程“三维动画渐进”被认定为第四批海南省高校精品在线开放课程立项建设课程。2021年，严丽丽教授申报的“初识人工智能”被认定为第五批海南省高校精品在线开放课程立项建设课程。

学校鼓励教师主（参）编专业课教材，2007年，出版了《计算机文化基础》《网络营销与策划》《心理学——大学生心理健康教育》《电子技术（理论）》《思想政治教育学》等11部教材。2009—2012年，又出版教材44部，编写实验实训指导书199部，基本满足学校专业设置需要。2013年以来，推动校企合编产教融合教材建设，先后立项了47个校级以上规划教材建设项目，还有25个项目正在建设中。全校教师已正式出版教材96部，其中，校企合作共建教材38部。2021年，学校专门引进“智能资源制作中心”，并制定激励政策，鼓励教师编写新形态（如云教材、活页式、工作手册式等）教材，现已立项19部云教材建设项目。2022年，“计算机应用基础”教材被海南省教育厅推荐参加全国“十四五”规划教材遴选。

（三）教学重构

学校始终牢固树立“教学是学校的中心工作”“抓好教学工作是提高学校办学水平的重点和关键”的思想。20年来，为了适应高等职业教育的发展，促进内涵提升，学校党委、行政工作重点始终围绕教学开展。学校党委定期召开会议讨论学校教学工作，并对教学改革工作中的重大问题进行专题研究。学校行政定期召开教学工作例会，及时研究解决教学、科研、产学结合工作中的具体问题，确保教学中心地位得以全面落实。

学校升格转型后，面对学科教学的转变、专业门类的设立、培养层次的提升、IT行业教学对教师的素质、技能要求等问题，在教育思想与教学理念上进行了重大的调整重构，逐渐树立了鲜明的高等职业教育观念：必须适应产业结构调整和行业技术进步，注重实践教学，以技能培养为主线，突出高等职业教育特色的教学观；以行业一线需要为指南，培养既有较高文化素质，又有很强动手能力的基层技术与生产管理人员为目标的人才观；以提升学生就业率为重要指标，培养学生工作实践能力的质量观；以及办学规模、结构、质量、效益相协调的科学发展观。

2003年，学校改革教学机构，教学重心下移。成立二级教学系（部），把教育教学工作重心下移到二级教学部门。2004年，学校印发海软《学院教学系（部）工作职责》。2006年，学校对内设机构进行调整与更名，依据专业归类设立了8个教学系（部），成立各系（部）党总支（直属党支部），具体负责各系（部）专业学生的教育教学工作。2008年，学校对内设教学机构再次进行改革调整。2010年，增设外语与旅游系。2012年，学校内设10个教学、教辅机构，高职教育教学体系基本稳定。同时，学校编制了《教师手册》，构建了规范科学的教学管理体系与机制，促进了学校办学行为规范化。

2009年，学校举办“2+1”人才培养模式暨教学改革研讨会。首次明确了“2+1”人才培养模式在学校推行。会议提出以技能点或知识点为课程体系设置的标准、以项目作为课程体系设置的标准、以核心课程作为课程体系设置的标准的三个课程设置标准，严格按照教育部规定进行课程设置。学校不断深化人才培养模式改革。一是实施“2.5+0.5”或“1.5+0.5”的培养模式。二是实现分方向培养。三是实施模块化教学。四是改革学生考核评估模式。

学校按照“以培养学生技能为教学主线”的教学理念，积极推行“实例教学法”“研究式教学法”和“项目教学法”等教学方法，鼓励学生基于信息环境下的自主学习、合作学习、研讨学习。学校不断改革教学评价方式：对专业技能课程，积极探索实操模拟、现场操作等更适合职业教育特点的考试方式，建立过程评价与结果评价相协调的评价体系。同时，规定笔试课程的考试实行A、B试卷，体现公平竞争；无须笔试试卷的科目必须提供考试方案、评分标准和要求；所有专业的计算机应用基础全部采用无纸化考试；部分课程取消闭卷考试。

学校在师范教育时期，就致力实行并始终坚持实践教学，一是强化基本功训练，抓好过关考核，培养学生过硬的教学基本功。二是抓好教育见习、实习，提高学生的岗位适应能力。师范教育办学八十年所坚持的实践教学，沉淀形成了重视实践教学的观念和学校办学的特色，提高了学校的教学质量和学校的知名度，增强了学生的认知和实践能力，积累了丰富的实践教学经验，为学校升格转型后传承办学传统提供了可供借鉴的基础。

学校升格转型后，全面梳理师范教育时期实践教学的历史积淀，把实践教学作为一种办学特色来加以传承，另外从高职教育培养目标和专业职业能力结构的要求出发，构建了实践教学的目标、内容、运行、保障、管理与评价的实践教学体系，这个体系与教学体系相辅相成，将实践教学活动贯穿于人才培养的全过程，通过实验、实训、课程设计、项目开发、顶岗实习、毕业设计等方面来实现实践教学的目标。

整个实践教学体系，分四个阶段。第一阶段，通过校内实验室实现学做合一，积极推行“双证书”制度（毕业证书与职业资格或专业技能等级证书），课程和实验教学融入职业资格和行业技术标准，培养学生的专业基础技能。学校获授权建立了海南省第65所职业资格鉴定所，承担的职业资格鉴定工种达到23个。第二阶段，通过每学期1～2周的专业实训，安排小型仿真案例进行训练，使学生初步了解基于典型工作任务的工作流程和基本要求，并通过课程设计进一步提高学生的独立工作能力。第三阶段，通过校内实训基地、校外实训基地、校内应用技术研发中心、学生创业中心等基地，安排学生在真实或仿真企业工作环境中进行技能训练，遵循行业标准和工作规范，逐步培养学生的综合职业素质。针对岗位需求，因材施教，注重分工协作，培养专项技能。在这一阶段，组织学生积极参与各类技能竞赛和项目实践，培养学生的创新能力。第四阶段，带薪生产性实习和顶岗实习，实现技能训练和就业的无缝衔接。

实践教学，需要“双师型”教师与实验实训基地来保障。学校在培养“双师型”教师和双师素质教师方面不断加大力度。根据高职教育的特点和要求，学校除出台选拔“双师型”教师规定外，还出台了教师外出调研、参加学术会议和利用假期下企业调研等方面的规定，狠抓双师素质师资队伍建设，从而提高教师队伍的实践技能。学校高度重视校内实验、实训基地建设，建设有37个具有高度仿真功能、设备先进的校内实验、实训室，拓展校内实验、实训基地的教学、科研、实验、示范及技术开发功能，全面提升校内实验、实训基地建设水平。注重校外实训基地建设，相继与61个单位建立了学生实习、实训的长期协作关系，设立了稳定的校外实训基地。学校在教学运行与管理中对实践教学环节管理进行单独设置，由教务处、科研设备处和招生就业处三个职能部门联合对实践教学进行宏观管理，各系部全面负责专业实践教学工作。学校实践训练课程开出率达100%，各专业的实践教学做到“五落实”，即专业教学计划落实、课程大纲落实、授课计划落实、指导教师落实、考核方案落实。

学校制定了《教学质量监控实施方案》，建立了包括培养目标系统、组织管理系统、质量标准系统、信息收集系统、评价分析系统、信息反馈系统等六个子系统构成的教学质量监控体系，初步形成全过程、立体化的教学质量监控格局。

学校不断创新教学管理方式，成立了教学工作指导委员会、校企合作工作委员会、专业建设指导委员会、学术委员会和教学督导小组。同时，设立了教务处和5系3部下辖的28个教研室（研发中心）。实行了校、系（部）二级管理体制，明确了各级教学管理部门的职责。有关教学及管理的重大决策、重大改革措施，先由各委员会研究论证和提供决策指导，再经学校党委或校长办公会议集体研究决定，最后由教务处统筹协调全校教学管理工作，形成“校长—分管教学工作副校长—教务处—系（部）—教研室（中心）”的教学管理体系。

2013年，学校在教学方面尝试创新办学体制改革，主要措施：一是推进“厅市共建”；二是构建与中职教育合作的办学机制；三是培养、培训一体化办学；四是引进企业与学校合办专业；五是校企合一办学；六是加强对外合作办学；七是创建由政府、行业、学校共同参与的办学管理机构。

2021年，学校坚持开放办学，全面深化“五位一体”协同育人和国际交流合作。先后与省内外95家企业积极开展深度合作；与9所中职学校合作开展9个专业的“3+2”分段培养和连续培养专科专业教育；与海南热带海洋学院、海南科技职业大学合作开展4个专业的“3+2”分段培养校企合作本科专业教育；与海南师范大学、海南热带海洋学院合作开展3个专业“专升本”联办项目；与俄罗斯、美国、英国、巴基斯坦、马来西亚、印度尼西亚、泰国等10余个国家和我国台湾地区的16所高校建立了友好合作关系，开展合作办学、教学与学术交流、师生互访。

（四）科学研究

学校升格转制以来，高度重视科学研究工作。首先加强科研工作的制度建设，促进鼓励教师从事教育教学科研，规范科学研究行为。2006年，学校制定了《校级科研项目暂行管理办法》《关于教学科研专项工作及奖励（津贴）的暂行规定》。2007年，制定了《学术委员会章程（试行）》《科研成果奖励及管理的暂行规定》《关于界定学术论文、教育教学论文和论著的实施细则（暂行）》。2009年后又制定了《科研项目经费管理办法》《学院科研项目经费管理办法》。2020年和2021年两次修订《海南软件职业技术学院科学研究项目管理办法》《海南软件职业技术学院科研经费管理办法》《海南软件职业技术学院科研创新团队暂行管理办法》。这一系列的制度、规定、办法，为学校科研的快速发展夯实了坚实的基础，提高了科研经费的使用效率，锻炼、培养、提高了教师的科研能力，促进了科研团队建设，使校级科研项目成为省级、国家级项目和科技成果转化项目的预研基础，提高了校级项目管理水平和项目实施绩效，使项目管理工作科学化、规范化、制度化，有效提升了学校整体创新能力和综合竞争力。

为了营造浓厚的科研氛围，学校积极主动申请承办（协办）国家与省级科研会议。2019年，学校协办了由中国计算机学会主办、中国计算机学会职业教育发展委员会承办的CCF职业教育大会。130所职业院校、普通高等院校和产业界的代表、专家齐聚博鳌，共商职业教育发展大计。2021年，学校承办了由海南省文化艺术职业教学指导委员会主办的海南省设计教育大会。大会特邀中国传媒大学、北京交通大学、天津理工大学的专家进行专题报告分享，同时启动高等职业院校赛道海南省分赛区“全国数字创意教学技能大赛”、第五届中国虚拟现实大赛海南省分赛。学校领导出席开幕式并发表讲话，来自全省十余所高校代表及相关行业、企业代表的60余位嘉宾参加了大会。

学校积极开展各类学术交流，邀请专家来校讲学。2013年4月12日，英国波恩茅斯大学博士生导师徐菲菲博士前来我校讲学。2013年5月26日，台湾文化大学教授、上海交通大学策略与危机管理研究所所长邱毅博士和上海交通大学策略与危机管理研究所执行所长苏建诚教授一行9人应邀到学校讲学。2013年6月28日，英国伯恩茅斯大学克里斯蒂娜博士前来学校讲学。2019年12月4日，CCF职业教育发展委员会（简称CCF VC）主席王公儒教授予中国计算机学会（CCF）虚拟现实与可视化专委会候任主任、杰出演讲者罗训教授代表CCF VC来到我校开展CCF走进职业院校活动。罗训教授在学校综合楼301教室作了《看得见的计算机之美》的学术报告。2021年12月26日，在CCF主办的2021CCF中国区块链技术大会期间，三百余名专家学者及创业者齐聚海口，共同见证了学校与中国联通（海南）创新研究院、中国-哥伦比亚智网互联实验室联合设立的数字孪生与智网互联创新实验室在中国联通（海南）创新研究院会议室正式揭牌。这是《智慧海南总体方案（2020—2025年）》发布以来在海南省成立的第一个数字孪生方向科研综合体。

学校主办博鳌前沿论坛。2021年，先后邀请中国人民解放军总医院韩丽娜研究员、北京理工大学王国威博士、杨文涛博士和宋晓伟博士到我校讲学交流，国家信息技术安全研究中心李冰研究员作了《新时期网络安全人才教育和培养》报告，解放军总医院海南分院杨国庆教授作了《中国健康生活方式预防心血管代谢疾病指南解读》医学报告，北京理工大学信息与电子学院微波技术研究所高洪民博士作了《新型能源车辆关键技术发展现状与探讨》报告。

学校加大教研科研制度建设和经费投入，注重提高教师教研科研能力，教师的教研、科研与技术开发取得了丰硕的成果。“十一五”期间，学校科研实力明显提升，科研工作取得显著成效，发展态势良好。学校启动了《教授讲坛》，通过《教授讲坛》这一平台共举办各类学术讲座

50余场。荣获省科技进步一等奖、科研成果二等奖、教学成果二等奖及海南省自然科学优秀学术论文一等奖等省级以上奖励近100项；主持国家自然科学基金项目1项、国家子课题3项、海南省自然科学基金项目10项、海南省"十一五"教育科学规划课题5项、海南省高等学校科研项目29项；编著专著和教材30多部；被SCI、EI、ISIP等国际权威刊物检索收录学术论文15篇。2011年，学校科研设备处被中国高等职业技术教育研究会授予"全国优秀科研单位"。

2013年以来，学校教师366人（次）获得校级及省级教学科研成果奖，在各类刊物上发表论文279篇，教师自行制作的多媒体课件获省教育厅及以上奖次32个（套）。学校"以教研科研促教学质量提高，以质量求学校发展"的氛围正在形成。许多教师在校内外获奖，并取得了一批教学科研成果。学校获得省科学技术奖3项、省科研成果奖3项；获得授权专利31项；获得国家级课题4项、省自然科学基金项目42项、省哲学社会科学规划课题12项、海南省教育科学规划课题15项、海南省教育厅科研项目（含思政专项）63项。其中，2021年由郭树理教授主持的海南省科技厅重点研发计划实现了重大突破；桂占吉教授主持的"非线性系统的混沌控制及疾病防控研究"项目获2019年度海南省科学技术奖二等奖。

上篇

80年中等教育的
峥嵘岁月

（1923—2002）

海南软件职业技术学院历经百年沧桑洗礼。2023年，将迎来100周年校庆。

百年校史，既是海南东部地区现代教育事业发展的壮丽画卷，也是学校与国家、民族荣辱与共、奋勇前行的光辉写照。

学校从1923年创办现代新式中等学校开始，历经琼东中学、琼东县简易师范学校、琼东县立师范学校、琼东师范学校、广东琼海师范学校、海南琼海师范学校80年的中等师范教育。2003年，学校升格转型为海南软件职业技术学院，又走过了20年的高等职业教育历程。100年来，学校数易校名，几迁校址，饱经沧桑，革故鼎新，始终秉承传播优秀中华传统文化，学习现代先进科学技术的教育理念，培养国家经世济用人才。

今天，在学校百年华诞之际，让我们共同走进百年峥嵘岁月，重温海南东部万泉河畔这片钟灵毓秀的沃土之上深厚的历史文化底蕴和红色的光荣革命传统，以史为鉴，开创未来，把海南软件职业技术学院办成享誉琼州，全国知名的高等职业院校。

第一章 源远流长的学校建校前史

海南软件职业技术学院地处海南岛东部琼海市嘉积镇。这里风景秀丽，人杰地灵，是海南现代革命斗争的红色故土。琼海市嘉积镇，660—1291年隶属于岭南道（广南路）乐会县；1291—1914年隶属于琼州府（湖广行省）会同县；1914—1959年隶属于广东省琼东县；1959—1992年隶属于广东省琼海县；1992年起隶属于海南省琼海市。在这片具有悠久历史和丰厚文化底蕴的土地上，学校办学的历史渊源可以追溯到明代会同县知县卢章在县城创办的“正蒙清馆”。

第一节　从创办正蒙清馆到建成应台书院

一、正蒙清馆和应台书院

明朝中后期是海南文化教育长足发展的时期。万历三十二年（1604），卢章（广西南宁人）任会同知县。其时，会同是一个小县，地狭民穷，文化普及程度低，办学资金缺乏，全县只有蒙馆书塾，没有书院。科举考绩不佳，历年科考中举生员寥寥。会同县北边的文昌县，知县贺沚创办了玉阳书院。会同县南边的万州（今万宁市），知州茅一桂创办了万安书院。会同县西边的定安县，尚书王弘诲回乡创办了尚友书院。知县卢章深知“国家之治自人才始，人才之兴自学校始”，他有感于会同县教育的落后状况，便多方筹措资金，购置田地七丘作为学田，在会同县衙东边的盐运分司旁（今塔洋镇中心小学）建起一所“正蒙清馆”，招收学子在此读书研课。这是会同县创办书院的开始，也是明、清至民国时期会同县办学发展的基础。

万历三十七年（1609），会同知县叶中声（浙江天台县人）在“正蒙清馆”的基础上扩建并匾书其名为“应台书院”。此时，会同县耆老（乡绅）李文通也捐田二丘入书院，增加了书院的学田。

卢章创办的正蒙清馆虽然还带有义学的性质，但已经具备了古代“书院”的所有特征，而且几年后叶中声创办的应台书院就是在此基础上扩建而成的。此后，书院有了固定的学田收入。在社会各界的支持下，应台书院成为明朝后期会同县教育的龙头。

二、建设聚奎塔激励学生折桂

《会同县志》记："聚奎塔为县治文峰。"

万历三十三年（1605）春，从京城辞官回琼的琼山进士许子伟（府城人），应万州知州茅一桂的邀请到万州（今万宁市）东山岭游览，路过会同县时留宿会同县城（今塔洋镇）。是夜，知县卢章带教谕（相当于现在主管文化和教育的副县长兼教育局长）池起凤一起拜访了许子伟。长夜促膝，他们交谈了教育培养人才的话题、谈到了会同县教育的落后状况，也谈到了卢章等为会同县购置学田的问题。卢章谈到了购置学田的重大意义和计划，许子伟深为卢章的善举所感动。他们也谈到了办学环境改造对人才培养的影响。

许子伟和丘濬、海瑞被称为海南"一里三贤"。许子伟虽然多年在京为官，但他有着深厚的家乡情结与教育情怀。许子伟回琼居家期间，在府城城西创办了敦仁义学，又在儋州城外东南隅创办了许氏义学和兰村德义书馆，还分别应万州知州茅一桂和文昌知县贺沚的邀请到万州万安书院、文昌县玉阳书院讲学。他好游览，重堪兴，对风水情有独钟。此前，许子伟为了改造琼州府城的水文环境，与琼州知府涂文奎首创，邀集乡贤众筹，在府城东北三里许的艮位上建设了一座"明昌塔"，取"大明昌盛"之意。建设"明昌塔"依堪兴家之说是用以弥补府城美舍河和南渡江河流北冲入海且形斜无山峙之山水漏缺，在此处关镇河流入海之缺口，显百川朝宗之澜意。此塔建成后因琼州大地震坍塌而重修；近代又因日寇飞机炸毁。2019年海口市政府重建。

一夜的长谈，最终促成了卢章建设聚奎塔的决心。

琼北大地震后，卢章救灾建塔，全力以赴，当年动工，半年建成。定安进士尚书王弘海特为此写下了《聚奎塔铭》。

卢章是一个实干家，上任以来为百姓开渠、修堤、架桥。聚奎塔虽然是受了许子伟和明昌塔的影响而建设，但卢章不仅仅想从环境地气上对会同县的教育产生影响，更希望以此在心理上、精神上给会同县的学子带来更大的鼓励。因此，在建塔快竣工时，卢章这个广西举人便仿南宋广西提点刑狱兼权桂林知府事王正功所题"桂林山水甲天下"之事，借夜梦仙人站在塔顶上口念"奎塔插天连甲第"的谶语，预示奎星已经降临会同县。卢章仿效"桂林山水甲天下"鼓舞八桂学子争取功名之义，便借"聚奎塔之梦"劝勉会同县的学子们鼓足勇气去求取功名折桂，故取塔名"聚奎塔"。

琼海市聚奎塔

奎星是二十八星宿中主宰天下文运的大

吉星，此塔就是奎星降临之地。卢章把这个风水文运塔建成了一座精神激励塔，让闪闪奎星照亮书院。他要改变会同县黉门不振的状况，让聚奎塔成为书院学子们的精神香火，为书院燃起盏盏青灯，点亮书院学子的无限前程。与其说建成聚奎塔后改变了会同县的办学环境，倒不如说建成的聚奎塔在心理上、精神上给予书院学子们以勇气和信心，鼓舞了他们在科举的道路上奋勇前进。清代端山书院的廪贡生杨永宽在赞叹聚奎塔时写下了这样的诗句："一自卢君营建后，文星夜夜照南溟。"

卢章去职多年之后，王弘诲、许子伟为卢章勤政为民、竭力兴办教育事业的精神所感动，曾到会同县登临聚奎塔怀思而留下诸多诗作。

自明清至民国，聚奎塔旁的房宿曾经是学生们的寄宿之处，聚奎塔也曾经是其时学子们的精神寄托。今天，聚奎塔仍然屹立于塔洋镇，为海南省重点文物保护单位。

三、立户"叶卢池"学田

万历三十二年（1604），知县卢章创办"正蒙清馆"集贤才而教之。但其时朝廷征收军饷，矿税四出，民贫财乏，教学耗资无从供给，学子赴考路途遥远，旅资难以筹集。卢章深感固定田产对教育的重要性。他说："学校有田，犹草木之有雨露，士实藉焉。"为此，他便捐银五十两，教谕池起凤捐银二十两，在沟尾、塔边、墩后、茫龙、俊塘心、鲁获和田心等地共购置学田七丘，每年除纳粮税外，共得租银五两八钱五分以供书院费用。

万历三十七年（1609），知县叶中声将书院改名为"应台书院"，时又购置学田若干丘，然后集合在他和前任知县卢章、教谕池起凤的姓下设立了"叶卢池"田赋户名纳税。后人又在此基础上不断扩大学田，学田分布于县城、长坡和烟塘等地。"叶卢池"的田赋户名作为书院的财产向政府纳税，尽管后来改朝换代，"叶卢池"的学田户名一直使用至一百多年后的清朝乾隆时还登记在册，以此作为田赋纳税的田户。这是会同县书院购置学田的开始，其收益除向政府纳税外，基本上是用来解决贫困生员的学费、生活补贴、书院的教学费用以及考生赴考会试时的各类开销，是书院办学经费的主要来源。

第二节　从明末的同文书院到清代的端山书院

一、旨在弘扬宋儒理学的同文书院

明朝末期，由于自然灾害和战乱频仍，社会动乱，民不聊生。教育发展受到了很大的阻碍。崇祯十年，会同知县夏铸鼎（湖北孝感人）重整书院，取《中庸》中"普天之下，车同轨，书同文"之义，将"应台书院"更名为"同文书院"。沿袭南宋时期著名的理学家、教育家朱熹在建阳书坊亲手创办的"同文书院"之名，意为弘扬程朱理学、光大中华文化的优秀传统。

其时，会同县生员王象阳捐献木栊等地水田四十五亩七分二厘入"叶卢池"户作为学田。

书院虽然极力维持运作，但由于明朝国运衰败，民不聊生，书院教学日渐萎靡。接下来的改朝换代，社会动乱，使书院衰败破落，一度荒芜。

二、清代书院学田的增加

进入清朝，随着社会秩序逐渐稳定，教育也日渐恢复，同文书院教学开始走上正轨。顺治十年（1653）十月，会同县生员冯如京捐田一十四丁（清代康雍朝之前田赋还是实行丁银制度），除纳粮五两六钱外，得租银一十八两充书院馔膳费用。当时由会同县教谕郑熙运办理，申报书院批明在案，税赋记在明代书院立户的“叶卢池”田赋户名之上。

康熙六年（1667），会同县训导梁英裘招雇佃农复垦耕种同文书院学田二十四亩五分，因多年抛荒，其时尚有学田二十一亩无法复耕。此学田年得租银八两三钱九分九厘三毫递年转解书院，以赈济贫困学生为主，书院渐现生气。

康熙二十五年（1686），教谕吴隽（广东番禺人）捐资在烟塘、上溪等处买田一十六丁，入“叶卢池”户内纳税，除正供钱粮外递年得租银五两二钱二分，账目由专人管理，除正常开支外，将所贮存者供给书院生员赴省科举盘资。

此后，康熙四十四年（1705），知县曹允中（河北清苑人）和乾隆年间知县万师敬（福建泉州人）、知县欧阳嶙（江西高安人）等人又捐资购入学田，“叶卢池”田户的账目不断增大。自清代以来，除正供税赋粮务外，历年存余租银除正常教学开支和救助贫困生员膏火外，宾兴年（即乡试科考年）皆有收贮余款供给全县应考文武各生盘资。

三、琼州知府萧应植改名端山书院

端山书院（1923年改设琼东中学）遗址

康熙四十四年（1705），会同知县曹允中捐资改建书院，迁至明伦堂之东（今塔洋镇政府西侧，即1923年“琼东中学”创建之地址），扩大了书院的范围，其地前至外街，后至施家空地。雍正年间，又经知县钟琏（浙江仁和人）捐资重修书院正斋及东西瓦房，中建八角亭讲堂。乾隆年间，前后经知县万师敬、田濬（云南建水人）及县中众绅士捐资二百余金，建书院后房，又重加修葺中大厅一座，前八角讲堂一间，外两廊书房东西各两间、书院大门一座，书院的厨房餐伙俱备，略显规模。

乾隆三十八年（1773），琼州知府萧应植（安徽怀宁人）巡视书院，代理知县于煌（浙江归安人）请其为书院题匾。萧应植取会同八景之一“端山耸翠”义书题匾曰“端山书院”。自此，明代的同文书院改名，终其有清一代，书院皆名为“端山书院”。

嘉庆十四年（1809），知县江秋（浙江湖州人）倡导全县士庶捐款一千四百多两银又重新修建书院厅舍，增其旧制，并在书院正斋崇祀文昌牌位，奉文昌帝郡像（中国民间和道教尊奉的掌管士人功名禄位之神，即文昌星）并塑朱熹和苏轼二夫子像奉祀。门楼三台奉祀魁星（即奎星）。前后两廊翼室共一十六间，外有照壁墙垣，书院规模大为改观。

第三节　书院的管理模式和教学方式

一、书院的办学宗旨

从明代至清代，会同县书院跟全国各地书院一样，办学理念为敦教化、兴理学、明节义、育人才。端山书院按照这一目标培养士子，也就是为朝廷培养人才。但客观上起到了传承民族文化、在民间普及文化知识的作用。书院的性质介于官学和私学之间，就是由私人捐资（其中会同县历任知县都是主要捐资人），政府管理。

二、书院的管理模式

《会同县志》载：“会同县山川毓秀，代有闻人，但僻处海外，距省二千余里，道远费繁，应科寥寥。”会同县自办书院以来，老百姓读书求学蔚然成风，“怀牒谱自荐于州县”。书院招生不设门槛，向社会下层民间士子开放。入学无出身无户籍限制，只要有志于学业的，不分贫富，不论地域，均可入学，即孔子提倡的“有教无类”，学子不需所束均得入院肄业。《会同县志》载：“海疆小邑，登举寥寥，果能发愤下帷，安知非后来之秀？”

万历年间，会同全县有县学一间和社学五间，分别在今塔洋、烟塘、大路、嘉积和福田。此外，还有遍布全县的祠堂私学和富户自办的家族私塾，某个时期还有一些慈善类的义学。书院基本上从这些学堂中通过文化考试招收学生，读书的大多是本县人，也有外地附籍来读书的生员。中进士、举人的除本县学子外，也有外县来附籍读书的生员。如雍正五年丁未榜（1727年状元彭启丰榜）的莫陶，一举考中了进士，就是附籍读书的定安籍生员。雍正八年庚戌榜（1730年榜目沈昌宇榜）的陈振桂也是附籍读书的顺德籍生员，一举考中了进士。还有康熙辛卯科举人陈应元也是附籍读书的顺德籍人，康熙戊午科中举后任山西定襄知县的王时炯也是附籍读书的乐会籍学生。

生员到书院读书也没有年龄限制，不论是年轻有为还是大器晚成，只要成绩合格皆可。有些生员甚至已步入中年还在书院苦读。贫困子弟都有膏火（生活补贴）资助，科考之年都有宾兴（赴考旅费）供需。

书院也有严格的惩罚制度，轻则尺戒，重则开除。

三、书院的教学方式

书院的创办就是为了弥补县学在设置和经费方面的不足，让更多优秀生童进入书院习学举业，让本县学子能在各级科举考试中脱颖而出，为发展当地文风、文运作贡献和争光。

书院掌教多为本地还乡赋闲官员或落第科举士子。

书院的教学层次涵盖中等至高等层次。教学方法不分班级，不分科目，而多启发式指导性教学。教育的宗旨就是为朝廷培养人才，简言之，读书做官，讲经和经疑、讲史和史疑、读书和集注、八股和写作、举业和对策等是书院的主要学习内容和传授方法。书院有固定掌教，也有临时来书院讲学的师长。县衙官员经常到书院讲授，有时琼州府官员也会利用闲暇亲来讲学授业，在京或在外地为官而回乡的琼籍官员也偶有到书院给学子们讲学。

书院一直是“德育”为先、“智育”为次，对生员的人品道德要求极其严格。当然，封建社会的“德育”有其局限性，书院的“德育”标准和今天的“德育”标准绝不可同日而语。书院的“人品道德”和培养人才的目标是为封建社会服务，“忠、孝、礼、义、廉、耻、节、俭”等是其“德育”的主要内容。

书院不同于一般的县学、社学和私塾的教学方式，后者主要是习字、对课、背书、习作等启蒙教育，而书院的教学方式主要是讲学和研读。

书院的课程设置，以尊崇孔子和读背儒家经典为主，以“四书”“五经”为基本教材。明清考试内容有八股文、试帖诗等，而以八股文为主。文章题目出自“四书”“五经”，而以“四书”为主，所以考生所论内容也要根据朱熹的《四书集注》及后人注释，不许考生自由发挥。试帖诗大都为五言六韵或八韵的排律，以古人诗句或成语为题，格式、韵脚都有严格的限制。清代的试帖诗，还要直接或间接地为皇帝歌功颂德，所以书院的课程设置是根据科举考试的内容和要求来安排的。

书院每月课程安排基本按照“日有课程，旬有师课，月有官课”的模式进行。

日有课程就是每天都有课程安排，由掌教给生员诵读和讲解“四书”“五经”及学者注释，或是八股文、试帖诗的格式、写作方法及技巧等。

旬有师课就是每月上、中、下旬，由掌教根据已经讲授过的内容，进行一次考试，然后根据考试情况授课，每个月有3次师课。

月有官课就是每个月都有一次主管书院的地方官员亲临讲学或命题考试。官课大多是知县、教谕或训导主持，也有府官或府学教谕、训导到来主讲，也有受邀的回乡进士、举人等到来主讲。

师课和官课都有由掌教主持的考试，名列前茅的生员都有赏钱。如有不到课者，则以不发给膏火补助，以示奖罚分明。

藏书丰富也是书院的一个特色，所有科举要求学生必修的书籍、历代圣贤著述和历代经史等书在书院都有收藏。由县署建设的尊经阁（相当于现在的图书馆）用以贮藏儒家重要经典及百家子史诸书，供书院师生博览经籍，阅读研求。端山书院用于藏书的尊经阁楼一直保存到民国时期的琼东县立简易师范学校时还在使用，至1939年日军侵琼时，琼东县政府采取“焦土抗战”时才放火彻底烧毁。

自从会同县创办书院以来，在明清两代的科举考试中成绩显著，人才济济，进士、举人、贡生等出类拔萃者层出不穷。地域狭窄、交通落后、人口稀少的会同县自清代之后开始位列琼州府文化强县之列。

会同县书院的创办和发展，为琼东地区传播文化和为琼海教育的发展打下了坚实的文化基础。

第四节　从改造旧学书院到创办新学学校

一、清末民初琼东教育现状

清光绪三十一年（1905），张之洞等向朝廷会奏《请废科举折》后，历千余年的科举制度被废除。随着科举制度的废除，旧学书院从体制到教学都发生了根本性变化。同年，端山书院更名为“端山学堂”。1911年辛亥革命后，端山学堂更名为“会同县立第一高等小学”。其时，校长吴运昌极力改革旧学，扩建教室，以便让更多青少年进入学校读书，适应社会发展的需要。但会同地处海疆僻隅，当地居民思想封闭保守，学校教师都是前清生员，有前清岁贡生五所屯村（今属长坡镇）人吴廷春、前清廪贡生出身的附县黄洋村（今属塔洋镇）人黄德堂等，他们老成持重，擅长经学，是县中著名的经师。黄德堂一直都在学校中教授诗经和国文，在教学中重于写作和评批，对学生循循善诱。此外，学校中还有前清末科廪贡生福田大水岭村（今属潭门镇）的杨维绥、前清末科廪贡生福田下昌村（今属潭门镇）的杨祚汪、前清贡生大璞村人（今属嘉积镇）黎宗黔等，他们国学根基甚深，且在教学中严而不苛、威而不猛，言传身教并重，这些旧派学师在部分学生中威信极高。新式教育举步维艰。

在学校教学中，清末朝廷接连钦定了“壬寅学制”和“癸卯学制”，从形式上改变了中国封建社会书院这种教育形式的旧格局，为中国现代学制的建立奠定了基础。辛亥革命后，提倡民主，反对专制；提倡科学，反对迷信；提倡新道德，反对旧道德；提倡新文学，反对旧文学等新文化运动的兴起并日渐深入人心，教白话文和教文言文、学科学知识和读经史、接受新道德和坚守旧道德的不同修身治学观念逐渐有所改变。在新旧思想的较量中，为新文化运动的兴起积蓄了巨大的力量。

1919年，五四运动的爆发，新文化运动兴起。在新文化运动的推动下，入学读书人数大量增多，在全国创办新式学校的潮流中，琼东县（1914年因同名于湖南省会同县而改名“琼东县”）创办的学校计有初级小学100多所、高级小学10余所。因此，学校师资缺乏，学生难以继续升学已经成为制约琼东县教育发展的严峻问题。创建一所新型的中等学校尤其是创办一所师范学校已经成为琼东县教育事业发展的当务之急。

时任琼东县教育局长的吴锋文曾这样描述琼东县当时的教育状况："自民选县长，实行民治，对于兴学一端，特别注意。吾邑之小学，逐由数十校激增至数百校，蓬蓬勃勃，颇呈佳象；然小学任如何发达，则学生无由上进，而求普通学识之完足。"（《琼东中学校刊》）

二、改造旧学书院

1921年年初，王大鹏在民选县长时当选琼东县长。他在县长任上，冲破重重阻力，推进社会改革、发展经济、注重教育、开辟交通、整治治安，各项事业全面革新。正如他在1925年重印的《琼东县志》序中所说："鹏自被民选为桑梓服务，四年于兹。几百事宜，在在待举。如学校，如路政，先所必先，急所必急。加以地方久乱，事每掣肘，又值年大凶荒，事尤棘手。"

王大鹏认为整治社会最根本的问题在于人，琼东发展重中之重是兴办教育事业，因此他把最多的精力投入教育改革工作。

王大鹏首先邀请同乡王器民回琼东县协助办学。1921年年底，王器民将《琼崖旬报》工作交由南下来琼的同志编辑，然后回到家乡协助王大鹏办学。一年间，琼东县初、高等小学校增加到二百余所。一所中等学校的创办，需要大批师资人才，充实教师队伍的工作纳入了县长的工作日程。

据当时对琼崖教育比较关心、有意对海南教育状况进行改革的钟衍林（文昌铺前人，海南中学的主要创办者）的统计，其时琼东县有一百多间至二百多间小学（不含现琼海市属下的当时的乐会县的学校）。《琼海县志》（1995年版）载："琼东、乐会两县（现两县皆属琼海市）在废私塾兴学堂之时计有小学堂28所，到了民国元年猛增至150所，到五四运动时竟达600多所，有学生24 000人之多。"在全民兴学遍地开花的状况面前，师资的培养就成为琼东县教育事业的当务之急。

王大鹏四处招揽人才。他邀请海南琼山县演丰（今海口市美兰区）人徐成章任琼东县嘉积公安局长并在琼东县立第一高等小学任体育教师，徐成章早年加入中国同盟会琼崖支部，是琼崖同盟会早期会员，积极参加孙中山领导的民主革命运动。1915年年初，广东革命党人驱逐盘踞广东且效忠袁世凯的军阀龙济光（云南人），徐成章积极参加陈侠农出任司令的琼崖讨袁军。陈侠农的琼崖讨袁军当时就在王大鹏的家乡琼东县"龙角"（龙阁村）一带活动，并在这里建立军事基地。1921年年初，徐成章就任公安局长后，一面加强治安整治，安定社会秩序；一面在学校中传授体育课程，提高青年学生的身体素质。他组织学生成立九人排球队，经常进行排球训练，让学生对体育产生兴趣。他组织学生成立童子军，参与社会各项有益活动。他还组织学生成立戏剧团，经常到村镇演出琼剧，宣传新文化、新道德、新思想。

王大鹏邀请琼东籍知识分子王器民、孔广陶及施传惠等共同筹划如何培训师资、发展琼东县教育事业大计。他们因陋就简，在琼东县立第一高等小学校为全县各小学校长及教员举办多期师资短期培训班，同时轮调各校校长及教员集中学习国语，这是全国学校较早开始教授国语注音符号的地区。

王大鹏要求学校以半费或免费优待鼓励女生入学，提倡新文化，发展体育运动、倡导学习白话文和教学数理化。王大鹏积极动员琼崖中学（现琼台师范学院）、琼崖东路中学（1923年更名为广东省立第13中学，现嘉积中学）中琼东籍的教师回乡办学。本地人才有限，王大鹏请王器民积极招揽全省乃至全国各地人才到琼东县来协助办学。

王大鹏先后聘请从琼崖中学毕业回乡的本地进步青年杨善集、王文明、陈骏业等人回乡担任小学校长；积极支持王器民等人在家乡办夜校、办书报社，改革琼剧，发展新文化的活动。

他邀请在外地从教的乡人孔广陶和施传悳等回来办学。孔广陶和施传悳都是热心桑梓教育事业的知识分子，他们早年有感于琼东地区教育落后，积极联名向琼崖道上书，倡议在嘉积镇创办中学。后经琼崖道尹梁迈亲临嘉积镇视事批准，于1917年创办了琼东地区第一所初级中学琼崖东路中学。他们随之也回琼崖东路中学任教。虽然琼崖东路初级中学办在琼东县的嘉积镇，但学校属琼崖善后处（当时海南最高行政机关）管理，办学经费由琼东、乐会、万宁、定安、陵水、崖县等六县税财供助，其办学能力、招生名额有限，不能满足琼东县青年的读书要求。为满足家乡学子的读书愿望，他们积极协助王大鹏筹办新的中等学校。

王大鹏为筹措办学资金派孔广陶等人到南洋向华侨募捐。孔广陶德高望重，一直担任募捐委员会主管，为建校筹措经费，带领黎海初、林学初等赴南洋向琼东籍华侨募捐。学校经多方筹资建设起洋楼式教室数幢及学生宿舍17间。

为落实在学校中推广国语（普通话）工作，1922年秋，王大鹏敦请广东省国语推行委员会，派遣国语注音符号（民国初期推行的汉语拼音）教授李实到琼东县来教授国语注音读书拼音方法。尽管当时能够接受并学会的人数不多，但基本上能够在全县范围推广，参加学习的人员为全县各高级小学、初级小学的校长和主要教师百余人，培训时间为一个月。

琼东县是一个小县，举办教育事业实属不易。至五四运动之后，琼东县新式学校的兴起如火如荼，短期师范培训班这种形式已经远远不能适应琼东地区教育事业发展的需求。

王大鹏的办学计划和意志，得到了全县人民的拥护，也令社会上所有有识之士钦佩。政见不同的国民党人士，最后对王大鹏兴学立教也持肯定态度。“民国十年起，民选县长王大鹏，对教育颇具热心。”（台湾版《琼东县志》增补资料）

1921年春，杨善集从琼崖中学毕业后回到家乡琼东县福田小学任教，后又到琼东县三合振文高小任教员。1922年春，思想进步的杨善集被王大鹏聘为琼东县立第一高等小学校长。

王大鹏聘乐会县益良村（今属琼海市阳江镇）人王文明为琼东县双庙高等小学校长。杨善集和王文明从琼崖中学毕业后就一直留在琼东县从事教育工作，跟王大鹏、徐成章、王器民等一批志同道合的进步青年一起工作。教学之余，杨善集、王文明、徐成章、王大鹏和王器民等常在一起痛斥社会弊端，讨论变革现实、共谋改造社会大计。他们同心戮力，商讨办学，商讨发展琼东县教育事业的大计。

杨善集担任校长后，作为“第一个吃螃蟹的人”，积极整顿旧式学校校风。他以新思想、新道德对学生进行教育，领导学生参加新文化运动。他积极在学校中推行教育新学制，实行男女同班，改革旧的学习课程和教学程式。他发动教师和学生参与县政府实施的建设公路、整顿社会治安、传播新文化、新道德等新政的社会活动。这些活动启蒙了人们的觉悟，同时也引起了学校里和社会上的守旧派的激烈反对。守旧势力串通学校里的部分师生，煽动学生掀起罢课风潮，驱逐校长，诬蔑杨善集勾结官府，专横霸道，误人子弟。在王大鹏的支持下，最后才平息了这场风波。

一部分学生和家长守旧落后，反对学校宣传新思想、新道德等新文化运动，甚至以暴力破坏学校的教学秩序，驱赶校长。在此情形下，杨善集一时难以开展工作，后辞职到广州继续求学。

三、筹备创建师范学校

为创办一所琼东县师范学校，1922年春节期间，王大鹏通过王器民和徐成章邀请刚从欧洲回国来琼的罗汉到琼东县办学，罗汉把《琼崖旬报》的编辑工作交给他人，然后来到琼东县。

徐成章说罗汉是“最热心改进社会的人物”，但“因事赴琼东”，从第29期开始便由鲁易担任编辑。鲁易，江西黎川人，跟罗汉一起从法国回国后来到海南岛，来到琼东县，曾在琼崖东路中学任教，后来成为海南第一批共产党员。

王大鹏聘请罗汉到琼东县任琼东县立第一高等小学校长。罗汉一上任就遭到了坚持守旧思想的学生和家长的反对。1922年《琼崖旬报》第36期有这样一篇文章（原文见附录）记录了罗汉刚刚上任校长时的情况。

罗汉对学校进行全面整顿，稳定了杨善集辞去校长职务后学校一直处于混乱的局面。1922年《琼崖旬报》第36期上登载了罗汉给正在创建中的琼东中学学生家长的一封通知信函（原信见附录），读来极其感人。从信中我们可以感受到百年前的时代风云，可以看到中国共产党人为中国人民谋幸福、为中华民族谋复兴的初心。

罗汉和王大鹏、王器民、徐成章等加紧着手谋划创建琼东师范学校的事宜。

罗汉像（中共琼崖一大会址存）

琼崖旬报

周年纪念号

（第三十六期）

《琼崖旬报》（海南档案馆存）

王大鹏集思广益，召集县中各界有识之士共同商讨，有人认为废了科举，读书无用，那就改办职业学校。之前也有人提议要将县立第一高等小学改办成职业学校让青年学习一技之长以便就业，但也有人反对，认为社会需要高端人才，应拓宽青年求取上进的渠道。最后，大家一致认为，琼东县办学必须同时考虑两个方面，即升学和就业，所以要办两所中等教育的学校。一方面是学习日本的职业教育经验，推行职业技术教育，办学必须顾及那些赶不上读书年龄或无力继续升学的贫寒农工子弟，要给他们学习文化科学知识的机会，提高其劳动技能，学习一门谋生的技术，这是教育的普及问题，且职业教育当时在全国和海南都已经有了先例；另一方面是要解决小学教育师资缺乏和小学毕业生无法继续升学的问题，也就是教育的提高问题。这样，王大鹏、王器民、罗汉和王文明及县中各界知识分子有了共识：同时办两所学校，一所叫琼东县立师范学校，一所叫嘉积农工学校。

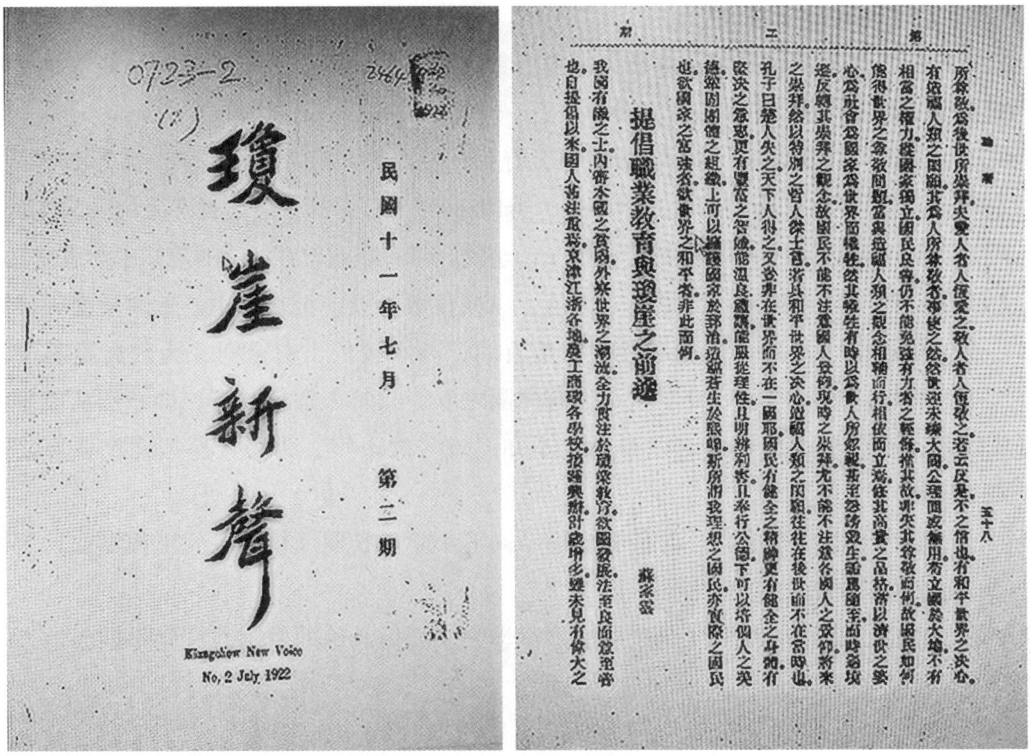

罗汉发表于1922年《琼崖新声》上关于创办职业教育的文章（广州市中山图书馆存）

第二章 红色基因背景下的琼东中学

1922年11月，王大鹏召集琼东县教育局及各界人士共同商议将琼东县立第一高等小学校改办师范学校事宜。随即呈报广东省教育厅备案。

琼东乃一小县，财力微薄，办师范学校资金捉襟见肘。王大鹏考虑到将第一高等小学改办为师范学校后资金、教学设备和师资问题难以维持，于1923年5月，召集各界代表开会议决，将原定方案之师范学校变通改为琼东县立中学（附设师范）。至此，带有职业教育性质的琼东中学成立。

王大鹏在校刊出版时祝词："琼东之为邑，纵横仅数十里，至褊小也。近来感受外界潮流，于兴学一途，较前颇觉增进。计初小校约有数百间，高小校约十有余间，为数尚属不少。而县立中校，独付阙如，未免俾一般升学士子，有向隅之叹。故鄙人忝任县事，即毅然从事筹设。而当时闻其议者，有谓地小民贫，难以举办。不知'难'之一字，为愚人所用之字典有之……"（《琼东县志》）

同年，嘉积农工学校亦成立。时任县立第一高等小学校长罗汉精通电气工程专业，所以他改任嘉积农工学校校长、王文明任教务主任。

琼东中学校长，则聘请跟罗汉同轮从法国留学归来而后赴琼的中国共产党早期创始人之一的陈公培担任。

第一节　首任校长陈公培

陈公培（1901—1968），原名陈善基，出生于湖南长沙一个具有革命（指反清斗争）传统的知识分子家庭。他早年受无政府主义和空想社会主义的影响，宣布脱离家庭，以"无名"谐音，取名"吴明"。1920年，陈公培到上海，结识陈独秀，加入上海共产主义小组。他是与陈独秀、李汉俊、俞秀松、施存统等人共同讨论中国共产党第一部纲领的五人之一。

1921年10月，陈公培从欧洲回国。根据中央的安排派遣，到海南岛开展党的工作。陈公培到海南后，开始在海口参与《琼崖旬报》撰稿、编辑工作，也在海口和府城的一些学校兼课。1922年冬，应王大鹏的邀请来到琼东县，在县立第一高等小学上课并参与创建琼东中学。1923年6月，陈公培被聘为琼东中学校长，成为学校建校后的首任校长。

琼东县虽然是一个小县，但这里物产丰富，是海南社会经济较为发达且商品经济又最为活跃的地区之一。由于这里开拓海路较早，与海外联系频繁，人民接受新思想、新文化比较广泛。在新文化运动的浪潮中，这里有一批追求民主进步的知识青年在广州、上海等地求学，他们接受新文化运动的洗礼同时对家乡产生较大的社会影响。这里还有一位具有民主思想、胸怀科学救国理想并初步具有科学社会主义思想的县长王大鹏主政县事。

1921年年初，陈独秀应陈炯明之邀来广东办教育时，了解到海南人民对新思想、新文化的积极反响。因此，当陈公培等中共党员从欧洲回国时，陈独秀便指派陈公培到海南发展党员，可见当时党中央对在侨乡海南发展党员的重视。

陈公培选择在琼东地区并以琼东中学为堡垒发展党员，这为琼东成为海南东部地区革命的摇篮奠定了基础。

陈公培1922年秋来到琼东县，1923年10月因事辞职离开琼东县。在创建琼东中学并任校长的一年时间里，他为中国共产党在海南发展了一批优秀党员。陈公培作为琼东中学首任校长，他把中国共产党早期的马克思主义思想注入了这所学校。在他和海南第一批中国共产党党员的影响下，海南为中国共产党在大革命时期培养和输送了一批优秀干部。他渊博的学识和马克思主义理论，使琼东中学成为海南当时进步青年聚集的地方，在组织上和思想上为后来中国共产党地方组织在海南创建做了充分的准备。

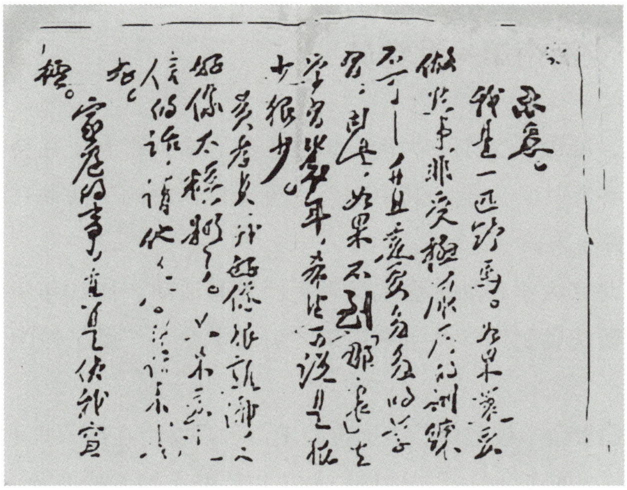

首任校长陈公培给施存统书信笔迹（琼海市委党史研究室存）

第二节　学校初创时期的情况

一、学校初创时期的建设

1923年6月，琼东县政府正式委任陈公培为琼东中学校长。暑假开始招生，招收师范生一个班、初中生两个班，合计招收新生100余人。加上在校的高等小学诸班及之前招收的一个师讲班，一校三制。9月初开学上课。

琼东中学教学工作步入正轨后，重要任务就是筹款与扩建学校。王大鹏为此筹拨款项增建教室2幢、宿舍9间，并将附近旧县衙门之尊经楼阁改为西式洋楼图书馆。王大鹏又拨全县各市场每年租捐的三分之一作为办学常用经费。同时组建募捐委员向社会举行募捐活动。

琼东中学与嘉积农工学校的筹建是两所学校一个班子。嘉积农工学校利用嘉积市内北帝庙（址在现嘉积中学操场靠近琼海市医院的位置）为校舍。县政府为两所学校的建设分设两个募捐组：一组由孔广陶、黎海初、林学初等人组成，为琼东中学建校筹集经费；另一组由罗汉、王文明等人组成，为嘉积农工学校办学筹集经费，他们分别赴南洋各国向华侨募捐。

孔广陶，字复初，琼东县文子村人（今属琼东长坡），清岁贡生，后读群益理科研究所毕业，德高望重，一直都担任募捐委员会主管，为建校筹措经费，他带领黎海初、林学初等赴南洋发动琼东籍华侨募捐，筹得捐资银圆10万余。学校创办后，孔广陶一直都在琼东中学任国文、历史教员。施传惪，字幼馨，琼东附县礼水（今属塔洋镇）人，早年毕业于两广优级师范大学，沉默寡言，精于数学，教学之余著作《算学难题百解》，在陈公培辞职后接任第二任校长，不久又辞去校长职务，继续留校当数学教员。

琼东中学是海南创办的第五所中学（比私立琼海中学即今海南中学稍早）。此前创办的几所中学分别是：1906年创办的琼崖中学（后改广东省立第六师范学校即琼台师范学校），1909年创办的文昌中学，1913年创办的琼山中学和1917年创办的琼崖东路中学（后改省立十三中即嘉积中学）。

二、中国共产党海南第一批党员

琼东中学的创建，凝聚了琼东一大批有识之士的心血，得到了社会各界人士的大力支持，其中包括华侨、商界等各界社会力量。其中起着中流砥柱作用的是活动在琼东地区的一批初步具有科学社会主义思想的青年人。

罗汉，早年曾在北京大学参加社会主义青年团发起活动，1920年年底赴法国勤工俭学，与李立三、王若飞等人在留法勤工俭学学生中组织“劳动学会”“勤工俭学会”，实际上早已成为一个共产主义者。

1922年年底，嘉积教会学校教师、美国传教士孟言嘉女士在给家人的书信中说：“我们隔壁有座很大的庙，正被改造成农工学校。”“校长是布尔什维克的无神论者……曾留学法国。”这里所说的校长指的就是罗汉。后来，孟言嘉女士也在农工学校兼课教英语。1924年6月她又在家信中说：“我很喜欢在那里教课。今年春天他们付给我70圆钱，这笔钱足够补充教会学校被缩减的拨款。”

王大鹏、徐成章、王器民、王文明等人虽然没有系统地接受过马克思主义理论学习，但在新文化运动中都间接地受到科学社会主义思想的影响。他们在俄国十月革命的影响下，深刻地认识到只有社会主义才能救中国。而陈公培和罗汉到来后与他们共同工作和生活，使这些海南本地进步青年迅速地成长为早期共产主义的信仰者。

陈公培受陈独秀特别指派到海南岛，很快把活跃在海南岛的这批先进知识分子凝聚在自己的周围。陈公培后来在《回忆党的发起组和赴法勤工俭学等情况》中回顾了他当年在海南岛的情况：“一九二二年秋，我到海南岛，发展了十来个同志，现在记得的有：鲁易、罗汉和海南本地人徐成章、徐天炳、王大鹏、严凤仪、王文明、王器民。我们通过教书，进行活动。接触面很狭，做不了多少工作。以后因当地反动势力的压迫，仍回大陆，直至一九二五年，国民革命军到海南岛，党的势力在海南岛才扎下了根。”

根据陈公培的回忆，中国共产党在海南发展的第一批党员（记得有姓名的有 8 人）。其中罗汉、鲁易（在琼东县期间曾在省十三中即现嘉积中学任教）为来琼者。徐成章、徐天炳虽是琼山人，但当时他们参与琼剧改革及文化教育活动所以在琼东县活动。其他人，如王大鹏、严凤仪、王文明、王器民等都是今天的琼海人。入党介绍人陈公培当时正工作在筹建中的琼东中学。因此可以说，中国共产党在海南发展的第一批党员的活动地点主要在琼东中学。

马克思和恩格斯在《共产党宣言》中沉重而又激昂地指出：“共产党人不屑于隐瞒自己的观点和意图。他们公开宣布：他们的目的只有用暴力推翻全部现存的社会制度才能达到，让统治阶级在共产主义革命面前发抖吧。无产者在这个革命中失去的只是锁链，他们获得的将是整个世界。”陈公培等一批具有共产主义信仰的青年，他们利用办书报读书社、改革琼剧、创办学校来宣传新文化、宣传科学社会主义，使海南岛的东海岸这个小小的琼东县成为一个革命的摇篮。20世纪20年代初期，中国共产党在海南的活动为广东作为大革命的中心也为后来的国共两党合作和孙中山先生制定“联俄、联共和扶助工农”的政策提供了一定的思想基础和理论基础。

琼东中学的前身县立第一高等小学校，这是一块具有民主革命思想的土壤，之前三任校长杨善集、陈骏业、罗汉和兼课教师徐成章，以及琼东中学创始人王大鹏等都是较早接受了民主革命思想的进步青年，他们在学校工作期间，尽管封建势力异常强大，但他们的民主革命思想已在学校和社会中产生了很大的影响。

陈公培以敏锐的目光发现，20世纪初叶的海南社会尤其是琼东社会处在极大的矛盾之中：一方面是社会经济迅速发展，另一方面是与这种经济发展不相适应的生产关系依然存在；一方面是民主思想及西方各种思潮不断传播，另一方面是几千年来的封建桎梏及军阀统治仍然禁锢着人们的思想。琼东社会在各种矛盾日益激化下已经是“山雨欲来风满楼”，社会的改革迫在眉睫，一场革命的暴风雨即将到来。

不忘初心，牢记使命。一批科学社会主义信仰者，同时创建了两所学校，发展了一批中共党员，此后他们的去向怎样呢？最令人遗憾的是，这一批最早参与和领导琼东中学的创建者们也就是最早活动在海南的中国共产党人，除了陈公培外竟没有一个人活到中华人民共和国成立之时。

后来由于革命形势的发展和斗争的需要，这一批党员除王大鹏继续担任县长外，他们受党中央的派遣在1923年至1924年间先后全部离开了琼东县，离开了海南，前往党最需要他们的地方，加入到广州地区轰轰烈烈的大革命运动中。他们中大部分人进入了黄埔军校，成为我党在广东地区革命斗争的骨干力量。他们播下的革命火种在琼东大地上熊熊燃烧。

第三节　学校办学基本状况

一、教育理念

琼东中学自创建以来，就制定了先进教育的理念：“教学上用启发法及自动辅导主义以期个性本能之发展。管理上严多于宽，体、智、德育并重，美育辅之。”学校在初创的几年中设置种种学术研究会，由师生合作自由研究，要求中学生每人至少须研究一科并随时考查学绩，然后分别奖励。

学校经常利用节假日开展各种球类比赛，开展各学科竞赛。师范生经常性分组到各城镇和乡区小学校或夜校进行讲课训练。中学生结合化学、物理课知识参加社会实践。

学校秉承五四精神，赓续新文化运动“民主和科学”的传统，在教育上提倡男女平等、解放思想、百家争鸣。

海南知名教育家陈绍经也曾在琼东中学任教。陈绍经，海南文昌人，北京大学毕业，创办琼海中学（今海南中学）发起人之一，后来受聘担任琼山匹瑾中学校长。陈绍经在《琼东中学校刊》上发文提倡美国著名教育家杜威的教育思想。他认为杜威的教育定义最好并生动地解释了杜威的教育指导思想：“教育就是怎样训练个人的本能，叫他和社会的生活相合。必定要把个人的本能和现在社会的生活沟通一气，叫他恰好适应社会的需要。”

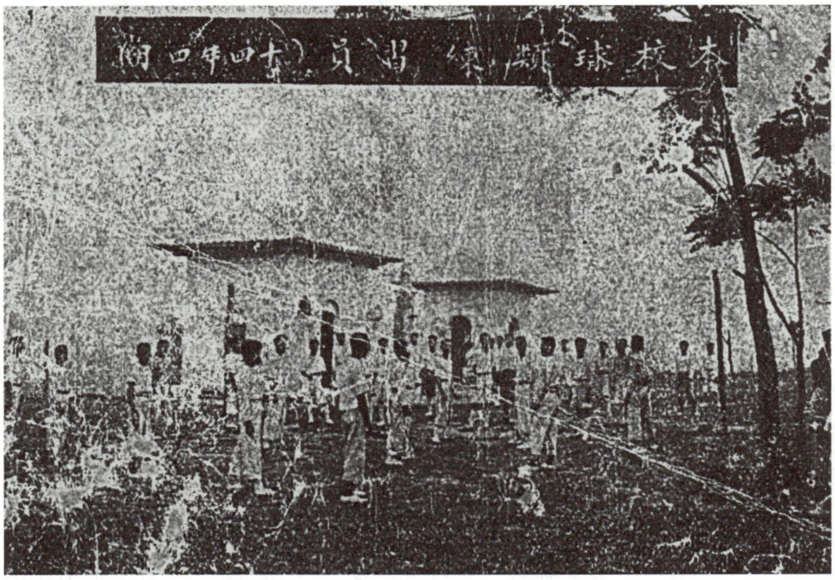

琼东中学球队在校门旁球场开展九人排球比赛（1925年《琼东中学校刊》载）

学校在教育的实践上，强调妇女解放问题和体育教育问题。教务主任符传范（上海震旦大学肆业，中共党员）发文指出：男女应享有均等待遇，应从社会底层解放出来，应该有接受教育的权利。他呼吁：一要拿出资金来设立女子学校，让有进取的妇女读书。二要创办女子简易讲习所，让生活在农村的大龄妇女提高觉悟思想，从社会底层解放出来。他认为：体育不但与身体有关系的，且与德育智育也很有关系。他指出：学校里那些不知体育的兴趣和功效的青年们，往往欲习文弱；而绝无训练体育，致有因病退学的甚多。所以学校教学工作必须加强体育教学，同时组织学生球队，经常开展球类比赛。

在教学实践中，不同的教育理念之间产生的碰撞在所难免。如白话文教学和文言文教学之争长期存在。如教师杨祚汪（本县福田人，前清拔贡出身）就一直坚持文言文教学，且在一批守旧学生中有较大的影响。他对大革命时期的社会现状悲观失望。他常写作一些诗文，如《月夜泛舟》云“扁舟一叶下中流，萧瑟西风芦荻秋。最是多情江底月，也随孤棹去悠悠”，一个旧时代知识分子对新时局感叹之情流露不遗；又如《伤乱》云“世事真无可奈何，炎荒满地起兵戈。桃源若许人相问，定学渔郎放棹过”，他的作品及其教育思想充满消极、守旧等因素。

关于“文白之争”，罗汉曾就此事专门给学生家长写信说明：“有不愿学白话文的，自己尽可以多研究文言体的文字，学校里不教白话文，是不便的。因为白话文已经多人的研究，实在比文言文易学，并且有用、明瞭，曾经全国教育会议议决，并通令各省小学改用语体课本，教语体文。本校下学期还打算用新制语体文课本，此刻自然也不能废除白话文不教。”因此学校一直都允许各种不同教育方式同时存在。

因为教育指导思想不同、意识形态不同的教师之间的争论所引发的事件也时有发生。如1924年4月被王大鹏聘为琼东中学校长的陆兴焕，仅10多天便因学校教师新旧思想对立不能统一辞去职务。陆兴焕，文昌重兴人，毕业于广东高等师范学堂（中山大学前身），是创办琼海中学（今海南中学）发起人之一，曾在中山大学任教，后来成为文昌中学的著名校长。

琼东中学创办之初，正值新文化运动兴起后的大革命战争时期，各种思潮、各种政治流派鱼龙混杂而同时显现。但历史潮流浩浩荡荡，不可阻挡，新文化、新思想逐渐在学校占据主流。

二、学　制

在县立第一高等小学校的基础上创办的琼东中学，初始时期，学校实行一校三制，即中学、师范和高等小学三种学制。名为琼东中学（附师学校），但因为全县教育事业的发展有赖于师资的培养，实质上学校最重视的还是师范教育。为了解决小学教师的急迫需要，从1922年开始，附设师范讲习班每年都从高小毕业生中招收50名新生，学制1年，为小学培养师资。

据1912年国民政府教育部制定的《壬子学制》规定：“师范学校分为预科、本科一部和本科

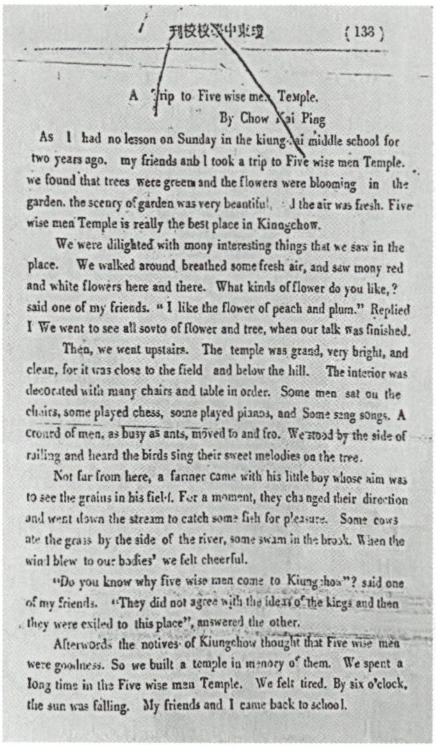

瓊東中學校校刊　（133）

A Trip to Five wise men Temple.

By Chow Kai Ping

As I had no lesson on Sunday in the kiung-kai middle school for two years ago. my friends anb I took a trip to Five wise men Temple. we found that trees were greem and the flowers were blooming in the garden. the scenry of garden was very beautiful, and the air was fresh. Five wise men Temple is really the best place in Kiungchow.

We were dilighted with mony interesting things that we saw in the place. We walked around, breathed some fresh air, and saw mony red and white flowers here and there. What kinds of flower do you like,? said one of my friends. "I like the flower of peach and plum." Replied I We went to see all sovto of flower and tree, when our talk was finished.

Then, we went upstairs. The temple was grand, very bright, and clean, for it was close to the field and below the hill. The interior was decorated with many chairs and table in order. Some men sat ou the chairs, some played chess, some played pianos, and Some sang songs. A crowd of men, as busy as ants, moved to and fro. We stood by the side of railing and heard the birds sing their sweet melodies on the tree.

Not far from here, a farmer came with his little boy whose aim was to see the grains in his field. For a moment, they changed their direction and went down the stream to catch some fish for pleasure. Some cows ate the grass by the side of the river, some swam in the brook. When the wind blew to our badies' we felt cheerful.

"Do you know why five wise men come to Kiungchow"? said one of my friends. "They did not agree with the ideas of the kings and then they were exiled to this place", answered the other.

Afterwords the notives of Kiungchow thought that Five wise men were goodness. So we built a temple in memory of them. We spent a long time in the Five wise men Temple. We felt tired. By six o'clock, the sun was falling. My friends and I came back to school.

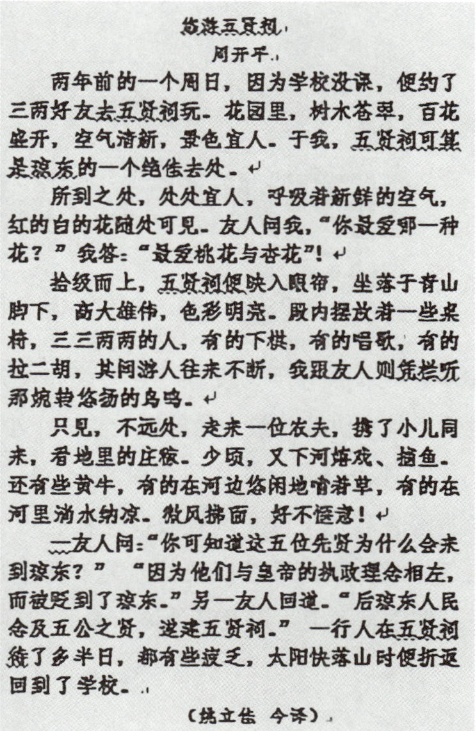

悠游五贤祠

周开平

两年前的一个周日，因为学校没课，便约了三两好友去五贤祠玩。花园里，树木苍翠，百花盛开，空气清新，景色宜人。于我，五贤祠可算是琼东的一个绝佳去处。

所到之处，处处宜人，呼吸着新鲜的空气，红的白的花随处可见。友人问我，“你最爱哪一种花？”我答：“最爱桃花与杏花”！

拾级而上，五贤祠便映入眼帘，坐落于青山脚下，高大雄伟，色彩明亮。殿内摆放着一些桌椅，三三两两的人，有的下棋，有的唱歌，有的拉二胡，其间游人往来不断，我跟友人则凭栏听那婉转悠扬的鸟鸣。

只见，不远处，走来一位农夫，携了小儿同来，看地里的庄稼。少顷，又下河嬉戏、捕鱼。还有些黄牛，有的在河边悠闲地啃着草，有的在河里淌水纳凉。微风拂面，好不惬意！

一友人问：“你可知道这五位先贤为什么会来到琼东？”“因为他们与皇帝的执政理念相左，而被贬到了琼东。”另一友人回道。“后琼东人民念及五公之贤，遂建五贤祠。”一行人在五贤祠待了多半日，都有些疲乏，太阳快落山时便折返回到了学校。

（姚立佳　今译）

刊登在《琼东中学校刊》上的学生英文作品及译稿

二部。预科修业一年，本科一部收高小毕业生，修业四年；二部收中学毕业生，修业一年。”所以琼东中学的附师学校从本校高小和初中学生中招收师范生，留校续读师范。在学制上多采用短期和长期相结合的模式，以满足新式学校对教师的大量需求。

在民国初年，对师范教育的重视在《壬子学制》和《癸丑学制》中也可见一斑。教育界关于师范教育独立存在与否的争论也一直没有停止。

学校中的初中学习课程则包括公民、国语国音、历史、博地、算学、物理、化学、图画、乐歌、英文、生物、体育共12门。师范生在此基础上增设教育学。

琼东中学的附设师范班，是琼东地区开启师范教育的创始。因此，海软将1923年定为学校创始元年。

三、学校管理

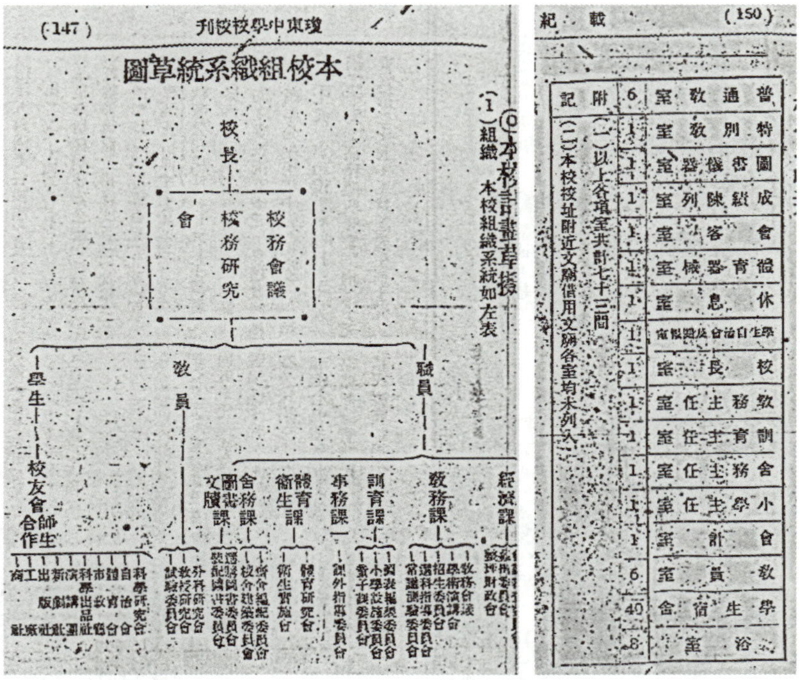

1925年年初琼东中学的组织系统草图（《琼东中学校刊》）

琼东中学在校长领导下，设置校务会议和校务研究会，负责全校各项教学及管理工作。中学和师范在教学上基本协调一致，另外则设置一个小学设施委员会以管理小学部的教学管理工作。

学校具体管理，分设教务、训育和舍务三科。教务科主任负责编造教学课程及传授课程；训育科主任负责巡视教员上课、调查教授课程起止、关注教授的课内外情况，同时管理学生操行、管理学生告假、核算学行成绩以及其他关于训育的事项；舍务科主任负责学校校园卫生、管理学生宿舍、注意监管宿舍卫生以及其他关于舍务的事项。

四、基本建设

学校建校时校址设在古端山书院（部分在今塔洋镇政府内）。建校后，县长王大鹏又令拨旧县署遗址（在今塔洋镇政府内）作为学校扩建用地。在清末废科举办新学中，学校改端山书院为端山高等小学（后改名县立高等小学）时，就由知县董汝昌拨款建设教室2座、宿舍12间。1917年，县立高等小学校长吴运昌筹款添建教室2座。1921年，县立高等小学校长陈骏业又建筑宿舍17间。

琼东中学创立后，于1923年4月，增建教室2座和宿舍9间，又借用文庙房屋使用，并将附近县治的尊经阁改建成西式洋楼。1924年3月，又将尊经阁改建成图书楼。1924年8月，又增建教室2座及改建校务室、图书室、仪器室、会客室、阅览室、成绩陈列室、体育器材室和职教员休息室等。1925年2月，校委会变卖嘉积市铺店1间及筹集资金新建了学校头门（大校门）。1925年4月，再建办公楼1座，以邓本殷字匾其名为“品泉办公厅”（品泉为邓本殷字）。此后，又陆续建起华侨或商家捐赠的“梁安清礼堂”“王以亘图书馆”“岑会朝课堂”“覃国炳课堂”“左端学生成绩室”“覃国竟宿舍”等四十余间以华侨或富商名字命名的建筑物。

大革命时期至国共分裂（1927年）之前，学校公举教师符传范、孔广陶、黎海初、杨兰波、符继盈及侨胞数人为募捐委员会委员为学校募捐筹款。前后两次组织以孔广陶、黎海初为负责人的南洋募捐小组，赴南洋诸国募捐；行迹遍及越南、泰国、印度尼西亚、马来西亚、新加坡和柬埔寨等国一百多个市埠，筹得银圆约十万元。1925年间，校长黎宗铄带队三次到海口，多次在嘉积镇劝捐，募得银圆三千四百余元。

至1925年年初黎宗铄任琼东中学校长时，学校的规模又一次扩展，学校的校园建设焕然一新。

黎宗铄，琼东县龙寿洋大璞村人。早年毕业于国立广东高等师范学校（后并入中山大学）。他一生勤俭好学，以振兴教育为抱负，在琼东中学校长任上，筹募巨资，将旧校舍重新规划改造，重建为钢筋水泥新式教室。同时充实师资及各类教学设备。此时建有新式教室6座、音乐教室1座、图书楼1座、学生宿舍40余间（可住200人）。此外还建有校务室、办公室、教员寝室、客厅、陈列室、仪器室学生会社室等。学校旧貌换新颜，声名鹊起。

校园建设扩展到了莲塘一带。1925年5月，时任琼崖善后处长（海南当时行政最高长官）的冯纯卿公务巡察嘉积市时，亲临琼东中学察看。其间，学校教师、广东省临时参议员、临时琼东县议会议长黎宗黔等人陪同冯纯卿夜游莲塘水心亭，正值塘中莲芽并发，荷花飘香，面对校园美景，冯纯卿作诗赞曰：

十里湖池夜气森，亭亭妙处见天心。
一樽美酒澄清境，满座香风拂素琴。
溽暑都消烦涤尽，红尘不到碧云阴。
南来幸遇斯贤宰，净植名流意味深。

其时，学校的建设规模之大，已超过当时依靠广东省政府指令琼东南六县抽拨经费资助、在嘉积镇南门加丛园村的崇实小学校校址上创办的广东省立第十三中学（今嘉积中学）。

学校尚有资金已经到位的第二期工程计划，拟在1926年将旧学生宿舍拆除，迁建新宿舍60间于旧县署遗址，并在其地建一个大型运动场。第三期工程则于1927年拟建一座可容纳500人的大礼堂，旧老式建筑也于此期继续改建成职教员寝室20间、洋式教室四座等，可惜因大革命失败而终结。

黎宗铄后来还担任省立十三中学校长，省立十三中学当时规模狭小、位于嘉积镇南门，“既是狭窄，宿舍多是不敷，学生多寓居市镇”，“宿舍、讲堂、操场、运动场无从着手”。黎宗铄任琼东中学校长后，制订“更新十三中，扩大十三中，迁移十三中”的规划，经过考察，决定将学校搬迁到大春坡。一番改革，一番奋斗，终使学校焕然一新，“现在新建的校址，是在嘉积的东北面，地址阔大，实在是建设校舍唯一无二的地方”，“迁移在地势广平、空气清爽，最宜学习读书的北门外”，“迁移在北门外大春坡那边，山川平旷，空气鲜澄的地方。这块地方前面清溪，后枕高阜，风景优秀”。搬迁校址、扩建校区、完成高中层次教育，在嘉积中学的办学历史上，黎宗铄是一个彻底改变了学校面貌的关键人物，成为嘉积中学历史上的知名校长。

五、办学经费与教学设备

学校初创时的1923—1925年，教学管理常规运作经费基本上由县政府定时、定向、定额以市场捐、神衣捐、相卜捐、祠捐、屠宰捐、船捐、海龟捐、生猪出境捐、花筵捐、学田租等税项充实。

学校的建校经费主要由海外侨胞捐献、社会人士及县内各市场和嘉积市场商家募捐。

類別	項別	銀數	合計	項別	銀數	合計	比較	備考
經常費	各項捐務	二二六、〤三	五五一八、九二九	職教員薪水	五一九九	五八一八、三六一	二九九、四三二 空	中學生每人年收學費洋十五元，高小生每人年收學費洋六元
	學生學費	二七二、		校役工食	二四三、五			
	証書費	一〇〇、〣九		雜項	三七六、八六一			
	田租蓮池租	五九〇、〦五						
建築費	學生宿舍費	六五五、三	三二六四、一五	建築教室及修繕各室等	二〇六九、一五六	三三六八、一五六	二〇四、〇〇六 空	內宿生每人年收宿舍費四元，縣署令撥公田二宗，變賣弁經校務會議表決變賣蓄積置舖一間以充建築費
	新生投名費	一〇三、五		建造頭門及修教室門窗等	六三五			
	變賣公田及舖	一三一〇、		贖田及贖舖	五三〇			
	第一次募捐	一九五、三五		還王前會計建築	一三四			
	王縣長撥款	一〇〇〇						
圖書費	學生圖書費	二一八	二一八	添購圖書、添購儀器	六六、〇八六；一〇四	一七〇、〇八六	四七、九一四 存	中學生每人年收圖書費一元，高小生每人年收五角
體育費	學生體育費	二二九	二二九	修整體育場、購體育用品	二七、六一五；一六九、一一九	一九六、七二四	三二、二七六 存	中學生每人年收體育費一元，高小生每人年收五角
手工費	學生手工費	一六四	一六四	手工工具、手工材料	一三、七九；四七、八六五	六〇、六五五	一〇三、三四五 存	中學生每人年收手工費一元，高小生自備

琼东中学民国十三年（1924）8月至民国十四年（1925）4月决算表

为了筹资创办师范学校，县长王大鹏上任后呕心沥血。他决议将县中各市场租捐每年的三分之一拨给学校充当常资；接着又从县财政中拨款银圆1 000元、变卖公田（学田）银圆810元充当学校经费；又由县署核准抽收的生猪出境税、市栏租、海龟税、县属祠庙捐款等补充学校经费；并组成以孔广陶为主管的募捐委员会向社会募捐及派员到南洋发动华侨捐资集得银圆十几万元。集多方筹资增建了洋楼式教室数幢及宿舍多间。

其他的收入主要来源于学生的学费。当时中学生每人年收学费银圆15元，住宿生年收宿舍费银圆4元。而高小生每人年收学费仅收银圆6元（高小生不安排住宿）。此外，中学生每人年收图书费、体育费、手工费银圆各1元，高小生折半。

学校创办后，王大鹏于1925年4月变卖自家田产捐资银圆2 000元（当时学校教师每月的薪金18～20元、月伙食费约3元）给学校。当时县城和嘉积市军政各界、各商家及社会贤达如云逢瀛、黄昌炜（中共海南一大代表，后来曾在学校任教）等都积极捐款，其中还有据说是早期共产党员的毛孟屏（但无从查考）也捐了款。从教师、学生到社会各界人士，从琼东县内外到海内外，先后两次捐款，款额颇大。

学校初建时教学设备尚未完善，除原来小学已有设备外，自1923年至1925年间不断充实，先后购置图书花费银圆1 000元，教学仪器花费银圆500元，且还有1925年下半年继续添购中文书籍花费银圆4 000元、外文书籍花费银圆2 000元。此外，学校还建有球场、教学工厂、商社、模拟市政厅及一些职业教育辅助设备等。

六、学　生

琼东中学于1923年暑假期间开始招生，招收了师范一个班、初中两个班计有新生100多人，于1923年9月初开学上课。王大鹏出席学校落成暨开学典礼。

1923年暑假期间招收的师范一个班，初中一个班（分别为29人和37人）。1924年暑假期间招收了两个班（分别为34人和35人），加上1923年暑假期间招收高小一个班47人和1924年暑假期间招收一个班62人。建校初两年共计在校学生244人。学生籍贯以琼东县为主，有184人，占比75.4%；兼有定安县39人，占比16%，乐会县13人，占比5.3%。此外还有文昌县5人、万宁县2人和琼山县1人。

在校学生的年龄，中学班最高者20岁，最少者15岁，大多17岁。高小班年龄最高者也有19岁，最少者10岁，大多14岁，参差不齐。

在校学生的家庭出身属农民者居多，计有101人，占比41.4%。属商业者74人，占30.3%。属儒者（旧式学校读书人）47人，占比19.3%。旧手工业等工人者13人，占比5.3%。属学界者（新式学校读书人）9人，占比3.7%。

在校生中，建校前就读的高小毕业生至1924年毕业的学生共有400人、建校前招收的师范班学生至1924年毕业的学生有60人。

七、职教员

建校初期（1923—1926），曾在学校执教且留有姓名记录的外省籍大学学历的教师就有：吴明（陈公培，湖南人，毕业于南京大学，曾留学巴黎）；罗汉（湖南人，毕业于北京大学，曾留学巴黎）；沈贞王（湖南人，毕业于武汉大学）；刘百川（湖南人，毕业于长沙师范学校）；马毓章（广东高要人，毕业于中山大学）；吴颂尧（广东东莞人，毕业于中山大学）等人。海南籍从大陆回琼的大学生有陈秋甫（共产党员，毕业于上海光华大学）；冯裕江（共产党员，毕业于上海大学）；黄昌炜（共产党员，毕业于上海大学）；符传范（共产党员，毕业于复旦大学）；王国瑛（共产党员，毕业于上海南方大学）；黎光乔（毕业于燕京大学）；黎民（毕业于上海南方大学）；等等。

据1925年年初的数据统计，学校中职教员有18人，其中琼东籍14人，外省籍外县籍4人。学校职教员的人数及工作安排如下：

职教员：校长1人；教务主任1人；训育兼体育主任1人；舍务主任1人；小学主任1人；会计兼庶务1人；秘书兼图书室管理1人；专职教员11人。

如此职教员人数虽无法跟今天的学校相比较，但那就是近百年前的教育状况。即便在数年之后的1929年，主政海南的陈铭枢编纂的《海南岛志》中记载的海南中等教育状况也不过如此。

其时被誉为文化之乡的文昌县创建的海南较早的文昌中学，至1929年教员人数也仅有13人。在本地嘉积镇的省立十三中当时也仅有教员12人。

教员学历参差不齐，基本上有三类：1925年记录在案的大学毕业者查有学历姓名的有震旦大学（今复旦大学）1人、广东高等师范大学（后并入中山大学）6人、上海美专1人；前清贡生4人；琼崖中学及留校优生2人。其余虽然材料缺失，但也可见一斑。

教员授课每周多者28小时，最少者7小时，一般16小时。

1924年职教员薪水年开支总额为5 199银圆。个人平均月薪为24银圆（普通教员约为18银圆。其时上海市的工人月收入在10银圆以下。鲁迅家里请的保姆，包吃包住，月薪仅有3银圆）。

第四节　推进琼东地区的新文化运动深入发展

一、参与社会公益活动和文化活动

在王大鹏县长的牵头下，全社会参与办学的热潮高涨。琼东中学的创办，对琼东社会的新文化运动深入发展产生了积极的影响。

在学校进步师生的带动下，学校在完成教学工作的同时，组织师生积极参与社会各项活动，是当时的一大特色。

学生们经常参加一些校内外的劳动，如建筑施工、修筑公路等。

学校经常组织学生投身社会各项活动，宣传“劳动神圣”精神，多次参加王大鹏县长组织的开路筑路突击。其时由王大鹏主政的琼东县和由陈岛沧主政的文昌县是全国筑路模范县。琼东中学师生在琼东地区的道路交通建设中成为一支重要力量。

王大鹏同琼东中学师生参加筑路劳动情景

［中华全国路政市政委员会编辑的《道路月刊》42卷载（王大鹏故居存）］

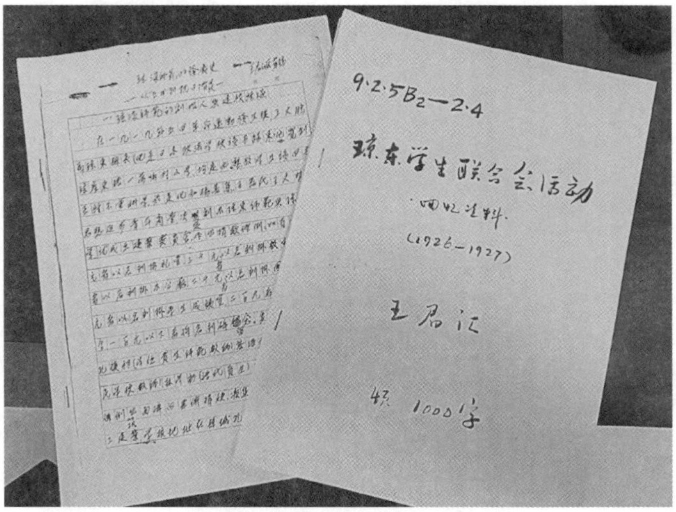

王君汇晚年回忆琼东中学生活的材料（中共琼海市委党史研究室存）

1924年10月10日，琼东中学师生组织游行，奏军乐、唱爱国歌曲。游行路线从县城到嘉积镇，庆祝辛亥革命纪念日。民主、科学不断深入人心，在社会上产生很大影响。

学校教务主任符传范在春节前夕带领爱好书法的学生下乡给村民们无偿写对联、做演讲，宣传新文化、新风俗、新思想。同时深入群众中进行革命宣传，动员妇女上夜校。

王君汇是大革命时期在琼东中学学习、工作过且活到解放后的为数不多的一个学生干部。1988年校庆，作为老校友，85岁高龄的王君汇应学校邀请到校做报告并留下了一篇书面回忆录。他还清楚地记得王大鹏、杨善集、王器民和王文明等人创办学校的事迹。他念念不忘的是他从小学考上琼东中学读书时，人们都说琼东中学是革命的大本营，是革命的熔炉，因此他以作为琼东中学的学生而感到无限自豪。

王君汇说："学校当时经常召开'两会'，即校务会和学生会，两个会的动态总是联系的，校务会召开时会通知学生会派代表参加，学生会召开时也会通知校务会派相关老师参加。融成一气，工作中的缺点错误互相批评，最后认识达成一致。"

"学校经常派出宣传队在县城、嘉积和中原，检查商店是否出售日货。同时在集市中宣传爱国主义思想，反对北洋政府的卖国行为，检查到的日货和封建迷信的货物没收集中焚烧。还将那些专卖或常卖日货的奸商抓起来游街示众，以儆效尤。"

1925年3月通过校务会议决定出版发行《琼东中学校刊》，全校师生积极投稿，在琼东地区的思想舆论界中产生了极大的影响。

校刊出版时，县长王大鹏出席《琼东中学校刊》发刊仪式并致祝词：

琼东之为邑，纵横仅数十里，至褊小也。近来感受外界潮流，于兴学一途，较前颇觉增进：计初小校约有数百间，高小校约十有余间，为数尚属不少；而县立中校，独付阙如，未免俾一般升学士子，有向隅之叹，故鄙人忝任县事，即毅然从事筹设，而当时闻其议者，有谓地小民贫，难以举办；不知“难”之一字，为愚人所用之字典有之。试观是校此数年间惨淡经营，更有今日，何难之有！尤幸者：自去年夏间，得黎君筱景来长斯校，积极整顿，如增建教室，扩充班数。及其余校中诸务，无不悉心规画，井然有条。此校为全邑最高学府，当亦不愧为一邑教育楷模也。今校内有校刊之举，盖为鼓吹文化之一事，闻而实获我心，爰为之聊缀俚词以颂曰：

国家要政，举学育人。琼东中学，筹设维新。
群英聚会，济济莘莘。宣扬文化，责在吾身。
校刊出世，牖发天真。潜移默化，去垢除尘。
抱定宗旨，择精取神。锐意猛进，邹鲁海滨。

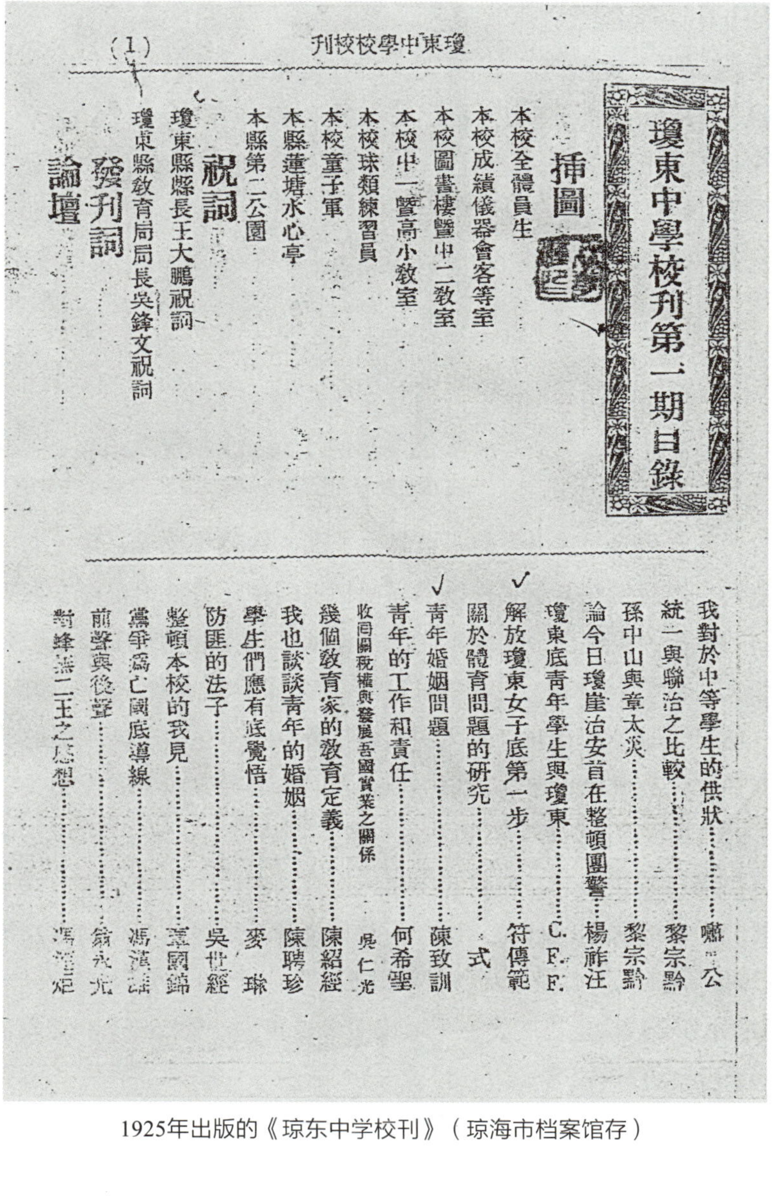
瓊東中學校校刊 (1)

瓊東中學校刊第一期目錄

挿圖
本校全體員生
本校成績儀器會客等室
本校圖書樓暨中二教室
本校中一暨高小教室
本校球類練習員
本校童子軍
本縣蓮塘水心亭
本縣第二公園

祝詞
瓊東縣縣長王大鵬祝詞
瓊東縣教育局局長吳鋒文祝詞

發刊詞

論壇
我對於中等學生的供狀……嘯[illegible]公
統一與聯治之比較……黎宗黔
孫中山與章太炎……黎宗黔
論今日瓊崖治安首在整頓團警……楊祚汪
瓊東底青年學生與瓊東……C. F. F.
解放瓊東女子底第一步……符傳範
關於體育問題的研究……式
青年婚姻問題……陳致訓
青年的工作和責任……何希聖
收回關稅權與發展吾國實業之關係……吳仁光
幾個教育家的教育定義……陳紹經
我也談談青年的婚姻……陳聘珍
學生們應有底覺悟……麥　琳
防匪的法子……吳世經
整頓本校的我見……[illegible]國錦
黨爭爲亡國底導線……馮[illegible]
前擊與後擊……翁永光
對鋒[illegible]二王之感想……馮[illegible]

1925年出版的《琼东中学校刊》（琼海市档案馆存）

1925年4月，全校师生开会追悼民主革命先行者孙中山先生。

1925年6月，为了支援上海人民五卅反帝爱国运动，学校师生设立支援委员会，参加琼东各界上万人举行的援助省港罢工大集会，举行演讲、游行宣传和募捐等活动，捐集钱币送往上海。

每逢国内外重大事件发生，如“上海日商纱厂工人罢工”“五卅运动”“省港工人大罢工”“沙基惨案”等，师生们都踊跃上街游行、演讲、募捐，声援各地工人农民举行的爱国行动，呼喊“打倒帝国主义”“废除不平等条约”“撤退外国驻华的军队”“为死难同胞报仇”等口号。

当时流行在学校中的口号就是“读书与革命，教育和国家”，上学读书、参加革命成为流行的风潮。在学校进步师生的影响下，琼东地区群众的觉悟大大提高，社会风气一改辛亥革命以来军阀统治下的乌烟瘴气。一时间，琼东地区的新文化运动蓬勃发展，为大革命运动的到来做好了准备，也为琼东地区在大革命失败后成为中国共产党坚持琼崖武装斗争的根据地打下了坚实的基础。

琼东中学组织童子军开展校外活动（1925年《琼东中学校刊》载）

1926年春，陈骏业返回海南后接替黎宗铄担任了琼东中学校长。

1926年6月，琼东县学生联合会在琼东中学成立，学生王君汇当选为主席。

这一时期，琼东中学已经形成了一个坚强的革命堡垒，大批进步青年在这里加入了中国共产党，师生们积极参加社会活动。

1926年7月，全校师生参加琼东各界援助省港罢工声援会，到会的有琼东各界三十二个团体，人数达万人之多。据1926年9月11日印发的《琼崖民国日报》上的《琼东各界援助省港罢工之热烈》载：“到会有三十二个团体，人数达万人。……公推主席团，当场公推省立十三中学校长张韬，仲恺农工校长雷永铨，琼东中学校长陈骏业，工会代表邢诒翼四人为主席团。”（《海口文史资料》第五辑）

二、助力琼东妇女解放运动

1924年，琼东县女学生冯素娥反对封建包办婚姻，她写了抗婚书寄给《新琼崖评论》发表，得到社会的广泛同情。《新琼崖评论》《琼崖新青年》皆发表署名文章支持冯素娥的抗婚行为，为琼崖妇女反封建、争自由树立了榜样。此后，琼东中学以反对封建婚姻制度为主题掀起海南妇女解放运动高潮。

民国早期琼东地区的妇女解放运动在海南处于领头地位，与琼东中学的影响密切相关。琼东中学教务主任符传范提出要设立女子高小学校，创办女子简易讲习所，让大龄女子学习文化，接受教育，他认为这是解放琼东妇女的第一步。

建校后的第一届学生陈致训（琼东县牛角村，今属琼海市长坡镇人），1923年考入琼东中学，他入学后受校长陈公培的影响很深，较早地接受了科学社会主义，思想进步很快。陈致训后来考入黄埔军校第四期，大革命失败后在海南坚持武装斗争，前后担任过中共琼山县委书记和中共琼东县委书记。陈致训在琼东中学读书时，思想活跃，认真思考社会问题，积极参加各种社会活动，常常在报刊上发表针砭时弊的文章，如《青年婚姻问题》《哀琼崖》《伤感》等诗文。他号召青年们站起来反对买卖婚姻，提倡结婚自由、离婚自由和男女平等经济独立。他提出要组织进步的青年社，通过出版物宣传、露天演讲来提高青年的认识，把他们从那吃人的旧礼教、旧制度、旧家庭中解放出来。陈致训还通过诗歌抒发了强烈的情感：“天荒特破自于今，革命先来试革心。振聩发聋警醉梦，更头换脑唤迷沈。冲锋队里颅甘破，生力军中志莫禁；所谓微躯肩重任，思今海内尽知音。”

陈致训等师生的言论在社会上产生了强烈的反响，一时间，琼东社会对买卖婚姻、早婚、多妻买妾制、女子守节等落后行为争相诟病。张扬女子独立人格、号召男女接受平等教育、争取男女社交公开、探求女子经济独立、倡导婚姻变革成为琼东社会思想解放的主流。

十年内战时期，娘子军的红旗一举，琼东妇女响应如潮。涌现了以“吴琼花”为代表的为中国革命而奋斗牺牲的一批红色娘子军，这和琼东中学倡导男女平等、妇女解放的思想启蒙教育息息相关。

三、投入清匪反霸斗争

在新文化运动的影响下，琼东县农民协会的成立如雨后春笋一般。

琼东社会历来匪患猖獗，加之军阀统治造成兵匪一家。1924年5月，王器民在《新谅崖评论》第9期（1924年5月1日出版）发表了《琼人还不急起来自救吗》的文章，历数军阀邓本殷的罪恶，号召人民起来和军阀做斗争。1924年6月23日夜，嘉积基督教会的美国牧师冯卓殊被地方土匪枪杀。邓本殷慑于美国政府的压力，派陈凤起带领军队到琼东县清乡，枪杀、拘捕无辜群众，烧毁民房，勒索琼东县人民赔偿40万大洋。本来土匪为患早已让琼东人民饱受其害，军阀又借其敲诈勒索，琼东人民悲愤交加。一时间社会舆论纷纷，人民强烈反对。《新琼崖评论》发表了《致琼乐两属公民大会邮电》抗议。广州学生也集会声讨邓本殷，号召人民起来反抗，喊出“此獠不去，誓不干休”口号，以表示斗争的决心。

琼东县农民协会会员证章（中共琼海市委党史研究室藏）

琼东中学教师黄昌炜（中共党员，中共琼崖一大代表）于1925年2月至5月，先后在《新琼崖评论》杂志上发表《祝新琼崖评论一周年纪念》《反对邓本殷借款敬告全国同胞》等文章，激励琼崖人民起来与反动军阀斗争。在琼东人民反抗军阀暴行的舆论谴责声浪中，邓本殷没有敢勒索银圆40万，改为3万，最后不了了之。这位所谓广南八属总指挥还假惺惺地于1925年5月给琼东中学捐献银圆1 200元用来建设一幢办公楼，其部下琼崖善后处长冯纯卿也捐出银圆200元、参谋长陈凤起也捐出银圆100元。爱财如命的邓本殷如此的“善举”，琼东中学可算是全琼独得此“殊荣”的学校。

对于土匪之害，人民强烈要求整顿团警治盗的管理机关。《琼东中学校刊》发表匿名文章，指出办团、清乡并无多大作用反而累及无辜，舆论矛头直指反动军阀统治，认为匪患的根本在于苛政、赌博、鸦片。因为当时统治海南的军阀邓本殷为盘剥琼崖人民而为黄、赌、毒大开绿灯，加重征税。全琼城镇到处是大赌场、鸦片烟馆和妓院。王器民等在报刊发文《此獠不除　琼无宁日》，矛头直指邓本殷。与此同时，琼东县人民在共产党人的领导下，组织起农民自卫总团，各乡设分队，积极剿匪，维持地方治安。共产党员符功桓（1899—1928，琼东潭门人）担任琼东县农民自卫总团团长。琼东中学的童子军积极配合，参加清除土匪、驱赶军阀的斗争。

为配合社会清匪反霸行动，学校在学生中组织童子军，组织学生联合会。童子军积极参与商会抵制日货、参与农民协会斗争土豪和打击盗匪活动。师生们通过宣传活动，破除迷信、反对阶级压迫，宣传男女平等。琼东中学学生联合会在学生中成立出版印刷组（由学生吴世栋负责），经常印刷出版宣传新文化、新思想的文章和标语，及时散发到市镇和乡村。

四、活跃于琼剧改革最前线

琼剧历史悠久，为海南人民所喜闻乐见。其剧情思想最容易被没有受过学校教育的民众所接受。王器民早在1921年就认识到利用琼剧宣传民主革命、反对封建制度的重要性。王器民跟被誉为“琼剧泰斗”的郑长和（今琼海塔洋镇高郎村人，1956年当选中国戏剧家协会广东分会副主席，1957年当选全国文联委员，1959年任广东琼剧院副院长）是同乡同龄。王器民和徐成章、徐天炳、王文明这些琼剧爱好者找郑长和一起组织过土戏改良社和琼崖优伶界工会。王器民深知剧本为一剧之本，聘请文昌籍剧作家吴发凤一起专门研究、创作琼剧剧本，对琼剧剧本从内容到形式都进行了彻底的改革。对那些宣传诲淫诲盗、君贵民贱且戏文不通的旧剧本进行淘汰，代之以反帝反封建、宣传民主自由、表现时代新生活的现代文明戏，形式上也由以前的提纲戏改为剧本编写戏。琼东中学师生经常组织剧团下乡演出现代文明戏。琼剧演出成为新文化运动的一种形式，新文化运动又使琼剧脱胎换骨、焕然一新。一时间，琼东地区成为全琼戏剧活跃的中心。

直到今天，人们还在感叹：出身穷乡僻壤仅受过私塾教育的吴发凤，在那时局动荡、生计艰难的岁月，以超人的意志创作、移植和改编了100多台琼戏。吴发凤是天才的戏剧创作家。吴发凤的创作以1919年五四运动前后至1927年大革命失败前后为界线分为三个时期。其中最有成就的是中期，即1919年五四运动后至1927年大革命失败前这一时期。他在1919年五四运动前的剧作显得幼稚肤浅，而1927年大革命失败后的剧作则充满了颓废思想，沉迷于伤感低沉的爱情题材之中。吴发凤中期的创作，离不开新文化运动的魅力，离不了王器民的画龙点睛，其剧作的灵魂就是王器民。

1926年5月，琼东中学成立了学生会，该校学生王君汇当选为学生会主席。琼东中学学生剧团同时成立，由学生符运华和杨庆芬当团长。在琼东中学剧团的带动下，各高小学校也成立了千秋剧团、长坡剧团、里文剧团等。琼东中学学生剧团每个周末都在学校音乐室排练。剧团排练剧目为王器民、徐成章、吴发凤共同编写的宣传反对包办婚姻、大义灭亲、破除迷信等内容的时装琼剧。每逢五一劳动节、五四纪念日、辛亥革命纪念日、元旦和春节都下乡村或者到集市上演出，在群众中产生很大的影响。

琼东中学琼剧团当时非常活跃。琼东中学学生陈烈三是一个琼剧爱好者。在新文化运动和徐成章、王器民、王文明等进步老师的影响下，他积极组织、参加反帝反封建运动，他在学生剧团里相当活跃，是学校中演出时装琼剧的主角。他参与演出的《蔡锷出京》《秋瑾殉国》《社会钟声》《爱国运动》轰动琼、乐、文、定各县。毕业后他在社会上组建“明新文明戏剧团”，他兼任团长和领衔主演。解放后担任海口市戏曲工会主席。一时间琼剧的改革运动波澜壮阔，波及全琼十三属县，给琼剧带来了新的生命；同时也带给海南人民以艺术享受，成为全民参与的新文化运动形式。同时，也使琼东县城这个当时琼剧活动的中心，成为琼剧艺术的沃土，为后来琼剧界产生出吴桂喜、陈华、王英蓉、李桂琴、伍桂梅、黎少琼等一大批梨园名角提供了广阔的空间。

第五节　琼东中学支部成立和琼东地区革命干部的摇篮

1926年1月16日，国民革命军第四军自雷州半岛分兵三路渡海攻琼，讨伐军阀邓本殷。1月底，邓本殷部土崩瓦解，琼崖宣告讨邓胜利。国民革命军南讨胜利后，琼崖的革命统一战线开始形成，琼崖临时行政委员会成立。

随军渡琼的国民革命军第四军党代表罗汉，在海口成立了中国国民党琼崖特别委员会，其直隶于国民党中央党部，罗汉任主任委员，执行委员有王文明等7人。其时，琼崖国民党基本上由左派和共产党员掌握，拥护孙中山先生的联俄、联共、扶助农工三大政策，大量任用共产党员、革命青年和左派人士，与共产党人真诚合作，领导全琼国民党的党务和行政工作。

1926年2月，国民革命军第四军党代表罗汉、第十二师党代表王文明等人，根据中共广东区委的指示，在海口市中山路关帝庙召开会议，成立中共琼崖特别支部委员会（简称中共琼崖特别支部）。罗汉任特别支部书记，委员有王文明、冯平、李爱春、何毅、符向一、柯嘉予、陈公仁等。特别支部成立后，派出党员分赴海南各地活动，从此便以组织性质的战斗姿态在全琼开展建立中国共产党地方组织，各地纷纷成立党支部。中共琼崖东路特别支部在嘉积镇成立。

琼东中学党支部办公遗址（今琼海市塔洋镇政府后院）

1926年2月以学校教师、中共琼崖东路特别支部宣传委员陈秋辅为小组长建立琼东中学党小组。3月，在中共琼崖东路特别支部的领导下，琼东中学和县教育局的中共党员在琼东中学集中举行会议，成立琼东中学党支部。教务主任符传范任书记，教师王业琪任组织委员，教师冯裕江任宣传委员。与琼东中学党支部同时成立的还有琼崖仲恺农工学校党支部。

琼东中学党支部遗址在今琼海市塔洋镇政府大院里，琼东中学党支部是中国共产党在海南最早建立起来的基层党组织之一。据王君汇回忆，琼东中学党支部成立后，当时全校师生中已有党团员40多人，人们都把琼东中学称之为革命的大本营，是革命的熔炉。

中共中央原高级党校委员会委员、中共中央马列学院二分院副院长兼中国革命问题研究室主任杨甫（原名吴世栋，现琼海市潭门镇龙献村人）回忆：1926年考上琼东中学时，他刚刚18岁。认识的教师符传范、郭儒灏、冯裕江，学生吴世焯、王以金等人都是共产党员。他的老师冯裕江就是他走上革命道路的引路人，早他一年入学的吴世焯是他当年的入党介绍人。

1926年6月，中共广东区委特派员杨善集回琼参加中共琼崖第一次代表大会时回到琼东中学做演讲，鼓励青年学生积极投身革命运动。

从1922年琼东中学创建到1927年大革命失败，琼东中学一直是海南革命斗争的一所大学校。不少优秀的知识分子从各地来到这里，在这里加入中国共产党，又从这里走向全国各地。琼东中学一时间成为全琼知识分子景仰的中心。

在琼东中学的创建过程中，这些名字值得我们永远铭记：王大鹏、陈公培、罗汉、鲁易、徐成章、沈贞王、刘百川、马毓章、吴颂尧、陈秋甫、冯裕江、黄昌炜、符传范、王国瑛、黎光乔、黎民、陆兴焕、黎宗铄、陈骏业、陈绍经、王文明、杨善集、陈垂斌、罗文淹、王器民、王国淇、陈致训、李应春、王业熹、黄昌炜、冯世江、郭儒灏。

在琼东中学的影响下，琼东社会各界阅读报刊一时蔚然成风。当时对琼东社会影响较大的刊物，除了符传范先后主办的《琼东中学校刊》和《琼崖东路半月刊》，还有卢鸿慈和许邦鸿在嘉积镇创办的《良心》月刊，而在外地与之呼应的有琼东人王器民、杨善集等在广州主办的《新琼崖评论》《广东青年》《革命生活》《革命学生》和琼东人黄昌炜等在上海主办的《琼崖新青年》。这些进步刊物对琼东社会的新文化运动都起着推波助澜的作用。

1926年春，以琼东中学的共产党员符传范等为主要力量筹建了中国国民党琼东县党部。1926年4月1日，在琼东中学召开中国国民党琼东县第一次代表大会，校长陈骏业被选为书记长、教务主任符传范当选为执行委员，教师王国淇当选为监察委员。学校中不少共产党员以个人名义加入国民党。第一次国内革命战争国共合作时期，琼东县的国民党组织基本上由琼东中学的共产党人掌控。

琼东中学为海南革命事业培养、锻炼了一批革命骨干。琼东中学支部成立后不久，琼东中学便有半数以上的师生加入了共产党和共青团。接着琼东县各区乡相继成立了7个党支部、6个党小组。后来在海南革命活动中的骨干好多人都曾经在琼东中学工作或学习过。其中，有“4·22”大屠杀后与冯白驹一起重建被破坏的中共琼山县委的陈秋辅（1928年担任中共琼山县委书记）、冯裕江（1926年担任琼山中学校长）；有1930年担任中共琼山县委书记、1931年担任中共琼东县委书记的陈致训；有1923年从上海大学毕业后就一直在琼东中学为党工作，反动派政变后被捕解往海口，后与李爱春（冯白驹的入党介绍人）一起高唱《国际歌》走向刑场的王国琪；有担任过中共乐会县委书记、琼崖纵队（琼崖抗日游击队）政训室（政治部）主任的黎民；有担任过文昌县农民协会主席的李应春；有1926年参加筹建琼崖地方党组织工作并出席中共琼崖第一次代表大会，在会上当选为地委委员，1927年7月受中共广东区委派遣历尽艰险潜回琼崖工作，琼崖特委书记杨善集牺牲后临时代理特委书记的黄昌炜；有担任过琼崖第一个县级苏维埃政权——陵水县苏维埃政府主席、琼崖苏维埃政府常委兼秘书长的王业熹；还有担任过第二届琼崖苏维埃政府主席的陈骏业。因此，原琼海市党史研究室主任陈锦爱把琼东中学誉为琼东地区革命运动干部的摇篮并不为过。

第三章 大革命失败后的琼东县简易师范学校

琼东中学在轰轰烈烈的大革命运动中不断发展，同时也有暗流潜涌，革命力量跟守旧势力的争斗从未停止过。

从1925年夏末开始，邓本殷取消县长民选制，各县县长又改由广东省政府或琼崖行政公署委派，王大鹏离任琼东县长。

1926年夏，中国国民党琼东县召开第一次代表大会时，国民党琼东县党部基本上由琼东中学的教务主任符传范和校长陈骏业等共产党人掌握，国民党右派分子李多昭、苏民望等人只得辞职离开。

据广东省台山县人冯炳奎回忆，他从北京大学毕业后回到广东，后被派到海南。那时正是1926年夏，刚上任不久的琼东县长何名汉，是国民革命军随军过琼的保定军官学校毕业的军人，其人是一个顽固的反共右派。他一到任，面对琼东中学和琼东县轰轰烈烈的革命高潮惊慌失措，立即跑到琼崖行政公署向行政委员张难先汇报工作并提出辞职。正好这时冯炳奎也在海口琼崖行政公署跟张难先交谈。何名汉一到便对张难先说："报告委员，琼东不得了，县党部是共产党，县农民协会是共产党，琼东中学教员学生多是共产党，甚至县政府的教育局局长（指琼东中学教师符传范）都是共产党。"（台湾版《琼东县志》增补资料）

何名汉辞职后，张难先便指派冯炳奎担任琼东县县长。冯炳奎也是国民党中的反共右派，在琼东县长任上支持省十三中右派学生对抗王文明、符传范、陈骏业等共产党人的一系列革命活动。但在革命师生的抵制下，冯炳奎上任仅半年时间便离职。冯炳奎后来任职江门市市长，再任广东省政府教育厅主任秘书，曾在中山大学任教，开设岭南文化课程，也曾在国民党政府从事侨务工作。1950年逃往台湾后从事教育工作，被聘为台湾国立师范大学教授，著有《中国文化与岭南文化》（台湾中兴大学法商学院1962年版）等著作。

琼崖革命斗争二十三年红旗不倒为什么从琼海开始？琼崖第一个革命根据地为什么出现在琼海？红色娘子军为什么诞生在琼海？跟琼东中学是一个革命的大熔炉，是一个在琼东地区培养革命干部的红色摇篮有着密切的关系。

然而，革命并非一帆风顺。1927年国民党右派背叛革命，屠杀共产党人，红色革命摇篮琼东中学进入最黑暗的日子。

第一节 “四二二”事变学校停课 共产党人展开斗争

1927年4月12日，国民党右派在上海发动政变，屠杀共产党人；4月15日，国民党右派在广州也开始屠杀共产党人，称之为“清党”。之后，国民党右派琼崖警备司令黄镇球在海口召集会议，布置反共政变计划，4月22日开始在海口府城地区屠杀共产党人，史称琼崖“四二二”事变。

据王君汇回忆，国民党右派琼东县长罗让贤一贯仇视共产党人，他企图响应上海“四一二”事变在琼东县屠杀共产党人。4月中旬，罗让贤曾以办寿宴为名，请琼东中学学校领导、学生会、学联会及县机关各领导人赴宴，企图一网打尽。但共产党人已经得到消息，深知这是罗让贤的鸿门宴而没有赴宴。

4月22日，随着海口府城地区逮捕共产党人的行动开始，组织上便通知学校和县机关的党团员开始撤离转移。

4月22日晚，乐会县国民党反共头子王昌仲得知琼崖国民党右派在这一天发动了反革命政变，当夜带兵到琼东中学，企图捉拿学校教师、共产党员王业熹。王业熹是乐会县人，王昌仲想抓捕王业熹邀功。当晚，王业熹正在孟兰庙剧场观看琼剧《乞丐中状元》，学校党支部书记符传范得知消息后便过来通知他，说形势已经非常紧张，要他立即离开琼东县城。他当即随农民自卫军总团撤出县城，转移到龙眼山一带隐蔽。王昌仲在校园中搜索一阵，又回乐会县文园村王业熹老家搜查，扑空后恼羞成怒，恣意侮辱其亲人，临走又往门上贴上封条。敌人的凶残使王业熹的革命意志更加坚定，他跟学校师生一道走上了坚持武装斗争的道路，后来成为坚持母瑞山革命根据地斗争的中坚力量。在北京的中国革命军事博物馆内，陈列的那座《艰苦岁月》雕塑，就是以琼东中学教师、时任琼崖苏维埃政府常委兼秘书长的王业熹为生活原型创作出来的。由于长期坚持艰苦的斗争，王业熹后来身患重疾，于1947年3月1日在五指山革命根据地的毛贵地区与世长辞。

以王业熹为生活原型的雕塑《艰苦岁月》

1927年4月23日是琼东中学最黑暗的日子。据中共中央原马列学院二分院副院长兼中国革命问题研究室主任杨甫回忆：当时他在学校里听说共产党员符传范（教务主任）、郭儒灏（国文教师）、冯裕江（社会课老师）、陈骏业（校长）及刘裔祺（琼东县教育局督学）等人都已经离开了学校。他跟同村的吴世焯同学等人在得到“清党”的消息后便迅速从学校逃回家乡。吴世焯1925年考入琼东中学，1927年年初加入共产党，大革命失败后党组织派其到福建从事党的地下工作时牺牲。

4月23日，国民党右派琼东县长罗让贤布置“清党”，他担心自己的力量不足，便请求琼崖警备司令黄镇球派兵增援。黄镇球，广东梅州人，时任琼崖警备司令，琼崖清党委员会主席。后来于1931年6月赴德国学习防空，1938年任国民政府航空委员会防空厅厅长，国民党败退台湾后，黄镇球曾任职“联勤总司令”，1954年调任“国防部副部长”，1955年转任“总统府参军长”，1962年任“总统府战略顾问委员会”副主席，是国民革命军中顽固的反共派。

1927年4月24日，黄镇球率领几辆汽车的官兵从海口赶到琼东县城增援罗让贤捕杀共产党人。黄镇球的军队将琼东中学包围得水泄不通，大肆搜捕。这时，琼东中学党团组织提前得到王文明的通知早已转移到了农村。琼东中学支部组织委员王业琪及一部分无法接到通知来不及转移的师生陈世珍、杨庆懋等人被捕，被押解到府城杀害。

此后，黄镇球的军队还追查到学校中共产党人的家乡，纵火烧毁琼东中学教务主任符传范、教师黄昌炜、学生杨庆芬等共产党员的房屋。将学校符传范、校长陈骏业和中共琼崖东路部委书记雷永铨、部委委员黄昂等四人列为“琼东四凶”而悬赏追杀。琼东中学被定性为整体“赤化”学校而宣布停课关闭，一时间，学校内外充满了腥风血雨的白色恐怖。

在反革命的淫威面前，琼东中学师生转入农村，以武装斗争对付白色恐怖。据王君汇回忆，在坚持农村武装斗争的过程中，王文明、王大鹏、王业熹和陈骏业等先后担任琼崖苏维埃政府的主要领导人。学校教务主任符传范担任中共琼东县委组织部长并兼任琼崖清理逆党（指国民党右派）委员会副主任，他在后来坚持武装斗争中，壮烈牺牲。

在残酷的武装斗争中，琼崖党组织领导琼东中学师生于1927年5月16日在烟塘郭村打响了全县人民反击国民党反动派的第一枪，前后又参加了多次攻打反动乡团村庄、攻打福田市、攻打县城和礼昌等的战斗。曾经创建过琼东中学和在琼东中学学习和工作过，后来又在革命斗争中担任过县委书记以上领导职务的教师和学生王器民、杨善集、徐成章、符传范、王大鹏、黄昌炜、冯裕江、冯世江、陈秋辅、王业熹、王文明和陈致训等人相继壮烈牺牲。而在革命斗争中光荣牺牲的琼东中学学生人数有两百多人。

据全国政协委员、1932年曾任国民第一集团军警卫旅参谋的海南文昌人林荟材在海南“围剿”边区革命根据地的亲历记中描述：他当年曾随陈汉光在海南“围剿”琼崖工农红军，进攻琼崖革命根据地。琼崖苏维埃政府位于琼东县平坦、烟塘地区，在攻占平坦村时，俘获了带领琼东中学师生参加武装斗争，后来接替王文明担任过琼崖苏维埃政府主席的陈骏业。

对于曾经在学校建校前后两度担任过学校校长的陈骏业，《琼海县志》（1995年版）这样记载：陈骏业（1890—1942），又名百良。烟塘镇梅岭村人。民国初，任琼东县立高等小学校长。后赴上海复旦大学深造，加入中国共产党，常有诗文见于报刊。1924年（误，实为1926年）返琼，任琼东中学校长。主编《琼东月刊》，宣传新文化、新思想。1926年4月，加入中国国民党，任县党部书记。信奉孙中山先生的“三民主义”学说，积极配合共产党创建农民运动讲习所、工会、农会和妇女协会，兴办教育，开发扫盲活动，名噪一时。“四一二”反革命政变后，到农村建立革命根据地，开展武装斗争。1928年7月，任琼东县苏维埃政府主席。1929年，任定安县委书记。之后接任第二届琼崖苏维埃政府主席。

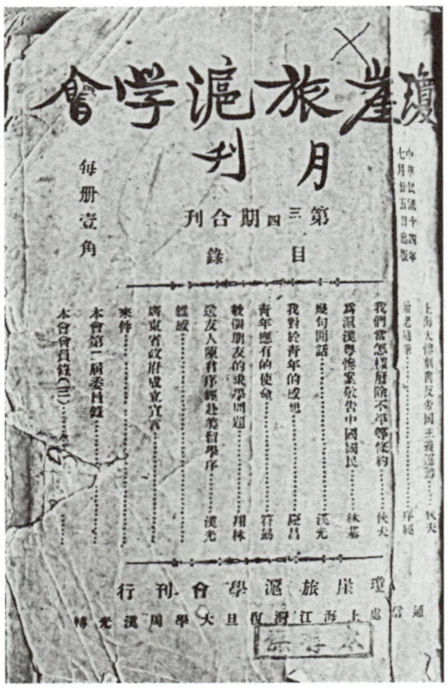

1925年上海出版的《琼崖旅沪学会月刊》
（中山大学图书馆存）

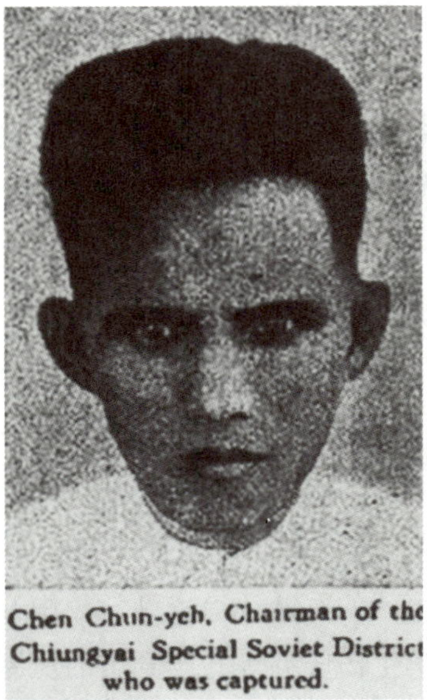

远东通讯社记者拍摄的“被捕之琼崖特别区苏维埃主席陈竣业”（《良友画报》1933年第74期刊）

第二节　清算时期琼东中学的“黎海初控案”

琼崖“四二二”事变后，学校停课整顿。因为这时共产党人已经全部离开了学校，且部分主要领导人也已经牺牲，以“清党”反共为目的整顿工作重点转移到经济方面，其中最大的经济案件就是当时影响全省的琼东中学“黎海初控案”。

“黎海初控案”是1934年由国民党琼东县党部牵头，由县党部执委王诗禄，县议员黄昌炎，琼东中学前建筑募捐委员会委员林旭初，琼东中学前任校长黎宗铄，南洋华侨陈和卿、王以贯，以及时任学校（琼东县简易师范学校）校长邢福田七人为委员组成的“清理南洋募捐建筑委员会”，对琼东中学此前为学校建设向南洋华侨募捐款项进行全面清理。清理后指控追缴赴南洋募捐员琼东中学教师黎海初、孔复初等人共欠捐款四千余元（银圆）。由琼东县长李藻兴（广东省大埔县人，中山大学毕业）将该案呈请琼崖绥靖公署察核。

对于此案，黎海初等辩称：“募捐簿中，亦有酬劳之例，每学生募捐至百圆者，免本人宿费一年，初中生并免学费一学期，募多者类推，一学生募捐一百圆，获酬劳一十多圆，经近加二之数，而黎前校长（指黎宗铄）个人在内地嘉积海口等埠募捐，共三千四百余圆，费去四五百圆，亦去加二不远。”总之，黎海初等认为他们所截留之款应为他们过海越洋募捐之酬劳所得。

琼崖绥靖公署初始认为：“黎海初等出洋募捐，经过年余，跋涉百余埠之多，其劳苦与费用，当出乎内地募捐者之上，今内地募捐者所支之数，已为清理委员会所公认，而黎海初所支者，则予以追究，衡情酌理，岂得谓平。况成例具在，自应一律看待，若彼薄此厚，亦复难昭折服。究竟该募捐员所称各节，是何实情，而经手所支符炳南画像费五百七十圆及在外洋时由校支银一百九十余圆，又何以不予公认。仰即分别查明呈复核办，再查据缴案卷，悦丰号保释黎海初之切结，系声明被清理委员会控告欠缴款项，限十日内清理，并非限十日内清缴，并饬知照。”故以“署法字第五四零号训令”回复：“指令琼东县县长为办理黎海初控案奉令据情附缴征信录及募捐册呈覆察核等情仰遵照。”

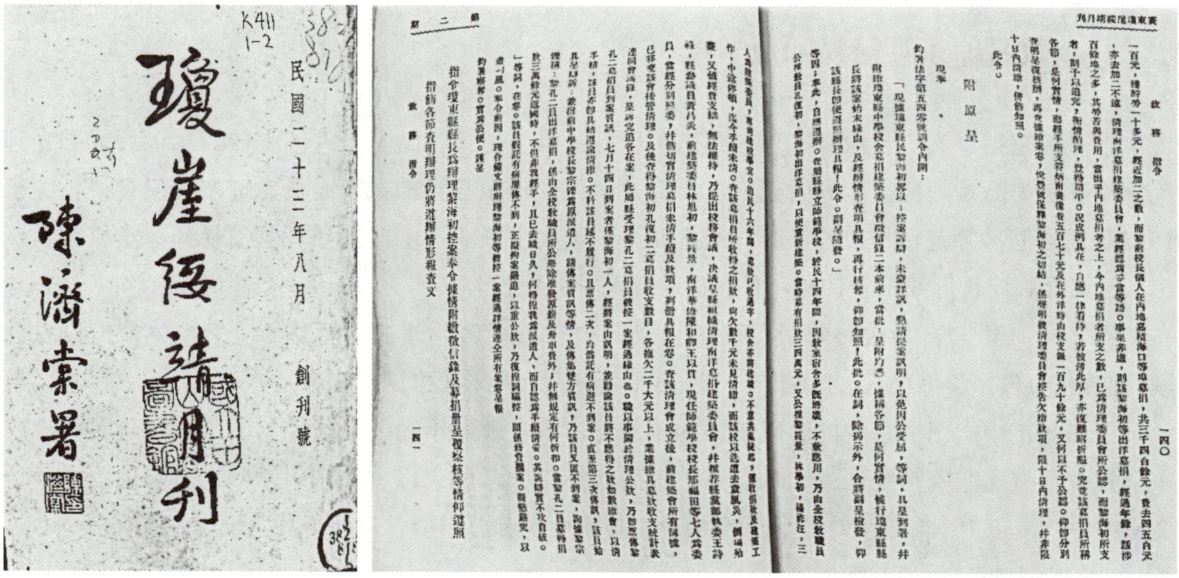

《琼崖绥靖月刊》上记载的琼东中学“黎海初控案”部分材料（广州市中山图书馆藏）

琼东县“清理南洋募捐建筑委员会”根据琼崖绥靖公署“政字第九八〇号”和“政字第一一四八号”指令核查呈报：“黎募捐员对于该征信录南洋内地募捐共费银栏内开支，不加分析，含混其词，妄指内地募捐款支费九十八圆为四五百圆，已属可笑；又以该款匀计，仅当捐款百分之三，而竟妄称为‘亦去加二不远’。是又所谓妙算惊人矣！黎募捐员初则曰：‘经近加二之数’，再则曰：‘亦去加二不远’，是不啻‘酬劳加二’，一如真有其事者；然所谓‘酬劳加二’一语，乃黎、孔两募捐员藉以侵吞捐款之妄词，而本校募捐简章中，并不斯条，不难复按；本校关于南洋募捐之一切文据中，并无片纸只字涉及‘酬劳加二’之事；本校又并无‘酬劳加二’之文据，给与黎孔两募捐员，岂可信口雌簧，故造妄词耶？就无论任何机关团体捐款，其待募捐员至多支给薪金及费用，断无‘酬劳加二”成例者。是所谓‘酬劳加二者’，不特为本校募捐简章及其他文据所无，且非情理以内之事，黎募捐员等，毋乃以收存捐款太多，不舍交出，乃妄造‘酬劳加二’之说，以期掩蔽其贪婪之心，真所谓作伪心劳矣！”

最后，琼崖绥靖公署做出裁决：“分别令饬募捐员黎海初迅将其所截留收存本校捐款银及否认其滥支银共二千零零四圆六角二分。该募捐员孔复初，迅将其所截留收存本校捐款银及否认其私借与滥支银共二千二百五十三大圆缴会，以维教育，而昭征信，实为学便。”

第三节　学校更名为琼东县简易师范学校时期的办学状况

琼崖“四二二”事变反共“清党”后，琼东中学停课五年之久。琼东中学停课后，乡区间许多学校也随之停课。学校停课极大地影响到了琼东县教育的发展，社会各界人士深感忧虑，一致呼吁学校复课。1932年秋，琼东县将琼东中学更名为“琼东县简易师范学校”方才复课。更名后的学校，校长由国民党琼东县党部执委、县议会议长麦煜熙、黎先简（后任县党部书记长）、邢福田（琼东县议会副议长）等人前后担任。

一、改名琼东县简易师范学校

查《琼东县志》（台湾版《琼东县志》增补资料）记：“民国十六年（1927年）后，县立师范学校改名为简易师范。”同时记：麦煜熙（国民党琼东县党部执行委员、琼东县议会议长）于1932年任县简易师范学校校长。黎先简（北平中国大学毕业）于1933年任县简易师范学校校长。琼东县议会副议长邢福田于1934年任县简易师范学校校长。

而《琼海县志》（1995年版）仅记：“1934年，更名为琼东县简易师范学校，校址设在县城，初招1个班，学生46人，学制3年，校长邢福田。”看来两志记载皆存是非。

据广州市中山图书馆藏的出版于1929年的《广东省政府年刊·民国17年》（1928年）中“广东全省教育概况”资料统计，大革命失败后的1928年，学校仍以“琼东中学”之名与琼山中学、文昌中学、澄迈中学、定安中学、乐会中学、陵水中学和万宁中学等八个县立中学并列在刊。

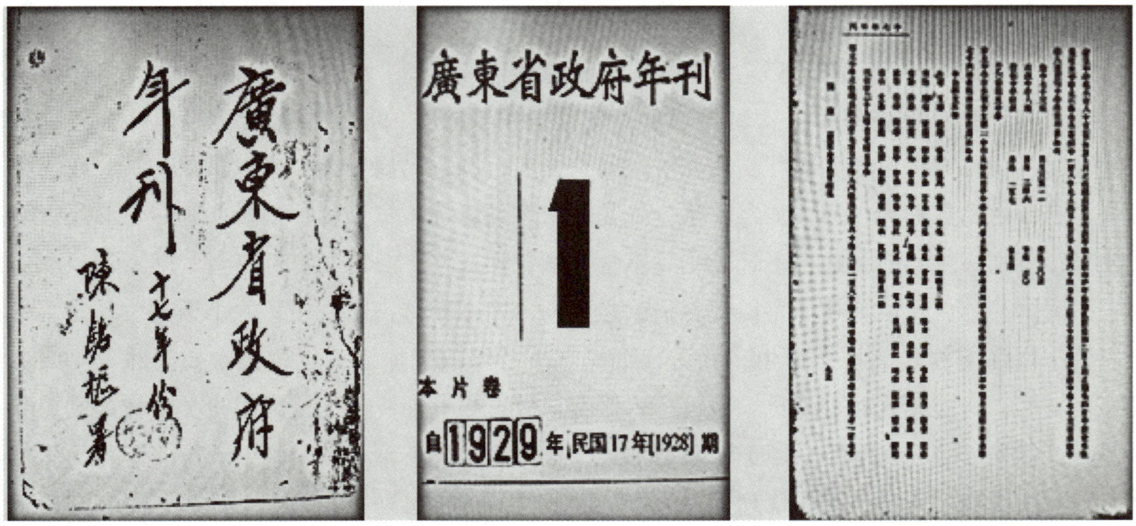

民国十七年（1928）《广东省政府年刊》上琼东中学还记载在册

1931年年底，由国民政府行政院长孙科（孙中山之子）和海军实力派人物海南文昌人陈策倡导“琼崖改特”，即将海南改称“琼崖特别行政区”，意将海南行政摆脱广东而直隶中央（实为建省），以削弱广东地方实力派的势力对海南的控制。当时海南知名教育家文昌铺前人钟衍林（海南中学初创主要发起人）曾为此做了一个海南教育现状的调查计划，其中仍将琼东中学跟省六师（今琼台师范学院）、琼山中学、琼海中学（今海南中学）、文昌中学、省立十三中（今嘉积中学）等中等学校并列称为“琼东中学”。

综合上述分析可以看出，大革命失败后，琼东中学并没有消亡，且也没有改名，但其时的教学工作基本上已处于瘫痪、关闭状况。学校由当时的国民党琼东县党部对学校进行整顿清算，至

1932年才更名为“琼东县简易师范学校”，由国民党党员麦煜熙担任校长复课。

复课后，这一时期学校实行训育管理，奉令实施党化教育，根据颁布的训育实施原则和师范教育宗旨，采用党员训练方式实行党化教育指导学生的全部生活。其目的是使学生从思想信仰到一切行为，都以三民主义为参照标准。强制学生无条件服从国民党的统治，不得参加社会活动和政治斗争，不准信仰共产主义。学校设立“训育委员会”，校长为主任，训育主任为副主任，其他成员为学校各部门的骨干分子。训育主任专管学生的思想言行，负责教化学生的思想和钳制学生的行动。学校每周一举行“总理纪念周日”大会，由校长或主任训话，开设“三民主义”课，大力宣扬“总理遗训、总裁言行”。学校还制订了一系列的“章程”“标准”“规则”等条条框框，严格约束学生的言行，制约学生的各类社会活动。

二、办学规模与学制

1935年秋，陈镇亚任琼东县简易师范学校校长。陈镇亚，海南临高县人，毕业于国立中山大学，后来曾任职临高县县长。陈镇亚掌校时学校相对得到了一定规模的发展。据1935年调查资料所记，其时在校师范学生人数为80人，师范生减免学杂费。学校仍然附设高等小学，高等小学学生100余人。学校教学工作基本上依据师范教育章程操作。

20世纪30年代，国民政府教育部相继颁布《师范教育令》和《师范学校规程》，对师范学校的办学宗旨、学制、课程、学籍管理等作了明确规定。

这一时期，国民政府教育部颁发的《教科书审查条例》规定：教科书以不违背国民党的党义、党纲及精神，并适合教育目的等为合格，强令各校执行，为党化教育服务。此时师范学校课程标准中所规定的课程有：公民、国文、历史、地理、算数、物理、化学、生物、体育、卫生、军事训练、劳作、美术、音乐、伦理学、教育概论、小学教材及教学教法及小学行政实习等科。此时的课程设置较为全面，力图平衡重视教育中的学术性和示范性。

学校要求各科教学都要注意教授法的研究，务使学生在授业同时掌握施教的方法。教学上利用的一切资料，要求有利于学生将来教学上的实用。要求教师不能仅靠课堂传授知识，而一定要引导学生“锐意研究”，培养他们学习上的“自动之能力”。因而学校对教师的要求是比较高的，学校的教师大多为高等学校的毕业生。还要求根据学生实际，采取不同的教学方法，以自学辅导、讨论问题、实验研究为重点。课堂教学精于讲述，重于启发。全校学生，除上课和自习外，还须参加每周一次的学术演讲。学校按规定要求学生参加修业期满的毕业会考。会考事宜由广东省教育厅组织学生毕业会考委员会和考试委员会办理。学生修业期满后须经考试委员会试验及格者始准毕业。

民国二十四年（1935），教育部颁《师范学校规程》，对师范生毕业分配及服务的资格年限和去向进一步明确规定。师范学校毕业生服务年限须照其修业年限加倍计算；师范学校每届毕业生应由县教育行政机关分配于各地充任小学教员。师范学校毕业生在规定服务期内，不得升学或从事教育以外的服务。违者除追缴学膳费外，如升学，要求其升入之学校令其退学。但有特殊情形，经省、县教育行政机关核准者，得暂缓其服务期限。

第四节　从琼东中学到县简易师范学校时期的校园文化建设

校园文化的建设，从1923年琼东中学建校伊始，历届学校领导都极为重视，尽力建设校园文化，美化学校。

学校的创建是在古代“端山书院”的基础上发展起来的。“端山书院”所处位置就是今天的塔洋镇政府至西南方向的聚奎塔一带。古会同县的“会同八景”就有“端山耸翠”“赵水凝香”“奎塔凌霄”三景在书院之邻。乾隆年间琼州知府萧应植曾亲临书院，为书院的周边美景所陶醉，欣然命笔取会同八景之一“端山耸翠”意书题匾“端山书院”，便将明代的“同文书院”改为“端山书院”。

1923年建校之始，县城靠近嘉积镇，县城市域较小，仅有一条跟南门城墙平行的东西走向大街。明朝隆庆六年（1572）会同知县唐仲科主建的会同古城墙于清末民初坍塌，建设城墙的纪念碑现移立于聚奎塔旁。当时从文昌县境经县城到嘉积市的道路只有从东门（今知县张绂纪念碑处）穿过城区出西门，转向南边向鱼良村的西南边缘通往嘉积市。坍塌的古城墙拆除后便扩大了校园，校园没有围墙，场地宽阔，环境清幽。1925年又在南边建起一座新式大头校门。会同县文庙和会同八景中的“端山耸翠”“赵水凝香”“奎塔凌霄”三景环抱于校园之中。

琼东中学师范毕业生黄守汉（乐古昌村人，今属长坡镇）曾以优美诗文《忆琼东县水心亭》赞美校园的美景：

> 县师范学校前面，有一大莲池，广袤二三里，水深数尺，下尽淤泥，遍植莲藕，每届盛夏，荷花红白满池，香溢数里。其莲实肥而壮，煮熟汤如乳汁，嫩柔而甘，气味特殊，故选为进贡品。时王县长（指王大鹏）更在池之中央建一水心亭。亭形六角，登其上可以浏览全景。笔者当年就读县师范，每当假期，约二三好友登临游览，令人心悦神怡，曾有诗记事云：

七律一首：

水心亭上望池塘，宛若仙人入醉乡。
藕叶田田吹倩影，荷花朵朵送清香。
鲜甘味郁称奇品，驿路飞车送庙廊。
昔日繁华频入梦，思量一度一回肠。

又五律一首：

连宵炎暑逼，好友约扁舟。
水上人声噪，荷香风里收。
紫黄芳泽丽，绛白气清幽。
岂独敦熙癖，诗人记胜游。

黄守汉后来考入黄埔军校第五期，毕业后参加北伐战争，在国民革命军中任职团长，继任国民党军队少将参谋长，1950年去台湾后在警界工作，后又从事文化工作，在诗歌创作上有一定成就。

学校前面的莲塘，即古琼东八景之一，莲塘中筑有水心亭，1933年秋季大暴雨中倒塌，1934年又重建。亭楼上有二对联，其一曰：

椰拥山青一带风光无限好
荷莲水碧半塘花影有余香

其二曰：

花红裹映夕霞彩
果绿上凝月露珠

1932年9月，学校改名为“琼东县简易师范学校”并开始复课，国民党党员、临时琼东县议会议长麦煜熙担任校长。其时，驻军琼东县的国民党军队陈汉光（陈济堂之侄）要求建设城市，美化环境，并集资在嘉积市建设中山公园（今环市溪头路至万泉河广场一带）。到1934年国民政府又开展“国民新生活运动”，从日常的“衣食住行”到市容清洁，谨守秩序，企图以此推进“改革社会，复兴一个国家和民族”的意念，并理想化地希望“国民新生活运动”能使人民改头换面，具备“国民道德”和“国民知识”，从根本上革除陋习。学校除了要求个人生活从严做起，还要求美化环境，提倡清洁、恪守规矩等节约运动、卫生运动、识字运动、升降旗礼运动等。

1939年任琼东县简易师范学校校长并兼任县政府秘书科科长的詹尊泮，在《记忆中的琼东县城》中写道：

廿八年（1939年）春，我因任县立简易师范校长和兼县府科长关系，才在县城住了三个月，方有较清楚的印象。

县城是吾县政教中心，县政府、县立师范、县立高小、县救济院、平民医院、县民教馆等，当时均集中于此，商业区则仅有一条狭长的街道……琼东号称有八景……前三个胜景可说都在县城。但在我的印象中，“端山”并不怎么“耸翠”，倒是“赵水凝香”（指莲塘）和“奎塔凌霄”（指聚奎塔）则名符其实。盖县前池塘，即是赵水所聚，塘中遍植莲藕，每到夏天，塘内莲花盛开，继而莲蓬结实累累，清风阵阵催送莲花香味，偶而泛舟其中，或在池塘中央的亭子上把酒煮茶乘凉，确是一种趁心乐事，尤其所产莲子，肥硕味美易煮，为莲中之佳品，在元明清时代列为贡品，远近驰名。……至于聚奎塔……为县治文峰，成为县中胜景之一。计塔有七层，高九丈，建筑颇为宏伟。后来，塔的左右，尚陆续建有文昌阁及观音堂，清嘉庆年间，知县江秋奉上谕于文昌阁内立吕祖牌位附祀，真可谓儒释道三位一体矣。塔周围树木扶疏，风景宜人，昔日士子，常借住其间，潜心读书。登塔环眺，远近景物悉收眼底，已往骚人墨客，常吟诗志胜……

詹尊泮，琼东县昌文园村（今属琼海市塔洋镇）人，国立中山大学理学院毕业，日军侵琼后投笔从戎参加国民党军队，去台湾后以少将军衔退役。

由于民国政府的资金逐步投入，至1939年时学校的校园建设日臻完善，生机盎然。然而，随着日本帝国主义的侵略，学校所有的建筑及美景都毁于一旦。

第五节　日军侵琼时学校状况

1937年“七七事变”，抗日战争爆发后，学校爱国师生自发组成抗日救亡宣传队，深入乡村市镇进行抗日宣传，发动各阶层人民结成广泛的抗日民族统一战线，共同抗击日本帝国主义侵略者。

日本为了切断中国抗战的海上运输线，进而扼杀中国抗战，并企图通过掠夺海南岛的矿产资源，达到其“以战养战”的目的。同时，日军力图通过对海南岛经济的经营，使海南岛成为日军进一步占领东南亚和南洋群岛的战略基地。1939年4月15日，日本侵略军饭田旅团第五十三联队一部步、骑、炮兵800余人进攻琼东县城。

之后，日军进犯嘉积，国军留守嘉积部队保安十一团王芬连全体官兵在市郊设防迎敌。战斗一直坚持到黄昏，因寡不敌众，被迫弃城撤退转入山区，与敌周旋。至此，琼东县城及嘉积镇均被日军占领。随着国民党县政府的撤离，学校也宣布停课。在撤退之前，国民党县政府采取“焦土抗战”的策略，燃放大火烧毁学校和县政府所有建筑楼房。校长詹尊泮弃笔从戎，参加国民党军队投入抗日。前校长黎先简任国民党县党部书记长，领导全县党政人员转入山区，成立抗战游击队、抗敌自卫团坚持抗战。

日本人永田龙之助拍摄的抗战时期被战火毁坏的嘉积市（辛世彪供图）

为了不荒弃学业，有一部分师生迁徙到长坡良玖乡蚂蝗村，利用祠堂做临时课堂上课。学校校长由教育局长符明德代理。符明德，琼东县大春村（今属嘉积镇）人，1935年毕业于国立中山大学理学院，曾当过中学教员，1939年年初任琼东县教育局长。抗战时坚持在山区抗日，病逝。

据《琼海县志》（1995年版）记载："日军侵琼时，学校（县立简易师范学校）迁移于长坡良玖村上课，仅有学生42人。民国三十年（1941），为日伪维持会所逼，搬迁到嘉积大春坡设分校。部分师生逃亡到定安县母瑞山设分校，并协助政府进行抗日救亡活动。"母瑞山分校期间，主要由前任校长王运灏主持，在定安县母瑞山搭盖几间茅草室设校授课。主要招收那些不愿进入日本侵略者设置的皇民学校而流散在山区的青年学生，学校环境恶劣，异常艰苦。王运灏，琼东县桥头村（今属嘉积镇）人，毕业于北平中国大学（中华人民共和国成立后并入北京师范大学），曾任嘉积商会会长、琼东县简易师范学校校长。

1939年10月开始，日军在琼东县成立日伪维持会，实行保甲制。日伪维持会于1941年年初便强令学校部分师生从长坡良玖乡蚂蝗村搬迁至嘉积和县城之间的空旷地带（学院现址）依附日军驻军营地建校办学，强制进行皇民教育，学习日语。有部分师生不愿随迁而远徙定安县母瑞山，师生们一边上课，一边进行抗日救亡活动，此时学校形成一校二部。日本军国主义统治时期，是中华民族教育史上最为惨痛的时期。

侵琼日军考察队永田龙之助拍摄的远眺琼东县城，聚奎塔旁即已被战火破坏的琼东县简易师范学校（辛世彪供图）

抗战期间，青年学生们积极参与国共两党合作的抗日统一战线，响应全国人民开展"抗日救亡"运动。除做好抗日宣传工作外，还在各区、乡组织锄奸队，搜集情报，打击敌人，同时发展各区、乡的党组织，吸收男女青年加入抗日游击队，壮大抗日力量。

第四章

内战时期的琼东县立师范学校

抗日战争期间，琼东县简易师范学校师生以天下兴亡、匹夫有责的爱国情怀，视死如归、宁死不屈的民族气节，纵山河破碎、校园被毁，始终坚持不畏强暴、血战到底的英雄气概和百折不挠、坚忍不拔的必胜信念。校长弃教从戎，参军抗战。师生或迁徙到长坡良玖蚂蝗乡村，或远徙定安县母瑞山，一边进行抗日救亡活动，一边上课。

1945年8月，抗战胜利。1946年春，学校几经辗转，搬迁至嘉积郊外大春坡原日据时期日本占领军队办的皇民学校内（即学校现址）恢复办学。随着办学规模扩大，办学质量提高，1949年，学校开始招收普师（中师）生，并报备更名为“琼东县立师范学校”。

第一节 抗战胜利后复学和定校现址

1945年8月，抗日战争胜利。国民党琼东县政府决定恢复琼东县简易师范学校办学，学校回迁定安县母瑞山。学校临时招收两个简易师范班、一个初中班，由于班制建制不全，3个班共有学生114人。

“国破山河在，城春草木深。”抗战胜利后的琼东，满目疮痍。当胜利的欢呼声响过，琼东大地，四顾茫茫，县府和学校早已夷为平地。

1945年10月，周德鎏被聘任为琼东县简易师范学校校长，学校建制开始恢复。周德鎏，琼东县鱼良村（今属塔洋镇）人，早年就读于国立中山大学高中部，继而直升并于1938年毕业于国立中山大学文学院教育系。1939年春应琼东县简易师范学校校长詹尊泮之邀回学校任职教务主任。海南抗战爆发后追随琼崖守备司令王毅将军参加抗战。其间，从事国民党、青年团及政治训导工作，任琼崖守备司令部政训科长。

周德鎏任校长后，鉴于县城原校区毁于战火，一片废墟。他只能利用大礼乡大园村（今属嘉积镇）祠堂因陋就简办学上课。招收初中和简师班。因地方太狭小，于1946年春搬迁至嘉积郊外大春坡原日据时期日本占领军队办的皇民学校内（即学校现址）。这里曾经是省立十三中学新辟校址，后被日军占领建立营房。1946年秋，省立十三中学从粤北迁回这里，学校只得搬回县城（今塔洋镇）日据时日军创办的皇民小学（位置在今琼海市塔洋中学）。因为一时没有校舍，学生大多只能寄宿于县城市民的家中，生源流失严重。周德鎏校长决定将1945年和1946年招收的四个简师班合并成两个简师班。

1947年春，嘉积中学再迁移到日据时日军在嘉积镇建立的海军陆战队营房（嘉积中学现校址，其日军营房至今犹存，称为“红楼”）。学校又从县城狭小校园迁入大春坡嘉积中学原校址（学校今校址，这里曾经也是当年日军琼崖东路驻军的营房）。学校利用其日军指挥部营房作为教室（址在今金水桥前面），其建筑风格跟嘉积中学至今尚保存的“红楼”一模一样。这些教室一直使用至20世纪70年代，1973年毁于特大台风。

抗战期间，国民政府曾经颁布《战时各级教育实施方案纲要》，训导工作的中心是“四维”“八德”和“十一守则”。抗战胜利后仍依其纲要严格要求学生，对学生的思想、行为、学业等均要求体察个性，严加训导。

抗战中，琼崖国共两党虽然合作抗日，但也时有摩擦，局部斗争不断。抗战胜利后，两党矛盾日趋尖锐。这一时期由国民党主持的学校训导工作，在较长时期内对师生进行的是反共防共教育，妄图维护和巩固国民党的统治。

民国三十二年（1943），国民党琼东县政府迁徙于琼山县甲子山区期间，曾依上级训令抓青年以便征兵抗日，奉命筹建三民主义青年团琼东县分部，由县长兼主任，有团员10多名，多系政府机关职员。抗战胜利后学校复学，三民主义青年团便极力向学校渗透，在学生中大量发展团员。

随着国共两党再次分裂，教学秩序极不正常。三民主义青年团琼崖分团派王德叶到琼东简易师范学校进行团务活动，许多青年学生加入三民主义青年团组织。同时在学校中成立三民主义青年团琼东分团筹备处，校长周德琉担任主任，下设股长、录事、区队长、分队长等职。1947年4月开始对全体学生团员进行甄别，至1950年年初，三民主义青年团琼东分团又对三民主义青年团员进行重新甄核登记，在校学生三民主义青年团员全部加入国民党。

尽管国民党当局不断加强对学校学生思想教育的控制，在师范学校推行蒋介石提出的“忠孝、仁爱、信义、和平”，监视进步师生活动，但革命的进步思想仍在学生中不断发展。在中共琼崖地下党组织的领导下，积极开展反对国民党独裁和内战的斗争。国民党的专制统治与其倒行逆施，更加速了国民党彻底覆灭命运的到来。

解放战争期间，国民党县党部活动频繁，不断派出地方军配合驻地国军“围剿”共产党游击队。同时派出大批党团骨干分子到学校监督进步师生的言论和行动，收集情报，进行反共宣传，企图做困兽之斗。但随着国民党军队在大陆战场上节节失败，其覆灭命运已成必然。琼东县政府跟随薛岳部队于1950年4月底败退台湾，不少青年学生也被裹挟其中。

第二节　更名琼东县立师范学校及其办学规模和学制

民国三十五年（1946）后，海南各师范学校根据民国教育部规定，开始改用国定教科书。但由于国定课本未及时出版和发行，各学科教材仍暂沿用省定教科书。由于琼东县地处边远地区，交通阻塞，教材供应不及时，教师往往自编教材教学。

1947年秋，教育秩序得到恢复。学校招生规模不断扩大，招收初中三个班学生134名、简师四个班学生94名。全校共有学生228人，教职员工19人。

战后恢复办学时期，校舍条件较差，教学设备简陋，教学诸多不便。社会各界热心教育的人士纷纷捐献砖瓦、木材等建材建起学校礼堂一间。又在临近琼文公路旁建起一座大校门。校门四柱两高两矮，中间两高立柱上有孙中山手书对联：

养天地正气

法古今完人

此后，又有众多华侨和地方人士捐献图书、仪器、标本等教辅设备，学校渐显规模。

民国三十六年（1947），教育部制定的师范学校教学科目和各学期每周教学及自习时间表规定：师范学校课程有公民、体育、军事训练、军事看护、卫生、国文、算学、地理、历史、生物、化学、物理、伦理学、劳作、教育概论、教育心理、小学教材及教学法、小学行政、教育测验及统计、美术、音乐、实习及选修科目（英语、教育史、幼稚教育、民众教育、乡村教育、农村经济及合作、地方教育行政、教育视导）。另外，劳作科分农艺、工艺、家事三类。男生应选农艺或工艺；女生除了选家事，第二年可选农艺、工艺中的一类。军事训练施行于男生，军事看护施行于女生。至1949年，学校基本上按照教育部的要求开设课程。

这一时期，师范学校要求各科教学都要注意教授法的研究，务使教师在传道授业时要掌握施教的方法。教学上利用的一切资料，都要利于学生将来教学上的实用。要求教师不能仅靠课堂传授知识，而一定要引导学生"锐意研究"，培养他们学习上的"自动之能力"。师范学校对教师的要求较高。学校要求教师要根据学生实际，采取不同的教学方法，以着重讲述，自学辅导，讨论问题，实验研究为重点。课堂教学精于讲述，重于启发，不过高要求学生。学生除上课和自习外，还须参加每周一次的学术演讲。学校按规定参加学生修业期满的毕业会考，会考事宜由广东省教育厅组织学生毕业会考委员会及县考试委员会办理。学生修业期满后须经考试委员会试验及格者始准毕业。

学校还规定有教育实习，并且非常重视教育实习工作。1947年秋，学校由于没有学生实习基地便跟嘉积北门外（今嘉积中学校园东北侧跟市人民医院毗邻处）的觉民小学签约，将觉民小学作为学校定点的学生实习基地。

学校的师范班于第二、第三学年便开设实习课。实习分参观、见习、试教三步进行。先行参观，后行见习和试教。参观的学校，或在琼崖，或赴省港。见习、试教的学校或在觉民小学或在附近乡村小学进行。实习成绩由指导老师评定，教案占30%，讲授占50%，观摩占20%，三项合计便给出总分。实习成绩不及格的学生，不予毕业。

这期间，对学生的学业要求注重规范，培养目标更加全面。在注重文化知识和教育艺术的基础上，提出兼重社会、实业及生活能力，尤其强调服务农村教育及农民社会。其具体目标是通过各种训练，使学生具有：①劳动的身手；②军人的体魄；③自治的能力；④科学的头脑；⑤民族的意识；⑥康乐的身心；⑦农村教育的技术；⑧农村服务的精神。

1949年秋，学校开始招收三年制普通科中师班学生52人。学校又形成普师、简师、初中的一校三制。其时有学生302人，教职工26人。学校筹备升格为中等师范学校，同时准备更名为琼东县立师范学校。

学校开设普通中等师范类教育并开始招收普师（即中师）班层次学生，同时也招收简师（即初师）班和初中班学生。在校初中生及简师生毕业后经过考试合格进入普师（中师）班继续修业，取得普通中等师范毕业。鉴于学校的发展，海南特区行政长官公署“39丑佳教一字第四〇一一九号”文件核准同意学校自1950年春季开学更名为“琼东县立师范学校”，从此完成了学校从初师（初中）层次到普通中师（高中）层次的过渡。学校也列同琼台师范学校、文昌县立师范学校成为海南地区当时的三所普通中等师范学校之一，其他各县所属师范学校仍是初级师范学校，也叫简易师范学校。

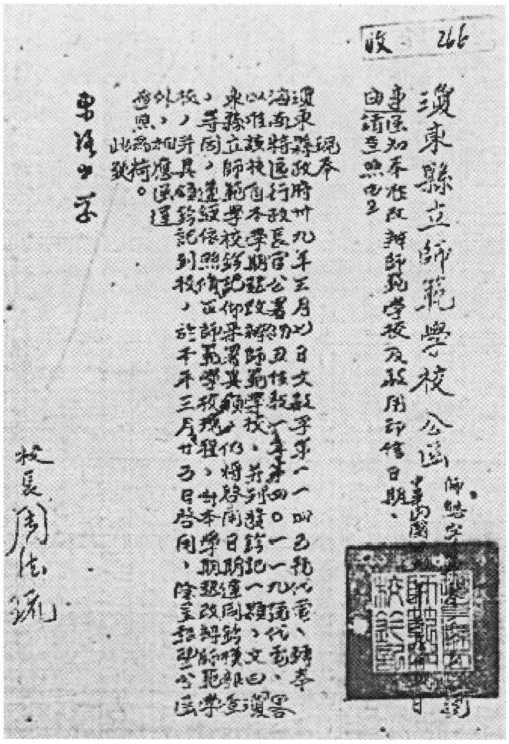
收 266

瓊東縣立師範學校公函

校長

琼东县立师范学校总字第0325号公函
（琼海市委党史研究室存）

据上述公函内容，学校改办师范学校呈请之函早发于1950年2月16日除夕之前，至3月7日琼东县政府“文教字第一一四五号”函便转海南特区行政长官公署“（卅九）丑佳教一字第四〇一一九号”文件核准之意，“略以准该校自本学期起改办师范学校，并刊发钤记一颗，文曰‘琼东县立师范学校’”。可见学校开始招收中师班是在1949年秋便开始了，而学校呈报获上级主管部门批准正式改名为琼东县立师范学校是从1950年春季才开始。1950年3月25日，学校发函给校内外有关部门，自即日起学校开始改名为“琼东县立师范学校”并使用新印章。

1950年学校的毕业生有61人（解放后到校领取毕业证书的毕业生仅有25人）。

据海南刚解放时1950年秋季统计的在校生人数，琼东县立师范学校当年有中师1个班，加之1947年、1948年和1949年招收的初中生，还有1950年年初招收的部分初中生，在校师范生人数为122人。1949年后不再招收初师（简师）班。当时备案在册的教职工为35人。

这一时期，学校经历了从国共合作时期到国共分裂时期，接着又经历了国共内战时期，社会动荡，教学失序。随着抗日战争胜利后社会的发展对教育事业的迫切要求，学校从简易师范学校过渡到了中等师范学校。虽然学校在艰苦的环境和条件下坚持办学，初具规模，但学校的发展和教学秩序屡经干扰和挫折，经营惨淡，办学成绩不佳。

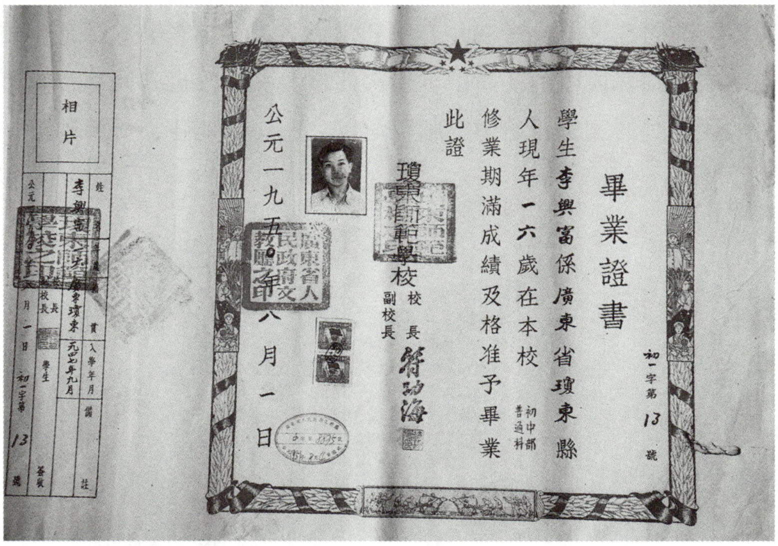

畢業證書

初一字第13號

學生李興富係廣東省瓊東縣人現年一六歲在本校初中部普通科修業期滿成績及格准予畢業

此證

瓊東師範學校 校長 符功海 副校長

公元一九五〇年八月一日

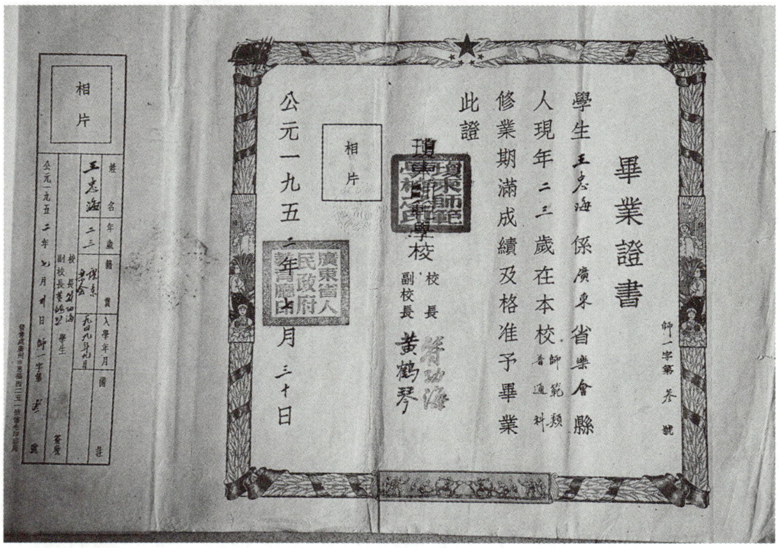

畢業證書

師一字第叁號

學生王忠海係廣東省樂會縣人現年二三歲在本校師範類普通科修業期滿成績及格准予畢業

此證

瓊東師範學校 校長 符功海 副校長 黃鶴琴

公元一九五二年七月三十日

1947年入学的初中学生毕业证书和1949年入学的中师学生毕业证书（校档案室存）

第五章 中华人民共和国成立初期的琼东师范学校

1950年4月26日，人民解放军15兵团指挥43军解放了琼东县城和嘉积镇。海南解放后，海南军政委员会按照中央“维持现状，逐步改革”的方针，在各个学校照常上课的情况下，完成了接管学校的工作，并为教育事业的发展积极创造条件。

1950年8月18日，海南军政委员会第九次行政会议通过的学校校长名单中，撤销了周德鎏琼东县立师范学校校长的职务，任命符功海为琼东县立师范学校校长。

第一节　国民经济恢复时期学校除旧布新

1950年9月1日至10日，校长符功海和著名数学家范会国（先后担任过海南大学校长、海南师范学院校长）等14人作为海南教育界的代表出席了在琼山县府城镇召开的第一届海南各界人民代表会议第一次会议。

1950年12月和1951年8月，广东省政府文教厅先后提出关于办好中等师范教育的意见，要求省办师范学校尽量减少招收简师班，县办师范学校有条件的也应开设普师科，逐步停招简师班。其时，学校和琼台师范学校、文昌师范学校为海南仅有的三所中等师范学校，临高师范学校、定安师范学校、乐会师范学校和陵水师范学校等4所学校为简易师范学校。全岛师范学校在校学生2 671人，教职工237人。

1951年7月20日至30日，校长符功海等13人又作为海南教育界的代表出席了在海口市召开的第一届海南各界人民代表会议第二次会议。

海南军政委员会接管学校初期，采取“积极恢复、初步整顿、逐步改革”的方针，对学校进行了初步的改革和整顿，改革了过去由校长独揽校务最高权力的机制，建立民主集中制的校务委员会；取消训育、军训、童训制度；取消公民课程，增加政治常识科目，加强劳动教育、集体主义教育、爱国主义和国际主义教育；鼓励和引导学生参加社会活动和政治运动；学校还经常组织学生参加戏剧宣传队、读报组，上街下村宣传党的方针政策；发动学生参加修建公路等公益劳动，学校师生经常到农村去，帮助烈军属插秧和收割水稻。

人民政府接管学校后，首先通过整顿、改造，废除了民国时期的政教机构及政治课。学校根据其师范教育性质、任务和培养目标，教育学生学习马克思列宁主义的基本原理，逐步树立革命人生观和“忠诚党的教育事业”的思想，并结合进行形势任务和党的方针政策教育、社会主义和共产主义的思想教育，以及有关师范专业的思想教育。学校还通过组织学生参加校内外的义务劳动，培养学生的集体观念、劳动观念和热爱人民的思想感情，养成良好的劳动习惯。学校多次组织学生深入乡村参加扫盲活动。

学校对旧社会知识分子的改造工作采取的是“维持现状，逐渐改进”的方针。在具体工作中以民主的作风把工作的重点放在解释政策、稳定人心、联系知识分子做调查研究的工作上。党、团组织工作人员通过座谈会、家访等形式深入教师、学生中去。通过接触谈话，发现进步分子和积极分子，团结依靠拥护中国共产党、拥护人民政府的大多数教师和学生。

1951年暑假，按照海南军政委员会的安排，学校全部教师到琼台师范学校参加为期一个月的海南中等学校教师进修。教师一边学习政治，进行思想改造；一边学习教学业务，提高自身教学水平。海南军政委员会文教处处长吴乾鹏向参会教师作了《教师思想改造问题》的报告。

随着以王青奇任第一书记的中共琼东县委和符昌文任县长的琼东县人民政府的成立，学校行政逐步移交琼东县文教科管理。接着，中共琼东县委任命张缘栋为负责人的共青团琼东县工作委员会成立。8月，共青团琼东县第一次代表大会在嘉积镇举行，选举产生共青团琼东县第一届委员会，张缘栋当选书记。从此，共青团为主要力量进入学校对学校教师和学生开展思想工作，团代会号召全县青年团员和广大青年学生，要走在国家建设队伍的前面，为努力完成国家建设计划而奋斗；要求青年学生努力学习政治、科学文化知识和技术，服从党的领导，在国家建设事业中更好地发挥助手作用。

1951年11月30日，中共中央发出《关于在学校中进行思想和组织清理工作的指示》。文件要求各地利用1年至2年的时间，在所有大、中、小学教员中有计划、有领导、有步骤地开展学习运动，在进行思想改造的过程中忠诚老实地交代清楚自己的历史问题，以清除反革命分子，纯洁学校知识分子的队伍。

经过长期耐心、细致的思想教育工作，解放前受国民党反共宣传、蛊惑的大多数知识分子了解了党的政策，积极改造，对社会主义充满信心，愿意为党的教育事业积极工作。

在组织清理过程中，学校按照文件要求的“不迫不逼、自愿交代、严格审查、宽大处理”的原则进行工作，许多教师都能如实地交代自己的历史问题，放下负担，得到了党和人民的信任，一些在旧社会旧军政机关工作过的知识分子仍然留校工作。如一直至1958年登记在册的文昌籍人詹晓夫，解放前曾经在国民党军队中担任过少校军需官，在校期间以中学行政六级担任副校长职务；还有曾经参加过三青团组织并在其中任职的乐会籍教师程作起和王天来，琼东籍人教师黄业居、符史正、符若愈、王绍荣等；在反动报社当过记者的广东阳江籍教师罗鸿文；在国民党军队中担任过排长职务的文昌籍人黄良弼和广西籍人龙琼西等。

通过思想改造运动，学校教师和学生思想觉悟不断提高，清除了帝国主义、封建主义和官僚资本主义对自己思想的影响，提高了自己对共产党，对新生的人民共和国的认识和觉悟。同时也从自己灵魂深处认识旧社会资本主义和封建主义等各种思想对自己的毒害，从而初步确立起为人民服务的新思想。

黄鹤琴，海南文昌县会文人，早年毕业于厦门大学。抗日战争期间曾经和陈克攻（解放后历任新华社海南分社社长，海南区党委常委、区党委宣传部长，海南省政协筹委会副主任，第七届全国政协委员，海南省政协副主席兼海外联络委员会主任等职）到香港参加琼崖华侨回乡服务团，后来又作为民主党派进步人士在香港发起捐赠活动，筹集资金支持中国共产党领导的争取人民民主解放的斗争活动。

解放后，黄鹤琴回到海南担任琼东师范学校副校长。

黄鹤琴在琼东师范学校任教期间，拥护中国共产党，热爱新生的人民共和国，积极接受思想改造。在担任学校副校长的工作中，由于思想进步，工作积极，被琼东县人民政府任命为嘉积中学校长。

后来，黄鹤琴由于受到不白之冤而被停职处理，由琼东县人民政府任命王君汇代替接任嘉积中学校长。尽管后来政府对黄鹤琴的政治审查不了了之，把他调往临高师范学校当教师，但他仍然对中国共产党和中华人民共和国充满信心。他的两个女儿后来接过教鞭，一个在儋州一中当英语教师，一个前几年从儋州二中校长任上退休。

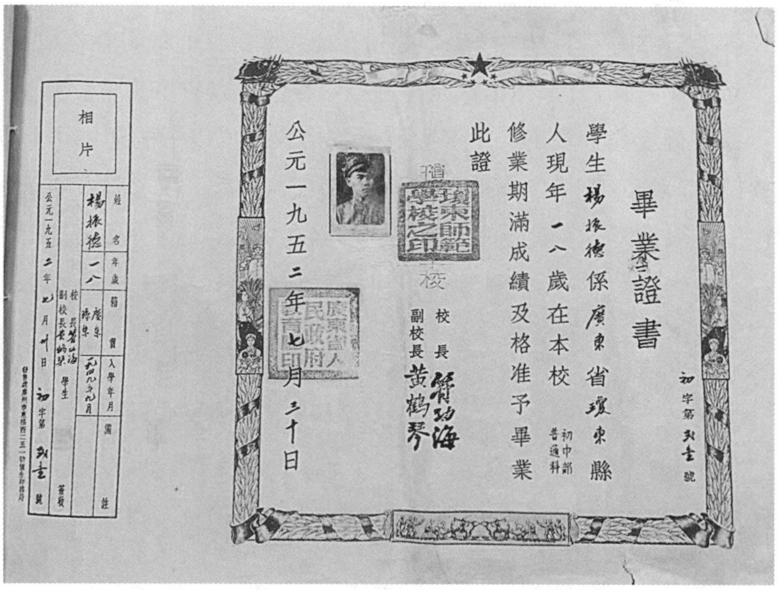

畢業證書

學生楊振德係廣東省瓊東縣人現年一八歲在本校初中部普通科修業期滿成績及格准予畢業此證

瓊東師範學校

校長 符功海

副校長 黃鶴琴

公元一九五二年七月二十日

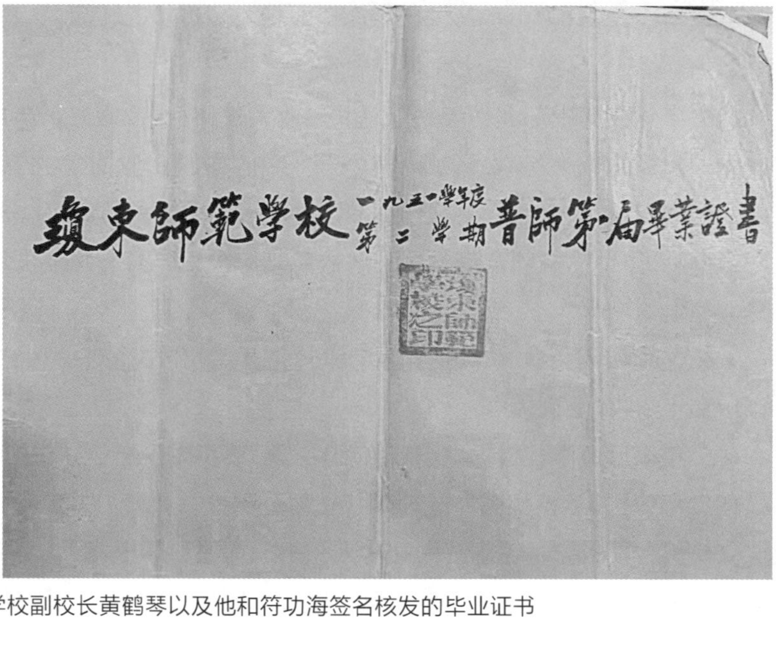

瓊東師範学校一九五一學年度第二學期普師第一屆畢業證書

琼东师范学校副校长黄鹤琴以及他和符功海签名核发的毕业证书

1952年夏，校长符功海在镇压反革命运动中被撤职。符功海，海南琼东县嘉积镇人，毕业于广东高等师范大学，曾在琼海中学（现海南中学）、琼崖中学（现嘉积中学）主教过数学课，教学之余著有《算题百解》教学用书。符功海于1948年曾经担任过国民党琼东县临时参议会参议员。

1952年，广东省文教厅转发教育部颁发的《师范学校暂行规程（草案）》，并于10月30日发出《关于试行师范学校暂行规程的指示》，学校的教育教学按教育部的暂行规程执行。

第二节　更名琼东师范学校后的学校情况

1950年12月和1951年8月，广东省政府文教厅先后提出关于办好中等师范教育的意见，要求中等师范学校尽量减少招收简师班，逐步停招简师班。对师范学校的招生作了如下规定：初级师范学校入学资格为小学毕业生，中级师范学校入学资格为初级师范学校毕业生或初级中学毕业生，各校各类招收同等学力的学生，必须参加入学考试并取得合格成绩。

1952年7月教育部指出，全国师范学校实行以省市为单位招生。与此同时，教育部颁发的《师范学校暂行规程》规定：中等师范学校招收30岁以下的初中毕业生或具有同等学力者；初级师范学校招收25岁以下小学毕业生或具有同等学力者。在录取中师新生时应尽可能注意保证质量，中师招生必须贯彻向工农开门的方针，录取新生时，希望特别注意工农的比例。

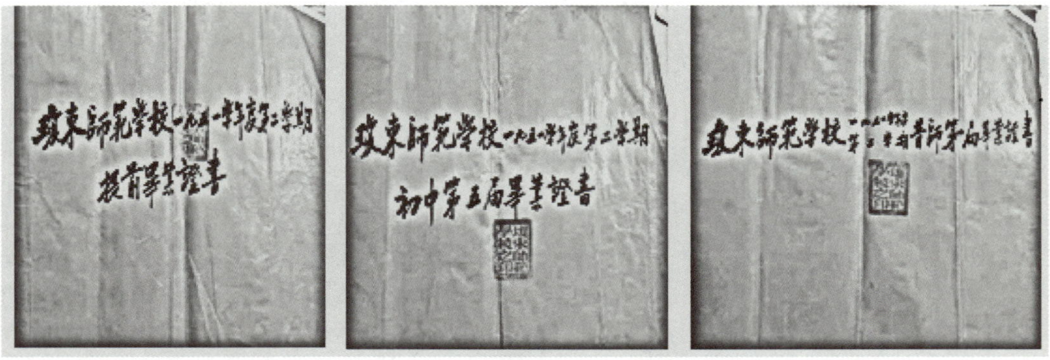

1951年，琼东师范学校为解放前入学学生核发毕业证书的存根

1951年学校初中部和初级师范总共毕业人数151人，1952年至1953年师范（中师）总共毕业人数72人（含提前毕业者）。至此，学校所有在解放前招收的学生全部毕业。

从1952年秋季开始，学校开始招收新生上课。这是从1950年5月解放以来，第一次招收新生。这一年招收了5个简易师范班，这是解放后第一次招收简易师范班学生，也是学校最后一次招收的简易师范生。

学校连续四年招收初中班学生。1952年开始招收3个班，1953年招收1个班、1954年招收2个班、1955年招收2个班。

1952年以后，学校根据广东省文教厅指示逐步减少至停办初中班。

1952年9月，学校校名由“琼东县立师范学校”更名为“琼东师范学校”，黎光亮接任琼东师范学校校长。黎光亮，琼东县大礼村人，解放前毕业于上海大学。1955年1月在广东省第一届政协委员会第一次会议上当选为广东省第一届政协委员。1955年8月改任副校长，主持学校工作。1957

年2月在琼东县第一届政协委员会第一次会议上当选为琼东县第一届政协委员会常委，并以广东省政协委员的身份在琼东县第一届政协会议上传达广东省政协第一届委员会第二次会议精神。

琼东县人民政府根据上级指示，接管了嘉积镇教会学校——觉民小学，并正式定名为“琼东师范学校附属小学”并改隶琼东师范学校管理。学校由此有了自己的教学实验基地。

1952年10月，学校着手准备将学校发展过渡到完全中等师范学校教育的各项工作。解放后两年多时间中，学校已经没有招收过中师新生，解放前国民党政府管理时期招收的两届3个班中师学生也已经在这一年先后毕业。随着蒸蒸日上的社会主义祖国建设事业的需要，各地小学需要大量的教师补充。因此，1953年秋季学校开始招收一个中师班学生，班名还是依民国时期1949年、1950年招收的两届3个班而定名为第三届第4班。学校的普通中师班以招生班级序号命名的习惯，从1949年第1班一直延续至1966年7月“文化大革命”初期招收的最后一届的第46班和第47班两个班而终止。

1955年入学的中师生第五届第八班1958年毕业合影照

这一时期，海南行政公署文教处根据教育部和广东省教育厅的指示，对师范学校办学进行了需求调查。根据各地对教师的需求情况，扩大了中级师范学校的招生规模；缩小了初级师范学校的招生名额；停办了设置过密、规划太小的师范学校。广东省文教厅要求：师范学校与轮训班分开；除师资不足的县继续在中小学校附设的师范班外，其余地区学校不再招收培训生。1956年年初，海南地区有师范学校5所，试行了师范学校规程，明确了办师范学校的方向和原则，师范教育得到健康发展。

到了1956年秋季，根据广东省文教厅的指示，琼东县全面调整学校布局，琼东师范学校的附设初中班学生全部移交嘉积中学继续学业。琼东师范学校同时接收了万宁初级中学附设师范班学生和乐会县简易师范学校师范班学生。万宁初级中学不再办师范班；乐会县简易师范学校搬迁到中原镇改为乐会县第一初级中学（后又改为乐会华侨中学即今琼海市华侨中学）。琼东师范学校附属小学也搬迁至大春坡学校本部原初中班的校舍。琼东师范学校附属小学（原觉民小学）校舍全部划拨给嘉积中学使用。嘉积中学将附小校舍改为教师宿舍和女生宿舍，其标志性建筑教学楼被嘉积中学师生称为“附小楼”，一直使用到70年代，在1973年的超强台风中受损成为危房才拆除，嘉积中学后来在“附小楼”原址建起图书馆。

随着学校规模逐渐扩大，1955年扩大招收3个班，定名为第6、7、8班。从1953年中师开始招生至1957年秋季时，连续招收中师学生11个班，学生人数达到了492人。

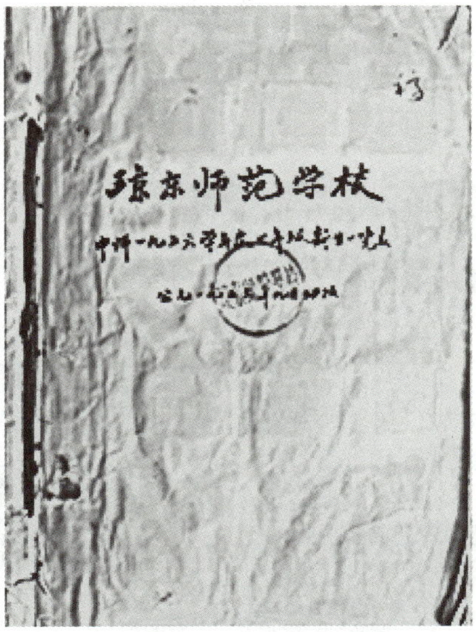

琼东师范学校1956年移交
嘉积中学的初中学生名册

琼东师范学校1956年招收
6个中师班310人的学生名册

至此，学校结束了从中学校附设师范班到师范学校附设中学班的历史，成为一所完全的师范专业教育类的中等学校。

第三节　过渡时期的学校情况

中华人民共和国成立以后，全国政治协商会议接管学校的工作方针是：“教育的主要任务是提高人民文化水平，培养国家建设人才，肃清封建的、买办的、法西斯的思想，发展为人民服务的思想。”海南军政委员会到地方政府坚决执行这一工作方针，在整个过渡时期对接管和改造旧社会的教育和旧社会的知识分子都起到了重要的作用。琼东师范学校按照这一工作方针，稳定和改造了从旧学校接管过来的教育和教学，办学逐步走向正规化。

一、学校的课程设置

所有学校都停止了公民、军训、童训或不适合人民要求的教育教学课程。1950年12月和1951

年8月，广东省文教厅先后对中等师范学校的教学和教育工作发出指示，关于中等师范学校（学校尚有附设初师班）的课程设置规定：初级师范学校科目为政治、国文、数学、中外历史、中外地理、博物、化学、物理、教育概论、儿童心理、小学行政、教材及教学法、生理卫生、音乐、体育、美工、教学实习及习字等。中级师范教学科目为政治、国文、数学、中外地理、中国革命运动史、世界史、生物、化学、物理、教育心理、教育测验及统计、小学行政、教材及教学法、教育概论、音乐、体育、美工、教学实习及习字等。

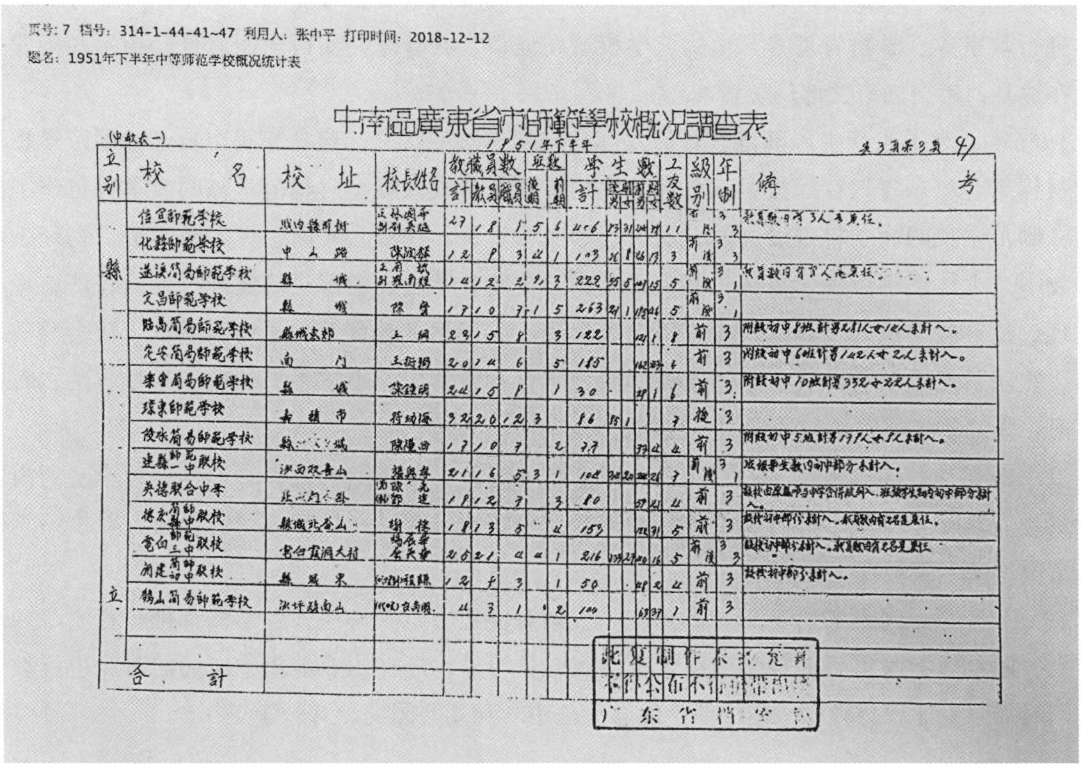
页号：7 档号：314-1-44-41~47 利用人：张中平 打印时间：2018-12-12

题名：1951年下半年中等师范学校概况统计表

中南區廣東省市師範學校概况調查表

1951年下半年

(中教表一)

立别 | 校名 | 校址 | 校長姓名 | 教職員數（計、教員、職員） | 班数 | 學生數（計） | 工友数 | 級别 | 年制 | 備考

信宜師範學校
化縣師範學校
遂溪簡易師範學校
文昌師範學校
臨高簡易師範學校
定安簡易師範學校
樂會簡易師範學校
瓊東師範學校
陵水簡易師範學校
合計

1951年中南区广东省市师范学校概况调查表

（学校教职员工人数为35人，学校校长为符功海）（广东省档案馆存）

琼东师范学校课程设置渐趋完善，教学方法强调理论联系实际。学校的各学科教学研究组织相继建立，各组坚持集体备课，互相听课，加强教材教法研究，教学质量不断提高。20世纪50年代中期，上级教育主管部门强调学习苏联的教学经验，在教学上进行了一系列改革，成立分科目教研组，定期开展教研活动，建立集体备课制度，实行五级5分计分制的计分法，开展观摩教学和评教评学活动，制定了各科集体备课的实施方法，注重教材教法研究和直观教学。

在教学管理方面，这一时期，学校兼纳采用中南区教育部门及中央教育部规定的师范学校用书，其中，普通课一般采用普通中学相应年级的课本。

1952年，教育部颁发了《关于试行师范学校暂行规程草案的指示》，规定师范学校的教学科目设政治、共同纲领、语文、代数、几何、英语、物理、化学、生物、历史、地理、教育学、教育政策和社会、教师业务讲座、测验统计、音乐、美工、体育、实习、习字等课程。海南行政公署文教处转发了该指示，学校的课程设置根据指示精神按规定做了调整。同时，学校对学生的上课、课外作业、社团活动、体育活动、睡眠及个人自由活动的时间都作出了硬性规定，比上一年的教学科目强调了政治活动和数学科目的教学。

1954年以后，物理、化学等普通课逐步改用师范学校课本，其他学科仍采用中学课本的，则按照师范学校教学计划的要求，在讲授时酌量调整。1956年从秋季班级教学开始，学校采用的教学大纲和教材已经完全按照教育部审定或指定的教学大纲和教材。

1956年5月，教育部颁发了师范学校规程、师范学校教学计划、师范学校附属小学条例、师范学校学习办法及试行规程的指示和命令。1956年8月，广东省教育厅结合本省实际又作了补充规定：全省师范学校的办学方针政策、教学业务和设置规划由省教育厅统一领导；日常行政事务，如财务行政事务、学籍管理等，由师范学校所在地市、县管理，实行全面监督，招生和毕业分配由所在地县、市会同有关部门负责。

1956年，为了改变中国师范教育仿效苏联教学方法的状况，建立起我国自己的师范学校课程及教材体系，广东省教育厅按照教育部颁发的《师范学校规程》对师范学校的教学科目作了如下规定：师范学校的教学科目设文学、汉语、语文教学法、代数、几何、算术教学法、物理、化学及矿物学、人体解剖生理学、达尔文主义基础、自然教学法、中国经济地理、外国经济地理、自然地理、地理教学法、世界近代史、历史教学法、心理学、教育学、学校卫生学、社会科学基本知识、宪法、音乐及教学法、图画及教学法、体育及教学法、小学手工劳动、教材教法、教育参观实习，强调了实习教学和学生的实践能力。

这一时期学校强调教育实习，同时参照苏联的经验，重点结合教育学和各科教学法的内容，有计划地安排学生参观、实习和试教，并推行“一日值日”“一日实习”的办法，并按照学期把实习情况反映上级教育主管部门。

1956年以后，遵照教育部颁布的师范学校教育实习大纲和办法，各学校都把教育实习列入工作计划，除结合教学科目的教学组织学生参观、见习外，还在毕业前集中四周的时间进行教育实习，同时加强专业思想教育，使毕业生能够胜任小学和幼儿园的教育教学工作。

二、毕业生分配及教师学生待遇

早在1950年12月，广东省文教厅提出了关于办好中等师范教育的意见时就规定师范学校毕业生由各级人民政府与学校安排分配，以返回原地工作为原则，必须服务两年后方准升学或转任其他工作。根据试行师范规程的规定，学校在1957年至1960年间，还选拔5%成绩优秀的应届毕业生保送升入高等师范院校。

1956年5月，学校依照教育部颁发了师范学校规程、师范学校教学计划、师范学校附属小学条例、师范学校学习办法及试行规程的指示努力实践。1956年8月，广东省教育厅结合本省实际又作了补充规定：全省师范学校的办学方针政策、教学业务和设置规划由省教育厅统一领导；日常行政事务，如财务行政事务、学籍管理等，由师范学校所在地市、县管理，实行全面监督，招生和毕业分配由所在地县、市会同有关部门负责。海南行政公署文教处对学校进行了调查，根据实际情况扩大了学校建设规模，在招生和毕业生分配上也基本上覆盖了海南岛的中南部。自此，学校试行了教育部颁发的师范学校规程等条例和办法，明确了办师范学校的方向和原则，学校的师范教育得到健康发展。

海南解放后，师范教育成为人民教育事业中的重要组成部分，受到党和国家的重视，教师的待遇比前有所改善，师范生入学后也享受公费待遇。

从1950年5月人民政府开始接管学校后，便规定师范学生一律免缴学费，其他费用经过评议，根据不同情况，分别予以补助。1952年改为人民助学金制度，按规定条件和标准，分别予以评定。中师学生每月7.5元，初师学生每月7元，助学金面按100%开支。

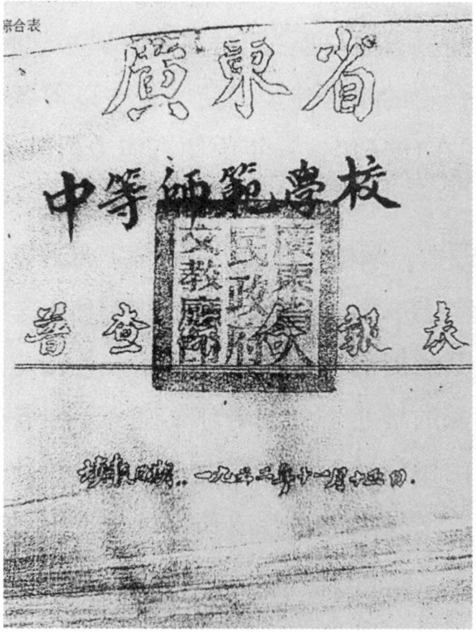

综合表

广東省

中等師範學校

普查報表

广东省人民政府文教厅

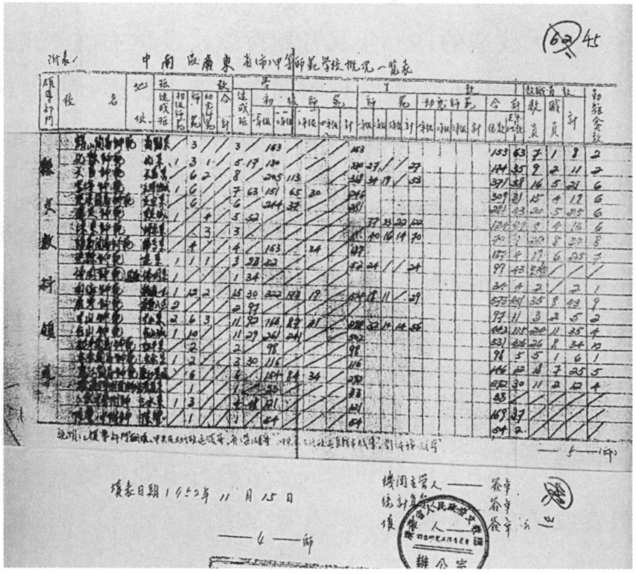

中南區廣東省中等師範學校概況一覽表

填表日期 1952年 11 月 15 日

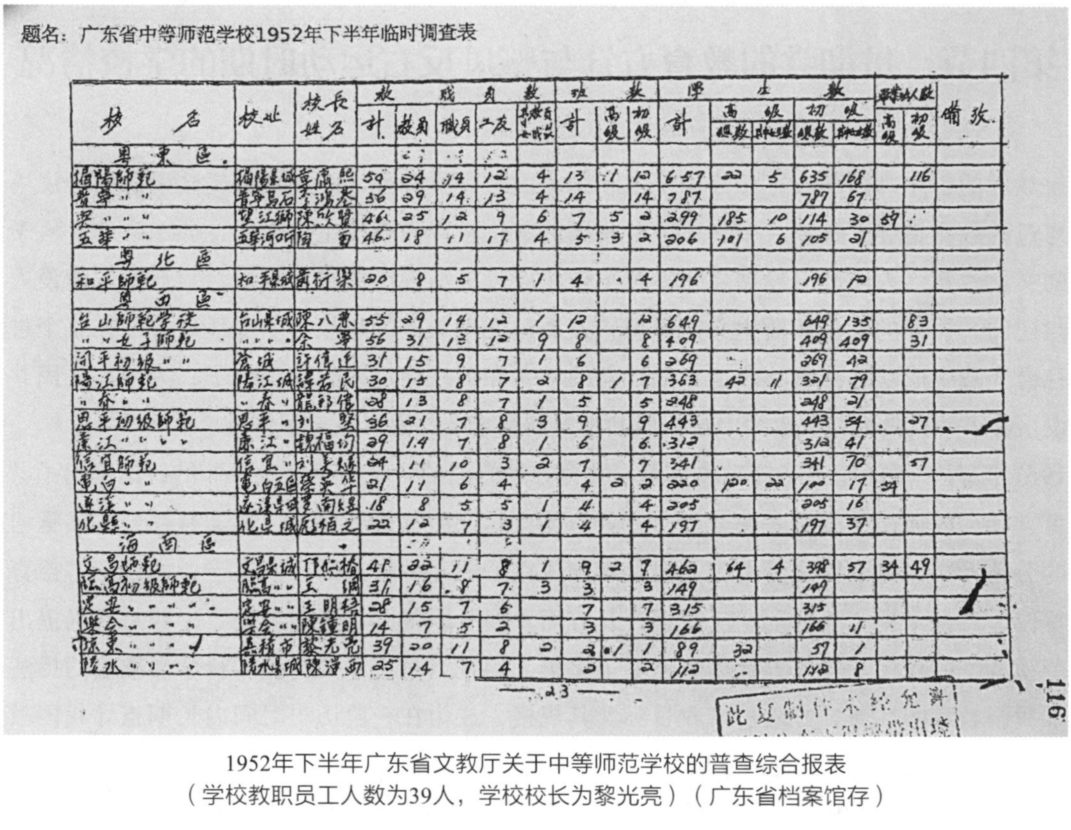

题名：广东省中等师范学校1952年下半年临时调查表

校名	校址	校長姓名	教職員數 計	教員	職員	工友	[illegible]	班數 計	高級	初級	學生數 計	高級 組數	高級 [illegible]	初級 組數	初級 [illegible]	畢業人數 高級	初級	備考
粤東區																		
揭陽師範	揭陽縣城	韋廣熙	50	24	14	12	4	13	1	12	657	22	5	635	168		116	
普寧〃〃	普寧昌石	[illegible]	36	29	14	13	4	14		14	787			787	67			
[illegible]〃〃〃	望江鄉	陳欣賢	46	25	12	9	6	7	5	2	299	185	10	114	30	69		
五華〃〃	五華河口	陶 [illegible]	46	18	11	17	4	5	3	2	206	101	6	105	21			
粤北區																		
和平師範	和平縣城	[illegible]	20	8	5	7	1	4		4	196			196	10			
粤西區																		
台山師範學校	台山縣城	陳八[illegible]	55	29	14	12	1	12		12	649			649	135		83	
〃〃女子師範	〃〃〃	余 [illegible]	56	31	13	12	9	8		8	409			409	409		31	
開平初級〃〃	蒼城	許信[illegible]	31	15	9	7	1	6		6	269			269	42			
陽江師範	陽江城	譚若民	30	15	8	7	2	8	1	7	363	42	11	321	79			
〃春〃〃	〃春〃	[illegible]	28	13	8	7	1	5		5	248			248	21			
恩平初級師範	恩平〃	刘 堅	36	21	7	8	3	9		9	443			443	54		27	
廉江〃〃〃〃	廉江〃	[illegible]	29	14	7	8	1	6		6	312			312	41			
信宜師範	信宜〃	刘[illegible]	24	11	10	3	2	7		7	341			341	70		57	
電白〃〃	電白[illegible]	[illegible]	21	11	6	4		4	2	2	220	120	22	100	17	34		
遂溪〃〃	遂溪縣城	[illegible]	18	8	5	5	1	4		4	205			205	16			
化縣〃〃	化縣城	[illegible]之	22	12	7	3	1	4		4	197			197	37			
海南區																		
文昌師範	文昌縣城	[illegible]	41	22	11	8	1	9	2	7	462	64	4	398	57	34	49	
臨高初級師範	臨高〃〃	王 [illegible]	31	16	8	7	3	3		3	149			149				
定安〃〃〃〃	定安〃〃	王明[illegible]	28	15	7	6		7		7	315			315				
樂會〃〃〃〃	樂會〃〃	陳鍾明	14	7	5	2		3		3	166			166	11			
瓊東〃〃〃〃	嘉積市	黎光亮	39	20	11	8	2	2	1	1	89	32		57	1			
陵水〃〃〃〃	陵水縣城	陳[illegible]	25	14	7	4		2		2	112			112	8			

—23—

1952年下半年广东省文教厅关于中等师范学校的普查综合报表

（学校教职员工人数为39人，学校校长为黎光亮）（广东省档案馆存）

教师队伍不断扩大，据1952年广东省文教厅的统计数据，当时学校教职员工39人，其中专职教师20人，职员11人，校工8人。

三、学校基本建设

在学校建设方面，由于战后处于国民经济恢复的时期，校舍教室基本上沿用解放前留下来的破旧建筑。但政府在财政状况极其困难的情况下，仍于1953年年初拨款兴建教室7间，在基本完成社会主义三大改造的1956年又开始拨款建设学生宿舍20多间、教室6间。同时建成附属小学教室6间，将原嘉积觉民小学即学校附属小学迁入校部合并。这一轮的校舍建设，使学校在以前各年度仅能招收1个班、2个班最多到3个班的招生能力大为改变，在1956年这一年中便有能力招收了6个中师班310名学生。

在整个过渡时期，从国民经济恢复到完成社会主义三大改造，学校一直紧跟党的战略部署，学校从动乱到稳定的新局面终于打开，学校的面貌焕然一新，虽然经历了一些风风雨雨，但整体上是朝着健康的方向发展，在短短的几年时间中，学校为中华人民共和国的建设事业，为社会各行业尤其是刚刚恢复的海南教育事业提供了大批人才。琼东师范学校的毕业生分布于琼东南、琼西各中小学校，还有一大部分毕业生被分配到黎族苗族自治州各县的民族地区工作。这一时期学校的发展道路，反映了中华人民共和国成立后教育事业伴随着社会主义发展的艰难成长，也为学校后来的师范教育发展夯实了基础。

第四节　贯彻党的教育方针与整风反右运动时期的学校情况

解放后的琼东师范学校，始终围绕党和国家的教育方针办学。中国人民政治协商会议第一次会议通过的教育指导方针：“中华人民共和国的文化教育为新民主主义的，即民族的、科学的、大众的文化教育。人民政府发展文化教育工作，应以提高人民的文化水平，培养国家建设人才，肃清封建的、买办的、法西斯主义的思想，发展为人民服务的思想为主要任务。”在整个过渡时期的社会实践中成功地接管和改造了旧社会的教育和旧社会过来的知识分子，为中华人民共和国的建设培养了一大批人才，也为中华人民共和国教育事业的发展奠定了基础。

1957年2月，毛泽东主席针对教育界与教育方针有关的“全面发展教育”的讨论提出了“我们的教育方针，应该使受教育者在德育、智育、体育几方面都得到发展，成为有社会主义觉悟的有文化的劳动者”。这个提法与中华人民共和国成立后的几种提法的区别在于，一是把“德育”提到了首位，二是未提“美育”，三是用“几方面发展”取代了“全面发展”，四是明确提出了培养“劳动者”的目标。这个方针尽管还不很完善，但在当时仍不失为比较科学和准确的提法，它明确了我国教育的性质、方向、培养目标及其规格，成为在一段历史时间内长期指导我国教育的方针，对中华人民共和国教育的发展影响深远。

1958年9月，中共中央、国务院在《关于教育工作的指示》中又使用了“教育工作方针”和“教育目的”的提法，提出：“党的教育工作方针，是教育为无产阶级的政治服务，教育与生产

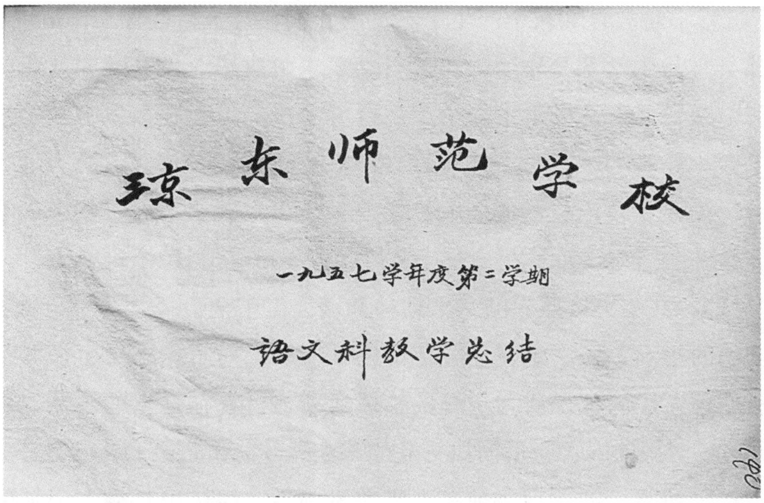

琼东师范学校

一九五七学年度第二学期

语文科教学总结

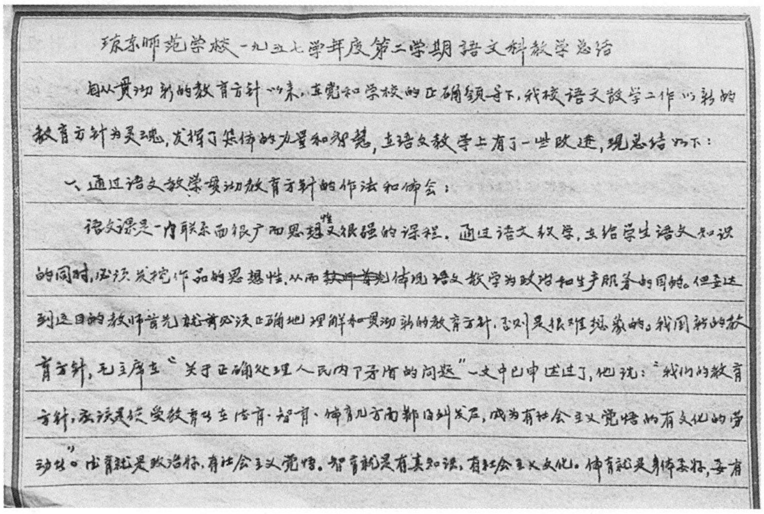

琼东师范学校一九五七学年度第二学期语文科教学总结

自从贯彻新的教育方针以来，在党和学校的正确领导下，我校语文教学工作以新的教育方针为灵魂，发挥了集体的力量和智慧，在语文教学上有了一些改进，现总结如下：

一、通过语文教学贯彻教育方针的作法和体会：

语文课是一门联系面很广而思想性又很强的课程。通过语文教学，在给学生语文知识的同时，必须发挥作品的思想性，从而体现语文教学为政治和生产服务的目的。但要达到这目的教师首先就必须正确地理解和贯彻新的教育方针，否则是很难想象的。我国新的教育方针，毛主席在“关于正确处理人民内部矛盾的问题”一文中已申述过了，他说：“我们的教育方针，应该使受教育者在德育、智育、体育几方面都得到发展，成为有社会主义觉悟的有文化的劳动者”。德育就是政治好，有社会主义觉悟。智育就是有真知识，有社会主义文化。体育就是身体要好，要有

琼东师范学校语文科组1957年学年度的教学总结

劳动相结合”，“教育的目的，是培养有社会主义觉悟的有文化的劳动者”。

这一时期，学校在教学工作中始终贯彻“教育必须为无产阶级政治服务，必须同生产劳动相结合”的方针，大幅度地进行了教学改革试验，也取得了一定的成绩和可贵的经验。在教学内容上，学校对原教材中存在着从苏联照搬过来而不适合中国国情的内容，分别采取了“删”（删去过多循环）、“砍”（去掉繁琐的东西）、“补”（增加现代科学技术和生产方面的知识）、“换”（革去某些教材）、“并”（适当合并某些学科）。

在教学方法上，针对脱离实践、教条死板的倾向，教师们从实际出发，大胆创新，在教学中贯彻理论联系实践的原则，把教育与生产劳动结合起来，把课堂教学与现场参观教学结合起来，让学生将学到的东西用于实践，做到手脑并用，一面观察，一面讲授，充分调动了学生学习的主动性。学校除在附属小学进行实习外，还多次组织学生到外地基层的小学实习，并进行多方面的教学和社会实践调查，开阔了学生眼界，丰富了学习内容，收到了较好的效果。

虽然学校在教学实践中取得了一些成绩，但是，这个教育方针是当时我国特殊的政治、经济、文化、教育环境下的产物，尽管在此特定时期和在某些方面是正确的，但在指导思想上却表现出了明显的“左”倾观点的错误。1962年八届十中全会重提阶级斗争到“以阶级斗争为纲”片面突出

政治，在长期执行过程中对教育和教学产生了不良的影响，甚至给教育工作造成了一定的损失。

1957年春，邻县文昌中学部分学生上街游行，要求解决毕业生升学和就业问题。文昌中学学生会派人到嘉积来串联，要求学校学生会给予声援。学校学生会和嘉积中学学生会取得联系，准备筹划采取一致行动以响应。琼东县委和县政府发现后及时制止，避免了一场动乱。

1957年夏季后，由于受政治运动的影响，学校教学工作处于半停顿状态，学校招生也大幅度缩减，从1956年秋季招收6个班300多人一下减少到1957年秋季招收2个班88人。

1957年4月27日，中共中央按照党的八大精神和八届二中全会关于开展全党整风的决定，正式发出《关于整风运动的指示》，决定在全党范围内开展以反对官僚主义、宗派主义、主观主义为主要内容，以正确处理人民内部矛盾为主题的整风运动，旨在加强党的领导，密切党与人民群众的关系，更好地调动一切积极因素，贯彻执行党的八大路线，推进社会主义建设。

中共中央关于整风的指示下达后，琼东县委整风领导小组，由县委书记吴俊民任组长，副书记曹彦珠任副组长。琼东县委决定，从1957年6月开始，在县直机关各部门、各民主党派、各学校和工商界进行整风。整风的步骤分为学习文件、思想检查、“鸣放”辩论和整改四个阶段，学校的整风运动也在整风领导小组的统一领导下进行。

整风运动开始后，学校里就掀起鸣放高潮，鸣放的形式多种多样，有座谈会鸣放、小组会鸣放、大会鸣放、口头鸣放、大字报鸣放、个别鸣放、集体鸣放、意见箱鸣放等。据当时的统计，鸣放的内容按条登记有上万条。鸣放的内容很广泛，涉及学校管理以及社会政治生活等各个方面。有要求政府大力提高知识分子的政治待遇和生活待遇，在政治上和生活上，对干部和教师应同等看待，提出办学校要依靠教师、依靠知识分子等内容。在鸣放中，不少教师对一些问题各抒己见，有不同看法和争论。例如，学校是否由校务委员会领导，怎样评估历次政治运动成绩与错误缺点的关系。也有教师在鸣放中对个别县乡干部自以为高人一等，盛气凌人，严重脱离群众，到处发号施令，作风恶劣，态度粗暴；对思想有抵触的农民不是充分地说理教育，而是用绳子绑起来示众，或召开群众大会进行斗争。有的教师甚至说：“琼东县公安局在肃反中掌握政策有偏差，搞肉刑逼供。”

后来的事实证明，在新形势下进行一次全党整风是非常必要的，八届二中全会关于开展全党整风的决定是正确的，采取开门整风的办法也是行之有效的。如果严格按照整风指示进行下去，这次整风运动一定会取得改进党的工作作风和增强党的领导、树立起执政党的威信、推进社会主义建设起到有力的推动作用。然而，社会现实中事情发展的情况是复杂的，事物发展的过程也是曲折的。由于紧接着发生了全国性的难以预料的情况，整风运动也出现了逆转。

当报纸上发表了民主党派领导人章伯钧、罗隆基、储安平等人的言论后，学校中的一些思想右倾的教师便兴高采烈相呼应。他们在图书馆、食堂等地高声朗读章伯钧、罗隆基、储安平等人的言论，表达了他们对章伯钧、罗隆基、储安平等人言论的肯定和支持的态度。

之后，在整风鸣放中，在诸多的意见和大字报中，不乏有对党的领导干部的挖苦、讽刺、嘲笑的语言和文字，也出现了一些非常偏激的意见，表达了对党的领导的不满。一方面是看问题以偏概全、缺乏辩证的观点，或抓其一点大做文章，极力夸大党在领导工作中的缺点，或把现象当作本质，混淆是非，否定党的领导。另一方面则是随声附和章伯钧、罗隆基、储安平等人的错误观点，呼应他们反党的议论。

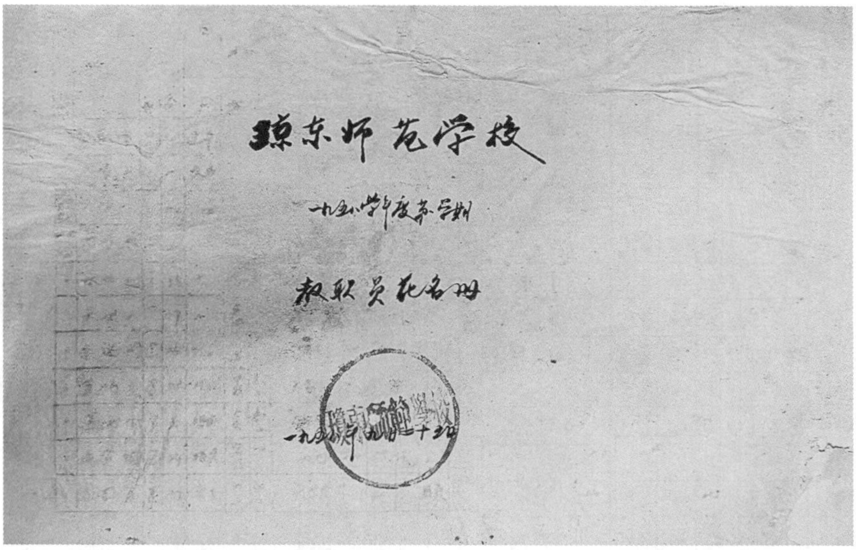

琼东师范学校

一九五八学年度第一学期

教职员花名册

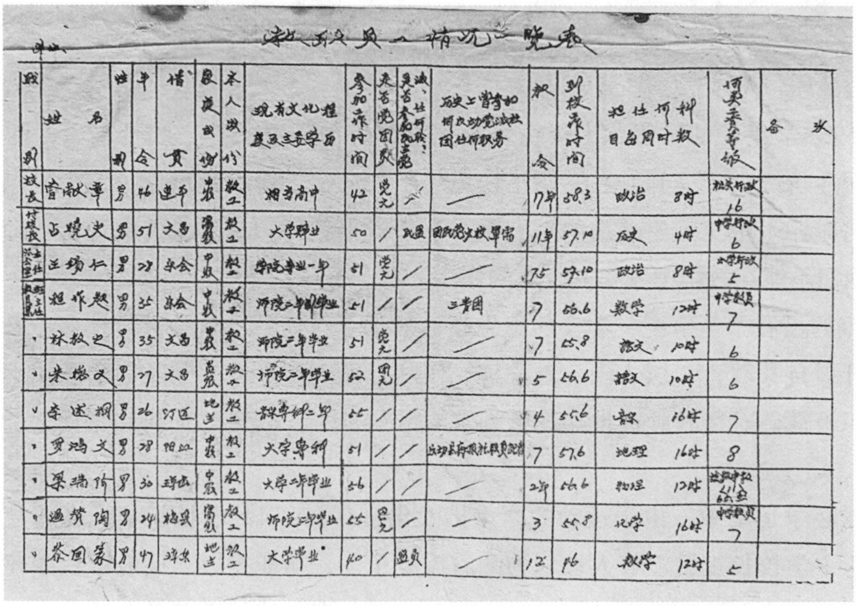

教职员工情况一览表

单位

职别	姓名	性别	年龄	籍贯	家庭成份	本人成份	现有文化程度及主要学历	参加工作时间	是否党团员	是否参加民主党派	历史上曾参加何反动党派社团任何职务	教龄	到校工作时间	担任何科目每周时数	何类工资等级	备考
校长	曾献章	男	46	迁平	贫农	教工	湘乡高中	42	党员	/	—	17年	58.3	政治 8时	校长行政 16	
付校长	占晓史	男	51	文昌	富农	教工	大学肄业	50	/	民盟	国民党县政训局	11年	57.10	历史 4时	中学行政 6	
教导主任	汪扬仁	男	28	乐会	中农	教工	学院专业一年	51	党员	/	—	7.5	57.10	政治 8时	小学行政 5	
教研组主任	祖祚愍	男	35	乐会	中农	教工	师院二年制毕业	51	/	/	三青团	7	56.6	数学 12时	中学教员 7	
〃	林叔也	男	35	文昌	贫农	教工	师院二年毕业	51	党员	/	—	7	55.8	语文 10时	6	
〃	朱焕文	男	27	文昌	贫农	教工	师院二年毕业	52	团员	/	—	5	56.6	语文 10时	6	
〃	李述桐	男	26	万宁	地主	教工	音乐专科二年	55	/	/	—	4	55.6	音乐 16时	7	
〃	罗鸿文	男	38	阳江	贫农	教工	大学专科	51	/	/	[illegible]	7	57.6	地理 16时	8	
〃	梁瑞阶	男	30	琼山	中农	教工	大学二年毕业	56	/	/	—	2年	56.6	物理 12时	[illegible]	
〃	温赞陶	男	24	梅县	富农	教工	师院二年毕业	55	团员	/	—	3	55.8	化学 16时	中学教员 7	
〃	蔡国策	男	47	琼东	地主	教工	大学毕业	40	/	盟员	—	12	56	数学 12时	5	

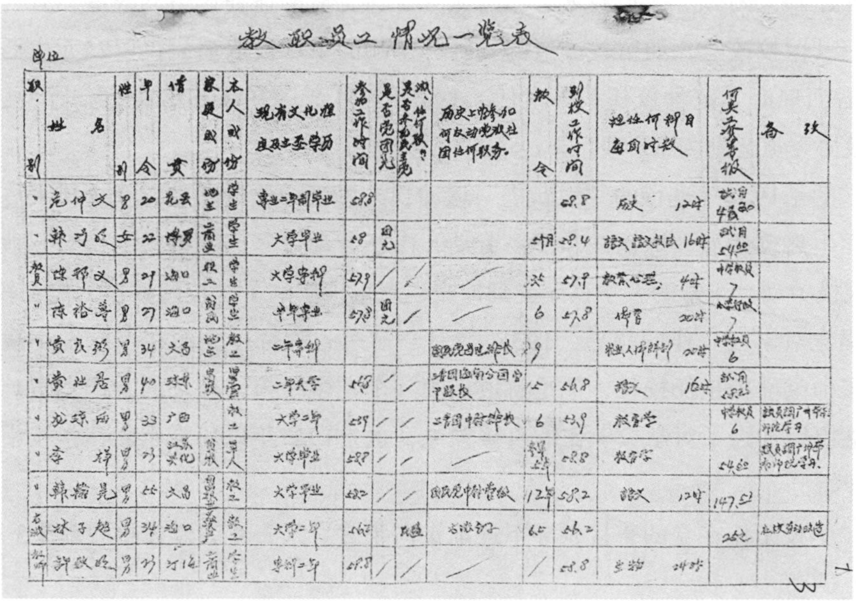

教职员工情况一览表

单位

职别	姓名	性别	年龄	籍贯	家庭成份	本人成份	现有文化程度及主要学历	参加工作时间	是否党团员	是否参加民主党派	历史上曾参加何反动党派社团任何职务	教龄	到校工作时间	担任何科目每周时数	何类工资等级	备考
〃	冼仲文	男	20	[illegible]	地主	学生	专业二年制毕业	58.8					58.8	历史 12时	试用 40	
〃	韩巧[illegible]	女	22	博罗	商业	学生	大学毕业	58	团员			5个月	58.4	语文、语文教法 16时	试用 54.00	
教员	陈[illegible]文	男	27	海口	职工	学生	大学专科	57.9	/	/	—	1.5	57.9	教育心理 4时	中学教员 7	
〃	陈裕尊	男	27	海口	贫民	学生	中师毕业	57.8	团员	/	—	6	57.8	体育 20时	小学行政 7	
〃	黄良[illegible]	男	34	文昌	地主	教工	二年专科				国民党[illegible]	9		[illegible] 20时	中学教员 6	
〃	黄壮[illegible]	男	40	琼东	贫农	职员	二年大学	56	/	/	[illegible]	15	56.8	语文 16时	试用 [illegible]	
〃	张[illegible]	男	33	广西		教工	大学二年	58	/	/	三青团[illegible]	6	58.9	教育学	中学教员 6	[illegible]
〃	李 祥	男	33	江苏	贫农	军人	大学毕业	58.8	/	/	—	[illegible]	58.8	教育学	54.00	[illegible]
〃	韩[illegible]	男	55	文昌	[illegible]	教工	大学毕业	58.2	/	/	国民党[illegible]	12年	58.2	语文 12时	147.51	
右派	林子超	男	34	海口	[illegible]	教工	大学二年	56		民盟	右派分子	6.5	56.2		26.2	[illegible]
教师	许钦[illegible]	男	23	万宁	商业	学生	专科二年	58.8	/	/	—	/	58.8	生物 24时		

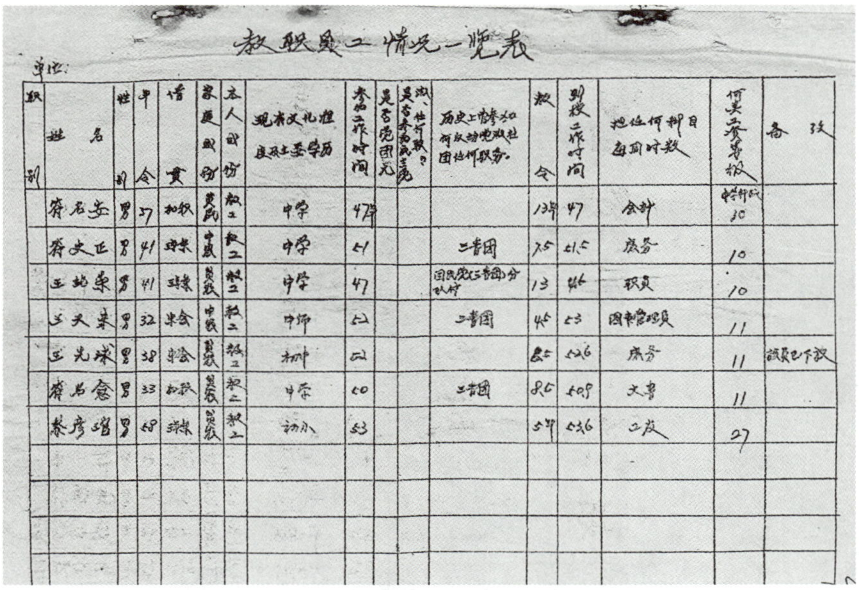

1958年9月记录在册的学校教职工花名册

1957—1958学年度的寒假，上级组织全校教师集中学习文件，进行整风，随后转入参加全国性的反右派斗争。由于受到“左”倾错误思想干扰，在工作中又出现了不少失误，以致在紧接着开始的反右派斗争中又陷于严重的扩大化，不少骨干教师和有才华的中青年教师被错划为“右派”，致使他们不能在教学中发挥其应有的作用。

在1957年的反右派斗争中，学校的思想政治教育工作任务主要是进行社会主义思想教育，在学校师生中开展自我教育，摆表现、查危害，实际行动上却又使一些教师受到了不公平的对待，挫伤了教师积极性。有些教师被批斗、错划“右派”、下放改造，直到80年代拨乱反正后，才重归教师队伍。

在反右派斗争运动中，由于运动的严重扩大化，1958年4月，校长黎光亮、县文教科科长詹行良、原嘉积中学校长王君汇等人被划为“右派分子”，撤职查办。同时学校中还有一些教师如林子超、严业超、宋乃琼等人也被划为“右派分子”，有的逮捕送劳动改造，有的下放乡镇，有的剥夺政治权利留校改造，如留校改造的教师林子超的工资被取消后仅留25元生活费；宋乃琼于1979年复职后回琼海师范学校任教务主任，1980年7月至1990年3月当选为琼海县第四届、第五届、第六届政协委员会副主席。

随之而来的是1958年进行的“大跃进”运动、人民公社化运动中，在全民大炼钢铁热潮中，学校也组织学生离校参加大炼钢铁和下乡劳动，由于劳动过多，学校甚至长时间地停课参加社会化组织的大规模劳动，正常的教学秩序受到冲击，严重地影响了学校的教学工作和教学质量。

为了加强党对学校工作的领导，1958年3月，广东省教育厅委派在广东省交通厅任职科长的曾献章到琼东师范学校担任校长，他是解放后第一个在学校担任校长的共产党员。曾献章担任校长，标志着党组织加强了对学校工作的直接领导，也是1927年以后党重新在学校中建立起党支部基层组织的开始。

1958年，学校工作在党的直接领导下逐渐走向正常。这一年，学校招收新生3个班159人，比前一年增加了1个班。

1958年9月记录在册的学校教职工达29人。

曾献章，广东省河源市连平县大湖镇人，早年就读广东省河源县老隆师范学校，1940年秋在老隆师范学校加入中国共产党，后历任连平县委副特派员、连和县分工委委员等职务。解放后先后任中共连平县县委委员、县委副书记、广东省交通厅科长等职务。曾献章在学校校长任上，党性坚强，坚持原则，工作积极勤奋。1972年离休后回原籍定居，1991年病故。

第六章 探索社会主义道路时期的广东琼海师范学校

在探索社会主义道路近二十年的历程中，广东琼海师范学校虽然经历了“四清运动”和“文化大革命”等“左”倾政治风浪，学校发展曾几度遭受破坏，但是学校根据中央对中等师范学校人才培养目标的要求，面对海南地区的特殊情况，培养了大批服务农村和服务少数民族地区的小学和幼儿教师。其间，由于教育事业的迅猛发展，部分毕业生在海南东南部地区及少数民族地区担任初中教师，为海南基础教育的发展作出了巨大的贡献。

第一节　更名为广东琼海师范学校后的学校情况

1958年12月，海南行政区划进行调整，将琼东县、乐会县、万宁县合并为琼海县。1959年3月，学校也随之更名为广东琼海师范学校。

学校严格按照国家教育部《师范学校教学计划》开设课程。解放以来，师范学校的教材一直都处于尚未完备的状态。1952年7月，教育部第一次颁发了师范学校教学计划（草案），1953年又作了修订。这个教学计划，在师范教育改革过程中，起了一定的作用。1957—1958学年度，教育部再次颁发了师范教学计划，对原教学计划作了调整，减少了学科门数和每周上课时数，并规定各年级开设政治课时数，减轻学生负担，提高教学质量。新开政治课的内容主要是系统地向学生讲授共产主义，讲授我国的国家制度、社会制度、党和国家当前的任务和基本政策，初步讲授社会科学的基本知识，培养学生的无产阶级道德观念，培养学生为人民服务、为社会主义服务的思想观念，培养学生正确的世界观。

1958年春，广东省教育厅设立教材编审室，给中等师范学校编写补充教材、乡土教材和教学参考资料。学校除采用部编、省编的教学大纲和教材外，生物课仍用高中课本，由省教材编审室提出使用意见；算术、代数、几何以及手工劳动与农业实习课本，采用省编教材或补充教材。教育课则采用精简化的高等师范院校课本；手工劳动与农业实习、语文课中应用文的教学采用省编课本。学校的教育学、心理学尚无新编教材，学校则组织学生学习党的教育方针和时事政治。

1961年以后，学校增加了政治课教学的课时，教材主要是社会发展史。一年级和二年级的文学、数学、史地等科，暂用高中课本，由省教育厅提出精简使用意见，编选必要的补充教材；物理、化学、算术教材教法，采用原师范课本而另编补充教材；三年级的文学、语文教材教法、教育学等课，由省教育厅编选必要篇目、提纲、教学参考资料和参考书使用意见。

学校在这一时期基本上贯彻中央对中等师范学校的培养目标的指示，但也根据海南的特殊情况，强调服务农村和服务少数民族地区的思想教育。其基本要求是培养具有马克思主义、毛泽东思想的初步基础，中等文化水平和教育业务知识、技能，身体健康，全心全意为人民教育事业服务的初等教育和幼儿教育师资。由于教育事业的迅猛发展，学校侧重培养高小师资，但在实际工作分配中，有相当部分毕业生都在海南东南部地区及少数民族地区担任初中教师。这一时期，学校曾一度将培养中学师资作为主要目标，因而在教学管理中也实行文、理分科。

第二节　贯彻“八字方针”调整办学规模和学制

1959年的“反右倾”斗争，在极左思想影响下，学校的思想政治工作也出现了“左”倾错误。1960年冬，党中央开始纠正“左”倾错误，针对当时出现的国民经济困难以及跟苏联共产党在理论上的决裂，党中央决定对国民经济实行“调整、巩固、充实、提高”的方针，以扭转因经济工作中指导思想上的“左”倾错误和严重的自然灾害给我国国民经济造成了长达三年的严重困难局面。

为了克服三年国民经济的困难，学校师生积极配合参与社会的各项工作，同时组织文艺队下乡宣传党的政策。此外，学校也在泮水坡开垦荒地，生产自给，解决生活困难。

1960年4月，学校文昌籍学生洪玉桂作为学生民兵先进代表，与原琼崖纵队红色娘子军连长、琼海县妇联主任、税务局副局长冯增敏，以及朝阳公社副书记何国雄、会山公社优秀民兵蒋文才4人赴北京参加全国民兵代表大会，受到了毛泽东主席等中央领导的接见，中央军委奖励每人五六式半自动步枪一支。

1960年夏季，曾献章调离，蒙绪昌接任代理校长一个月，1960年6月上级任命林明甫接任广东琼海师范学校校长。

20世纪60年代初，中央按照“调整、巩固、充实、提高”八字方针对国民经济进行全面调整。学校也迎来了一个全面调整时期，同时也对学生加强了发扬革命传统和艰苦奋斗精神的教育。

广东省教育厅贯彻八字方针，对中等师范学校又进行了调整。一方面控制招生数，一方面撤销那些规模较小、设置较差、办学质量不高的县级师范学校。经过两年的调整，到1963年，海南只保留了5所师范学校：琼台师范学校、文昌师范学校、琼海师范学校、临高师范学校、儋县师范学校（1964年儋县师范学校学生全部毕业后也停办）。全省师范学校经过整顿，办学更加规范化。琼海师范学校的办学规模虽然有所缩减，但各方面设置更加完备，成为海南东南部主要的师范教育基地。

进京参加全国民兵先进代表大会的学生代表洪玉桂

1960年16班共青团支部全体团员合影

1961年，广东省教育厅颁发了《中等师范学校教学计划》。该计划对中师的教学科目作了如下规定：中师的教学科目设政治、语文、小学语文教材教法、代数、平面几何、立体几何、小学算术教材教法、物理、化学、生物、地理、历史、教育学、体育及教学法、音乐及教学法、美工及教学法、农业生产常识。1962年，广东省教育厅修订了师范学校各年级教学计划，加强基础知识教学和基本训练，提高学生文化科学水平和实际工作能力。

1962年秋季，原嘉积中学校长吴桂民接任广东琼海师范学校校长。

1963年3月5日，全校师生积极响应党中央号召，开展了学习雷锋的活动，形成了一股勤奋学习、助人为乐、艰苦朴素、争做好人好事的风气。

在学习雷锋的活动中，学校掀起了学习毛主席著作的热潮。之后又接着开展向解放军学习，开展革命化运动，把培养接班人作为反修防修（即防止像苏联赫鲁晓夫那样反对斯大林的事件）的重要战略措施，把培养接班人的工作提高到关系党和国家的生死存亡问题，要当作反修防修的根本问题来认识，必须高度重视。

当时，学校受政治运动的影响，师生以突出政治为主要目标，教学任务无法完成。“文化大革命”前的所谓“老三届”，在校期间基本上没有学习专业知识，甚至大部分时间都不在课堂。1964级（1967届42班、43班）和1965级（1968届44班、45班）学生在校时间不多，他们除参加校内外的劳动外，还作为“四清”（海南从1964年开始在城乡开展的社会主义教育运动，运动前期在农村中清工分、清账目、清仓库和清财物，后期在城乡中清思想、清政治、清组织和清经济）。1965年9月，学生作为工作队成员配合广东省组织的工作队蹲点，奔赴琼东南各县参加“四

1963年毕业的中师第28班学生毕业照

清”运动。44班校友莫德和（退休教师、原温泉镇学区主任）等44班和45班学生一入学报到就打起背包随工作队队长李大庆（陕西延安人、解放军某部团干部），以及嘉积中学校长严政等人到万宁县去参加“四清”运动。

虽然这一时期国民经济十分困难，但政府对中师学生实行免费就读。学校除免除学生学费以外，每月每生还有9元助学金。学生除去每个月7元的伙食费外，还剩余2元钱来买书纸笔墨。那时普通新工人的月工资仅有18元，22级干部的月工资也只有28元。

1963年10月，教育部提出了《关于调整中等专业学校学生人民助学金标准的意见》，规定中等师范学生人民助学金的补助比例，仍按100%执行。学校的人民助学金标准按三类工资地区每生每月9元，其中伙食费7.5元，另1.5元作为困难补助费，由学校集中掌握使用。

在这一时期，学校紧跟党的战略目标，贯彻党的教育工作方针：教育为无产阶级政治服务，教育与生产劳动相结合，紧密联系社会，参与社会各种活动，服务社会。社会上所有的政治活动以及重大的生产活动，学校师生都全力投入参与，在服务社会上作出了极大的贡献，但同时也严重影响了教学的质量，影响了学生掌握专业文化知识。

1964年学校学生会全体成员和学校领导合影

1964年学校34班全体同学毕业照

第三节　“文化大革命”时期学校的状况

1966年6月11日，嘉积中学师生走出校门上街贴大字报，最后集中在琼海县人民委员会。自此，在嘉积中学的影响下，琼海师范学校学生也从校内开始，最后走上街头张贴大字报。县委派工作组进驻学校，学校成立了以左派学生为主体的文化革命委员会，确定了“依靠左派学生，争取中间学生，孤立偏激学生”的工作方针。县委书记曹彦珠、副书记冯连瑞多次到学校召开左派学生座谈会，希望能通过左派学生来引导学校的学生运动走上正确的轨道。但很快，工作组也遭到了抵制和批判。

此时学校已经不能进行正常的教学活动，学校的教学及管理的办公室被占用，图书、仪器、设备、教具尽遭严重破坏，学校领导和部分教师置于被改造地位，正常的师生关系和教学秩序被打乱，所有在校学生都取消了日常考试、毕业考试和升学考试，学校停止招生。

1968年5月，琼海地区的武斗才逐渐结束。随后，琼海县成立了4个战线革命委员会，即工交战线革委会、文教战线革委会、财贸战线革委会、农林水战线革委会，作为县革命委员会的下设机构。原科局级、股级单位不设革命委员会的一律成立革命领导小组。9月，广东琼海师范学校革命委员会成立，吴桂民任主任、陈桂渊任副主任。

学校革命委员会决定，1967届、1968届和1969届（按在校年限计算，1969届尚差一年时间才毕业）等三届学生全部离校，回农村或上山下乡参加农业生产劳动。之后由县文教战线革命委员会将1967届和1968届毕业生分配到公社（大多由公社安排到学校当教师）。1969届学生因没有学习过专业知识，并且在校时间未满三年而当作没有毕业处理，没有分配工作。

广东琼海师范学校革命委员会使用的公章

第四节　学校恢复招生和1973年特大台风的破坏

“文化大革命”初期，教育系统是“重灾区”，学校师生停课闹革命，而师范教育更是“重灾户”，学校建制被撤销，有些校舍被占用，学校停止招生。甚至有人提出师范教育是封、资、修的流毒，要在全国停办师范学校。

“文化大革命”中后期，由于海南中小学校逐渐复课，入学儿童大量增加，而原来各地学校的教师不断流失，各县及农场、厂矿小学的教师严重短缺，根据广东省革命委员会的指示，琼海师范学校又开始恢复招生。1973年秋，学校根据上级的指示，招生采用“推荐与选拔相结合”的办法招收新生，主要从工人、农民、部队中招收学员即“工农兵学员”，毕业后大多回到原地工作。推荐上来读书毕业后又回到原地工作的这种做法，一直到1977年才结束。招生的具体做法是首先由各公社进行统考，再根据分派指标由公社进行初选。各公社初选的学生再集中到县城参加全县统一考试，最后由县根据各公社各单位的指标统一录取。

1973年秋季，因“文化大革命”影响而停止7年招生的琼海师范学校迎来了恢复招生后的第一批学生。

广东省革命委员会文教组分配给学校的招生指标是156人，但1973年9月学校招收的第一批学生实际到校人数只有155名，其中琼海（45名）、万宁（45名）、儋县（65名，入学一个月后一名学生因超龄而被辞退）。155名新生到校后开始分为4个班级，班级命名一改解放前以来以毕业班序号定名的方式，变为以入学年份定名的方式，当年招收的4个班分别为731班、732班、733班和734班。但一个学期之后，学校发现学生的文化程度差异太大不利于实施教学和管理，又按实际文化水平重新调整组班。这种以入学年份定名班级名称的方式一直沿用至今。

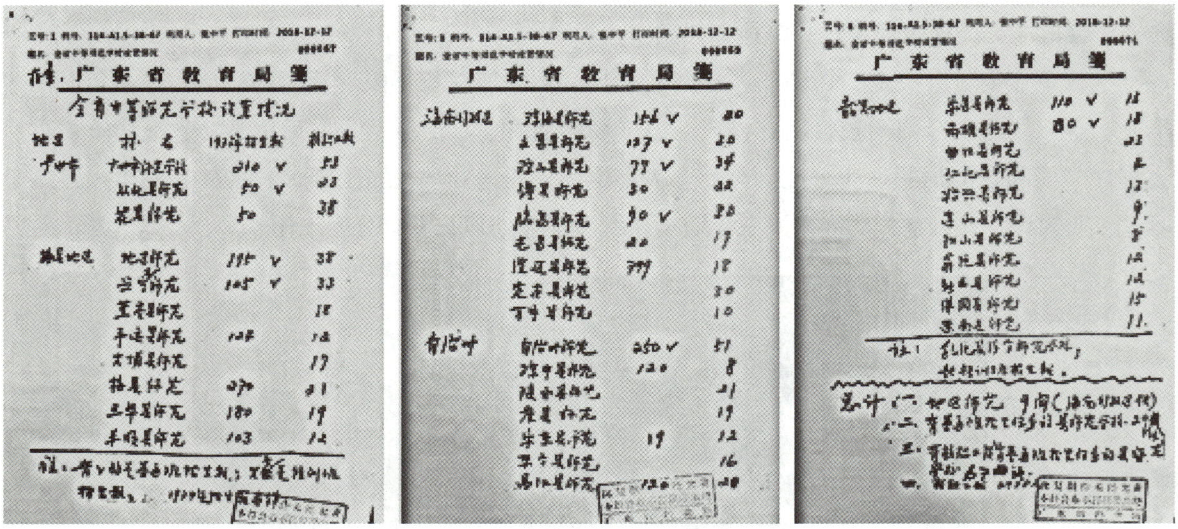
广东省教育局笺

广东省教育局笺

广东省教育局笺

1973年广东省中等师范学校恢复招生计划指标
（海南带√者为普师班学校，有四校；未带√者为培训班学校，有五校。因师资缺乏，海南各县都办起培训班师范学校，琼台师范学校其时称“琼山县师范学校”）（广东省档案馆存）

这批学员有其极为明显的特点，一是年龄差异大，有的是经历过“文化大革命”初期运动的老三届毕业生，有的是刚刚毕业的初、高中学生，已婚成家的占多数，最大年龄30岁，最小年龄19岁；一是文化程度、社会经历差距大，近半数有担任过民办教师的经历，也有刚从学校毕业没有社会经历的青年，部分学员的文化水平可以充当部分学员的教师也绰绰有余。学生入学后没有传统的教学教材，所有的课本都是油印的。发到学生手里的是16开浅蓝色封面散发着油墨芳香的教材。部分学生翻开讲义时发现，很多内容是他们在以往高中时学过的内容；而一些近年高中、初中刚毕业的学生则视为天书，认为课程太难太深。

“文化大革命”中从嘉积中学下放到阳江公社中学而被学校借调过来的高中语文教师司徒光炽，根据实际情况进行“学生教学生”的尝试，即选择了班上部分当过民办教师经历、文化水平较高的老三届学生当小老师给低水平的学生上课，老师则拿个板凳坐在讲台侧面静静地听着，课后还认真仔细地进行点评。这种新颖活泼、颠覆传统的教学方式，在当时是一种行之有效的教法，不论是对两极分化中高水平还是对低水平的学生来说，都受益颇大。

学校虽然恢复招生，但办学方向、学制、教学计划、教材等均不统一，教学程序极为混乱。经“文化大革命”运动冲击后，正常的教学计划早已被打乱。时隔7年开始复课，课程只得做较大的合并和调整，由于招生考试制度被取消，学生均属推荐的工农学员，基础知识差异大，所以教学科目也较为简单，仅开设了毛泽东思想、语文、教育学、几何、代数、算术教学法、农业基础知识、工业基础知识、军体、史地、音乐、美术、卫生等课程。

学校复课后，政治课以毛主席著作为基本教材，军体课以备战为内容，专业课由各地根据需要确定，一般采用省编简本或者借用外地课本，无统一要求。

“文化大革命”后期恢复招生的第一届（1973）毕业生合影照

这一时期，从实际教学上来说，学校实行“开门办学”，师范教育的特点已经被取消，培养目标也被搅乱，培养小学教师和培养中学教师目标也不明确。而且此时学校管理不够规范，文化基础课和专业基础课及音、体、美专业技能课的教学内容要求不够严格，又无固定统一的中师教材，教学质量普遍降低，毕业生综合文化水平差异也极大。

这一届学生，1973年9月13日走进校园，还遭遇了一场让他们终生难忘的百年不遇的特大台风。白天安顿好住宿，晚上部分学生到嘉积电影院看电影，部分学生在校园中漫步、聊天。在皎洁的月光下，校园静谧，根本没有台风前的一点迹象。

满怀愉悦的新生们入睡后，深夜近两点，强台风呼啸而来。校长和老师便逐个宿舍催促学生迅速撤离宿舍。很多房舍都是当学生刚冲出门口，整幢建筑便轰然倒塌。进入学校不到一天的学生们便被台风刮得晕头转向，找不着北。被逼走出门外的学生们被狂风裹挟着踉跄行走，完全失去了自控的能力，有的抱着倒地的大树，有的卧在沟壑里，在风雨中一直熬到了天亮。

第二天七点左右，大风终于停了，师生们面对的是满目疮痍，遍地狼藉，惨不忍睹。操场上，横七竖八地散落着桁条、椽木、树枝和瓦片，除了几间低洼处的瓦房外，整个学校已被夷为平地，宿舍倒塌了，教学楼不见了，所有的教学设备荡然无存，档案资料几近毁灭。有的老师仓促中穿着短裤，呼唤着自己失踪的孩子。上午8时，学校革命委员会主任王业侯、副主任朱德义等学校领导紧急召集各班班长开短会，布置救灾工作。立即组织情况尚好的老师和学生去营救倒塌房子下埋着的老师和学生。这次台风，被风刮倒房子压死的老师有3人，重伤的老师有3人（都是被房屋坍塌的梁柱或墙壁打断了腿），有一个学生被台风吹刮到油棕树上造成重伤。整个嘉积镇房屋坍塌几成平地，死伤者难计其数。

台风之后，中央派来了慰问团并带来了中共中央、国务院和中央军委的慰问电。在中央、广东省及各级地方政府的大力支持下，全体师生同心协力抗风救灾，艰苦奋斗，重建校园。

为解决师生的住宿问题，上级拨来了军用帐篷。此外，师生们自己动手捡来桁条、椽子、木板，垒砌砖石，盖起了十多间简易低矮的油毡纸房，供师生们当宿舍。又将未被完全刮倒的食堂修葺成四间简易的教室，既当教室又当饭堂。在这简陋的条件下，学校师生恢复了上课。

1973年遭遇特大台风破坏后，学校师生参与建设的教师和学生宿舍

这一届学生也由此而成为新校园的建设者。在“自力更生，艰苦奋斗”精神的鼓舞下，此后在校的两年学习期间，他们基本上经历了恢复校园建设的艰苦过程。学校东边低洼处未完全倒塌的饭堂大厅被修整成为4个班的4间教室，临时搭建的低矮的油毡纸房是学生的临时宿舍，在火辣的阳光暴晒下，屋里弥漫着浓浓的沥青油毡味道。每天早晚，搬砖头、卸石灰、卸木料成了师生们的课外“必修课”。

由广东省援派的基建队在学校建设教学大楼，但由于经费不够，盖房所用的沙子都是学校师生们到塔洋镇的联新河中捞集起来的，石灰也是师生们到潭门海里捞起珊瑚石然后自己动手烧炼出来的，碎石由师生们自己动手打，挖地基也是分摊到各班师生们负责。经过一年多的时间，新的教学楼、师生瓦房宿舍陆续建成，学校也逐渐恢复了正常的教学秩序，全校师生也成了灾后重建学校的见证者和参与者。

1973年遭遇特大台风破坏后建设的教学楼（址在今金水桥一带）

第五节　全面整顿后的办学规模和学工学农

1968年8月，“红卫兵”运动结束后，根据毛泽东主席“工人阶级必须领导一切”和“贫下中农管理学校”的指示，“工人阶级宣传队”进驻了学校。学校由于“文化大革命”停止招生，所以直到1973年恢复招生后，“工人阶级宣传队”（简称“工宣队”）才进驻琼海师范学校。进入学校的“工宣队”来自“二厂”（今嘉积镇双拥路旁的海南第二农机修造机械厂）的几位工人师傅（老冯、老陶、老莫），参与学校的管理，开始实行全面整顿。这一时期，虽然全国各地仍然执行“无产阶级专政下继续革命”的极左路线，但混乱的局面总算安定了下来。

早在1966年5月7日，根据毛泽东主席“学生也是这样，以学为主，兼学别样，即不但要学文，也要学工，学农，学军，也要批判资产阶级，学制要缩短，教育要革命，资产阶级知识分子统治我们学校的现象再也不能继续下去了”的“5・7指示”，要求学校师生要参加社会生产劳动。此指示在整个10年“文化大革命”中对学校的教学质量造成了严重的消极影响。

从此，课堂教学不再是学校的主要任务，进驻学校的“工宣队”带领学生为响应“农业学大寨，普及大寨县”的号召而开展农业生产活动。在海南的教育界则就近学习“屯昌经验”。当时海南的屯昌县革命委员会结合辽宁省朝阳农学院和大寨的办学经验，提出“把教育纳入农业学大寨的轨道”来“与十七年（即中华人民共和国成立后至‘文化大革命’前的17年）对着干”。他们组织200人的工农讲师团开进中小学校，走上讲台，成为工农兼职教师。他们动员全县中小学校开荒造田，大办学校农场，整治大寨坡，大种高产甘蔗，参加社会“斗、批、改”等工作。这些做法得到中共广东省委、国务院科教组的肯定，并被总结为“屯昌教育革命经验”加以推广。

有了学习的榜样，学校立即开展“学大寨，赶屯昌”的高潮，组织各班师生赴屯昌县参观学习屯昌县枫木中学的经验。回来后雷厉风行，开荒地，挖沟渠，种甘蔗，将早在1962年年初就开垦出来的位于学校西北面的泮水坡（今泮水大榕树一带）办成“琼海师范学校农场”进行耕作，作为学校师生的学农基地。在师生们的辛勤劳动下，种植了甘蔗、毛薯、木薯等农作物，并植树造林，挖井、盖房，每天都安排一个班学生到农场参加生产劳动。学生一有空就要到蔗园里管理耕作，积肥定下任务，学生每天早晨五点钟就得起床挑着粪箕到附近农村去巡回捡牛粪，作为甘蔗的肥料。这样，种出来的甘蔗很好，以致有的甘蔗长得有手腕般粗。校办农场离学校较远，步行来回约需一个半小时，师生们劳动一天回来已精疲力尽，就别说有精力读书了。

学校建立在泮水坡的学农劳动生产基地

校长朱德义和学生在学农基地种植甘蔗

此外，学校师生还参加了琼海县组织的“红土岭”“泮水坡”“秋治坡”这些全县性的全民造梯田大会战。为了学工学农，师生们还将学校周边所有小块的荒地开垦出来种植上甘蔗和瓜菜，并开展班级之间的劳动生产大竞赛，为了多积肥料，学生们起早摸黑、争先恐后到附近农村去捡牛粪，还到公共厕所粪池中挑人粪尿作肥料，种出来的瓜菜都卖给学校食堂，一方面改善师生生活；一方面也作为班会费订阅报纸等。此外，学校还办起了校办工厂，学生轮流到工厂学工，修理课桌椅，还制作算盘、肥皂等供师生使用。

1974年9月，朱德义任广东琼海师范学校革委会主任、学校党支部书记。

1974年下半年，学校还按照琼海县的安排，抽调一部分学生下乡当“斗、批、改”工作队员，有的住在农民家中与农民“三同”（同吃、同住、同劳动），有的在小学代课，有的帮忙举办“阶级斗争展览馆”，这些活动也是学生在农村接受“贫下中农再教育”的过程。

参加全民性农业学大寨劳动大会战誓师大会

在农忙时帮助人民公社社员收割水稻

此后，从1974年至1976年，学校每年都依指标招收3或4个班新生，学校规模逐渐扩大，招生仍然采取推荐与选拔相结合的办法招生，招生对象还是上山下乡和回乡的知识青年、民办教师、退伍军人等社会青年，学校的招生指标分配到海南行政区各市县。

学校为了加强劳动教育，要求新生入学时每人必带一件劳动工具（锄头或粪箕），学生每学期除正常上课外，参加生产劳动不少于4周。现在校园里的椰子树大部分都是这几届学生种的，椰子苗是用拖拉机从长坡镇椰林大队运回学校种植。到农忙期间，即收割和播种大忙时，师生们还到学校附近的塔洋、泮水、温泉、万泉、大路等乡镇帮农民割稻，冬季还参加各地组织的兴修水利，搞农田基本建设劳动。

“文化大革命”后期，恢复招生后这几届师范学生全面参加了学工学农的社会实践活动，虽然在学习专业文化知识上大打折扣，但学生们在参加劳动的过程中培养了正确的劳动观念和熟练的劳动技能，培养了对农村和农民的朴素感情。这一批学生后来成为改革开放时期的中坚力量，作为师范类学生，他们中大多数人在此后以至改革开放初期相当长的一段时间里，为我国农村基础教育书写下了浓厚的情感底色，对20世纪80年代乃至90年代的基层教育产生了深远的影响。

第七章 改革开放中的广东琼海师范学校

1976年10月，历时十年的“文化大革命”结束。1977年，全国的大中专学校停止推荐入学，恢复高等学校招生考试。1978年全国科学大会召开，举国上下出现了尊重科学知识、尊重知识分子的风气，科学的春天、教育的春天来到了。1978年12月，中国共产党召开十一届三中全会，果断结束“以阶级斗争为纲”，实现党和国家工作中心战略转移，开启了改革开放和社会主义现代化建设新时期，实现了中华人民共和国成立以来党的历史上具有深远意义的伟大转折。这一时期的广东琼海师范学校，在党的领导下，开始从以阶级斗争为纲逐步转移到以教学工作为中心任务，学校得到了进一步恢复和发展，逐步走上健康发展的轨道。学校师生面貌焕然一新，迎接教育春天的到来。

第一节　确立以教学工作为中心任务

一、“文化大革命”结束后学校的情况

“文化大革命”结束后，教育领域的第一项改革就是招生考试制度。1977年，全国大中专学校停止推荐招生入学模式，恢复高等学校招生考试制度。广东省为了解决当时中小学师资力量薄弱的突出问题，指示学校从1977年冬季全国高等学校招生考试考生中录取生员。当年学校录取新生3个班120人；另外，还为海南农垦局录取代为定向培训新生30人。自此，连续3年，学校都从全国高等学校招生考试考生中录取两年制新生4个班。学校教学秩序迅速恢复。招生制度的改革与推行，成为激励广大学生努力学习、提高学校教学质量、纯化社会风气的制度保障，受到学生、家长、社会的普遍赞赏。

“文化大革命”中，正常的教学计划被打乱，课程作了较大的合并和调整，由于招生考试制度被取消，学生均属推荐的工农兵学员，学员之间基础知识差异大，教学科目设置也较为简单，仅开设毛泽东思想、语文、教育学、几何、代数、算术教学法、农业基础知识、工业基础知识、军体、历史、地理、音乐、美术、卫生等课程。

1978年以后，学校根据广东省教育厅的意见，研究解决师范教材问题，一是暂用中学课本，按师范教学要求适当修改；二是借用外省师范教材；三是自编部分教材。1979年，广东省教育厅

组织力量编写了《文选与习作》《小学语文教学法》《教育学》《心理学》等教材。1980年以后，统一执行部颁中师、幼师各科教学大纲，逐步采用全国统编教材。个别科目的教材暂时还没有统编的，如《小学语文教材教法》，则仍然使用自编教材。

20世纪70年代末80年代初学校校门前景（琼海市委党史研究室存）

1978年4月22日至5月16日，全国教育工作会议召开，对“文化大革命”中的“左”倾路线彻底拨乱反正。学校恢复了思想政治教育工作的有关制度和措施。强调了学校为社会主义建设培养人才的功能，人才的标准是德、智、体等方面都得到发展，成为有社会主义觉悟的、有文化的劳动者。要在科学技术上赶超世界先进水平，不但要提高高等教育的质量，而且首先要提高中小学教育的质量，按照中小学生所能接受的程度，用先进的科学知识来充实中小学的教育内容。教育事业必须同国民经济发展的要求相适应，要提高人民教师的政治地位和社会地位。

1978年10月，广东省教育局制订《广东省中等师范学校三年制教学计划草案》，规定师范学校应逐步增设以完善政治、语文、数学、物理、化学、生物学、历史、地理、心理学、教育学、体育、音乐、美术等13门课程。

当时，学校的办学方向、学制、教学计划、教材等均不统一，教学程序混乱。早在1977年2月，广东省就召开了师范教育革命座谈会。会议提出要加强师范学校教师队伍建设，培养和造就一支忠于党的教育事业的师范教师队伍，尤其要配齐配强政治、教育理论、农业、体育、文艺这六个科目的教师，课程设置要体现一专多能。为了适应社会的发展需要，师范学校除办好普师班培养初中教师和小学骨干外，也要采取多种形式办学，培训提高社会在岗的初中教师、小学的领导干部和教学骨干及幼儿教师骨干。要帮助社会上中小学校把各科的教师配备起来，除有一定的数量外，更要注意质量，真正起到师范学校“工作母机”的作用。

二、加强政治思想教育工作

琼海师范学校在上级党委的领导下，坚持党的基本路线，全面贯彻党的教育方针，认真学习顺德师范学校的办学经验，初步落实了“一年初见成效，三年大见成效”的要求。尽快恢复“文化大革命”前创立的有效教育教学制度，及时把学校工作的重点转移到教学方面来。学校贯彻和落实国家和广东省的教育工作会议精神，制定了恢复思想政治教育工作的有关制度和措施。

学校纠正了“四人帮”在教育战线制造的各种混乱，全面、准确地贯彻执行党的教育方针，使教育质量得到迅速提高。学校制订了切实可行的教学工作制度，整顿学风和教风。老师们对上好文化课都端正了态度，开展各种教研活动和学习竞赛，表彰学习积极分子，鼓励学生刻苦钻研基础知识，出现了一个良好的学习风气，同时要求每人都要制定切实可行的学习计划和写读书笔记，规定每天晚上9时至10时为理论小组学习时间，每月交流学习经验1次，两周检查学习情况1次，每周各班汇报学习情况1次。

在学习中，学校领导向教师们反复强调要坚持理论联系实际的革命学风，紧密联系当前中心工作的实际，特别是联系自己的思想实际。由于坚持理论联系实际的学习，师生们的思想觉悟和认识水平有了很大的提高，精神面貌起了新的变化，不断克服过去不正确的看法和想法，并且确立了忠于党的教育事业的思想。在学习、工作、劳动、组织纪律等方面都有较好的表现；学习毛主席著作和文化课的自觉性和积极性大大提高，虽然由于当时电力不足，大部分时间电厂停止送电，电灯不亮，但师生们学习的热情非常高，特别是一年级的同学，每个人自备一盏小煤油灯，认真学习毛泽东选集，结合自己的思想实际，写了不少读书笔记。761班在这方面做得较好，全班写了四百多篇学习笔记，个人写心得最多的达25篇。由于思想得到了解放，抓时间、挤时间学习文化课的人越来越多。有几位参加海南区十所大中专院校田径比赛的同学，从临高回校后也不愿休息，马上拿课本上课，学习风气在学校基本形成。同学们的劳动观点也确立起来，有些同学过去出工不出力、怕苦怕累的现象也有所改变，组织性和纪律性也不断加强，出早操的人越来越多，不请假擅自离校或请假无故超假、上课迟到、早退等现象逐步减少。

三、鼓励师生学习专业又红又专

学校对教师业务的提高比较重视，学校领导首先组织教师进行路线分析，划清为革命钻研技术与“个人奋斗”“白专道路”的界限；划清努力提高教学能力和“业务挂帅”“智育第一”的界限，使大家进一步认识到学好文化科学知识，对建设祖国和实现四个现代化的伟大作用。同时定期开展教学科组的教学研究活动，组织各科组进行教学经验交流。此外，还适当地组织教师到外地兄弟师范学校参加学习，既扩宽了视野，又不断充实自己，为教学工作打下了良好的基础。学校附属的琼海师范学校附属小学加强直观教学，加强基础知识教学，加强课外阅读指导，文化课的教学质量不断提高。

学校农化组配合当前党的中心工作，服务社会开展以改制为中心的科研活动，跟各公社农场研究种植高产水稻，试验把原来一年两熟的水稻种植改为一年三熟的水稻种植以增加粮食的产量。

四、加强体育教学和开展体育运动

体育活动是师范学校教学工作中不可缺少的组成部分，也是全面贯彻党的教育方针的一个重要方面。学校从培养合格教师和增强体质出发，安排好体育课和体育活动训练的时间，使师生们有更多时间参加体育锻炼。学校除成立篮球、排球、乒乓球、田径等运动队进行经常性的比赛和锻炼外，还坚持做广播操和课间操及课外体育活动。通过体育活动，师生们的身体健康有了显著提高，病号减少。在纪念毛泽东主席畅游长江十一周年的游泳活动中，学校50名游泳健儿在老师的带领下，队列整齐，畅游万泉河，个个精神饱满，游到终点，受到领导和观众的好评。全体师生又在农忙假中，参加大路公社岭脚大队收割早稻，师生们冒着酷暑，连续劳动一个星期，完成了助农收割任务，干部和社员都异口同声地赞扬说："琼师的师生身强力壮，劳动观点就是好。"

1977年11月15日，学校举行中断了多年的学生运动会，从这一次运动会开始定名为"第一届校运会"，与此同时举办了"建校56周年（实为54周年）庆祝大会"的校庆活动。自此，每年的这一天都举行运动会，并将这一天作为校庆活动日。

五、后勤工作全力为教学工作服务

由于当时的人力资源管理体制和商品供给体制尚未进行改革，学校的后勤管理工作确实是一个大难题。

面对学校后勤服务设备落后简陋的现状，学校党支部始终把后勤工作当作一件大事来抓，力求改善师生们的生活，免除他们在教学中的后顾之忧。

校长朱德义和党支部成员经常深入食堂厨房，听取师生的意见，同后勤人员认真琢磨，尽力做到满足师生们的要求。学校食堂早餐天天有别，菜式品种多样，从5分钱的青菜到两毛钱的炖猪脚，价廉物美，师生们可以随意选择。有些时候，嘉积地区蔬菜供应紧张，后勤人员便顶烈日，冒风雨，鸡鸣出发，日没而归，驱车前往外县采购。他们经常到潭门、博鳌、清澜等渔港采购海鱼满足学校食堂需要，注意保证库存足够的蛋类、干菜、佐料。学校挖了鱼塘放养塘鱼，猪栏里生猪长年存栏量在20头以上。每学期复习考试期间，都适当提高伙食标准，保证学生们在紧张学习时的身体健康。

为了满足师生们对开水的大量需求，学校指定专人专灶烧开水，保证全天供应。要做好这项工作，解决燃料问题是十分困难的，学校的炉灶原来只能烧木柴，成本高，在一般情况下，每月用柴近五百吨。后勤人员想方设法，自己动手，把烧柴灶改为燃糠灶，大大降低了燃料采购的成本，半年就为学校节约了4 300多元。后勤人员还一鼓作气，加修、改修了可燃烧的多种燃料的炉灶10多个，有柴烧柴，有木糠烧木糠，有谷糠烧谷糠，增加了燃料品种和炉灶的使用率。为了购买燃料，近到塔洋，远至会山、牛路岭，后勤人员到处奔忙。

20世纪70年代末是我国人民生活物资最为紧缺的时期。教师工作忙，后勤人员为了让他们安心工作，替他们买米、买油、买肉、买菜。后勤组还办起了小卖部，出售香烟、饼干、糖果、火柴、卫生纸等商品。肥皂缺了，就到文昌去采购回来；教工家属缺柴烧，就设法运一车回来卖给他们。电池一时难买，后勤人员便到处收集电池芯（当时购买电池要回收电池芯）换买电池回来增加供给。中秋的月饼、冬季的腊肠、常时的咸鱼，都会及时分配和送到教工的手中。

师生们下乡实习，后勤人员不辞劳苦，把米、肉、油逐个实习地点按时送到，保证了实习工作的顺利进行。

后勤人员认真搞好校园环境的清洁卫生，保障师生们的健康。按人划定包干清洁区，每周规定清洁时间，定期检查评比，厕所天天清扫，定期消毒，厨房抓紧灭蝇工作，以上工作都逐渐形成了管理制度。

20世纪70年代初的学校食堂

要搞好后勤工作，关健是建立一支刻苦耐劳、任劳任怨、积极为师生服务的后勤队伍。为了消除职工们认为干后勤工作“低人一等”的思想，以及不想干后勤工作的情绪，学校党支部注意抓好后勤人员经常性的思想工作，领导同志亲自下厨房、卖饭菜，而且深入后勤人员家中，了解他们的要求，关心他们的疾苦，不断提高他们工作的荣誉感和责任感。

从基建到伙食，从经济开支到清洁卫生，这么一大摊子事，复杂琐碎，要把各项大小工作安排得有条有理，也是相当困难的。当时负责后勤工作的总务处主任潘家爱老师，不知花了多少心血，费了大力气。为了工作，他废寝忘食，有时整个寒暑假都不休息一天。有时过春节，除夕回家，初一清早又赶回学校。校舍建设中挖地基，他和大家一起搬水泥，泥尘满面；采购途中，他病倒在外地也没有停止工作；为了买到当时紧缺的教学上又急需的油墨和蜡纸，他亲自跑到外地去采购。凡是教学工作上需要的物资，他一定要抓紧时间买回来，从来也闲不住。

第二节　拨乱反正中的办学特色

一、开门办学，到基层接受教育和锻炼

由于受“文化大革命”的影响，师生们的思想一下子难以从阶级斗争和路线斗争的惯性中解脱出来。于是，学校要求毕业班用三个月左右时间，到农村学校第一线参加教育革命实践和参加农村路线教育运动，经过这段时间的实践和锻炼，学生们的政治觉悟和业务水平有不同程度的提高，而且学到了许多在课堂里学不到的东西。他们在两三个月的教育革命实践中，由于指导思想明确，主观努力，在当地党委领导下，以及所在学校的领导和老教师们的指导和帮助下，对如何备好一节课，上好一节课，如何做学生的思想工作，初步摸到了一些规律，为今后走上教学工作的岗位打下一个良好的基础，大大地增强了他们当人民教师的信心，在三个月的教育革命实践和农村路线教育工作中，学生们取得了思想和业务双丰收。

二、面向中小学开展多种形式办学

为了适应教育革命形势发展的需要，学校根据琼海县教育局的工作部署和顺德师范学校办班的经验，结合学校教学工作的实际情况，采取校内办班和校外办班两种形式，多快好省地为社会培养中小学师资。

校内办班开办了小学行政学习班，主要学习《毛泽东选集》第五卷，联系实际深揭狠批“四人帮”，制订中小学校各种规章制度。又针对基层学校的薄弱环节为各科目任课教师举办了汉语基本式短训班、“三算”骨干短训班、“三算”教材研究班、初中数学短训班、幼师学习班、中学各科目教师短训班。

校外办班举办了数学函授辅导班，主要培训对象为未达到中等师范毕业生教学水平的数学教师。学习内容主要是初等数学基础知识和数学在生活工作实际中的应用，先后在21个公社（除潭门外）设点进行辅导。又在长坡、潭门、泮水、福田、博鳌等五个公社举办文艺巡回辅导班，主要培训小学文艺骨干和大队青年文艺骨干，辅导的内容为舞蹈基本动作和排练一些简单的节目。还帮助各公社的小学举办了短期的汉语基本式教学辅导班。

三、开办学校工厂

为农村小学和农业学大寨服务，学校工厂主要有修理手扶拖拉机工厂，采取随到随修，方便群众，而且出厂快速，收费低廉，保证质量，极受欢迎。还有教具仪器制作工厂，生产大算盘和大黑板等示教仪器，以供应全县小学校教师们教学的需要，收费合理，保证质量，供应及时，极受各学校教师的欢迎。

第三节　十一届三中全会后的学校情况

一、学生生活不断改善

中国共产党十一届三中全会后，国家对师范学校教育极其重视，中等师范学校学生也得到了国家的照顾，学生100%享受人民助学金。学生的人民助学金标准按三类工资地区每人每月15元，其中伙食费12元。1979年11月，广东省财政厅、教育局、高教局转发教育部、财政部《关于主要副食品销价提高后，对中、小学民办教职员工补助费和高等学校、中等专业学校助学金的几项规定》提出：凡是国家职工进入学校学习，由原单位照发工资的，由原单位按规定标准发给副食品价格补贴；凡是按规定享受人民助学金全部伙食费标准的每人每月增加2.5元。

1985年，广东省财政厅、教育厅、文教局转发财政部、教育部《关于增加高等学校学生临时困难补助费的通知》，规定中师学生每人每月增加临时困难补助2元，同年12月，又将中师生的肉价补贴调整为每人每月2元。学校所招两年制民师中师班学员的助学金，从1985年起调整为每人每月25元，民族生另加2元（寒暑假照发）。

二、招生标准严格

1979年广东省教育厅发出《关于办好中等师范教育的意见》，提出坚持中等师范学校为小学培养师资的任务，要求学校扎扎实实地为小学培养和训练合格的师资，使小学的教育质量较快地得到提高。

1979年12月，邓焕明担任广东省琼海师范学校校长、学校党支部书记。

随着学生就业思想的倾向转变，报考师范学校的考生多，师范学校的生源充足，学校的招生工作发生了巨大的变化。

招生时，除进行笔试外，还必须增加面试和严格体检，对考生中有口吃、重听、高度近视、五官不正，身体畸形、传染病等生理缺陷者，一律不予录取。

从1980年夏季开始恢复中考，学校开始恢复执行上级规定的“从中等学校招生考试中招收应届初中毕业生，学制三年”的传统招生办法。学校由招收高中毕业生改为招收应届初中毕业生。也是从这一年开始，学校除了从中等学校招生考试中录取学生，完成上级划拨的普通师范招生指标，还挖掘潜力，调配师资力量，为各公社、各国营农场及厂矿等企业办学单位举办了一系列各类的进修班、代培班等师资培训班，为社会培养了一大批中、小学教师。

学校从中等学校统一招生考试中招收应届初中毕业生，学制三年，毕业后由国家统一分配。全省招生指标安排到各市（县），海南每一个市（县）每年中师生录取的名额仅有40名左右。因此，那时的中师生选拔非常严格，报考中师的学生绝大多数都是来自农村的高才生，除中考成绩要达到中师录取分数线外（当时中师录取的分数线都要高于普通高中的录取分数线），而且还要经过严格的体检和面试，对长相、五官、身高、发音等都有严格的标准，面试不合格者不得录取，复读生不得录取，可见那个时期能考进师范学校学习是非常的不容易。

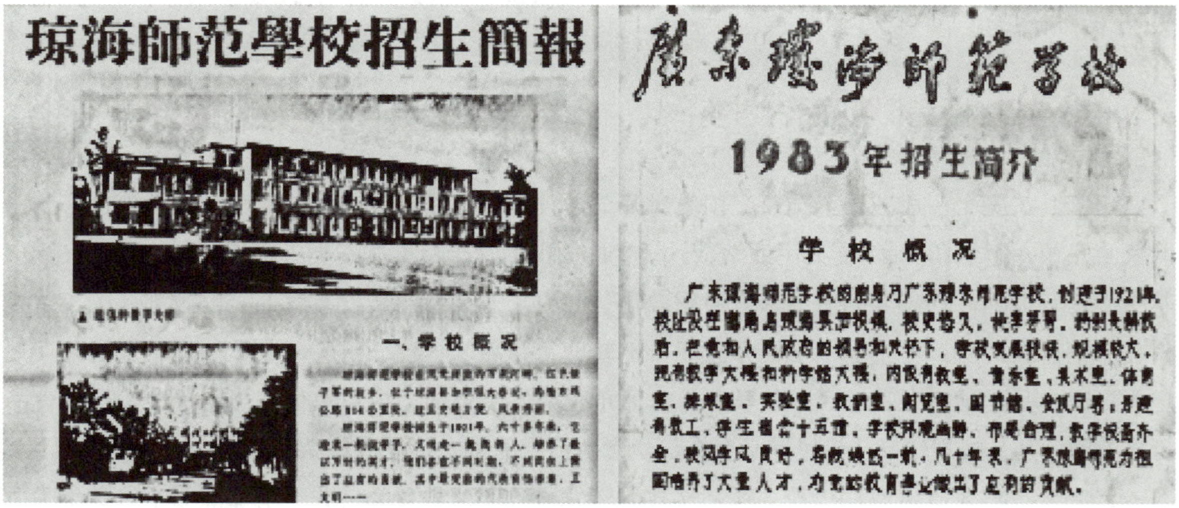
琼海師范學校招生簡報

一、学校概况

广东琼海师范学校

1983年招生简介

学校概况

20世纪80年代初期学校的招生简章和招生简报

学校为广东农垦系统培训代培生毕业留影

从1982年开始，为帮助全省各国营农场、厂矿企业等单位培训教师，学校每年除招收公费普师班以外，还招收代培班、英语班、美术班、幼师班等进修生。

这一时期学校招生的具体情况：

1980年招收普师4个班169人；

1981年招收普师4个班183人；

1982年招收普师4个班184人，进修班40人、代培班69人；

1983年招收普师4个班186人，代培、进修2个班86人；

1984年招收普师4个班180人，代培、进修2个班86人；

1985年招收普师4个班191人（其中普师代培51人），进修3个班81人、代培1个班45人；

1986年招收普师5个班230人（其中普师代培2个班91人）；

1987年招收普师6个班230人（其中普师代培2个班116人）。

三、注重思想政治教育和道德品质的培养

1980年6月，全国师范教育会议召开，推动了各地从加强领导、建立健全机构、充实师资队伍到改进教材教法等方面的工作，迫切要求师范学校要改善和加强对师范学生的思想政治教育，要求师范学生树立牢固的专业思想，热爱祖国的下一代，热爱教育事业，努力掌握从事小学生思想、品德教育的知识和技能，而且真正做到以身作则。

学校对师范学生提出了严格的专业要求：

（一）热爱专业，努力学习，积极提高社会主义觉悟，掌握文化科学基础知识和教育专业知识、技能，增强体质，成为一个思想品德好、学习好、身体好全面发展的小学（幼儿园）教师。

（二）热爱儿童，要使自己的言行成为儿童的模范。

（三）尊敬师长，团结同学。

（四）尊重附属小学的干部和教师，在教育实习和见习中，虚心接受他们的指导、帮助。

（五）自觉地遵纪守法，勇于同坏人、坏事作斗争。

（六）对人有礼貌，尊敬长者，助人为乐。

（七）热爱劳动，爱护公共财物。

（八）注意公共卫生和个人卫生，注意保持整洁的仪表。

（九）表里如一，忠诚坦白，有错就改。

（十）爱护学校和班级的荣誉，遵守学校各项规章制度，劝止同学一切不良行为。

与此同时，学校又将思想政治教育作为教育的重要组成部分，注意有计划地从新生入学抓起，贯彻始终。具体要求：

（一）使学生充分认识教育事业在四个现代化建设中的地位、作用和小学教育的重要性，热爱小学教育，具有献身小学教育事业的思想。

（二）使学生初步掌握教育理论和教育工作规律，立志做一名优秀的人民教师。

（三）引导学生在参加小学（幼儿园）教育工作实践中，接触、了解和熟悉学生，培养热爱儿童、青少年和少儿教育工作的思想感情。

（四）教师用热爱专业、积极进取、认真工作、严格律己的模范行为对学生起示范作用，教育他们立师志、树师德。

（五）引导学生参加课外、校外活动，并营造体现师范专业特点的环境，使他们在耳濡目染中受到潜移默化的教育，不断巩固专业思想。

思想政治教育主要是通过政治理论课教学、时事政策教育、班主任工作和共青团、学生会的活动，以及实践学生守则和其他社会实践活动等途径来实现。从而教育学生树立起正确的革命人生观和科学的世界观，使学生成为有理想、有道德、有文化、有纪律的新一代。

学校认真贯彻《关于办好中等师范教育的意见》和广东省师范教育工作会议精神，大力抓好学生专业思想教育，使学生热爱教育事业；大力抓好法制教育和道德品质教育，增强学生的组织纪律性，提高道德品质；全力抓好教学工作，努力提高教学质量，教学工作要达到使学生成为一名合格的人民教师所必须具备的科学文化知识和基本功。强化备课、上课、作业批改、辅导、考核、实习和见习等环节，特别强化抓好学生的基本功训练，汉语拼音、板书、唱跳、画画等，都要达到规定的要求。

四、学校管理机构的调整

1983年12月，广东琼海师范学校建制提升为县局级事业单位，归广东省海南行政区公署人事局和琼海县教育局领导。

1987年3月，根据广东省人民政府办公厅文件《转发省教育厅〈关于中等师范学校实行分级管理的意见的通知》（粤府办〔1987〕33号），学校实行“地（市）、县共管，以地市为主”的机构管理体制。

五、重视课堂教学的改革

1981年4月，广东省教育厅下发了《关于办好中等师范学校的意见》，要求把中等师范学校教育列为普通教育事业的重点，面向小学，培养合格小学教师的办学方向，认真执行教育部颁发的《中等师范学校规程（试行草案）》，全面提高教学质量，办好中等师范学校。学校确立以培养小学和幼教师资为主要目标，并明确提出其目标是：“培养具有社会主义觉悟、辩证唯物主义世界观、共产主义道德品质，从事小学和幼儿教育工作必备的文化与专业知识、技能，热爱儿童，全心全意为社会主义教育事业服务，身体健康的小学和幼儿园师资。”

1982年9月，根据广东省政府批转《广东省中等师范学校工作会议纪要》的精神，学校将课堂教学改革的重点放在对本县农村小学进行深入调查的基础上，确定了从农村教育和经济发展的需要出发的改革课题。学校从三个方面入手深化教学改革：①转变和提高学生思想，使学生热爱农村小学教育；②突出师范特点，提高学生的文化素质，适应农村教育和经济发展；③适应农村教育需要，培养和训练学生从事农村教育的能力。学校在海南省颁布的中等师范学生十二项基本功的基础上增加了“热带经济作物栽培与管理技术技能”这一项，并适当增加乡土教材。生物课增讲热带作物的种植、管理等知识；地理课增讲热带气候、环境和土壤等知识，提高学生的自然科学理论水平。同时，学校还重视劳动技术课教学，聘请农技师兼课，把学生的劳技课成绩计入学生学习成绩的总分，作为全面考核学生的重要依据。学校在政治科教学中进行“阅读、理解、答疑、总结”四级教学法试验。大胆探索改革课堂教学中的“满堂灌”“填鸭式”的教学方法，增加了课堂训练时间，活跃了课堂气氛，调动了师生教与学的积极性，提高了教学质量。

六、加强基础知识教学和基本技能的训练

教学中要培养学生刻苦学习的精神，树立认真读书、勤奋钻研的优良风气。各科教师都要认真指导学生掌握分析教材、课堂教学、批改作业、课外辅导、写评语、制作教具、写黑板字以及实验操作、开展课外文体活动等专业知识和技能；要求教师在教学语言、写字改卷、演示、实验操作、写评语等方面严格要求自己、为学生作出示范；加强专业课的学习，努力提高教育学、心理学、小学语文教材教法和小学数学教材教法等课程的教学质量。1980年教育部颁发《中等师范学校教学计划试行草案》，对学校的教学科目作规定，教学科目有：政治、文选和写作、语文基础知识、小学语文教材教法、数学、小学数学教材教法、物理、化学、生物、生理卫生、历

史、地理、心理学、教育学、体育及体育教学法、音乐及音乐教学法、美术及美术教学法、教育实习、电化教育、生产劳动。学校普遍加强了学生的口头表达能力、普通话、汉语拼音、写字、音乐、美术、体育等方面技能技巧的训练，以及各种自然科学的实验技能技巧的训练。1986年国家教委颁发了《关于调整中等师范学校教学计划的通知》，调整后的三年制课程为：政治、语文（文选与写作、语文基础知识、小学语文教材教法）、数学（数学、小学数学教材教法）、物理学、化学、生物学、生理卫生、历史、地理、心理学、教育学、体育及体育教学法、音乐及音乐教学法、美术及美术教学法、教育实习（8周）、生产劳动（4周）。

七、重视教育实习

实习可以使学生在政治上、思想上、业务上获得全面锻炼，培养其独立工作能力（包括教学能力和承担班主任工作的能力）。实习的内容一般有教学工作、班主任工作、少先队工作及家长工作等。实习时间一般为6～8周。实习的目的，一是印证和检验学生新学的科学文化知识、专业知识和技能，并通过实践加以巩固和提高；二是使学生在政治上、思想上、业务上得到全面锻炼，培养独立从事教学和班主任工作的能力；三是使学生接触了解和熟悉儿童，热爱儿童，巩固献身于小学教育事业的专业思想；四是通过实习，进一步改革师范学校的教育教学工作。选派有经验的教师指导实施，既发挥实习学校和师范学校指导老师的作用，又发挥实习生的主动性、积极性和创造性，培养学生独立工作能力。结束时，由教师指导学生做好实习总结。学生实习成绩，由指导实习的教师、实习学校的校长及师范学校、实习学校的有关教师评定，并对每个学生的实习成绩和工作能力进行综合评定，写出评语。

1981年7月13日，广东省教育厅印发了《广东省中等师范学校学生学籍管理的暂行规定（试行草案）》规定：中等师范毕业生必须服从国家分配，对不服从分配的毕业生，要进行教育，经过教育仍不服从分配，逾期3个月不去报到的，取消其毕业分配资格。1984年起，海南各中等师范学校特别优秀的毕业生，由毕业学校报广东省教育厅保送升入高等师范院校深造，保送名额不超过应届毕业生人数的5%。

1985年1月10日，第六届全国人大常委会第九次会议通过了国务院关于设立教师节的议案，确定了1985年9月10日为中国第一个教师节，也开始从名义上肯定了教师为教育事业所作的贡献。学校的教育教学工作又上了一个新的台阶。

第四节　教学工作规范化和基本建设初显规模

1984年8月，高荣泰就任广东琼海师范学校校长兼党总支书记。高荣泰是中华人民共和国培养成长起来的知识分子，先后在琼海县的朝阳中学、华侨中学、嘉积中学、劳动大学担任学校党政主要领导干部。他履职广东琼海师范学校后专注中师学生的培养目标，认真探索育人途径，注重抓师生的思想政治教育工作，把德育摆在学校工作的首位。学校的一切工作都以“铸造师魂、陶冶师表、提高师识、培训师能、磨砺师志、塑造师表”为出发点，两代师表一起抓，做到学校无小事，事事是教育，教师无小节，处处为楷模。

一、从严治教提高教学质量

学校成立教学工作领导小组，全面负责日常教学工作，制定《教学质量考核标准》《课堂教学评估办法》《教师工作量和质的考核评估方案》等，以狠抓教风，充分调动教师的积极性；制定《优秀学生》“特优学生”奖励制度》《学生各项基本功考核制度》《学生德、智、体、美、劳全面考核评审制度》等，以狠抓学风，提高学生思想政治和科学文化素质，依照新教学方案和新大纲精神，在所有学科中进行“四块一体”的教学改革，进行“学教同步”“学为教”的改革试验，从多方面加强学生“教”的能力的培养，使他们毕业后能迅速适应小学教学的需要。

对学生加强体艺教学的培养，要求学生具备图、音、体学科的教学能力。学校一方面聘请有文艺专长的教师来校兼课，一方面选派文艺教师到艺术院校进修，解决师资建设问题。在体艺教学上，提出了“教、练、做”合一，重在“练、做”的教学原则，提高学生的体艺素质，为毕业后从事小学图、音、体教学打下扎实的基础。

此外，还不断培养学生“入学即入教”的意识，要求每个学生要与家乡小学建立一个联系班，经常保持联系，利用假期、假日回去组织小学生参加歌舞、书法、科技、野游活动，接触小学，熟悉儿童。每年寒、暑假要求学生回乡进行小学教育调查，每学期写一篇调查报告。要求学生拜家乡小学一位优秀教师为师，指导他们的教育见习和实习，以此增加学生实习的密度。学校变一次实习为两次实习。三年级第一学期回乡实习两周，叫作适应性实习，其目的是让学生初步了解农村教育现状，适应艰苦环境，做好毕业上岗的思想准备。三年级第二学期教育实习四个周，叫作提高性实习。这次实习是在领导能力强、师资水平高、教学质量好、管理规范、设备齐全的城镇小学进行，为他们今后改造农村小学提供借鉴。

二、注重校园基础建设

特大台风后建设的教学楼一直使用至20世纪90年代

1984年以前，学校仅有一幢教学楼和科学馆是钢筋水泥建筑物，教师和学生都住在瓦房里，生活用水奇缺。校道全部都是泥沙路，操场也不太宽阔，坑坑洼洼，高低不平，房前屋后的花草凋零、树木杂乱，体育艺术设施和教辅设备简陋。

1984年以来，随着地方经济的发展，国家和地方政府对学校的建设加大了投入，先后对学校的基建投入

268万元。学校利用这有限的资金，建起了7幢教师套间楼、5幢学生宿舍楼，还建了图书馆、艺术馆、校门食堂，总面积12 350平方米，最大限度地改善了办学条件。

通过师生们的自力更生，学校把地势西高东低、高低差达6米的校园平整成阶梯式平面。以校门、教学楼、科学馆的中点为轴心线，每隔40米画一直线与轴心线平行，把校园南北走向分成六等份，进行平整。中间两个等分为一个平面，划为教学区；东西部分每一个等分为一个平面，分别划为教师生活区和学生生活区。几年下来，平整校园52 890平方米；修排水沟1 370米，面积1 644平方米；筑挡土墙1 260米，面积1 200平方米；并巧用挡土墙筑石板座位300米，面积290平方米；铺设纵横交错、四通八达的石板校道26条，长2 471米，面积5 980平方米；共建16个小花园于每幢楼房的前面。校园里树木成荫，绿草如茵，百花争艳，四季飘香，校容校貌建设初具规模。

第八章

海南建省后的海南琼海师范学校

1988年4月13日，七届全国人大一次会议正式批准海南建省办全国最大的经济特区；4月26日，海南省人民政府在海口正式挂牌。由此，海南实现了历史性的大跨越，从封闭落后的国防前线成为改革开放的前沿。1988年5月12日，根据海南省教育厅下发《关于广东琼台师范学校等九所学校更改校名的通知》（琼教〔1988〕1号），学校改名“海南琼海师范学校”。海南建省，学校更名。从此，学校迎来了全新的发展机遇。

第一节　办学规模和机构改革

一、学校机构升格和党组织归属调整

海南建省后，省政府对中等师范学校在办学体制、内部管理、招生模式等方面都进行了较大的改革，学校发展的脚步加快。

1989年5月30日，省政府办公厅发出《关于加强中等师范学校建设的意见的通知》（琼府办〔1989〕124号），明确中等师范学校实行“省、市、县共管，以省为主”的管理体制。1989年9月22日，学校建制升格为副处级事业单位（琼编〔1989〕129号）。分级管理的职责权限是：省教育厅负责研究确定有关中等师范教育的方针政策、规章制度、总体发展规划、人员编制、经费预算、教学和招生分配计划，对中等师范教育教学活动进行管理、评估、监督和检查。学校所在市、县负责管理学校党团青工妇等方面的工作，组织评定教师专业职务，开展教学研究和观摩活动，按国家规定标准提供学校所需用地，解决师范学校教职工生活福利、子女读书就业以及附属小学、附属幼儿园的有关问题，并在经费、设备、基建等方面给予支持。

从1990年起，学校实行以省管为主，行政上归属省教育厅直接管理，学校经费列入省教育事业发展经费。省财税厅把学校的经费列入省教育事业发展经费，由省直接划拨，进一步调整了行政管理的归属。

为加强党对学校的领导，1992年2月13日省委组织部决定将学校党组织由中共琼海市委管理划归省教育厅党组管理（琼组通〔1992〕15号）。省教育厅党组报请省委组织部批准，于同年2月18日在学校设立了党的总支委员会（琼教党〔1992〕011号）。7月10日，省教育厅党组印发《关于

中共琼海师范学校总支部委员会选举结果的批复》（琼教党〔1992〕31号），同意高荣泰为中共琼海师范学校总支部委员会书记，符式腊为中共琼海师范学校总支部委员会副书记。

1994年12月27日，学校机构建制升格为正处级事业单位（琼编〔1994〕77号）。学校内部管理机构也随之调整。其时，学校下设办公室、教务科、学生科、教育科学研究室、总务科、工会和团委7个二级管理机构。

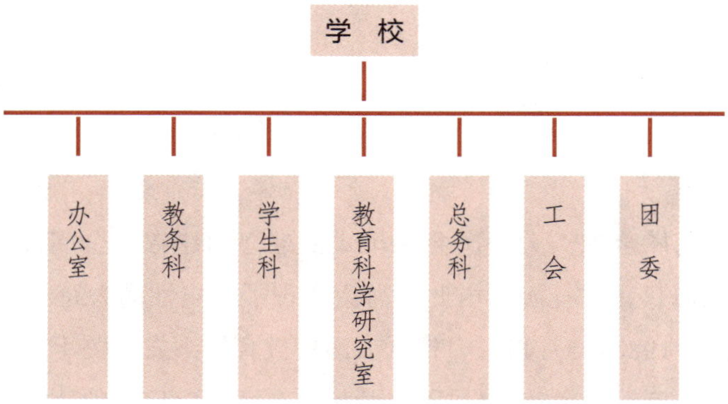

海南琼海师范学校时期的学校管理机构示意图

二、学制改革和专业建设

为了深入进行中师教育教学改革，适应社会主义现代化建设的发展和实施九年制义务教育的需要，国家教委于1989年6月21日发布了《三年制中等师范学校教学方案（试行）》，明确改变过去单一的必修教学模式，形成必修课、选修课、教育实践、课外活动有机结合的新模式，要求中等师范学校必修科目有思想政治、语文（包括小学语文教材教法）、数学（包括小学数学教材教法）、物理学、化学、生物学（包括少年儿童生理卫生）、历史、地理、小学心理学教程、小学教育教程、体育、音乐、美术、劳动技术等。学校从1989年秋季起认真贯彻实行国家教委颁发的新方案。

根据学制的调整和专业建设需要，学校招生在人数和专业上也逐年增加，专业设置比例也进一步优化。

1988年，普师招收5个班（881—885），英语招收2个班（881—882）。

1989年，普师招收6个班（891—896），英语招收2个班（893—894），美术招收1个班。

1990年，普师招收5个班（901—905），英语招收1个班（905）。

1991年，普师招收5个班（911—915）。

1992年，普师招收5个班（921—925）。

1993年，普师招收8个班（931—938），音乐招收1个班。

1994年，普师招收7个班（941—947），音乐招收（941—942）2个班。

1995年，普师招收8个班（951—958），音乐招收1个班。

1996年，普师招收7个班（961—967），幼师招收2个班，音乐招收1个班。

1997年，普师招收6个班（971—976），幼师招收2个班，音乐招收2个班。

1998年，普师招收6个班（981—986），幼师招收2个班，音乐招收2个班。

1999年，普师招收4个班（991—994），幼师招收1个班，音乐招收3个班，计算机应用招收3个班。

2000年，计算机教育招收4个班，幼师招收2个班，音乐招收2个班。

2001年，计算机教育招收5个班，幼师招收2个班，音乐招收3个班。

2002年，文专招收2个班，理专招收2个班，计算机应用招收1个班，幼师招收2个班，音乐招收1个班，信息技术招收2个班。

海南建省后，省教育厅进一步改革学制和专业结构，中等师范学校学制实行二、三、四、五年学制并存。至此，全省中等师范学校端正了中师面向小学，培养德、智、体全面合格小学教师的办学方向，领导班子、师资队伍得到了充实加强，学校的图书、仪器、电教及校舍设备等办学条件得到了改善，初步形成学制结构和专业结构比较合理的小学教师教育体系。

这一时期，学校的专业设置是根据海南基础教育对师资的需求确定的，由原来师范仅有的普师专业逐步增加了英语、美术、音乐、幼师、计算机教育等专业。1988年开设英语专业、1989年开设美术专业、1993年开设音乐专业、1996年开设幼师专业、1999年开设计算机教育专业，2002年又增设了品德与社会、小学科学教育、艺术教育等专业。从1999年秋季起，学校举办大专学历教育，从全省各小学教师中进行招生，设置了1个数学大专班。这是学校举办大专学历教育的开始，也为学校后来升格大专学历教育打下了基础。

从1989年开始，学校成立德育工作领导小组，切实加强德育工作的领导，挑选一批思想品德好，有较高马克思列宁主义理论水平和事业心、责任心强的党员、骨干教师担任班主任、科组长、专职或兼职政工人员，建立强有力的思想政治工作队伍，经常研究、督促和检查德育工作，坚持从严治校，培育良好校风。全校师生学习氛围空前高涨，教学秩序特别稳定，基本上消除了旷课现象。同时，为适应海南经济特区发展新形势，深入开展教学改革，广泛开展农村小学教育教学调研，学校针对调查中发现的高年级语文、数学教师严重断层，音乐、体育教师奇缺，迫切需要大批指导小学生种植热带经济作物的兼职教师等问题“对症下药”，精准制定措施。学校还逐步开设了口才学、写作系列训练、数学智能训练、小学数学教具制作等选修课，组织朗诵表演队，成立椰韵文学社，出版校内文学报《椰韵》，举办现代数学思想与方法主题讲座，开展体艺教师进修、采风等活动。校园中建成一条长160米的艺术长廊，将国家教委嘉奖给学校的十万元全部用于购买图书、体艺设备。1991年上半年又建成艺术馆，为培养美术、音乐、体育教学人才创造了空前良好的条件。此外，还加强劳动技术技能教育，增设“热带经济作物栽培与管理技能课”，并适当增加乡土教材。1990年，学校有农林场300亩，主要种植椰子、槟榔、柑橘、柠檬等热带作物林木。当时，学校成立热带作物种植研究小组，培养骨干教师，精心管理学校农林场和植物园，既发展了校园经济，又给学生提供了实践基地。

这一时期的毕业生分配工作按照海南省中等师范毕业生分配“坚持面向基层，面向农村，面向教学第一线”的原则，学校除少数毕业生因工作需要适当做一定的调整外，原则上所有毕业生都按学生的来源分配到生源地县（市），中师毕业生服务教育的期限原则上仍执行教育部所颁的《中等师范教育规程（试行草案）》的规定期限。

三、师资力量发展迅速

在这一时期，学校教职工总人数大增，截至2002年年底达到了132人，其中干部108人，工人24人，教师的学历状况不断提升，师资力量不断壮大，创历史新高。

海南琼海师范学校干部花名册

姓名	现任职务	性别	出生年月	籍贯	学历	参加工作时间	入党或入团年月	民族	职称
王恩周	书记、校长	男	1954.6	海南东方	本科	1972.9	1975.8 入党	汉	高讲
王和民	副书记	男	1965.8	海南澄迈	本科	1986.8	1985.2 入党	汉	
陈修焕	副校长	男	1965.7	海南琼海	本科	1983.7	1987.5 入党	汉	高讲
郑兰荫	教师	男	1948.11	海南琼海	本科	1972.7	1989.7 入党	汉	高讲
钟衍寰	教师	男	1947.11	海南文昌	本科	1971.9	1985.6 入党	汉	高讲
何国栋	教务科副科长	男	1948.10	海南琼海	专科	1968.5	1977.11 入党	汉	高讲
唐惠超	教科室主任	男	1948.8	海南万宁	本科	1969.3	1971.9 入党	汉	高讲
颜昌南	学生科科长	男	1954.8	海南澄迈	本科	1972.8	1976.6 入党	汉	高讲
何家轩	工会主席	男	1948.2	海南琼海	本科	1967.8	1976.6 入党	汉	高讲
莫仕锋	教务科科长	男	1964.4	海南定安	本科	1988.7	1986.3 入党	汉	高讲
陈廷锋	办公室副主任	男	1966.11	海南万宁	本科	1989.7	1998.2 入党	汉	高讲
周 恩	教科室副主任	男	1963.10	海南琼海	本科	1984.7		汉	高讲
李 开	教务科副科长	男	1963.9	海南万宁	本科	1987.7	1995.1 入党	汉	高讲
李际轩	学生科副科长	男	1963.10	海南琼海	本科	1987.7	1986.7 入党	汉	高讲
郭 柱	教师	男	1964.11	河南	本科	1986.7		汉	高讲
苏 杰	教师	男	1963.5	海南琼海	本科	1987.7	（民革）	汉	高讲
吴乾鸾	工会副主席	女	1955.1	海南琼海	专科	1947.1	1976.7 入党	汉	高讲
杨琚川	教师	男	1957.9	海南琼海	本科	1975.7	1991.5 入党	汉	高讲
殷少霞	教师	女	1957.3	海南万宁	本科	1974.1		汉	高讲
符策红	教师	女	1963.4	海南琼海	本科	1984.8	（致公党）	汉	高讲
覃学锋	教师	男	1963.10	海南琼海	本科	1984.7		汉	高讲
甘亚菊	教师	女	1948.8	海南琼海	专科	1967.8		汉	讲师
王启锐	教师	男	1947.10	海南琼海	专科	1968.8		汉	讲师
陈鹤年	教师	男	1964.9	陕西渭南	研究生	1984.6	（民盟）	汉	讲师
李世行	教师	男	1951.10	海南琼海	专科	1976.8	1985.6 入党	汉	讲师
黄心发	教师	男	1948.10	海南琼海	专科	1969.9	（民盟）	汉	讲师

续表

姓名	现任职务	性别	出生年月	籍贯	学历	参加工作时间	入党或入团年月	民族	职称
覃业标	总务科长	男	1949.3	海南琼海	专科	1975.9	1975.8 入党	汉	讲师
谭传新	教师	男	1964.2	海南琼海	本科	1986.7		汉	讲师
黄开平	教师	男	1968.6	海南琼海	本科	1991.7		汉	讲师
杨少霞	团副书记	女	1966.3	海南琼海	本科	1985.8	1999.5 入党	汉	讲师
王 兴	教师	男	1963.4	海南琼海	专科	1985.7		汉	讲师
孙 江	教师	男	1964.9	海南定安	本科	1990.8	2002.4 入党	汉	讲师
姚 坚	教师	男	1970.11	海南琼海	本科	1992.7	1998.2 入党	汉	讲师
朱 丹	教师	女	1967.12	海南琼海	本科	1988.7		汉	讲师
冯 于	教师	男	1966.7	海南琼海	本科	1990.7	（民盟）	汉	讲师
陈若丰	教师	男	1963.10	海南琼海	本科	1985.7	（民革）	汉	讲师
吴 生	教师	男	1964.10	海南琼山	专科	1989.7	2001.3 入党	汉	讲师
林 茵	教师	女	1966.3	海南琼海	本科	1989.7		汉	讲师
刘洪钧	教师	男	1962.11	北京怀桑	本科	1981.8		汉	讲师
王 骥	教师	男	1969.10	海南澄迈	本科	1993.7	2001.3 入党	汉	讲师
何锦旭	团书记	男	1970.9	海南琼海	本科	1993.7	1995.6 入党	汉	讲师
王泽川	教师	男	1970.10	海南澄迈	本科	1993.7	（民盟）	汉	讲师
李华玲	教师	女	1970.7	海南琼海	本科	1993.7		汉	讲师
王 苗	教师	女	1971.8	海南琼海	本科	1994.7		汉	讲师
周运诗	办公室主任	男	1970.11	海南定安	本科	1994.7	1992.5 入党	汉	讲师
王 虹	教师	女	1972.9	海南琼海	本科	1994.7	1994.1 入党	汉	讲师
卢传吉	教师	男	1970.10	海南琼海	本科	1994.7	1994.1 入党	汉	讲师
高 戈	教师	男	1971.9	海南澄迈	本科	1992.7		汉	讲师
何惠进	教师	男	1971.10	海南琼海	本科	1994.7	2001.3 入党	汉	讲师
杨 健	教师	男	1972.6	海南琼海	本科	1995.7		汉	讲师
庞启军	教师	男	1971.3	海南琼海	本科	1995.7		汉	讲师
谭友新	教师	男	1971.10	湖北孝感	本科	1995.7		汉	讲师
孙有策	教师	男	1970.8	海南琼海	本科	1995.7		汉	讲师
李菊顺	教师	女	1972.9	湖南邵东	本科	1995.7		汉	讲师
张卫国	教师	男	1972.7	湖南衡南	本科	1995.7		汉	讲师
林斌师	教师	男	1969.9	海南琼海	本科	1995.9		汉	讲师
夏旭光	教师	男	1972.7	湖北崇阳	本科	1995.7		汉	讲师

续表

姓 名	现任职务	性别	出生年月	籍贯	学历	参加工作时间	入党或入团年月	民族	职称
李维涛	教师	男	1970.3	宁夏海原	本科	1992.7	（民盟）	汉	讲师
车广秀	教师	女	1968.11	河南荥阳	本科	1992.7		汉	讲师
焦安权	教师	男	1967.12	山东日照	本科	1991.8		汉	讲师
蔡仁冠	教师	男	1966.1	海南琼海	本科	1986.7		汉	讲师
周夏雨	教师	男	1971.5	海南琼海	本科	1994.7	1993.5 入党	汉	助理讲师
王 韬	教师	男	1970.5	海南东方	本科	1996.8	2001.4 入党	汉	助理讲师
吕烈平	教师	男	1972.12	海南万宁	本科	1996.8	1999.6 入党	汉	助理讲师
杨照明	教师	男	1972.12	海南琼海	本科	1996.7	1999.3 入党	汉	助理讲师
王家帅	教师	男	1974.2	海南东方	本科	1997.8		汉	助理讲师
吴书友	教师	男	1973.2	海南琼海	本科	1996.8		汉	助理讲师
王智忠	教师	男	1972.8	河南兰考	专科	1995.7		汉	助理讲师
陈 勇	教师	男	1974.6	湖北公安	本科	1995.7		汉	助理讲师
黄 虹	教师	女	1975.2	海南万宁	专科	1997.9	1996.6 入党	汉	助理讲师
陈兴婉	教师	女	1975.2	海南琼海	本科	1998.7	1996.6 入党	汉	助理讲师
周仁云	教师	男	1975.11	海南定安	本科	1999.7	1992.5 入团	汉	助理讲师
覃茂丁	教师	男	1977.2	海南琼海	本科	2000.8	1998.5 入党	汉	助理讲师
曾 德	教师	男	1978.10	海南琼山	本科	2000.8	1992.8 入团	汉	助理讲师
甘丽娅	教师	女	1978.4	海南琼海	本科	2000.8	1993.5 入团	汉	助理讲师
黄瑞玉	教师	女	1978.9	海南定安	本科	2000.8	1995.5 入团	汉	助理讲师
符应彬	教师	男	1960.12	海南琼海	本科	1982.7	（民盟）	汉	助理讲师
林 雪	教师	女	1966.1	海南澄迈	本科	1987.7		汉	助理讲师
王超英	教师	女	1965.1	广东信宜	专科	1986.7		汉	助理讲师
林日雄	教师	男	1950.12	海南文昌	中师	1973.9		汉	助理讲师
陈锦川	教师	男	1950.8	海南琼海	中师	1971.9		汉	助理讲师
吴隆民	总务科副科长	男	1947.4	海南琼海	中师	1967.8	（民革）	汉	助理讲师
吴祖莲	教师	女	1967.10	海南琼海	专科	1986.8		汉	助理实验师
何祝勇	教师	男	1956.10	海南定安	中师	1974.8		汉	
王光师	教师	男	1969.12	海南澄迈	专科	1989.8		汉	
李明平	教师	男	1972.7	海南万宁	专科	1990.7		汉	
何春花	教师	女	1964.2	海南琼海	专科	1983.9		汉	
黄晓宁	教师	女	1977.6	广西上恩	中师	1997.1	1992.12 入团	汉	

续表

姓名	现任职务	性别	出生年月	籍贯	学历	参加工作时间	入党或入团年月	民族	职称
唐 笛	教师	男	1980.12	海南琼海	专科	1999.8	1997.5 入团	汉	
吴 涯	教师	男	1976.8	海南琼海	专科	1999.7	1994.5 入团	汉	
王 康	教师	男	1978.10	海南东方	专科	2000.9		汉	
符丽莉	教师	女	1978.10	海南临高	专科	2000.8		汉	
何军余	教师	男	1972.3	海南琼海	本科	1994.8		汉	
杨庆兰		女	1953.12	海南琼海	中师	1972.9	1973.5 入党	汉	图书馆员
吴淑娃		女	1955.11	海南琼海	专科	1978.9		汉	实验师
陈春菊		女	1953.10	海南万宁	中师	1977.9	1974.5 入党	汉	助理实验师
云天玉		女	1977.3	海南文昌	中科	1996.4	1998.5 入团	汉	
高芳李		男	1976.7	海南琼山	专科	1994.8	1992.4 入团	汉	
李玉英		女	1950.8	海南海口	高中	1969.8		汉	
符玉萍		女	1970.3	海南琼海	专科	1993.7		汉	
王永海		男	1943.5	海南琼海	初中	1961.3	1973.12 入党	汉	
史君萍		女	1969.10	海南琼海	本科	1988.8		汉	
王晓诗		男	1971.7	海南琼海	本科	1991.8	2000.5 入党	汉	
符安玲		女	1953.5	海南文昌	专科	1968.9		汉	
周文玲		女	1977.9	海南琼海	专科	1996.7	1999.4 入党	汉	
王 涛		男	1973.8	海南文昌	本科	1996.5	1995.7 入党	汉	
林 菊		女	1973.10	海南东方	专科	1997.4	1994.1 入党	汉	
黄 霞		女	1972.1	海南定安	专科	1990.7		汉	

学校管理工作量也加大，工人人数也大幅度增加。

海南琼海师范学校工人花名册

姓名	岗位等级	工种	性别	出生年月	籍贯	学历	参加工作时间	党团情况	工资情况
高 敏	助理实验师	实验员	女	1963.2	海南琼山	专科	1981.10		助讲五档
卢传昌	会计员	会计	男	1952.1	海南琼海	高中	1980.12	1986.6 入党	中技工 6 档
曹 华	助理讲师	教师	女	1963.8	海南万宁	专科	1981.9		助师 5 档
孔繁新		教务员	男	1947.10	海南琼海	中师	1977.10		科员 6 档
陈 迅		职工	男	1954.12	海南琼海	中师	1980.12		科员 5 档
黄文兰		职工	女	1956.1	云南长明	高中	1978.10		普工 8 档
刘海生		电工	男	1973.7	广东信宜	中师	1992.11	1990.5 入团	初技工 4 档

续表

姓名	岗位等级	工种	性别	出生年月	籍贯	学历	参加工作时间	党团情况	工资情况
林泽民		职工	男	1947.5	海南琼海	初中	1975.1		中技工7档
钟健雄		职工	男	1953.5	海南琼海	高中	1976.10		普工8档
陈 敏		职工	男	1972.12	海南琼海	高中	1996.12		普工2档
黄海波		职工	男	1964.5	海南琼海	初中	1980.8		初技工5档
孙祥尧		职工	男	1949.8	海南琼海	初中	1969.5		高技工8档
王 良		职工	男	1954.9	海南琼海	初中	1978.10		普工8档
符志强		职工	女	1958.11	海南琼海	高中	1977.7		普工8档
符忠文		职工	男	1952.7	海南琼海	高中	1980.12		普工7档
李训斋		职工	男	1958.1	海南琼海	高中	1980.12		普工7档
王诗超		职工	男	1956.6	海南琼海	高中	1980.12		普工7档
吴文石		司机	男	1954.6	海南琼海	中师	1980.12		高技工5档
王向清		职工	男	1957.6	海南琼海	初中	1980.12		普工6档
王世灿		职工	男	1976.3	海南琼海	初中	1994.8		普工3档
林鸿榄		职工	女	1957.4	海南东方	高中	1979.10		普工8档
林桂娣		职工	女	1979.7	海南万宁	高中		2000.8入党	
陈 波		职工	男	1972.6	海南三亚	高中	1988.10		
谭业政		职工	男	1957.8	海南琼海	高中	1978.7		

四、加强师德教育

师德教育是中等师范学校重要的教育内容，学校特别注重对学生和老师进行师德教育，把它放在学校德育工作突出位置来抓。

学生思想教育报告会

学校加强对师范生进行职业思想、职业道德教育，着重培养学生树立远大理想，为将来做一个献身教育、有作为的人民教师打下坚实的基础。入学初，校风、校训和校纪是教育的重点，结合每周一次的主题班会以及教育相关法律法规，对学生进行爱学校、爱教育的思想动员，明确人民教师的职责与要求。在职业道德教育方面，培养学生逐步认识和理解当好老师，明确教育事业的战略意义，树立崇高的职业荣誉感、责任感和献身精神，培养师范生热爱学生、关心学生，对学生全面负责的职业道德素养。同时，要求学生要形成以身作则，为人师表的良好品德，进而引导学生解决好做合格的教师的问题。为此，学校有针对性举办一些活动，开展与学校附属小学学生手拉手活动，通过促进学生与未来教育对象的接触，培养师范生的师识和师能，明确责任感和社会感。

面向教师实施师德塑造工程，学校将教师职业道德和行为规范教育作为重点，培养教师敬业爱岗、无私奉献的高尚情操，开展隔周一次的政治理论学习制度，采用集中与分散自学相结合的方法，组织学习邓小平关于建设中国特色社会主义的理论、《教育法》和《教师法》等有关素质教育的理论。坚持依法治校，以法治教，制定《教职工岗位职责》《教职工规章制度》《班主任工作管理制度》，印发《文明用语 50 句》《教师用语 10 忌》，建立监督机制，每学期期中、期末要求全体学生对教师进行评议，并将此项结果作为教师评优、评先、评聘职称的重要依据之一。这一系列的规章制度，使教师有章可循，敬业乐业。同时，组织广大教师通过看录像、听报告、读报纸等形式，学习各条战线上先进模范人物事迹，评选出“师德标兵”以及每年评选“优秀教师”“优秀教育工作者”等，激励教师争先创优。

在提升教师教书育人本领上，学校鼓励教师参加函授学习、脱产进修，并在政策上予以支持，规定凡是参加函授学习、脱产进修的教师，除讲义费由本人负责外，其余一切费用由学校支付。这些规定极大地提高了教师学习业务、提高业务素质的积极性。对师德塑造工程的重视取得了显著成效，全校青年教职工通过多期的电脑培训，参加全省中师青年教师基本功考核、课堂教学比赛、演讲比赛的成绩均名列前茅。

五、开展多样性的教学科研活动

1988年，学校根据海南省教育厅制定了《海南省中师基本功训练项目和各科基本功合格标准》要求，对学校学生的基本功训练项目，在各学科教学中都做出了明确规定，并在教学计划上做具体安排，在教学中实施落实。经过几年来的训练，中师生的基本功有了很大的提高。1990年，海南省教育厅组织检查组对学校毕业班学生基本功进行抽查评比，学校学生考核合格，及格率达95%。

学校有计划地开展中师学校间的校际教学交流，促进学校教研活动的效果。学校配合教育厅的安排成立了语文、数学、音乐、历史、地理、英语、思想政治、计算机、教育学、心理学、体育、美术等12个学科教研组。教研组的主要任务是在学校教学中研究教材教法以及教改的重大问题；组织教师们交流学科教学经验；组织和指导教师开展教学研究活动。教研组认真学习师范统编教材，加强各学科骨干教师的集体教研活动，争取过教材关；开展教学研究，进行教学改革，制定出教改的重点和内容；开展教师论文和教学录像评比、学生美术作品评选、演讲比赛等活动。

学校教研机构的逐步建立与完善推动了教育教学研究等各项工作的开展。学校十分重视教育教学研究，鼓励教师勇于进行教改探索，重视总结经验，要求中级以上职称的教师每学年提交两篇学术论文，初级以下职称的教师每学年提交一篇学术论文，然后请专家评比，公布结果，组织优秀论文宣读会。获奖论文及公开发表的论文，除表彰外，还给予一定的奖金。教师撰写教学论文积极性极高，不少教师的科研论文在全国、全省评比中获奖。青年教师陈廷锋荣获第二届全国中师青年教师教学论文评比（文科、艺体科）一等奖。青年教师卢焕雄获第二届全国中师青年教师教学论文评比（文科、艺体科）三等奖。在全省青年教师论文评比中，卢焕雄荣获一等奖，陈廷锋、周恩荣荣获二等奖。符应彬的数学教学论文在1989年获得全国中等师范学校青年教师论文数学科三等奖，当年全省教师仅4人获奖。在全国中师生美术比赛中，学校学生获二等奖，书法比赛获全省一、二等奖。

在学校召开的校际教学交流研究会

与此同时，海南省教育厅也有计划地开展全省中等师范学校的教研活动，加强校际的教学交流。学校作为优势学校，经海南省教育厅批准，把全省语文、数学、教育学、心理学、体育、美术等多个学科中心教研组挂靠在学校中。学科中心教研组是在省教育厅领导下全省性的学科教研组织，主要任务是组织各校研究教材教法以及教改的重大问题；组织各校交流学科教学经验；组织和指导各校教研组开展教学研究活动，极大地推动了学校教育教学研究等各项工作的开展，开创了学校教育教学科学研究的新局面。

六、加强科学管理，创建一流师范

从严治校，科学管理，按照中等师范学校的特点进行学校内部管理体制的改革，调动教职员工工作和学生学习的积极性，建立一个能够启动中等师范学校办学活力的管理体制。学校的工作主要落实这几个方面：

（一）坚持目标管理，发挥激励作用

1992年，学校的奋斗目标是创建全国一流师范，培养合格小学教师。

各部门、各科室、各班级、各师生根据学校总的奋斗目标制定各自单位的奋斗目标。教师根据师德规范、教学常规、业务进修和课堂教学质量评估标准，制定教师个人的奋斗目标。学生根据中师生的规格要求和中师生的行为规范制定个人三年奋斗目标；每学期制定近期目标，每月制定计划，各班根据本班实际情况制定本班的具体目标，每月利用一次班会小组会，让学生兑现自定的目标，自我排查，自我分析，自我评价，始终如一地执行计划，努力奋斗，绝不半途而废。教师要指导学生写周记，养成自觉自省、严格要求自己的行为习惯，激励个人进步。

（二）坚持全面管理，提高办学效益

根据管理科学化的要求，在实行目标管理的基础上采取科学的管理方法，制定严密的规章制度对全校的人力、财力、物力，以及时间、空间进行管理，做到人尽其才、财尽其益、物尽其用、时间最佳、空间最美。

人尽其才。创造良好的生活环境，以安其心；创造良好的工作环境，以乐其业；创建良好的学习环境，以成其才；创造良好的政治环境，以敦其德。在高度凝聚教师队伍的基础上，按照“严密组织，明确分工，感才羡奋，求同存异，五湖四海，精心设计，发挥专长”的用人原则，学校充分调动教师的工作积极性，提拔一批年富力强、有组织管理能力的中青年教师担任教研室主任，加强对各科教学工作的管理，迅速提高教学质量。1991年6月，全省中等师范学校举行“文选”和“代数”两科统考，学校的两科考试成绩均获得全省第一名，全省“文选”平均成绩为70.35分，前六名均为我校学生；“代数”平均成绩91分，得满分者23人，全部都是我校学生，既提高了学生的业务素质，也为学校赢得了荣誉。

财尽其益。学校贯彻“民主理财，集体决定，一支笔批，制度健全，手续严密，严格管理，精打细算，勤俭节约”的原则，一分钱作二分钱用。1984年以来，国家拨给学校基建款共209万元，学校有效利用资金建设了造型美观、结构严格、功能齐全的艺术馆、图书馆、七幢教师套间楼、三幢学生宿舍楼，面积共10 218平方米，为国家节约几十万元的资金。

物尽其用。贯彻“严密组织，合理安排，明确分工，专人负责，健全制度，严格管理”的原则，学校成立教务管理组、图书资料组、实验医务组、水电木工组、财务管理组、伙食管理组、宿舍管理组、安全保卫组，加强对学校的财产管理。协调各方确保教室宿舍常用常新，教学设备保持完整，图书资料保持齐全，床铺桌椅保持完好，房屋门窗毫无损坏，做到物尽其用。

时间最佳。根据“合理安排，充分利用，难易相配，文理交叉，劳逸结合，手脑交替”的原则，按照国家教委对中等师范学生的规范要求，结合学生实际情况，学校从学生在校学习的全周期到每天的学习活动安排，都做到科学规划，全面平衡学生政治、科学、文艺、体育活动，练好教学基本功，持续提高学生素质。

空间最美。按照“校舍建设标准化，校园建设园林化，校园管理规范化，宿舍文化师范性，校园文化艺术性”的要求，把学校空间建设得更加美丽。校舍建设，布局合理，设计新颖，造型美观，实用大方，南北走向，前后走廊，空气清新，基本上实现校舍建设标准化。校园建设，全面规划，合理种植，中部园苑区以种植榕树和椰子树为主，东部园苑区以种植槟榔为主，西部园苑区以种植热带果树为主。每幢楼房前面建小花园，整个校园树木成荫，绿草如茵，百花争艳，四季飘香，建成园林式的学校。宿舍文化，按照“铸造师魂，陶冶师德，磨砺师志，提高师识，培训师能，塑造师表”的要求，将宿舍建得既有部队的严肃，又有时代的风采、学生的特色，实现宿舍文化师范性。

校园文化，别具一格。建成十大景点和五大园，十大景点是：艺术长廊、金水桥、万里长城、双龙戏珠、泰岱仙桥、曲径通幽、椰林小涧、香泉印月、熊菇花亭、湖光山色。五大园是：锦绣园、艺术园、热作园、百花园和生物园。基本上实现校园文化艺术性。

此外，学校采取量化的方法，比较准确地对学生的德育、智育、体育、美育和劳动技术教育等方面进行量化，保证德育为首，教学为主，德、智、体、美、劳全面发展。

德育管理。学校成立党政齐抓共管的德育工作领导小组，全面负责学校德育管理工作；建设一个由年级主任、年级舍务干事、年级团总支书记、年级学生分会主席组成的年级德育工作小组，全面负责年级的德育工作；组成一个以政教科、团委、班主任、政治课、校班会为主渠道，其他各种教学、课外活动、选修课、社会实践相配合的德育管理网络，做到教书育人、管理育人、服务育人，把德育工作作为岗位责任制的一项重要内容；制定年级的德育目标、要求、内容、教育途径与方法；制定德育考核评分标准，每月对每个学生进行一次德育评分。

智育管理。建立教学工作领导小组，全面负责教学工作；加强教学常规管理，实现教学工作规范化；制定教学质量考核标准，不断提高教学质量；制定课堂教学评价标准，不断提高课堂教学水平；制订教师工作量与考核评估方案，充分调动教师教学的积极性和学生学习的自觉性，进一步提高教学质量。

体育管理。建立学校体育工作领导小组，全面负责学校体育工作；制定体育课程考核标准，不断提高体育课堂教学质量；制定早操、课间操和课外活动考核标准，不断提高体育活动水平；开辟体育运动场地，制定体育设备和场地管理制度，加强体育设备和场地管理，充分发挥体育设备和场地的作用。

美育管理。建立美育工作领导小组，全面负责学校的美育工作；制定美术、书法、音乐、舞蹈考核标准，每月对学生进行一次考核评分；开辟美育基地，建好艺术馆，开展校园文化、宿舍文化活动，充分发挥美育基地作用；开展美术、书法、文艺竞赛，开展每周一歌，每月一舞，每学期一台戏，每学年一美术、书法专栏活动，不断提高美育水平。

劳动管理。建立劳动卫生工作领导小组，全面负责学校的绿化、美化、净化工作；全面规划，分期整治，合理布局，美化、绿化、净化校园，建成锦绣园、热作园、百花园、生物园、艺术园；制定劳动卫生考核评分标准，每月对每个学生进行一次考核评分，每学期评选一次劳动卫生积极分子。

（三）坚持全员管理，发挥主体作用

学校贯彻“严管组织，明确分工，各就其位，各负其责，各出其力，各得其所”的原则，做到领导管理育人，教师教书育人，职工服务育人，学生自律自强，构成一个多层次、多部门，互相联系、互相协调的管理教育网络，形成“学校无小事，处处有教育”的局面。

建立《领导坐班管理制》，加强对学校的管理。领导坐班管理的任务：一是检查全体教职员工的教学、工作情况；二是考查学生干部履行职责，完成工作任务，起模范带头作用的情况；三是考核全体学生的学习、守纪和讲卫生等情况；四是加强对学校德、智、体、美、劳各项工作的管理；五是强化学校各项规章制度的落实。学校实行《领导坐班管理制》后，学校的政治风气非常浓厚，学习热情空前高涨，教学秩序特别稳定，校园环境十分整洁，教师的工作责任感大大增强，学生的学习积极性大大提高，学生的组织纪律性大大好转，全校基本上消灭旷课现象，学校各项工作都取得明显的效果。

建立《班级教师联席会议》制度，每月召开一次以班主任为核心的所有科任教师参加的班级教导会议。一是共同分析本班学生的思想动态，把握教书育人这一关键环节；二是考核评审本班每个学生本月的德、智、体、美、劳五个方面的成绩；三是评定每个学生本月的操行成绩；四是评定本班每个学生的基本功成绩；五是分析肯定本班的成绩，分析本班学生当前存在的问题；六是研究本班下一个月的育人任务和措施。

建立《职工岗位责任制》，实行岗位管理。做好图书管理、档案管理、水电管理、仪器管理、乐器管理、食堂管理、校园管理、宿舍管理、教室管理，规定制度，专人负责，定期检查，定期考核，定期评比。要求管理人员做到：坚持原则，坚守岗位，按时上班，按时下班；房屋整洁，仪器备齐，物品放齐，桌椅整齐；以身作则，管理规范，态度和蔼，待人热情，体现服务育人。

建立《学生干部岗位责任制》，让每个学生都担负学校和班级的一部分工作，也承担一定的责任，使每一个学生都成为学校和班级的主人翁。实行学生会干部竞选制、班委干部轮换制，让学生都有显示自己才能的机会，在管理过程中认识到个人的力量和价值。

学校坚持评价管理，对教师工作的量与质进行全面考核评价，对学生德、智、体、美、劳全面考核评价。

独具特色的校园文化建设，严格科学的管理，极大地促进了教育教学质量的提高：

1991年，学校被国家教委评为全国先进师范学校。

1992年，学校获海南省中师学校管理和校园文化建设先进单位。

1993年，学校获海南省精神文明建设先进单位称号。

1993年，901班获“全国先进班集体”称号。

1994年，学校在海南省师范学校工作联检的六项评比中获得学校管理工作、青年教师基本功考核、青年教师教学语言考核、青年教师课堂教学评比四项第一名及其余两项的第二名。

1994年，学院团委被省直属工委授予“先进团委”称号。

1994年12月18日，国家教委师范司司长金长泽视察琼海师范学校后说：“琼海师范学校的校园文化居世界一流，在全国是数一数二的。”

1994年12月，第十届全国人大常委会委员、时任国家教育委员会副主任、国家总督学柳斌视察学校并题“办好师范教育为提高国民素质而奋斗”条幅。

1995年，学校获省中师文艺汇演总分第一名。

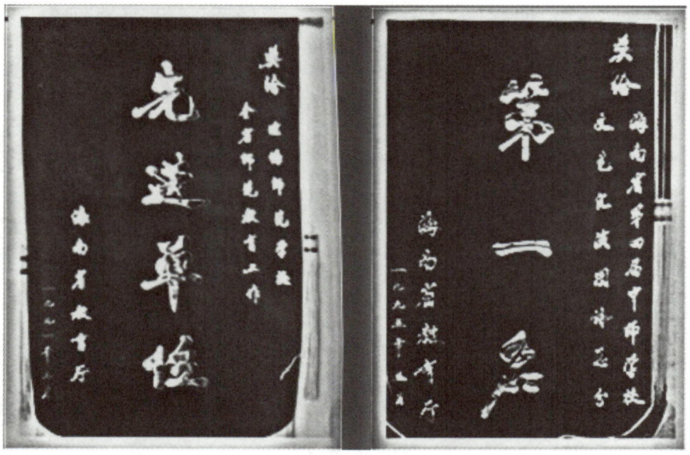

学校获奖锦旗

第二节　丰硕的办学成果

海南建省办经济特区以来，学校取得了空前的发展空间，办学条件进一步优化，取得了丰硕的办学成果。学校坚持德育工作为首，从抓校园文化建设入手，全校师生经过十多年的努力，优化了学校的育人环境，把学校打造成为全国一流的中等师范学校。这一时期，学校虽然经历了不少挫折，受到条件上的种种制约，但上下协作，共渡难关，一步步健康发展，为海南基础教育事业的发展培养了大批专业人才，也为学校的现代化建设、为学校的信息化发展打下了坚实的基础，深受社会好评，被誉为“全国师范学校一枝花”。

一、校园文化环境建设

学校是教书育人的场所，环境对人格的培养起着潜移默化的作用。高荣泰担任校长期间，坚持建设校园环境育人的治校理念，鼎力打造优美校园环境。1991年12月，学校印发《关于深入开展“学好社会主义理论，坚定社会主义方向，创建全国一流师范”的决定》，提出新的奋斗目标“创建全国一流师范学校，培养合格农村小学教师”，开启了全国师范教育一枝花的荣光之路。1992年2月20日，国家教委副主任、团中央书记处书记杨海波视察学校并题“全面育人办有特色”条幅。

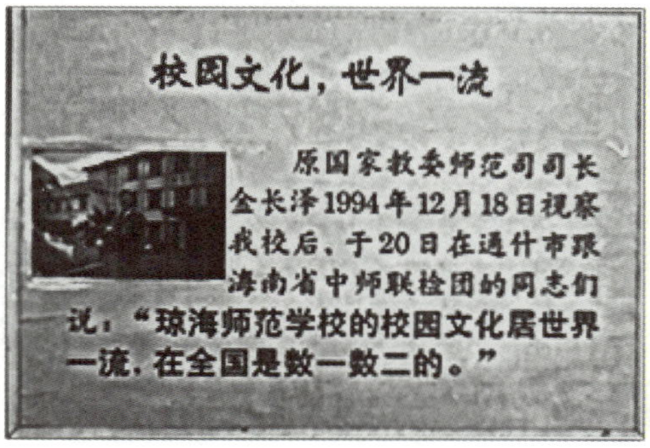

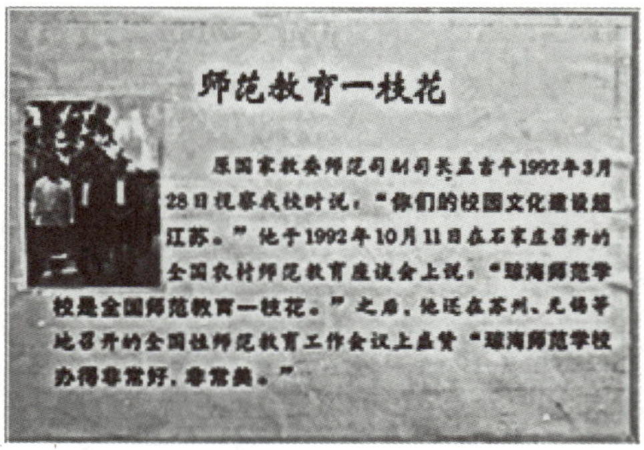

原国家教委领导对学校的评价

高荣泰在校长任上“坚持德育为首，加强科学管理、深化教学改革，加强基地建设，优化育人环境，改善师生生活，创建一流示范，培训合格师资”的办学治校纲领，提出“铸造师魂，陶冶师德，提高师识，培养师能，磨砺师志，塑造师表”的育人目标，坚持两代师表一起抓，学校无小事，事事为教育，教师无小节，人人为楷模。

学校领导班子发扬敢闯敢试的特区精神，励精图治、迎难而上，坚持基础设施建设“硬工程”和德育为首的“软工程”齐抓共管、齐头并进的策略，坚持两手抓、两手都要硬。

当时，学校校园仅有125亩，略似正方形。地势西高东低，相差6米。学校结合地形地貌特点进行全面规划，合理布局，综合治理。以学校大门、教学大楼、科学馆中点为轴线，每隔40米宽画一直线与轴线平行，把校园分成南北走向的六个等分。中间两个等分为中央部分，划为教学区；东边两个等分主要为教师生活区；西边两个等分主要为学生生活区。

同行来宾参观学校校园文化建设

据不完全统计，截至1996年，学校使用国家从1984年以来的基建投入资金289万元，以及自筹资金250万元，建起了8幢教师公寓楼、6幢学生宿舍楼和当时全国一流的图书馆、艺术馆，以及学生食堂大楼，新建面积15 306平方米。加上原有的教学大楼、科学馆及部分师生宿舍共4 912平方米，总建筑面积达20 218平方米，大幅度地改善了办学条件。与此同时，全校师生发扬自力更生、艰苦奋斗精神，平整校园29 000平方米，平整校道6 300平方米，平整操场17 500平方米，修排水沟1 370米、面积1 644平方米，筑挡土墙1 260米、面积1 200平方米，铺石板路29条，长2 871米、面积约8 000平方米。种椰子树120株，种槟榔树2 500株，建小花园16个，种花种草面积80 000平方米，基本实现校园绿化、美化，校容校貌建设初具规模。此外，还建起25个石拱门，铺设30条石板校道，开设了艺术园、锦绣园、热作园、生物园、童趣园、艺术长廊和微型万里长城等“五园十景”，实现了园中无处不景点、景点无处嫌多余。

来自全国各地的教育专家参观后惊叹不已，1994年11月25日，国家教委副主任柳斌在海南省教育厅厅长符鸿合等的陪同下，视察了海南琼海师范学校。他时而驻足观赏，时而凝神沉思，并发出由衷的赞叹："这个校园太美了，很有特色！"临别，他还题词勉励全校师生："办好教育，为提高国民素质而奋斗！"28日，他在海口举行的一个座谈会上说："这次到海南看了琼海师范学校，对他们的校园文化建设非常感兴趣。一进校门，我就感觉到置身于中华民族优秀文化传统的环境之中。我想，那里的学生在学校里面学三年，一定会自然而然地受到优秀文化传统的熏陶。"

1992年3月28日，国家教委师范司副司长孟吉平视察琼海师范学校时说："琼海师范学校的校园文化建设超江苏。"10月11日，他在石家庄召开的全国农村师范教育座谈会上说："琼海师范学校是全国师范教育一枝花。"

1991年建成的占地总面积3 000平方米的现代化艺术馆原先预算需要耗资166万元，由于资金紧张，为节省设计图纸费用，学校发动校内有专长的教师自行设计。

作为当时校内标志性的建筑物金水桥，建造费仅花费5万元。一位来自北京的校长参观学校后感叹道："这样的景观不花50万是造不出来的。"学校艺术馆建成后因大厅内回音太大不能使用，学校询问装修市场价需30万元，校长高荣泰亲自带队调研解决问题，在大厅里竖起一块多孔胶合板，结果回音全部消失，一共花费500元。

师范学校的校园文化着重突出师范特色，最重要的是突出专业的教育性，使学生在校园文化的环境氛围中受到行为规范、职业道德乃至专业知识的教育，真正落实到培养跨世纪的高质量的小学教师这个目标上来。学校领导认为，要办好学校，必须有良好的校风、校训、教风和学风，这是办学指导思想的集中反映。于是在教学南楼顶端竖起"严谨治学，为人师表"八字校风，在西苑艺术长廊上大书"学高为师，身正为范"八字校训，在教学南楼左边挂着"严谨、勤奋、敬业、创新"八字教风，右边挂着"尊师、守纪、勤学、进取"八字学风。在最醒目的墙壁上刷上党的教育方针和"学校无小事事事是教育，教师无小节处处为楷模""明日教师，今天做起""面向农村，面向小学"等大字标语，增强学生的为师意识，谨记自己的光荣使命和神圣职责。

校长高荣泰认为："一个师范生，如果不知道孔夫子，不知道陶行知，就不是师范教育的成功，就不可能使其将来成为真正的人民教师或教育专家。"他亲自精选出古今书法名家书写的32幅内容向上、书艺精湛的对联墨迹，用石板雕刻镶于25个拱门的两旁，各加上一条横额，显得非常壮观，很有民族风格。又精选古今诗词名家90首诗词分别以五种不同字体用90块石板精雕细刻，按照年代顺序嵌镶在小万里长城的城墙上。师恩亭和师志亭各有走廊和天桥与图书馆相通，连成一个整体，历代名诗配上44种名花和44种名鸟，用石板双面雕刻，装饰天桥的栏杆，取其百花齐放、百鸟争鸣之意，建成一个"双亭"文化园。这不仅是学生课外阅读的好地方，也是令人流连忘返的校园小景点之一。

在东苑文化长廊上，制作了一幅大型彩色瓷砖壁面，共有30个画面，以"继承中华民族美德，养成良好行为规范"，以历代教育典故为主题，对学生进行思想品德行为规范教育。此外，还在艺术长廊里贴上瓷砖烧制的《中国历史纪年表》《中国唐宋元明清皇帝年表》《海南·中国·世界地图》，使学生了解中国历史的悠久和源远流长，立足海南，胸怀祖国，放眼世界。

校园景观

在西苑文化长廊的中部、图书馆正门两侧的显著位置，各用瓷砖烧制《万世师表孔夫子》和《人民教育家陶行知》的巨幅彩色画像，分别以文字介绍其生平事迹，并撰写“学而不厌、诲人不倦，学而时习、温故知新”和“千教万教教人求真，千学万学学做真人”两副对联，嵌镶在画像的两旁，让学生敬仰教育先师的风范，学习他们的教育思想，树立献身人民教育事业的雄心壮志。还按“人生”“立志”“奋斗”“磨炼”“自强”“修养”26个主题分类整理312条名言警句，用26块石板雕刻，贴在小长城南端的一段城墙上，让学生学习借鉴，时时鞭策自己，不断完善自我。高荣泰还考虑到师范生毕业后要从事小学语文、数学基础学科的教学工作，为了让学生牢固地掌握小学语文、数学的基础知识，他精心策划、编辑《小学语文基础知识》《小学数学基础知识》和《学习常用汉字简明表》，并用瓷砖烧制贴在东苑艺术长廊上，方便学生学习。

在校园里，放眼任何一处都是一幅绝妙的风景画。一字一画，都渗透着文风墨香；一壁一隅，都洋溢着艺术神韵。哪里绿草如茵，哪里就有晨读的倩影；哪里风景如画，哪里就有摄影的人群。橱窗里的诗书画影，吸引着学而不厌的文艺新秀；光荣榜上的先进事迹，激励着孜孜以求的莘莘学子。

二、深化课堂教学改革，艺术教育成绩斐然

1996年8月，王恩周任海南琼海师范学校校长，他把提高办学质量作为一常抓不懈的工作，改革的重点是确立起教育要“面向现代化，面向世界，面向未来”，以适应创新教育的课堂教学模式。

这一时期，学校的办学目标为培养具有创新意识和实践能力且具有综合素质的小学师资。学校坚定不移地以改革求质量，以改革求提高，以改革求效益，以改革求声誉，以改革求发展，大力实施素质教育，注重内功，强调质量，坚持面向全体学，注重学生全面发展，探索出了一条中师教育素质化的新路子。

学校以构建必修课、选修课、课外活动、教育实践为一体的教学模式为抓手，着力抓好必修课的课堂教学改革，强化质量意识，积极运用现代化的教学手段，着重培养学生的自学能力，提高课堂教学的效果、效率。重视学生基本功训练，把基本功逐步纳入学科教学和考试考查的范围；开设突出地方性选修课，提高质量，增强实效性；课外活动突出“动”，引导学生动脑、动口、动手，充分发挥学生主体的潜力，培养学生的特长；教育实践以抓好教育实习为主，组织教师、学生深入小学开展教育教学调查活动，坚持实施假期社会调查活动，实现教育实践的多样化和连续性。

课堂教学改革，要求专业设置多样化，学校根据海南基础教育对师资的需求，由原来师范仅有的普师专业逐步增加了英语、美术、音乐、幼师、计算机教育。1988年开设英语专业、1989年开设美术专业、1993年开设音乐专业、1996年开设幼师专业、1999年开设计算机教育专业，2002年又增设了品德与社会、小学科学教育、艺术教育等专业。

围绕素质教育主题开展教研活动，学校编印《怎样写好教案》等有关资料，开展典型教案评比活动，全校91位科任教师参与，评出校级优秀教案25个，有力地促进了教师备课规范化。打破传统教学模式，策划了以各科组为参赛单位的全校性“运用现代化教学手段，提高课堂教学质量”的专题优质课比赛。组织全校各科任教师对16个学科80门课程进行全面设计改革，出台了完整的教学纲要，使学校的教学工作有章可循，有规可依，更好地适应以创新教育为核心的素质教育的要求，教风、学风、考风得到根本好转，学生整体素质得到全面提高，也为海南省中师学校课程设计如何适应基础教育课程改革提供了示范导向。这一重大举措赢得了海南省教育厅领导的高度赞扬。

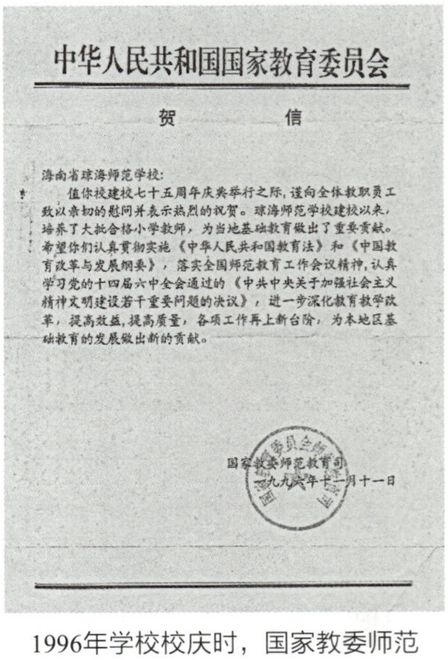
中华人民共和国国家教育委员会

贺　信

海南省琼海师范学校：

值你校建校七十五周年庆典举行之际，谨向全体教职员工致以亲切的慰问并表示热烈的祝贺。琼海师范学校建校以来，培养了大批合格小学教师，为当地基础教育做出了重要贡献。希望你们认真贯彻实施《中华人民共和国教育法》和《中国教育改革与发展纲要》，落实全国师范教育工作会议精神，认真学习党的十四届六中全会通过的《中共中央关于加强社会主义精神文明建设若干重要问题的决议》，进一步深化教育教学改革，提高效益，提高质量，各项工作再上新台阶，为本地区基础教育的发展做出新的贡献。

国家教委师范教育司
一九九六年十一月十一日

1996年学校校庆时，国家教委师范教育司发来的贺信

1997年11月15日，学校举行校庆暨第21届校运会活动

校长王恩周特别强调，没有艺术教育的教育是不成功的教育，没有艺术素养的人才是不完善的人才。于是，学校加强艺术教育，把艺术教育作为一项“拳头”项目来抓，不断充实艺术教育的设备和设施，建立一支高水平的艺术教育队伍，要求教师苦练基本功，不断提高艺术素养。学校还经常举行各种文艺演出活动，营造了浓厚的艺术氛围，1999年下半年校内外演出就达18场，2000年上半年演出15场。学校文工团还下乡慰问演出，参加琼海市文化广场活动，扎实的文艺基本功，精巧的节目编排，赢得了观众的交口称赞。

学校在艺术天地里艰苦耕耘，为海南各县市的艺术教育培养了大批艺术教育的人才，也取得了不少可喜的成绩。

2000年，学校获得全国学校艺术教育工作先进单位牌匾

学校艺术教育

三、实施科研兴教战略

在实行现代化教学和实施素质教育的新时期，学校清楚地认识到，要跟上时代的步伐，必须深化改革，而科研正是推动教育教学改革的“第一生产力”，必须通过教育科研研究未来，设计未来，创造未来，赢得未来。

1996年，新的领导班子一上任就注重抓教研工作，设置教科室，规定了教科室的工作职责范围，明确指出教务科抓常规教学，教科室抓教研；教务科重在领导，教科室重在教研。设置教科室，是适应教育教学形势的发展的新举措，是学校教育发展的必然要求，并选配了专业对口、有打开科研局面能力的干部到教科室工作。

这一时期，教科室以“实施素质教育为核心，以课堂教学渗透素质教育为突破口，以提高教师素质为关键，以教研活动课题化为手段，保证教研工作目标化、制度化、规范化”为指导思想，注重抓学科教研室的建设。学校将教研工作的着眼点放在教研室，出台了《教研室主任深入课堂听课条例》《教师开展学科研究的有关规定》等制度，要求教研室主任要成为学科带头人，而不是教学活动的召集者，进行科组办公条件建设，全校六个教研室均按学校的统一要求布置了自己的办公室，为全学科教师开展教研活动开辟了有利场所。

学校领导担当科研带头，撰写论文。1997年《师范教育》连续刊登了校长王恩周和副校长卢焕雄撰写的两篇论文。卢焕雄还在《中国教育报》《中师语文报》《海南教育》杂志上发表文章十多篇。在校领导的带领下，全校教师撰写论文蔚然成风。1995年，琼海师范学校选送21篇论文参加省教育厅的论文评比，有14篇获奖，居全省各中师学校之首。其后，教师撰写的论文有51篇获国家、省、校级奖，并在全国各类报刊发表论文41篇。学校形成了教师既能上台“传经授道”，又能埋首“著书立说”的良好科研局面，大大地促进了学校教学工作的开展。在全校教师的共同努力下，学校的教研风气越来越浓，经过多年在教科研领域的深耕，学校以较高水平的教育质量、富有创造性的教研局面、别具一格的校园文化建设，在中师百花园里争芳斗艳，受到国家教委的表彰。在建校74周年之际，校刊《琼海师范》正式出版，它凝聚着琼师人多年的心血，展现着学校教育教改的风采。此后，学校以校刊创刊为契机，两代师德一起抓，加强素质教育理论的学习，加强对全省基础教育，尤其是促“两基”、保“两全”工作的调查研究，结合海南省办大特区的实情，建成“一省两地”的战略目标，研究中师教育的质量观、人才观、效益观，确保学校全面实施素质教育，为海南的小学进行素质教育提供合格的师资。

《琼海师范》校刊出版，伴随着世纪之交素质教育的主旋律奏响，演绎着学校教学改革的新思路，学校师生以严谨的治学精神，使素质教育在学校的教学中逐步成熟。

四、学校信息化和校园管理标准化建设

校园网络开通后，王恩周提出了“三结合”“三步骤”的教学管理模式，为全省中师学校应用计算机辅助教学提供了样板，学校科技楼设有28间实验室，各种教学设施设备不断充实，在1998年海南省中等师范学校实验室检查验收评比中，学校的实验室的优秀率、合格率，高居全省

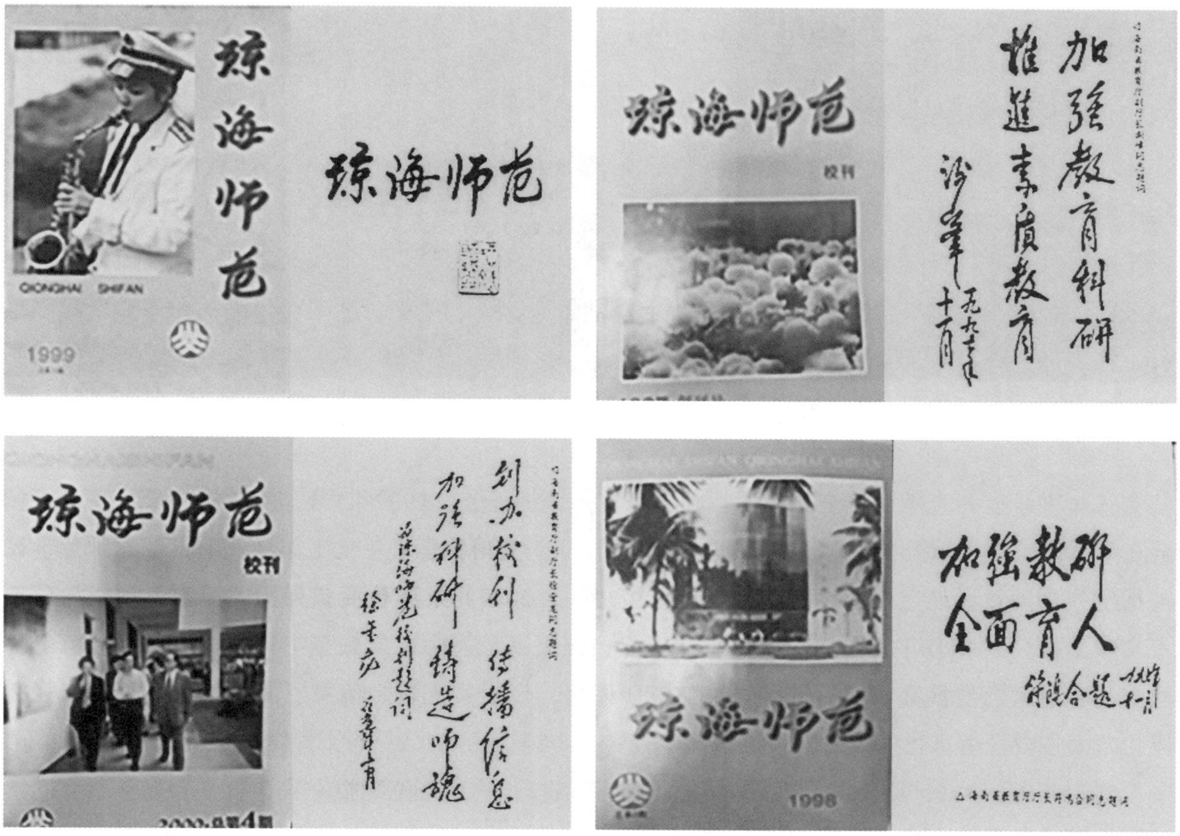

1997年，国家教委副主任柳斌题写的《琼海师范》刊名以及省教育厅领导祝贺创刊号的题词

中师学校之首。先进的设备，极大地提高了学校的教学质量，1997年全省中等师范学校年终教学工作检查评比，学校被评为“教学工作先进单位”。在全面进行标准化建设的同时，加速校园信息化建设，在全省率先实现了教育、教学校园网络化。

早在1993年，海南琼海师范学校就大力抓信息化建设，先后建成了食堂管理系统、图书馆管理系统、办公管理系统，实现管理手段现代化。1997年获海南省中等师范学校开展科技制作活动先进单位称号。

1998年，学院被国家教育部授予“全国电化教育工作先进单位”，在1998年全省中师系统实验室检查验收评比中，学校申报的实验室数量最多，合格率最高，优秀率最高，各项指标居全省各中师学校之首。科技楼也由于设计精良，荣获邵逸夫先生第十一批中小学赠款项目优秀工程一等奖。

1998年，学校率先在海南省大中专学校中建成了校园网。1999年又第一次在师范学校中开设信息技术课，当年学校信息技术专业学生就有1 300人。在海南省教育信息化工程建设发展规划（1999—2010年）中，琼海师范学校和海南大学、海南师范学院荣列海南省实现现代化远程教学单位。

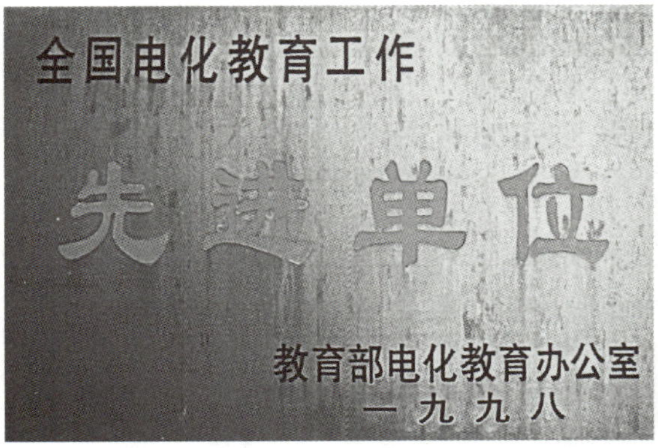

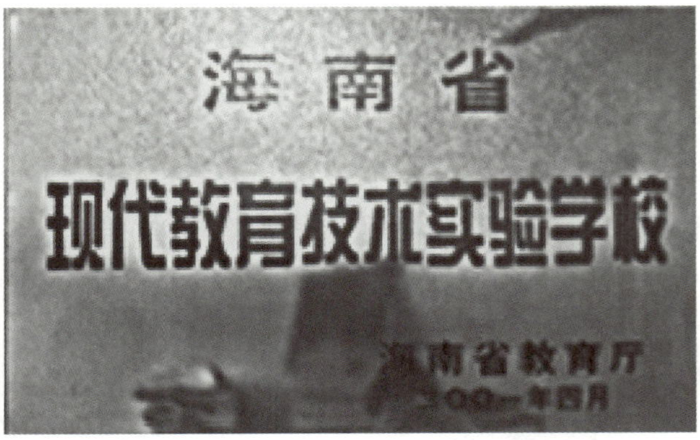

信息化工程建设稳步发展

几年来学校一直承担着全省小学教师信息技术培训任务。1999年1月，海南省教育信息化现场会在琼海师范学校召开。1999年5月，在广东省召开的全国教育信息化工作会议上，琼海师范学校被指定为全国教育信息化建设的三个发展单位之一。2001年，学校又被列为“海南省现代教育技术实验学校”。2001年在海南教育信息化工作会议上，琼海师范学校作主旨发言。琼海师范学校建立起容量大、价性高、具有国际水准的校园网络，以设备先进、信息资源雄厚、师资力量强，成为海南省教育信息化的龙头学校、示范学校。

2001年9月18日，美国坡拉尔塔学区大学的雅格校长一行莅临学校考察，就联合办学事宜同学校领导进行磋商。

2002年，学校被海南省教育厅授予“海南省现代教育技术实验学校”。

2003年7月，学校被海南省经济贸易厅、海南省工业经济联合会、海南省经济技术合作促进会授予“海南省信息化管理示范单位”。

王恩周上任校长时，正值中等师范学校调整布局的关键时刻。当时，学校虽然在校园文化建设方面颇有名气，但设备简陋，校舍不足，与办学标准化要求还有较大差距。学校领导四处奔走，终于争取到邵逸夫先生的80万元教育援助款。再经过多方筹资，终于建起了一座高水平、多功能的现代化的科技楼。科技楼一建成，又全方位地启动室内装备配置工程，全面充实各实验室的技术装备，而且购买的设备规格高，技术装置水准高，在严密的科学管理下，很好地为教育教学服务，受到上级领导和同行专家的赞誉。学校在教学设备的配置上下大功夫、下大财力。学校教学楼实现电脑、电视、投影等设备进教室，并与互联网连接，可全方位地实现信息化教学。

学校当时有大、中、小多媒体教室6间，电脑教室8间，共有电脑1 000多台；音乐教室15间，钢琴房128间，钢琴80多部；多媒体数码电子琴室1幢，电子琴51台；电子阅览室1间。还有化学、物理、地理、历史、美术、语言多功能实验室、微机教学中心、心理实验中心，建起了千兆校园网。同时构建起校园网、通讯网、监控广播电视网三网合一的信息化虚拟平台，并且宽带与因特网连网，全校1 000台电脑可同时上互联网，为教师教学和学生的学习提供了广阔的伸展时空。从那时开始直至今日，每一年海南省中等学校招生考试的评卷和录取工作都被省教育厅指定在琼海师范学校进行。

随着电脑技术的突飞猛进，世界越来越快地步入信息时代，国家越来越快地走向国民经济信息化。特别是以计算机及网络技术为核心的现代科学技术的发展，极大地促进了教育的发展，是否掌握信息技术关系到能否掌握21世纪教育的大事。基于这个认识，1999年1月，学校开通了校园教育教学信息网络。2001年又对校园网进行第二次改造。一是提升INTERNET（因特网）的接入速度；二是将原有的拨号入INTERNET网，升级为以4兆宽带专线接入；三是调整网络结构，在校园网主干仍由1 000兆光纤承担，支线为100兆光纤或100兆双绞线共同承担，分三级或四级到达500个，在10/100兆自适应节点的基础上，增加了数据传输单元、路由器和交换机，使校园网融入因特网，真正实现了数据双向传输；四是优化网络资源，在原来管理网络、图书馆、课件制作素材库的基础上，重新建立宽带网络多媒体教学资源库、信息服务平台系统，扩大了图书馆库，增加了智能题库系统、优秀课堂教学案例库、影音资料库、视频点播系统、校科研成果库、课件开发平台与课件素材库等多功能的校园网络资源。多功能的课件制作平台和课件管理系统为教师教学资源的建构和集成提供了优良的环境，为学校的教学、科研、管理提供了丰富的网络资源。同时，学校校园网通过宽带连接因特网，使学校的教育教学资源向国际化、无限化延伸。

1993年，学校开始对学生进行计算机软件知识教育。先后开设“QB程序设计”“MS-DOS操作”等课程，为今后的大力发展积累了一定的经验。

1996年，学校建成了总线式ETHERNET校园网络。网络容量24接点。网络覆盖学校办公大楼、学校图书馆、食堂等地。学校独立设计并联合中国“蓝贝斯”软件公司、深圳市科维尔电子技术有限公司共同开发学校食堂管理系统、学校图书馆管理系统、学校办公自动化系统，实现教学管理和办公自动化。学生人手一张IC卡可实现就餐、借书等自动化。这是海南教育科研战线的第一家。

为适应信息化挑战，依托互联网络的丰富资源改变教育教学环境与模式，实现校园信息化的战略思想，从1998年开始，学校自筹资金联合香港吉亚公司、微软公司上海办事处、上海科环软件公司、中国“五矿腾龙公司”、教育部K12资源中心、海南科欣软件股份公司、深圳华仁达公司等7家，累计投入300万元对校园网络前后进行两期的工程改造。

一期工程：改造物理上实现占地130亩的全校园无空白点。根据现有校园地理环境考虑光纤及千兆交换机的投入比，采用总线加星形网络结构。网络中心与学生生活区等中心交换机采用1000M光纤连接，会聚层交换机采用100M普通交换机，网络总容量200接点。6台服务器实现校园INTRANENT。全校园接点接入了INTERNET，达到信息无障碍检索利用。

构建信息化教育平台，开展丰富多样的网络服务，覆盖校园信息服务中心、图书资料中心、课件中心、VCD点播、多媒体资源中心、备课中心、讲课平台、智能化题库、网络考试平台，实现教学管理教育教学信息化，初步实现了信息化办学目标。学校成为海南信息化应用与培训的领跑者，成为我国师范类学校第一家实现1 000M校园网络的学校。1999年年初，海南省第一届教育信息化现场会在学校召开，学校领导被指定为2000年广州中国教育信息化大会的三所学校发言人之一。

二期工程：2000年又对校园网络进行了局部改造。校园网络采用1 000M星型网络拓扑结构，中心交换机采用华为公司8口1 000M三层交换机，会聚层交换机采用华为1口1 000M交换机。用户全部实现100M接入，全网络采用可网管的交换机。学校与中国移动公司合作，把接入INTERNET的带宽扩大到10M。这次改造实现了办公、教学、教师住宅、学生宿舍全面可网管接入校园网络。

随着校园网络的建设和改造，学校便同时开展信息技术培训。

软件人才的极度匮乏是制约中国软件业发展的瓶颈，尤其是中国缺乏强大的产业化的IT职业教育与培训基地。学校从1996年开始对教师实行三级培训制度。先后培训了Windows98、Word97、计算机基础知识、计算机网络操作、Internet操作、Powerpiont幻灯片制作、Prontpage网页制作、Arthorware多媒体开发、几何画板、青鸟师友、3Dmax动画制作、Photoshop平面图形处理、金山大王、音乐大师等课程。同时学校还进行多媒体教育理论研究培训，主要有多媒体教学的课程设计、多媒体与素质教育、多媒体与创新教育、课件设计理论、多媒体环境下的课堂教学模式、脚本编写原理、多媒体教育与心理效应等。

学校非计算机类教师能熟练使用流行操作系统，并掌握了办公系统的Word、Excel、Prontpage、Outlook，另外还掌握Authware和Photoshop等多媒体制作工具。计算机教育专业，在校生有1300多人。学生们普遍掌握了一门编程语言，或C语言或VB，有的还选学国际上最流行的Java语言，有些还掌握了目前常用的数据库软件，如甲骨文公司的Forpro数据库和微软公司的SQLServer等。学校同时和美国Peralta、Conrmnity、College联合教授英语课程，目的在于提高学生的英语阅读和写作能力。

信息技术培训开展后，扩大了计算机教育专业的招生。1999年，学校招收小学计算机教育专业学生，开始步入了计算机软件人才的培养培训行业。当时，学校有三年或五年制的小学计算机教育、信息技术和计算机应用等专业，在校生1 000多人，当年已毕业200多人。学校还对全省部分中小学教师以及各行业的从业人员进行了多达5 000人次的培训。学校取得了全国计算机等级、海南省职称计算机等级考试的培训和考试资格，同时，通过多年的合作与交流，建立了牢靠的合作伙伴，先后获得微软ATC、中国计算机等级考试培训与考试、中国互联网络（cnnic）、adobe公司等的培训资格。

学校在信息环境建设达到一定程度的基础上，积极响应基础教育课程改革，及时进行了课程设计和信息技术优化整合研究。同时，加强计算机课程与其他专业课程的应用性整合。1999年下半学期，学校组织了以信息技术为主的课程设计试验。2000年进行了全校大规模的适应信息时代要求的课程结构调整和课程内容设计，并完成了中师三年制向五年制大专过渡的教学大纲的设计。2001年在总结全校大规模试点成功经验的基础上又进行了优化调整，并把在实际应用中的成功经验全面推广。如信息技术课程中的CAI系列课程的综合设计方案、数学课程的优化设计方案、选修课程的“四结合”方案、生物课程的综合教学方案、语文识字教学的认读方案等。强化信息化环境下教育教学研究，制定了“以信息技术应用推动学校产学研一体化发展”的校课题研究和各个学科组的信息环境下的子课题研究方案，同时还承担国家、省级的课题研究。课题“基于信息技术环境的新型教学模式研究”作为国家级课题被申报为中央电化教育馆现代教育技术研究“十五”规划重点课题“新型教学模式的研究”的子课题。扎实的实验，广泛的理论探索，换来了丰硕的成果。全校共制作了600多个课件，有不少课件获得国家级、省级的奖励；参与课题研究撰写的论文也被各种刊物选载，如《素质教育的“质能方程”说——未来网络、多媒体等信息工程的发展方向》发表于《教育技术研究（2000年第4期）》，《“创造教育”的核心前提——模糊性》发表于《教育技术研究（2001年第2期）》，《〈卡门·序曲〉多媒体教学设计》发表于《中国电化教育（2000年第9期）》。其他发表或获奖的论文还有：《无盘WIN95网络管理技巧》《多媒体CAI课件提高物理课堂教学效率的心理学原理再探》《改革中师计算机课堂教学培养创新人》《MCAI课程综合设计原理》《浅谈生物教学中的多媒体组合教学》等。

《中国教育报》《师范教育杂志》先后对学校的信息化建设进行了专门的报道。

五、担纲联合国教科文组织“提高海南基础教育质量”项目

由于海南琼海师范学校办学成绩突出，上级教育主管部门决定把联合国教科文组织/意大利政府信托资金“提高海南基础教育质量”项目在海南省的中心单位定点为海南琼海师范学校。项目把海南省七个市、县的七所小学作为配合互助单位，这七所小学分别是琼海市石壁镇红旗小学、万宁市龙滚镇中心学校、澄迈县中兴镇中心学校、定安县岭口镇中心学校、屯昌县坡心镇中心小学、东方市新龙镇新村小学、白沙县第一小学。项目要求帮助这些学校培训师资并提供电脑等教学设备。

2001年3月27，意大利前来洽谈无偿援助“提高海南基础教育”项目事宜，意大利教育专家和联合国教科文组织官员在国家经贸部、省经贸厅、省教育厅等领导陪同下对我校作出了全面的考察评估。

经过前期精心准备工作后，项目于2004年4月起动，至2007年1月结束，历时两年多。利用援助资金，学校共派出38名教师到省内外著名院校进修学习，共有40名计算机教师在校内进行研究生课程培训，各市、县七所实验学校共选派70名教师到学校接受培训。

参加联合国教科文组织“提高海南基础教育质量”项目工作的培训班学员和专家

意大利政府无偿援助琼海师范学校的设备，主要包括网络设备、电脑、图书馆设备和语音室设备，价值约180万元。援助七所项目点学校的设备有电脑70部，投影仪、投影机各6部，桌椅40套，常规教学设备一批，价值约60万元。目前，各种设备运转良好，使用率高，为提高教学质量发挥了巨大作用。

学校在担纲该项目的实施过程中，从2004年4月起，先后选派78名教师参加长期或短期培训。通过参加培训学习，教师们树立起终身学习的思想，拓宽了视野，提高了理论水平和专业水准，

促进了教学能力的提升。

从2004年7月至2006年1月，七所项目点学校教师参加了在琼海师范学校和上海举办的各种培训学习。他们通过更深层次的课程学习，加深了对本专业有关知识的了解，接触到最前沿的知识，开阔了视野，扩展了知识，夯实了基础，提高了业务能力和执教水平。教师们共开发课件35个，形成论文10篇，出版教师论文集、资助教师发表论文26篇。

“提高海南基础教育质量”项目工作情况

从2004年8月至2005年8月，项目执行小组共邀请10位专家来琼海师范学校，为琼海师范学校和七所项目点学校教师讲学。10名专家均为知名教授，理论水平高，执教经验丰富，讲演精彩，听课老师收获颇大。

项目执行小组通过各种媒体和渠道介绍项目情况、宣传项目的意义、展示项目成果，从而扩大了项目的影响力，也提高了学校的知名度。

海南省援助项目办公室成员多次亲临各项目学校检查指导，深入各个学校，帮助项目学校拟定培训计划，协助项目的执行和管理，检查项目的落实情况，使得项目实施规范、运行高效，取得了良好的效果。

国内外专家对提高海南基础教育质量项目进行中期评估

意大利援助的设备大大充实了学校和七所项目点学校的教学设备，为学校的教学和管理发挥了重大作用。意大利政府援助的设备使学校增加了100台电脑，增加了一间语言实验室，为多媒体教室配置了电脑，充实了校园网络设备，满足了学校扩大招生和课堂教学的需要。

七所项目点学校原先的教学设备十分落后，有了信息技术教材，但缺乏辅助教学的电脑，有了意大利政府的援助，各小学信息技术教育课程得以正常开设，学生得以通过课堂教学学到最基本的电脑操作知识并从电脑网络中学到了丰富的知识。援助的常规教学设备，丰富了课堂教学手段和内容，为提高课堂教学质量和办学水平起到了积极的作用。

第三节　审时度势升格创办高职院校

《国务院关于大力推进职业教育改革与发展的决定》中指出："职业教育是我国教育体系的重要组成部分，是国民经济和社会发展的重要基础。推进职业教育的改革与发展是实施科教兴国战略，促进经济和社会可持续发展，提高国际竞争力的重要途径，是调整经济结构，提高劳动者素质，加快人力资源开发的必然要求。是拓宽就业渠道，促进劳动就业和再就业的重要举措。在我国加入世界贸易组织和经济全球化迅速发展的新形势下，要狠抓职业教育"，"要以中等职业教育为重点，扩大高等职业教育的规模"。可以说，《国务院关于大力推进职业教育改革与发展的决定》的颁发，对海南省更快更好地发展职业教育是一个极大的推动。同时，如何凭借这股强劲的东风、全面提升全省职业教育的综合实力，更好地为振兴海南经济服务，把海南省建成名副其实的职业教育强省，成为海南省教育事业必须面对和解决的问题。

一、学校改制创办大专学校的必要性

随着计算机应用的普及和计算机网络的迅速发展，社会各行各业信息化程度有了普遍提高。"十五"期间，我国信息化发展要努力完成信息技术的推广应用、现代信息基础建设和加快发展

电子信息产业，为了保证中国在软件行业上向美国、印度和爱尔兰等一些软件强国靠近，据当时估算未来5～10年，每年至少存在20万软件行业人才缺口。巨大的人才需求以及合理的人才结构驱动着教育市场的重整组合。

海南省是全国最年轻的省份，改革开放以来，海南省的职业教育有了较大的发展，各级各类职业教育学校和职业培训都取得了显著成绩，但是海南省的职业教育与内地相比仍有很大差距。当前，海南省各级各类职业学校仅有25所，而真正冠名为“职业技术学校”和“职业技术学院”名称的学校仅有3所，在校生不到1万人。在中共海南省第四次代表大会上，省委书记、省人大常委会主任白克明指出：“必须在坚持不污染环境，不破坏资源，不搞低水平重复建设的前提下，大力发展现代化工业，努力推进对全省经济有重大影响的大型工业项目的建设，大幅度提高工业在海南省国民经济中的比重。工业的发展，技术工人特别是高级技工的需求必然进一步增加。因此，做大做强海南省职业教育，特别是支持组建职教集团，使初、高中毕业生和在职人员及其他社会人员接受多种形式、多种层次的职业教育和培训，全面提高从业人员的劳动素质，成为海南省教育和经济发展的当务之急。”

早在1999年的海南省人大二届二次会议上，省政府明确提出了要把海南省建设成为现代信息智能岛的宏伟目标，确立了信息产业在海南经济和社会发展中的重要地位。在中共海南省第四次代表大会报告中，省委书记、省人大常委会主任白克明指出：“要把信息化与工业化结合起来，以信息化带动工业化，积极发展信息产业。”但是，海南省信息化建设存在着很大不足，除一些小型的业务网以外，目前还没有综合性、大容量的教育传输专用网络，部分市县教育行政单位、基层学校、企业资金短缺情况较严重，计算机设备的一次性投资和日常维护有一定困难；技术人才包括计算机网络的使用、维护人员，计算机学科和计算机辅助教学、辅助管理人员，教育教学软件开发人员等都严重不足。信息资料收集存在交叉，信息分类的随意性较大，缺乏统一标准，建设校园网缺乏统一标准和规划，或者未能充分利用现有设备的功能，以及网络的拓展性不强等。按照海南省教育信息化工程建设发展规划（1999—2010年）要求，2001—2003年要完成成人高校，所有中专学校，中等师范学校，所有省、市县重点中学校校园网络的建设，部分地区要建成局域网；全省小学校配备计算机数量达60 000台，有2 000～2 500所学校能开展计算机多媒体教学和教育信息化活动；实现全省教育信息网络与省内大中专学校、市（县）教育行政部门、县城以上中小学校之间的联网和信息交流；2004—2010年，重点扶持贫困地区中小学校的信息化建设，有条件地逐步联入全省教育信息网；完善省教育信息网络，建立一套完善的信息收集、整理、服务体系，实现为各级教育行政部门、各级各类学校和社会公众提供全方位的教育信息服务。规划的实施，必须有庞大的软件产业给予支持，而海南目前的软件产业是一片空白。因此，在海南省创办一所软件技术职业技术学院，为海南省软件产业提供大批中低端技术人员，为我国和海南省软件产业发展和信息服务提供结构更加合理、数量更加充足的高质量人才支撑，显得尤为必要。

创办“海南软件职业技术学院”是适应海南省中师学校布局调整、合理利用和配置教育资源的需要。当时海南省有8所师范学校，按海南省现有人口比例，存在着师范学校数量过多、教育资源浪费等现象，海南省中师学校调整已成必然趋势。按照省教育厅调整布局要求，中等师范学校只能保留一到二所。因此，琼海师范学校依托信息技术教育的优势，整合和充分利用该校现有的教育资源，推进海南省信息产业化的发展，避免了职业教育资源的流失，推动了海南省职业教育持续发展，取得了一石双鸟的良好效果。

琼海市人民政府对琼海师范学校创办“海南软件职业技术学院”给予大力支持。琼海市人民政府在《琼海市国民经济和社会发展第十个五年规划纲要》中，描绘了在“十五”期间，要建设“大琼海”，实现国民经济和社会跨越式发展，向中等城市迈进的宏伟蓝图，把海南琼海师范学校创办为高等学校作为该市实施“科教兴市”战略、推动经济和社会快速发展的重要举措。因此，把海南琼海师范学校改制创办成为“海南软件职业技术学院”，对加快琼海市国民经济和社会事业发展，加快海南岛东部经济建设，促进城市化进程是极为有利的。

二、学校改制创办大专学校的可行性

学校具备改制创办“海南软件职业技术学院”无可比拟的优越条件。

琼海师范学校办学具有近80年丰厚的历史文化底蕴，尤其是最近10年，学校在信息化建设上加大投入，积极探索，积累了丰富的教学经验，在海南省乃至全国领先于同行提前迈入软件这个领域。

学校原占地面积128亩，1999年9月，琼海市发展计划局发文立项，同意在学校附属小学南面（即琼海市加博中路西侧）征地100亩，作为办学扩建用地。据此立项，琼海市发展计划局和国土资源管理局联合制订了“海南琼海师范学校规划用地蓝线图”（用地面积由原定的100亩扩大至250亩，该地与学校现址连为一体）。琼海市人民政府同意在原计划征地的基础上，向加博中路东侧再征地600亩，并同意免收土地征用税，这样，所征用土地连同学校现有用地面积和附属小学的用地面积，一共近1 000亩，可保证建设用地需要。

学校基础设施和教学设备齐全，拥有教学楼、科技楼、办公楼、图书馆、艺术馆各1栋，学生公寓楼5栋，教师套间楼4栋，总建筑面积50 000多平方米。1998年学校建起的高标准、多功能的现代化科技楼，设有物理、化学、生物、劳技、地理、历史、心理、语言、美术、电教、微机等28间实验室，建筑面积5 000多平方米。该工程质量优良，荣获邵逸夫先生第十一批中小学赠款项目优秀工程一等奖。学校还拥有水泥灯光球场3个、大运动场1个。

学校教学设备先进，拥有大、中、小多媒体教室5间，其中多媒体阶梯教室可容纳456人。电脑教室6间，共有电脑600多台。音乐专用教室15间，钢琴房128间，拥有钢琴80台。学校还设有专用电子琴教室一幢，共有电子琴51台。此外，音乐、幼师班学生人手一部手风琴。学校还拥有较为先进的常规教学设备，设备总价值1 300万元。学校在1999年1月就率先在海南省中师学校中开通了具有教学、管理、连接Interet网功能的千兆校园网，该网主干采用1 000M光纤传输，二级主干100M的快速依太网络，100M/10M交换到桌面，容量600GB，性价比较高，具有良好的可扩容性、升级性、灵活性，是一个居领先水平的校园网。意大利对华无偿援助“海南基础教育”项目年即将实施，届时将增加500万元左右的设备，学校的教学设备总额将达到1 800万元。

学校拥有一支责任心强、师德好、教法优、业务精的教师队伍。有教职工140人，其中专任教师104人、信息技术专任教师18人，所有专任教师都经过信息技术培训，熟悉网络技术、课件制作，有相当一部分教师可进行软件开发。同时学校与美国坡拉尔塔大学、英国威尔士新港学院、北京师范大学等国内外高等学校联合办学，可从这些学校中聘请高水平的教师来学校任教，并聘请与学校合作的软件公司技术人员作为兼职教师，师资有保证。

三、学校改制创办大专学校的过程

1999年6月，学校递交《关于征地扩大学校用地面积的请示》，向琼海市人民政府申请扩建校区用地，琼海市政府领导批示："该校扩建升格为高等学校是琼海市的一件大喜事，将为我市经济建设和社会事业发展提供新的机遇，应大力支持，请市建设局、国土局对规划选址、土地使用提出科学合理的意见。"2001年春，琼海市发展规划局批复同意学校在嘉积镇征地扩大办学规模，项目占地面积800亩，四至延伸为：学校附属小学南面，东至兴海中路，南临嘉积第二中学，西邻双拥路，总投资1.45亿元，其中第一期投资4 600万元（采取一次规划，分期建设的方式），资金由上级拨款及学校自筹。主要建设内容：兴海中路西侧作为教学、教研区；东侧作为教职工、学生生活区及附属中学、小学、幼儿园等。与此同时，琼海市建设局也积极帮助学校进行扩建校区征地前期工作。

随后，学校向省教育厅递交《关于兴建琼海师范学校教学楼的请示》。2002年秋，学校向省政府递交《关于升格为高等师范专科学校的请示》。

10月18日，琼海市人民政府向学校书面复函《关于积极支持创办海南软件职业技术学院的函》，其文中正式答复："市政府将一如既往，在财力、物力等多方面大力支持贵校改制创办海南软件职业技术学院。为支持贵校改制创办海南软件职业技术学院，市政府在紧挨贵校的嘉积至博鳌公路边黄金地段无偿提供800亩土地，征地成本价每亩5 000元，价值4 000万元。今后市政府将每年支持海南软件职业技术学院办学资金不少于1 000万元。"

2002年10月20日，学校向省政府递交《改制创办海南软件职业技术学院建议书》。

2002年年底，在定安南丽湖召开的专家评审会上，与会专家全票通过海南琼海师范学校升格为海南软件职业技术学院。2003年3月19日，海南省人民政府正式批准海南琼海师范学校升格为海南软件职业技术学院（琼府函〔2003〕6号），2003年4月23日，教育部予以备案（教发函〔2003〕142号）。2003年秋季，学院正式面向省内外招生。学院的创办创下学院发展史上的"三个第一"，海南省第一所专门培养软件应用型人才（即软件蓝领）的高等学校；落户琼海市的第一所高等学校；学院有史以来第一次面向全国招收高中毕业生。学校升格为学校的发展开辟了广阔的道路和美好的前景，学院的改制转轨将作为学校发展进程中重要的一页而载入史册。

2003年9月6日上午，学校举行隆重的揭牌仪式。时任海南省副省长林方略、时任省教育厅厅长黄国泰、时任琼海市委书记陆志远等参加了学院的揭牌仪式。

副省长林方略代表省委、省政府对学院的正式挂牌表示热烈的祝贺，他希望学院的成立，为加快海南省信息智能岛的建设发挥重要的推进作用。时任省教育厅副厅长徐金龙、琼海市委书记陆志远也分别作了讲话。

附：荣誉与获奖

一、海南琼海师范学校主要荣誉概况（1991—2002）

序号	荣誉名称	获得时间
	国家级	
1	全国先进师范学校	1991
2	全国先进班集体（901 班）	1993
3	全国电化教育工作先进单位	1998
4	尝试教学实验研究全国先进单位	1998
5	中国教育学会数学教育研究发展中心尝试教学理论研究会实验基地	1998
6	全国学校艺术教育工作先进单位	2000
7	全国教育工会先进集体	2000
8	1999—2001 年度全国五四红旗团委创建单位	2001
9	全国教育科学“十五”规划重点课题信息化进程中的教育技术发展研究实验学校	2002
10	全国教育科学“十五”规划重点课题信息化进程中的教育技术发展研究子课题实施单位	2002
	省　级	
1	全省师范教育工作先进单位	1991
2	海南省中师学校管理和校园文化建设先进单位	1992
3	海南省精神文明建设先进单位	1993
4	海南省中师学校年终检查评比先进单位	1994
5	海南省中师学校年终检查评比学校管理工作先进单位	1994
6	海南省中等师范学校年终教学检查评比教学工作先进单位	1997
7	海南省中师学校后勤工作先进单位	1997
8	海南省中师学校先进食堂	1997
9	海南省中师学校文明校园	1997
10	海南省中师学校学生宿舍管理先进单位	1997
11	海南省中师学校教学设备建设先进单位	1997
12	海南省中师学校实施“园丁科技教育行动”评比先进单位	1997
13	海南省教育厅 1996—1998 年度优秀基层党组织	1998
14	海南省文明单位（连续四年）	1996、1997、1998、1999
15	海南省现代教育技术实验学校（两年）	2001、2002
16	海南省学校艺术教育工作先进单位	2002

二、海南琼海师范学校集体及教师获奖概况（1991—2002）

序号	获奖名称	获奖情况	获奖名单	获奖时间	授奖单位
1	全国教育系统“优秀教师”	优秀教师	高荣泰	1991	国家教委
2	第二届全国中师青年教师教学论文评比	一等奖	陈廷锋	1992	国家教委
		三等奖	卢焕雄		
3	全国教育系统劳动模范	劳动模范	高荣泰	1993	国家教委人事部
4	教育部曾宪梓资金会奖励	三等奖	卢焕雄	1999	教育部曾宪梓资金会
5	全国教育系统先进工作者	先进工作者	王恩周	2001	教育部、人事部
6	全省中师学校体育基本功考核	总分第二名	集体	1992	海南省教育厅
7	海南省首届中师生手抄报展评	团体一等奖	集体	1992	海南省教育厅
8	海南省中师学校青年教师考核	文字书写团体第一名	集体	1994	海南省教育厅
		教学基本功团体一等奖			
		课堂教学团体第一名			
		教育教学语言团体第一名			
9	海南省第四届中师文艺汇演	团体总分第一名	集体	1995	海南省教育厅
		教师节目一等奖	集体	1995	海南省教育厅
10	海南省师范教育论文评比	一等奖	陈尤芹	1996	海南省教育厅
11	海南省师德先进个人	师德先进个人	周运诗	1997	海南省教育厅
12	海南省第五届中师文艺汇演	第二名	集体	1997	海南省教育厅
13	推行《国家体育锻炼标准施行办法》先进个人	先进个人	李世行	1997	海南省文体厅 海南省教育厅
14	海南省中师学校年终教学检查	普通话演讲团体第二名	集体	1997	海南省教育厅
		三笔字团体总分第二名	集体		
		普通话演讲团体第二名	集体		
		课堂教学第一名	周　恩		
		普通话演讲第一名	黄晓宁		
		三笔字个人总分第一名	周夏雨		
15	海南省师范教育论文评选	一等奖	陈廷锋	1997	海南省教育厅
		（语文科）一等奖	卢焕雄		
		（教管科）一等奖	卢焕雄		
16	省教育厅 1996—1998 年度优秀共产党员	优秀共产党员	王恩周 陈修焕 莫仕锋	1998	海南省教育厅
17	省教育厅 1996—1998 年度优秀党务工作者	优秀党务工作者	陈尤芹	1998	海南省教育厅
18	海南省优秀教育工作者评选	优秀教育工作者	莫仕锋	1998	海南省教育厅 海南省人劳厅
19	全省第二届中师生手抄报评比	现场比赛总分第二名	集体	1998	海南省教育厅

续表

序号	获奖名称	获奖情况	获奖名单	获奖时间	授奖单位
20	海南省中等师范学校教学能手	教学能手	卢焕雄 周　恩	1999	海南省教育厅
21	全省中师学校教学能手评选	教学能手	李际轩 李群山 陈　勇	2000	海南省教育厅
22	海南省师范教育论文评比	一等奖	王恩周 陈修焕	2000	海南省教育厅
23	海南省优秀共产党员	优秀共产党员	王恩周	2001	海南省委
24	海南省教师教育论文评选	一等奖	冯　于	2002	海南省教育厅
		一等奖	王　虹		
		一等奖	杨少霞		
		一等奖	钟衍寰		

注：以上奖项为国家级三等奖以及省厅级集体二等奖、个人一等奖（含）以上奖项的不完全统计情况，如遗漏或有误，敬请谅解。

下篇

20年高职教育的繁荣发展

（2003—2023）

2003年3月，走过80年峥嵘岁月的学校实现了从中等师范教育向高等职业教育的跨越，实现了办学历史上的华丽蜕变，开启了海南软件职业技术学院繁荣发展的新征程。

学校升格转型以来，始终围绕立德树人的根本任务，准确把握学校发展定位，凝练专业人才培养目标，打造专业特色。学校秉承“培养信息技术人才，服务经济社会发展”的办学理念，践行“铸就软件工匠摇篮，赋能产业创新发展”的办学宗旨，实施“质量立校，人才强校”的发展战略，坚持“立足海南，面向全国，服务信息产业，坚定职业教育”的办学定位，形成“政行企校协同，校企共同育人”的办学格局。将人才培养质量提升作为立校之本，扎实推进“教学质量提升计划”的实施。学校于2007年和2012年完成两轮人才培养评估工作，深受评估专家的一致好评，也是海南省唯一一所连续两次顺利通过教育部人才培养工作评估的公办高职院校。特别是党的十八大以来，我们全面加强党对学校工作的领导，不忘立德树人初心，牢记为党育人、为国育才使命，党的建设和思想政治教育工作有力有效，不断深化教育教学改革，人才培养工作稳步推进，开放办学迈上新台阶，师生获得感、幸福感、安全感明显增强，各项事业取得了显著的成绩。2017年9月，我校入选国家教育部第二批现代学徒制试点单位；2018年1月，学校被授予全国“首批职业院校数字校园建设实验校”；2018年5月，学校被确定为海南省优质高等职业院校立项建设学校；2020年9月，学校获批首批海南省“双百”人才团队；2022年1月，学校被确定为“全省党建工作示范高校”培育建设单位；2022年4月，学校成为海南省“双高计划”立项建设的学校。

第九章

从中等师范教育走向高等职业教育

2003年3月，经海南省人民政府批准，同年4月报国家教育部备案，海南琼海师范学校升格为海南软件职业技术学院，成为海南省首家“主要培养软件生产、信息服务第一线需要的软件技术应用性专门人才”（《教育部示范性软件职业技术学院的建设方案》）的高职院校。学校“在培养社会急需的高级软件职业技术人才的同时，继续承担全省小学信息技术教育师资的培养和培训任务”（《海南省人民政府关于海南软件职业技术学院等高职院校设置问题的批复》），同年秋季开始在全国范围招收首批高职学生。

第一节　抢抓机遇升格转型

一、升格转型之时代背景

20世纪末，随着改革开放的深入发展，我国市场经济制度逐步建立，社会结构发生了巨大变化。中等师范教育出现了百年来的重大变局，进入转型、升格或改制之困境。1998年，国家教育部颁发《面向21世纪教育振兴行动计划》，提出“跨世纪园丁工程”，指出“2021年前后，具备条件的地区力争使小学和初中专任教师的学历分别提升到专科和本科层次”。1999年3月16日，教育部颁行《关于师范院校布局结构调整的几点意见》，提出“到2021年左右，新补充的小学、初中教师分别基本达到专科和本科学历”，文件还明确提出国家中等师范学校布局调整的目标：“到2003年学校调整到500所左右。”而实际上，全国中等师范学校在调整中减少的速度快于预期。从1998年全国有875所中等师范学校，到2001年已调整到570所，2002年仅剩430所。教育领域受到计划经济形成制度冲击后，大中专学校的招生制度和就业制度也逐渐被打破，中等师范教育开始逐步推行缴费上学与自由择业的政策，以往对于师范生免费上学、包当干部的优待政策已被取消。中等师范学校随即出现生源危机，中等师范教育越来越面临被取消的可能。

严峻的现实要求琼海师范学校必须进行升格或转型，不然就面临着改制或被其他高校合并为专科职业学校的尴尬局面。

二、升格转型之具体过程

为了适应海南经济社会发展和教育改革的需要，学校认真学习教育部、国家计委《试行按新的管理模式和运行机制举办高等职业技术教育的实施意见》，认真领会中共中央、国务院《关于深化教育改革全面推进素质教育的决定》中“要大力发展高等职业教育”的要求；认真研究国家特别是海南省电子信息产业发展对人才的需求，研究琼海市人民政府《关于制定国民经济和社会发展第十个五年计划纲要》中把创办高等学校作为“科教兴市”的战略。2002年，学校领导班子审时度势，依据海南教育发展结构布局与改革趋势，结合学校信息技术教学发展的优势，果断地提出转型升格为海南省首家培养软件信息行业专门人才的高等职业院校的思路。

学校升格揭牌仪式

学校在省教育厅、琼海市委市政府的支持下，创建高等职业院校的工作全面开展。2003年3月初，学校成立了建校领导小组领导建校的全面工作。2003年3月19日，海南省人民政府批准；4月23日，国家教育部备案，海南琼海师范学校正式升格为海南软件职业技术学院。升格转制后的学校办学定位：“在培养社会急需的高级软件职业技术人才的同时，继续承担全省小学信息技术教育师资的培养和培训任务。”（《海南省人民政府关于海南软件职业技术学院等高职院校设置问题的批复》）。

2003年9月6日，海南软件职业技术学院揭牌仪式隆重举行，2004年11月3日，海南省教育厅琼教高〔2004〕104号文件撤销琼海师范学校建制。2005年3月15日，《中共海南省教育工委关于同意海南软件职业技术学院成立中共海南软件职业技术学院委员会的批复》（琼教工委〔2005〕15号），同意学校成立中共海南软件职业技术学院委员会。

第二节　学校升格后的目标定位

1923年以来，学校始终以人才培养为根本任务，坚持服务基础教育和区域社会经济发展的时代使命。百年来学校与国家同呼吸共命运，培养了一批又一批优秀人才。在师范教育时期，学校秉承“学高为师、德高为范”的校训，承担着为国家培养中小学教育师资的光荣使命，培养出了一大批师范生，为海南基础教育作出了积极贡献。升格为高等职业教育学校后，学校坚持党的教育方针，以“励志笃学，厚德尚能”为校训，以市场需求为导向，致力于培养信息、软件行业的高素质技术技能人才。

学校升格初期，面对中等教育向高职教育的过渡，涉及学科教育的转变、专业门类的设立、培养层次的提升、IT教育对师资、设备的不同要求、教育思想与教学理念转变等诸多问题。经过几年的探索，学校逐渐明晰了办学的总体思路：坚持以就业为导向，根据市场需求设置专业，对准岗位设置课程，依据岗位职责训练能力；坚持走产学结合之路，不断探索和创新人才培养模式；坚持适度规模，以质量求生存，以改革促发展，以特色创品牌，使办学规模、质量、效益有机统一，实现学校的可持续发展；坚持以服务为宗旨，立足海南和电子信息行业，为区域经济和社会事业发展提供智力支持与人才保障。学校以创新教育思想为先导，通过请进来、走出去和内部学习研讨，努力践行人才为根本、教学为中心、技能为主线、质量为生命、特色为追求的办学理念，不断拓展办学思路，为人才培养工作奠定了良好的思想基石。

一、办学指导思想

2006年，学校以邓小平理论和“三个代表”重要思想为指导，全面落实科学发展观；坚持以服务为宗旨，以就业为导向，着力构建以职业能力培养为主线，按照“知识、能力与素质相统一”的人才培养方案，推行“双证书”制度，通过校企合作、产学结合、顶岗实习的途径，培养高素质技能型专门人才，在为区域经济和行业服务中求发展；遵循高职教育规律，促进规模、结构、质量、效益的协调发展，全面提升综合实力；突出特色，力创品牌，办好家长满意、用人单位满意、社会满意的高等职业教育。

2011年，根据《国家中长期教育改革和发展规划纲要（2010—2020年）》和《海南省教育事业“十二五”规划》，学校制定了《中长期人才发展规划纲要（2011—2012年）》《教育事业发展“十二五”规划》和有关师资队伍建设、专业建设、特色专业、科研发展、基本建设等5个子规划，并在学校第一届教职工暨工会会员代表大会第二次会议中审议通过。会议认为“十二五”是学校深入贯彻落实科学发展观，持续发展、提升内涵、整体推进、突出特色的重要时期，是学校发展取得重要进展的关键时期。学校高举中国特色社会主义伟大旗帜，以邓小平理论、“三个代表”重要思想为指导，深入贯彻落实科学发展观。2016年9月，学校印发了《“十三五”事业发展规划》，明确指出要高举中国特色社会主义伟大旗帜，全面贯彻党的十八大和十八届三中、四中、五中全会精神，以邓小平理论、“三个代表”重要思想、科学发展观为指导，深入贯彻习近平总书记系列重要讲话精神，按照“五位一体”总体布局和“四个全面”战略布局，牢固树立和贯彻落实创新、协调、绿色、开放、共享的发展理念，全面贯彻党的教育方针， 坚持“一个目标”“三个提升”“五大战略”和“十二项重点任务”的战略布局，以社会主义核心价值观为统领，以法治思维和方式推动学校改革、建设和发展，力争把学校建设成为专业特色鲜明、社会服务能力强、综合办学水平领先、行业优势突出的优质高职院校，为区

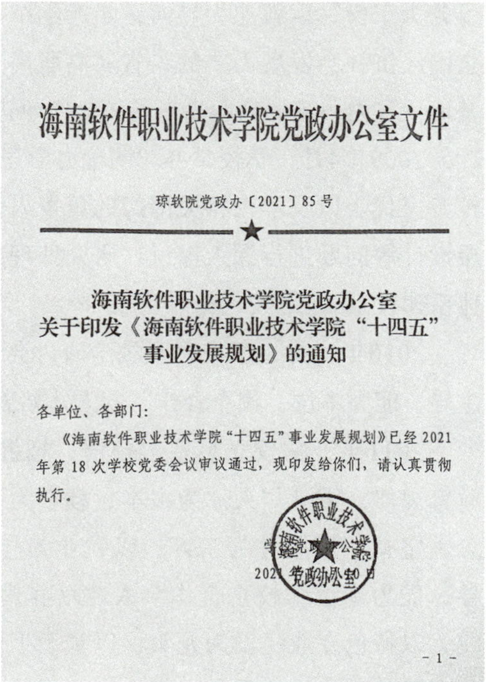
海南软件职业技术学院党政办公室文件

琼软院党政办〔2021〕85号

海南软件职业技术学院党政办公室
关于印发《海南软件职业技术学院“十四五”
事业发展规划》的通知

各单位、各部门：

《海南软件职业技术学院“十四五”事业发展规划》已经2021年第18次学校党委会议审议通过，现印发给你们，请认真贯彻执行。

海南软件职业技术学院党政办公室

\- 1 -

2021年学校印发的“十四五”
事业发展规划文件

域经济发展提供高素质技术技能型人才和多样化社会服务。

2021年12月，学校党委会审议通过《“十四五”事业发展规划》，明确以习近平新时代中国特色社会主义思想为指导，坚持社会主义的办学方向，全面贯彻党的十九大和十九届二中、三中、四中、五中全会精神，全面落实习近平总书记关于教育的重要论述和全国教育大会精神，把握新发展阶段，贯彻新发展理念，构建新发展格局；全面贯彻党的教育方针，围绕学校规划布局，以社会主义核心价值观为统领，以法治思维和方式推动学校改革、建设和发展；以立德树人为根本，以服务发展为宗旨，以促进就业为导向，以提升办学能力和水平为主线，以改革创新为动力，以专业建设为抓手，完善产教融合、校企合作机制，创新人才培养模式，全面提高人才培养质量，创建海南省“双高计划”学校，努力创造条件把学校建设成为专业特色鲜明、社会服务能力强、综合办学水平领先、行业优势突出的职业本科大学，为区域经济发展培养高素质技术技能人才和高层次技术技能人才。

二、办学理念与办学定位

“十一五”期间，学校办学思想进一步明晰，办学定位更加明确。学校提出了“把学校建设成办学特色鲜明，省内一流的高职高专院校”的发展目标，提出了切合学校实际、符合职业教育特点的“人才为根本、教学为中心、技能为主线、质量为生命、特色为追求”的办学理念，坚持“以服务为宗旨、以就业为导向、走产学结合发展道路”的办学方向，着力构建以职业能力培养为主线，按照“知识、能力与素质相统一”的人才培养方案，推行“双证书”教育和工学结合人才培养模式，在为区域经济和行业服务中求发展。

2007年，学校全方位对标教育部关于高等职业院校人才培养工作评估指标，再次提出坚持以服务为宗旨，以就业为导向，走产学结合发展道路的办学方向，坚持把学校建设成为适应海南和全国经济社会发展需要的，省属高职高专院校中规模最大的电子信息行业应用型人才培养、培训基地，省内一流的高职高专院校，力争进入国家示范性高等职业院校的发展目标。

2009年4月，学校举办“明确办学思想、完善顶层设计”研讨会，邀请省教育厅和省内兄弟高校专家代表以及学校相关部门的负责人，围绕学校的办学思想、办学定位、发展目标以及完善顶层设计等问题进行深入探讨，研究处理好高职教育与本科、中职教育的关系，重点关注课程模式体系建设。

2010年10月，学校召开教学研讨会，进一步完善了学校的办学思想和办学理念，明确“实践主导，能力本位，校企合作”的人才培养模式。

2011年，学校立足基本校情，把握学校教育发展的阶段性特征，坚持依法治校，尊重高职教育规律，秉承“人才为根本、教学为中心、技能为主线、质量为生命、特色为追求”的办学理念，坚持“以服务为宗旨、以就业为导向、走产学结合发展道路”的办学方向，创新“实践主导，能力本位，校企合作”人才培养模式，以合作办学、合作育人、合作就业、合作发展为主线，以特色专业建设为龙头，以基于工作过程系统化课程建设为抓手，以师资队伍双师素质培育和实践教学建设为重点，努力完善“工学结合”和“校企合作”的办学模式，不断夯实基础，优化结构，调整布局，提升内涵，提高人才培养质量和社会服务能力，为海南和国家经济社会发展作出更大的贡献。

“十二五”期间，学校提出立足海南，紧贴行业，服务基层，服务企业，为海南经济社会建设和国家电子信息产业发展提供实用人力资源和技术支持的服务面向定位，确定以培养面向软件、信息业为主，兼顾其他行业的生产、建设、管理、服务第一线需要的具有良好实践能力、创造能力、就业能力、创业能力和职业道德的高端技能型人才的培养目标，明确以教学为主，兼顾应用技术研究和技术开发，坚持以全日制普通高等职业教育为主体，兼顾成人教育、职业技能培训和社区服务的办学形式，不断加强内涵建设和深化改革，全面提高学校综合实力和办学水平，把学校建设成办学特色突出，规模、结构、质量、效益协调发展，海南省规模最大的IT行业应用型人才培养培训基地，国内一流的高等职业院校。

2016年9月，学校印发《“十三五”事业发展规划》，明确提出新时期的办学方向与定位：立足海南，服务全国，以市场需求为导向，形成以电子信息大类为主，艺术设计传媒、财经、旅游、文化教育等大类为辅协调发展的专业格局，不断凸显专业特色，打造专业品牌，开展专科层次的高等职业技术教育，大力发展国际学生教育，适时开展本科学历教育，将学历教育、继续教育和劳动力转移培训相结合，培养面向生产、建设、管理、服务第一线需要的具有社会责任感、创新创业精神和实践能力的高素质技能型人才，成为海南信息产业技能型人才供给中心、技能培训中心、技术服务与创新中心。

2021年12月，学校印发《“十四五”事业发展规划》，对学校在“十四五”期间学校教育事业发展的总体办学定位进行统筹规划，明确提出稳步发展高职专科教育，积极争取举办职业本科教育，积极推进留学生教育，不断拓展继续教育的办学层次定位；办学类型定位为具有特色的高水平职业教育；服务方向定位为立足海南，面向全国，服务社会经济发展；人才培养目标定位为培养面向生产、建设、管理、服务第一线需要的具有社会责任感、创新精神、工匠精神、实践能力和富有家国情怀的高素质技术技能型人才。

三、发展思路

2003年，学校提出按照“巩固、深化、提高、发展”的八字工作方针，全面实现学校由中等教育向高等教育过渡，立即上新的IT专业，上规模求效益。2004年的工作重点是教师队伍建设、专业建设、条件改善、体制创新。2005年提出以学生职业能力培养为主线的教学理念，工作重点是专业调整、课程改革、教学手段与方法的改革，实验、实习（训）基地建设，并确定这一年是“改革崛起年”。2006年，学校提出从扩展规模逐步向提高内涵建设转移的发展战略，科学制定了学校《“十一五”事业发展规划》。

“十二五”期间，学校明确坚持规模、结构、质量、效益协调发展的办学思路，完成“规模发展向内涵建设转变，全面探索向特色凸显转变，行政管理型管理向服务型管理转变”。

2016年，学校的《“十三五”事业发展规划》明确全面贯彻党的教育方针的同时，提出坚持“一个目标”“三个提升”“五大战略”和“十二项重点任务”的战略布局，以社会主义核心价值观为统领，以法治思维和方式推动学院改革、建设和发展；以立德树人为根本，以服务发展为宗旨，以促进就业为导向，以提升办学能力和水平为主线，以改革创新为动力，以专业建设为抓手，完善产教融合、协同育人机制，创新人才培养模式，全面提高人才培养质量，力争把学院建设成为专业特色鲜明、社会服务能力强、综合办学水平领先、行业优势突出的优质高职院校。

2021年，学校《“十四五”事业发展规划》在“十三五”的基础上，明确提出要创建海南省“双高计划”学校，努力创造条件把学校建设成为专业特色鲜明、社会服务能力强、综合办学水平领先、行业优势突出的职业本科大学。

四、发展目标

（一）“十一五”期间学校的发展目标

2006年，学校《“十一五”事业发展规划》确定了学校发展的总体目标：通过深化改革和加快建设，全面提高学校的综合实力和整体水平。到2010年，学校发展规模为全日制高等职业教育学生达到6 000人，职业技能培训和社区服务每年2 000人次；人才培养工作水平基本达到教育部颁布试行的高职高专院校人才培养工作水平评估方案优秀标准；努力把学校建设成为适应海南和全国经济、社会发展需要的，省属高职高专院校中规模最大的电子信息行业应用型人才培养、培训基地，省内一流的高职高专院校，力争进入国家示范性高等职业院校。

“十一五”期间，学校通过一手抓规模发展，一手抓内涵建设，各项事业跃上一个新的台阶，完成校园基本建设，完善基础设施，改善办学条件；保证实验室、实训室、图书文献及其他教学仪器设备的投入稳步增长；加强师资队伍建设，数量和质量要有显著改善，提高教师中高级职称比例、研究生比例和双师素质教师比例；深化教学改革，加强专业建设和课程建设，形成明显的专业特色和专业优势；加强校企合作办学的工作力度，推进产学结合构建一个“基础宽、技能精、针对性强、适应面广”具有高职教育鲜明特色的课程体系，形成富有特色的应用型人才培养模式；加强教学科研工作，在成果的数量和质量上有突破；完善管理制度，推进管理改革，建立高效的内部管理体制和运行机制；营造团结向上、民主活泼、文明高尚、稳定平安的和谐校园。

2010年学校软件工程硕士研究生班学员合影

（二）“十二五”期间学校的发展目标

“十二五”期间，学校依据发展实际，结合国家高职教育发展形势和海南高职发展趋势，深入研究，认真剖析梳理，明确了“十二五”时期的发展目标。

办学规模：到2015年，全日制普通高等职业教育在校生达到7 000人，年培养高端技能型人才2 300人，年培训社会人员4 600人次。

专业课程建设：调整专业设置，完善专业结构，到2015年，高职专业35个左右。新建10个以上院级重点建设专业，努力新建3～5个省级特色专业，新建5～8门省级精品课程，新建2～3个省级实验教学示范中心和1～3个高职实训基地，新增省级教学成果奖1～2项；力争建设1～2门国家级特色专业，建设1套国家级特色教学资源库，新建1～2个国家级实验教学示范中心和高职实训基地，力争形成国家级教学成果奖。

师资队伍建设：到2015年，专任教师360人，兼职教师85人。专任教师中专业课和专业基础课教师的双师素质教师比例超过60%，40岁以下的专业教师中具备双师素质比例超过60%，专任教师中具有研究生学历或硕士学位的超过30%，专任青年教师中具有硕士学位的超过35%，专任教师中具有高级职称的超过30%。培养校内教学名师8名，新增省级教学名师4名，国家级教学名师1名，新增省优专家2名，培育国务院特贴专家1名，新建2～3个省级教学团队，建设1个国家级教学团队；兼职教师占专业课与实践指导教师合计数之比超过15%，其中高级专业技术资格的占25%以上，其余应具有中级专业技术资格；争取每个系都有1～2名具有国外留学背景或海外研修经历的教师。

科研和社会服务：积极承担省级以上科研课题，加大高水平科研成果奖励力度，鼓励教师和科研人员对实用技术和高新技术产业化的研究，促进科技成果转化成生产力，积极为地方信息技术产业、旅游服务产业等开展技术服务，产生省级科研成果奖，力争形成国家级科研成果和省级科技奖与专利。

学生工作：坚持“育人为本、德育为先”的工作理念，加强、改进大学生思想政治教育和学生资助工作，重视学生职业道德教育、法制教育，把社会主义核心价值体系融入高等职业教育人才培养的全过程。加强辅导员和班主任队伍建设，扶持、规范学生社团发展，推动学生社团在活跃校园文化、吸引凝聚学生、开展思想政治教育方面发挥重要作用。在学生综合素质的培养、提高与素质拓展方面下苦功、求实效。积极构建招生和就业工作的良性互动循环机制，确保生源质量和就业质量的不断提高，录取新生报到率在85%以上，毕业生平均首次就业率在90%以上，年底就业率在95%以上，对口率高，起薪高，社会用人单位对毕业生总体满意率或工作称职率在90%以上，在省内同类院校中位居前列。

后勤服务：不断深化后勤改革，建立适应市场经济体制需要和符合学校特点的后勤管理体制和运行机制，努力提高服务水平和服务质量。同时，根据教学、科研的实际需要，积极开办校办产业，创造自己的“造血”机制，争取实现良好的经济效益和社会效益。

对外交流与国际合作：坚持开放办学，加强在教学、科研、技术开发等领域与国内外高校、科研机构和企事业单位的交流与合作；努力拓展对外合作办学渠道，再争取与2～3所国外知名院校合作办学，扩展学生境外交流活动，推进海外技能的培训、专业学习、短期交流等项目，力争做到3%～5%的毕业生有海外学习、交流的经历。

校园文化建设：大力开展“学习型、节约型、服务型”学校建设和“平安和谐校园”建设活动，把学校建设成为广大师生理想的精神家园和治学求学的理想之地。进一步改善民生，提高教职员工的福利待遇和生活质量，增强学校的向心力、凝聚力和吸引力。

党建工作和精神文明建设：加强党团组织建设，积极发展党员团员，为党团队伍增加新鲜的血液，在广大党员团员中开展理想教育、文化教育、道德教育、普法教育，进一步加强思想政治理论课课程建设，推进依法治校，全面提高全体师生员工思想道德、政治、法律素质，继续保持全省高校党建和思想政治教育工作的先进地位，以创先争优的精神风貌和求真务实的工作姿态，力争取得更多的省级以上荣誉。积极创造条件，加大经费投入，确保社科类教师有充足的机会和条件参加各种学术交流活动、学习考察活动以及社会实践活动。加大社科类教师的培养培训，提高教师的理论素养和业务能力及学力。继续鼓励社科类教师深入开展教学方法与教学手段改革，在巩固现有校级精品课程的基础上，争取建成1门省级精品课程。

档案建设：主要加强“五个体系”建设。一是档案资源体系建设，其关键是要深化完善档案管理模式改革，进一步建立长效机制，切实发挥为教学管理服务的作用，逐步实现档案资源信息化、管理现代化、服务社会化、人才专业化、工作法治化的“五化”目标。二是档案利用体系建设，要加强档案规范化服务，简化档案利用手续，完善档案“一站式”服务，强化综合档案室的服务功能，更好地发挥档案工作的历史和现实作用。三是档案安全体系建设，要加强档案规章制度建设，特别是要把档案信息安全建设放在重要位置，确保档案信息管得好、用得好、用得安全。四是档案信息化体系建设，要以电子文件中心建设为载体，努力实现档案信息互联互通共享。五是档案人才体系建设，要适应信息时代和学校事业发展要求，着眼于档案事业的发展，加强人才队伍建设，抓好教育培训，更新知识，提高发展能力，为档案事业发展提供人才保障。

图书馆建设：改造图书馆主页，加强与读者的双向沟通，方便读者享受图书资源和借阅服务；建设“数字化”图书馆，建成一个集多种文献载体于一体的高智能集成化的网络电子信息资源系统，为师生提供互联网信息资源的导航和检索服务，提供相关专业领域内的学者、网站、学术会议、电子资源等链接，并开展科技查新、文献传递等服务；与兄弟院校等省内各类单位图书馆并网，实现资源共享；举办读书节征文、资源检索利用培训等活动，加强宣传教育，提高读者获取科技文化信息的意识和技能。

基本建设：全力推进扩建校区的征地工作，积极筹措资金，完成扩建校区第一期工程建设，加大设备投入，改善条件，使生均教学行政用房面积、生均宿舍面积、生均图书、生均仪器设备等适应学校发展需求，为师生员工提供良好的教研、学习、工作与生活条件。

2012年建成的大学生创业中心

建成大学生创业基地1个，新建30间左右的校内实训基地、80个以上校外实训基地，完成中央财政支持建设的各类高规格职业教育实训基地建设，满足各专业学生工学结合和顶岗实习的需要。

按照校园总体规划，高起点、高标准建设具有现代性、环保化、数字化等特征的优美校园，建成一批特色人文景观或景点；校园绿化覆盖率达90%，体育运动场所及设施达到国家规定标准，完善师生员工休闲、娱乐活动场所，力争校园环境建设进入全省高职院校的先进行列。

（三）“十三五”期间学校的发展目标

2016年，学校《“十三五”事业发展规划》明确了“十三五”时期的发展目标。

总体目标：按照“扩大规模、优化结构、突出特色、提高质量、服务地方”的发展思路，到2020年，力争把学校建设成为优质高职院校。

为此，要瞄准优质院校的标准扎实做好各项工作，在“十三五”期间实现“三个提升”的目标。

实现办学综合实力的提升。“十三五”期间，始终坚持“质量立校、人才强校、特色名校、服务兴校、依法治校”的办学理念，争取扩大办学规模，不断优化资源配置，创新人才培养模式，实现校企合作深度融合，努力提高办学水平，持续增强服务功能。

实现人才培养质量的提升。“十三五”期间，对照《高等职业教育创新发展行动计划（2015—2018年）》各项指标，以争创优质高职院校为抓手，实现学生职业技能和职业素养全面提升。

实现办学层次的提升。根据教育形势和学校发展实际，以教育部本科院校设置各项指标为导向，着力培育“升本条件”，稳步拓展本科专业教育，适时启动升格建设应用型本科院校工作。

具体发展目标：

办学规模。全日制在校学生规模达到8 000人，培训社会人员10 000人次。

专业建设。开设专业40个左右。开设一批以云计算、大数据、物联网、移动应用、智能控制技术为核心的“新IT”专业，优化专业结构，积极改造传统专业。新建校级重点专业10个、省级骨干专业3个，力争国家级特色（重点）专业有所突破，积极申报中高职及高职本科衔接专业，争取省级特色（重点）专业申办本科专业，并推进1个省级特色专业教学资源库的建设。

课程建设。每个专业建设1～3门项目化课程资源库，30%的专业课程采用项目化教学法进行教学，80%专业的核心课程进行项目化、模块化课程改造，出版项目化、模块化课程教材占专业课程总数的30%以上。争取获得2项省级教学成果奖，在国家级教学成果奖有所突破。

人才培养模式。积极探索自主招生，拓展“订单”培养，突出学生技能培养，与企业紧密合作，让企业参与人才培养和人才评价全过程，推行“实践主导，能力本位，校企合作”为主导的人才培养模式，各专业积极创新人才培养模式改革，特别是针对中高职、高职本科一体化人才培养模式改革。毕业生就业率平均保持在92%。

人才队伍建设。到2020年形成一支445人左右专兼结合的教师队伍，其中，高级职称教师占教师总数33%左右，正高级（含兼职）40人左右，专业课教师中“双师型”教师占70%以上；专任教师中具有研究生学历或硕士及以上学位的达52%，青年教师中具有硕士及以上学位的达55%；积极选拔培养专业带头人和中青年骨干教师，建设合理的学术梯队，力争做到一半以上的专业有一名具有正高职称的专业带头人，每个专业有3名以上具有副高以上职称的骨干教师；校内教学名师有10人，省级教学名师有7人，国家级教学名师1名，省优专家6人，国务院特贴专家2人，“515人才工程”专家3人，“海外名师”6人；40岁以下的专业教师中70%应具备双师素质，培养20%的青年教师成为骨干教师；培养3～5名教授成为省学术和专业带头人及后备人选，培养遴选校级学术带头人和优秀中青年骨干教师40名左右，遴选校级教学名师10名左右，培养省级以上教学名师5～8名。同时，建立起一支与高等职业教育发展相适应的、与学校教育事业协调发展的高效、精干的党政管理队伍和思想政治教育工作队伍。

2017年6月，桂占吉副院长在访问俄罗斯卡尔梅克国立大学时接受当地媒体关于两校合作的采访

教学科学研究工作。加强教学研究和科学研究工作，确保教科研专项经费满足实际需要。力争立项国家级教科研项目1～2项，省级教科研项目130项（含厅级课题）以上，横向课题和专利5个以上。

扩建校区及基本建设。争取在琼海市或在适合学校发展的其他地区征地建设新的校区。积极筹措资金，完成本部扩建校区第二、第三期工程建设。实现新老校区一体化文化景观建设。体育运动场所及设施达到国家规定标准。

实训设施建设。根据专业需求和学生实训的要求，继续加快实习、实训基地建设，建成一批融教学、培训、职业技能鉴定和技术创新转化功能于一体的校内外实训基地；实验实训开出率要确保达到100%以上，仪器设备利用率超过90%；各专业都建立起足够满足实践教学需要的校外实训基地，学校实训基地建设在省内同类院校中达到领先水平。

校企合作。成立紧密型的校企合作理事会，完善校企合作制度，形成在理事会领导下共同制定人才培养方案、共同建设专业、共同开发课程、共同建设实习实训基地、共同培育技能人才、共同革新生产技术、共同提升学生就业能力等校企合作运行机制，新建省级校企合作示范基地 1个，“校中厂”5个，“厂中校”10个，获省级创新创业大赛一等奖3项以上，大学生创业项目孵化40个。

推进教育服务贸易创新发展。开展多种形式的国际交流合作，积极培育学校国际化办学特色。为俄罗斯北方联邦大学“欧亚背景下职业沟通”硕士项目开展远程汉语课程。在俄罗斯北方联邦大学和立陶宛考纳斯应用科学大学设立办学机构和实训基地。向合作院校输出交换生10～15人。推进教师访问境外合作院校30人次，每年组织有关部门或学校领导赴境外周边国家开展2次招生推介活动。组织有关教师赴境外合作院校进行讲学。

社会服务。面向外校学生、社会人员开办各类培训班40个，培训各类学员达到10 000人次，努力创建在省内有号召力的重点培训项目5个。

信息化建设。建设信息化校园基础平台和各类业务应用信息系统，支持手机、平板电脑等各类智能终端泛在无缝快捷接入，实现各类资源的有效整合与共建共享。实现校园全光宽带网络的全面覆盖，有线无线一体化校园网络，基本形成学习型校园的信息化支撑服务体系。建设稳定、高效的信息化管理运行机制，满足大规模教学应用的数字化教育平台和现代教学体验中心，建成万兆核心网络和数字化校园。

图书档案建设。完成面积15 347平方米图书馆的建设，生均馆舍面积≥1.61平方米/生，生均阅览座位数≥0.2座/生，生均藏书量≥60册，生均年进新书量2册以上，加大专业书籍和电子图书购买比例。重点建设学校科研档案数据库、学校专家资源库、学校机构数据库、学校学科知识库等特色资源库。继续健全档案“五个体系”（资源、利用、安全、信息化、人才）建设，实现重要历史纸质档案数字化，建成集“档案、校史、展览”于一体的现代化综合档案室。

校园管理及精神文明建设。以学校《章程》为统领，强化依法治校，推进民主管理，不断改革管理体制和机制，着力推进现代大学制度建设。加强校园文化建设，营造特色突出的高职院校文化氛围，巩固“全国文明单位”等创建目标，建设平安校园，维护校园一方平安。

（四）“十四五”期间学校的发展目标

进入新时代，学校坚守立德树人初心，牢记为党育人、为国育才使命，始终坚持教育为人民服务、为中国共产党治国理政服务、为巩固和发展中国特色社会主义制度服务、为改革开放和社会主义现代化建设服务的正确办学方向。

学院按照“扩大规模、优化结构、突出特色、提高质量、服务地方”的发展思路，坚持“培养信息技术人才，服务经济社会发展”的办学理念，践行“铸就软件工匠摇篮，赋能产业创新发展”的办学宗旨，实施“质量立校，人才强校”的发展战略，坚持“立足海南，面向全国，服务信息产业”的办学定位，形成“政行企校协同，校企共同育人”的办学格局，优化资源配置，创新人才培养模式，校企深度合作，办学水平不断提高，服务功能持续增强，办学综合实力和人才培养质量不断提升，在“十四五”期间，力争建成职业本科大学。

2035年远景目标：到2035年，在成为职业本科大学的基础上，建成省内外人才培养、科学研究、服务社会、文化引领、国际交流的重要基地，成为在国家和区域经济社会发展中占有重要地位，国内有影响力的高水平职业技术大学，成为让学生全面发展、让教工引以为豪、让社会高度赞誉、广泛认同的职业大学。

“十四五”期间学校核心发展指标：

办学规模。学校全日制在校学生规模超过9 000人。

校区建设。完成扩建校区第三期工程建设和改造老校区，实现新老校区一体化；争取在琼海市或在适合我校发展的其他地区征地作为第二校区建设用地，力争校园占地面积超过800亩，生均占地面积不低于60平方米，总建筑面积不低于24万平方米，生均校舍建筑面积不低于30平方米；生均教学科研行政用房面积不低于15平方米，生均宿舍面积不低于10平方米。

实训设施建设。升级改造实训基地，严格对照《职业院校专业实训教学条件建设标准（职业学校专业仪器设备装备规范）》等标准，对现有实训条件进行升级改造，对应专业尚无国家标准则对标同专业高职院校高水平专业（群）；整合校内实训基地。以服务专业群建设为抓手，全面整合现有实训基地，支持建设生产性实训基地，融入企业文化。力争在“十四五”建设期间建成5～8个集教学、生产、培训、鉴定、研发、科普、社会服务为一体的特色实训基地，力争打造具有示范性的高水平产教融合和虚拟仿真实训基地1～2个。

信息化建设。推进5G+智慧职教应用中心建设，智慧（数字）校园二期建设和网络基础设施改造升级。

图书档案建设。到2025年，图书馆馆藏文献达到125万册，其中纸质文献55万册，年进纸质图书达2.5万册以上，持续建设海软院机构数据库、海南地方文献资源库等特色资源库。继续健全档案“五个体系”（资源、利用、安全、信息化、人才）建设，实现重要历史纸质档案数字化，建成集“档案、校史、展览”于一体的现代化综合档案室。

专业（群）建设。稳步推进专业升级和数字化改造工程，力争2～3个专业（群）入选省级及以上高水平专业群，建设2～3个校级高水平专业群；争取新增5～10个职业本科目录专业；努力推进专业诊断和专业认证工作。

课程建设。深入推进1+X证书制度试点，力争每个专业都有对应的1+X证书，组织不少于5 000名学生参加相关认证，平均通过率不低于全国平均水平。依托“云教材和智能资源制作中心”，建设形式多样的活页式、工作手册式、融媒体教材，力争校企合作开发课程达到100门，合作建设教材达到30部（含电子教材），力争入选1～2种服务海南自由贸易港建设的特色教材。每个专业（群）建设优质教学资源，每个专业群建设9～15门“互联网+”课程，新增省级精品在线开放课程8～10门，在国家级职业教育在线开放精品课程（优质网络课程）方面力争取得突破。

校企合作。与行业企业开展深度合作，争取建成2个以上产教融合、校企合作项目（职业教育集团、现代学徒制、产业学院）；积极同合作企业共建校内外生产性实训基地、技术服务和产品开发中心、技能大师工作室、创业教育实践平台等。

人才培养。深入推进“思政课程+课程思政”大思政格局的思政教育，思想政治理论课学时达标且满意度达90%以上。提升“三全育人”成效，成立“三全育人”综合改革领导小组，研究制定学校“三全育人”综合改革建设方案，构建课程、科研、实践、文化、网络、心理、管理、服务、资助、组织等10个育人体系，加强动画学院海南省“三全育人”综合改革试点院（系）建设，每年培育校级“三全育人”综合改革试点学院1个、校级原创文化精品推广行动计划1个、校级思政专项课题1个。“十四五”期间力争培育遴选10个名班主任工作室，遴选3个德育特色案例，培训100名德育骨干管理人员、思政课专任教师，培育遴选1个思想政治课教学创新团队，5个思想政治课示范课堂，100个具有职业教育特点的课程思政教育案例，力争5个省级以上教育案例。

实践教学和教学资源。注重教学实践，继续推行“实践主导，能力本位，校企合作”为主导的人才培养模式，各专业积极创新人才培养模式改革，特别是针对中高职、高职本科一体化人才培养模式改革，实践教学课时占总课时50%以上，顶岗实习不少于6个月；丰富教学资源，广泛开发和使用信息化教学资源以及新型活页式教材，大力推进“互联网+”“智能+”教育新形态，不断提升教师和学生信息化应用能力。

教学成果和学生竞赛。力争新增省级教学成果奖2～3项，国家级1项；力争学生在省级及以上重要竞赛中获奖（包括世界技能大赛、全国职业院校技能大赛、中国“互联网”大学生创新创业大赛、“挑战杯”全国大学生课外学术科技作品赛和中国大学生创业计划竞赛）奖励300项以上。

就业质量。学生平均年底就业率高于95%，用人单位对毕业生总体满意度高于94%。

国际合作。利用海南自由贸易港建设优势，拓展国际学生生源，到2025年，力争国际学生总人数超过200人。积极实施国际交换生和海外实习项目，具有海外学习或实习经历的学生人数达到3%左右；开展1～2个高水平中外合作办学项目，参与的师生人数逐年增加。

师资队伍建设。到2025年全日制在校学生规模超过9 000人，教职工总数800人左右，其中专任教师不少500人（含行业企业一线聘用的教师、校内专任教师），生师比18：1；辅导员人数按生师比200：1配备，思政课教师按生师比350：1配备，满足学校改革发展的需要。

具有高级专业技术职务的专任教师人数不低于专任教师总人数的30%，其中具有正高级专业技术职务的专任教师人数不少于30人，具有研究生学历的专任教师数不低于专任教师总数的50%，其中博士研究生学历占有一定比例。

造就“双师型”教师队伍。专任专业课教师中，具有三年以上企业工作经历，或近五年累计不低于6个月到企业或生产服务一线实践经历的“双师型”教师的比例不低于50%；“双师型”教师数量占专业课教师的比例不低于55%。

造就专业带头人和骨干教师队伍。围绕建设“师德高尚、技艺精湛、育人水平高超”的专业带头人和骨干教师队伍这一目标，通过多种途径和方式，提升专业带头人和骨干教师的理论水平、专业技能和师德师风。努力打造一支以中青年骨干力量为主，素质高、业务精的专业建设队伍。到“十四五”末，骨干或重点专业实现“双带头人”+“骨干教师”的队伍结构，其他专业应至少有1名专业带头人或骨干教师。

造就高层次人才队伍。采用多种方式，引进大师、工匠或相关领域专家等高层次人才25人左右（每个专业群各有4～5个专家），依据《海南自由贸易港高层次人才分类标准（2020）》的标准要求，培养各类高层次人才累计达180人以上，占专任教师比例不低于36%。建设5个工匠、大师工作室，为高层次人才提供产学研的发展平台。

造就教学创新团队。培育5～10支校级教师教学创新团队，1～2支省级教师教学创新团队，努力争创1支国家级教师教学创新团队。

造就科研创新团队。计划培育5～10支校级教师科研创新团队，力争1～2支省级教师科研创新团队。

造就名师团队。建立健全名师培养机制，培养校级教学名师5～10人，重点支持名师开展教学改革、课程建设和教书育人等工作，支持具备条件的名师，力争建设1～2个校级“名师工作室”，发挥示范、带动作用。力争1～2人获评省级或国家级教学名师。

造就海外人才队伍。围绕海南自由贸易港建设，根据学校发展和建设需要，培养或引进一批具有国际视野、高素质的海外人才，实现每个二级学院至少有1名专任教师具有海外学习经历或是海外人才，使其在国际交流与合作、专业建设、人才培养中发挥积极作用。在海外人才的薪酬待遇、管理与评价、服务与保障等方面探索改革，提升学校国际化水平。

社会服务。举办非学历培训年均人次不低于在校生数的2倍，力争立项厅级以上科研项目超过20项。

校园管理及精神文明建设。以学校《章程》为统领，强化依法治校，推进民主管理，不断改革管理体制和机制，着力推进现代大学制度建设。加强校园文化建设，营造特色突出的高职院校文化氛围，巩固“全国文明单位”成果，创建全国文明校园。

五、学校文化

学校校训、校风的形成是集体智慧的结晶，是学校办学理念、道德要求、工作作风和生活态度的集中体现，是师生员工共同践行的目标，是校园文化的核心内涵。

2007年4月，为进一步凝练办学理念，彰显办学特色，提升学校公众形象，增强全校师生的凝聚力、向心力、自信心和自豪感，促进学校持续、健康发展，学校开展向全校师生员工公开征集校训、校风活动。征集活动得到广大师生的积极参与，师生踊跃投稿，共收到来稿作品95件。经过评委的反复筛选，初选入围校风作品3件、校训作品5件。2007年10月，在入围作品的基础上，经过学校党委会研究论证，确定校训为“励志笃学，厚德尚能”，校风为“求实创新，和谐奋进”。

（一）校训：励志笃学　厚德尚能

励 志 笃 学　厚 德 尚 能

ASPIRE AIMLY STUDY EARNESTLY BEHAVE AMICABLY PRACTISE REMARKABLY

校　训

校训释义：

励志——“志”乃立业之“根”，要想成大事，必先立大志。“励志”是人生启明星，是“笃学”的指导方向和动力。古之立大事者，不惟有超世之才，亦必有坚忍不拔之志。高职学生在通向成功和实现自身价值的过程中，往往要付出更多，往往要经历更多磨砺。“励志”，是倡导和激励我校学子要有自强不息、奋发有为的信念和精神；要有立志成才、愈挫弥坚的素质内涵，明爱国之理，树报国之志。

笃学——笃，原意为厚重、厚实。《诗经》语：“彼其之子，硕大且笃。”后“笃”引申为“忠实、真诚、专心”，《论语》语：“君子笃于亲。”“笃学”是“励志”的行为体现，是途径和方法，表示我校师生要深入地、专心于现代科学文化知识的钻研和学习，吸收一切优秀文化成果，追求新知，师有师能，学有学技。

厚德——《菜根谭》：“不能养德，终归末技。”“德”为人之“魂”，是中华民族的优秀传统，学问只有道德配合，方能大智；技能只有道德引导，方能大巧。“厚德”，体现的是我校一种现代的办学理念，坚持育人为本，坚持把立德树人作为教育教学的根本任务。它倡导教师追求志存高远、爱岗敬业、为人师表、严谨笃学、与时俱进的为人之道和为师之德；学生坚持把立德做人作为首要任务，自觉加强思想道德修养，使自己日臻完善，最终达到“德才兼备”的最高境界。

尚能——即崇尚技能。能力本位、崇尚技能是学校教育的精神主旨，是我校职业技能教育的办学特色。以职业岗位需要为重点，以能力培养为主线，强化技能训练，强化实践教学环节，构建和不断完善学生的知识、能力、素质体系，是我校培养大批高素质技能型专门人才的必然要求。同时要求学生应崇尚技能，具有能力本位的自觉意识，奋发进取，笃志笃行，努力成为高素质技能型人才。

“励志笃学”，立志求知；“厚德尚能”，德才兼备。“励志”是动力；“笃学”是途径，是方法；“厚德尚能”是人才培养的目标。

“励志笃学　厚德尚能”八字校训具有深厚的文化蕴涵，涵盖了“志、知、德、能”等职业技能教育必不可少的各种因素，充分体现“以人为本”的思想，合乎学校的办学理念和质量方针，较好地体现了学校的整体价值追求，反映学校的独特气质，与我校历史发展中所形成的精神相融合，展示学校的文化底蕴和治校风范，同时也体现了现代职业技能教育重要的价值取向，是高等职业教育发展的必由之路。

（二）校风：求实创新　和谐奋进

校　风

校风释义：

求实——求真务实，就是要认认真真做人，踏踏实实做事。语出《汉书·河间献王传》：“实事求是。”它要求学校师生员工对工作、学习和生活要有认真、细致、严谨、扎实的态度和作风。以脚踏实地的态度来对待工作；以严谨科学的态度来对待学术；以诚心向学的态度来对待学业；以执着不懈的精神来追求真理。在实中求业绩、求学问、求精进。求实，是对思想方法和工作作风的要求。

创新——与时俱进，追求新高。义出《大学》引汤之《盘铭》：“苟日新，日日新，又日新。”创新是教育的灵魂，是学校永葆生机的源泉。目前，学校正处在一个发展建设的重要时期，要用改革的精神，超常规的胆识和胆魄，发展和建设学校。创新也是学校精神的核心价值观。它要求学生在学习乃至以后的工作中，不故步自封，不墨守成规，永不停息地追求新高；要求教育者要不断学习，丰富和完善自我，实现教学创新，科研创新。创新是永恒的主题。

和谐——和，温和，谦让；谐，调和，协调。源出《左传·襄公十一年》：“八年之中，九合诸侯，如乐之和，无所不谐。”意为学校的各方面管理、教师的教育教学、学生学习、学校的环境配合适当；干群关系、同志关系、师生关系、个人与集体等关系融洽，相互尊重，相互理解，上下团结，协调一致，体现出和睦相处、团结向上的精神。它要求我们要创造和谐的校园环境，使师者和谐育人，使学者和谐向学。和谐是真善美的统一，是事物存在的最佳表现形态。

奋进——自强不息，锲而不舍。《淮南子·说林训》：“人莫不奋于其所不足。”奋进，指一个人或一个集体，按照既定的目标，不畏艰难险阻，克服困难与不足，不断奋斗前进。奋进，是一种拼搏的精神，是斗志，是校园文化需要的学习氛围，是学校提高教育教学管理水平、办学质量和学校未来发展的基石。奋进，需要有明确的目标规划、坚忍不拔的意志、科学务实的态度和团结协作的精神。

“求实”既是一种态度，又是一种作风，反映了做人、做事、做学问的基本准则，是科学之本。“创新”是一个民族的灵魂，是科技发展的生命力所在，同时也是我校事业发展和学生成才的不竭动力。“和谐”是我校全体师生齐心协力，上下一心建设发展学校的基础和环境。“奋进”是自强不息、努力进取的精神，是实现制定目标，事业成功的前提。

“求实创新　和谐奋进”的校风体现着学校富有特色的办学理念、办学宗旨和办学特色，是学校的精神风貌的载体，是学校的内在的品质和灵魂，是维系学校生存和发展的一种精神力量、一个精神支柱。

（三）校歌

校歌是学校文化的重要组成部分，是体现学校特色、凝聚人心，振奋精神的载体。为进一步加强我校校园文化建设，增强师生的凝聚力、向心力和归属感，丰富学校精神文化内涵，构建和谐的校园文化氛围，提升学校的品牌形象，2011年10月，学校面向全校师生员工、校友及关注我校发展的各界人士广泛征集校歌歌词。经过广泛征集，认真评选，2012年，学校最终确定采用星海音乐学院琼籍音乐家黄英森教授作词作曲的作品《开启未来》为学校校歌。

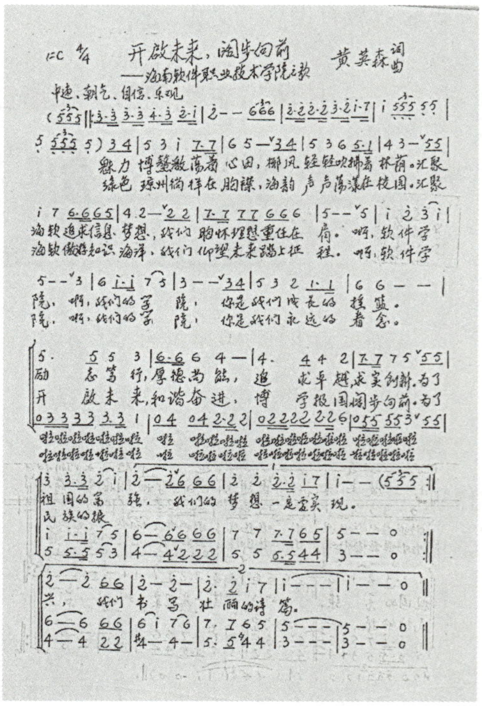

校歌简谱手稿

校歌歌词：

魅力博鳌激荡着心田，椰风轻轻吹拂着林荫。汇聚海软追求信息梦想，我们胸怀理想重任在肩。啊，软件学院，啊，我们的学院，你是我们成长的摇篮。励志笃学，厚德尚能，追求卓越，博学报国。为了祖国的富强，我们的梦想一定要实现。

绿色琼州徜徉在胸襟，海韵声声荡漾在校园。汇聚海软遨游知识海洋，我们仰望未来踏上征程。啊，软件学院，啊，我们的学院，你是我们永远的眷念。求实创新，和谐奋进，开启未来，阔步向前。为了民族的振兴，我们书写壮丽的诗篇。

（四）校徽

校徽是学校的徽章，是一个学校的标志之一，其主要是通过有深层意义的图案、文字来介绍学校的性质和学科。同时在佩戴时增加了纪律的约束，规范学生的行为，提高学校的知名度。升格初期，学校充分意识到校徽设立的重要意义，即广向社会征集设计图稿，经反复研究确定，采用杜庚朔设计的校徽作品作为学校的校徽。

学校校徽标识

设计创意：校徽由图案、校名文字标识、英文标识三部分组成；采用圆形图章形式，中间图案以融合字母“H”（“海”字第一个字母）和“S”（“软”字第一个英文字母）变形为椰叶或旋风球，主色素为蓝灰（RGB颜色：H208度.R85.G133.B180；颜色库ToYo0419,L55.a-8.b-36），代表IT信息行业主色，整体形象以旋转中的软件光盘，象征着软件学院生生不息，不断发展壮大的内涵；校名文字用电脑版启功繁体，黑色，弧形排列上端；英文标识为“HAINAN COLLEGE OF SOFTWARE TECHNOLOGY”黑色大写字母，弧形排列下端。整个徽标图像简洁大方，便于识别。

第三节　学校升格后的管理改革

学校升格后，在构建新学校制度和形成适合于自己发展的管理模式方面作出了积极探索。一是进一步落实国家教育部制定的党委领导下的院长负责制；二是对机构设置进行调整，完善建立校系两级管理，实现重心下移；三是建立健全各部门管理制度和教育教学管理机制。

一、领导班子调整与变更

2003年3月，中共海南省教育厅党组成立了以王恩周为组长，王和民、陈修焕为成员的建校领导小组，建校领导小组领导建校的全面工作。

2005年3月15日，中共海南省教育厅工委同意学校成立中共海南软件职业技术学院委员会。4月4日，中共海南省教育厅党组文件决定王恩周任学院院长、党委委员、副书记；王和民任学院党委委员、副书记、纪委书记；陈修焕任学院副院长、党委委员。6月15日，经海南省教育厅党组会议讨论决定，莫仕锋任副院长、党委委员。7月，省教育厅党组任命陈礼民为学院党委书记。

2007年2月27日，学校升格为副厅级事业单位。

2008年4月15日，省委组织部副部长何西庆代表海南省委及省组织部宣布：原学院党委副书记、院长王恩周任学院党委委员、书记；魏应彬任学院院长、党委委员，陈修焕任学院副院长、党委委员（试用期一年）。陈礼民不再担任学院党委书记，王和民不再担任学院党委副书记、纪委书记，莫仕锋不再担任副院长。

学校召开第一次党代会

詹少斌同志在学校第二次党代会上作工作报告

2008年8月14日，省委组织部任命桂占吉为学院副院长、党委委员。

2008年12月31日，省委组织部决定副院长桂占吉兼任学院纪委书记。

2010年7月12日，中国共产党海南软件职业技术学院第一次代表大会召开。大会选举产生了中共海南软件职业技术学院第一届委员会。王恩周、魏应彬、陈修焕、桂占吉、王和民、莫仕锋当选为第一届党委委员。在第一届委员会第一次全体会议上，王恩周当选学院第一届委员会书记，魏应彬当选副书记；大会选举产生了第一届纪律检查委员会，桂占吉、王和民、王经强、李开、王虹当选为第一届纪委委员。在第一届纪律检查委员会第一次全体会议上，桂占吉当选为第一届纪律检查委员会书记，王和民当选为副书记。

2013年8月，省委组织部任命陈修焕为学院党委副书记、纪委书记，省人民政府免去陈修焕的副院长职务；省委组织部、省人民政府任命刘明鹏为学院党委委员、副院长。

2014年5月18日，海南省委任命詹少斌为学院党委书记；王恩周不再担任学院党委书记。

2015年11月，陈修焕不再担任学院党委副书记、纪委书记。

2016年12月，省委组织部任命符史杭为学院党委委员、副书记、纪委书记。

2017年7月8日，中国共产党海南软件职业技术学院第二次代表大会召开。大会选举产生中共海南软件职业技术学院第二届委员会，詹少斌、魏应彬、符史杭、桂占吉、刘明鹏、莫仕锋、何锦旭当选第二届委员会委员。在第二届委员会第一次全体会议上，詹少斌当选第二届委员会书记，魏应彬、符史杭当选副书记；大会选举产生第二届纪律检查委员会，符史杭、陈廷锋、李际轩、王虹、罗孝友当选学院第二届纪律检查委员会委员。在第一届纪律检查委员会第一次全体会议上，符史杭当选为第二届纪律检查委员会书记，陈廷锋当选为副书记。

2019年12月，符史杭不再担任学院党委副书记、纪委书记。

2019年10月，省委组织部、省人民政府任命张鹏[①]为学院党委委员，2021年10月，结束挂职。

2020年7月，省委组织部任命刘明鹏为学院党委副书记，省委组织部、省人民政府任命何锦

① 张鹏：陕西国防工业职业技术学院党政办公室主任，挂职两年。

旭、符传谊为学院党委委员、副院长。

2020年7月，桂占吉不再担任学院党委委员、副院长。

2020年9月，省委组织部、省人民政府任命郭树理[①]为学院党委委员、副院长，2022年9月，结束挂职。

2021年7月，省委组织部任命陈娉婷为学院党委委员、纪委书记，省纪委、省监察委员会任命陈娉婷为海南省监察委员会驻海南软件职业技术学院监察专员。

2022年6月，魏应彬不再担任学院党委副书记、院长。

2022年11月，省委组织部、省人民政府任命宋剑杰[②]任学院党委委员、副院长。

2023年1月，经省委组织部批准，罗孝友[③]任学院党委委员、周夏雨[④]任学院党委委员。

2023年7月，省委任命陈晖阳为党委书记。

二、决策机制

为了加强和改进党对学校的领导，更好地坚持党委领导下的院长负责制，贯彻执行民主集中制的原则和集体领导与个人分工负责相结合的制度，规范决策行为，提高议事效率和决策水平，不断提高学校的办学质量和办学水平，2005年9月，学校制定印发《海南软件职业技术学院章程》（以下简称《章程》）。《章程》第五章管理体制中对学院党委、党委书记和院长的主要职责进行详细说明，明确了党委会、院长办公会议的议事范围与议事规则。学校根据《章程》制定专项制度。2006年5月，学校制定实施《党委重大问题议事规则（试行）》（琼软职党〔2006〕02号）；《院长办公会议制度（试行）》（琼软职〔2006〕17号）。2015年和2019年分别对上述规则制度进行了修订。2018年，学校出台《“三重一大”决策制度实施办法》（琼软件党〔2018〕97号）。2020年进行修订完善。这些议事和决策机制的建立健全，为重大决策、重要人事任免、重大项目安排和大额度资金使用事项的落实提供了科学决策、民主决策和依法决策依据。

学校党委会议是学校党委对学校重大问题重要事项进行集体研究和决策的会议。会议由党委书记召集并主持。党委书记不能出席时，可委托党委副书记召集并主持会议。出席会议成员为党委委员，党办主任列席。党委会实行例会制度，一般每2周召开一次，遇重要情况经党委书记同意可随时召开。党委会议议题实行一事一报制度，议题由提出部门负责人汇报。学校党政办公室负责党委会的会务工作。

院长办公会议是学校行政议事决策机构，是学校行政领导集体研究和决策其职权范围内的重要行政事项的会议。院长办公会议主要研究提出拟由党委会讨论决定的重要事项方案，具体部署落实党委会决议的有关措施，研究决定教学、科研、行政管理工作，是落实学校党委领导下的院长负责制、进行学校重要行政决策的基本形式。其目的是健全学校行政决策机制，完善重大决策的规则和程序，进一步规范决策行为，促进学校行政管理工作科学化、制度化、规范化，提高工

① 郭树理：北京理工大学教授、博士生导师，挂职两年。
② 宋剑杰：湖南科技职业学院软件工程学院院长，挂职两年。
③ 罗孝友：时任学院组织人事处（教师发展中心）处长（主任）。
④ 周夏雨：时任学院党委宣传统战部部长。

作效率。院长办公会议原则上每2周召开一次，遇有重要情况经院长同意可随时召开。会议由院长召集并主持，院长不能参加时可以委托副院长召集并主持。学校党政办公室负责会议会务工作。

二级学院（部）实行党政联席共同负责制。学校升格后，于2004年2月16日印发实施《教学系（部）工作职责》（琼软职〔2004〕07号），明确规定教学系（部）党政领导班子在学校党委的领导下，在有关职能部门指导下，全面负责落实系（部）教育教学各项工作。2009年2月，学校党委又印发了《教学系部议事规则（试行）》。之后又结合学校发展实际进行了修订完善，确保学校逐项教育教学与管理工作的稳定发展。2020年学校成立二级学院后，及时制定印发了《二级学院（部）议事规则》（琼软件党〔2020〕62号）；随后修订《二级学院（部）党政联席会议议事规则》（琼软件党〔2020〕137号）。其附则中注明学校党政管理部门、工团组织及其他教学教辅部门（含马克思主义学院、体育部）的重要问题决策形式为部门负责人办公会议，其议事范围、议题确定等可参照《二级学院（部）党政联席会议议事规则》执行。这些议事规则的印发为二级学院、党政管理部门、工团组织及其他教学教辅部门认真执行集体领导与个人分工负责相结合的制度，进一步明确工作职能，推进议事决策的民主化、科学化和规范化奠定坚实的基础。

三、管理制度建设

学校升格之后，先前琼海师范学校时期的管理制度已不适合于高职院校的管理模式。截至2007年年底，学校各职能部门不断完善制度建设，修订印发党群行政管理制度21个（2006年印发8个，2007年印发13个）、教学管理制度22个（2006年印发9个，2007年印发13个）、科研设备管理制度6个（2006年印发2个，2007年印发4个）、学生就业管理制度19个（2006年印发2个，2007年印发17个）、后勤财务管理制度10个、部门岗位职责管理制度1个和图书档案管理制度4个。

2007年12月汇编印发学院《管理制度选编》，收录了学校2003年升格至2007年6月30日所制定的重要规章制度共107个，分为党群行政管理、教学管理、科研设备管理、学生管理、后勤财务管理、图书档案管理和部门工作职责七大类。2012年3月，学校启动第二轮各项规则制度修订工作，同年12月编印成册。经过两轮规章制度的建设，学校逐步建成了一整套较为科学的规章制度体系，形成了事事有人管、人人有职责的工作机制，促进了学校各项事业持续健康发展。

管理制度选编（2007年版）

2016年5月，海南省教育厅正式通过《章程》。为了适应全面深化改革、依法治校、从严治教的需要，学校以《章程》为遵循，组织有关部门对原来实施的《部门工作职责》进行了系统、全面的修订。2017年3月，学校启动各项规章制度的“废改立”工作，并于2018年4月分印成册。2020年、2021年，学校再次对《部门工作职责》进一步修订并印发实施。2022年6月，完成内控制度汇编成册并印发实施。

四、实行民主管理

学校重视民主集中制的贯彻落实，除了制定实施学校党委会议、校长办公会议，在二级党政机关和教学教辅单位中，也制定了党政联席会议议事规则，以民主管理增强凝聚力。2003—2007年，学校出台9项党务院务公开工作制度。并通过网站、公开栏、短信、电话、书记校长接待日、师生见面会、民主党派人士及离退休教职工座谈会等多种载体，有效预防和处理校内各种矛盾，全力推进和谐校园建设。

学校召开第一届教代会第三次会议

学校教职工代表大会（以下简称教代会）是在学校党委领导下，以教师为主体，教职工依法行使民主权利，实行民主管理和民主监督的重要形式，是学校管理体制的组成部分。教代会每三年一届，定期开会，一般每学年召开一次。主要行使审议建议权、审议通过权、审议决定权和评议监督权；听取和审议学校工作报告，对学校的办学指导思想、发展与建设规划、重大改革方案、财务工作报告、教职工队伍建设以及其他有关学校发展的重大问题提出意见、建议和方案；审议通过学校制定的聘任制实施方案、奖惩办法以及其他与教职工切身利益相关的重要规章制度，由校长颁布实施；审议决定教职工住房建设方案、福利费管理使用原则和办法，以及其他有关教职工福利的事项；参与监督、评议学校各级领导干部。2009年6月28日，学校召开第一届第一次教职工暨工会会员代表大会①，通过了《工作报告》《工会工作报告》等4个报告决议和《教职工代表大会实施细则（暂行）》等文件实施细则决议。2011年第二次会议审议通过《教育事业发展“十二五”规划》。2014年6月召开第三次会议。2018年1月，学校召开第二届教职工暨工会会员代表大会第一次会议。会议通过了《工作报告》《财务2017年决算和2018年预算报告》等4个报告的决议；投票选举产生第二届工会委员会委员和工会经费审查委员会委员。2019年4月第二次会议通过《工作报告》《财务2018年度决算和2019年度预算报告》《工会工作报告》等3个报告的决

① 详见第十章第七节工会工作。

议。2021年5月第三次会议通过了《工作报告》《财务2019、2020年度决算和2021年度预算报告》和《“十四五”事业发展规划》《深化院校两级管理体制改革清单》《教职工年度考核办法》的决议。2022年5月举行第四次会议，审议通过了《工作报告》《2021年度决算和2022年度预算报告》《章程》（修订稿）和《工会2021年度决算、2022年度预算报告》。2023年3月，学校召开第二届教职工暨工会会员代表大会第五次会议，审议通过了《工作报告》《2022年度决算和2023年度预算报告》《章程》（修订稿）和《工会2022年度决算、2023年度预算报告》，切实行使民主权利，实行民主管理和民主监督。

第四节　高职高专人才培养工作评估

高职高专院校人才培养工作水平评估是对高职高专院校以教学工作为核心的人才培养工作全方位、全过程的综合性评估。2003年，国家教育部在全国对26所高职高专院校进行了人才培养工作水平评估试点工作，2004年起正式对高职高专院校分期分批开展评估，保证五年内完成对所有高职高专院校的第一轮评估，并对评估结论予以公布。通过水平评估，进一步加强国家对高职高专院校人才培养工作的宏观管理与指导，促使学校主管部门重视和支持高职高专院校的人才培养工作，推动学校自觉地按照教育规律不断明确办学指导思想、坚持教育创新、深化教学改革、改善办学条件、加强教学基本建设、强化教学管理、全面提高教育质量和办学效益。

2004年以来，学校党政认真贯彻“以评促建、以评促改、以评促管、评建结合、重在建设”的指导方针，正确处理评估与正常教学及其他管理工作的关系，本着边评边建、评建结合的原则，健康有序地开展评建工作，顺利通过了2007年、2012年两轮高职高专人才培养工作水平评估，极好促进了学校的整体快速稳定发展。

我校接受教育部首轮人才培养工作水平评估

一、第一轮评估（2007年）

根据省教育厅统一部署，学校人才培养工作水平第一轮评建工作自2004年正式启动，经过了前期准备与建设、全面发动、自评整改、迎评创优以及整改落实五个阶段，至2009年12月结束。在评建全过程中，学校认真贯彻“以评促建、以评促改、以评促管、评建结合、重在建设”的评建工作指导方针，建立健全评建工作的各种领导机构与组织，全校上下团结一致，广泛发动、严格解剖、扎实建设、认真整改，使评建工作成为学校改革发展的内在需求，成为广大师生的自觉行动。

（一）统一思想，长期准备

2004年，学校高度重视人才培养评估工作，提前谋划部署，计划用三年时间对评估工作进行前期准备与建设，有计划、有步骤、分层次地开展全面学习蓝皮书活动，多次邀请国内知名评估专家为全校教职工讲授评估知识，帮助探究学校存在问题短板和评估准备工作，严格对照评估指标体系抓教学基本建设，为评建工作夯实了坚实基础。

2006年8月，学校邀请教育部评估专家佘国华①作题为《思路改变出路，评建促进发展》的评估专题报告。10月，学校发布《2006—2007学年度工作要点》，指出2006年是国家实施“十一五”规划的开局之年，也是学校迎接教育部人才培养工作水平评估的关键一年。

（二）全面发动，高度重视

2007年1月，学校召开迎评促建动员会。会议高度认识到“迎评促建”是一项艰巨的系统工程，是对学校升格以来办学实践、办学质量的系统检验、全面检阅，是对学校办学指导思想和办学特色的重要检验，也是对全面提高学校教学质量、提升人才培养水平的一次重要推动，更是学校深化改革，加快发展的一次重要机遇。会议强调要认真做好自评工作，深入学习比照，全面剖析，切实寻找差距，认真整改，做到认识到位、组织到位、工作到位。会议要求一切工作以“迎评促建”工作为中心，以“争创优秀”为己任，以饱满的热情和坚定的信念，努力做好评估的各项工作，实现迎评工作的目标。

（三）自评摸底，整改并行

2007年3月，学校召开评建工作汇报会，听取前一阶段评建工作汇报并提出下一步的具体任务。4月，学校评建工作领导小组分别与项目组、系（部）工作组组长签定评建工作责任书，标志着学校评建工作由前期的学习、发动和准备阶段，正式进入全面启动、实质性开展的新阶段。

（四）迎评冲刺，争先创优

学校制定《人才培养工作水平评估评建冲刺阶段工作方案》《迎接人才培养工作水平评估

---

① 佘国华：时任永州职业技术学院院长。

工作预案》，组建以党委书记为总指挥、校长为副总指挥，其他工作组人员为成员的迎接评估工作指挥部，成立了专业剖析组、听课组、技能测试组、学生专题研讨组、访谈座谈组、问卷调查组、查阅材料组、实地考察组、综合组等九个工作组，召开专题工作会议，整理收集相关资料，精心形成了《院长报告》《自评报告》《分项自评报告》《特色项目报告》四大报告，实施实地演练，切实为迎评促建工作奠定了坚实基础。

2007年10月，学校召开评建冲刺阶段动员大会，肯定前期工作成绩的同时，结合校外专家预评估反馈的意见和评估指标体系等相关内容，制定并解读了《人才培养工作水平评估评建冲刺阶段工作方案》。11月召开会议再次解读《迎接人才培养工作水平评估工作预案》，明确工作流程、工作安排、工作要求，全面冲刺“迎评促建”工作。

（五）正式评估，顺利通过

2007年12月23日，省教育厅副厅长史贻云带领，以东软职业技术学院院长温涛教授为组长的高职高专人才培养工作水平评估专家组一行7人对学校进行为期五天的现场考察评估。评估专家通过审阅主体报告、听取汇报、实地考察、专业剖析、开座谈会、听课、调查问卷、个别访谈、学生技能测试、学生专题研讨、查阅资料等活动，从宏观到微观对学校人才培养工作进行了系统、细致、深入、全面的诊断、考察、评估。

学校领导陪同评估专家组考察校园

召开学生专题研讨会现场

12月27日的评估考察意见反馈会上，专家组对学校人才培养工作给予高度评价，一致认为：学校“明确了办学定位，办学思路清晰准确，奠定了教学工作的中心地位；努力践行‘人才为根本、教学为中心、技能为主线、质量为生命、特色为追求’的办学理念；努力筹措资金，显著改善了基本办学条件，同时，学校加强管理，提高教学设施设备的利用率，大幅度改善了教学条件，从而实现了超常规发展；坚持人才强校战略，师资队伍建设取得明显成效；注重实践教学，初步形成了以职业能力为核心的实践教学特色，建立了实践教学管理体系以及实践教学评价体系，从而确保学生的职业能力得到了整体提高，并得到社会和企业的认可，大幅度提高了学生的就业率；推行教学改革，积极探索与创新人才培养模式，在人才培养方案、课程改革与建设、教材建设、实践教学基地建设等方面已经取得了初步成果；注重素质教育，始终坚持课堂教学与实践教学并重，专业知识学习与综合素质提高并重，学习文化科学知识与学会做人做事并重，学生综合素质获得显著提高”。专家组指出：学校高度重视评建工作，评建机构及组织完善，思路清晰，措施切实可行，全校真抓实干，评建效果显著。

（六）整改落实，凸显成效

2008年3月，学校对标评估组反馈意见，召开评建工作总结暨评估整改动员大会，解读《人才培养工作水平评估整改方案》，确定整改的指导思想、目标、主要内容和措施，积极整改。

1. 明确整改的指导思想与目标

以学校人才培养工作水平评估为发展的新平台、新起点，以科学发展观为指导，以内涵发展为重点，结合学校“十一五”发展规划，认真落实教育部《关于全面提高高等职业教育教学质量的若干意见》和新的高职高专人才培养工作水平评估方案，以“重在建设、讲求实效、突出重点、整体提高”为基本策略，在巩固扩大学校迎评促建成果的基础上，把2008年作为“整改年”。

2. 确定整改组织机构和整改主要内容、措施和工作流程

学校明确以评建工作领导小组作为整改工作领导小组，下设整改工作办公室，具体制定了准备动员阶段（2008年1月—2008年4月）、整改实施阶段（2008年4月—2009年1月）、优化深入阶段（2009年1月—2009年12月）等三个阶段流程，列举了主要工作任务，按步骤、分阶段、讲实效地进行全面整改。

整改的指导思想、目标、主要内容和措施：一是更新高职教育思想，转变观念，积极探索高等职业教育的办学规律；二是推进学校管理体系与机制的改革与创新，实施精细与现代化管理；三是深化产学结合，构建产学结合有机体系，实现服务行业与区域经济的特殊功能；四是进一步实施人才强校战略；五是加大专业建设和课程建设力度，构建科学合理的专业结构和课程体系；六是进一步改善办学条件；七是深化教学改革。

3. 评建过程取得的主要成效

一是转变教育观念，明晰办学思路，奠定了教学工作的中心地位。近三年全校开展4次高职教育发展观念和办学思想大学习、大讨论，全校师生对学校的办学定位、办学思想、发展目标达成共识，实现了由中等教育向高等职业教育和由师范教育向IT教育的两个转变，形成“人才为根本、教学为中心、技能为主线、质量为生命、特色为追求”的办学理念，有效保证教学工作的中心地位不动摇。

二是办学基本条件进一步完善。评建期间，学校投入2 800多万元建设基础设施，新建房达三万多平方米，投入1 000多万元更新教学仪器设备；建成实验实训室37个、校内实训基地12个、多媒体教室35间、教学用计算机1 600多台；投入240万元购置图书，馆藏图书31.76万册；引进社

会资金1 200万元扩大办学空间，学校面积由138亩增加到326亩，大幅度改善了办学条件。

三是师资队伍建设取得明显成效。出台了《教师队伍建设发展规划》等一系列师资队伍建设的配套规章制度，加大教师引进和培训力度，推行教师队伍项目建设。截至2007年年底，学校师生比为1∶17.07；具备研究生硕士学位的占青年教师总数的22.84%，具备高级职称的占专任教师总人数的22.73%，具备或基本具备“双师素质教师”的占专业课和专业基础课教师总数的53.95%，教师承担科研项目19项，主编或参编教材11部，在各类刊物发表论文279篇，多媒体课件获省级以上奖项32个。

四是初步形成以职业能力为核心的实践教学特色。学校按照“知识、能力与素质相统一”的人才培养模式，构建了以职业能力为核心的实践教学体系。体系由大纲、内容、管理、评价、保障系统构成，将实践教学贯穿于人才培养的全过程，通过实验、实训、课程设计、项目开发、顶岗实习、毕业设计实现实践教学目标，强抓校企合作、产学结合，建立了校内12个实训基地与61个校外实训基地。推行“双证书”制度，开展39个工种的职业技能鉴定与职业资格考试，逐步形成学校的办学特色。

五是专业与课程建设不断深化。学校依据人才市场需求分析，毕业生就业情况调查和学校专业建设定位，对专业进行一轮调整布局，新增27个专业，调整12个专业，同时进行二轮课程改革，出台《专业建设规划》等有关文件，完善了所有专业的培养方案、教学大纲、教学计划等教学的基本建设，推行4个“教学改革试点专业”、4个“重点建设专业”和5门“精品课程”等项目建设，设立专项经费予以保障，促使专业课程建设的规范化、科学化、正常化。

六是创新了管理体系与机制。学校以校、系两级教学管理改革为切入点，全面深化教学、科研、专业、课程、人事、教师、财务、财产、学生等各方面的管理改革与创新，重新修订与制订了107个管理规章制度并汇编成册，编制了《教师手册》，初步构建起学校规范、合理、科学的管理体系与管理机制。

七是良好学风逐渐形成，学生综合素质显著提升。学校成立以党委书记为组长的学风建设领导小组，印发《关于加强学风建设意见》，制定《加强学风建设实施方案》，通过整顿纪律、规范考核、评优评奖等方式，形成了立体化的学风建设模式。评建工作以来，学校组织文化科技活动162次，举办讲座或报告62场，组织志愿者活动12 441人次，学生的职业技能鉴定和职业资格考试通过率平均为92.68%，普通话测试合格率平均为87.26%，非计算机专业计算机应用水平等级考试通过率平均为83.13%，毕业生初次平均就业率为83.88%，年底平均就业率为89.2%。

学校在深入总结中认清了随着国际与国内形势变化，将来可能存在生源危机、就业危机等问题，意识到改革创新势在必行，必须树立质量意识和品牌意识，加强内涵建设，努力提高办学质量，促进特色形成。

二、第二轮评估（2012年）

评建工作是一项系统工程，涉及学校的整体发展和教学、管理工作的方方面面。作为一所以良好成绩通过第一轮评估的高职院校，第二轮评估的关键重点就是如何进一步提升内涵建设水平和人才培养质量。

2012年评估意见反馈会现场

2012年12月，学校迎来了教育部关于高等职业院校人才培养工作评估专家组对学校进行为期两天半的考察评估。学校在认真总结第一轮评估的基础上，以教育部关于印发《高等职业院校人才培养工作评估方案》和《海南省高等职业院校人才培养工作评估实施细则（试行）》为工作指南，全面贯彻落实“以评促建，以评促改，以评促管，评建结合，重在建设”的二十字方针，进一步推进学校“实践主导、能力本位、校企合作”的人才培养模式，积极探索以服务为宗旨，以就业为导向，走产学结合的改革发展之路，努力打造办学特色和教育品牌，全面提升学校的办学水平和综合实力。经全校师生员工共同努力，圆满完成了自评自建、专家考察阶段及部分整改工作，顺利通过了人才培养工作评估并得到了专家组的高度肯定。

（一）领导重视，精心部署

按照教育部和海南省高职院校人才培养工作评估的有关文件精神，学校成立了评建工作领导小组及评建工作办公室，统一领导组织实施评建工作。党委书记王恩周与校长魏应彬共同担任评建领导小组组长，校长魏应彬兼任评建办公室主任；设立材料组、教学改革与建设组、校风建设组、宣传教育组、后勤保障组5个工作组，出台《人才培养工作迎评促建实施方案》《人才培养工作评估指标体系任务分解表》等系列文件，多次召开专题会议听取汇报，协调解决评建中出现的各种问题与困难，为学校顺利通过人才培养工作评估工作打下了坚实的基础。

（二）广泛发动，提高认识

2012年1月，学校召开全校评建工作动员大会，全面启动学校评建工作。会议要求把评建工作与学校升格10周年暨建校90周年活动结合起来，通过评估使学校“实践主导，能力本位，校企合作”的人才培养模式得到更深入的贯彻落实。会议明确了评建工作“动员与启动、自查与自建、自评与预评、整改与完善、迎评与冲刺、整改和回访”六个阶段。会议提出：学校一切活动要以评建工作为中心，全力贯彻教育部评估“二十字”方针，强调了工作规矩和纪律要求，并指出此轮评估的重点。为了加强迎评促建宣传工作，学校专门建设了学校人才培养工作评建网，编印《评建工作简报》，及时进行报道。4月至7月，学校再次召开三次评建工作专题会，不断强化意识，压实压牢责任。

（三）学习借鉴，以学促评

评建工作全面启动后，学校组织全体师生认真学习教育部、省教育厅和学院关于评估工作的有关文件，深入学习评估指标体系内涵，并结合实际，分析问题，找差距，实整改，强建设。同时采取“走出去，请进来”的办法，邀请省内4名高校领导及教务处领导、2名说课及专业剖析主汇报人来学校作专题辅导。组织相关人员前往陕西、重庆、四川、宁夏、深圳、上海、江苏、浙江、广西等省市高校考察学习，积极参加教育部组织的高职院校人才培养工作经验研讨会和人才培养工作状态数据采集工作研讨会，为顺利推进评建工作奠定了基础。

（四）明确责任，精心安排

在评建工作启动之初，学校下达《人才培养工作迎评促建实施方案》《人才培养工作评估指标体系任务分解表》和《评估佐证材料清单》，制定了《人才培养评建冲刺阶段工作推进表》和评估专项工作流程，督促各部门制定部门评估工作实施方案，并签订目标责任书。

2012年11月初，学校两次召开评建工作领导小组会议，印发《人才培养方案汇编》和《课程标准汇编》，总结评建前期取得的成绩，同时指出存在问题，部署了下一阶段任务。11月20日，以海南工商职业学院院长张伯敏为组长的预评估专家组一行5人，通过听取报告、深度访谈、实地考察等环节，对学校进行为期两天的预评估。专家组对学校“以职业能力为核心，构建特色鲜明的高职教育课程体系，强化实践教学，提升学生就业竞争能力”的办学业绩和人才培养水平给予了高度评价。之后，学校再次召开2次专题会，进一步对评建各项工作摸底检查，研究分析准备情况，并进行精密部署。

预评估专家组考察动画实训室

（五）统筹部署，全力迎评

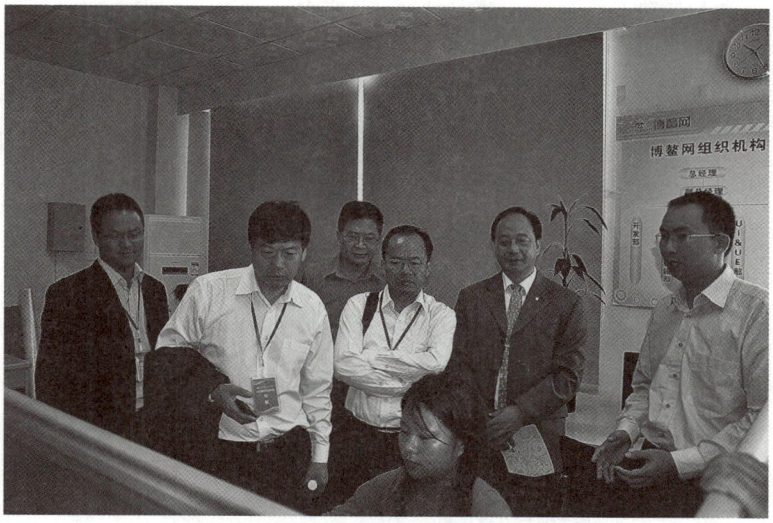

评估专家组考察大学生创业中心

2012年12月20日，以罗志[①]教授为评估组长的专家组在海南省教育厅副厅长孔令德带领下，通过两天半时间，采取分析数据平台、察看校内办学条件、听取专业剖析汇报和课程说课、考察校外实训基地、深度访谈、查阅资料等方式，对我校人才培养工作进行了全面评估。

12月22日评估意见反馈会上，评估专家组一致认为，学校在评估指标体系的7项主要评估指标、22项关键评估要素和10项核心评估要素都满足“通过”的条件，建议评估结论为“通过”。省教育厅副厅长谭基虎代表省教育厅感谢各位专家的辛勤工作，指出学校要加快与地方政府的合作步伐，在与琼海市委市政府的共同努力下解决学校办学过程存在的困难，更好地服务琼海发展；强调学校要按照十八大要求和教育部的统一部署，把加快发展现代职业教育，推进高等教育内涵式发展作为今后的办学目标。琼海市人民政府副市长孟维华在会上代表琼海市委、市政府表态将主动与省教育厅、学校沟通，研究与省教育厅共建海南软件职业技术学院的具体事宜，帮助学校解决在建设和发展中遇到的问题和困难，全方位配合学校创办特色突出的一流高职院校。

（六）剖析根源，认真整改

根据《人才培养工作评估专家组考察评估反馈意见》，学校制定了《人才培养工作评估整改方案》。学校成立由学校书记、校长担任组长，副校长为副组长的评估整改领导小组，统筹了整改八大项目，要求各单位、各部门将整改工作列入重要议事日程，结合实际，找准差距、突出重点，提出整改实施意见和具体措施，建立目标责任制，专项推进，并予以经费保障。学校通过督查制度，把整改任务落实情况作为年终考核内容，且严格执行责任追究制。

（七）评建工作取得的主要成效

一是进一步明确了办学定位与办学思路。不断拓展“合作办学、合作育人、合作就业、合作发展”的办学模式，积极创新“实践主导、能力本位、校企合作”人才培养模式，以特色专业建设为龙头，以基于工作过程系统化课程建设为抓手，以双师素质队伍培育和实践教学建设为重点，完善监控评价体系，提升综合实力和办学水平，努力把学校建设成为办学特色突出，规模、

① 罗志：时任中国高等职业教育研究会副会长，中国高校产学合作教育研究会副会长，湖南省广播电视大学正厅级督导、湖南涉外经济学院督导专员。

结构、质量、效益协调发展，省内规模最大的IT行业高端技能型人才培养培训基地，国内一流的高等职业院校。

二是进一步完善了双师型教师队伍结构。制定《中长期人才发展规划纲要（2011—2020年）》《“十二五”师资队伍建设发展规划》，出台系列管理制度，坚持“培、引、聘、访、考、研”6字方针，实施双师素质教师、骨干教师、专业带头人、教学名师、兼职教师、客座教授、教学团队等七大师资建设工程，构建进阶式发展的师资队伍建设格局，多途径打造“专兼结合”的高素质双师队伍，结构明显优化，整体素质显著提升。

三是进一步推进了专业群发展。学校成立专业建设指导委员会，制定《“十二五”专业建设发展规划》《“十二五”特色专业建设发展规划》，树立“能力为重、服务为旨、产业支撑、模式构建”的建设理念，确立“针对社会需求设专业”的建设原则，明确“扬优、扶新、集群”的建设思路，搭建了以六大专业群为支撑，以特色专业为亮点的建设框架，出台《特色专业管理办法》，完善了教学质量监控体系。截至2012年年底，学校建设了7个特色专业。

四是以职业能力为核心，以工作任务为引领，以机制为保障，大力改革课程教学内容，改进教学方法，创新评价方式，全面进行课程体系改革建设，取得良效。截至2012年年底，共建设省级精品课程5门，校级精品课程20门，工作过程系统化课程10门，出版专著和教材44部和自编实践指导书199部。

五是进一步强化了实践教学体系建设。学校围绕实验实训、岗前综合技能培训、顶岗实习等实践环节，构建了从入学到就业的“四阶式”一体化实践教学体系。实验实训项目开设率100%，实践教学学时占全部教学时的50%以上，建设了4个职业教育实训基地（中央财政支持）、56个校内实践基地、52个校外实习实训基地和1个省级实验教学示范中心，成功设立第65国家职业技能鉴定所等机构，鉴定工种59个，并建成大学生创业中心、软件研发中心、信息处理中心、艺术设计研发中心和海南生态软件园实训基地（研发楼），创办了海南海软动漫制作有限公司，形成了融教学、培训、职业技能鉴定、技术研发和产品开发于一体的实践教学基地群。

六是进一步完善了教学质量保障体系。学校以专业人才培养方案建设为起点，以教学过程监控为重点，以用人单位的评价反馈为终点，创建学校、职能部门、系、班级四级机构对应、职责明确的运行体系，不断推进制度育人、实践育人、服务育人、管理育人、环境育人、文化育人等“六育人”工作机制，构建了“13456”质量监控体系，对教学目标、过程和结果实行严密、有效监控。

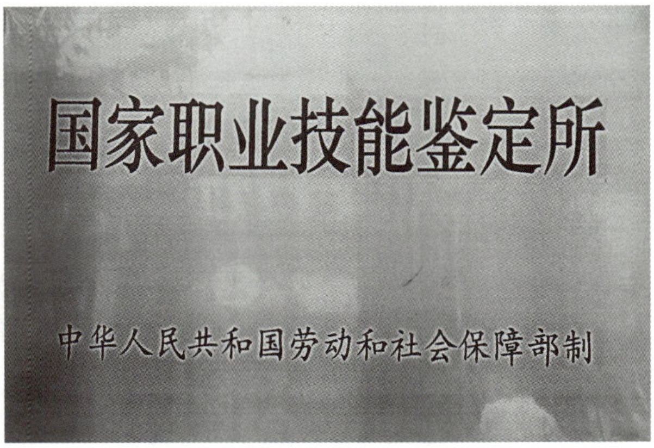

第65国家职业技能鉴定所牌匾

七是进一步提升了社会服务效能。形成学校统筹领导、招生就业处牵头、系部实施、职能部门协助、辅导员和全体教职工参与的就业创业工作机制。成立了就业指导中心、大学生创业中心，全程开设就业指导课。以校企合作订单培养和实习实训基地建设为抓手，实行“订单”培养和“顶岗实习”预就业结合，举办毕业生供需见面会，积极搭建创业平台，学生的就业、创业能力得到切实提高。学校逐步建立起“政府搭桥，学校统筹，企业行业参与，系部为主”的服务社会体系，积极开展企业技术攻关、产品研发、职业技能培训等工作。评估期间，教师为企事业解决技术难题43个、与企业共同开发项目72项，为社会人员培训技能5 132人次。同时与省内中职校建立合作关系，在人才培养模式创新、专业课程体系完善等方面实现有效衔接，积极开展中高职衔接工作，从而引领中职教育发展。

第十章 党委领导与大学生思想政治教育

学校转制升格20年来，尤其是党的十八大以来，学校党委认真严格遵循《中国共产党普通高等学校基层组织工作条例》，全面贯彻党的教育方针，落实立德树人根本任务，认真执行党委领导下的校长负责制，坚持党管办学方向、党管干部、党管人才、党管意识形态，领导改革发展，把党的领导落实到学校办学治校全过程各方面，确保党中央决策部署得到贯彻落实；坚持全面从严治党，以党的政治建设为统领，以坚定理想信念为根基，全面推进党的政治建设、思想建设、组织建设、作风建设、纪律建设并把制度建设贯穿其中；坚持高校党的建设与人才培养、科学研究、社会服务、文化传承创新、国际交流合作等深度融合，为高校改革发展稳定、完成党和国家重大战略任务提供思想保证、政治保证、组织保证；坚持把思想政治工作作为开展高校党的建设的重要抓手，把立德树人成效作为检验高校党的建设工作的根本标准；坚持抓基层强基础，健全高校党的组织体系、制度体系和工作机制，全面增强高校基层党组织生机活力。

第一节　以党的建设为核心不断增强党的凝聚力和战斗力

学校党委始终高举中国特色社会主义伟大旗帜，以马克思列宁主义、毛泽东思想、邓小平理论、“三个代表”重要思想、科学发展观、习近平新时代中国特色社会主义思想为指导，担负着“为国育人、为党育才”的光荣使命，坚持社会主义办学方向，落实立德树人根本任务，回答好“为谁培养人、培养什么人、怎样培养人”这个教育的根本问题。学校党委不断增强“四个意识”、坚定“四个自信”、做到“两个维护”，不断提高政治判断力、政治领悟力、政治执行力，全面贯彻党的基本理论、基本路线、基本方略，全面贯彻党的教育方针，坚持教育为人民服务、为中国共产党治国理政服务、为巩固和发展中国特色社会主义制度服务、为改革开放和社会主义现代化建设服务，培养德智体美劳全面发展的社会主义建设者和接班人。

一、开展保持共产党员先进性教育活动

2005年7月，学校党委召开保持共产党员先进性教育活动动员大会。学校党委副书记、校长王恩周作动员报告并就如何开展此次教育活动提出具体要求。大会详细解读了《保持共产党员先进

性教育活动实施方案》。整个教育活动分三个阶段进行：学习动员阶段（2005年7月15日至8月下旬）、分析评议阶段（2005年9月1日至9月30日）、整改提高阶段（2005年10月初至10月下旬）。通过分析评议，整改提高，全体党员进一步明确了保持党员先进性的具体要求，从而找准了今后的努力方向，党组织、协调、管理能力明显增强，战斗堡垒作用得到充分发挥；通过制定党委委员联系点制度，密切了领导干部与普通党员的关系，增进了相互交流和相互了解；通过广泛征求意见、开展谈心活动、召开民主生活会，进一步拓宽了党群联系与沟通的渠道，党群互动的频率明显加强，党员的素质有了明显提高，广大党员的党性观念得到了锻炼，党员意识和纪律观念明显增强，学习理论的自觉性也有了明显的提高，党委各项党建工作制度基本健全，基本达到了党中央提出的“提高党员素质，服务人民群众，促进各项工作”的目的，尤其是“三个代表”重要思想的教育，进一步增强了全面正确贯彻执行党的基本路线和中央的决策的自觉性。

学校召开保持党员先进性教育活动动员会

二、开展深入学习实践科学发展观活动

2009年3月，学校深入学习实践科学发展观活动动员大会隆重举行。海南省教育工委、省教育厅党组第二批深入学习实践科学发展观活动领导小组成员、省教育工委办公室主任蔡明以及第六指导检查组其他成员，学校全体中层以上领导干部、全体共产党员，学校学习实践活动领导小组成员共200多人出席了会议。学校党委书记、学校学习实践科学发展观活动领导小组组长王恩周作动员讲话，海南省第二批深入学习实践科学发展观活动领导小组第六指导检查组副组长、省政协副巡视员陈少茹作重要讲话。大会详细解读了《深入学习实践科学发展观活动实施方案》，明确了活动的指导思想、范围和对象、目标要求和基本原则组织，着重解

学校召开学习实践科学发展观活动动员会

决的突出问题。整个活动按照学习调研、分析检查、整改落实三个阶段进行。通过活动的扎实开展，全体党员进一步加深了对科学发展观的认识和理解，在事关学校科学发展的重大问题上达成新的共识，进一步厘清了学校科学发展的正确思路，推动了学校的科学发展。

三、开展党的群众路线教育实践活动

2013年7月，学校按照省委的统一部署，启动党的群众路线教育实践活动。在省委教育实践活动领导小组、省委第十督导组的精心指导下，学校认真贯彻落实中央和省委关于开展党的群众路线教育实践活动的部署要求，结合学校实际，按照“照镜子、正衣冠、洗洗澡、治治病”的总要求，深入推进教育实践活动。学校坚持领导带头，突出实践特色，开门搞活动，做到“规定动作”不减少、不走样；“自选动作”有创新、高质量，做到了活动“不虚”“不空”“不偏”，取得了明显成效，实现了预期目标。党员干部受到一次深刻的群众路线教育，贯彻群众路线的思想自觉和行动自觉进一步增强，“四风”方面的突出问题得到真查实改，党员干部作风进一步改进，关系师生员工利益的问题得到解决，党群干群关系进一步密切，影响学校发展的一些难点问题得到有效破解，争创特色突出的国内一流高职院校步伐进一步迈进，作风建设和内涵发展长效机制进一步健全，成为学校科学发展的基石。

学校召开开展党的群众路线教育实践活动动员会

四、开展“三严三实”专题教育

2015年5月，根据《中共海南省委办公厅印发〈关于在全省县处级以上领导干部中开展“三严三实”专题教育实施方案〉的通知》（琼办发〔2015〕22号）精神，学校党委高度重视，积极行动，在全校中层以上领导干部中开展“三严三实”专题教育，以严与实的作风，推进学校各项工作取得了新的成绩。

学校召开党委理论学习中心组扩大学习会议，传达学习全省“三严三实”专题教育党课和座谈会精神，及时召开党委会研究部署，制定印发了《关于在全院中层以上领导干部中开展“三严三实”专题教育实施方案》《关于做好“三严三实”专题党课及学习研讨工作的通知》及配套安排表等文件。坚持党委委员带头上党课，身体力行，以上率下；坚持从严从实加强干部队伍建设；坚持有机融合，加快学校发展；紧扣中央和省委要求，结合学校实际，突出问题导向，认真谋划部署，精心组织实施，呈现出良好开局。教育活动中，学校党委委员深入分管处室和联系系部，召开专题座谈会，广泛听取党员群众与师生员工的意见与建议，为上好专题党课和下一步谋划学校发展提供重要的参考和依据，专题党课对象扩展到非党员中层干部和全体副科级以上干部。

学校召开“三严三实”专题教育动员会

为顺应高职教育教学管理，学校了成立质量监控中心、改革发展研究中心和体育部，加强教学质量的监控与评估、高职教育研究和体育事业发展。同时，为了使“三严三实”专题教育成为一种经常性的教育，建立抓常、抓细、抓长的制度，形成“常态化”，学校重新修订了《党委会议议事规则》《院长办公会议议事规则》《教学系部议事规则》等一系列制度。同时，完成了学校章程核准稿以及对各部门工作职责进一步修订和完善。

学校始终把“三严三实”专题教育作为推动事业发展的重要契机，坚持以“严”促“实”推动发展，大力推进深化改革、依法治校和加强党的建设，加快了建设“特色突出，优势明显，国内知名”的高职院校步伐，各项事业发展取得了新的成绩和进步。

五、开展“两学一做”学习教育

2016年4月，学校成立“两学一做”学习教育协调小组，结合学校开展纪念建党95周年系列活动，制定了《关于开展“学党章党规、学系列讲话，做合格党员”学习教育的实施方案》，及时召开全校“两学一做”学习教育动员部署会。各党总支、党支部根据学习教育推进表，组织学习《党委会的工作方法》《党政领导干部选拔任用工作条例》等38个篇章。学校为党务工作人员订购《党章》《廉洁自律准则》等9本书籍共1 510册，组建“两学一做”学习教育网站专栏。学校党委开展了4次专题学习研讨，各党总支、党支部也分别开展学习研讨，每位党员认真做好学习笔记并完成4篇心得体会。学习教育活动共组织4次知识测试，及格率

学校召开“两学一做”学习教育活动部署会

100%；另外组织中层干部、党务工作者赴江西干部学院开展为期一周的“两学一做”学习教育培训；学生党员参与教育活动反响热烈。活动中，学校党委召开专题组织生活会，开展批评与自我批评；全校20个党支部均在2016年12月前顺利召开专题组织生活会和民主评议党员活动。“两学一做”学习教育切实坚定了党员理想信念、增强了党员意识，在服务教书育人、夯实基层基础、脱贫攻坚等方面都发挥了较好作用。

2017年3月，学校党委印发了《关于持续推进“两学一做”学习教育的通知》（琼软院党〔2017〕26号），同年5月，制定了《关于推进“两学一做”学习教育常态化制度化的实施方案》，并召开专题会议进行全面部署。2018年，学校党委制作了365本《党员干部应知应会知识手册》，内容涵盖了党员干部应知应会的215个知识点，内容包含习近平新时代中国特色社会主义思想、坚持和发展中国特色社会主义的总任务、五年来的历史性变革、党的十九大主题、中国梦、三大历史任务、新的历史方位、四个伟大、新发展理念等。出台《基层党组织“三会一课”制度》《关于严格党的组织生活制度的规定》。各党总支、党支部定期召开支部委员会会议，利用“三会一课”“主题党日”，通过赴万宁六连岭、定安母瑞山、琼海红色娘子军等红色教育基地进行实践教育。活动期间，1个党总支被省教育工委评为先进基层党组织，1人被省教育工委评为优秀党务工作者。

六、开展“不忘初心、牢记使命”主题教育

2019年9月，学校按照中央、省委的统一部署，学校党委印发了《“不忘初心、牢记使命”主题教育工作方案》，成立了由学校党委书记詹少斌担任组长的学校“不忘初心、牢记使命”主题教育领导小组，明确了主题教育的指导思想、目标要求和范围对象，对学校党委、党总支（直属党支部）领导班子、中层以上党员干部与党支部、普通党员参加主题教育工作作出具体安排，针对不同的对象提出不同的要求。9月18日，学校党委开了“不忘初心、牢记使命”主题教育工作会议。省委第八巡回指导组副组长罗海波出席会议并讲话，省委第八巡回指导组殷勤到会指导。学校党委委员、全体师生党员、部分党外中层干部、部分退休党员，共计约300人参加了会议。会上，党委书记詹少斌分别作了动员讲话，对开展好“不忘初心、牢记使命”主题教育提出具体要求。

学校召开“不忘初心、牢记使命”主题教育工作会议

主题教育工作的主要活动内容是把学习贯彻习近平新时代中国特色社会主义思想作为主题教育的主线。学校购买了38种图书共2 713册，及时发给党员、干部学习。先后印发了学习研讨计划、调查研究工作方案、对照党章党规找差距实

施方案、开展警示教育的实施方案、主题民主生活会实施方案、专题组织生活会和开展民主评议党员工作方案、主题教育材料收集归档工作方案等8个专项工作方案。召开党委理论学习中心组学习会15次，开展学习研讨会9次，撰写发言提纲约80篇，撰写新闻报道103篇。共有255人次参加琼崖革命体验教育。党员干部通过参加学习教育，进一步树牢“四个意识”，坚定“四个自信”，做到“两个维护”。

9月30日，学校党委印发了《关于做好“不忘初心、牢记使命”主题教育调查研究工作的通知》，列出11项重点专项调研内容，要求领导干部认真开展调查研究，听取广大党员干部、师生员工的意见建议，分析存在问题的原因，研究提出站位高、针对性和可操作性强的解决思路和工作举措，谋划加强和改进工作的有效载体和推进路径。方案印发以后，学校党委领导班子通过设立意见箱、发放征求意见表、开展问卷调查等方式面向全校师生广泛征求了意见和建议，把检视问题工作贯穿主题教育的始终，聚焦思想、政治、能力、作风和廉政方面存在的突出问题进行检视，重点开展好“五对照五检视”，把党员干部自身摆进去、把责任担起来，发扬自我革命精神，坚持刀刃向内、敢于刮骨疗毒、敢于壮士断腕，把问题查出来、把症结找出来。

学校党委针对专题民主生活会查摆剖析出5个方面14个问题，制定了《2019年度“不忘初心、牢记使命”专题民主生活会整改方案》，成立了整改领导工作小组，提出了总体要求，整改目标、梳理出了问题整改清单，提出了具体的工作要求。通过主题教育，聚焦理论学习，认真剖析，扎实整改，进一步提高了党员干部理论素养。

七、开展党史学习教育

2021年3月，学校党委围绕中国共产党建党100周年重大庆祝活动，紧扣“学史明理、学史增信、学史崇德、学史力行”目标要求，精心谋划、主动作为，结合“我为群众办实事”“作风整顿建设年”和“查堵点、破难题、促发展”等实践活动，高标准高质量推进党史学习教育走深走实，取得良好成效。

学校党委印发《党史学习教育实施方案》（琼软院党〔2021〕23号），制定党史学习教育计划安排表和动态台账，明确具体工作举措、责任部门和完成时限，确保党史学习教育有目标、有标准、有方向；接着先后印发《关于进一步扎实推进党史学习教育的通知》《学习贯彻习近平总书记“七一”重要讲话精神深化党史学习教育实施方案》《中国共产党简史、中华人民共和国简史、改革开放简史、社会主义发展简史宣传教育实施方案》等16个

学校召开开展党史学习教育部署会

文件，多次召开党史学习教育推进会，组织两个检查组对各党总支（直属党支部）的党史学习教育工作进行专项检查，确保学习教育序时推进。

学校党委重视党史学习教育工作，购置党史教育指定书目7种2 379册下发各党组织和党员，开设专题网页及微信公众号《百年党史天天读》栏目，并利用易班、官网官微等新媒体及时推送学习资料和新闻报道，极快掀起学习热潮。学校党委理论中心组开展专题集中学习研讨12次；召开贯彻落实“七一”重要讲话精神专题学习会、党的十九届六中全会精神专题学习会；党委委员结合工作实际谈学习心得体会，就如何把学习成果转化为工作举措进行深入研讨，达到互学互促、共学共进的目的。举办领导班子党史学习教育专题读书班，班子成员通过自学研读、在线学习、辅导报告、体验学习等形式，重点围绕中国共产党百年奋斗的光辉历程、伟大贡献、初心宗旨、重大理论成果、伟大精神、宝贵经验六个方面内容深入学习。广泛开展领导干部讲党课活动，党委书记带头到所在联系点面向党员、师生讲授专题党课；支部书记上专题党课 94 场，举办党史辅导报告会 23 场。

学校重视学生学习“四史”教育，学校党委委员、各党总支书记（直属党支部）积极为全体党员、学生代表讲授党史学习教育专题党课，深入进行党史学习教育专题辅导；依托“青年马克思主义者培养工程”培训班，组建“青年讲师团”向广大青年学生进行党史专题辅导及党史学习教育主题团课，分享党史学习心得，引导学员赓续红色血脉、担当时代责任。举办了“我学党史”知识竞赛和演讲比赛等系列主题活动，举行“薪火相传百人百里”校园马拉松、“学党史、强信念跟党走”红歌大合唱、每月末“不插电”红歌音乐会、“红色传承一路有你”书法大赛等校园文化活动。学生工作部通过易班平台，组织开展庆祝中国共产党成立100周年保密知识有奖竞赛活动，学生参与达到2 458名；还组织教师开展校外党史宣讲5场次，师生同上“四史”思政大课，奔赴白沙、琼中、万宁、保亭、陵水、临高等党史学习教育基地进行实地实践教学活动，录制了《唱支山歌给党听》《我们都是追梦人》等视频材料，通过形式多样的“体验式”党史学习教育，使学生深入掌握中国共产党为什么能，马克思主义为什么行，中国特色社会主义为什么好。

另外，学校党委组织党员前往定安县母瑞山革命根据地纪念园、张云逸将军纪念馆、琼崖工农红军改编旧址、冯白驹将军故居、周士第将军纪念馆、琼海驻地部队军营参观机步连连史馆等红色教育基地开展体验教育活动，党员们在现场讲党课、重温入党誓词、聆听革命故事，畅谈体验感悟。

学校党委紧密结合党史学习教育的主旋律，结合学校教育教学实际，开展一系列党史题材教学实践和文体活动，使党史学习教育融入课堂，深入人心，特色凸显，成绩斐然。

一是创作海南红色题材连环画“琼崖怒潮”。学校动画学院发挥学科优势、专业特点，紧抓海南省“三全育人”综合改革试点院（系）建设的契机，以“以史育人、科技育人、匠心育人”的“三维”育人新模式，建立校内外专家学者团，使党史学习教育融入教学实际，学出深度。学校特聘北京大学王伟教授、中国戏曲学院硕士生导师李莘教授牵头建设艺术创作工作坊，携手党员师生创立纪念中国建党一百周年海南红色主题系列连环画作品“琼崖怒潮”，绘制了《椰寨枪声》《红色娘子军》《巾帼英雄》《琼侨姐妹》《海岛琼花》《陨落琼花》《甘洒英魂》《英雄母亲》等8本连环画，于2021年6月29日在学校举行首发式暨作品展览开幕式，并入选2022年海南省高校原创文化精品推广行动计划项目，在国内得到广泛推广宣传，得到各界高度赞扬。

2021年《琼崖怒潮》发行仪式

二是创作庆祝建党100周年椰雕系列作品。学校动画学院以党史学习教育为契机，坚持以工作室和学徒制的模式，依托学校椰文化研发中心，深化校企合作意识，以中国共产党百年来的光辉历程为主题，以百年党史主要事件为抓手，组织党员师生耗时半年，精心创作党史重大事件椰雕系列作品，并于2021年9月23日亮相第十七届中国（深圳）国际文化产业博览交易会海南展馆核心展区，得到时任中央政治局委员、中央书记处书记、中央宣传部部长黄坤明，海南省委常委、宣传部部长肖莺子的肯定和表扬。此外，党员师生以椰雕大师工作室为基础组建“椰文化助振兴，雕刻美好生活”乡村振兴实践团赴保亭县响水村开展暑假实践活动，深入农户家庭开展一对一的椰雕工艺制作培训服务，带动村民在家创业就业，助力振兴乡村事业发展，刻就农村美好生活，雕出中国共产党的光辉历程。

师生创作的椰雕作品亮相第十七届中国（深圳）国际文化产业博览交易会受中央宣传部黄坤明部长关注

三是系列活动深化拓展党史教育。举办庆祝中国共产党成立100周年“永远跟党走”表彰晚会：学校艺术团一百多师生，高度糅合百年党史，历经百日呕心创作，精心编排大型歌舞《唱支山歌给党听》、群舞《鸡毛信》、音舞诗画《祖国赞》等优秀曲目，以饱含深情的表演共庆党的百年华诞，表彰学校优秀共产党员和先进基层党组织。举办“学党史、强信念、跟党走”大合唱决赛：来自二级学院的

7支学生参赛队伍和教职工代表队，精神饱满、歌声嘹亮、气势磅礴，以《伟大的国家，伟大的党》《爱我中华》《我的祖国》等充满豪情的红色经典歌曲，赞美伟大祖国，歌颂伟大中国共产党。举办“听党话·感党恩·跟党走”庆祝党的百年华诞书画作品展：学校40位教职工和书法家陈振玉，以150多幅形式多样，内容健康向上的书画作品，突显对党和国家的赤诚情意，抒发了我校教职工爱党、爱国、爱校的赤子之心。另外，学校还举办“百年党史 诵读中国”经典诵读大赛、“传承红色家风 厚植爱国情怀”最美家风故事会、“不忘初心跟党走”主题演讲比赛、“歌声献给党”教职工歌手大赛、建党百年短视频创作大赛和党史学习教育知识竞赛等“十二个一”系列活动，使党史学习教育渗满校园，深入人心。

四是有机整合，突出教育实效。党史学习教育开展以来，学校本着务实原则，把“查堵点、破难题、促发展”活动、“作风整顿建设年”和“我为群众办实事”多项活动有机结合起来，推动机制融合、力量整合、措施联合，形成各有侧重齐头并进、凝聚合力共同推进的生动局面。学校各部门下基层倾听民声、开门问策问需于民，找准找实问题，围绕群众关心的“急难愁盼”问题，制定了项目清单，列明事项内容，规定完成时限，明确推进责任。截至2023年3月，学校梳理的“我为群众办实事”事项15项已基本解决，并基本完成27项堵点难点问题和40项作风整顿建设问题的整改工作，学校纪委监督效能不断提升，全校政治生态持续向善向好，师生获得感幸福感明显增强。

八、学习宣传贯彻党的二十大精神

2022年10月，党的二十大召开之后，学校党委高度重视，紧紧围绕党中央、省委省政府和省教育厅党委有关文件精神，深入开展学习研讨，认真制定《学习宣传贯彻党的二十大精神实施方案》，扎实推进学习宣传工作。

（一）上下联动，深度领悟精神内涵

2022年12月1日，根据省委安排部署，省委宣讲团成员，省委常委、统战部部长苗延红到我校宣讲党的二十大精神，与广大师生互动交流，并考察调研。邀请党的二十大代表、“七一勋章”获得者、琼海市潭门镇潭门村党支部书记王书茂同志进校园开展党的二十大精神宣讲活动，分享了他作为党的二十大代表的一些所见所闻所感。2023年3月，邀请全省教育系统党的二十大精神“百人宣讲团”成员、海南大学党委委员、马克思主义学院院长、博士生导师张云阁教授来学校，以《二十大报告的数字意蕴》从新颖的角度入手为广大党员师生进行宣讲，不断挖深宣讲的内涵。

2022年11月29日至12月5日，以省教育系统宣讲团成员、学校党委书记詹少斌为代表的6名党政领导班子成员齐上讲台，他们根据自身分管工作和专长，结合学生专业学科背景，深入思政课堂为学生讲授思政课，作了一场又一场精彩绝伦的党的二十大精神专题报告。

（二）组建巡讲团，宣讲全覆盖

学校从党政领导干部、优秀共产党员、优秀教师、思想政治教育教师、优秀学生代表等各级各类优秀群体中遴选出48名典型代表组成本校师生巡讲团，围绕“党的二十大和我的人生

党的二十大代表王书茂宣讲二十大精神

路”“党的二十大与自贸港”等主题，采用线上线下相结合的方式，依托思政课堂、“一站式”学生社区、主题党团日、讲座讲堂等渠道，采取报告会、座谈会、分享会、演讲、思政课、党课等多样化形式进行巡讲，实现巡讲工作在本校师生中的全覆盖，并积极发挥传帮带作用，组织师生巡讲团走进街道社区、乡镇等地开展巡讲，持续拓展宣传覆盖面。

截至2023年3月，全校已开展党的二十大精神巡讲共计61场，其中走进乡镇社区巡讲5次，听讲群众超过500人次。目前，学校再次掀起深入学习宣传贯彻党的二十大精神热潮，这也是学校当前和今后一个时期的头等大事和首要政治任务。

第二节　党的基层组织建设

一、加强基层党组织建设

为适应高职教育的发展，2006年学校根据《海南省高等学校编制管理暂行办法》的规定，经海南省机构编制委员会办公室批准，结合学校实际，2006年7月，学校党委决定设置机关党总支、软件工程系党总支、网络与信息直属党支部、信息技术教育系党总支、艺术系直属党支部、文科部党总支、理科部党总支等7个基层党组织。

2008年10月，根据学校发展需要，学校党委对基层党组织进行调整，调整后的基层党组织分别为机关党总支、社科与公共直属党支部、软件工程系党总支、网络工程系党总支、信息管理系党总支、数码设计系党总支、电子工程系党总支、艺术传媒系直属党支部、基础教育部党总支等9个基层党组织。

2010年4月30日，学校党委研究决定，增设外语与旅游系，组建外语与旅游系直属党支部、社科与基础教育部直属党支部；撤销公共教学部、基础教育部党总支和社科与公共直属党支部，原公共教学部、基础教育部党总支和社科与公共直属党支部负责人职务随机构的撤销自然免除。

2015年3月24日，为适应学校教育教学及管理的需要，努力提高教育教学水平，确保人才培养质量，根据《海南省高等学校机构编制管理暂行办法》（琼编〔2005〕17号）及《海南省机构编制委员会办公室关于海南软件职业技术学院内设机构调整的通知》（琼编办〔2015〕111号），学校党委研究决定对基层党组织进行调整，调整后的基层党组织分别为机关党总支、软件工程系党总支、网络工程系党总支、信息管理系党总支、数码设计系党总支、电子工程系党总支、艺术传媒系党总支、外语与旅游系党总支、基础教育部党总支等9个基层党组织。

2017年7月8日召开中国共产党海南软件职业技术学院第二次代表大会，大会选举产生中共海南软件职业技术学院第二届委员会和第二届纪律检查委员会。①

2019年5月13日，根据各二级学院调整情况，学校党委在软件工程系党总支基础上成立软件工程学院党总支；在网络工程系党总支基础上成立网络工程学院党总支；在信息管理系党总支基础上成立经济管理学院党总支；在数码设计系党总支基础上成立动画学院党总支；在电子工程系党总支基础上成立机电工程学院党总支；在艺术传媒系党总支基础上成立艺术传媒学院党总支，在外语与旅游系党总支基础上成立国际教育与旅游学院党总支；在基础教育部党总支基础上调整成立公共教学直属党支部，由马克思主义学院、公共教学部、体育部的教职工党员组成；将机关党总支中的原思政教学部、体育部的教职工党员调整到公共教学直属党支部，其他保持不变。

2021年4月30日，艺术传媒学院党总支更名为教育与艺术学院党总支。

2021年11月26日，成立离退休干部党支部，学校党支部由原来的19个增加到20个。离退休干部党支部隶属于学校机关党总支，旨在进一步加强离退休干部党员队伍建设，便于离退休干部党员的学习、管理、服务和开展组织活动，激发离退休老党员传递正能量、组织群众、宣传群众、凝聚群众、为老干部事业奉献余热的热情。

二、积极做好党员发展工作

近十年来，各级党组织特别注重发展新党员。

2013年发展党员158名，其中教职工党员13人、学生党员145人；

2014年发展党员69名，其中教职工党员1人、学生党员68人；

2015年发展党员66名，全部为学生党员；

2016年发展党员47名，其中教职工党员9人、学生党员38人；

2017年发展党员52名，全部为学生党员；

2018年发展党员42名，其中教职工党员2人、学生党员40人；

2019年发展党员42名，其中教职工党员1人、学生党员41人；

2020年发展党员62名，学生党员62人；

2021年发展党员150名，其中教职工党员4人、学生党员146人；

① 详见第九章第三节第一部分：领导班子调整与变更。

2022年发展党员63名，其中教职工党员9人、学生党员54人。

截至2023年3月31日，学校有党总支8个，党支部20个（含直属党支部1个），共有党员559人，其中教职工党员269人、离退休党员23人，目前在校登记的学生党员267人。

三、注重党建制度建设

学校党委始终重视加强学校党的制度建设，强化制度执行力度。

学校自升格至2012年，学校制定并印发了《章程》《党委重大问题议事规则（试行）》《党建工作制度（试行）》《领导干部联系群众制度》《党政领导干部选拔任用工作条例》《关于建立纪委、组织宣传部联系制度和选拔任用干部征求纪委意见制度的暂行办法》《党政领导干部考核工作暂行规定》《关于中层以上党员领导干部坚持双重组织生活制度的规定》《院级领导干部党风廉政建设岗位职责》《党风廉政建设责任制实施细则》《关于党政领导干部廉洁自律的规定》《关于党员领导干部述职述廉的规定》《关于实行领导干部党风廉政谈话制度的暂行规定》《关于中层以上领导干部报告个人重大事项的规定（试行）》《领导干部外出请假、报告暂行规定》《党风廉政宣传教育制度（试行）》《民主评议领导干部制度》《党务例行公开制度》《党务依申请公开制度》《党务公开责任追究制度》《党务公开信息发布审批制度》《党务公开检查考核办法》《党务公开监督员制度》《党务公开资料归档管理制度》《二级中心组理论学习制度》《教学系部议事规则（试行）》《宣传工作管理规定（暂行）》《校园网使用若干规定（暂行）》《校园网站量化考核规定（暂行）》《网站管理和信息发布办法（暂行）》等关于党的建设的文件，从制度上保证了党的建设的顺利发展。

党的十八召开之后，学校更加注重党建制度建设，不断完善制度体系建设，出台和修订了《党委会议议事规则》《基层党组织“三会一课”制度》《发展党员工作实施细则》《意识形态工作责任制实施细则（试行）》《网络意识形态工作责任制实施办法（试行）》《关于做好抵御境外宗教渗透和防范校园传教工作的实施方案》《报告会、研讨会、讲坛（座）、论坛管理办法》《新闻宣传工作管理规定》《网站管理和信息发布办法》《网站新闻宣传管理细则》《校园宣传品管理办法》《新媒体管理办法（暂行）》等46项党建和思想政治工作制度，并于2020年汇编成《党群管理制度》工作手册。

2021年至2023年3月，学校又先后修订了《意识形态工作责任制实施细则（试行）》《新媒体管理办法》《报告会、研讨会、讲坛（座）、论坛管理办法》《关于贯彻落实〈中国共产党统一战线工作条例〉的实施办法》等，出台了《校属单位和部门年度考核办法（试行）》《中层干部年度考核办法（试行）》《建立健全师德建设长效机制的实施办法》《党委书记和校长经常性沟通制度（试行）》《党外人士座谈会和情况通报会制度》《邀请党外人士参加重要会议和活动制度》《党员领导干部与党外代表人士联谊交友制度》《教育培训学时认定和登记管理办法（试行）》等规定，制度趋于完善。

第三节 宣传统战工作

一、宣传工作

学校升格20年来，学校党委宣传部门始终以马克思列宁主义、毛泽东思想、邓小平理论、“三个代表”重要思想、科学发展观、习近平新时代中国特色社会主义思想为指导，服务学校改革发展大局，抓好宣传教育和思想引导，自觉承担起举旗帜、聚民心、育新人、兴文化、展形象的使命任务，切实在立德树人中实现发展，在守正创新中提高质量，在凝聚师生、引领社会上发挥应有作用。

（一）新闻宣传工作

做好对内宣传工作。围绕学校党建、学工、教学、科研、招生、就业、创新创业、体育艺术等各类重要活动进行全方位、深层次、宽视角的宣传报道。同时，结合重大事件节点，开展了“两学一做”主题教育、党史学习教育、建党100周年、迎接新生、抗击疫情等系列宣传报道，切实服务学校发展大局。

与海南共同成长

海南日报

HAINAN RIBAO

24

习近平将出席二十国集团领导人第十四次峰会

中共中央办公厅国务院办公厅印发《关于加强和改进乡村治理的指导意见》

（见A06版）

产教融合聚才育才，开放办学不拘一格，创建全国一流高职院校

海南软件学院的硬功夫

在习近平新时代中国特色社会主义思想指引下 新时代新作为新篇章

前5月我省工业节能形势较好

全省固定资产投资降幅进一步收窄

2019年《海南日报》首版报道我校

做好对外宣传工作。密切与《教育报》《海南日报》《南国都市报》、南海网、新海南、琼海电视台等多家媒体合作，发布学校的办学亮点。2019年6月24日，《海南日报》头版头条刊登介绍学校发展情况的专题报道《产教融合聚才育才，开放办学不拘一格，创建全国一流高职院校——海南软件学院的硬功夫》。2020年至今，学校与南海网建立合作互赢关系，2021年，又不断扩展宣传媒介，在《法治时报》《中国新闻》和海南卫视等媒体发表新闻报道，进一步加大了学校对外宣传力度。2013年至2023年3月，人民网、《光明日报》、中国新闻、学习强国、《海南日报》、南海网、《南国都市报》、海南卫视等多家媒体报道学校的办学成果、师生典型事迹150多篇，极大地提升了学校的知名度和美誉度。

（二）宣传阵地建设

全校上下加强理论学习，深入开展思想理论和政策法规学习。以党委理论学习中心组学习为核心，坚持不懈学习马克思列宁主义、毛泽东思想和中国特色社会主义理论体系，围绕习近平新时代中国特色社会主义思想、国家和省委省政府重大决策部署、党建与思想政治教育工作重要精神、相关法律法规等相关内容，通过“三会一课”、专题讲座、辅导报告会、座谈会、观看视频等多种形式深入开展思想理论和政策法规学习。

强力建设线上阵地。一是改版新建校园网站群。2013以来，学校先后两次对包括主网站和各部门网站在内的校园网站群进行了改版新建，不断完善校园网站的各项功能，使其更能满足师生需求和学校宣传工作需要。主网站栏目设置包括学校概况、机构设置、海软要闻、通知公告、部门动态、媒体关注、专题专栏、招生就业创业、视觉海软等。二是创建学校官方微信公众号。2017年3月，学校正式创建官方微信公众号，2022年增设微信视频号，丰富了学校宣传渠道，增强了学校宣传工作实效。各二级学院及部分重要部门纷纷也建立本部门微信公众平台，及时发布工作动态，进一步扩大的学校的知名度。截至2023年3月，全校有14个单位或部门建立新媒体运营平台。

重视线下阵地建设。先后在校园主干道旁、博雅轩、学生宿舍、食堂等地方安装了35块固定宣传栏。又在综合楼、科技楼、艺术馆、图书馆安装了4块宣传LED屏，用于学校办学成果、党的政策法规、学生活动展示等校内宣传。同时，还结合琼海市文明城市创建、卫生城市创建、社会主义核心价值观宣传、推广普通话宣传等专项活动，在校园各个醒目位置张贴主题宣传标语、设置主题宣传展板等。

在宣传工作中建章立制。2003年以来，先后出台了《新闻宣传工作管理规定》《网站管理和信息发布办法》《网站新闻宣传管理细则》《校园宣传品管理办法》《新媒体管理办法（暂行）》《新媒体管理办法》《党委理论学习中心组学习规则》等宣传工作方面的规章制度，内容涵盖新闻宣传、网站规范管理、理论学习、宣传阵地管理、网络安全等多个方面，进一步规范了学校宣传工作的日常管理。

二、统战工作

学校党委统战部门认真学习贯彻习近平总书记关于加强和改进统一战线工作的重要思想，突出思想政治引领工作主线，贯彻落实中央和省委关于统一战线工作的决策部署，始终做到心中有党，聚焦中心任务发力，努力开创统一战线发展新局面。

（一）做好民族团结工作

学校通过学费减免、助学贷款、勤工助学、新生奖学金等各项措施，帮助经济上有困难的及优秀少数民族学生，解决他们的后顾之忧。同时，注意发挥少数民族学生的特长，积极组织少数民族学生参与学校各项文体活动。2018年后，省教育厅选派1名新疆教师进驻校园，重点帮助支持学校少数民族学生工作，至今已开展3届，共派驻了3名新疆教师。

（二）做好抵御校园宗教渗透工作

学校每学期通过校、院、班级三级信息员队伍在开学后30天内开展师生信教情况调查摸底。出台了《关于做好抵御境外宗教渗透和防范校园传教工作的实施方案》，并把宗教工作纳入学校的安全稳定工作，通过微信公众号、QQ群推送党和国家有关宗教政策，通过党支部加强信教师生的思想政治工作，加强检查排查工作，做到日常检查、定期排查、节假日和敏感期必查；依法依规加强对外籍教师的日常管理，在尊重他们宗教信仰的同时，坚决防范其在校园内传教。做到了学校无师生在校园内传教、开展宗教活动。

（三）密切党外人士的联系

学校经常选派统战部门负责人、工作人员，基层党组织负责人、归国留学人员、党外代表人士，积极参加上级主管部门组织的统战工作培训班；先后多次在江西干部学院、浙江大学、延安干部学院等地举办统战工作人员、民主党派、党外代表人士、归国留学人员培训班。通过培训学习，提升政治站位，提高业务能力。

注重培养锻炼，重视发现、培养、使用、管理党外代表人士。目前，学校副科级（含比照级别）以上领导干部中，党外人士为14人，占学校副科级（含比照级别）以上领导干部的14%。学校先后选派一些思想进步的民主党派、无党派干部作为乡村振兴工作队队员定点驻村帮扶，助力乡村振兴建设工作。2021年，推荐黎明珠为海南省党外知识分子联谊会理事；选派民革成员徐勇、无党派人士赵长江作为乡村振兴工作队队员定点驻村帮扶，助力文昌市乡村振兴建设工作。选派九三学社成员、副教授符天赴浙江自贸试验区苏州片区进行为期3个月的跟班学习，并于2022年年初被提拔为副处级干部。

（四）做好归国留学人员工作

学校有关部门每年都更新归国留学人员信息台账，及时掌握其最新动态，引导他们积极为学校发展，为自贸港建设进行国际交流等作贡献。截至2023年3月，全校归国留学人员共计11人，其中博士1人，硕士研究生9人。2021年10月，我国驻乌兹别克斯坦大使姜岩来信点赞我校归国留学教师李华伟为中乌文化交流互鉴所作的不懈努力和积极贡献，其事迹也被南海网、腾讯网、新浪等多家媒体宣传报道。李华伟老师在乌兹别克斯坦撒马尔罕孔子学院任教期间还与中、乌方同事共同译著的一部埃尔金·瓦希多维奇·瓦希多夫的中乌双语诗集《撒马尔罕之夜》，这是第一本中国人翻译的瓦希多夫的诗集。

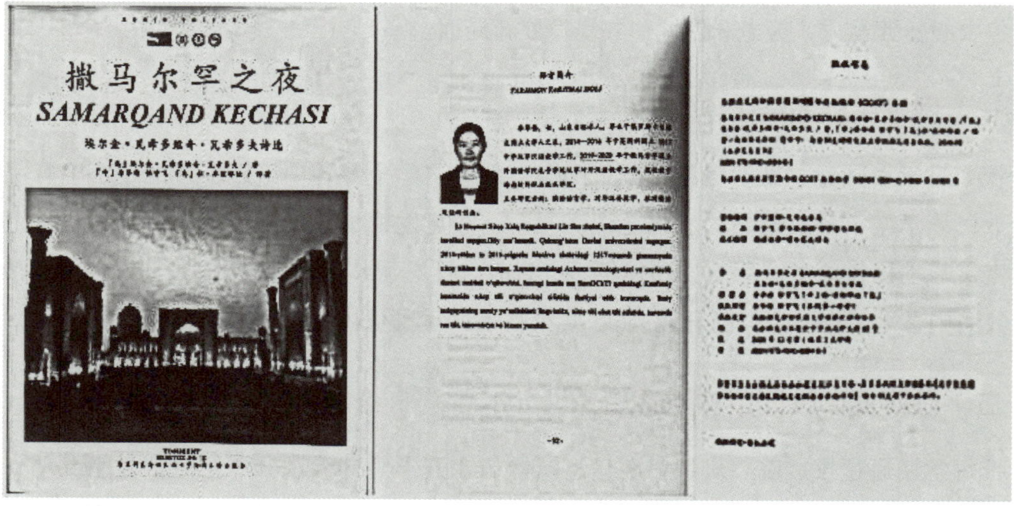

中乌双语诗集《撒马尔罕之夜》

（五）积极发挥党外人士作用

紧扣发现、培养、使用、管理四个环节，加大党外代表人士培养使用力度，积极发挥建言献策作用，着力打造一支政治坚定、素质优良、结构合理的党外代表人士队伍。截至2023年3月，学校共有35人参加民主党派，其中中国国民党革命委员会15人，九三学社6人，中国民主同盟会14人。升格以来，学校民主党派人员积极参政议政，符应彬、苏杰、李明平、符天、郭汉英、蒋秀娟等人选琼海市历届政协委员，每年积极撰写议案、提案。2020年，民革党员戴敏宏、民盟盟员郭汉英等撰写的提案分别荣获琼海市政协优秀提案奖。民盟盟员李菊顺教授为企事业单位开展多场心理健康和家庭教育讲座，主持校内外心理咨询与个案干预近百例，得到地方各级政府和广大民众的高度赞扬，其个人也在2022年被选为琼海市人大代表；无党派人士车广秀副教授作为海南省关工委教育讲师团讲师，多次为各市县中小学作家庭教育指导讲座；民盟盟员蒋秀娟、郭汉英、党外教师朱兵艳、姚立佳等，为国外嘉宾、国际会议等来琼海访问外宾提供英文讲解和口译服务；民革成员戴敏宏带领团队与北京中拉文化交流中心联合创作“VR中国带您了解一带一路”系列科普视频。他们热心服务地方建设的拳拳之心，得到了各级领导和社会各界的一致好评。

第四节　纪检监察和审计工作

一、纪检监察工作

在省纪委监委和学校党委的正确领导下，学校纪委、监察专员办公室忠实履行党章赋予的职责，牢固树立“四个意识”，坚定“四个自信”，做到“两个维护”，捍卫“两个确立”，不断推进学校党风廉政建设和全面从严治党向纵深发展，为学校事业科学发展提供了坚强的纪律保障。

（一）压实“两个责任”，坚守责任担当

十八大以来，学校党委成立了党风廉政建设领导小组和全面从严治党领导小组，为全面落实主体责任和监督责任在制度上组织上做好保证。学校党委每年年初召开党风廉政建设工作会议或全面从严治党工作会议，专题研究部署全面从严治党、党风廉政建设和反腐败工作。党风廉政建设领导小组和全面从严治党领导小组协助党委制定了《关于落实党风廉政建设党委主体责任和纪委监督责任实施办法》《党委（党组）落实全面从严治党主体责任规定》，同时制定年度《落实全面从严治党主体责任清单和任务清单》，进一步压实全面从严治党主体责任。督促党委开展谈话提醒工作。党委书记切实履行第一责任人的职责，学校领导班子其他成员认真履行分管范围的全面从严治党职责，将全面从严治党工作切实落实到教学、科研和其他行政管理中。班子成员每年接受省委组织部述职述廉考核。学校中层管理干部在年度考核、试用期考核、任期届满考核中，均面对全体教职工述职述廉，接受群众的民主评议。

（二）紧紧围绕“两个维护”强化政治监督

把落实中央、省委、省纪委监委有关决策部署作为监督执纪问责的重要内容。每年根据《省纪委政治监督清单模板》对政治监督清单进行再造，确保监督精准精细。聚焦贯彻落实习近平总

2021年学校党委召开从严治党专题会

书记“4·13”重要讲话精神开展监督，立足落实立德树人根本任务，推动专业建设和人才培养工作密切跟踪服务海南自贸港建设。紧盯“我为群众办实事”，开展督查，确保“为群众办实事”落到实处。督促学校建立重点工作任务清单、责任清单、督办清单和通报制度，发出《监督建议书》，推动学校重大工作部署落地见效。

（三）做实做细监督职责，监督工作质效持续提高

十八大以来，学校纪检监察工作重点从这几方面着手。一是协助上级党委抓好巡视整改。2016年、2020年省委巡视组巡视后，巡视组和省纪委监委移交问题线索4条。学校纪委克服人员少，办案经验不足的困难，对4条问题线索进行认真处置，立案审查2人，给予党纪政纪处分2人，诫勉谈话3人，发挥警示震慑作用。二是抓好日常监督，提高监督效能。加强对权力运行的监督，纪委书记、监察专员、纪检监察处处长参加或列席党委会、校长办公会，监督党内民主制度和“三重一大”决策机制执行。紧盯关键岗位、关键环节开展监督。严把选人用人廉政审核关，对新任干部开展集体廉政谈话，回复党风廉政意见，防止“带病提拔”。对学校公车使用和公务接待情况进行监督。开展“三公”经费清理整治，认真清理超标配备公车、多占办公用房的行为；开展庸懒散奢贪专项治理、提升服务质量专项治理、党务校务和党政联席会议执行情况的检查、“小金库”专项治理等。此外，还对领导干部私自持有出国（境）证件和参加社会化培训情况、中层管理干部企业兼职情况和副科级以上干部持有会员卡情况进行清理等。对学校公共工程项目进行跟踪监督。对4个50万元以上100万元以下的校内建设的工程项目进行监督，提出监督建议。

（四）深入开展廉政教育，筑牢思想防线

全面开展作风整顿建设以来，学校纪委先后3次召开作风整顿建设年暨“查堵点、破难题、促发展”活动推进会，把“查堵点、破难题、促发展”活动、“作风整顿建设年”“我为群众办实事”和党史学习教育等多项活动有机结合共同推进。同时把落实省委巡视整改工作纳入作风整顿

工作的内容，以优良作风推动形成风清气正的政治生态和良好的育人环境。2021年，学校领导班子及成员共查摆作风问题26个，已完成25个，完成率96.15%；完成省委巡视整改57个事项，完成率92%；挂牌督办四项省本级工程，完成率100%。

学校纪委经常开展形式多样的纪律教育和家风教育活动，涵养清风正气。一是举办学校纪律教育暨“廉内助”家风教育专题讲座，开展“清廉家风”教育活动，学校领导对学校关键岗位的一把手和全体纪检监察干部全面开展家访。学校党委书记、纪委书记面向学校党委委员、全体中层干部及其配偶和成年子女进行专题授课，播放警示教育片。组织全体教职工及配偶和成年子女关注海南廉政微信公众号；出版以“传承清廉家风，弘扬清风正气”为主题的专题宣传栏。赠送“清廉家风”书籍130册，发送《致全校领导干部家属的一封信》。二是经常督促党委理论中心组学习典型案例，纪委专题学习典型案例。组织全体党员干部观看《坚持以零容忍态度惩治腐败》《不断开创反腐败斗争新局面》《无声的较量》《伸手必被捉》《破坏营商环境之害》等多部反腐教育片。组织全体中层干部前往海口参观海南省反腐倡廉警示教育基地和琼海市警示教育展等。组织全体纪检监察干部参观“牢记前车之鉴、绷紧纪律之弦”2021年全省党员干部警示教育巡回展。2022年，学校纪委制作的警示教育短视频《海瑞系列微电影》《清廉是福 家好月圆》被清廉海南网录用转播。

参观2022年全省党员干部警示教育巡回展

工作中紧盯重要节点，在元旦春节、五一端午、中秋国庆期间下发加强廉洁自律工作的通知，开展集中约谈，发送廉政提醒短信到每名兼职工，提醒廉洁过节。每逢重大节假日，学校纪委、监察专员办公室都将举报电话、举报邮箱通过短信发送到每个教职工，引导广大群众积极参与监督。同时开展明察暗访。主要是暗访公车节假日是否封存，是否存在公车私用等问题。开展严肃整治领导干部利用名贵特产类特殊资源谋取私利问题自查自纠工作，开展公务接待中“吃公函”问题专项治理。

（五）认真做好信访工作，切实维护师生权益

学校纪委严格执行线索处置的程序和流程，对每一个信访件进行妥善处置，做到件件有着落，事事有回音。

二、审计工作

随着学校办学规模不断扩大，发展速度不断加快。学校党委不断加强对审计工作的领导，设立内部审计部门，先后出台了《内部审计工作规定》《委托社会中介机构审计管理办法》《建设工程项目审计实施办法》《物资采购审计实施办法》等，不断从组织上和制度上加快和完善审计工作的建设。

为了适应学校内涵建设、新校区建设等重点工作的需要，学校投入大量资金用于基础设施和其他相应配套物资设备的采购，涉及大量的财力、物力的使用。党的十八大明确提出要全面从严治党，学校持续加强审计监督，明确2 000元以上的基建修缮工程和物资设备采购项目须经审计部门审计批准。

2014年下半年，完成审计项目151项，送审金额13 335 362.86元，审定金额12 401 292.23元，核减金额934 070.63元，核减率7.00%。其中，基建修缮项目115项，送审金额7 419 746.06元，审定金额7 059 320.43元，核减金额360 425.63元，核减率4.85%。

2015年，完成审计项目334项，送审金额67 865 299.67元，审定金额60 454 790.94元，核减金额7 410 508.73元，核减率10.91%。其中，基建修缮项目238项，送审金额33 022 336.91元，审定金额31 054 273.16元，核减金额1 968 063.75元，核减率5.95%。

2016年，完成审计项目314项，送审金额26 763 751.51元，审定金额25 621 931.33元，核减金额1 141 820.18元，核减率4.26%。其中，基建修缮项目280项，送审金额19 771 127.79元，审定金额19 014 280.38元，核减金额756 847.41元，核减率3.83%。

2017年，完成审计项目399项，送审金额70 029 878.97元，审定金额62 835 868.27元，核减金额7 194 010.70元，核减率10.27%。其中，基建修缮项目274项，送审金额34 639 158.69元，审定金额31 973 780.34元，核减金额2 665 378.35元，核减率7.69%。

2018年，完成审计项目301项，送审金额45 668 342.96元，审定金额42 805 208.84元，核减金额2 863 134.12元，核减率6.26%。其中，基建工修缮项目151项，送审金额27 770 447.61元，审定金额26 419 650.18元，核减金额1 350 797.43元，核减率4.86%。

2019年，完成审计项目318项，送审金额60 488 635.64元，审定金额57 215 288.31元，核减金额3 273 347.33元，核减率5.41%。其中，基建修缮项目40项，送审金额9 445 871.35元，审定金额9 051 610.04元，核减金额394 261.31元，核减率4.17%。

2020年，完成审计项目201项，送审金额48 295 061.33元，审定金额45 571 077.44元，核减金额2 723 983.89元，核减率5.64%。其中，基建修缮项目审计95项，送审金额10 641 762.53 元，审定金额10 236 251.25元，核减金额405 511.28 元，核减率3.81%。

2021年，完成审计项目141项，送审金额145 359 031.29元，审定金额133 038 398.80元，核减

金额12 320 632.49元，核减率8.47%。其中，基建修缮项目44项，送审金额90 046 801.47元，审定金额81 476 031.03元，核减金额8 570 770.44元，核减率9.51%。

2022年，完成审计项目100项，送审金额54 940 223.17元，审定金额51 569 687.82元，核减金额3 370 535.35元，核减率6.13%。其中，基建修缮项目33项，送审金额28 163 420.45元，审定金额26 591 607.75元，核减金额1 571 812.70元，核减率5.58%。

审计监督工作不仅为学校节约了大量资金，更重要的是在深化学校改革、促进廉政建设、提高经济效益等方面，真正发挥到“参谋助手”和“经济卫士”的作用。

第五节　全面推进依法治校

长期以来，学校坚持以依法治校、文明校园为抓手，扎实推进依法治校，特别是党的十八大以来，学校以习近平新时代中国特色社会主义思想为指导，深入学习贯彻习近平总书记全面依法治国新理念新思想新战略和关于教育的重要论述，切实把依法治理作为学校治理的基本理念和基本方式，融入、贯穿学校工作全过程及各方面，全面提高依法治校能力和水平，严格规范办学行为，大大增强了全校师生的法治观念和民主意识，形成了依法治校的良好氛围。2009年，学校被省教育厅授予“学校安全工作先进单位”称号；2010年被授予2007—2010年度海南省文明单位称号；2011年被评为海南省教育系统“五五”普法先进单位、海南省第一批依法治校示范校；2012年，学校被授予“全国文明单位”荣誉称号；2016年被评为海南省教育系统“六五”普法先进单位；2021年被评为海南省教育系统“七五”普法先进单位。

2011年获得海南省依法治校示范校奖牌

一、高度重视，加强领导

学校成立了以党委书记和校长为组长、分管校领导为副组长、各有关部门主要负责人为成员的法治工作领导小组。领导小组下设办公室，办公室主任由分管校领导兼任，办公室设在党政办公室，负责依法治校的日常工作。学校高度重视依法治校工作，把其写入了学校工作要点。学校党委会还专题听取了关于依法治校的工作汇报。在年度预算中将依法治校工作也列了专项经费。学校从领导机制、工作经费等方面都对依法治校工作给予切实的支持和重视，打下了坚实的基础和创造了有利的条件。

二、完善内部管理体制和健全工作机制

学校建立依法治校工作领导机制和工作机制，对学校普法、校务公开、法治建设等工作组织

进行了整合，实行统一领导，并制定了工作计划和实施方案。

依法健全校内管理体制。严格依据《高等教育法》，认真贯彻民主集中制原则，坚持和完善党委领导下的校长负责制。在具体工作实践中，学校行政领导班子始终坚持在党委统一领导下，坚持集体领导与分工负责制，一切重大问题决策都严格按程序办事，坚持沟通在会议之前，决策在会议之中，落实在会议之后，使班子成员之间做到相互支持、相互配合、相互理解。

学校制定了党委常委会议事规则和院长办公会议事规则，明确了学校党委、校长及各种学术委员会的职责权限和议事规则，做到了互相配合，权责统一，依法办事，形成了行政管理、教授治学和民主监督的办学管理模式。严格执行了民主集中制的各项规定，建立健全"三重一大"集体讨论决定的制度。

学校专门从省内检察院、法院等单位聘请了法治副校长，积极开展普法教育活动；聘请了法律顾问，专门负责处理学校的法律事务。建立和实行了相关法律事务方面的重大决策必须事先征求校聘法律顾问的意见的机制，很好地保证了决策的科学性和合法性。

三、狠抓制度建设，实行规范管理

学校以建立《章程》为契机，建立健全各项规章，编制《制度汇编》和《内部控制手册》，为科学决策、规范管理提供了制度保证。切实做到扎实推进学校章程的制定实施。2012年5月15日，学校印发了《关于成立学院章程建设工作领导小组的通知》（琼软院党〔2012〕19号），成立了以党委书记为组长，校长为副组长的学校章程建设工作领导小组，负责章程修订、实施、监督的管理工作。章程建设领导小组下设学校章程修订小组，在章程建设领导小组的领导下负责章程修订工作和章程建设的日常工作。校长亲自兼任组长、分管校领导任副组长，章程修订小组成员由有关职能部门负责人、教职工代表、省教育厅代表、退休教职工代表、学生代表、校友代表等20人构成。2014年6月21日提交学校第一届教职工暨工会会员代表大会第三次会议讨论，2015年6月24日提交校长办公会议审议，2015年7月1日学校党委会议审定。每一轮收集整理意见后，章程修订工作小组会同学校领导对意见逐一研讨，历经15次修改完善，至2016年3月16日最终形成呈省教育厅核准稿。2016年5月6日经海南省教育厅核准生效，学校及时印发实施。通过章程的印发实施，使广大教职工进一步明确学校的办学宗旨、主要任务，确立学校的管理体制及组织机构。2020年以来，根据学校工作需要，重新修订学校《章程》，2023年2月得到省教育厅的审批通过。

2020修订后的学校《章程》印本

随着学校的办学规模和办学体制不断发展，建立健全各项规章制度的工作也不断完善。学校根据国家相关法律的规定和学校的实际情况，按照规范的程序制定了《党委领导下的院长负责制实施办法》等259项管理制度，废除38项管理制度，内容涉及学校决策、日常行政管理、组织人事、纪检监察、审计、专业建设、学生工作、财务管理、后勤保障、安全保卫等，形成了较为完善的制度体系，内容合法、公正、公开，并在管理实践中得到有效的执行。

四、规范办学活动，依法维护学校权益

学校严格遵守国家的相关法律法规，依法办学，规范办学。学校制定了《债权债务管理办法》《收费管理办法》等管理规定，严格审批备案制度，强化归口管理，统一收费项目和收费标准，使学校的办学行为更加规范，取得了良好的社会效益。同时，学校加大了对各项法律事务的支持力度，积极开展了“六五”普法、“七五”普法、“八五”普法等依法治校工作，特别是聘请了校外法律顾问，在学校对外重要办学协议和合同的签订与审核，代理学校民事诉讼等方面发挥了较好的作用，尽最大可能减少了学校的经济损失。

五、开展校务公开，实行民主管理

学校坚持把校务公开工作作为长期的、经常性的一项工作任务，摆在十分重要的位置，着力于制度创新和机制创新，确保了校务公开工作的健康发展。

成立了以校党委书记、校长为组长，各分管校领导为副组长，由学校党政办公室、纪检监察、工会等部门组成的党务校务公开领导小组，制定《党务公开制度》，对校务公开的指导思想和原则、主要内容、主要形式及基本要求和组织领导等都作了具体而详尽的规定。学校制定并颁布了《校务公开实施办法》，设立了网上党委书记、校长电子信箱，使校务公开工作推行有依据，考核有标准。学校建立并完善了教职工代表大会制度，进一步健全了工会组织制度。根据学校实际设立12个部门小组，制定工会工作人员职责和行为规范，建立了重大问题经教代会通过制度，如学校发展的长远规划、专业建设、师资队伍建设、人事分配制度改革、住房改革等，在出台前都交给教代会代表讨论审议，教代会“维护、参与、教育、监督”的职能得到充分体现，广大教职工的知情权、参与权得到尊重。

六、建立校内申诉制度，保障师生合法权益

学校依法建立和完善了校内教师申诉制度，成立了由学校工会牵头的教职工职称、职员职级评审申诉委员会，专门负责教职工的申诉工作，依法调解教师与学校、教师与教师、教师与学生之间的矛盾，保证教师申诉渠道畅通，教师合法权益不受侵害。

学校按“以生为本”的理念治理学校、保证学生的各种权益得到充分尊重。制定《学生管理规定》《学生违纪处分管理规定》等管理规定，编制了《学生申诉处理试行办法》，成立了由团委牵头的学生申诉处理委员会，专门处理学生的申诉事宜，保障了学生申诉制度的顺利实施。严格按照上级主管部门和物价部门的规定，收缴学生的各种费用，同时预留出一部分学费，取之于学生，用之于学生。保障学生的权益，关心他们的身心健康。学校成立了大学生心理健康教育中心和就业指导中心，为学生健康心理的形成和顺利就业做好服务。

七、加强校内普法宣传，形成依法治校科学管理的良好氛围

学校将法制教育纳入日常性工作，在学生中开展了较为丰富多彩的法制宣传教育活动，广大师生员工的法律意识有了较大程度的提高。与此同时，学校还开展了多种形式的活动，大力提高干部的依法行政能力和管理能力。坚持把学习宣传宪法摆在首要位置。每年都认真组织好“12·4”国家宪法日等学习宣传教育活动，健全完善宪法日教育仪式和内容，弘扬宪法精神，树立宪法权威，不断提高学校的宪法意识。还定期开展“法律进校园”活动、禁毒专题教育、国防专题教育、国家安全教育等一系列教育活动，同时积极组织学生参加法治社会实践和开展第二课堂，把法治教育与培育践行社会主义核心价值观、学生日常管理、第二课堂活动和教育法治实践相结合，营造良好的校园法治环境。

第六节　大学生思想政治教育

学校肩负着人才培养的重要使命，如何对大学生进行思想政治教育，从学校升格以来都是学校工作的重中之重。事关办什么样的大学、怎么样办大学的根本问题，事关党对高校的领导，事关中国特色社会主义事业后继有人，加强和改进学校思想政治工作，是一项重大的政治任务和战略工程。学校党委始终高度重视思想政治工作，不断探索，形成了符合新时代大学生思想政治教育工作的管理制度体系和教育体系。

学校召开2022届学生毕业典礼

党的十八大以来，学校党委全面贯彻落实《中共中央 国务院关于进一步加强和改进大学生思想政治教育的意见》《高校思想政治工作质量提升工程实施纲要》，坚持育人为本、德育为先，时刻围绕学生、关照学生、服务学生，不断提高学生思想水平、政治觉悟、道德品质、文化素养，加强对学生的教育和管理，增强学生工作的时效性。

一、强化学生思想政治教育工作，践行社会主义核心价值体系

根据《中共中央 国务院关于进一步加强和改进大学生思想政治教育的意见》（中发〔2004〕16号）精神，学校党委制定了《关于进一步加强和改进大学生思想政治教育的实施意见》，并认真贯彻落实。

一是发挥思政课育人优势，成立思想政治教育研究会，不定期召开思想政治理论研讨会。积极组织人员参加各种学术交流和科研活动，在校内教研教改立项项目以及经费资助等方面积极创造条件，采取有效措施鼓励、支持思想政治理论课教师结合教学进行科研，发表学术论文、出版专著、主（参）编教材，不断加强思想政治理论课课程建设。

二是发挥主题班会、入学教育的作用。规定每学期各班要召开主题班会3～5次，班主任、辅导员充分利用主题班会进行思想政治教育。每年9月，集中对刚入学的新生进行为期10天的入学教育。

三是发挥学校党校的作用。申请加入党组织成为青年学生追求的人生目标之一，每年举办两期党课培训班，涉及党的纲领和基本路线、党的组织原则与组织纪律、党的宗旨与入党动机等内容。

四是发挥学校关工委的作用。学校于2010年开始成立关工委，不断完善机构设置，充分发动离退休干部参与工作，增强队伍建设，充分发挥其工作热情，积极助力学校大学生思想政治教育工作。

学校以立德树人为根本，不断创新思路举措，进一步提高政治站位和政治觉悟，强化政治担当，把“四个意识”体现在学生工作具体行动和实际成效上，确保扎实做好学生的思想教育工作，同时提升学生工作的质量和水平，严抓工作落实，细化工作措施，提高工作效率，进一步加强工作队伍能力，确保各项学生工作扎实推进。学校从学生的入学教育、军事训练、国防教育、法治教育、心理健康教育、诚信教育、党史学习教育等方面加强学生的思想政治教育。

升格初期的开学典礼教育

2007年新生军训场景

二、健全学生管理机制，实现学生管理制度化

学校建立健全学生工作长效工作机制，建立全员、全过程、全方位育人的长效工作机制，明确大学生思想政治教育工作的目标、任务和具体措施，坚持以制度管人、制度育人的管理理念，编制《学生手册》，内容涵盖思想品德、学籍管理、评奖评优、勤工助学、违纪教育等各个方面，先后印发《学生管理规定》《学年综合考评实施办法》《家庭经济困难学生认定工作实施办法》《学生资助资金管理办法》《高等学校勤工助学管理办法》《毕业生就业工作管理规定》等一系列管理制度。

三、锻造精干的学工管理队伍，提高服务育人水平

学校高度重视学工管理队伍建设，积极推动学生管理队伍专业化、职业化发展，提升大学生思想政治教育工作质量。学工管理队伍主要由学生工作部（学生处）领导、二级学院书记、辅导员、班主任组成，其在学校教育教学工作中发挥了重要作用。

一是加强学习，提升能力。经常组织学习高职教育管理理论，研究高职教育学生工作规律，探讨新形势下学生工作的问题和方法。通过学习，大家提高了思想认识，转化了思想观念，丰富了学生工作的知识，增强了服务学生的意识，对提高学工队伍的整体工作能力得到了很好的促进作用。

二是表彰先进，树立典型。学校坚持每学年度开展辅导员、班主任考核和评优工作，并在教师节期间进行隆重的表彰，营造向先进学习的良好氛围。2012年以来，共有4名辅导员被评为海南省高校优秀辅导员。2018年，李颖老师获得“第十届全国高校辅导员年度人物入围”荣誉称号；

三是开阔视野，拓宽思路。建立辅导员、班主任培训体系，把辅导员培训纳入学校师资队伍和干部队伍培训整体规划。组织辅导员参加各种培训班和研讨会组织到兄弟院校考察、交流和学习，聘请知名专家来校指导，加强辅导员的素质能力提升。

四是建立激励机制，提供发展平台。制定了《辅导员管理实施细则》，鼓励辅导员向专业化、专家化方向发展。学校将辅导员的培养纳入师资培训规划，把辅导员申报专业技术资格列入高等学校教师专业技术资格系列进行评审，辅导员可根据所从事的专业申报相应的助教、讲师、副教授、教授四个层次专业技术资格。截至2023年3月，有13名辅导员提拔为中层管理干部，1名副科级辅导员。

学校始终以《高等学校辅导员职业能力标准（暂行）》为指南，组织开展辅导员的培训、考核、竞赛工作，为打造高素质、专业化的学工队伍，充分发挥引领示范和辐射带动作用，引领全校辅导员增强素质能力，提升专业水平，提高工作质量。

四、构建三位一体管理体制，提高学生教育管理效果

学校经过多年的探索和实践，建立了较完善的“校、院、班”三位一体的管理机制。成立了学生工作部（学生处、人民武装部、学生资助管理中心）、团委、学生申诉委员会、各二级学院党总支（直属党支部）等学生工作管理机构。学生管理实行校、院、班三级管理，由党委书记亲自抓，党委副书记具体管，学生工作部和团委统筹安排，各二级学院党总支（直属党支部）具体负责，形成了“党委书记—分管学生工作党委副书记—学生工作部—二级学院党总支（直属党支部）—辅导员—班主任”的学生管理体系。

学校始终把建设优良学风作为主要的工作目标，常抓不懈，学风建设效果显著。一是制定工作方案，认真组织实施。出台学风建设实施意见，提出学风建设的任务、目标和要求，学生工作部（学生处）和各二级学院结合实际，制定学风建设实施方案，狠抓落实。二是加强教育引导，端正学习态度。要求全校教师树立教书育人的思想，把育人放在首位。学生违反学习纪律，主要以教育为主，通过谈话教育、主题班会、联系家长等方式帮助学生转变学习态度，养成良好的学

习习惯。三是严抓考勤管理，规范教学秩序。各二级学院、教务处、学生工作部（学生处）齐抓共管，定期检查、及时汇总考勤情况和公布考勤结果，将考勤情况及时传达给学生和家长，对学生进行告诫教育或给予相应的纪律处分。四是开展评奖评优活动。通过评选三好学生、三好学生标兵、优秀学生干部、优秀毕业生、十佳学子、十佳团干、优秀团干、优秀先进班集体、先进团支部和各类奖学金等活动，树立了一大批先进典型，极大地激发了学生的学习热情，促进了良好学风的形成。

五、做好学生资助工作，激励学生立志成才

学校党委2007年成立了学生资助管理中心，紧紧围绕立德树人根本任务，认真践行以育人为中心的学生资助工作理念，不断完善资助体系，加大资助力度，充分发挥资助育人功能，始终坚持公平、公开、公正的资助工作原则，树立“经济资助、完善机制、立德树人”的理念。

为帮助家庭经济困难大学生上大学和顺利完成学业，学校设立了国家奖学金、国家励志奖学金、国家助学金、海南省优秀贫困大学生奖学金、学校奖学金、生源地助学贷款、勤工俭学、爱心资助等多种资助政策，确保每个学生能无忧上大学。

2009年至2012年，学生获国家奖学金、国家励志奖学金、海南省优秀贫困生奖学金、学校奖学金、国家助学金、临时补贴、生活补贴、免学费免住宿费、爱心资金等共50 963人次，设置勤工助学岗位697个，共发放奖助学金2 564.32万元。

2014年起，中招层次学生中，一、二、三年级学生全部免除学费；2016、2017年，学校对家庭特别贫困学生进行建档立卡，两年资助建档立卡贫困学生41人；2017年为40名服义务兵役学生的学费补偿代偿。2019、2020年还针对26名新疆籍家庭经济困难资助学生进行资助。

2014年至2020年间，学校共有25人次获得了国家奖学金，1 020人次获得了国家励志奖学金，136人次获得海南省优秀贫困生奖学金，10 212人次获得了国家助学金，220人次被免除学费或住宿费，140人次获得海南省中职优秀学生奖学金，4 552名学生生源地信用助学贷款，1 572人获得新生奖学金，3 403人次获得学校奖学金，4 674人次评为优秀学生干部及三好学生。对家庭经济困难学生资助达1 812人次。

2021学年度，1 778名学生获得国家助学金、8人获得国家奖学金、210人获得国家励志奖学金、23人获得海南省优秀贫困生奖学金，奖励及资助金额达6 766 508元；勤工俭学资助学生470人次，资助金额326 708元；学院一、二、三等奖学金资助学生811人，资助金额395 400元；社会各界资助学生7人，资助金额26 000元。全校学生资助面超过30%；顺利完成97名服义务兵役的学费补偿，共104 368元，28名退役复学学生的学费减免共计193 700元，直招士官3名，资助金额26 400元。为53名应征入伍学生发放入伍奖励金560 000元；顺利完成1 171名学生的生源地信用助学贷款；全力做好全校8 358名学生的主副食品价格补贴和符合条件学生临时生活补贴的发放工作；为五年一贯制三年级的191名学生发放学校助学金95 500元。

2022学年度，1 777名学生获得国家助学金、8人获得国家奖学金、268人获得国家励志奖学金、23人获得海南省优秀贫困生奖学金，奖励及资助金额达7 292 700元；勤工俭学资助学生476人次，资助金额579 652元；学院一、二、三等奖学金资助学生816人，资助金额390 800元；社会各

界资助学生4人，资助金额12 750元。学生资助面超过30%；顺利完成111名服义务兵役的学费补偿，共1 209 900元，48名退役复学学生的学费减免共计302 200元，直招士官2名，资助金额27 000元。

六、创建精品校园文化，促进学生全面发展

学校学生教育管理工作坚持以育人为宗旨，以服务学生成长成才为中心，把创建高品位校园文化作为思想政治教育的主要抓手。学校升格以来，一直努力创建的精品校园文化活动，在学生中影响很大。

2012年“5.25”心理健康教育月活动开幕式

一是举办计算机文化节[①]。根据办学特色，学校每年举办计算机文化节，每次都有一个明确的主题，每个学院（系）都承办一个专题活动，已经成为校园文化的一大亮点。

2021年建成的易班学生工作站体验馆

二是开展心理健康教育。学校高度重视心理健康教育，心理教师配备到位，制度机制健全，设备场所完备。每年开展“5.25”心理健康教育系列活动，效果显著，受到了上级部门和领导的好评。

三是开展学生社团活动[②]。2012年成立学生社团，具有很强吸引力，学生热情高、参与面广，活动开展正常，定期举办社团成果展示。

四是举办专题文化活动。学校党委历来高度重视在学生当中开展专题文化活动，紧紧围绕党和国家以及省委省政府设立的重大节日、重要主题活动，紧密结合学校发展重要活动，通过演讲辩论、表演诵读、运动竞技、书画创作、社会实践和志愿服务等方式，开展了丰富多彩的专题文化活动，以彰显校园的品格、风貌、韵味及魂魄，提升了学生的综合素质，塑造了积极向上、健康活泼、奋发有为、自强不息的校园文化景观，促进了学生全面发展。

2018年4月，学校被确定为海南省易班建设的首批试点院校，打造集思想教育、生活服务、文化娱乐为一体的互动、开放、共享的网络平台，为学校的教育教学提供服务。2021年学校严格

---

① 详见本章第七节中“团委工作”。
② 详见本章第七节中“团委工作”。

按照“正能量、真声音、快节奏”的建设要求和“易学易用 共创共享”的建设理念，以“围绕中心、突出重点、打造特色、协同育人”为工作目标，基于易班学生工作站，发挥学校专业优势，开发了易请假、易报修、易防疫、外出报备等十余个易班软件项目，全面投入使用，易班用户黏度得到极大提升。

七、活跃学生校外活动

多年来，学校非常重视学生参加校外竞赛活动[①]，坚持把参加竞赛活动和精品校园文化活动作为提高学生综合素质，形成良好学风的重要途径。学生踊跃参加校外竞赛，已经形成了一种良好的氛围，在学生中产生了巨大的反响。

八、扎实开展学校武装工作

在学校党委的正确领导下，学校人民武装部在创新国防教育形式，开展多种形式的国防教育活动中，努力推进学校国防教育的创新发展，不断提升国防教育工作的育人实效。学校始终把国防教育工作作为引领学生思想、提升学生综合素质的重要手段，贯穿人才培养的全过程，通过一系列丰富多彩的活动，营造全校国防教育的浓厚氛围。

加强对青年学生国旗文化的教育，是新时代高校学生思想政治教育工作的重要组成部分。把退役复学的士兵和有意愿参军的热血青年作为国旗班的重要队员，以展现学生良好形象，培养、传承和发扬爱国主义精神为宗旨，以“着我戎装、护国荣光”为训练口号，以“热血、情谊、责任、踏实”为队训，激励着海软学子不断进步、不断提升，提高青年学生的参军报国热情。

从2006年开始，学校人民武装部都联系当地人民武装部和当地驻军到校对新生开展国防教育、进行军事训练以及表彰参加军训积极分子。

近年来，学校学生参军入伍的热潮不断高涨，用实际行动昭示了当代青年的爱国热情和责任担当。自2017年至2022年学校共有318名学生应征入伍。

学校党委副书记刘明鹏（左二）为2022年新入伍的学生颁发入伍奖励金

① 详见本章第七节中“团委工作”和第十六章第三节“学生荣誉”。

第七节 党领导下的学校群团社团组织

一、工会工作

学校党委高度重视工会工作，要求工会以马列主义、毛泽东思想、邓小平理论、“三个代表”、科学发展观和习近平新时代中国特色社会主义思想为指导，保持工会工作政治性、先进性和群众性，围绕中心，服务大局，发挥好党领导群众的桥梁和纽带作用，积极组织广大教职工参与学校民主管理和民主监督。

（一）完善机构改革，保障制度建设

在师范教育时期，学校就成立了工会组织，并选举产生了中国教育工会海南琼海师范学校新一届委员会，设女工委，切实行使民主权利，维护教职工合法权益。2003年7月，随学校升格更名为中国教育工会海南软件职业技术学院教育工会，何家轩续任主席。1993年至2009年6月，学校工会组织召开了十二次教职工代表大会，审议通过《教职工集资房选房方案》《津贴方案》等重要事项。2009年6月28日，学校第一届第一次教职工暨工会会员代表大会隆重召开，大会选举产生第一届工会委员会，陈修焕当选主席，谭传新当选副主席；大会通过了《工作报告》《工会工作报告》《财务报告》《工会经费收支情况报告》等四个报告决议和《教职工代表大会实施细则（暂行）》等文件实施细则决议。大会还选举产生了第一届经费审查委员会，李开当选主任。同年12月召开第一届女职工代表大会，选举产生第一届女教职工委员会，王虹当选主任。本届工会委员会先后召开三次教职工暨工会会员代表大会，讨论、审议学校教育事业发展“十二五”规划、学校绩效工资发放试行办法、学校《章程》等重要事项，先后修订制定了《教育工会会费管理制度》《教育工会会员会籍管理制度》《女教职工委员会工作条例》《工会经费审查委员会工作制度》《教职工退休、婚、病、丧等有关事宜的管理规定》《工会委员会财务、资产管理制度》《教职工代表大会实施细则》等制度规定。2018年1月，学校召开第二届教职工暨工会会员代表大会第一次会议，选举产生第二届工会委员会、经费审查委员会和第二届女教职工委员会，王虹当选工会主席，王和民当选工会副主席，吴书友当选工会经费审查委员会主任，周文玲当选女教职工委员会主任。大会通过了《工作报告》《工会工作报告》《财务2017年决算和2018年预算报告》《工会2017年度经费收支情况报告》等四个工作报告。截至2023年3月，本届工会委员会组织召开五次教职工暨工会会员代表大会，讨论、审议教师系列专业技术资格评审暂行办法、学院后勤社会化改革实施方案、绩效工资发放试行办法修订方案、学校深化校院两级管理体制改革清单、教职工年度考核办法、学校“十四五”规划和学校《章程》（修订稿）等重要事项，先后修订《会员会费管理办法》《会员会籍管理办法》《关于会员慰问有关事宜的管理规定》《经费审查委员会工作制度》《女教职工委员会工作制度》《会员慰问有关事宜的管理规定》等规章制度，出台《教职工文体活动管理办法》《工会工作先进个人评选办法（试行）》，顺利完成了机构改革、换届衔接，规范了工会工作流程，完善了制度保障建设，为学校工会在新时代中发挥好

桥梁和纽带作用，积极参与学校民主管理和民主监督，促进学校更稳、更快发展奠定了坚实的基础。

（二）维护合法权益，竭诚履职服务

一是推进阵地建设。学校工会在学校党委领导下，深入学习贯彻党的历次代表大会精神、中国工会代表大会精神，特别是党的十八大召开之后，学校工会准确把握习近平新时代中国特色社会主义思想的核心要义，切实读懂弄通习总书记关于工人阶级和工会工作的重要论述，深刻分析新时代职工队伍出现的新变化，正确认识工会工作取得的进展和存在的不足，不断增强学习贯彻的思想自觉和行动自觉，工会工作取得较好成绩，多次得到上级部门的工作表彰[①]。学校建立学校党委、工会委员会、基层工会小组工会工作体系，密切联系广大教职工，广泛采纳教职工合理意见建议。落实党务校务公开，切实保障教职工知情权。积极落实“我为群众办实事”“查破促”事项，充分依靠广大教职工群众加强教职工之家建设，积极创建文明校园，先后建有教职工俱乐部、演艺厅、教职工灯光篮排球场、乒乓球活动室、教职工书屋等场地。2018年组建足球、排球、乒乓球、羽毛球、篮球、朗诵语言艺术、书法等7个协会。2020年又组建合唱协会。2022年增建国画、瑜伽、动感健身舞等3个协会。2022年3月新建“教职工之家”投入使用，设有书画音乐室、阅览室、棋牌室、瑜伽（形体）室、健身室和儿童启智室，建立健全困难帮扶、文化休闲、体育健身、生活服务等人性化、多元化功能区域，进一步巩固深化教职工之家阵地的时代内涵和职能定位，拓展服务区域，为创建文明校园夯实了强大的阵地基础。

二是丰富校园文化。学校工会每年度如期举办庆祝“三八”国际妇女节“巾帼心向党，建功新时代”系列活动；教职工趣味拓展运动会；“迎新春”挥毫泼墨送春联挥春活动。利用建国和建党周年华诞，组织开展文明家庭评选、爱国诗词书写、书画作品展和最美家风故事会等系列活动。各工会小组还开展“观城乡新貌、看身边变化”实地考察体验活动，提升投身自贸港建设热情。学校工会积极组织教职工参加各类文艺体育比赛，均取得较好成绩。2014年，王燕参加海南省教育厅、教育工会主办的“校长杯”乒乓球比赛获得高校组女单第一名，学校男子排球队荣获第六届省教育工会直属基层工会教职工排球比赛第二名。2017年，学校参加第八届教职工篮球赛获得女子第二名、男子第四名；林虹的征文《筑梦启程 逐梦青年 圆梦未来》参加省教育厅和省教育工会组织的“学习党代会精神 建设美好新海南”征文评选，获得高校教师组一等奖；刘士祥家庭获第三届全国“书香之家”荣誉称号。2018年，男女乒乓球队参加海南省“校长杯”乒乓球赛均获得团体第五名，王正宝获得高校组男子单打第五名；在第八届排球比赛中，女队获得高校组第三名、男队第五名，谭传新、林斌师被评为优秀教练员。2021年，学校组队参加海南省教育系统建党100周年合唱比赛，演唱《红旗颂》《四渡赤水出奇兵》两首曲目荣获高校组二等奖。

（三）热心社会支援，奉献博大爱心

学校工会立足服务学校教职工的同时，积极参与本区域的社会服务与献爱心活动，与省慈善机构、地方工会等单位充分联系协调、配合支援，做出了学校致力服务地方发展、构建和谐社会

① 详见第十六章第一节、第二节。

应有的担当和奉献。特别是进入新时代后，学校工会继续加力社会服务支援，并取得社会各界高度肯定。2020年，学校工会组织开展“99公益一起做好事”活动，荣获由海南省慈善总会、省教育厅和省总工会联合颁发的“优秀组织奖”；2021年参加海南省残疾人基金会在琼海市开展“汇聚爱心·情系校园”公益项目捐赠活动，被海南省残疾人基金会赠予“汇聚爱心·情系校园”公益项目爱心单位。多次助力爱心扶贫，脱贫攻坚，彰显广大教职工的社会担当。

二、团委工作

在学校党委和团省委的正确领导下，学校团委以服务青年学生成长成才为宗旨，以育人为中心，以创新为动力，以提升大学生素质为重点，开拓创新，拼搏进取，在思想引领、社会实践和校园文化活动等方面开展了大量卓有成效的工作，为学校改革、发展、稳定作出了积极贡献。

2003年获得全国五四红旗团委牌匾

学校一直重视共青团工作和学生组织建设，逐步完善学校团委机构设置，科学规范团学工作，倾力打造学校特色的学生组织建设文化，如期召开团代会和学代会，在坚持党建带团建的基础上，以落实立德树人根本任务为思想引领，以服务学生成才、丰富校园文化等宗旨不断搭建新平台、探索新思路、打造新品牌、开创新局面，取得优异成绩。2003年12月，学校团委被团中央评为“全国五四红旗团委”。2006年10月，学校共青团第一次代表大会在艺术馆隆重开幕，选举产生了由王康等13名委员组成的共青团海南软件职业技术学院第一届委员会。2013年，随着学校不断发展扩大，学校成立了软件工程系团委、网络工程系团委、信息管理系团委、数码设计系团委、电子工程系团委、艺术传媒系团委、外语与旅游系团委等七个二级团委。2015年又成立了基础教育部团委。2019年机构改革后，又调整成立软件工程学院团委、网络工程学院团委、经济管理学院团委、动画学院团委、机电工程学院团委、教育与艺术学院团委、国际教育与旅游学院团委等七个二级团委。

进入新时代以来，学校团委坚持不懈用习近平新时代中国特色社会主义思想武装学生和指导学生实践，特色凸显，成绩斐然。

（一）突出思想政治引领青年学生

学校团委深化“青年马克思主义者培养工程”，实行团干部培训工作常态化机制，打造一支理想信念坚定、心系广大青年、作风优良的团干部队伍。从2012年起，每年秋季依托“青年马克思主义者培养工程”培训班，通过拓展训练、理论学习、体能训练、导师结对、社会实践等行之有效的方式，深入学习和掌握党的理论创新成果。2021年4月，又组建党史专题辅导“青年讲师团”，创建主题党课团课，通过自主学活起来、组织化强起来、讲师团忙起来、学氛围浓起来、办实事干起来等“五个起来”深入学习宣传贯彻习近平新时代中国特色社会主义思想，取得很好的学习教育效果，2021年6月，《中国青年报》报道了学校共青团系统通过“五个起来”推动党史学习和团史学习走深走实的创新举措。

（二）筑牢高校意识形态防护网

学校团委积极配合学校党委宣传部门，对学校各级团委和学生组织建立了常态化联系制度和例会制度。建立了各级校园信息员队伍和信息直报制度，做好舆论舆情的研判和处置工作。加强对团属各类校园网站、新媒体平台、印发刊物的统筹管理，不断加强网络文明志愿者和宣传骨干队伍的建设。

（三）持续加强网上共青团建设

学校团委建立起一支专业宣传骨干及志愿者队伍，积极引导团干部、团员青年关注“海南共青团”“海南省委学校部”“海南省学生联合会”微信公众号以及海南省大学生就业创业平台网站，积极参与“青年大学习”网上党史团史学习，持续推出《青春畅想》《我们都是追梦人》《唱支山歌给党听》等MV视频，深受学生喜爱。

（四）加强学生社团组织建设和领导

2003年10月，学院社团联合会成立，逐渐建立起一批功能丰富、类型兼备的学生社团。2017年，根据共青团改革要求，社团联合会并入学生会，设置学生会社团指导部，全面开展有深度、有内涵、有品位、有价值、有意义的社团活动，打造了社团文化节、飞行竞技、电子竞技等一批影响较大的品牌活动，使其成为学校提高大学生的学习能力、实践能力、组织能力和创新能力的另一关键抓手。截至2023年3月，学校团委共有学生社团21个，学生参与人数为995人次，占在校学生的10.7%。其中，2016年3月成立了吉他、轮滑、羽毛球、电子竞技、jump滑板、跆拳道、街舞、动漫和书法等9个学生社团，2017年成立了泰拳协会和篮球协会，2019年成立了摄影协会、弓道社、beat-box协会和篱落汉服社，2020年成立了说唱协会、Aircraft model 飞行竞技社和纵横辩论社，2021年又成立了诵读社、新时代思政社和乒乓球协会。

吉他协会的学生在博雅轩练习

（五）志愿服务社会

一直以来注重服务社会工作，始终将志愿服务作为青年学生参加社会实践，锻造个人综合修养和良好品格，形成科学健康的世界观、人生观和价值观的重要平台。长期以来，坚持组织青年学生志愿者深入琼海社区、企业，积极开展家电维修、网络维护、卫生清扫、交通劝导、禁毒普法和辅助农民工子女学习等活动，不断拓展“文化三下乡”，助力学校新生接待工作，特别是参加博鳌年会活动期间，主动参与外语翻译、酒店礼仪、客房服务等专业性活动，得到了主办方及国际友人的高度评价。随着2020年新冠疫情暴发，学校团委加大志愿服务队伍建设力度，积极配合学校展开了文明监督岗和抗疫系列活动，为成功阻击疫情扩散，做好疫情防控贡献了青年学生的热情和智慧。

2009年学生志愿者服务博鳌亚洲论坛

2022年，学校团委继续优化队伍，加强队伍建设，紧抓专业优势和办学特点，在志愿服务社会中凸显出学校特色和品牌效应。发起志愿服务160余次，参与人数逾万人次，服务超20万小时，服务更具针对性和专业性。组建7个二级学院15支团队参加在我校举办的2022年海南省万名大学生乡村科普性（琼海站）“三下乡”社会实践活动，服务范围辐射琼海市33个行政村和保亭县合口村等地，以实际行动助力乡村振兴，服务地方经济社会发展。

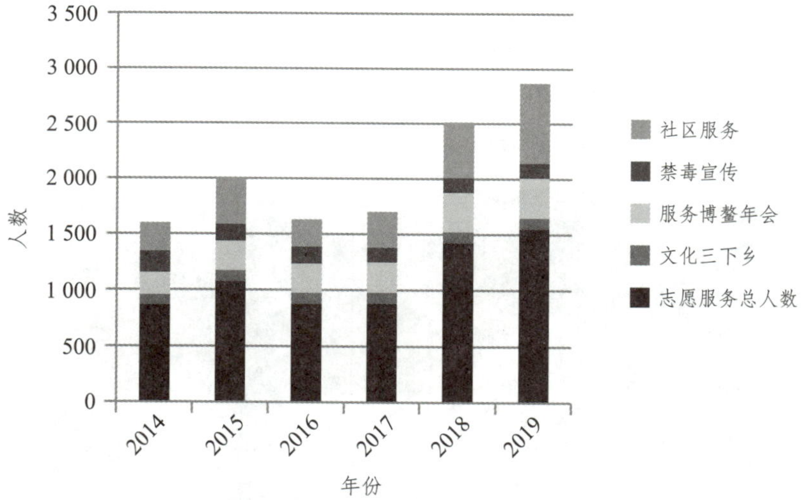

2014年至2019年志愿服务重要活动参与人数对比表

（六）打造健康繁荣的校园文化

学校团委以建设优良的校风、教风、学风为核心，以树立正确的世界观、人生观、价值观为导向，努力建设体现社会主义特点、时代特征和学校特色的校园文化。

计算机文化节。2007年11月24日，学校第一届计算机文化节隆重开幕。活动以“科技实现梦想，激情创造未来”为主题，设置了网页设计、平面设计、3D设计、FLASH设计、数学建模、电脑竞技、计算机基础知识竞赛等赛事，逐年增设计算机义务维护、专家讲座、计算机文化沙龙等学习交流平台，每届活动历时近2个月，是学校规模最大、规格最高、影响力最强、时间跨度较长的大型科技活动，既营造了良好的校园文化氛围，提升学生的实践能力和综合素养，也为学校学生多次在全国高等院校学生技能大赛中获得优异成绩夯实了良好的基础。

其他文化活动。党的十八大召开以来，学校校园文化活动更具有形式多样、向上向善的特点。学校团委依托党和国家重大活动，先后举办了八届主题鲜明的辩论赛，开展了11场主题鲜明的知识竞赛，举办了8场不同主题的演讲比赛；常态化组织校内体育竞技比赛300余场；举行线上线下缅怀革命先烈、学习英雄事迹活动17次，“青年大学习”团课150余期；依托“高雅艺术进校园”“三下乡”和“职业教育周”等活动平台，组织艺术展演28场，其中10余次深入琼海各社区及保亭县乡村慰问演出，得到了当地政府的高度肯定和群众的一致好评。

2009年第三届计算机文化节闭幕晚会

2007年迎新生晚会现场的民乐表演

2016年“高雅艺术进校园活动”中的京剧表演场景

第十一章
学校校园及基础设施

学校坐落在红色娘子军的故乡、博鳌亚洲论坛永久会址所在地、中国优秀旅游城市、海南省东部中心城市——海南省琼海市市中心。校园占地326亩，建有5个中央财政支持建设的高规格职业教育实训基地；建有127个校内实验实训室（实践基地），58个校外实习实训基地，与龙头企业联合共建产业学院1个，省级实验教学示范中心2个；建有技能大师工作室5个、椰文化协同创新中心、大学生众创空间、大学生创业中心、软件研发中心、信息处理中心、艺术设计研发中心；建有千兆校园网、通讯网、监控广播电视网三网合一的信息化虚拟平台，实现校园Wi-Fi全覆盖；被授权为第65国家职业技能鉴定所、国家动漫游戏人才培养工程授权合作伙伴、国家人力资源和社会保障部开源软件开发与应用能力测评试点单位、科技部行业专业资质资格培训基地、海南东部唯一的高等教育自学考试考点。

学校设有软件工程学院（人工智能学院）、网络工程学院、经济管理学院、动画学院、机电工程学院、教育与艺术学院、国际教育与旅游学院、马克思主义学院、公共教学部、体育部，有在校生的专业34个，形成了以电子信息大类为主，艺术设计、财经旅游、文化教育、交通运输和装备制造等大类为辅协调发展的专业布局。

2007年拍摄的校园一隅

第一节　不断努力扩展校园空间

2003年，学校升格之初，占地面积仅187亩（含附属小学50亩），总建筑面积53 645平方米，生均占地面积远低于国家教育部有关高校办学条件指标规定的生均占地面积标准。狭小的办学空间严重制约着学校的进一步发展。来学校参观考察合作事宜的国内外客人也强烈建议学校立即扩建校区，拓展办学空间。为扩展办学空间，学校在升格之前便已规划了扩建校区的目标。学校班子积极努力，多次向海南省政府、海南省教育厅提出扩建校区申请，并与琼海市政府进行多次沟通协调。

建于20世纪90年代并沿用至今的艺术馆和科技楼

2009年前使用的琼海师范学校时期的三层办公大楼

省委书记卫留成听取学校党委书记王恩周汇报新校区规划情况报告

学校的顺利升格为学校带来了巨大的发展机遇。2003年6月，琼海市政府专门批复同意学校在嘉积城区北面[原琼海市富海科技工业园附近（工业大道东面）]征用土地1 043亩作为学校新校区用地。但由于缺乏征地与建设资金，又找不到合适的合作伙伴而被迫中止。学校又多次与琼海市相关部门沟通协调，最终在市政广场附近购买土地面积18.38亩扩建校园。2006年4月，海南省教育厅厅长黄国泰在学校主持召开现场办公会议，确定学校从实际出发，立足原址进行校区扩建。

2006年11月1日，琼海市人民政府常务会议同意学校征用现校址南边原琼海师范学校附属小学（以下简称“原琼师附小”）及原琼师附小至嘉积二中之间的土地。其中，原琼师附小校区37亩，原琼师附小至嘉积二中133亩。2007年7月，琼海市建设局为学校办理了《建设项目选址意见书》《建设用地规划许可证》和建设用地规划蓝线图。

2008年5月3日，学校教师新村——师苑小区破土动工。5月26日，海南省委书记卫留成视察琼海时，对学校校区扩展规划与建设给予极大的关心与鼓励。

2008年10月，琼海市市长符宣朝主持召开学校征地扩建专题会议，市委常委陈大钊、副市长符传富、副市长朱允彦及建设、国土等部门领导参加会议。会议对征地扩建工作作出了具体的安排与部署。之后，朱允彦副市长也多次主持召开学校征地工作协调会议，对如何落实征地扩建工作做了具体协调。12月27日，学校新校区规划专家评审会评审通过新校区规划。

2009年5月，琼海市又根据学校的实际需要，专门下文调整征地范围，把学校扩建项目征地由原来的“南至城市规划路”调整延伸到“嘉积二中围墙”，这样，学校拟征用的原琼师附小至嘉积二中的土地由133亩扩大为150亩（增加17亩）。琼海市建设局再次对学校增加的征地范围及时出具了《建设项目选址意见书》和建设用地规划蓝线图。同时，琼海市国土资源环境局对学校拟征的土地进行了压覆矿产资源及地质灾害隐患审与环境保护审查，出具了审查意见。此外，国土资源环境局还多次与嘉积镇政府协调、沟通，进行实地勘察，划定征地范围红线。

2009年原琼师附小（该校区面积约37亩）已经搬迁完毕并交付学校使用。学校南边（即学校至嘉积二中）作为学校新校区建设用地的150亩土地，学校曾于2007年8月将前期征地款500万元转至琼海市国土资源环境局，后来由于征地工作没有开展，便将此笔征地款转回学校。

2009年9月17日，海南省副省长姜斯宪在收到学校《关于解决赔偿搬迁和征用土地资金问题的请示》（琼软院〔2009〕116号）后作出专门批示“希望琼海市能尽力支持软件职业技术学院的发展”，并表示“省里也在力所能及之范围内予以考虑”。

2010年2月22日，海南省国土环境资源厅经审核并报海南省政府同意，作出了《关于海南软件职业技术学院扩建项目农用地转用及征收手续的批复》（琼土环资审字〔2010〕61号）：“由琼海市政府征收嘉积镇先锋社区居委会一、二居民小组集体所有地9.714公顷[①]，并将其转为非农建设用地，使用琼海市2009年度用地指标。该宗地应按规定安排用于海南软件职业技术学院扩建项目建设，不得擅自改变土地用途。自本用地批准文件下发之日起，两年内未实施征地补偿安置的，本批准文件自动失效。”同时，琼海市市长符宣朝等市领导多次协调；琼海市国土资源环境局与嘉积镇政府联合成立学校征地工作组，并深入居民小组以召开座谈会，积极帮助学校解决拖延已久的征地问题。但由于琼海市建设项目多，征地任务繁重，再加上学校扩建校区用地的所在地嘉积镇先锋社区居委会一、二居民小组的留成用地分配等历史遗留问题没有解决等原因，导致学校的150亩扩建校区用地的征地工作无实质性进展。

2010年9月13日，学校与海南生态软件园投资发展有限公司签订研发楼定制合同。软件园区工程建设进展迅速，学校研发楼的主体框架完成。

由于征地工作停滞不前，学校校区扩展项目建设无法实施，从根本上阻碍了学校的发展。

2011年4月，学校再次致琼海市政府《关于加快海南软件职业技术学院扩建校区征地进程的函》（琼软院函〔2011〕14号），希望琼海市政府能借鉴省内兄弟县市对辖区内的高等院校校区建设经验做法，协调各方面关系，切实解决各种困难与矛盾，帮助学校尽早解决征地问题。

2013年12月12日，海南省教育厅与琼海市人民政府共建海南软件职业技术学院签约仪式在学校隆重举行。12月26日，琼海市人民政府发文《关于海南软件职业技术学院扩建项目划拨用地问题的批复》（海府函〔2013〕612号）：同意划拨琼海市嘉积城区富海路和双拥路交叉东侧土地面积60 000.09平方米（90亩）国有建设用地给海南软件职业技术学院，用于学校扩建项目建设。

我校在澄迈老城生态软件园中的研发楼

① 1 公顷等于 10 000 平方米。

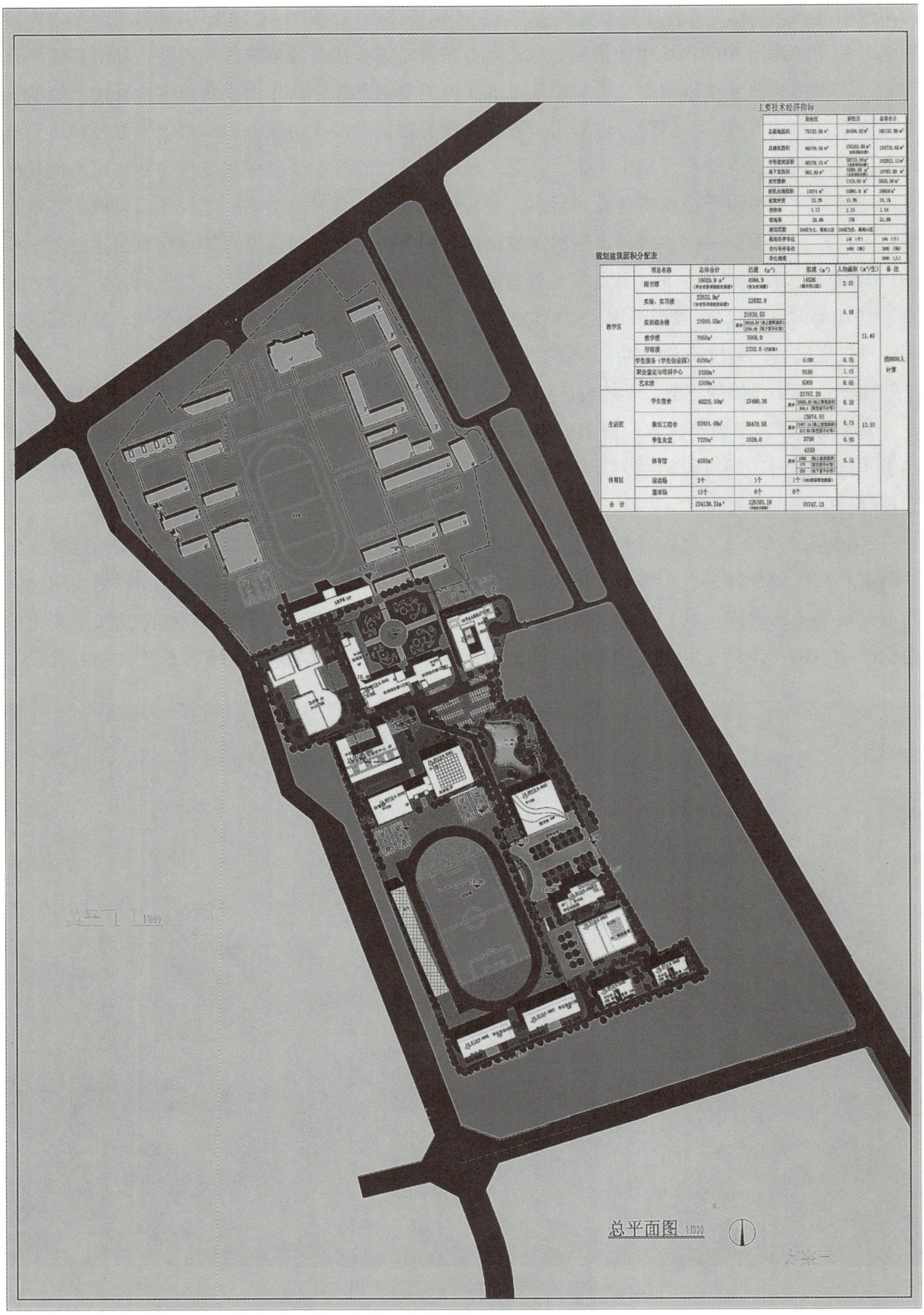
主要技术经济指标
规划建筑面积分配表
项目名称 总体合计 已建（m²） 拟建（m²） 人均面积（m²/生） 备注
教学区
图书馆 18620.9 m² 4084.9 14536 2.33
实验、实习楼 22832.9m² 22832.9
实训综合楼 21930.53m² 21930.53 6.18
教学楼 7068m² 7068.0 11.40
行政楼 2332.0
学生服务（学生创业园） 6100m² 6100 0.76
职业鉴定与培训中心 9180m² 9180 1.15
艺术馆 5309m² 5309 0.66
按8000人计算
生活区
学生宿舍 49225.50m² 27458.30 21767.20 6.10
教职工宿舍 52454.48m² 38479.55 13974.93 6.73 13.93
学生食堂 7229m² 3529.0 3700 0.90
体育区
体育馆 4180m² 4180 0.52
运动场 2个 1个 1个
篮球场 12个 6个 6个
合计 204130.31m² 125383.18 78747.13
总平面图 1:1500

扩建校区规划设计图

2020年4月，琼海市政府彻底解决了扩建校区中11.8亩地的问题。几经波折的学校扩建校区征地项目至此告一段落。校园面积由升格前的138.03亩增加到326.02亩。

2014年正式启动校区扩建以来，学校党政班子紧抓发展机遇，解放思想，深化改革，发扬民主，凝心聚力，全面推进各类建设项目。根据已划拨的土地现状，结合校区扩建后需完善的各类功能定位，2015年5月4日，琼海市规划建设局批复学校扩建新校区项目规划及建设用地技术经济指标。2015年4月17日，实训楼建设项目开工建设；2016年11月18日完成竣工验收；2017年3月24日交付使用。该项目的建设完成，进一步缓解了学校专业教学实验、实训场地紧缺的问题。

2016年11月3日，实训楼建设项目室外配套工程项目开工建设；2018年1月19日完成竣工验收并交付使用。该区域的附属道路和配套的绿化，经学校科学规划设计，建成梦想广场，形成彰显校园特色的景观空间，提升了校园的整体文化品位。2016年7月2日，学校在扩建校区启动学生公寓第16、17栋建设项目。该宿舍区设有1 920个床位，同时配有空调及太阳能热水供应等设施。2016年7月30日，开工建设学生食堂工程项目，该食堂的投入使用，进一步优化了校园师生的用餐等生活条件。

第二节　校园基础建设与信息化建设

一、校园布局及基础建设

学校升格以来，专业急剧增设，招生迅速增长，学校规模不断扩容，基础建设力度加大。2003—2007年，学校投入资金2 800多万元，先后兴建各种实验室、计算机应用基地、实训基地、扩建图书馆，成功立项建设建筑面积为13 990.4平方米集实验、实训、教学于一体的综合楼。建设建筑面积为2 952.8平方米的第12幢学生宿舍，为学校的后续发展奠定了坚实基础。

2007年拍摄的校园中心操场

2007年后，学校先后拆除原三层办公大楼兴建综合楼、学生宿舍第12栋、教职工住宅小区（师苑小区）。至2021年年底，教学科研仪器设备资金投入总值5 993.37万元；投入信息化设备资产值1 109.29万元。建设校内实验、实训室119间（其中，创新实验室9个），校外实习实训基地60个，新增省级实验教学示范中心1个，教学用计算机4 371台。投入年均超73万元用于购书和图书馆数字资源建设。现图书馆馆藏文献102万册，其中纸质文献42万册，电子图书60万册，生均文献141.8册，生均年进纸质图书超过2.27册。

2022年，学校投入120.92万元对图书馆和教学楼外立面进行修缮改造，投入249.50万元购置安装空气源热泵热水系统，投入142.23万元采购学院智能水表，投入72.52万元对学校中心机房搬迁改造和学生宿舍区热水热泵设备房改造，投入98.90万元对实训楼区域供电线路进行改造，投入190.56万元对供水计量线路进行改造。

2003—2005 年学校基建情况统计表

类别	名称	面积 / m^2	建设时间	备注
教学行政用房	图书馆	5 719	2004	扩建
	计算机应用实训基地	707.5	2004	
学生生活用房	学生宿舍 7 栋	6 618	2003	
	学生宿舍 8 栋	5 348	2004	
	学生宿舍 9、10、11 栋	8 309	2005	
教职工住宿	教工 5 栋	6 324.95	2003	
	教工 6 栋	3 750.41	2005	
食堂	第二食堂一楼	1 287.5	2004	
合计		38 064.36		

二、信息化建设

1996年，学校建设校园网，总投资20余万元。采用拨号上网方式，校园网连接各工作部门和实验室。实验室采用代理方式连接互联网，主要用于Internet教学。1999年8月，学校改造接入带宽，通过4M光纤接入国际互联网，主要应用于信息查询，招生就业部门用于网上新生录取工作，学生管理部门用于学籍管理。整体应用面相对比较窄，数据流量小，未形成具有独立门户的校园网。

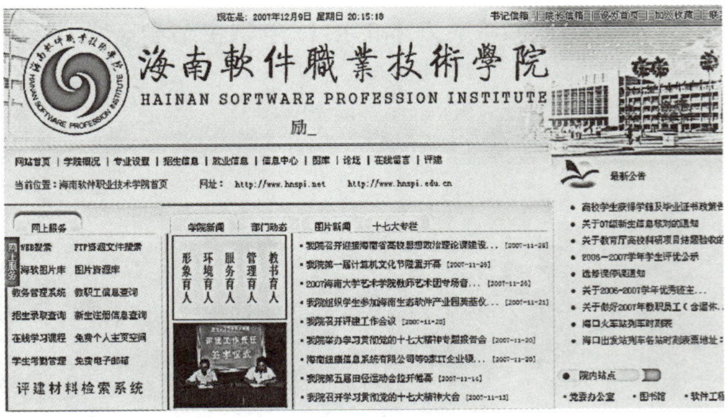

升格之初的学校校园网站

2003年，学校升格后为了适应信息化发展和实际工作需要，强力推进计算机网络辅助教学应用。校园网以打造“数字化校园”为核心，统筹规划、分步实施。2003年年底，学校加大信息化建设力度，总投资210余万元，采用12M光纤平衡方式接入，网络主干链路实现1 000M传输。网络服务机房占地面积60余平方米，信息服务能力进一步提升，创建了以教育网域名为www.hnspi.edu.cn的学校门户网站，并正式以2M带宽接入中国教育科研计算机网（CERNET），CERNET分配共计16个段的C类地址。2005年，学校在校园网络建设上进一步再投入100余万元，进行设备改造和增设，铺设了多条校内光纤，分别将各个实训中心、教学楼、办公楼、学生宿舍和饮食中心连接起来。在网络核心设备方面，学校更新了路由器，配置了千兆防火墙和千兆核心交换机，并通过汇集交换机将所有用户端连接起来，使学校各个客户端实现百兆接入，实现全校的教学、办公等网络化，构建成校园网、通讯网、监控广播电视网三网合一的信息化虚拟平台。建成以科技楼网络中心为中心、以科技楼、综合办公楼、学生公寓、教工生活小区、图书馆和艺术馆等一系列地点为汇聚层的全校光纤骨干网络，通过改造网速和网络安全，数字化校园得以大幅提高，应用范围扩大，信息化教学条件得到了全面改善。

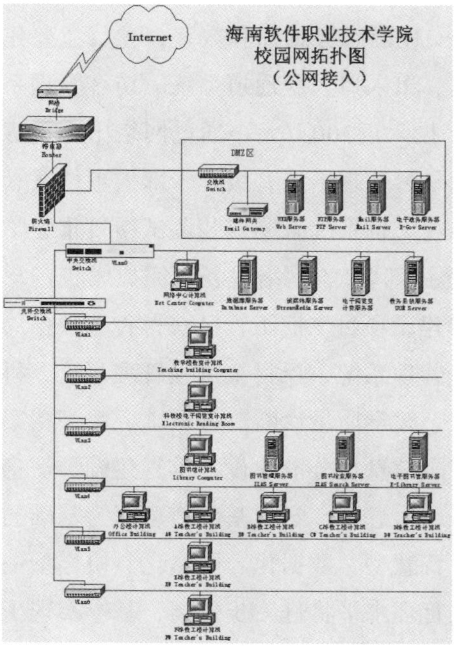

2005年学校网络拓扑图

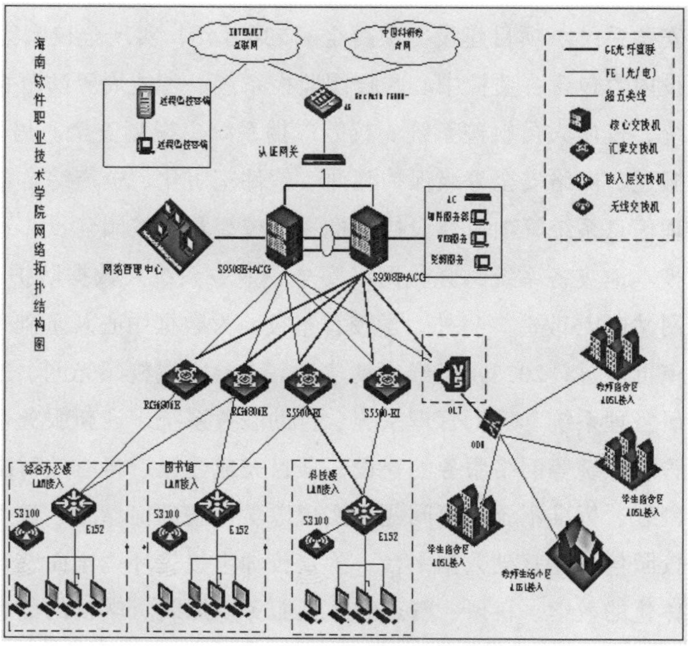

2008年开始建设的学校网络拓扑图

2008年，学校与中国电信海南琼海分公司开展校企信息化建设合作，投资近500万元，校园网规模不断扩大，硬件环境逐步完善，经过近两年的不断建设，全校完成5 560多个信息接入点，其中十万兆核心设备3台、无线设备141台套，建成一个中等规模、管理良好、具有有线、无线多种接入方式，支持IPv4及IPv6两种协议的千兆以太网络。学校校园网千兆主干光纤连接全校19个主节点，为用户提供百兆交换接入服务。学校INTERNET接入总带宽达到3G，为学校教学、科研及管理工作提供高速、稳定、安全、可靠的网络信息服务。

网络基础设施逐步完善，信息化基础建设日益完备，校园网出口带宽增加为3G，有线无线接入点数超过5 500个，上网课程数量累计超过150门，优质数字教育资源共建共享，管理服务平台建设与应用不断加强，通过网络接入或自建业务系统、部分业务已经建立了业务系统或接入了信息化管理平台。

2015年，为继续完善学校信息化发展，学校投入近900万元建设完成图书馆图书自助服务、终端桌面云图书检索服务、校园私有云服务（Paas），并利用私有云服务先后发布了学校新门户（www.hncst.edu.cn）、教务管理系统、电子邮件、图书资料网上检索、招生录取查询、电子政务、数字化学习门户、精品课程、E-learn等近30个应用服务，并承担海南省教育厅科研管理评审、海南高职技能竞赛报名、中招评卷等多项网络服务，建成29T各类教学信息资源，初步建成了第三代服务型校园网络，校园信息化应用已经成为师生教学、科研、管理及生活的一部分。2017年，学校荣获中央电化教育馆颁发的“职业院校数字校园建设实验校”荣誉称号。2018年，依据学校信息化发展规划，结合智慧校园建设需求，投入资金1 000多万元，改善网络基础平台问题，健全和完善信息系统，实现系统的集成和各个系统之间的数据共享，建立基于数据管理和利用的综合性技术方案的共享数据中心。建设完成智慧校园基础支撑平台、一站式办事服务大厅、人事系统、学工队伍建设系统、学生信息采集系统、升级更换出口路由器、核心交换机、认证计费系统；增加数据中心交换机，网络管理与运维管理系统。2022年，学校完成了智慧校园（视频监控安防系统）项目建设，项目金额530万元，实现全校园区平安校园态势感知和数字，项目主要建设内容包含：监控中心、校园监控系统、智能周界防范系统、出入口人脸通道系统、访客管理系统、校内人员轨迹系统、校园广播系统、视频安全。另外，投入近300万元，通过网络中心机房搬迁、网络安全等级保护测评、软件正版化、资产综合信息平台管理系统升级、干部人事档案管理信息系统等项目建设持续推进学校智慧化校园建设。还通过灾备系统采购安装调试项目重建学校本地灾备系统，强化网络安全、业务系统及数据防护；通过部署IVI网络设备，完成学校门户网站IPV6改造。另外，学校智慧校园大数据中心及基础平台建设项目二期工程已获得省大数据局审批通过，2023年已经启动建设。主要完成校园光网、教务管理系统、项目全过程管理系统、科研管理系统、后勤管理系统、自助服务系统、迎新服务系统、教学质量诊断改进系统、数字档案管理系统等网络服务的建设，项目完成建设后将有效解决校园信息化分散建设、重复建设、信息割裂、标准不统一等问题，实现以学校基础信息库、教工基础信息库、学生基础信息库为基础的校园信息化基础数据平台，为全校师生提供环境全面感知、智慧型、数据化、网络化、协作型一体化的教学、科研、管理和生活服务。届时，学校的信息化管理水平将进一步提高，基本实现了“系统互通、信息共享、业务协同”的信息化工作业态，网络安全及保障能力将进一步提升，学校信息服务能力达到省内同类院校先进水平。

第三节　教学（教辅）设施

一、教学楼

2002年，学校教学楼竣工并投入使用，2022年又进行外立面修缮改造。教学楼共6层高21米，建筑面积5 579平方米。教学楼一楼作为全校教材管理、教学监控、心理健康咨询室、教师休息室等使用，2层至6层用于课程教学。其中多媒体教室共有32间，智慧教室有8间，多媒体教室配备教学智能一体机，主要承担全校公共课程（大学英语、高等数学、职业发展与就业指导、公共艺术、职业修养等）以及各二级学院专业基础课（金融学基础、企业文化与拓展、面向对象的软件工程&软件测试、面向对象程序设计、软件测试基础等）等授课工作。

立面修缮前的教学楼

二、综合楼

2009年，综合楼竣工并投入使用。综合楼共13层，建筑面积13 990平方米，2层至4层为多媒体教室，每层4间，共8间；5层至8层多为实训室；9层以上为行政办公区域。多媒体教室每间都配备教学电脑、投影仪、音响等基础教学设备，主要承担形势与政策、毛泽东思想和中国特色社会主义理论体系概论、军事理论、高等数学、创新与创业、马克思主义基本原理、政治经济与社会等教学工作。

建于2009年的综合楼

三、图书馆扩建

图书馆是学校文化的聚集地。在百年校史中，相继建设过藏书楼、阅览室、图书室等。图书馆因战乱和台风遭受了一次又一次的摧毁和坍塌；又经过多次的重建、改建、扩建，历经几代图书馆人的共同努力成就了今天的面貌。

今图书馆馆址为原琼海师范学校图书馆。该馆建设于20世纪80年代，初始建设空间狭小，已不能满足师生们的学习需要。2003年，图书馆开始改建扩建，2022年又对其外立面进行修缮改造，使其逐渐建设成为具有学校特色、设施完备的现代化高职院校图书馆。馆舍建筑面积5 719平方米，全楼4层，为海南省高等学校图书馆网络化建设合格单位。

学校图书馆馆藏文献总量达到106.4万册：纸质中外文图书45.4万册，电子图书61.8万册，现刊689种，报纸68种，音视频6 000多课时。电子图书有：书生12万种、维库35万种、超星14万种，畅想之星8 328种。数据库有9个：中国知网、维普资讯、起点考试网、软件通、读秀搜索、超星移动图书馆、百度文库（高校版）、特色文献信息库、机构知识库。图书馆是海南省教育科研数字图书馆的重要分馆，通过馆际互借和文献传递等方式，可以免费与其他成员馆共建共享海南省教育科研数字图书馆平台中的丰富资源。馆藏文献经过多年的努力，形成了以电子信息大类为主，艺术设计、财经旅游、文化教育、交通运输和装备制造等大类为辅，涵盖全校各学科专业、能够满足教学与科研需要的藏书体系。

立面修缮前的图书馆

四、实训楼

实训楼是学校扩建新校区一期工程建设项目之一。2014年12月11日，实训楼开工建设，主体结构为地上九层，地下一层。总建筑面积21 941.7平方米，建筑高度33.25米，配套建设室外给排水、电气、道路、绿化等工程。

实训楼建设，是学校为适应高职教育改革发展，实现工学结合、产教结合，推动学校事业快速发展的民生工程。项目建成后，为学生实习、实训提供更为完善的条件，对培养学生的动手能力、实践操作能力和创新能力起到了有力的推动作用，为学校培养技能型人才奠定了良好的基础。

建于2014年12月的实训楼

五、教学与实训仪器

2004年，学校投入116.06万建设计算机应用基础实验室等共4间实验室。

2005年，学校投入76.3万元建设计算机应用实验室2间。

2006年，学校投入212.72万元建设电子商务实训室等共5间实验实训室。

2008年，学校投入108.42万元建设电子电路虚拟仿真实验室、维修电工综合实训室等共5间实验实训室。

2009年，学校投入170.73万元建设网页设计基础实验室等4间实验室。

2010年，学校投入81.69万元建设专业画室实训室、智能导游实训室、物联网实训室等5间实验实训室。

2011年，学校投入173.15万元建设动漫设计实训室、创意工坊等5间实训室。

2012年，学校投入119.72万元建设品牌设计工作室、酒店管理实训室等4间实训室。

2013年，学校投入161.33万元建设云基础架构实训室1间。

2015年，学校投入400.08万元建设传播与策划工作室、PLC光机电一体化实训室、会计信息智能化实训室、安防实训室、网络管理实验室等8间实验实训室。

2016年，学校投入968.03万元建设创意工坊、摄影与摄像工作室、语音实训室、电子芯片检测与主板维修实训室、软件外包工厂等共13间实训室。

2017年，学校投入1 177.6万元建设图像处理实训室、电子技术基础技能一体化实训室、JAVAEE框架技术实训室、网页设计基础实训室等22间实验实训室。

2018年，学校投入1 069.99万元建设虚拟现实技术工作室、UI设计工作室、财务云共享会计工厂等18间实验实训室。

2019年，学校投入483.11万元建设椰雕技能工作室、智能楼宇实训室、工业机器人技术实训室、新媒体实训室、服务器实训室等共9间实训室。

2020年，学校投入497.6万元建设虚拟现实产学研一体化创新创业实训中心、汽车钣金烤漆实训室、数据库实训室、人工智能技术实训室、网络组建实训室等共6间实训室。

2021年，学校投入162.77万元建设椰雕工作室、酒店管理专业实训室、跨境电商综合实训室、烹饪科学技能大师工作室等6间实验实训室。

2022年，学校投入812.133万元改造升级汽车技术实验实训中心、网络管理实训室、会计信息化实训室、VBSE财务实训室、烹饪科学技能大师工作室、酒店客房操作实训室、中西面点实训室、中式热菜实训室等近30间实验实训室。

历年来，学校不断加强实验实训室软硬件设备改造和更新，仅2021年新增软硬件设备产值1 537万元。当前，学校累计建设校内实验实训室逾250间，总投入近八千万元。这些特色鲜明的专业实验实训室建设和改造更新，为学校提升办学质量、培养技术技能型人才提供了场所和设备保障。

中央财政支持职业教育嵌入式技术（物联网方向）实训基地

2020年完成建设的人工智能实训室

六、电教设备

（一）录播教室

为满足学校教学资源建设和精品视频公开课建设的要求，促进教学水平和教学质量的进一步提高，学校于2013年在科技楼303室组建高清录播教室。

已建成的录播教室通过网络进行集控式管理，具有自动化录制、直播、点播、导播、自动跟踪和自动上传存储等多种功能，基本满足了学校教学中的视频公开课、精品课程和教师教学能力比赛录播、直播等课程的录制任务。

位于科技楼303的录播室

录播教室做到了统一管理，集中控制。所有录播教室及录播会议室均可通过网络采取集控式管理，在集控室只需要一位操作人员通过操作集控式录制系统的服务器，就可以对所有录播教室及录播会议室进行统一管理。采取多视图显示各录播教室及录播会议室的视频和屏幕画面，能够同时监控多路画面。

录播教室的录播中控系统集录播系统控制、定位系统控制、导播系统控制于一体，通过控制面板可以控制整个录播系统所有设备，可以远程控制全自动录播系统所有设备的开关，可以选择自动导播和手动导播，直接切换多路视频通道。

在录播过程中，既可以在集控室直接录制课件，也可以由授课教师控制录播主机的开始和结束。系统提供录播暂停功能，且恢复时不再另行生成文件。

录播教室的图像定位系统有教师定位系统和学生定位系统。

教师定位系统必须采用图像分析算法，整套系统无须借助其他配件，系统抗干扰能力强（如光线、电磁波的干扰），绿色环保，跟踪灵敏度和平滑度可以根据教学情况调整，也可以智能拍摄教师的多种景别，如全景、近景、板书等。

教师始终处在图像定位范围之内，教师走动时不能出现跟丢情况，整个跟踪过程连续、稳定、平滑、无跳跃。

学生定位系统能够自动实时对正在发言的学生进行定位并采用特写拍摄，学生无须配置任何元器件。当有多个学生同时回答问题或无学生起立时，进行学生全景画面拍摄。当只有一名学生回答问题时自动给学生特写，管理员可以远程手动操作摄像机。要求提供与投标产品名称相对应的通行国际认证机构的认证，如产品3C认证、ROHS环保认证以及相应发明专利，确保系统的先进性。

录播教室的课件录制系统可录制三分屏、单电影、画中画等多种模式的课件，可自动生成带时间点文件索引以及缩略图，以提供知识点的查找与定位，方便学生进行学习。

录制课件时可选择多种码流、多压缩比同时生成，压缩输出码率150Kbps ~ 2Mbps（高清教室为150Kbps ~ 8Mbps）可调，在后期的使用过程中可以方便地按照带宽来进行智能视频流传送。

支持多种分辨率，最高压缩分辨率D1（高清为1080P），视频压缩标准H.264，具有自动添加片头、片尾、LOGO、水印和老师名及课程名称，要求实现在各个录播教室（本地）和录播服务器（远程）同时录制课件。

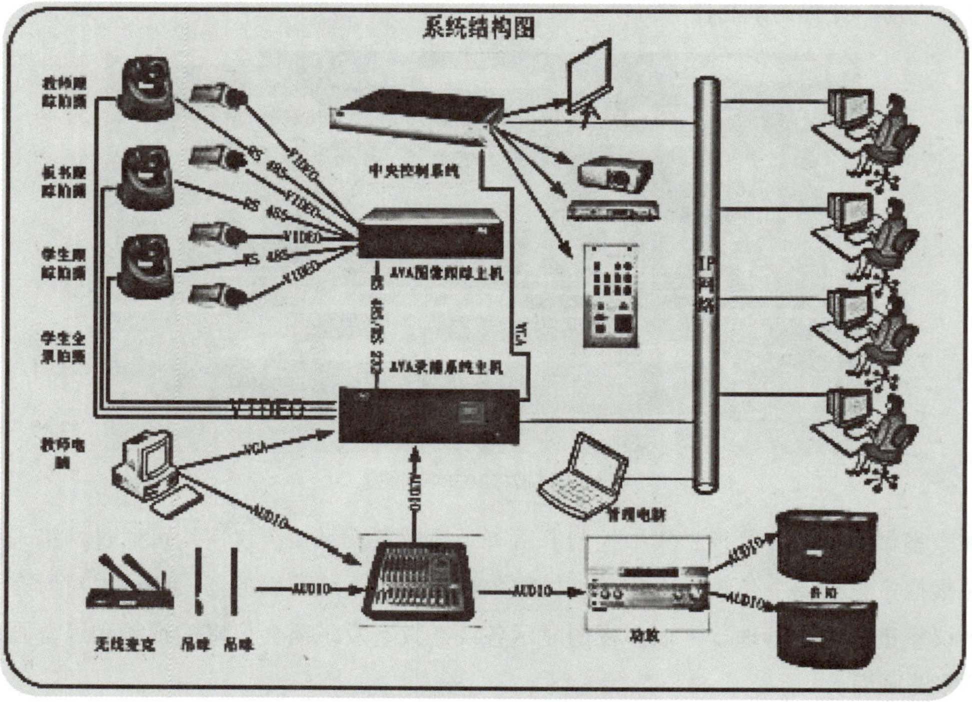

录播室的系统结构图

录播教室的智能音频系统可以实现教学过程中的语音信号通过智能混音器进行采集，教师声音采集要求无须佩带设备，同时也支持无线麦克、有线麦克、领夹式麦克等其他拾音设备；学生声音采集不需任何附件；音频信号与视频信号进入录播系统同步编码，并实时录制。

录播教室的智能导播系统实现带特效功能的教师、板书、学生、教学电脑等教学场景的自动切换；也能实现手动切换多路画面，操作简单方便；系统支持五通道以上输入（4路视频+1路VGA同步采集），通道支持多路音视频信号等；自定义导播策略。系统提供丰富的规则配置，如师生互动切换时导播规则，以及切换时加载特效，可满足定时切换某一个通道；支持自动字幕和手动字幕；在切换所有信号输出前可进行预览收看。

录播教室可以在线点播和课堂直播。在线点播可将录制生成的文件通过手工和自动的方式上传到点播服务器，并在后台管理系统中生成点播列表。经过授权的终端用户通过IE浏览相应的文件。

课堂直播可通过IP网络，将课堂内容直播出去，课堂内容包括音频、视频以及计算机屏幕内容，接收端通过企业微信即可直接收看直播课堂内容。

录播教室的后期非线性编辑系统。非线性编辑系统具有时间线功能，课件所有信息（音频、视频、屏幕、索引）分轨道编辑，可以对音频、视频、屏幕和索引的每一部分进行剪切、粘贴、删除、替换等编辑。视频之间转场特效不少于20种；可添加片头片尾、字幕（字体可设定）、背景声音等；能够进行音频的音量调节；能够修改PPT上文字错误等。支持主流的流媒体文件格式，例如：mp4、avi、wmv、dat等。能够生成任意码流单画面模式和多画面模式的课件。可利用已有的音视频素材和电子教案制作课件，能够制作成三分屏课件。

录播教室的课件管理平台。远程后台管理系统具有系统直播管理、点播管理、用户管理、资源分类、用户认证、权限设置等功能。

（二）微课教室

为了落实教育部《教育信息化十年发展规划（2011—2020）》，扎实推进信息技术与教育的深度融合，探索微课在课堂教学与学习创新应用中的有效模式和方法。学校于2016年新建了2间微课教室。其一是微课教室，为摄像和访谈类教室，其功能主要是在蓝色背景或绿色背景下，将老师上课过程录制下来，再经过后期处理整合完整的课程。其二是微课录制时可以自动编辑，自动生成网络资源库；行业内的多模式导播；智能切换策略实现记录教师整个授课过程；单画面电影模式；双分屏模式；画中画模式；多画面资源模式录制；用真实的实录来展示课堂教学；场景智能策略控制，全程全场景全自动录播；全格式支持，一键式操作，方便实用；网络远程导播管理。

位于科技楼的微课教室

七、体育设施及运动场所

随着学校升格，办学规模扩大，学校也逐步建成一批完备的具有现代高校所必需的体育、艺术设施及场所。

多次扩建和翻新，学校现有田径运动场1块，艺术馆1座（可作为健美操、艺术体操、体育舞蹈等教学场所），健身场所2处，室外篮球场8块、排球场4块、足球场1块、羽毛球场10块，学生宿舍区乒乓球桌8台，体育器材室一间，体育器材室内设有乒乓球桌5台，交互智能平板一块，价值几

教学楼后面的篮球场

十万元的各类体育教学耗材，正在建设室内综合场馆1座，标准足球场1块，风雨操场一块。按学校规划将在扩建校区建设工程中，投资建设集教学、训练、健身、娱乐为一体的系列运动场馆，后续将陆续完善体育教学所需的一些必要设备、场地配置，能够满足教学与师生业余锻炼。

第四节　生活建筑设施

一、教职工住房

琼海师范学校时期，为了改善学校教师的生活条件，从1996年开始建设第二幢教师宿舍楼，让教师住上了楼房，改变了教师住平房的历史。紧接着，1997年建设第一幢、1999年建设了第三幢和第四幢。而七、八、九、十等幢为1987年前后所建的平房，现大多已经属于危房。学校升格后，于2003年建设了第五幢，2006年建设了第六幢。随着学校的发展，教师队伍的扩大，于2010年又在校外市政府广场旁建设起4幢高10、11层共144套的师苑小区教师住房。

2010年在市政府广场旁建设的师苑小区4幢教师住房

二、学生宿舍

学生住宿现存的第三幢为1987年所建，其他一、二、四、五、六等幢皆为琼海师范时期的1993年至1998年间先后所建，总面积仅有8 685平方米。学校升格之后，为适应学校的扩展和学生人数的逐年增加，在新世纪的十多年间先后建设起了七、九、十、十一、十二、十三、十六、十七等幢多层框架结构楼房，总面积达到了45 225平方米。扩建校区二期工程竣工后，2017年月投入建设的学生公寓（即第16、17栋学生公寓）2栋11层框架结构，项目总投资6 090万元，总建筑面积20 980.18平方米，总建筑高度40.05米，新增学生宿舍480间，1 960个床位。

第八栋学生公寓“晨曦苑”

第十三栋学生公寓“圆梦苑”

2017年建设中的第十六、十七栋学生公寓

三、食堂

现第三食堂是在琼海师范学校时期的1995年建设，近年又投入资金改造。升格后又在东门边新建起一座现命名第二食堂的食堂。但随着学校用餐人数的大幅度增加，学校于2017年在扩建校区开工建设了一幢现名为第一食堂的师生食堂，其建筑为3层框架结构，项目总投资1 170万元，总建筑面积3 697.86平方米，总建筑高度为13.5米，可容纳1 000余人同时用餐，内设学生餐厅、教师餐厅、超市等，从而解决了学生用餐位置紧缺的窘况。

建于1995年的第三食堂

2018年即将竣工的第一食堂

第十二章 学校常规管理

2003年，学校升格转型之初，对原琼海师范学校内设机构进行调整，设党委办公室、纪检监察审计处、机关党总支及各系党总支（直属党支部）、工会、团委；学校办公室、人事处、学生处、教务处、科研设备处、招生就业处、财务处、后勤处；软件工程系、网络工程系、信息工程系、信息技术教育系、艺术系、文科部、理科部、公共教学部（社会科学部）、图书馆等管理部门与教学单位。经过20年的发展，今天的海软，已经建设成为管理规范、特色鲜明、成果丰硕的国内知名高等职业技术学院。目前，学校设有软件工程学院（人工智能学院）、网络工程学院、经济管理学院、动画学院、机电工程学院、教育与艺术学院、国际教育与旅游学院、马克思主义学院、公共教学部、体育部，学校专业有36个，形成了以电子信息大类为主，艺术设计、财经旅游、文化教育、交通运输和装备制造等大类为辅协调发展的专业布局。

第一节 机构设置、调整与校院（部）两级管理

一、机构设置和调整

学校升格后，随着办学规模不断扩大，专业建设和人才培养工作日益增强，原中等师范学校的机构设置已不适合于高职院校的管理工作。为提高管理水平，进一步增强工作效率和办学效益，学校必须实行管理重心下移，使学校一级的管理实现微观管理逐渐向宏观管理过渡，由过程管理向目标管理过渡，充分发挥学校在办学过程中制定政策、宏观协调、条件保障和服务的职能作用。

2004年2月，学校制定印发《教学系（部）工作职责》（琼软职〔2004〕07号），明确教学各系（部）在学校的领导下，认真贯彻执行党和国家的路线、方针、政策，认真落实学校的决定、决议和各种规章制度，并在学校有关职能部门指导下，完成本教学系（部）各项教学管理、教风学风建设、学生思想教育、行政管理工作和学校下达的各项任务。要求各教学系（部）认真制定系（部）教学、科研、学科建设、师资培训、实验室建设、实训实习等中长期规划和年度工作计划，切实抓好教学内容和课程体系改革工作，加强专业建设、课程建设、教材建设、实训实习基地建设，完善教学、教研工作规章制度，建立强有力的运行机制，全面推行质量工程，提高教育

教学质量。

2006年，学校根据《海南省高等学校编制管理暂行办法》的规定，并结合学校实际，经海南省机构编制委员会办公室批准（琼编办〔2006〕8号），学校对内设机构进行了调整与更名。

2008年7月，经海南省机构编制委员会办公室调整核定，准予学校内设10个处级党政管理机构和10个教学、教辅机构（琼编办〔2008〕228号）。学校对原有机构进行了调整、重组。压缩机关管理机构，增设教学、科研机构。

2008年10月，完成调整后的内设机构为：党政办公室、组织宣传部（统战部）、纪检监察审计处、人事处、教务处、学生处（学生工作部）、科研设备处、招生就业处、财务处、后勤处、工会、团委等12个职能部门；教学教辅机构为：软件工程系、网络工程系、信息管理系、数码设计系、电子工程系、艺术传媒系、基础教育部、公共教学部、社会科学部、图书馆等10个教学教辅部门；党总支及直属党支部有：机关党总支、社科与公共直属党支部、软件工程系党总支、网络工程系党总支、信息管理系党总支、数码设计系党总支、电子工程系党总支、艺术传媒系直属党支部、基础教育部党总支等9个基层党组织；挂靠机构有：计算机运用技术实验教学中心（挂靠教务处）、武装部（挂靠学生处）、学生资助管理中心（挂靠学生处）、招生办公室（挂靠招生就业处）、就业指导中心（挂靠招生就业处）等4个机构。

2010年4月30日，学校党委会议研究决定：成立学校党校，增设外语与旅游系并于同年9月开始招生，组建中共海南软件职业技术学院外语与旅游系直属支部委员会、中共海南软件职业技术学院社科与基础教育部总支部委员会；撤销公共教学部、中共海南软件职业技术学院基础教育部总支部委员会和中共海南软件职业技术学院社科与公共直属支部委员会，原公共教学部、基础教育部党总支和社科与公共直属党支部负责人职务随机构的撤销自然免除。

2013年3月26日，学校对内设机构进行部分调整变更。将学校纪检监察审计处更名为纪委办公室（监察审计处），增设国际交流与继续教育部、校企合作部（创业中心）、网络信息中心、校友办公室（挂靠招生就业处）。同时对部门内设机构调整变更：党政办公室增设综合科，原下设的行政与秘书科更名为文秘科；撤消纪检监察审计处纪检监察科、审计科，纪委办公室（监察审计处）设纪检科、监察审计科；教务处（计算机运用技术实验教学中心、高等职业教育研究所）原下设的实践教学管理科更名为实践教学科，教研与继续教育科更名为教研科；科研设备处原下设的实验设备管理科更名为设备科，撤消原下设的网络中心，增设教育技术科；财务处增设收费管理科；后勤处增设膳食科；国际交流与继续教育部下设国际合作与交流科、继续教育与培训科；校企合作部（创业中心）下设校企合作科、创业科；基础教育部增设学生工作办公室、团委；网络信息中心下设办公室。

2014年1月13日，学校党委会研究同意艺术传媒系直属党支部更名为艺术传媒系总支部委员会，外语与旅游系直属党支部更名为外语与旅游系总支部委员会。

2015年3月24日，学校对内设机构进行调整，调整后的党政管理机构有：党政办公室、组织宣传部（统战部）、纪委办公室（监察审计处）、人事处、教务处、学生处（人民武装部、学生资助管理中心）、科研设备处、招生就业处（就业指导中心、校友办公室）、财务处、后勤处、工会、团委和校企合作部（创业中心）、网络信息中心、图书馆、软件工程系、网络工程系、信息管理系、数码设计系、电子工程系、艺术传媒系、外语与旅游系（国际合作交流中心）、基础教育部（中等职业教育部）、社会科学部以及各党总支等机构保持不变。增设质量监控中心（高等职业教育研究所，原挂靠在教务处）、改革发展研究中心、体育部；国际交流与继续教育部变更为继续教育部（职业培训中心），国际合作交流中心单独设立（与外语与旅游系合署办公）。同年10月9日，社会科学部更名为思政教学部，统一管理学校思想政治理论课（包括“形势与政策”课）教学。

2019年5月，为顺应海南产业转型和经济社会发展需要，提升学校办学层次和人才培养内涵，更好地服务海南自由贸易区和中国特色自由贸易港建设，根据《海南省高等学校机构编制管理暂行办法》（琼编〔2005〕17号）、《海南省机构编制委员会办公室关于海南软件职业技术学院内设机构调整的通知》（琼编办〔2015〕111号）和《海南省深化高等教育领域简政放权放管结合优化服务改革的实施意见》等精神，结合学校实际情况，经学校党委会研究决定并报省委机构编制办公室备案，学校将原有的10个系（部）调整为8个二级学院、1个公共教学部，体育部保留不变。在软件工程系的基础上成立软件工程学院（人工智能学院），在网络工程系的基础上调整成立网络工程学院，在信息管理系的基础上成立经济管理学院，在数码设计系的基础上成立动画学院，在电子工程系的基础上成立机电工程学院，在艺术传媒系的基础上成立艺术传媒学院，在外语与旅游系（国际合作交流中心）的基础上成立国际教育与旅游学院（国际合作交流中心），在思政教学部的基础上成立马克思主义学院，基础教育部（中等职业教育部）更名为公共教学部。同时成立软件工程学院党总支、网络工程学院党总支、经济管理学院党总支、动画学院党总支、机电工程学院党总支、艺术传媒学院党总支、国际教育与旅游学院党总支、公共教学直属党支部（将机关党总支原马克思主义学院、公共教学部、体育部的教职工党员调整到公共教学直属党支部），机关党总支保持不变。

同时根据各二级学院调整情况，对各党总支设置情况作出调整，设置二级学院党总支。在议事决策方面，马克思主义学院、公共教学部、体育部等三个教学机构议事决策机制参照部门会议执行。另外，二级学院设立党政办公室、学生工作办公室、团委和各专业教研室，不设系级教学单位。党政办公室负责党政日常事务、教务工作等；学生工作办公室负责学生思想政治教育、学生组织以及学生相关管理（含就业）等工作；团委指导学生组织开展工作，组织开展学生第二课堂活动等工作。

2019年6月20日，根据《中共海南省委组织部、海南省机构编制委员会办公室、海南省人力资源和社会保障厅关于印发〈关于省属高校职数界定若干问题的答复意见〉的通知》（琼组通〔2015〕37号）等文件精神，学校对教辅部门内设机构设置情况作出调整：教辅部门原设置的所有科室予以撤销，各教辅部门设置办公室1个，不再设置其他机构。

2020年3月12日，学校调整部分机关内设机构，党政办公室更名为党政办公室（审计处），纪委办公室（监察审计处）更名为纪检监察处。党政办公室（审计处）增设审计科，纪检监察处下设监督检查科、执纪审理科。原纪委办公室（监察审计处）设立的监察审计科、纪检科随机构更名后自然取消。

2021年1月，学校制订深化校院两级管理体制改革清单，扎实推进校院两级管理体制改革。2021年4月，为适应高等职业教育改革与发展的需要，进一步优化校内管理体制和运行机制，有效配置教育人力资源，提高办学质量与效益，推进学校高质量发展，学校对内设党政管理机构、教辅科研机构调整设置。党政管理机构调整后，成立了组织人事处（教师发展中心）、宣传统战部、党委学生工作部（学生工作处、人民武装部、学生资助管理中心）、招生就业处更名为招生与就业创业处（校友办公室、就业指导中心、创业中心）、科研设备处更名为产学研合作处。教辅科研机构调整：改革发展研究中心更名为发展规划中心。资产管理中心、采购管理办公室，两个部门合署办公；网络信息中心更名为信息技术中心；撤销校企合作部，将校企合作职能调整到产学研合作处，创业职能调整到招生与就业创业处。教学机构调整：艺术传媒学院更名为教育与艺术学院。其他教学部门和党总支（直属党支部）名称不变。

目前，学校调整后的内设机构设置如下：

（一）党政管理机构

党政管理机构有党政办公室（审计处）、组织人事处（教师发展中心）、宣传统战部、学生工作部（学生处、人民武装部、学生资助管理中心）、纪检监察处、教务处、产学研合作处、招生与就业创业处（校友办公室、就业指导中心、创业中心）、财务处、后勤处。

（二）群团组织

群团组织主要包括工会和团委。

（三）教辅科研机构

教辅科研机构调整后，学校教辅机构分别为发展规划中心、质量监控中心（高等职业教育研究所）、继续教育部、信息技术中心、资产管理中心（采购管理办公室）、图书馆、国际合作交流中心（与国际教育与旅游学院合署办公）等7个。

（四）教学机构

教学机构调整后分别为软件工程学院（人工智能学院）、网络工程学院、经济管理学院、动画学院、机电工程学院、教育与艺术学院、国际教育与旅游学院（国际合作交流中心）、马克思主义学院、公共教学部、体育部等10个。

（五）基层党组织

基层党总支调整后分别为机关党总支、软件工程学院党总支、网络工程学院党总支、经济管理学院党总支、动画学院党总支、机电工程学院党总支、教育与艺术学院党总支、国际教育与旅游学院党总支、公共教学直属党支部等9个。

二、建立学术管理机制

2007年，学校建立学术委员会、教学工作委员会、专业建设指导委员会、校企合作委员会，分别制定了《学术委员会章程（试行）》《教学工作委员会章程（试行）》《专业建设指导委员会章程》《校企合作委员会章程》（琼软院〔2007〕49号）。2010年成立了图书馆工作委员会。2012年，为细化教学管理工作，学校成立教学指导委员会，制定了《教学指导委员会章程》（琼软件〔2012〕159号）；2017年对《教学指导委员会章程》进行修订完善（见琼软件〔2017〕59号）。2012年学校成立教学督导工作委员会，制定了《教学督导工作委员会章程》（琼软件〔2012〕158号）；2018年对《教学督导工作委员会章程》进行修订（琼软件〔2018〕27号），进一步保证和推进教学督导工作行之有效地开展。管理机制的建立健全，开启了学校高等职业教育教学管理的新篇章。

教学指导委员会是学校教学工作的指导、研究、咨询、监督和审议机构，分为学校和院（部）2级，由学校领导、教师代表、教务处、各教学单位代表组成，主要审议学校院（部）的教学发展规划、人才培养模式建设、专业建设、师资队伍建设、教材建设、实训室建设、实习基地建设等重大事项；审议专业设置、教学计划方案、课程标准、院（部）（推荐省级）骨干专业、精品在线课程、专业资源库、教学团队、优秀教学成果等；评审、鉴定和推荐教学改革研究项目、各类教学奖励等。教学指导委员会全体会议由主任委员主持，也可由主任委员委托副主任委员主持，主任委员和副主任委员由院长办公会议提名，全体委员选举产生；委员由校长聘任，每届任期四年。根据工作需要，教学指导委员会可以下设教学督导委员会、专业建设委员会、课程建设委员会、教材建设委员会、实验实践教学指导委员会等，对学校教学的相关工作进行监督、检查、评估、审议、指导。

专业建设指导委员会是学校教学改革、专业建设、产学工学结合等教学研究及科学技术研究的学术组织，是学校指导专业教学改革、专业建设、教学和科研工作的机构。学校专业建设指导委员会主要做好学校专业建设指导委员会人员调整、联络及组织日常管理工作，指导各学院（部）建立产学工学结合的长效运行机制和管理机制；负责学校中长期专业建设规划的论证和审定；负责各学院（部）新专业申报的评定，制订专业归属调整意见；负责每年各专业招生计划的审定；负责学校教改试点专业、精品课程及其他重点专业建设的宏观指导与管理；负责全校各专业培养方案、教学大纲、课程建设相关资料的审批。专业建设指导委员会分校、院（部）两级成立，校级专业建设委员会设工作机构在教务处，日常工作由秘书长负责。

学术委员会是学校为进一步加强学校学术管理，完善学术工作规章制度，提高学校的专业建设、教学科研水平及其服务社会的能力，由专家学者代表组成的学术评议、审议和学术决策与咨询机构，主要负责审议学校学科发展、学术交流、科研规划、评审教学、科研成果等有关重大事项。学术委员会下设办公室，办公室原设在科研设备处，2021年10月机构调整后设在产学研合作处，负责学术委员会的日常工作。

教学督导工作委员会是在分管校长直接领导下，独立从事教学监督、检查、评估和指导的常设工作机构。其主要工作是对学校教学质量监控体系的建设与完善提出意见和建议，讨论与教学质量监控相关的重要文件、议题；负责制定和实施年度教学督导工作计划，总结年度教学督导工作落实与完成情况；对教学全过程及教师履行教学管理规章制度、落实教学计划和课程标准情况等进行监控；了解师生对教学工作的意见和建议并反馈给教务处和有关部门等。教学督导委员会采取聘任制，设主任、副主任和教学督导秘书、委员等，由督导秘书安排每日值日、听课等工作；教学督导委员会委员由学校统一聘任，聘期为一年。

校企合作委员会是学校与在省内外知名软件企业单位联系的桥梁与纽带，致力于加强学校与软件企业在人才培养、科研开发等方面的全面合作；探索有特色的产、学、研相结合道路的合作平台。委员会采取理事会制度，由理事长单位和理事单位组成；学校为理事长单位，参加委员会的软件企业为理事单位。理事会主要负责制定和修改委员会的章程；制定委员会内部的管理制度；筹备、召开委员会年会；推选名誉理事长、聘请顾问；决定委员会的其他重大事项等工作。校企合作委员会在其章程中还明确了理事单位成员的权利与义务。

三、校院（部）两级管理

2021年7月，学校印发《关于深化校院两级管理体制改革实施办法（试行）》（琼软院〔2021〕148号），对学校与学院的定位、学院及其内设机构的设置、人事管理和师资队伍建设、教学运行与管理、科研与设备管理、学生教育与管理、经费使用与管理等方面进行梳理界定，进一步理顺了学校与学院的权责利关系，推进管理重心下移，充分激发各二级学院办学的积极性和创造性，加强了学校的内涵建设。其主要特色为：一是学校与学院的定位明确。学校是具有法人资格的办学单位。学校依法享有自主设置和调整内设教学、科研机构的权力，依照学校相关规定对二级学院工作进行宏观管理、领导协调和监督检查。学院是学校下属的内部办学实体。学院在学校党委和校行政的领导下，履行本学院人才培养、科学研究、社会服务等职能。学校可以根据事业发展的需要，适时调整校院之间的权责利关系。二是学院及其内设机构的设置。学校对学院设置进行统一规划，决定学院设置或撤销。学院所属科室（含教研室）为学校二级内设机构，学院可根据具体情况向学校提出设置或撤销建议，由学校党委研究决定。

2021年11月，学校根据工作实际，再次修订印发了《部门工作职责》（琼软件党〔2021〕107号），对各部门工作职责与权限进一步修订明确。

第二节　后勤管理

学校后勤管理按照“突出育人中心、涉及安全优先”的要求，坚持专项修缮与零星修缮并举，坚持前期设计、施工监管、后期管理并重，在改进方案设计、规范零星派工、提高修缮效能、强化监管效力等方面下功夫，不断加大基建修缮力度。启用网络报修平台，努力提升修缮工作水平。通过招投标方式，比较、选择有资质的优质施工单位承接各种零星修缮事务，积极推进零星项目的整体外包。

按照“确保安全、改良基础、运行规范、服务高效”的要求，以建设节约型校园建设为抓手，加大水电气基础设施改造力度，加强水电气安全隐患排查整治，完善、落实水电限额制度，做好水电费回收工作，优化水电气管理机制，引入强电设施设备专业维护服务，提升水电维护维修效能。开展校园水电气管线设施建档与专人定期巡护专项工作。

以“安全第一，防范为先”的理念，进一步梳理后勤所有涉及消防、食品卫生、水电气、修缮工程、特种设备等安全事项，加强员工安全教育，做好日常安全管理，健全安全应急预案。举行后勤安全专题会议、专题教育和专项演练，开展后勤安全事项专项排查整治。

持续做好对临时周转性住房进行入住核查、清理与分类管理，坚决杜绝临时周转性住房在使用中存在变向转租及长期闲置的违规行为。密切关注上级主管部门相关新政策新规定，加强临时周转性住房管理。

按照“源头可溯、过程可控、风险可防、责任可究、满意可评”的要求，做好食品安全关键点的控制工作，加强食堂食品安全管理，规范学生食堂管理与考核，推进校园食品安全监管，突出学生食堂的保障性和公益性，努力建设师生满意的餐饮服务保障体系，推进完成“互联网+明厨亮灶”建设，优化食堂经营管理模式，完善部分食堂功能布局，为师生就餐提供良好环境。

按照“师生为本、标准明确、监管有力、考核严格”的原则，修订物业服务质量标准，完善物业监管考核体系，全面提升物业服务质量。与学生处共同推进学生宿舍后勤社会化物业管理模式。

认真组织做好工程项目的可研、设计、立项、审计、报批等事宜；定期梳理项目内容，按类别汇总，形成项目资料库，制定项目推进路线图；通过购买服务的方式，与专业机构建立长期咨询服务关系，选派专业人员协助推进工作的落实；进一步推进各个项目的结算审计工作；层层抓好施工安全和工程质量，责任到人；加强廉政建设，做到监督全覆盖。

一、财产物资管理

2003年以来，国有资产管理在后勤处的直接管理下，依附海南省财政厅专网系统进行资产管理，由原来的线下转变成线上，初步实现了系统化管理。

2017年4月，为了完善资产管理体制，将管理推上一个新的高度，后勤处多次组织相关人员前往兄弟院校调研、交流、学习和吸取经验，以便更好地服务于全体师生，管理好资产，避免造成资产流失。经调研后商讨，将引进一套新的资产综合信息管理平台作为校内管理平台，多渠道将资产管理责任到人，提升每一位教职工的管理意识。

2018年9月，资产综合信息管理平台完成了项目的招投标工作，经过努力，成功上线投入使用，全面开启资产管理的新局面。各部门指定一名分管资产的部门领导，主要职责是负责该部门国有资产的监督管理工作，设立一名资产管理专员，其主要职责是负责本部门资产购置、验收入库、维护保管和基本建设竣工验收等日常管理，同时负责本部门国有资产管理信息系统的录入与维护，资产清查、登记、统计报告及日常监督检查工作。从后勤处到各使用资产部门，各司其职，在权限范围内全面监督、管理所在部门的资产。经过一段时间的试运行，集资产管理专员的力量，密切配合，资产管理改变了管理模式，以制度管物，以人管物，以系统管物，真正意义上实现了质的突破。

2019年7月，在学校内自主清查盘点的基础上，聘请了专门机构会计事务所对全校的资产管理进行了科学性的指导，对所有资产一一核对，做到账实相符、账账相符。为加强资产管理，避免空间浪费，消除安全隐患，资产管理部门对已达到报废年限且毁损不能使用的资产进行全面核实与鉴定，通过报废处置的形式分批次完成了资产的全面清理。自2019年1月以来，共完成了4次资产报废处置。

2021年4月30日，随着学校改革与发展的需要，内设机构有所调整，新设立了资产管理中心（采购管理办公室），国有资产管理从后勤处分流出来，担负对学校所有资产管理的岗位职责。

2021年10月29日，学校根据政策性文件的更新及变化、学校内部组织架构及管理要求的改变，重新修订了《采购管理办法》《国有资产管理办法》《固定资产管理规定》《国有资产处置管理办法》等4个管理规定，并于2021年11月23日组织资产管理中心开展了全面系统化的培训与学习。以制度促管理，依制度办事，资产管理人人有责，每位教职工都应该以主人翁的态度认真履行职责，用好每一物，管好每一物。

为贯彻落实《行政事业性国有资产管理条例》（国务院令第738号），健全完善省直行政事业单位国有资产管理规章制度，2022年4月1日，海南省财政厅修订并印发了《〈海南省省直行政事业单位国有资产管理办法〉的通知》（琼财资规〔2022〕6号）的管理办法。资产管理中心主任及时组织部门人员认真学习相关办法精神，并强调要严格按照文件要求执行，将新的管理办法与校内管理规定紧密结合在一起，使国有资产管理工作迈上新的台阶。

二、安全保卫管理

学校十分重视安全保卫工作。后勤管理工作要求“涉及安全优先”，平时做好安全教育防范。

一是强化安全知识的宣传和教育工作。重点宣传消防、交通、食品、禁毒、反诈、溺水、用水、用电等安全知识。通过宣传教育，增强了广大师生的安全防范意识，提高了处置安全事故及逃生自救的基本能力。

二是深入开展各类活动及演练。开展“安全生产月”“严禁管制刀具等危险品进入校园”、安全隐患大排查大整治、校园周边综合治理、每逢节假日前后都开展安全生产大检查工作、校园安全专项整顿工作和安全风险防范等活动。每年都进行不少于8次的安全检查，进一步排查整改安全隐患。根据排查结果，对存在隐患场所进行修缮维护，在消防维保单位的配合下处理故障和采购了多批消防设备设施等。经常开展消防演练活动和多次返校后突发疫情、学生发热等应急处置演练活动，增强了师生安全意识。

2018年在宿舍区开展的消防安全演练

三是认真做好安全自查和设施设备的检查保养工作。要求员工经常检查用水、用电、用气等安全工作。一发现隐患，就及时排除。同时，做好配电室、消防防控中心等重点部门的安全值班工作，加强节假日的安全巡逻工作，保障全院师生的生命财产安全。

四是严格门禁管理。要求门卫和巡逻人员实行会客登记制度，杜绝不明身份人员进入校园。学校大门口值班室配置防恐设备，严格要求门卫和巡逻人员加强反恐防恐培训和演练工作，提高反恐防恐能力，确保学校师生人身财产安全。

五是建立起安全巡查制度，加大巡查排查力度。在重要节点，加大对重点部位、重点领域巡查排查力度，进行全天候巡查，在巡查中发现问题及时报告、及时解决，并做好巡查记录；指导物业托管单位按制度办事。

2021年与琼海市公安局创建的警务室

六是组织有关人员做好防风防汛工作。落实三防物资的储备，开展各种检查，组织人员值班值守，确保学校师生的人身和财产安全。

七是做好节假日期间和学校举行的各种大型活动、各类培训、各级举办的考试工作的治安保卫工作。

除后勤负责的安全工作之外，学校还高度重视网络安全防范工作，分别成立了网络安全和信息化领导小组、网络意识形态工作领导小组，出台《网络意识形态工作责任制实施办法（试行）》《网络与信息安全事件应急预案》等制度办法，组建网络信息安全信息员队伍，购买网络安全防护和监测系统，加大网络安全专职人员培训，实行每学期的网络信息安全大排查，不断加强和改进学校网络意识形态工作，牢牢掌握网络意识形态工作领导权、管理权、话语权。2022年，我校LCC316信息安全实验室的林科锦和钟文智两名成员参加奥运史上首个网络安全公益保障项目，从冬奥会开始服务保障到冬残奥会闭幕式结束，跟踪、研判、处置涉奥舆情和威胁事件105件，24小时在线抵抗网络恶意洪流冲击，排查冬奥会相关威胁信息，筑牢北京冬奥会网络安全防线，表现出色被北京冬奥会奥组委技术部聘为“冬奥网络安全卫士”。

林科锦获得的“冬奥网络安全卫士”荣誉证书

三、校园环境卫生管理

学校地处全国文明卫生城市琼海，长期重视校园环境文明卫生工作，2017年被海南省爱国卫生运动委员会评为“海南省卫生先进单位”称号。

2003年以前，学校校园卫生和教室卫生每天由各班级学生负责打扫，并且每周一下午由总务科、学生科、团委组织全校学生进行大扫除活动。卫生间卫生由学校临时请清洁工负责，垃圾由市环卫部门负责上门装运。

2013年前，校园主干道卫生和教室卫生每天由各系部学生负责打扫，并且学生会组织学生每周一下午进行大扫除活动。卫生间卫生和教学场所公共部分卫生由学校聘请临时清洁工负责管理，垃圾由外包个体户负责上门装运。

2013年至2019年，教室卫生由教务处安排各系部学生负责打扫，并且学生会组织学生每周一下午进行大扫除活动。校园卫生、卫生间卫生和教学场所公共部分卫生由学校聘请临时清洁工负责管理，垃圾由琼海市环卫部门综合大队负责上门装运。

2019年后，教室卫生由教务处安排各院（系）学生负责打扫，学生会组织学生每周一下午进行大扫除活动。学校校园卫生、卫生间卫生和各楼寓公共部分卫生委托物业公司负责，垃圾由琼海市环卫部门综合大队负责上门装运。

学校的绿化工作由专人指导，委托物业公司负责。物业公司通过公开招标方式选择有资质的物业管理企业实行委托经营管理，签订委托经营合同，按合同实施管理服务。加强校园绿化建设，做好每天日常养护，检查加固、修整移植和购置栽种各种树木、盆花，采摘干枯椰子叶，经常修剪花木和草地，做到整洁有序。

四、学校食堂管理

学校升格以后，经过近20年的发展，从一个食堂增加到了三个食堂，从业人员近80人，食堂总建筑面积约6 400平方米，餐厅面积约有3 500平方米，共有就餐座位1 600个，基本上满足师生就餐需求。

目前，三个食堂管理，按照要求通过公开招标方式选择有资质的餐饮企业实行委托经营管理，签订委托经营合同，合法经营，均取得餐饮服务许可证。

为改善食堂经营硬件条件，近期学校不断加大对食堂管理的投入，累计投资约1 600万元。2019年10月17日新建的第一食堂投入使用，整幢楼房三层建筑面积为3 697.86平方米，总投资近1 200万，可同时容纳近800人就餐。2021年9月投入资金约300万元经过改造的第三食堂也已投入使用，就餐座位近300个，改造食堂餐厅、操作间，装饰食堂环境设施，增加炊事用具、厨具，餐厅、点菜间和后厨面貌焕然一新，食堂环境发生较大变化。三个食堂都是按照《海南省食品安全标准化学校食堂建设实施方案》要求，对食堂的场所布局、专间与专用区域、地面与排水、墙壁与门窗以及更衣场所等场所环境进行了改造，保障食堂设置标准符合国家规范要求。

学校设有校长负责制的食品安全工作领导小组，并成立了公共卫生类突发事件应急处置工作组和膳食工作委员会。校长为食品卫生安全的第一责任人，主管校级领导为主要责任人，具体分管人员为直接责任人，层层落实岗位责任，分工协作，各尽其职，在各个岗位和各个操作环节都责任到人，坚决做到“谁主管、谁负责”。通过各种食品安全制度促安全，切实保障食品安全。

日常监管主要围绕制度执行、餐饮许可、环境卫生、健康、索证索票、加工制作、清洗消毒、食品添加剂等八个方面。并做好三项组织工作：一是组织后勤领导每周一次专项检查；二是组织食堂管理人员、医务人员及学生干部每天三次日常检查；三是邀请属地市场管理局进校专项检查指导。并建立健全学校食品安全管理人员和从业人员培训长效机制，促成学校食品安全管理人员和从业人员培训全覆盖。抓住关键环节、加大隐患排查和整改力度。确定食品安全自查项目和要求，建立自查清单，每周至少一次对食堂设备、食品安全自查项目进行检查，如发现问题立即整改，杜绝发生食品安全事故。

建于21世纪初的第二食堂

五、推进后勤社会化改革

2015年10月1日，学校将安全管理服务委托给海南富南物业有限公司，服务期为四年，该公司对校园安保的改革与实践，取得了阶段性经验和成果。

按照“放管服”改革思想要求，“市场能做好的交给市场去做，专业的事情交给专业机构”，以办好广大师生满意的后勤为目标，以破解制约高校后勤发展改革的关键领域、薄弱环节和突出矛盾为突破口，以扩大开放后勤服务市场和加快完善后勤管理体制机制为着力点，狠抓改革攻坚，突出创新驱动，强化风险防控，确保安全稳定，充分发挥市场在资源配置中的作用，推动学校由自办后勤为主向选后勤、监管后勤为主的逐步转变。既有利于提高服务质量和管理水平，更有利于提高学校办学效益、保证学校的发展与稳定。

2019年9月9日，通过招标将校园公共建筑物安全与卫生管理、校园卫生保洁绿化管理服务和校园安全管理服务委托海南大祥物业服务有限公司，采取委托代管方式，服务期为两年，建立起师生满意、员工满意、学校满意的后勤服务保障体系。2020年12月30日，再次通过公开招标将校园公共建筑物安全与卫生管理、校园卫生保洁绿化管理服务和校园安全管理服务委托海南大祥物业服务有限公司，采取委托代管方式，服务期为三年。

为做好学生公寓管理服务，采取委托代管方式，建立起师生满意、员工满意、学校满意的学生公寓管理服务保障体系，实现学生公寓管理服务工作良性循环，健康发展。2022年4月7日，通过招标把学校公寓区安全值班管理服务、卫生保洁管理服务等两大项目委托第三方服务公司管理服务。

第三节　财务管理

学校升格后，高度重视财务管理。对制度进行重新梳理，优化工作机制。2007年6月28日，学校印发实施《关于财务管理工作的暂行规定》（琼软院〔2007〕79号），明确学校财务管理体制实行统一领导、集中管理、一级核算、权责结合的原则。学校下达到各部门涉及办公、业务和活动等方面的用款计划，各部门根据需要，结合自身实际，给予安排支出。2009年11月9日，学校党委会议审议通过《关于部门经费核定标准及管理办法（暂行）》并开始实施，学校给各部门下达了涉及办公、业务和学生活动等方面的经费计划，各部门可根据需要，结合自身实际，进一步细化，并通过部门党政联席会议审定后方可实施，充分调动各部门工作的积极性和主动性，逐渐把管理重心下移。2009年1月13日又印发施行《关于经济责任制的暂行规定》，明确各级领导及财务人员的经济责任，并建立健全了学校内部审计监督制度和各级领导分工审批制度。此后，学校逐渐开展简政放权工作，更好发挥校院（系）两级管理职能，以促进学校高速健康发展。

2013年后，财务处紧紧围绕学校发展规划和任务目标，狠抓内部管理，积极筹措办学资金，不断优化资金配置，提高资金使用效益，为学校各项事业发展提供了强有力的保障。

一、财务管理制度的改革

（一）完成学校内控制度建设

2018年12月，学校开始启动内控手册项目建设。根据《海南省财政厅关于印发进一步推进海南省事业单位内部控制规范建设的实施意见的通知》文件要求，由财务处牵头，对学校各项制度进行了全面梳理，组织协调相关职能部门根据法律法规的变化、学校内部组织架构及管理要求的改变，重新建立、修订和完善相关管理制度33个，建设学校内部控制体系。

2019年9月完成校内招标采购，2020年1月基本完成服务工作，2020年6月召开内控制度手册部署会，各部门积极开展完善修订相关规章制度，2021年11月，《内部控制手册》完成编制印发。《内部控制手册》分为总则、风险评估与控制、单位层面内部控制、业务层面控制、内部控制评价与监督等5章，共633页，内容覆盖了学校管理、教学、科研等各个方面，内控制度建设全面完成，保障了学校经济活动在制度控制范围内规范运行。

（二）合理授权简化审批流程

为深化校院两级管理体制改革，推进管理重心下移，结合学校工作部署，合理确定支出授权审批权限。经费审批按照年度预算批复确定的金额，按照支出项目、支出范围、支出额度实行审批权限下放，实现责任和权利相结合，各部门主要负责人按授权额度逐级审批。制定《报账细则》，优化费用报销流程，报账效率大幅提升。

二、建立全面预算工作机制

（一）实行全面预算，强化预算编制

2018年，学校开始实行二级预算管理机制，年度预算编制水平逐年提高，预算编制更加科学、合理、规范，实现了财政拨款经费逐年增长。2013年至2021年累计实现预算收入17.98亿元，特别是2019年至2021年，近三年预算收入水平均保持在2亿元以上。

（二）加强预算管理，优化资金配置

2021年，学校制定并完善《预算管理办法》（琼软院〔2021〕222号），加强项目库的建设和储备，实行预算项目的动态化管理，不断优化资金配置，为学校推进预算执行提供了强有力的抓手，预算执行率从2013年65.93%提升到2021年94.82%，预算执行能力不断提高。

三、会计基础工作进一步夯实

从学校升格以来，学校的财务工作逐渐步入新的发展阶段。财务管理紧跟学校发展步伐，贯彻发展新理念，不断推进财务管理制度创新，着眼于提高内部财务管理水平和风险防范能力。同时，加强财务队伍建设，会计人才结构更加优化、人才队伍不断壮大。特别是自2013年以来，学校财务处紧紧围绕学校发展规划和任务目标，狠抓内部管理，积极筹措办学资金，不断优化资金配置，提高资金使用效益，为学校各项事业发展提供了强有力的保障。

（一）严格会计基础管理工作

学校严格执行财政制度，加强资金的统筹与安排，按照会计准则和会计基础工作要求，规范会计核算，通过预算一体化系统、GIFMIS系统，进一步提高了会计信息质量。不断完善各期财务分析报告及年度决算报告编报工作，为学校决策提供及时可靠的财务信息。

（二）强化往来款项监督管理

学校要求财务部门防止坏账的形成，每年要定期清理往来款项，通过电话通知、下达催缴通知书和面谈等方式。学校应收款项从最初的271.50万元到2021年的23.96万元，清理完成率达91.17%，通过全面清理，确保了学校资产的安全，减少了对资金占用风险。

（三）实行固定资产核查机制

为确保国有资产账实相符，及时开展学校在建工程转固定资产工作，2021年共完成转入固定资产项目4个、转入无形资产1个、核销在建工程项目1个，共计金额9 151.65万元，占在建工程比重达86%，进一步保障了国有资产管理的真实性、准确性。

四、收费管理能力显著提升

（一）收费实现信息化

2016年，财务处启用了科发收费管理系统单机版，逐步实现收费管理信息化。2018年在科发收费系统管理收费的基础上，利用“智慧校园微后勤”平台优化工作流程，实现了“海软易校园”和“现场刷卡”两种渠道缴费。

（二）加强收费管理工作

2020年，积极与中国银联商务公司对接，共同设计缴费平台，实现了学校电子票据改革、开通了二维码、网银等缴费方式，实现学校收费工作电子化、数据化、高效化。通过收费系统加大学费催缴力度，2021年完成学费、住宿费等各项收入4 873.35万元，创历史新高。

五、财务管理水平稳步提高

（一）财务队伍建设逐步完善

2013年以来，财务处合理设置科室岗位，建立与完善各岗位工作职责。实行AB岗位机制，确保岗位职责具体化、岗位工作协同化。强化制度执行，优化业务流程与服务意识，防范财务风险。财务人员配备不断增加，专业化水平不断完善。财务人员从2013年5名发展至2021年10名。技术职称方面，高级会计师1名、注册会计师1名。学历构成中，研究生专业1名，本科专业5名，为财务管理工作提供重要保障。为深化校院两级管理体制改革，推进管理重心下移，结合学校工作部署，合理确定支出授权审批权限。经费审批按照年度预算批复确定的金额，按照支出项目、支出范围、支出额度实行审批权限下放，实现责任和权利相结合，各部门主要负责人按授权额度逐级审批。2021年，学校制定《报账细则（暂行）》（琼软院〔2021〕165号）及《经费支出审批管理办法》（琼软院〔2021〕222号），逐步下放审批权限，优化费用报销流程，报账效率大幅提升。

进入新时代，财务部门狠抓管理、强化服务，财务管理工作日益规范，经济活动持续良性运行。面对学校教育事业发展的新要求，财务部门将继续创新工作模式，学习新业务、新技能，适应新发展、新要求，为学校高质量发展提供有力保障。

（二）岗位职责与业务流程不断优化

2013年以来，财务处合理设置科室岗位，建立与完善各岗位工作职责。实行AB岗位机制，确保岗位职责具体化、岗位工作协同化。强化制度执行，优化业务流程与服务意识，防范财务风险。

进入新时代，财务部门狠抓管理、强化服务，财务管理工作日益规范，经济活动持续良性运行。面对学校教育事业发展的新要求，财务部门将继续创新工作模式，学习新业务、新技能，适应新发展、新要求，为学校高质量发展提供有力保障。

第十三章 教学与科研

琼海师范学校时期，学校在教育教学改革上下功夫，坚持“学高为师，德高为范”的校训，以立德树人为核心，狠抓学生教学实践技能训练，基本形成了“能力为本，实践主导”的教学理念。在学校升格转型时期，学校对教育教学进行了一系列的重大改革，从师范教育逐渐向高等职业教育转变。1999年开设的数学大专班，2000—2002年，学校又分别开设小学教育（文科大专班、理科大专班）、小学科学教育大专班和小学音乐教育大专班，为学校从师范教育类向高等职业教育类逐渐过渡奠定了基础。学校升格转型后，围绕高等职业教育办学定位与目标，学校不断改变传统教学观念，创新教学理念，建构适合高等职业教育的新的教学模式。学校在教学方法、技能培养、课程开发、专业设置、教材建设、质量监控、教学督导、科学研究等方面建构了完整的具有海软特色的教学科研体系。

第一节 教学建构

一、教学思想的转变

学校升格转型初期，面对学科教学的转变、专业门类的设立、培养层次的提升、IT行业教学对师资、设备的不同要求等问题，在教育思想与教学理念上进行了重大的调整转变，以适应从中等教育向高职教育的过渡。经过几年的探索，学校在2007年接受教育部人才培养工作水平评估时，基本形成了适合海软高质量发展的教学思想、教育目标与办学定位。

（一）转变思想观念，拓展办学思路

2003年，学校提出“按照‘巩固、深化、提高、发展’”的八字工作方针，全面实现学校由中等教育向高等教育过渡，立即开设新的计算机专业，上规模求效益”的年度工作思路和目标。2004年，学校提出“为学院发展夯实基础，继续上规模求效益，工作重点是师资建设、专业建设、条件改善、体制创新”的年度工作思路。2005年，学校提出“以培养学生技能为教学主线”的人才培养理念，工作重点是专业调整，课程改革，教学改革，实训基地建设，并确定这一年是改革崛起年。2006年，学校提出“从扩展规模逐步向质量提高转移的发展战略”，并制定了学校

的“十一五”发展规划。2007年，学校提出把“全方位做好迎评促建工作”作为工作核心，并确定这一年是评估年。

经过几年的探索，学校逐渐明晰了总体办学思路：坚持以就业为导向，根据市场需求设置专业，对准岗位设置课程，依据岗位职责训练能力；坚持走产学结合之路，不断探索和创新人才培养模式；坚持适度规模，以质量求生存，以改革促发展，以特色创品牌，使办学规模、质量、效益有机统一，实现学校的可持续发展；坚持以服务为宗旨，立足海南和电子信息行业，为区域经济和社会事业发展提供智力支持与人才保障。

（二）明确办学目标和办学定位

2006年，学校制定了《“十一五”发展规划》，明确了“十一五”期间的办学指导思想：以邓小平理论和“三个代表”重要思想为指导，全面落实科学发展观；坚持以服务为宗旨，以就业为导向，着力构建以职业能力培养为主线，按照知识、能力与素质相统一的人才培养方案，推行“双证书”制度，通过校企合作、产学结合、顶岗实习的途径，培养高素质技能型专门人才，在为区域经济和行业服务中求发展；遵循高职教育规律，促进规模、结构、质量、效益的协调发展，全面提升综合实力；突出特色，力创品牌，办好家长满意、用人单位满意、社会满意的高等职业教育。根据这一办学指导思想，依据高职教育的特点和经济社会发展的需要，结合省内外电子信息行业的发展形势和自身的条件，在发展目标、类型、层次、办学形式、服务面向等方面进行了准确定位。

2007年，学校接受教育部关于高职院校人才培养工作水平评估时，再次明确发展目标：努力把学校建设成为适应海南和全国经济、社会发展需要的，省属高职高专院校中规模最大的电子信息行业应用型人才培养、培训基地，海南经济特区一流的高职高专院校，力争进入国家示范性高等职业院校。学校提出以职业能力培养为主线，按照“知识、能力与素质相统一”的人才培养方案，推行“双证书”制度，通过校企合作、产学结合、顶岗实习等途径，培养高素质技能型专门人才的人才培养模式。

2009年，学校举办“明确办学思想、完善顶层设计”研讨会，围绕学校的办学思想、办学定位、发展目标以及完善顶层设计等问题进行深入探讨。2010年，学校再次召开教学研讨会，进一步完善学校的办学思想和办学理念。2011年，学校制定《中长期人才发展规划纲要（2011—2012年）》《教育事业发展十二五规划》，明确提出：经过坚持不懈的内涵建设和深化改革，全面提高学校综合实力和办学水平，把学校建设成办学特色突出，规模、结构、质量、效益协调发展，海南省规模最大的IT行业应用型人才培养培训基地，国内一流的高等职业院校。

2012年，学校迎来教育部关于高等职业院校人才培养第二轮评估工作。在《人才培养工作评估自评报告》中，明确指出：在办学层次定位上，以全日制普通高等职业教育为主体，兼顾成人教育、职业技能培训和社区服务。在培养目标定位上，以培养面向软件、信息业为主，兼顾其他行业的生产、建设、管理、服务第一线需要的具有良好实践能力、创造能力、就业能力、创业能力和职业道德的高端技能型人才。

2015年12月，学校启动《高等职业教育创新发展行动计划（2015—2018年）总体实施方案》，通过三年建设，学院整体实力显著增强，人才培养的结构更加合理、质量持续提高，服务经济社会发展的水平显著提升。在专业建设水平、优质学校建设、优质资源、教师队伍建设、信息技术应用示范作用、人才培养结构、社区教育、校企合作发展、创新创业教育、治理结构等方面得到全面发展，为学校改革发展打下坚实的基础。2019年，学校在经历《高等职业教育创新发展行动计划（2015—2018年）》之后，软件技术和动漫制作技术被确立两个省级重点建设专业。

2019年和2020年，学校紧紧围绕海南自由贸易港建设需要，在深入走访海南生态软件园、海口复兴城互联网信息产业园等相关园区的基础上，聚焦海南自由贸易港四大主导产业，先后两次对35个专业进行归属调整并组建8大专业群。在专业群的定位上，重点建设以计算机技术为核心的计算机软件技术专业群和计算机网络技术专业群，以数字媒体设计技术为核心的动漫设计与制作专业群，以商务和管理技术为核心的电子商务专业群，以电子技术为核心的电子信息工程技术专业群，以旅游服务为核心的旅游与英语专业群，形成面向海南省重点发展产业的特色和优势专业群，适应海南国际旅游岛建设的需要。在培养模式定位上，坚持实施实践主导，能力本位，校企合作的人才培养模式，以双师促双证，突出培养学生的职业道德和职业技能。在服务面向定位上，立足海南，紧贴行业，服务基层，服务企业，为海南经济社会建设和国家电子信息产业发展提供实用人力资源和技术支持。

2022年，软件技术专业群和动漫制作技术专业群立项为省级高水平专业群建设项目，学校以两个省级高水平专业群建设引领其他专业群建设。

二、构建高职教学体系

（一）明确教学工作思路

学校升格转型后，深入研究高职教育发展趋势，对教学工作思路进行不断探讨，积极探索高职教育教学体系的构建，明确了学校的办学目标与定位。先后编写相关教育教学管理制度，以保障教育教学工作的稳步推进。截至2007年，国家教育部第一轮高职高专人才培养工作评估期间，学校以校、系两级教学管理改革为切入点，不断建立健全制度建设，重新修订107个管理规章制度并汇编成册，编制了《教师手册》，初步构建起学校规范、合理、科学的管理体系与管理机制，促进了学校办学行为规范化。

2006年，学校明确提出要建立健全质量监控体系。进一步完善教学质量监督保障体系，加强宏观管理和集中管理相结合，加大日常教学各环节的监督、考核。重视实训教学环节管理，合理配备教育资源，加强对质量监控的管理、研究。根据高等职业技术教育要求，协调理论教学与实践教学的关系，结合企业需要着力改革课程体系，加强教材建设；采取自筹资金校内建设与企业合作建立校外实习实训基地等形式，完善和弥补实验实训基地的不足，切实加强实践教学及教学基本建设，提高办学效益，强化办学质量。

2009年4月，学校举办2+1人才培养模式暨教学改革研讨会。会议围绕着为什么解放思想、解放什么思想、怎么解放思想等问题展开讨论。重点设定了2+1人才培养模式、深化教学改革、创新体制机制、加强专业和课程建设、打造优势品牌、增强竞争实力等六个主题，以明确办学思想和办学理念。会议首次明确了2+1人才培养模式在学校的灵活推行势在必行，并从09级新生开始实施。会议提出以技能点或知识点为课程体系设置的标准；以项目作为课程体系设置的标准；以核心课程作为课程体系设置的标准的三个课程设置标准，严格按照教育部规定进行课程设置。这次会议是学校在学习科学发展观实践活动中进入思想解放大讨论环节举办的第一个研讨会。也是一次颠覆性的教学改革重大会议，为学校落实科学发展观、加强内涵建设奠定了坚实的基础。

2010年10月，学校召开教学研讨会。会议展示了教学系（部）自建立以来取得的教学科研、专业与课程建设、师资队伍建设、校园文化建设、人才培养等方面取得的成绩和工作的亮点，在专业建设、产学结合、人才培养模式等多个方面提出了新的见解和设想，为各系（部）今后的发展提供了可行依据。会议进一步明确了学校实践主导、能力本位、校企合作的人才培养模式，建立了系（部）之间的竞争激励机制。同年，学校数码设计系开始与北京枫华福德文化传播有限公司联合设立企业冠名订单班，并签订了订单班合作协议。

2015年11月，学校召开教学工作会议。会议从注重顶层设计，明确办学指导思想；专业、课程建设成绩显著；教学改革全面铺开，人才培养质量显著提升；优化实践教学体系，提升学生职业能力；开放办学态势良好，社会服务初见成效等五个方面回顾了学校过去几年的教学工作。从人才培养模式、专业群建设、实验实训条件、教学纪律等方面指出教学工作中需要解决的主要问题。提出了与时俱进、优化专业布局与人才培养；完善课程体系，深化课堂教学改革；进一步开展“校企合一”；探索现代学徒制；要建设与产业链深度融合的特色专业群；建立“三级配套衔接”的实训体系；开展中高职课程衔接的研究，为中职、高职、本科甚至研究生一体的职业教育体系做好准备；推进考核方式改革，继续完善教学质量监控制度；注重教师队伍建设，加强双师素质结构和教学团队建设；加强教风学风建设，全面提高教学质量；加强学生创新创业教育和职业素质教育，提高学生综合职业素养等方面作为学校今后几年教学工作的基本思路、主要任务和措施。党委书记詹少斌在会上作了总结讲话，提出：一是要突出重点，统一认识，坚持教学工作的中心地位不动摇。二是要把握规律，统筹推进，坚持教学改革的核心地位不动摇。三是强化管理，加大投入，坚持教学基本建设的优先地位不动摇。最后，全体教师集体宣读《全省教师师德师风公开承诺书》，表示要“为全体学生的美好未来，鞠躬尽瘁；为科教兴琼和国家振兴，贡献全部智慧和力量”。

本次会议要求全面落实立德树人根本任务，把立德树人成效作为检验学校一切工作的根本标准，为落实学校人才培养目标，转变教育理念、创新教育方法、提升教学水平，全面提升应用型人才培养等方面指明了方向，提供了根本遵循。

（二）牢固确立教学中心地位

学校始终牢固树立“教学工作是学校的中心工作”“抓好教学工作是提高学校办学水平的重点和关键”的思想。二十年来，为了适应高职教育的发展，促进学校的内涵提升，学校制订了一系列政策，采取了一系列措施，确保教学中心地位得以全面落实，为教学工作提供了良好的地位保障。

一直以来，学校党委、行政工作重点向教学倾斜。学校党委定期召开会议讨论学校的定位和发展规划，并对教学改革工作中的重大问题进行专题研究；学校行政定期召开校长办公会议和教学工作例会，及时研究解决教学、科研、产学结合和招生工作中的具体问题，及时解决日常教学工作的问题、困难和矛盾。加大投入力度，不断改善办学条件。学校领导经常深入教学第一线开展调研、现场办公，深入师生之中了解教学状态，承担一定的教学任务，同时建立了校院领导听课制度，学校领导班子带头上思政课。

2011年度海南省家长满意学校牌匾

为把教学工作中心地位落到实处，学校不断完善各种规章制度，各项政策主动向教师、教学倾斜，出台《高层次人才认定工作办法（试行）》《教材管理办法》《关于深化校院两级管理体制改革实施办法（试行）》《科学研究项目管理办法》《关于教学科研专项工作及奖励（津贴）的暂行规定》《教职工岗位津贴发放试行办法》等一系列向教师、教学倾斜的政策性文件，加大对教学经费倾斜力度，学费收入用于教学经费的比例逐年增加；投入大量资金抓好师资队伍建设保障教学；加强专业、课程建设支撑教学；提升科学研究水平促进教学；改善非教学部门主动服务态度和质量服务教学；利用舆论宣传引导教学；以各项制度建设和经费倾斜使教学中心地位得到全面落实，教师主体中心地位得到全方位保证。

三、教学改革

教学是人才培养工作的重点和各项改革的核心，为求教学质量的提高，学校积极探索各项教学改革，努力促进学生多样性与个性化的发展。

（一）深化人才培养模式改革

一是实施“2.5+0.5”或“1.5+0.5”的培养模式。学校在专业教学改革试点工作中，积极实施“2.5+0.5”或“1.5+0.5”的人才培养模式。学生在校通过两年半或一年半的学习后，直接到企业进行半年的顶岗实习、实训。同时，还通过课程置换实现“订单式”培养模式，增强专业教育的针对性，提高毕业生适应就业能力，创建特色专业。

二是实现分方向培养。专业分方向培养是指学生通过一学年通识学习，在对专业有一定了解的基础上，从第二学年开始根据职业岗位的不同要求和学生的专长分成4个方向有针对性地学习，学生学习兴趣增加，学习动力增大，学习效果明显提高。

2021年学校第二届课程思政教学竞赛决赛

三是实施模块化教学。在实施课程教学中，针对学生能力差异大的情况，软件技术专业尝试运用分层次多目标教学方法，注重学生个性发展，实施模块化教学，要求教师每节课都要提出2个层面的培养目标，准备多层次知识模块，做到每节课每个学生都有收获。

四是改革学生考核评估模式。在对学生学业成绩考核评估中，理论考试占35%，实践考试占35%，并把学习态度、作业、课堂表现统一纳入考核范围，占30%。

五是贯彻落实立德树人根本任务。为了更好地贯彻落实国家立德树人根本任务，掀起全校开展课程思政教学改革浪潮，2020年7月，学校首次选派10名骨干教师赴复旦大学进行为期7天的专题培训，为学校开展课程思政播下了优秀的种子，2020年，学校在省内同类院校中率先开展了“课程思政”说课比赛，为我省高职院校开创了“课程思政”教学比赛的先河。课程思政教学案例多次获得全国性奖项，特别是2021、2022年，学校两次在外语课程思政优秀教学案例全国交流活动中荣获一等奖。

（二）深化教学方法和手段改革

学校按照“以培养学生技能为教学主线”的教学理念，积极推行“实例教学法”“研究式教学法”和“项目教学法”等教学方法，鼓励学生基于信息环境下的自主学习、合作学习、研讨学习，在具有企业文化氛围和管理模式的实训室进行案例教学和项目教学，促使学生在产学结合的教学模式中贴近生产实际。在模拟企业环境中参与生产和管理活动，达到全方位岗位技能培训的目的，取得良好的教学效果。同时，学校充分利用良好的信息化环境，大力推行现代教学手段，使大部分的课程教学都在多媒体技术充分利用下得以实现。学校还经常性地举行教师CAI教学课件评选活动，通过活动推动教学手段的改革向信息化和现代化迈进。

学校十分注重教学方法和手段的改革，积极采用启发式、讨论式等深受师生欢迎的教学方法，激发了学生学习的积极性、主动性和创造性；教师广泛采用现代教育技术手段，提高了教学的直观性、生动性；改革考核方法，促进了学生个性与能力的全面发展。

在教学实践中一是努力突破传统教学模式，不断改进教学方法。学校积极探索教学模式的改革之路，在实际教学活动中，积极采用启发式、讨论式、探究式以及案例教学法等多种教学方式，并较好地利用校内实习、实训基地（室、场地）进行现场教学，使学生在通俗易懂的实践教学中提高解决实际问题的能力。如JAVA、VC、SQL、JSP、UML、三维设计、平面设计、CAD等工具都采用了案例教学。英语教学增加口语和写作，培养学生应用能力。思想政治理论课在教学中积极推广案例教学法，并积极推动实践教学，让学生深入实际了解社会，丰富人生，培养社会适应能力。

此外，在毕业生中推行的顶岗实习的产学结合教学模式，实现在真实的职业环境中使学生直接参与企业的生产、管理活动，进行全方位岗位技能培训，取得良好的效果。

广泛应用新一代信息技术教学，提高课堂教学效果。学校注重现代教学技术和手段的应用，电子信息类专业课程和思想政治理论课都能运用多媒体课件教学。教师开发制作的各类课件有声有色、图文并茂，活跃了课堂气氛，增大了知识容量，提高了教学效率，学生反响良好。2019年，为了稳步开展“互联网+教育”教学改革，学校制定了为期3年的“互联网+课程”建设规划，并制定配套的激励措施，鼓励广大教师积极参加课程数字资源建设和使用、线上线下混合式教学改革探索，自2020年春季学期开始，连续5个学期开展“互联网+课程认定”工作，自此，揭开了学校“课堂革命”的序幕。

改革课程考核模式，促进学生个性与能力的发展。为了逐步建立客观、公正、规范的考核体系，以利于人才培养目标的实现，体现素质教育和学生创新能力培养的要求，学校进行一系列考核模式和方法的改革，具体的做法是落实在制定评价标准和改革评价方式上。

制定评价标准：技能是在掌握知识的基础上通过实际训练才能获得的能力，用试卷考试的方法是无法客观地评价学生技能掌握水平的，评价学生技能掌握程度的唯一方法就是实际操作评估。学校规定凡是有实践教学的课程必须单独进行实践教学考试。结合专业培养目标，增加了专项技能的实践评估考核。要求实践考核成绩占总成绩35%，笔试成绩占总成绩35%，平时成绩占总成绩30%。考核要体现学生的学习态度，体现学生的学习进步，体现学生课堂参与能力。

改革评价方式：对专业技能课程，积极探索实操模拟、现场操作等更适合职业教育特点的考试方式，建立过程评价与结果评价相协调的评价体系。同时，规定了笔试课程的考试实行A、B试卷，体现公平竞争；无须笔试试卷的科目必须提供考试方案、评分标准和要求；所有专业的计算机应用基础全部采用无纸化考试；思想政治理论课教研室等积极推动实践教学，部分课程取消闭卷考试。

积极主动参加各级教育教学改革项目，实现增值赋能、提质换挡。2015年，学校通过《高等职业教育创新发展行动计划（2015—2018年）》，历经3年建设，顺利通过教育部组织的第二批“现代学徒制”试点验收。2020年，学校积极申报了《职业教育提质培优行动计划（2020—2023年）》（简称“提质培优”）中38个任务，其中直接涉及教育教学改革项目15个，通过“提质培优”项目的建设，加快推进学校职业教育现代化步伐，加快提升学校专业和课程教学质量。2022年4月13日，学校被确立为海南省高水平高职学校建设单位，软件技术和动漫制作技术这两个专业群为海南省高水平专业群，这是学校被赋予主动服务海南自由贸易港建设主导产业和战略性新兴产业对技术技能人才培养和应用技术服务需求，创新人才培养模式，强化职业教育类型特征，促进教育链、人才链与产业链、创新链有效衔接，加快推进海南现代职业教育体系建设，努力打造海南自由贸易港高等职业教育创新发展品牌，成为国家职业教育改革“试验田”和海南教育创新岛“展示窗”，打造新时代中国职业教育开放发展新标杆的重要使命。

四、实践教学体系构建和改革

学校从高职教育培养目标和专业职业能力结构的要求出发，构建了实践教学的目标、内容、运行、保障、管理与评价的实践教学体系，这个体系与教学体系相辅相成，将实践教学活动贯穿于人才培养的全过程。通过实验、实训、课程设计、项目开发、顶岗实习、毕业设计等方面来实现实践教学的目标，不断完善实践教学体系，加强和改进实践教学，注重学生职业能力的培养，切实提高了学生的就业竞争力。

面对新形势、新任务，学校一方面全面梳理师范教育实践教学的历史积淀，把注重实践教学作为一种办学特色来加以传承；另一方面通过教育思想观念大学习、大讨论和采取“请进来”和“走出去”的办法，每年都邀请了省内外著名专家学者来校交流和指导，先后组织校系教学管理人员到省内外院校和企业进行考察学习，在如何构建以职业能力为核心的实践教学体系等方面进行广泛的交流、学习，了解和把握实践教学的先进理念，学习和借鉴实践教学的先进经验。经过不断的探索和研究，明确了“以职业能力培养为主线，按照‘知识、能力与素质相统一’的人才培养方案，推行‘双证书’制度，通过校企合作、产学结合、顶岗实习等途径，培养高素质技能型专门人才，并在此基础上形成了具有高职特色的实践教学理念”的人才培养模式定位。

在教学实践中，实践性教学的好坏，一是衡量高职教育质量高低的重要指标，二是区分高职教育与普通高等教育的重要标志。高职教育质量高不高，有没有特色，关键要看实践性教学搞得好不好。

高职教育实践性教学的重要性是由它的职业性决定的，实践性教学对于高职教育有其独特的功能与价值，从这个意义上看，它的重要性超过了理论教学。学校进行内涵建设时，紧紧围绕人才培养目标定位和专业人才培养目标，以培养学生的职业能力为核心，强化和改革实践教学，完善实践教学体系，全面实施实践教学体系，不断提高实践性教学的质量。

实践教学是实现职业教育培养目标和体现教学效果最为关键的教学环节。要提高学生的就业竞争力，一方面必须加强对学生的职业理想、职业道德教育；另一方面必须努力提高学生的实践能力，努力培养学生的职业能力、创新能力和团队协作能力。在职业能力的构成要素中，除了动作性的操作技能，还有理论知识、职业道德及实践经验。因此，学校在构建实践教学体系时把知识、技能与素质融为一个整体，在制定实践教学计划时，既突出对学生职业技能的整体训练，又要注重对学生基本技能的培养。

（一）构建四阶段式实践教学体系

要培养出高素质、实践能力强的高技能应用型专门人才，加强实践教学环节改革，就必须构建实践教学体系。因此，学校坚持理论教学与实践教学相结合的原则，从人才培养和社会发展的需要出发，不断加强和改革实践教学，强化职业能力训练，逐步构建了以职业能力培养为核心的实践教学体系。

2007年起，学校围绕“实践主导，能力本位，校企合作”的办学思想，围绕实验、实训、课程设计、第三学年综合实践（岗前综合技能训练、顶岗实习等）构建从入门到就业的“四阶式”一体化实践教学体系。

阶段一：通过校内实验室实现学做合一，积极推行“双证书”制度（毕业证书与职业资格或专业技能等级证书），课程和实验教学融入职业资格和行业技术标准，培养学生的专业基础技能。

早期的苹果机房

2010年起，学校明确规定毕业生应取得的职业技能鉴定及职业资格考试证书，并将其认证内容与课程设置、教学内容、教学过程接轨。如计算机网络技术专业的实训内容与网络工程师资格考核大纲接轨等。按照职业资格证书考核的指标体系，制定了各专业实验、实训课程成绩的考核标准。

推行双证书制，是提高高职毕业生职业素质和就业竞争力，实现职业教育与劳动就业对接的重要举措。学校在人才培养中实施双证书制度，以满足社会对人才培养的需求。各专业注重课程与考证的紧密结合，将职业资格标准要求尽量融入课程教学；学生必须获得一个职业资格或专业技能等级证书，鼓励学生考取多个证书。

职业技能鉴定与职业技能培训：学校获授权建立了海南省第65所职业资格鉴定所，承担的职业资格鉴定工种达到23个。为了提高学生的合格率，学校为每项鉴定工作组织专项培训。学校还设立了国家信息产业部信息产业高技能人才培训考试站、全国计算机信息高新技术考试站、1+N项目证书认证考试站、全国计算机等级考试站、国家计算机技术与软件专业资格（水平）考试考点，海南省会计职业资格考试考点、NACG认证站、Adobe认证站、Linux红旗认证培训考试站、全国大学生英语四六级及英语应用能力AB级考点等，并积极组织培训学习，为学生获取证书提供服务。2019年始，学校积极响应国家号召，开始申报并实施“1+X”证书试点工作，截至2022年，全校34个有在校生的专业已成功申报28个“1+X”证书，使“1+X”证书覆盖专业数超过82%，为学生获取职业技能证书创造了条件。

推行双证书制的同时还开展职业技能大赛。职业技能大赛可以有效地推动学校的教学改革、促进学生技能水平提高，以赛促学，检验学校的办学水平。

阶段二：通过每学期1～2周的专业实训，安排小型仿真案例进行训练，使学生初步了解基于典型工作任务的工作流程和基本要求，并通过课程设计进一步提高学生的独立工作能力。

阶段三：通过校内实训基地、校外实训基地、校内应用技术研发中心、学生创业中心等基地，安排学生在真实或仿真企业工作环境中进行技能训练，遵循行业标准和工作规范，逐步培养学生的综合职业素质。针对岗位需求，因材施教，注重分工协作，培养专项技能。在这一阶段，组织学生积极参与各类技能竞赛和项目实践，培养学生的创新能力。

2006年，学校出台《“十一五”发展规划》，2007年印发了《校企合作委员会章程》（琼软院〔2007〕13号），明确坚持走产学结合之路，实行“开门办学”，建立“订单教育”的校企合作关系，形成以社会需求为导向，主动为行业企业服务、行业企业积极参与校企合作办学的体制、机制，效果显著。学校与企业共同制定人才培养方案、共同组织学生生产实习、共同组织科技生产攻关、共同组织技术技能培训、共同建设生产实训基地、共同组织学生就业，由此实现了学校与企业、学生与企业、学生实习与就业的无缝对接，为广大毕业生在知名大企业就业提供了快速上岗的直通车，并形成一批以产学结合和订单式培养为特色的专业。

强化校内校外实训。学校一方面不断加大校内综合性实训基地的建设力度，使其保持与行业实际水平基本同步，另一方面教师在进行专业基本理论传授的同时，注重学生专业能力和实践能力的提升，将实训融入课程教学过程中，学生边学习边进行专业实践。课内实训即按照实训大纲的要求，依照实训指导书，完成相应的实训内容。在校内实训，力求体现真实的职业环境，强调实训项目的应用性和操作的规范性，鼓励创作，提高实训过程的知识含量，从而形成了较为完整的校内实训体系。学校还鼓励学生积极进行课外自主创作活动，支持学生参加社会上举办的各种比赛，以赛代训，提高了学生的职业能力。

阶段四：带薪生产性实习和顶岗实习，实现技能训练和就业的无缝衔接。

学生通过在企业行业真实环境的实践，使学生接受行业一线的训练，加强对专业岗位的认知。同时，学生通过解决实践过程中遇到的问题，又加深了对理论知识的学习和理解。

学生在琼海电视台顶岗实习

顶岗实习是人才培养计划中一个重要的实践性教学环节，是学校“实践主导，能力本位，校企合作”人才培养模式的重要组成部分，其目标是在实际工作环境中全面提高学生的实践操作和专业技能水平、培养学生的综合职业素养，使学生成长为生产、建设、管理、服务第一线的高端技能型人才，提升学生的就业竞争力，实现实习、就业直通车。

在顶岗实习过程中，做到明确分工，确保实施。学校校长牵头，明确教务处、招生就业处、学生处、财务与后勤处等职能部门以及各系部在顶岗实习工作中的分工，责任到人，对顶岗实习教学过程管理、校外实习基地建设、学生组织、后勤服务等工作周密部署，确保“实践主导，能力本位，校企合作”人才培养模式能落实到位，学生满意、企业认可。

在顶岗实习过程中，做到制度保障，统一规范。逐步建立和完善与顶岗实习相关的各项制度，学校先后制订了《学生顶岗实习管理办法》《第三学年综合实践教学组织实施纲要》《实践教学专项经费管理办法》等制度，并有针对性地制定了《分散顶岗实习申请表》《顶岗实习协议书》《安全协议书》《离校手续表》《顶岗实习周记》《顶岗实习总结报告》《顶岗实习教学日志》《顶岗实习走访记录表》《顶岗实习成绩评定表》以及院（部）顶岗实习工作实施方案要求等一系列规范性文档，对顶岗实习工作的各个环节建立可行、明确、量化的基本规范。2021年，教育部等八部门联合印发《职业学校学生实习管理规定》之后，学校又全面修订了学校《学生岗位实习管理办法》，该办法中将原“顶岗实习”重新命名为“岗位实习”，并增加了新的要求和条款。

在顶岗实习过程中，做到过程管理，狠抓质量。教务处与系（部）密切合作，全程监控顶岗实习实施过程，保证每一个环节的工作都落实到位，从根本上提高顶岗实习工作质量。系（部）制定顶岗实习工作实施方案，教务处审批通过才能实施；对学生采取“校内指导教师+企业指导教师”的双指导制，实习成绩评定由校内指导教师和企业指导教师共同完成；学生必须及时提交实习周记、顶岗实习总结报告，汇报个人工作；指导教师必须为学生制定详细的指导计划，并及时提交顶岗实习教学日志、顶岗实习总结报告；教务部门分阶段对实习工作实施情况进行随机抽查，实地走访实习企业，考查学生实习情况、企业及校内指导教师的指导情况，并及时通报；规范管理实习材料，专人负责存档管理；推广多元化的管理方式，充分利用学校自主开发的网络管理平台和现代通信方式，提高管理质量和效率。自2019年开始，学校引进“顶岗实习”管理平台，通过信息化方式对顶岗实习过程进行监管。

（二）从职业能力结构要求出发构建实践教学内容体系

通过对各专业职业能力结构分析和社会人才需求调研、毕业生跟踪调查，学校合理设计和适时调整实践教学内容，使学生获得的知识、技能符合用人单位的要求。经过专业建设指导委员会的集体研究，设计出各专业的能力结构模块，以此为依据，设计相应的实践教学内容，构成了由通用技能、职业技能、职业拓展能力三大能力和实验、实习、实训三种方式以及实验教学、集中实训、课程设计、顶岗实习、毕业设计（论文）等环节组成的实践教学体系。同时，各专业制订了与理论教学大纲配套的实践教学大纲、实践指导书和实践课程授课计划，做到集中实践教学与课程实践教学、专项训练与综合训练的合理配置和有机结合。

专业设置和课程体系：学校的专业设置和教学课程体系在教学中不断改进和完善，实践教学不断加大比例，专业设置也跟职业岗位需求密切关联。比如，根据高素质技能型专门人才培养的需要，把软件技术专业分为桌面应用、WEB应用J2EE、WEB应用DOT NET、综合应用等4个方向。

学校专业教学计划的制定和修订都是在广泛开展社会调研的基础上进行的，一方面注重行业发展情况分析，关注专业领域技术的发展趋势，以“应用”为宗旨；一方面兼顾就业岗位（群）特点，以技能为纲，理论知识服务技能，努力使培养方案充分反映时代特点和行业特征。整合专业课程与实践课程设置，突出职教特色，强化技能训练，使课程结构能更好地处理传授知识、培养能力、提高素质三者之间的关系。比如，为加强实践性教学内容，专业中的各种应用开发工具都增设实践课程，比如：C++程序设计实践、JAVA程序设计实践、数据库实践等。各专业每学期专门安排一周进行课程设计集中实训，毕业设计和顶岗实训纳入课程体系综合考虑。

（三）从为实践教学提供优质环境出发构建实践教学保障体系

学校高度重视校内实验、实训基地建设，建设有高度仿真功能、设备先进的校内实验、实训室，拓展校内实验、实训基地的教学、科研、实验、示范及技术开发功能，全面提升校内实验、实训基地建设水平。注重校外实训基地建设，相继与61个单位建立了学生实习、实训的长期协作关系，设立了稳定的校外实训基地。

（四）从确保职业能力训练良好运行出发构建实践教学管理体系

为保障实践教学在整个教学中的突出地位，在教学运行与管理中将实践教学环节管理进行单独设置，由教务处、科研设备处和招生就业处等三个职能部门联合对实践教学进行宏观管理，各系部全面负责专业实践教学工作。制定实践教学各环节质量标准（实验教学、课程设计、实习实训、毕业设计等）和实践教学人员的行为规范，提高实践课时比例，理论课和试验课课时接近1：1，各专业都要设有综合性实践训练项目，实践训练课程开出率达100%，每个实验实训项目开课前有计划、有实施细则、有考核标准、有总结，并严格过程管理。各专业的实践教学做到“五落实”，即专业教学计划落实、课程大纲落实、授课计划落实、指导教师落实、考核方案落实。

（五）从确保职业能力训练效果出发构建实践教学评价体系

各专业根据各自的专业特点，明确各实践教学科目和环节的考核标准和考核办法；明确通用技能、职业技能、职业拓展能力的考核标准和考核办法。同时，各专业已建立起职业技能测试试题库和基本技能测试试题库，积极进行实习、实训等实践教学环节的评定考核方法的改革，加大实践性教学内容在整个课程考核成绩中的比重，将过程考核和结果考核有机地结合起来，重过程更要重结果，加大结果考核的权重。

五、教学管理模式改革

学校先后制定了教学检查、听课评课、教考分离、服务教学等各种教学管理教学过程的规章制度，并汇编成《教师手册》。《教师手册》人手一份，规范和约束教师的教学行为。同时学校成立了教学工作委员会和教学督导机构，出台了《教学质量监控实施方案》，建立了包括培养目标系统、组织管理系统、质量标准系统、信息收集系统、评价分析系统、信息反馈系统等六个子系统构成的教学质量监控体系，初步形成全过程、立体化的教学质量监控格局。从2005年起，学校开始切实开展教学督导、学生评教、教师评学、教师评教等工作，扎实进行了社会需求、新生素质调研和毕业生跟踪调查，有效地提高了教学管理水平和教学质量。

（一）教学管理体制健全

学校成立了教学工作指导委员会、校企合作工作委员会、学术委员会、专业建设指导委员会和教学督导小组，并根据学校发展需要，不断调整优化各委员会成员。同时，设立了教务处和8个二级学院和2个教学部门，教学院部下设若干个教研室（研发中心）。实行了校、院二级管理体制，明确了各级教学管理部门的职责。有关教学及管理的重大决策、重大改革措施，先由各委员会研究论证和提供决策指导，再经学校党委或校长办公会议集体研究决定，最后由教务处统筹协调全校教学管理工作，形成“校长—分管教学工作副校长—教务处—二级院—教研室（中心）”的教学管理体系。健全的管理机构和顺畅的管理机制，为学校规范教学管理、维持正常的教学秩序夯实了基础。

（二）不断创新教学管理方式

2013年，学校在教学方面尝试创新办学体制改革，主要措施：推进“厅市共建”，构建与中职教育合作的办学机制，培养、培训一体化办学，引进企业与学校合办专业，校企合一办学，加强对外合作办学，创建由政府、行业、学校共同参与的办学管理机构。

2020年春季，新冠疫情的不期而至，学校的常规教学工作发生了巨大的变化。学校果断采取了“线上线下混合式教学”等卓有成效的措施，既保证了日常教学秩序正常运行，也保障了教育教学质量。

2021年起，学校坚持开放办学，全面深化“五位一体”协同育人和国际交流合作。先后与省内外95家企业积极开展深度合作；与省内中职学校合作开展“3+2”分段培养和连续培养专科专业教育；与海南热带海洋学院、海南科技职业大学合作开展4个专业的“3+2”分段培养校企合作本科专业教育；与海南师范大学、海南热带海洋学院合作开展3个专业“专升本”联办项目；与俄罗斯、美国、英国、巴基斯坦、马来西亚、印度尼西亚、泰国等10余个国家和我国台湾地区的16所高校建立了友好合作关系，开展合作办学、教学与学术交流、师生互访。

第二节　专业建设

中等师范教育时期，学校为培养具有综合素养的小学教师，课程建设不分专业。学校的升格转型后，进行大专层次的各类人才培养，必须分专业进行。因此，专业建设和教育教学科学研究，对于没有专业建设和科研背景经验的学校来说无疑是一种巨大的挑战。

2000年，学校就开设小学教育专业（理科班、文科班），这是专业建设初期的尝试。2002年又增设小学科学教育、小学音乐教育两个专业，虽然都是面向初中招生的五年一贯制试点项目，但学校因此开启了专业建设的探索，对学校升格之后的专业建设奠定了初步的基础。学校升格转型后，专业设置依托电子信息行业，以计算机应用技术为支撑，重点发展软件技术、数字艺术和微电子技术，专业特点明显，布局与结构开始并真正转向IT信息类专业倾斜。

2002—2005 年高职专业设置一览表

系部名称	专业代号	专业名称	设置时间	学制	小计	分专业现有学生人数				
						06 级	05 级	04 级	03 级	02 级
软件工程系	590108	软件技术	2003	三	591	237	190	164		
				五	208	87	86	35		
	590108	软件技术（游戏软件制作）	2004	三	75	45	30			
	590104	计算机系统维护	2004	三	140	70	30	40		
	580110	计算机辅助设计与制造	2004	二	73	48	25			
				五	64		32	32		
	590101	计算机应用技术	2004	二	100	71	29			
				五	142	46	68	28		
	590109	图形图像制作	2005	三	26	26				
网络工程系	590102	计算机网络技术	2003	二	151	96	55			
				五	161	48	32	57	24	
	590107	网络系统管理（因特网应用）	2003	二	69	41	28			
				五	36		36			
	590208	信息安全技术	2004	二	54	28	26			

续表

系部名称	专业代号	专业名称	设置时间	学制	小计	分专业现有学生人数				
						06 级	05 级	04 级	03 级	02 级
信息工程系	590106	计算机信息管理	2003	二	45	29	16			
				五	57		37		20	
	620405	电子商务	2003	二	90	54	36			
				五	117	38	45	34		
	620204	会计电算化	2004	二	73	51	22			
信息技术系	660215	现代教育技术	2003	二	182	110	72			
				五	736	110	142	205	144	135
	670113	多媒体设计与制作	2003	二	62	30	32			
				五	25				25	
	670305	影视动画	2004	二	57	25	32			
	670112	广告设计与制作	2005	五	34	34				
	670104	电脑艺术设计	2005	二	39	39				
				五	39	39				
艺术系	670202	音乐表演	2004	二	28		28			
	660209	音乐教育	2005	三	60	16		44		
				五	200	47	47		40	66
文科部	660112	文秘	2004	二	33	13	20			
	660213	小学教育（文科）	2003	五	104				55	49
	660214	学前教育	2003	三	64	20		44		
理科部	590202	应用电子技术	2004	三	45	29	16			
	660213	小学科学教育	2002	五	49					49
	660213	小学教育（理科）	2003	五	436	108	141	95	47	45
合计					4 465	1 615	1 353	778	354	345

一、根据行业背景和市场需求合理设置与适时调整专业

（一）升格之初的专业设置

2003年，学校只有软件技术等7个高职专业［不含未升格前面向初中招生的小学教育（文科）、小学教育（理科）、品德与社会、小学科学教育、信息技术教育、艺术教育、学前教育等7个专业］，专业数少，难以适应区域经济发展的需要。因此，学校积极组织人员开展市场调研和毕业生跟踪调查，及时掌握人才市场信息和毕业生就业的社会评价情况。从2004年开始，学校先后派出51人次前往“珠三角”和“长三角”地区进行专业调研。学校认真调研市场，分析行业发展趋势适度增设新专业，适时调整已有专业。在充分开展社会调研的基础上，根据国家的发展战

略和电子信息行业的需求，结合学校的实际办学条件，瞄准职业岗位（群）和技术领域，灵活设置专业（方向）。截至2007年，学校经省教育厅审批具有招生资格的高职专业在原有的7个专业的基础上，新增加专业27个（2004年10个，2005年7个，2006年5个，2007年5个）。

根据教育部规划司《普通高职高专专业目录》，学校现有专业涵盖电子信息、艺术设计传媒、制造、财经、文化教育等多个大类。经过几年的建设，学校已经初步形成以电子信息大类为主体，艺术设计传媒、制造、财经、文化教育等其他大类为辅协调发展的专业布局。

2006年，学校又增设电子信息工程技术（三年制）、音乐表演（五年制）、计算机辅助设计与制造（三年制）、信息安全技术（三年制）、计算机通信（三年制）、游戏软件（三年制）专业等6个专业。同年10月，学校印发《2006—2007学年度工作要点》，重点提出“构建适应学校发展的专业体系和人才培养模式”的工作思路，继续深入对所有专业结构进行调整，逐步建立优化的课程体系以支撑专业建设，抓紧教材（校本）建设，不断强化专业建设中的实训环节，并紧密根据发展目标及市场需求设立新专业，扎实抓好重点专业、重点课程的建设，推出一批精品专业、精品课程。

2007年秋季，学校新增加的27个专业，停招专业4个，调整专业12个，所有专业（不含不同学制）目录达到34个。专业涵盖了电子信息、艺术设计传媒、制造、财经、文化教育等多个大类。专业特色明显，专业布局日趋合理；同时，根据学校《“十一五”专业建设发展规划》，出台了有关教学改革试点专业建设、重点专业建设、课程建设及精品课程建设等管理办法或实施细则，并设立了教学改革试点专业、重点专业和精品课程的专项建设经费，启动了校级教学改革试点建设专业4个，重点建设专业4个，第一批精品课程5门。2005年和2007年还对所有专业培养方案和课程教学大纲进行了两次重大修改，重新审定了各专业所使用的教材，使人才培养的目标、规格、知识与能力结构更符合高职人才培养的要求。

（二）根据社会需求不断科学调整、建设专业

2007年之后，随着专业不断增设，学校在招生情况得到大幅度改变的同时，学校也意识到专业建设的科学性、针对性和时效性的重要性。学校认识到坚持“针对社会需求设专业”原则，以服务为宗旨、以就业为导向、走产学结合发展道路的办学方向的重要性。随着深入研究探索，学校充分依据人才市场需求分析、毕业生就业情况调查和专业建设定位进行专业调整，专业不断增设。2007年，学校出台《专业建设管理规定（试行）》《新办专业建设管理办法（试行）》等文件，及时进行科学管理，停招专业4个，调整专业12个。之后，学校紧紧依据专业建设管理相关规定，科学规范研究专业设置与调整工作，促使专业设置日趋合理科学。如根据高素质技

2009年的省级教学团队牌匾

能型专门人才培养的需要，把软件技术专业分为桌面应用、WEB应用J2EE、WEB应用DOT NET、综合应用等4个方向，体现了学校根据人才市场需求特点，适时调整专业结构，以适应人才市场变化的灵活办学机制和服务社会的能力。2008年，为适应高等职业教育发展和学校教育教学及管理的要求，学校成立第一届专业建设指导委员会，紧密结合区域产业结构调整和行业发展趋势，不断创新专业建设与发展模式，积极服务海南战略性产业，加大对精品课程、特色专业和省级教学团队的建设。2008年8月，学校增设动漫设计与制作（三年制）、市场营销（三年制）、音乐表演（三年制）专业。同年6月，信息技术系肖友荣老师负责的“FLASH动画设计与制作”课程被评为省级精品课程，填补了学校在海南省普通高等学校省级精品课程建设中的空白，获得省级教学质量工程奖项的历史性突破。2009年12月，软件技术专业被评为海南省高职高专院校特色专业，成为学校第一个省级特色专业。同时，在海南省2009年普通高等学校省级教学团队评选工作中，桂占吉副校长带头的软件技术专业WEB应用系统教学团队被评为省级教学团队，成为学校第一个省级教学团队，在学校中掀起了专业建设和教学改革的浪潮。

2009年6月，学校增设商务英语（三年制）、旅游英语（三年制）、酒店管理（三年制）专业。

2010年6月，学校增设移动通信技术（三年制）、旅游管理（三年制）专业。

2011年6月，学校增设财务管理（三年制）、计算机音乐制作（三年制）专业。

2012年10月，学校增设计算机网络技术（二年制）、电子商务（二年制）、会计电算化（二年制）、计算机应用技术（二年制）、动漫设计与制作（二年制）、应用电子技术（二年制）、酒店管理（二年制）、旅游管理（二年制）专业。

经过对专业建设的深入研究探讨，不断围绕国家政策、社会需求以及专业发展趋势对专业进行调整和优化，截至2012年年底，学校具有招生资格的专业30个，有在校生的专业26个，形成了以电子信息大类为主体，艺术设计传媒、财经、旅游、文化教育等门类为辅协调发展的专业布局。

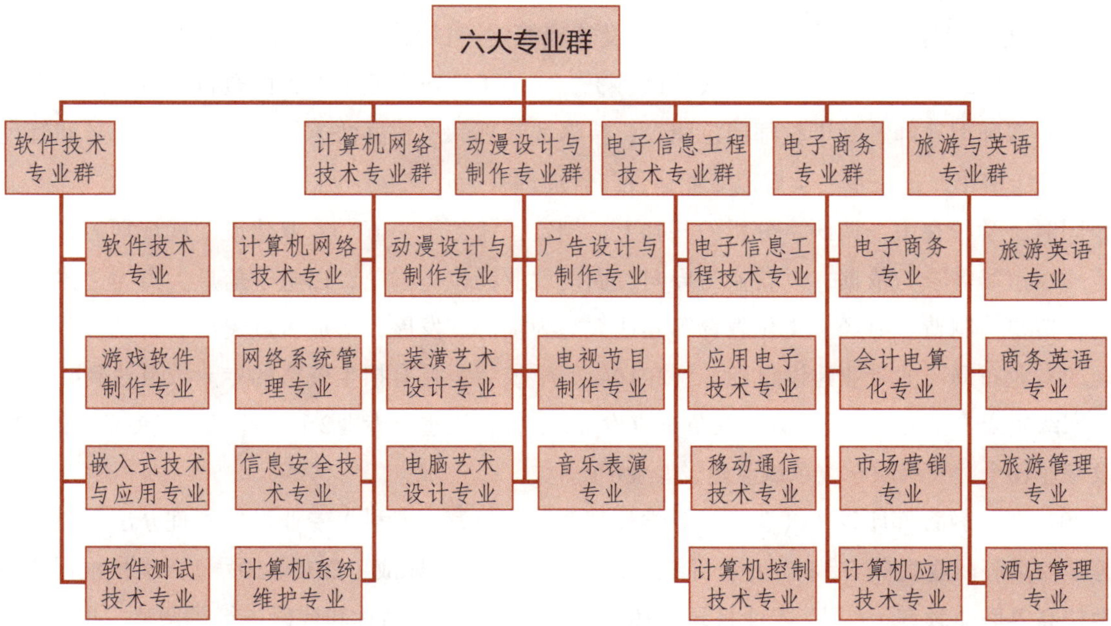

六大专业群具体专业布置图

2011年，学校研究制定了《“十二五”专业建设发展规划》，基本确立了“针对社会需求设专业”的原则，明确“扬优、扶新、集群”的思路，形成了能力为重、服务为旨、产业支撑、模式构建的理念，围绕旅游、文化、现代物流、金融、电子信息等海南“十二五”期间重点产业和海南传统优势产业发展对人才的需求，深入开展市场调研，适时申报增设新专业和整合改造原有专业。2019年，学校组建了以计算机技术为核心的计算机软件技术专业群和计算机网络技术专业群、数字媒体设计技术为核心的动漫设计与制作专业群、商务和管理技术为核心的电子商务专业群、电子技术为核心的电子信息工程技术专业群、旅游服务为核心的旅游与英语专业群等6大专业群为支撑，以特色专业为亮点的专业建设框架。2020年，学校再次对部分专业归属进行调整，在原有6个专业群的基础上，增加财经商贸专业群和教育艺术专业群，形成8个专业群。

自2009年至2012年，学校建有软件技术、动漫设计与制作、计算机网络技术、电子信息工程技术等4个省级特色专业，还有电子商务、网络系统管理、广告设计与制作、会计电算化、计算机应用技术、应用电子技术等6个校级特色（重点）专业。

2018—2022年，学校建有软件技术、动漫制作专业2个省级重点专业，动漫制作技术专业1个国家级重点专业，2022年4月学校获批省级“双高”立项建设单位后，软件技术专业群和动漫制作技术专业群2个被确立为省级高水平专业群立项建设项目。

学校同时也成功建立了软件技术（WEB应用系统）教学团队、计算机网络技术核心课程教学团队、影视动画核心课程教学团队等三支省级教学团队；2022年，学校组建的软件技术教学创新团队获得省级立项建设，动漫制作技术教学创新团队获得培育建设。共有“Flash动画设计与制作”“计算机辅助工程绘图”“数字电子技术”“WEB国际标准”“职业发展与就业指导”等五门课程被评为省级精品课程，成就了肖友荣、吴恒玉、白晓波和严丽丽等四位省级教学名师，学院专业建设在省内高职院校中处于发展前列。

学校重视专业建设的规划和管理，成立了专业建设指导委员会，2007年至2009年间，出台了《专业建设指导委员会章程》《专业建设管理规定（试行）》《新办专业建设管理办法（试行）》《教学改革试点专业管理办法（试行）》《关于选拔专业带头人的暂行规定》《印发专业带头人、双师型教师、骨干教师岗位职责、待遇、管理和考核办法》等专业建设的指导和管理规章制度等十多个，进一步科学规范专业建设与管理。

同时，学校在市场调研、分析的基础上，制定了《“十一五”专业建设发展规划》，明确提出了“以市场需求为依据，以就业为导向，面向就业岗位（群），以电子信息大类为主体，以艺术设计传媒、制造、财经、文化教育等其他大类为辅协调发展，形成重点突出、特色鲜明、结构合理的专业布局”的专业建设目标。到2010年，学校力争具有招生资格的专业数目达到40个，其中国家级重点专业1个，省级教学改革试点专业2个，省级重点专业2个，校级重点专业5个，重点建设专业10个，校级教学改革试点建设专业6个。

2015年，教育部印发《〈普通高等学校高等职业教育（专科）专业设置管理办法〉和〈普通高等学校高等职业教育（专科）专业目录（2015年）〉》（教职成〔2015〕10号），学校根据普通高等学校高等职业教育（专科）专业目录（2015年）对全部专业名称和代码进行了调整，出台了《专业设置管理办法》，明确了专业设置条件和流程，及专业退出机制。2021年，教育部印发《职业教育专业目录（2021年）》（教职成〔2021〕2号），学校根据《职业教育专业目录（2021年）》再次对全部专业名称和代码进行了调整。

二、建设品牌专业，凸显专业特色

学校紧密结合区域产业结构调整和行业发展趋势，不断创新专业建设与发展模式，积极服务海南战略性产业。2006年后，学校出台了《"十一五"专业建设发展规划》《特色专业建设管理办法》《精品课程建设实施细则》等政策文件，设立了教学改革试点专业、重点专业建设和精品建设课程的专项经费，建设了软件技术、动漫设计与制作、计算机网络技术、电子信息工程技术等4个省级特色专业，还有电子商务、网络系统管理、广告设计与制作、会计电算化、计算机应用技术、应用电子技术等6个校级特色（重点）专业。学校实行特色（重点）专业建设实行项目管理，在保证建设经费的前提下，突出抓好专业人才培养方案建设特别是优化"工作过程系统化"课程设置，逐步抓好基本条件建设特别是强化"双师"教学团队和校内外实训实习基地建设，不断加强教学改革特别是推行"四阶式"一体化专业实践教学改革，抓好机制建设，完善教学质量监控体系，切实抓好教育教学质量建设，提高学生的职业技能和综合素质。

学校专业结构合理，根据海南社会经济发展的需求和高等职业教育的特点，加强专业改造和专业更新，拓宽专业面，确立了"针对市场设专业"的原则。依据"扬优、扶新、集群"的专业建设思路，构建了以重点专业建设为龙头、专业群为支撑、新专业为亮点的专业建设框架，形成了以电子信息大类为主体，艺术设计传媒、财经、旅游、文化教育等门类为辅协调发展的专业布局。构建了以重点专业建设为龙头、确立了以计算机技术为核心的计算机软件技术专业群和计算机网络技术专业群；以数字媒体设计技术为核心的动漫设计与制作专业群；以商务和管理技术为核心的电子商务专业群；以电子技术为核心的电子信息工程技术专业群；以旅游服务为核心的旅游与英语专业群；形成面向海南省重点发展产业的特色和优势专业群，适应海南国际旅游岛建设的需要。

（一）根据海南社会经济发展的需求创建专业群

根据海南国际旅游岛建设的整体规划，海南将大力发展文化创意、影视制作、出版发行、印刷复制、广告策划、动漫制作等各类文化产业，在琼海规划建设文化产业示范园区。面对区域经济的发展机遇，学校积极调整专业布局来对接相关地方产业，创建了动画设计与制作专业群。

动画设计与制作专业群在省级特色专业——动漫设计与制作专业的引领下，其教学内容充分利用本土及特色民间文化资源，从民族文化与传统文化的精髓中得到滋养和有益的补充。在教学过程中，不一味地模仿欧美、日韩的风格，而是沿着中国特色文化的路线，设置体现区域文化特色的动漫课程内容，并把动漫作为一种媒介，将海南的民族风俗文化融入动漫创作当中，借以推动海南本土动漫事业的发展。相关专业老师在教学之余，考察了博鳌亚洲论坛会址、三亚鹿回头风景区以及海南黎族生活区等地，搜集了大量反映海南当地民风民俗的资料，并将考察所得融入教学中，组织学生进行动漫创作。省级特色建设专业动漫设计与制作专业所在的数码设计系坚持和多家企业展开合作，并联合开发了《我的E屋》、海南传奇之《风云再起》《乐城好人》《远大前程》等产品。

海南省委、省政府提出构建具有海南特色的经济结构和更具活力的体制机制，要求大力发展信息产业，全力推动两个信息产业基地建设，打造一南一北两大园区：海南生态软件园和三亚创意产业园。《国务院关于推进海南国际旅游岛建设发展的若干意见》也明确指出："加快建设海南生态软件园和三亚创意产业园，鼓励和吸引国内外知名信息技术企业向园区集聚，根据国家软件产业发展规划和产业基地建设总体布局，积极支持海南发展软件和信息服务业，逐步形成软件产业基地。"从区域经济建设与社会发展的高度出发，专业设置体现为信息产业服务。软件技术专业，主要面向电子信息产业，为海南支柱产业提供了强有力的人才支撑，学校创建了软件技术专业群。

软件技术专业群在省级特色专业——软件技术专业的引领下，坚持"电子信息为主，协调发展，突出重点，打造特色"的专业发展策略，成立了建设领导小组，依据现有条件和建设目标，制定了详细的建设方案，并围绕校企合作、工学结合方面开展了认真的探索与实践，校企共建基地、共组团队、共同开发课程、共编实训教材、共育高职人才。

学校还创建了计算机网络技术专业群。计算机网络技术专业群在省级特色专业——计算机网络技术专业的引领下，与红旗教育学院多次磋商和洽谈，正式签署了重点实验室建设协议。该项目采用红旗教育学院的课程体系、办学理念和先进教学模式，利用红旗教材置换linux应用课程，学生在完成课程后，考核通过就可以获得红旗产品应用专业的证书。截至2012年，红旗linux人才累计培养了430人。学校先后投资40万元用于红旗重点实验室的建设，为培养高技能应用型人才打下了坚实的基础。

特色专业引领着专业群的快速发展，使学校服务区域经济的能力大大增强，也使学校成为琼海实现经济腾飞的助推剂。

（二）特色专业建设的成效

学校最早在《2006—2007年度工作要点》中提出：建设一批具有鲜明特色和示范作用的校级品牌专业。2007年后，学校开始着力于精品课程和特色专业的建设。2009年，软件技术专业被评为省级特色专业，开启了学校创建特色专业的收获之路。2009年至2012年，建成软件技术、动漫设计与制作、计算机网络技术、电子信息工程技术等4个省级特色专业，电子商务、网络系统管理、广告设计与制作等3个校级特色专业，会计电算化、计算机应用技术、应用电子技术等3个校级重点专业。

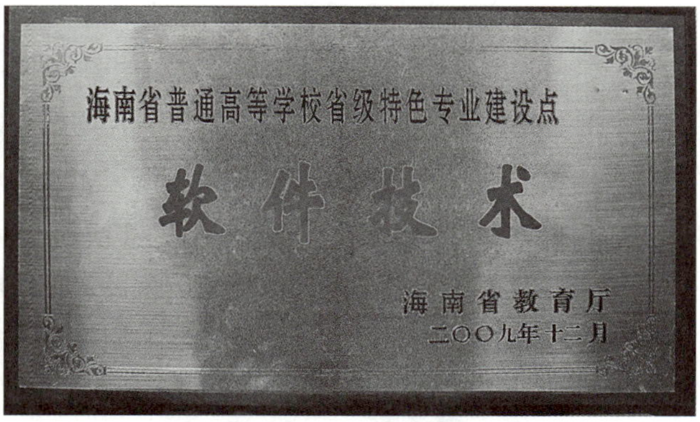

2009年省级特色专业建设点牌匾

2012 年省级特色专业设置与建设成效一览表

序号	专业名称	主要成效	批准时间
1	软件技术	省级特色专业	2009
		WEB应用系统省级教学团队	2009
		《WEB国际标准》省级精品课程	2011
		学生在全国数学建模比赛中获国家一等奖1项、二等奖2项，全国电子设计大赛国家二等奖1项，海南省职业技能大赛一等奖1项、二等奖3项、三等奖1项	2009—2011
		学生在中国机器人大赛中获二等奖1项，“中国软件杯”大学生软件设计大赛国家二等奖1项，“安利杯”大学生计算机作品赛一等奖1项、二等奖2项、三等奖2项，海南省职业院校技能大赛一等奖1项、三等奖1项	2012
		教师出版《Java Web 程序设计》等教材14部、校本教材2部	2009—2012
2	动漫设计与制作	省级特色专业	2010
		《Flash动画设计与制作》省级精品课程	2008
		影视动画核心课程省级教学团队	2011
		学生作品《黎孕——三月三》获“安利杯”全国大学生计算机作品赛（海南赛区）二等奖1项，动画作品《未来科技——星际物语》获中国学院奖首届游戏设计大赛优秀奖	2010
		学生作品《黎母山的传说》获“安利杯”全国大学生计算机作品赛海南赛区一等奖、最佳创新奖、全国作品铜奖，马斌、廖坤远2人的作品《地球之殇》获2011年“安利杯”全国大学生计算机作品赛海南赛区三等奖，《地球之殇》获第4届3D大赛全国三位数字化创新设计大赛二等奖、海南赛区特等奖，“动漫设计与制作”项目在海南省职业技能大赛中位列前五名	2011
		教师出版《Flash8实用教程》教材1部、开发校本教材1部	2008—2010
3	计算机网络技术	省级特色专业	2011
		计算机网络技术核心课程省级教学团队	2010
		学生在2009年“红旗杯”全国大学生开源软件技术竞赛团队一等奖1项、团队二等奖1项、团队三等奖2项，在2010年“红旗杯”全国大学生开源软件技术竞赛团队一等奖1项、团队三等奖3项	2009—2010
		在2010全国职业院校技能大赛（高职组）中“计算机网络设计实施与测试”项目获团队三等奖1项，海南省职业院校技能大赛（高职组）中“计算机网络设计实施与测试”项目获团队三等奖1项	2010
		学生获2011年海南省“华汉杯”网络设计实施与测试团体一等奖1项、三等奖1项，获海南省信息安全技术应用团体一等奖1项、三等奖1项，获海南省“天微杯”三网融合与网络优化团体一等奖1项	2012
		出版教材《计算机网络技术》1部、校本教材《网络安全防护工具》1部	2010
4	电子信息工程技术	省级特色专业	2012
		《数字电子技术》省级精品课程	2010
		学生在“讯通杯”海南省大学生电子设计竞赛中获一等奖1项、二等奖1项、三等奖1项，在全省职业院校技能大赛中获二等奖1项	2010

续表

序号	专业名称	主要成效	批准时间
		学生在全国电子设计竞赛中获二等奖2项，在全省职业院校技能大赛中获一等奖1项、二等奖3项、三等奖1项	2011
		教师出版《模拟电子技术》《电路基础》等4部教材	2009—2012
5	电子商务	校级特色专业	2010
		学生在海南省技能大赛“电子商务沙盘”比赛中获三等奖2项	2012
6	网络系统管理	校级特色专业	2011
		有14名学生在各类比赛中取得优异成绩，其中国家级2项，省级6项	2009—2012
		出版教材《SQL server 2005教程》1部，参编教材《java web程序设计》1部	2010—2112
7	广告设计与制作	校级特色专业	2012
		学生获第二届全国校园DV、摄影作品展活动决赛DV赛大学组二等奖2项，获“安利杯”全国大学生计算机作品赛海南赛区一等奖1项，获海南高职院校职业技能大赛一等奖及三等奖各1项	2010
		学生获“中国学院奖”广告类全国二等奖1项、首届“天翼杯”海南省平面设计大赛一等奖1项，入选海南省科技厅《技术成果和项目招商汇编》1项，获海南高校技能大赛二等奖1项及三等奖2项	2011
		教师获第七届海南省普通高等学校青年教师教学大赛高职高专组一等奖	2011
		教师出版《场景速写》《平面构成》等教材4部	2009—2012

2015年至2018年，学校依托优质校、《2015—2018三年行动计划》等项目的建设，不断加强专业、课程建设力度，成效显著。优化数字艺术设计、互联网软件开发与服务、互联网运维、电子商务、电子技术服务五大专业群结构，新增9个完全匹配海南省重点产业的专业，认定省级骨干专业2个，国家级骨干专业1个，2个现代学徒制试点项目通过教育部验收，在开展中—高—本分段衔接培养的基础上，新增2年制（专升本）联办职业本科试点专业3个；进一步推进专业资源库及各级精品在线开放课程建设，10门课程被立项为省级精品在线开放课程，4门通过省级认定；获批“Web前端开发”等28个“1+X”职业资格试点，试点工作有序推进；在得实平台、超星、智慧树等平台建成网络课程109门；全面修订所有专业人才培养方案和课程标准；建立“互联网+”课程建设的激励机制。

专业建设离不开课程和教学团队的建设，也和教育教学改革分不开，新时代学校在专业建设方面取得了很大的成效。

2017年8月，学校动画学院动漫制作专业和国际教育与旅游学院的酒店管理两个专业获批为国家教育部第二批现代学徒制试点专业。学校严格按照建设方案，着力破解校企“双主体”育人、学生学徒“双身份”学习及一体化育人长效机制构建等主要问题，逐步实现了“人才、技术、资产、制度、文化、利益”等六方融合，形成了一批亮点成果。2019年10月，这两个学徒制试点专业以优异的成绩通过了教育部验收。

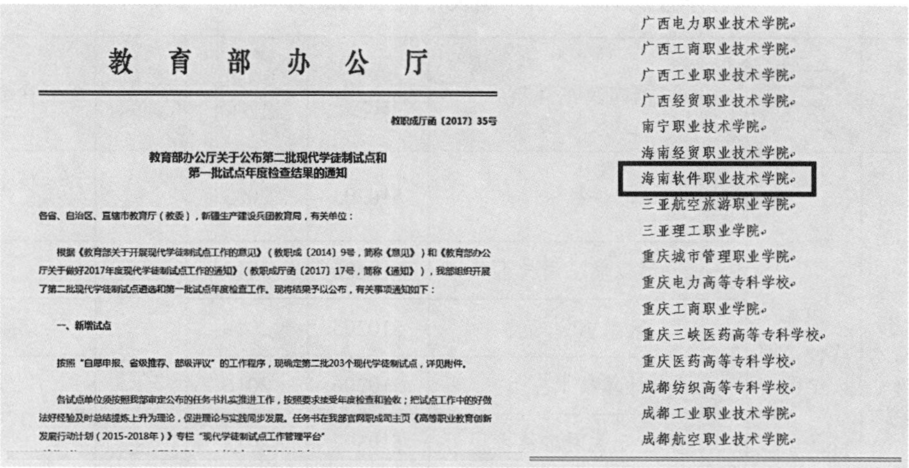

教 育 部 办 公 厅

教职成厅函〔2017〕35号

教育部办公厅关于公布第二批现代学徒制试点和
第一批试点年度检查结果的通知

各省、自治区、直辖市教育厅（教委），新疆生产建设兵团教育局，有关单位：

根据《教育部关于开展现代学徒制试点工作的意见》（教职成〔2014〕9号，简称《意见》）和《教育部办公厅关于做好2017年度现代学徒制试点工作的通知》（教职成厅函〔2017〕17号，简称《通知》），我部组织开展了第二批现代学徒制试点遴选和第一批试点年度检查工作。现将结果予以公布，有关事项通知如下：

一、新增试点

按照"自愿申报、省级推荐、部级评议"的工作程序，现确定第二批203个现代学徒制试点，详见附件。

各试点单位须按照我部审定公布的任务书扎实推进工作，按照要求接受年度检查和验收；把试点工作中的好做法好经验及时总结提炼上升为理论，促进理论与实践同步发展。任务书在我部官网职成司主页《高等职业教育创新发展行动计划（2015-2018年）》专栏"现代学徒制试点工作管理平台"

广西电力职业技术学院

广西工商职业技术学院

广西工业职业技术学院

广西经贸职业技术学院

南宁职业技术学院

海南经贸职业技术学院

海南软件职业技术学院

三亚航空旅游职业学院

三亚理工职业学院

重庆城市管理职业学院

重庆电力高等专科学校

重庆工商职业学院

重庆三峡医药高等专科学校

重庆医药高等专科学校

成都纺织高等专科学校

成都工业职业技术学院

成都航空职业技术学院

学校入选教育部第二批现代学徒制试点单位

2020年，学校依托《职业教育提质培优行动计划（2020—2023年）》任务建设，动画学院获批省级"三全育人"院系试点；制定学校《"课堂革命"建设方案》，新立项建设5个"课堂革命"典型案例教学改革项目；制定《课程思政案例建设方案》，新立项培育19个"课程思政"案例教学改革项目已完成建设任务，正在验收中；动画学院申报建设的"动漫创作人才团队"被认定为首批海南省"双百"人才团队。2022年，软件技术教学创新团队获得省级立项建设资格，动漫制作技术教学创新团队获得省级培育建设资格。

2021年，学校制定《思想政治课创新教学团队建设方案》，并组织思想政治课教学创新团队立项申报工作；制定《云教材管理办法》，新立项13个校企共建新型教材建设研究项目；制定《教师教学创新团队建设方案》，立项建设7个校级教学创新团队；出台《教职工出国（境）管理规定》《云教材建设管理办法（试行）》《海南省高层次人才认定管理办法》《E类人才能力业绩认定标准》《教职工年度考核办法（试行）》《教师科研业绩考核评分标准》《教师社会服务业绩考核评分标准》《教师在职攻读博士学位管理办法（试行）》等多个制度，修订了《教材管理办法》《专业设置管理办法》等多个制度；完成13个信息化项目论证、完成智慧校园大数据中心平台建设项目终验，组织申报工业和信息化部、教育部"5G+智慧教育"国家应用试点项目；与北京火星时代科技有限公司企业达成初步意向，作为校企共建"双师型"职业教育师资培训基地；组织各类师资培训227人次；制定《思想政治课示范课堂培育规划》；持续开展精品在线开放课程建设工作，本年度立项建设1门省级精品在线开放课程，新认定1门省级精品在线开放课程；发布了《质量年报（2022）》；与达内时代科技集团有限公司面向虚拟现实技术应用专业，共建海南软件职业技术学院"双师型"师资培训和实践基地；在4名省级高校教学名师的基础上，将引进的赵宝春、黄泽等技能大师、南海工匠型人才纳入学校名师重点培育对象；建立国家、省、校三级教学能力比赛机制；2021年，学校教师共获得省级比赛一等奖2项、二等奖5项、三等奖2项的历史最好成绩；组织完成7个"1+X"证书试点考证工作，先后有18名教师获取"1+X"培训师资格，226名学生获取相应"1+X"证书；初步建立了校本数据中心，2021年新集成了教学平台、教务系统等6个外部系统，集成人事系统、OA系统等7个子应用系统。

学校现有专业群一览表（截至 2022 年年底）

序号	专业群名称	所在二级学院	群内专业名称	专业代码	专业批准时间	建群时间	（群内核心专业、省级特色专业、国家骨干专业）
1	软件技术（省级高水平专业群立项建设）	软件工程学院	软件技术	510203	2003	2017	核心专业、省级特色专业
			移动互联应用技术	510106	2013		
			大数据技术	510205	2018		后续申报后加入
			云计算技术应用	510206	2016		
			智能互联网络技术	510307	2015		
			电子竞技运动与管理	570312	2019		
			人工智能技术应用	510209	2019		后续申报后加入
2	互联网运维	网络工程学院	计算机网络技术	510202	2004	2021	省级特色专业
			计算机应用技术	510201	2004		省级特色专业
			信息安全技术应用	510207	2018		
3	电子商务	经济管理学院	电子商务	530701	2004	2021	核心专业、省级特色专业
			跨境电子商务	530702	2020		
			市场营销	530605	2004		
4	财会与金融		大数据与会计	530302	2004		核心专业
			大数据与财务管理	530301	2006		
			金融服务与管理	530201	2021		
5	动漫制作技术（省级高水平专业群立项建设）	动画学院	动漫制作技术	510215	2009	2019	核心专业、省级特色专业、国家级骨干专业
			广告艺术设计	550113	2007		核心专业
			环境艺术设计	550106	2007		
			虚拟现实技术应用	510208	2019		
			游戏艺术设计	550109	2011		
6	电子技术服务	机电工程学院	应用电子技术	510103	2004	2018	校级重点建设专业
			电子信息工程技术	510101	2005		省级特色建设专业
			工业机器人技术	460305	2017		
7	汽车技术		汽车制造与试验技术	460701	2015	2020	
			新能源汽车运用与维修技术	500212	2018		

续表

序号	专业群名称	所在二级学院	群内专业名称	专业代码	专业批准时间	建群时间	（群内核心专业、省级特色专业、国家骨干专业）
8	教育艺术	教育与艺术学院	歌舞表演	550206	2018	2021	
			现代流行音乐	550210	2016		
			学前教育专业	570102K	2021		群内核心专业
			现代教育技术	570115K	2019		
9	国际旅游	国际教育与旅游学院	旅游英语	570203	2010	2021	群内核心专业
			旅游管理	540101	2011		
			酒店管理与数字化运营	540106	2010		
			烹饪工艺与营养	540202	2016		主打专业

第三节　课程和教材建设

一、教学内容与课程体系

学校按照人才培养模式的基本要求，先后进行二次课程改革，构建起促进学生知识、能力、素质协调发展的新的课程体系。依据“突出应用性、贯穿实践性、体现前沿性”的原则，优化和更新教学内容。一是加强实践教学环节，突出学生技能培养，理论教学以必需、够用为度，注重人文与技术相结合，知识、能力和素质相统一。二是推行省级与校级精品课程建设项目。三是出台了《选修课管理方法》，对学校设立的自然、社科、文体等门类的150余门课程进行规范化管理，规范了选修课的教学和学生选课的制度，课程选修制的推行有力地促进了学生综合素质的提高和个性化发展。

学校强调教学内容要突出基础理论知识的应用和实践能力的培养。基础理论教学以应用为目的，以必需、够用为度；专业基础与基本技能课教学中侧重于原理和主要技术环节的讲授和深入分析，加强教学的针对性和实用性；技能课的教学则注重学生的动手能力和创新能力培养，促进学生职业能力的形成。

（一）以就业为导向、以应用为主旨和特征构建教学内容和课程体系

学校明确提出：加强课程体系研究，打破传统学科体系，按照职业能力素质培养目标重构教学内容结构，建立模块化课程体系，从课程开发和教学方法改革入手，推进课程建设与改革。按照各专业人才培养目标与规格的要求，从分析研究职业岗位（群）所应具备的知识、能力和素质入手，根据职业能力标准确定课程的教学内容，把基本技能训练、专业技能训练与职业能力教育列入专业教学计划，实行真正意义上的“双证书”制度。

在课程体系的构建上，以满足人才市场需求作为定位坐标和课程设置的出发点，社会需求什么，就增设相应的课程，力争与用人单位的实际需要接轨。计算机网络技术和网络系统管理专业

开设了“红旗软件Linux”考证课程；计算机辅助设计与制造专业开设了“AutoCAD”考证课程；软件技术专业开设了程序设计方面的考证课程，使毕业生在毕业时获得“双证书”，更符合用人单位的需求。又如软件技术专业在课程设置上，嵌入微软软件工程师职业培训的核心课程，打破传统课程设置框架。根据软件行业、企业技术领域和软件职业相应岗位对人才的要求，主要针对社会需求的B/S架构的WEB开发人才和手机应用开发人才，根据两种主流的B/S开发平台和架构（J2EE和DOT Net），重新制定人才培养目标，开发、设计课程体系，整合教学内容，增强人才培养的适应性与针对性。

按照“加强基础，突出主干，减少重复，注重实践”的原则来制订课程教学大纲。学校曾于2005年和2007年先后两次大规模统一修订专业教学计划和课程教学大纲，加大了实践教学学时数在各专业总学时数中的比例，更有效地培养了学生的职业综合能力，优化了课程体系和教学内容。

（二）以精品课程建设为主线不断深化教学内容改革

为推进课程建设和教学内容改革，实施精品课程建设项目，发挥精品课程的辐射和引导作用，学校出台了《精品课程建设实施细则》。精品课程建设的基本思路是：教学思想观念是先导，内容构建是核心，方法手段是关键，教材环境条件是基础，教师队伍是保障，管理是增加效力和效益的保证。评价精品课程建设的成效主要看是否以学生为本，是否体现知识技能素质协调发展；课程内容是否充分考虑到针对性、适应性，以及是否紧跟高职课程改革的实践化、职业化等发展趋势；理论教学与实践教学是否有机结合，是否重视实践教学条件建设等方面以及精品课程的影响面是否广，使用率是否高、使用面是否广来评价。在精品课程建设管理方面把好立项、检查和验收关，确保精品课程建设项目与建设质量持续提升。

2007年12月，教育部高职高专人才培养工作水平评估考察意见反馈会中，专家组对学校各项工作实地考察，在充分肯定学校办学成绩的同时，有针对性地提出了四点意见和建议：一是继续深化产学研结合，加强校内外实习、实训基地建设，努力探索校企合作的新途径，并采取有效措施，为科研工作创造必要条件，从而实现产学研的有机结合，实现服务行业和区域经济的特殊功能；二是继续改善师资队伍结构，强化政策倾斜。外引与内培相结合，强化双师素质教师培养工作，加大以行业和企业为主体的兼职教师的聘请力度；三是继续改善办学条件，加大经费投入。加快实验综合楼、教师住宅区的建设速度和实施新校区基础设施建设规划，保证满足人才培养的需要；四是继续开展专业调研活动，完善教学建设规划，优化整合现有专业，科学规划新增专业。同时，制定课程建设规划，进一步加大课程建设力度，力争在省级精品课程方面有所突破。

为加快形成学校专业建设与改革的亮点和特色，进一步加大专业建设和课程建设力度，构建科学合理的专业结构和课程体系，提升人才培养质量、规格和社会知名度，学校及时针对评估整改工作部署，重点在校级教学改革试点专业、省级重点专业建设和精品课程建设等重点教学方面进行深化改革，启动了6个重点专业和8个精品课程建设工程，并给予专项资金支持等。

2008年，肖友荣负责的“FLASH动画设计与制作”课程被评为省级精品课程，取得学校获得省级教学质量工程奖项的历史性突破。2009年，学校在省级精品课程、省级特色专业、省级教学团队、省级教学名师等方面均有起色，至2013年，专业建设和课程建设等重要教学改革均取得了重大的突破。

省级精品课程牌匾

进入新时代，学校更加注重课程建设，为提高学校的教学质量，从教学的最基本建设——课程建设入手。学校在课程建设方面取得的主要成绩有：

2013年，张卫国副教授负责的“三维动画基础”和白晓波教授负责的“计算机网络技术”2门课程被评为海南省普通高等学校省级精品课程。

2016年，立项建设校级专业教学资源库7个，分别是软件技术专业教学资源库、计算机网络技术专业教学资源库、会计专业教学资源库、动漫制作技术专业教学资源库、电子信息工程技术专业教学资源库、歌舞表演专业教学资源库、酒店管理专业教学资源库；精品在线开放课程（网络课程）4门，分别是“高等数学”“礼仪与沟通”“大学体育与健康”“毛泽东思想和中国特色社会主义理论体系概论”；2017年立项建设校级精品在线开放课程（网络课程）21门，分别是“面向对象的软件工程”“数据库技术”“网页设计与制作”“网络安全”“Web客户端开发技术”“HTML+CSS”“网页美工”“网店美工”“计算机辅助设计（PS）”“速写”“3D MAX效果图制作”“电子电路故障查找技巧”“汽车发动机电控系统构造与检修”“汽车机械基础”“声乐基础理论”“电脑音乐制作”“中式热菜制作（琼菜篇）”“现代饭店服务与管理”“对外关键汉语”“大学生创新与创业”“高校军事理论”。

2018年，“数据库应用”被认定为第二批海南省高校精品在线开放课程立项建设课程。

2020年，肖友荣教授申报的《计算机应用基础》和张卫国副教授申报的“三维动画渐进”被认定为第四批海南省高校精品在线开放课程立项建设课程。

2021年，严丽丽教授申报的“初识人工智能”被认定为第五批海南省高校精品在线开放课程立项建设课程。

二、教材建设

为规范教材建设工作，学校建立了教材编写、评价及选用制度，严格教材编写、选用与征订的管理，认真做好教材建设工作。

学校优先选用省部级以上获奖的高职高专教材。如2005—2007学年度全校所有专业选用近三年高职高专规划教材或省部级优秀教材面为35.4%，其中，电子商务专业选用近三年高职高专规划教材或省部级优秀教材面达60%。

一直以来，学校鼓励教师主（参）编专业课教材，截至2007年，出版了《计算机文化基础》

《网络营销与策划》《心理学——大学生心理健康教育》《电子技术（理论）》《思想政治教育学》等11部教材。2009—2012年，又出版教材44部，编写实验实训指导书199部，很好地满足了教学的需要。2013—2020年，为了进一步贯彻国家教材新政策，面对新形势新机遇新任务，落实立德树人根本任务、深化教育教学综合改革，为提升人才培养质量提供了保障。2013年以来，学校坚持质量第一、科学性与适用性相结合的原则，推动校企合编产教融合教材，先后立项了47个校级以上规划教材建设项目，还有25个项目正在建设中。全校教师已正式出版教材96部，其中，校企合作共建教材38部。

2021年，学校专门引进“智能资源制作中心”，并制定激励政策，鼓励教师编写新形态（如云教材、活页式、工作手册式等）教材，立项19部云教材建设项目中7部已完成建设。

2022年，《计算机应用基础》教材被海南省教育厅推荐参加全国“十四五”规划教材遴选。

学校一贯高度重视教材建设工作，在管理上实施层层把关，成立学校教材工作领导小组，出台《教材管理办法》《云教材管理办法》等规章制度。教材管理部门遵守学校规章制度，多年来严把教材选用质量关，编写出版的检查监督，确保教材政治关、学术关。从征订到发放，致力于提高优秀教材选用率、课前到书率、减少教材库存率。

第四节　教学质量监控

教学质量是高职院校生存与发展的生命线，如何提高教育教学质量，建立健全与高职教育人才培养目标相适应的教学质量监控体系，是学校发展过程中一直关注和探讨的重要课题。学校以2007年第一次评估为契机，建立和完善教学质量监控体系，确保了教学质量建设工程的有效实施。

一、教学质量监控体系内容

学校建立和完善了质量监控体系。质量监控体系包括制度系统、组织系统、监督系统、评价系统及监控信息反馈系统。

教学质量监控体系的实施分为三部分，包括教学目标监控、教学过程监控和教学结果监控，具体内容如下：

用人单位（市场）对人才知识结构与技能的需求是动态的，因此，根据市场需要及时调整人才培养方案，全面提高教育教学质量，为用人单位输送合格人才，是学校的立足之本。依据学校“实践主导，能力本位，校企合作”人才培养模式的要求，在教学目标监控方面，通过对市场人才需求的预测及毕业生质量跟踪调查的结果，规划与调整专业结构及培养目标、优化课程体系，改进教学。依据麦可思公司为学校提供的2010届毕业生质量跟踪调查结果，自2011年8月暑假开始，在半年的时间内，学校领导亲自指导，教务处会同各系部及部分校外专家进行市场调研，对各专业市场进行分析预测，规划与调整专业结构及人才培养方案，优化课程体系、调整教学内容、改进教学方法与手段，不断完善学校“实践主导，能力本位，校企合作”的人才培养模式。

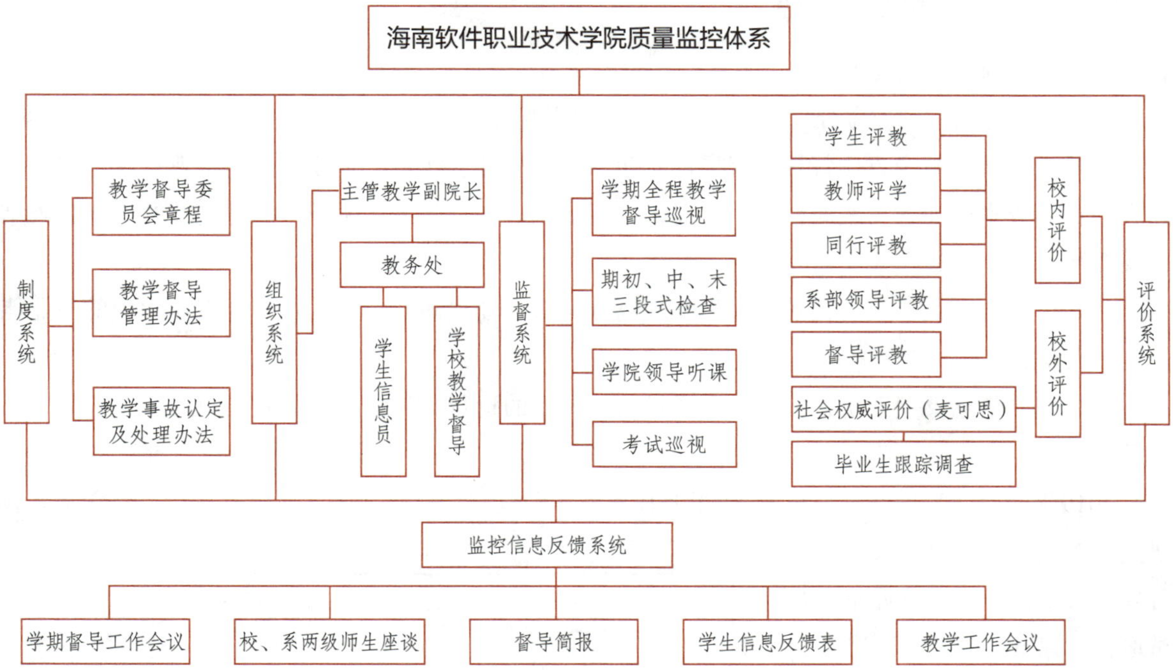

二、教学质量监控的实施

（一）教学质量过程监控

教学质量监控过程主要表现在以下几个方面：

一是教学督导。学校成立教学督导工作委员会，成员组成主要为专职督导和兼职督导。专职督导为退休的老专家、老教授，他们具有丰富的教学、管理经验，兼职督导为学校各系部负责教学工作的中层领导干部，队伍结构合理。教学督导工作委员会每学期编制督导简报，供各系部参考和学习。督导工作的开展，大大提高了教学和教学管理的规范性，促进了教师教学质量的稳步提高。

二是教学检查。学校教学检查包括日常教学检查及每学期的期初、期中、期末教学检查，重点在实践教学的日常教学检查。教学检查覆盖教师教学的备课、课堂讲授、教学秩序、作业批改、实验实习、辅导答疑、考试、阅卷、试卷分析、毕业设计、毕业论文、教学资料、教研室活动等教学全过程。

三是教学评价。教学评价包括学生评教、教师评学、同行评教、系部领导评教以及督导评教。学生评教采用网上评教、召开学生座谈会、各班（各专业）学生信息员收集信息上报的方式；教师评学是对学生的评价及对学校教学管理的评价，主要采用教师座谈会的方式进行，各个系部教研室推荐一至两名教师代表，针对教学过程中学生的学习情况进行探讨；同行评教采用听课的方式进行，各系部每学期均组织教师公开课活动，尤其是对于新进的教师，通过说课和公开课等教学活动，促使教师不断提高教学技能；系部领导积极参与教师听课评课活动，掌握教师课堂教学情况；各教学督导人员通过评教，对教师的上课情况进行量化分析，评出优秀、优良、合格、不合格等级。

（二）教学质量结果监控

教学结果的监控主要表现在以下几个方面：

一是考试考查做到教考分离，密封阅卷，严格考场纪律，发现违纪及时处理。

二是学校督导组全方位督导，督导内容包括课程设计、实习、毕业论文（毕业设计）、试卷复查等。学校中期抽查实践课程进展情况，学期结束后抽查部分学生进行测试，并及时将抽查结果反馈给系部。

三是由社会用人单位、校外专家组和现场专家对现场顶岗实习学生及已经就业学生的职业能力进行质量反馈。

四是建立信息反馈系统，保证教学质量监控体系的运行。教学信息的收集与反馈系统如下图所示。

2019年开始，学校以“13559”质量监控体系（即建有一套制度体系；建成校、二级学院、教研室三级监控的组织体系；形成教学督导、教学检查、领导听课检查、考试巡查、课堂教学视频监控等五大环节组成的督查体系；组成学生、教师、二级学院领导、专兼督导和社会人士等五支队伍评价体系；构成教学工作会议、督导工作会议、质量简报、师生座谈会、学生信息反馈、用人单位满意度调查、年度状态数据、适应社会需求能力报告及年度质量报告等九个渠道信息反馈体系）为抓手，加强内涵建设与教学改革，全面促进教师教育教学能力普遍提高，教师参加省级及以上比赛屡获佳绩。

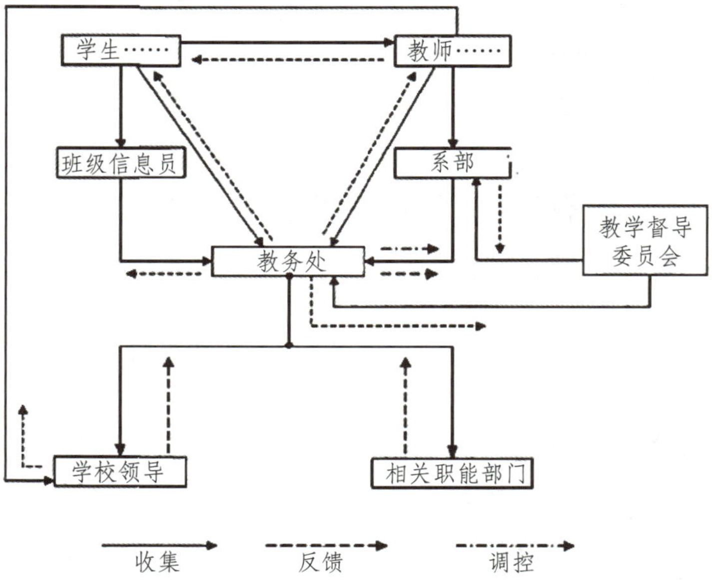

教学信息的收集与反馈系统

近年的质量教育年度报告和高职动态信息

第五节　科学研究

师范学校时期科研工作归属教务科统一管理。升格转型为高职院校以后，学校成立科研设备处，具体负责学校科研管理、仪器设备配置、实训（验）场所建设与管理、学报编辑出版等工作。学校设立了教学工作委员会，指导、研究学校教学研究；成立学术委员会，负责审议学校中长期科研发展规划、学术机构组成、学校科研创新群体、科研资金项目，学校科研、学术类奖励处罚条例、规定及奖项，以及学校向上申报的有关学术评价材料等工作，审议并决策宏观学术政策，制定学术道德规范，对有争议的学术事宜及学术失范行为进行审查并提出处理意见。

学校升格转制以来，制定了《科研成果奖评选管理办法》《科技成果转化管理办法》《科研成果奖评选管理办法》《科研创新团队暂行管理办法》等制度；修订了《科学研究项目管理办法》《科研经费管理办法》。学校通过承办学术会议，积极开展学术交流，有效提升了学校的科研活力，取得了丰硕的科研成果。

一、推进制度"废立改"，进一步规范科研活动

2006年，学校制定《校级科研项目暂行管理办法》（琼软院〔2006〕70号）、《关于教学科研专项工作及奖励（津贴）的暂行规定》（琼软职〔2006〕14号），2007年，制定《学术委员会章程（试行）》（琼软院〔2007〕49号）、《科研成果奖励及管理的暂行规定》（琼软院〔2007〕40号）、《关于界定学术论文、教育教学论文和论著的实施细则（暂行）》（琼软院〔2007〕41号），2009年后又印发了《科研项目经费管理办法》（琼软院〔2009〕144号）、《学院科研项目经费管理办法》（琼软院〔2012〕21号）等文件制度，在科研工作的政策制度和设备经费等方面给予强大保障，为学校科研的快速发展夯实了坚实的基础。

为了提升学校科研整体水平，提高科研经费使用效率，锻炼、培养、提高教师的科研能力，促进科研团队建设，使校级科研项目成为省级、国家级项目和科技成果转化项目的预研基础，提高校级项目管理水平和项目实施绩效，使项目管理工作科学化、规范化、制度化。

根据国家有关法律、法规和政策，结合学校实际，2020年和2021年两次修订《科学研究项目管理办法》和《科研经费管理办法》；为鼓励和支持教师积极从事科研开发和社会服务推动应用研究和技术创新，切实保障国家有关技术交易相关政策的贯彻落实，维护学校和教职员工的合法权益，支撑学校"双高"建设，促进科研竞争力和社会服务能力的提升，制定了《横向课题管理办法》；为促进学校科技成果转化工作，规范科技成果转化活动。依据国务院、教育部和海南省等有关文件精神，制定了《科技成果转化管理办法》；为进一步提升学校科研创新实力，培养拔尖科研创新人才，打造优秀科研创新团队，规范管理，保证科研创新团队建设达到预期目标，有效提升学校整体创新能力和综合竞争力，更好地为区域经济社会发展和科技成果转化应用服务，出台了《科研创新团队暂行管理办法》。

二、多管齐下，营造科研氛围

（一）承办各级研究会议

由中国计算机学会主办、中国计算机学会职业教育发展委员会承办、学校协办的2019年CCF职业教育大会于2019年12月1—4日在博鳌召开，130所职业院校、普通高等院校和产业界的代表、专家齐聚博鳌，共商职业教育发展大计。

2021年12月28日至29日，由海南省文化艺术职业教学指导委员会主办，我校承办的2021年海南省设计教育大会在学校隆重举行。大会特邀中国传媒大学、北京交通大学、天津理工大学的专家进行专题报告分享，同时启动高等职业院校赛道海南省分赛区“全国数字创意教学技能大赛”、第五届中国虚拟现实大赛海南省分赛。学校副校长符传谊出席了开幕式并发表讲话，来自全省十余所高校代表及相关行业企业代表的60余位嘉宾参加了大会。

2021年海南省设计教育大会启动仪式

（二）积极开展学术交流

一是邀请专家来校讲学，如2013年4月12日，英国波恩茅斯大学博士生导师徐菲菲博士前来我校讲学。

2013年5月26日，台湾文化大学教授、上海交大策略与危机管理研究所所长邱毅博士和上海交大策略与危机管理研究所执行所长苏建诚教授一行9人应邀到学校讲学。

2013年6月28日，英国伯恩茅斯大学克里斯蒂娜博士前来学校讲学。

2019年12月4日，CCF VC主席王公儒教授予中国计算机学会（CCF）虚拟现实与可视化专委会候任主任、杰出演讲者罗训教授代表CCF职业教育发展委员会（CCFVC）来到我校开展CCF走进职业院校活动。罗训教授在学校综合楼301教室作了《看得见的计算机之美》的学术报告。

2021年12月26日，在中国计算机学会（CCF）主办的2021CCF中国区块链技术大会期间，三百余名专家学者及创业者齐聚海口，共同见证了学校与中国联通（海南）创新研究院、中国-

哥伦比亚智网互联实验室联合设立的数字孪生与智网互联创新实验室，在中国联通（海南）创新研究院会议室正式揭牌。这是《智慧海南总体方案（2020—2025年）》（以下简称《智慧海南方案》）发布以来在海南省成立的第一个数字孪生方向科研综合体。

二是主办博鳌前沿论坛。为加强学术交流，营造浓厚学术氛围，开阔师生学术视野，促进学校专业发展，在郭树理副校长的带领下，2020年设立《博鳌前沿论坛》，先后邀请中国人民解放军总医院韩丽娜研究员、北京理工大学王国威博士、杨文涛博士和宋晓伟博士到我校讲学交流，国家信息技术安全研究中心李冰研究员作了《新时期网络安全人才教育和培养》报告，解放军总医院海南分院杨国庆教授作了《中国健康生活方式预防心血管代谢疾病指南解读》医学报告，北京理工大学信息与电子学院微波技术研究所高洪民博士作了《新型能源车辆关键技术发展现状与探讨》报告。

（三）成立学校科学技术协会

2018年6月26日，学校科学技术协会成立大会暨第一次会员代表大会在科技楼学术报告厅召开。海南省科学技术协会组织人事部部长吴钟海、副调研员王军，学校党委书记詹少斌，校长魏应彬，党委副书记、纪委书记符史杭，副校长刘明鹏出席了大会。大会由副校长刘明鹏主持。会上，党委副书记、纪委书记符史杭宣读了学校党委《关于同意成立海南软件职业技术学院科学技术协会的批复》。大会审议并表决通过了《科学技术协会章程》《科学技术协会第一届委员会委员选举办法》，选举产生了科学技术协会第一届委员会委员17名，副校长桂占吉当选为学校科协主席，覃学峰、李菊顺当选为学校科协副主席，覃学峰当选为秘书长。学校党委书记詹少斌和吴钟海部长为学校科学技术协会揭牌。

三、科研成果丰硕

学校加大教研科研制度建设和经费投入，注重提高教师教研科研能力，教师的教研、科研与技术开发取得了丰硕的成果，学校教师366人（次）获得校级及省级教学科研成果奖，在各类刊物上发表论文279篇，教师自行制作的多媒体课件获省教育厅及以上奖次32个（套）。学校“以教研科研促教学质量提高，以质量求学校发展”的氛围正在形成。许多教师在校内外获奖，并取得了一批教学科研成果。

“十一五”期间，学校科研实力明显提升，科研工作取得显著成效，发展态势良好。学校启动了“教授讲坛”，通过“教授讲坛”这一平台共举办各类学术讲座50余场。荣获省科技进步一等奖、科研成果二等奖、教学成果二等奖及海南省自然科学优秀学术论文一等奖等省级以上奖励近100项；主持国家自然科学基金项目1项、国家子课题3项、海南省自然科学基金项目10项、海南省十一五教育科学规划课题5项、海南省高等学校科研项目29项；编著专著和教材30多部；被SCI、EI、ISIP等国际权威刊物检索收录学术论文15篇。2011年，学校科研设备处被中国高等职业技术教育研究会授予“全国优秀科研单位”。

2011年，学校印发《“十二五”科研发展规划》（琼软院〔2011〕216号），对学校在“十二五”期间的科研工作发展进行了科学规划。确定了在巩固与深化已有的科研工作成绩的基

2011年全国高职高专院校科研工作先进单位牌匾

础上，注重应用技术研究能力的培育，逐步拓宽科研的领域和服务对象，加强引导，培养队伍，完善制度，规范管理，积累经验，彰显特色，拓展科研空间，在科研项目、技术成果、管理队伍等诸方面实现新的跨越，努力改善科研条件，提升科研水平，增强科研实力的总体目标，明确学校科研工作在”十二五”期间的具体任务和主要措施，为进一步增强科研工作，促进学校整体发展确立了科学基础。

2013年以来，学校获得省科学技术奖3项，省科研成果奖3项；获得授权专利31项；获得国家级课题4项，省自然科学基金项目42项，省哲学社会科学规划课题12项，海南省教育科学规划课题15项，海南省教育厅科研项目（含思政专项）63项，其中2021年由学校副院长郭树理教授主持的海南省科技厅重点研发计划实现了重大突破。桂占吉教授主持的“非线性系统的混沌控制及疾病防控研究”项目获2019年度海南省科学技术奖二等奖。

第十四章 教师管理与培养

振兴国家的希望在教育，振兴教育的希望在教师。海软升格转型二十年来，始终把教师队伍建设作为学校工作的第一要务，学校已拥有一支师德高尚，教艺精湛的“四有好老师”队伍。截至2023年3月，学校有教职工521人（含外聘教师），其中专任教师385人；教授13人、副教授102人，讲师145人；专任教师中具有硕士学位的有210人，双师型教师167人；有海南省“515人才工程”第三层次专家3人，海南省杰出人才1人，海南省领军人才1人，海南省拔尖人才11人，“南海工匠”3人，其他高层次人才101人；柔性引进人才5人，海南省“双百人才”团队1个，省级优秀教学团队4个，省级教学创新团队2个。

第一节 教师的任用与管理

在教师任用上，学校严格执行《中华人民共和国教育法》《中华人民共和国教师法》《教师职务试行条例》以及人力资源和社会保障部的相关政策，坚持落实教师职务、资格以及聘任等相关制度，利用奖励以及考核等方式全面提升教师个人素质，强化教师队伍建设。学校实施教师聘任制，教师与学校之间签署聘任合同，各自履行相应的职责与义务。

在教师管理上，学校升格转型以来，依据国家教育法规，不断建立健全工作机制。

一、建立表彰奖励机制

2007年学校印发《关于评选优秀教师和先进教育工作者的暂行规定》（琼软院〔2007〕36号）。2013年6月，学校重新修订印发《关于评选优秀教师和优秀教育工作者的暂行规定》《关于评选优秀青年教师的暂行规定》（琼软院〔2013〕89号）等规定，对优秀教师、先进教育工作者和优秀青年教师的评选条件、评选程序和办法、奖励办法等进行明确规定。

2012年7月，学校重新修订印发《关于教学名师奖评选表彰工作的暂行规定》《关于“十佳教师”评选表彰工作的暂行规定》（琼软院〔2012〕113号），对“教学名师”和“十佳教师”的评选范围、评选条件、评选步骤与方法、表彰名额及奖励方法等作出了明确的规定。

有关表彰奖励的改革，激励着广大教职工爱岗敬业、勤奋工作、勇于进取，充分发挥了他们工作中的主动性、积极性和创造性。

二、建立激励继续教育学习机制

鼓励攻读硕士研究生学位。2016年11月，学校重新修订并印发《教师攻读研究生学位的暂行规定》（琼软院〔2016〕220号），主要内容有：报考类别、报考条件及要求、有关待遇规定、审批程序、管理规定等。

鼓励在职攻读博士研究生学位。2021年7月，学校印发《教师在职攻读博士学位管理办法（试行）》（琼软院〔2021〕151号），对在职攻读博士学位的实施原则、申请对象、基本条件、审批程序、组织管理、奖励和支持、服务约定及违约处理等做了明确的规定。

规定的修订进一步改善了教师队伍的学历结构，加强了师资和管理队伍的建设，提高了教师的教学能力、业务水平。

三、建立考勤管理机制

2006年4月和2009年2月，学校分别制定了《关于教职工请销假、考勤的暂行规定》（琼软职〔2006〕14号）和《规范管理人员工作纪律的暂行规定》。2019年6月，学校又重新修订印发《教职工考勤及其待遇的暂行规定》（琼软院〔2019〕128号），修改的主要内容有：适用对象、请假种类及待遇、请假以及销假手续、请假批准权限、旷工及旷课处理（含迟到或早退集体活动）、考勤办法、考勤纪律等。其主要特色是：加强了对学校教职工的管理，严明纪律，规范请销假、考勤制度，贯彻了按劳分配的原则。

2021年9月，学校又制定了《关于严肃管理人员工作纪律的通知》（琼软院〔2021〕190号），主要内容有：严格遵守作息时间、严格遵守工作纪律、严格考勤和督查等，主要特色是：进一步规范了管理，提高了工作效率和水平，促进学校作风整顿建设取得了实效。

严格工作纪律要求。管理人员必须按时上下班，不得无故迟到、早退、旷工、随意串岗或中途离岗。目前师生共用办公场所电梯，为避免电梯拥堵影响学生上课，管理人员超过上班时间（不含下班）15分钟以内上班不视为迟到，但要求工作时间不得擅自离岗办私事或从事上网娱乐、游戏、聊天、网络购销、炒股等与工作无关的活动。

实行“离岗留言制”。要求管理人员因公出差、开会、办事离开办公室的，必须告知主管领导并说明外出去向：中层干部以下管理人员应向本单位、部门正职说明事由、去向及返回时间；中层副职应向本单位、部门正职说明事由、去向及返回时间；中层正职应向分管校领导说明事由、去向及返回时间；外出不留言的，视为脱岗。

依规严肃处理。凡管理人员迟到、早退、擅自离岗、旷工的；责任心不强、不履行或不正确履行岗位职责，造成不良影响和后果的；按《教职工考勤及其待遇的暂行规定》《党政领导干部问责实施办法（试行）》及上级有关规定给予相应处理。

第二节　教师地位与待遇

改革开放以来，随着教师节的设立、《教师法》的公布等，教师的社会地位不断提高；同时，国家逐年提高教师薪酬待遇，改善教师社会福利，教师经济待遇也不断提高。

一、教师社会地位

振兴国家的希望在教育，振兴教育的希望在教师。《中华人民共和国教师法》规定：教师是履行教育教学职责的专业人员，承担教书育人，培养社会主义事业建设者和接班人、提高民族素质的使命。教师应当忠诚于人民的教育事业。学校始终把提高教师思想政治素质和职业道德水平摆在首要位置，把社会主义核心价值观贯穿教书育人全过程，突出全员全方位全过程师德养成，让教师真正成为实现中华民族伟大复兴“梦之队”的“筑梦人”；突显教师职业的公共属性，强化教师承担的国家使命和公共教育服务的职责，确立教师作为国家专业技术人员特殊的法律地位，明确教师的权利和义务，强化保障和管理；让尊师重教蔚然成风，使广大教师在岗位上有幸福感、事业上有成就感、社会上有荣誉感，使教师成为让人羡慕的职业。

教师享有参政议政的权利，每一届琼海市人民代表大会和市政治协商会议，学校都有领导或者教师出席会议。2007年，在琼海市第十三届人民代表大会第一次会议上校长王恩周当选琼海市人大常务委员，教师符应彬当选政协琼海市第十届、第十一届委员会常务委员。教师苏杰当选政协琼海市第十一届、第十二届委员会常务委员。2017年，教师李菊顺、符天、李明平、郭汉英当选政协琼海市第十三届委员会委员。2022年，教师符天、蒋秀娟在政协琼海市第十四届会议上当选政协琼海市委员会委员。教师李菊顺当选为琼海市人大代表。

2022年刘明鹏副书记（中）出席第十四届琼海市政协会议

二、教师经济待遇

《中华人民共和国教师法》规定：教师的平均工资水平应当不低于或者高于国家公务员的平均工资水平。

（一）工资分配

分配制度改革事关教职工切身利益，学校一直重视分配制度的完善改革。

1. 绩效工资

2011年12月，学校印发了《绩效工资发放试行办法》（琼软院〔2011〕194号）。该办法坚持按劳分配，多劳多得，优绩优酬；坚持统筹兼顾，注重综合平衡。以教职工实际和贡献为依据，搞活内部分配，完善与岗位职责、工作业绩、实际贡献紧密联系和鼓励创新的分配激励机制。教职工绩效工资包括基础性绩效工资和奖励性绩效工资，分别占绩效工资总量的60%和40%。基础性绩效工资构成：固定绩效+基本绩效。奖励性绩效工资构成：业绩奖+考勤奖+奖励奖+特殊奖。

2019年5月，学校实行了修订后印发的《绩效工资发放试行办法》（琼软院〔2019〕74号）。该办法包括指导思想和基本原则、绩效工资构成、绩效工资发放标准、固定奖励奖发放标准及有关规定（含课时奖、各类超额奖）、绩效工资发放的有关规定、组织实施等。

该办法的主要特色：

一是依据省事业单位改革的总体要求，按照促进学校发展体制机制创新的原则，健全符合学校特点、体现岗位绩效和分级分类管理的收入分配制度，逐步建立起关系合理、机制健全、调控有力、秩序规范的绩效工资管理运行体系。

二是坚持了按劳分配、多劳多得、优绩优酬的原则，坚持了统筹兼顾，注重综合平衡，以教职工实际和贡献为依据，搞活内部分配，保障了绩效工资分配向关键岗位、高层次人才、业务骨干和做出突出成绩的工作人员倾斜。

2. 绩效工资构成

学校属于公益二类事业单位，教职工绩效工资包括基础性绩效工资和奖励性绩效工资。基本绩效是基础性绩效工资构成的主要成分。奖励性绩效工资包含：业绩奖+考勤奖+奖励奖+特殊奖。

3. 年度奖励金

2021年9月，学校印发《年度奖励分配暂行办法》（琼软院〔2021〕192号）。该办法本着“以人为本、多劳多得”的理念，每年从绩效总额中划拨部分资金由二级单位根据本单位人员年度工作表现予以自主分配。主要内容有：年度奖励金总量、二级单位年度奖励金构成、奖励金划拨原则、奖励金等次设置原则、二级学院领导年度奖励金发放原则等，能够更好地激励学校各二级单位教职工积极性。

该办法的主要特色：

年度奖励金的总量，在每年绩效总量内拿出部分资金作为部门年度奖励金（100万元以上），具体奖励金根据学校整体经济状况调整。

二级单位年度奖励金的20%作为先进部门奖励金，80%作为各部门基础奖励金。先进部门年度奖励金构成为：部门基础奖励金+先进部门奖励金。

年度奖励金划拨原则：

（1）基础奖励金划拨原则。财务处划拨部门基础奖励金：人均基础奖励金（即各部门基础奖励金÷全校各部门所有在编在岗人员数）×部门在编在岗人员数。

（2）先进部门奖励金划拨原则。财务处划拨先进部门奖励金：人均先进奖励金（即先进部门奖励金÷全校先进部门所有在编在岗人员数）×获评先进部门在编在岗人员数。

（3）编外人员划拨原则。编外人员的基础奖励金及先进部门奖励金按测算出的人均数由学校财务处另外拨付。

（二）职称评聘

学校教职工职称评聘一直都是由海南省教育厅职称改革工作领导小组办公室按照省普通高校教职工职称考评标准统一领导进行考评，结合学校聘任的方式进行。2019年5月，学校印发《教师系列专业技术资格评聘管理暂行办法》（琼软院〔2019〕84号），提出了职称评聘改革的主要内容：指导思想和基本原则、评审组织、申报条件、申报程序、评审及认定、核准、评审纪律、聘任等。该办法进一步完善了专业技术资格评聘制度，充分调动了学校教师的积极性和创造性，为加强学校专业技术人才队伍建设注入了活力。

为进一步深化学校人事制度改革，学校全面实行高校教师专业技术职务聘任制，完善学校自主用人、教师自主择岗、形成人员能进能出、职务能上能下、待遇能高能低，有利于优秀人才脱颖而出、人尽其才、充满活力的用人机制，充分调动学校教师的积极性和创造性，为建设一支师德高尚、业务精湛、结构合理、充满活力的高素质专业化创新型新时代教师队伍奠定了基础。

职称评聘基本原则：坚持与事业单位聘用制度和岗位设置管理制度相结合、相配套，实行评聘合一。坚持按需设岗、竞聘上岗、按岗聘用、合同管理。坚持专家评价、业内评价、分类评价、综合评价相结合，重师德、重能力、重业绩、重贡献。坚持以人为本和公开、公平、公正，充分保障教师等各类人员平等参与竞争的机会和相应权益。坚持正确处理改革发展稳定的关系，切实维护学校安定和教师队伍稳定。

严肃职称评审纪律：学校纪检监察部门负责对学校职称评审工作纪律监督。各级职称评审推荐组织应严格遵守评审工作纪律，坚持评审工作程序，严格把关，保证评审推荐质量。评审组织成员及有关工作人员应严格按规定的评审程序进行评审和开展工作，并严格遵守纪律。如有违犯，视情节轻重予以批评教育、取消评委资格或纪律处分。

申报人员要实事求是地填报材料，不弄虚作假，不找评委说情或向评委会施加影响、干扰评审工作。对违背诚信承诺、弄虚作假的人员实行“一票否决”，取消其申报评审资格，评审通过的，要取消其评审结果（任职资格），给予通报并记入本人诚信档案。同时，三年内取消申报资格。情节严重的，按有关规定追究相应责任。

有以不正当手段拉拢、贿赂评委会成员或诬陷、中伤职称评审工作人员，无理取闹等违纪问题，经查实的，给予当事人取消当年参评资格并在以后两年内不得申报的处理。已评审通过的，按管理权限报有关部门撤销其所取得的专业技术职务任职资格；情节严重的，给予行政处分。对协同申报人员弄虚作假的也要给予相应的处理。

第三节 教师考核与培训培养

一、教师考核

（一）教职工年度考核

2021年7月，学校印发《教职工年度考核办法（试行）》（琼软院〔2021〕149号），主要内容有：考核原则、组织领导、考核对象、考核内容、考核等次、考核的实施、考核评价等次条件、考核结果运用、考核申诉等。教职工考核改革的主要特色表现在以下方面：

一是加强和规范了教职工管理，客观公正评价教职工年度履职情况和工作实绩，激励他们干事创业热情，积极为学校发展贡献力量。

二是考核的原则分为客观原则、公开原则、自主原则和反馈原则。客观原则是对教职工业绩的评价应有明确的评价标准，以事实为依据，客观反映教职工工作业绩，减少主观因素的影响。公开原则是各级各类考核指标及考核过程应对教职工公开。自主原则是考核工作小组根据自身工作特点和实际，在一定范围内制定或补充相应的考核规程和细则，形成部门考核实施细则，经部门或一定范围教职工讨论并报考核工作领导小组审批后实施。反馈原则是考核结果应及时反馈给教职工本人，肯定成绩、指出不足，明确今后努力或改进的方向。

年度考核对象是学校在编在岗专任教师、科级干部、管理、教辅和工勤岗位人员、辅导员。

年度考核内容根据岗位职责及要求，围绕德、能、勤、绩、廉五个方面，重点考核政治思想表现、工作服务态度、劳动纪律、业务能力、工作实绩等情况，坚持定性与定量考核相结合。

德，主要考核工作人员的政治思想、职业道德、个人品行、为人师表以及遵纪守法等情况。

能，主要指考核对象的业务技术水平和管理能力的运用发挥、知识更新、履行岗位职责等情况。

勤，主要指考核对象的工作态度、服务意识、责任意识、敬业精神、劳动纪律、工作的勤勉程度等。

绩，主要指考核对象履行职责情况和完成工作任务的数量、质量、效率以及取得的工作实绩和成效等。

廉，主要指考核对象廉洁意识和廉洁自律情况。

（二）中层干部年度考核办法改革

2021年7月，学校印发《中层干部年度考核办法（试行）》（琼软院党〔2021〕83号），对中层干部考核进行改革，其主要内容有：适用对象、考核内容、考核方式、考核结果确定、考核结果应用、组织实施、纪律与监督等，主要特色表现在以下方面：

一是进一步深化了干部制度改革，完善干部考核评价机制，建设一支信念坚定、为民服务、勤政务实、敢于担当、清正廉洁的中层干部队伍。

二是考核工作坚持党管干部；德才兼备、以德为先；事业为上、公道正派；注重实绩、群众公认；客观全面、简便有效；考用结合、奖惩分明等原则。

三是考核的范围是学校党委管理的二级机构领导班子成员，包括党政管理处室、群团组织、党总支（直属党支部）、教学单位、教辅机构等部门的中层干部。

2021年7月，学校印发《校属单位和部门年度考核办法（试行）》（琼软院党〔2021〕83号），对校属单位和部门考核进行了改革，改革的主要内容是考核工作基本原则、考核方式及内容、考核程序和方法、分值和等次确定、考核结果运用等，主要特色表现在以下方面：

一是能够充分调动各单位和部门的积极性和创造性，促进学校各项工作的落实。

二是贯彻落实新时代党的建设总要求和新时代党的组织路线，坚持把政治标准放在首位，突出考核贯彻落实上级和学校党委决策部署，坚持全面、客观、公正地考核校属各单位和部门的工作实绩，充分发挥考核的导向和激励作用，奖勤罚懒、奖优罚劣，树立讲担当、重担当、改革创新、干事创业的鲜明导向，推动学校又好又快发展。

三是考核工作坚持以下基本原则，即注重实绩、突出重点；客观全面、简便有效；考用结合、奖惩分明。

四是考核方式包含综合考核和测评。

综合考核的主要内容是对教学单位主要考核党建工作、党风廉政建设、教学工作与技能大赛、学生工作、科研工作、招生就业创业、校企合作及社会服务、重大教育教学项目、师资队伍建设、国际合作交流、对外培训、工会工作、团建工作、安全稳定等方面。对管理部门主要考核党政决议执行情况、年度重点工作落实、教代会提案落实、党风廉政情况、稳定安全情况、工作作风、服务对象满意度等方面。

测评包括大会民主测评和学校领导测评。

二、教师培养与培训

2005年前往华南师范大学培训的教师

学校始终高度重视师资队伍建设，大力实施人才强校战略，全力提升教师综合素质，为学校发展提供了良好的人力资源。学校升格之初，有专任教师109人，其中具有副高级以上职称23人，具有中级职称44人，90%以上具备本科以上学历，其中33人取得硕士研究生毕业或硕士研究生课程进修班结业证书。此外，学校还聘请刘经亭（清华大学教授）、林东（中山大学教授）、许雄（华中师范大学教授）、文晓光（海南石油公司计算中心高工）、董利斌（海南科欣软件副研究员）等一批专家学者来校兼职授课指导。但是，随着学校的转型发展，IT信息技术类专任教师的严重空缺问题必须及时解决，才能真正保障学校教育教学活动的正常开展。为此，学校运用培、引、聘、访、考、研6字方针，实施双师素质教师、骨干教师、专业带头人、教学名师、兼职教师、客座教授、教学团队等7大师资建设工程，构建普通教师双师素质教师骨干教师专业带头人教学名师双师结构教学团队的进阶式发展的师资队伍建设格局，通过企业挂职、学历进修、业务培训、项目开发等多途径打造专兼结合的高素质双师队伍，师资队伍结构明显优化，整体素质显著提升。

（一）大力引进人才

教师队伍建设，学校决定采取公开招聘的方法，在国内名校招聘本科毕业生，满足专业课程教学需要。其次，通过多种途径，不断加大高层次人才的引进力度。2007年，学校出台《关于引进人才的暂行规定》（琼软院〔2007〕78号），对进一步优化学校师资队伍结构，规范引进人才工作提供更为科学的依据。

2003年4月至2007年年底，学校通过调入、聘用等方式，共引进各专业急需的专任教师142人，其中高级职称教师5人，研究生学历或硕士学位20人，在读博士学位1人，聘任兼职教师39人。

2012年年底，全校教职工人数达到380人，专任教师达到276人，其中教授11人、副教授41人，具有硕士及以上学位76人，具有博士学位4人、在读博士4人，具有双师素质的教师135人，海南省委省政府直接联系重点专家2人，海南省515人才工程第一层次专家1人，海南省有突出贡献的优秀专家2人，省科技创新十大领军人物1人，省高校教学名师4人，省高等学校优秀中青年骨干教师1人。

升格20年来，学校通过坚决贯彻落实培、引、聘、访、考、研6字的总体方针，不断拓宽门路，师资力量得到明显加强，师资队伍结构明显优化。截至2023年3月，全校教职工达到521人。其中专任教师385人，较升格之时专任教师人数翻了两番，双师型教师167人，形成了更为优化的师资队伍结构。

（二）加强校内教师培训培养

一是抓学历学位进修，提高教师的学历学位层次。学校出台了《关于教师攻读研究生学位的暂行规定》，凡教师在职攻读研究生取得相应学位学历者，学费报销不低于70%，其他待遇不变。通过激励机制，使学校的教师队伍的学历结构得到了很大的改善，符合高职教育对师资学历的要求。

二是抓岗位培训，提高教师的教学能力。学校坚持开展岗前培训、教学基本技能培训和专业技能等岗位培训，通过组织教学经验交流会、青年教师汇报课、参观学习等活动，不断提高教师的教学能力和综合素质。

三是开展转型培训学习。鼓励原先师范时期生物、化学课教师积极转型学习，以适应学校专业建设的发展。通过培训，教师队伍的教育教学理论、专业基本理论和基本技能得到实质性的提高。如2012年9月，学校组织31名专业带头人（负责人）到苏州工业园区职业技术学院（简称IVT）进行了为期九天的高职课程建设与教学改革研修学习。12月，学校教务处负责人、各系（部）主任、精品课程负责人一行18人参加了由中国教育技术协会在海口举办的全国高校精品视频公开课与资源共享课项目建设与申报及教学模式创新研讨会。

2005年前往华南师范大学培训的教师

2005年前往苏州工业园区职业技术学院培训的教师

四是在参与和借鉴中成长。为了促进学校跟上全国IT类产业发展和高等院校发展的脚步，积极参与国内省内专业教学指导组织是借鉴学习的好机会。在海南省第一届高校教学指导委员会成立大会上，学校副校长桂占吉教授被聘为高职高专电子信息类专业教学指导委员会主任委员，九名教师被聘为不同类专业教学指导委员会委员。

（三）加强教师队伍制度建设

为进一步加强师资队伍建设，实施人才强校战略，学校不断完善制度建设。2006年，学校提出要大力加强师资队伍建设，制定了《十一五师资队伍建设发展规划》和一系列配套制度，从学历学位进修、人才引进、岗位培训、科研水平、名师工程等方面入手，着力加强专业带头人、骨干教师、双师型教师、实践指导教师、兼职教师等五支队伍建设，并设立了师资队伍建设专项基金，师资队伍建设取得了明显成效。学校成立人才工作领导小组，制定工作制度，完成《中长期人才发展规划纲要（2011—2020年）》《十二五师资队伍建设发展规划》的工作方案，制定了《关于加强师资管理队伍建设的暂行规定》《关于引进人才的暂行规定》《关于加强双师素质教师队伍建设工作的暂行规定》《关于专业带头人遴选及管理的暂行规定》《关于中青年骨干教师选拔与培养的暂行规定》《关于教学名师奖评选表彰工作的暂行规定》《关于校外兼职教师、校外兼课教师管理的暂行规定》《关于聘请兼职教授、客座教授的暂行规定》等18个制度，为师资队伍建设提供了有力的保障。

（四）借助项目塑造名师

学校推行教学名师、专业带头人、双师型教师、骨干教师等教师梯队建设项目，重点抓好中青年骨干教师的培养。通过标准严格、程序公开的评选，充分调动教师参与项目建设的积极性，形成了积极向上、争先创优的良好局面。

到2012年年底，学校有专任教师276人中有教授11人、副教授41人，具有硕士及以上学位76人，具有博士学位4人、在读博士4人，具有双师素质的教师135人，海南省委省政府直接联系重点专家2人，海南省515人才工程第一层次专家1人，海南省有突出贡献的优秀专家2人，省科技创新十大领军人物1人，省高校教学名师4人，省高等学校优秀中青年骨干教师1人。同时，还聘有73名校外兼职教师、兼课教师，聘请兼职（客座）教授46人，并聘请3名外籍教师长年在校执教。师资力量在当时全省高职院校中属于前列。

2020年以来，学校又招聘教师60人，其中硕士学位56人，博士1人；校内教师正在攻读博士学位6人，取得博士学位2人。教师队伍不断优化，师资力量日趋强大。

第四节　人才引进改革

2007年，学校印发《关于引进人才的暂行规定》（琼软院〔2007〕78号），提出了人才引进应遵循的原则、条件要求、有关待遇等具体内容：

人才引进应遵循以专业建设和师资队伍建设的需要为依据，优先引进紧缺人才、急需人才的原则。人才引进必须全面考核，保证质量。

人才引进的对象包括教授（研究员）、副教授（副研究员）、博士研究生、硕士研究生及优秀本科毕业生。

一、引进人才的有关待遇

一是学校一次性发放安家费，标准为：具有博士学位的教授15万～20万元，具有硕士学位的教授或博士学位的副教授11万～14万元，具有教授职称或博士学位8万～10万元，具有硕士学位的副教授5万～7万元，具有硕士学位的讲师3万～5万元，具有硕士学位、紧缺专业本科毕业且具有高级职称者或本科毕业且具有中级职称0.5万～3万元。二是教授（研究员）、副教授、博士配偶

学校特聘北京大学王伟教授建立大师工作室

可随调；硕士研究生的配偶协助解决就业。若符合高校教师岗位的聘用条件，则按有关规定聘用到教师岗位工作。学校协助解决引进人才子女的入学就读问题和就业服务。三是教授安排科研启动费5万～8万元；副教授、博士研究生安排科研启动费3万～5万元。四是引进的博士研究生，学校直接聘为副教授，并享受相应待遇；引进的紧缺专业的硕士研究生，学校直接聘为讲师，并享受相应待遇。五是凡经考核合格办理正式人事入编手续者，均可参加学校的集资建房或学校购买房改房。

随着国家与省内对人才改革工作的不断深入，2020年11月，学校印发了《柔性引进高层次人才管理办法》（琼软院〔2020〕229号），主要内容有：引进对象、基本条件、引进方式、引进程序、工作职责、工作方式、待遇和报酬、聘用管理等，该办法为实施学校“人才强校”战略、充分挖掘校外优秀人才资源、促进学校各项事业的发展等方面提供了有力的制度支撑。主要特色表现在以下方面：

引进对象。柔性引进高层次人才标准主要参考《海南自由贸易港高层次人才分类标准（2020）》以及按照《海南省高层次人才分类标准（2019）》已经认定的或仍在认定的人员。

引进方式。不办理工作调动手续，人事关系仍保留在原单位，不为其缴纳社保等。通过短期兼职、讲学、教学督导、顾问指导、技术合作或者其他适宜的柔性方式，定期或不定期来学校从事教学、科研、咨询等工作；按照项目制管理或合同制管理模式，与学校签订聘任合同、项目合作、劳务协议等，为学校提供智力支持和服务。

工作职责。一是咨询服务。根据学校发展的需要，担任特聘顾问，开展学校战略发展规划研究与咨询、改革发展、体制机制、管理等方面的咨询工作。二是专业建设。担任专业建设负责人，负责指导和带领校内团队开展专业或专业群以及教学创新团队建设工作，开展国家级、省级教育教学项目申报和建设工作。三是科研工作。担任特聘专家，指导和带领校内团队开展科研工作，申报或共同申报省级以上科研项目或进行项目合作研究。四是课程建设。担任特聘教授，讲授本专业核心课程，开设讲座，指导课程改革，教学督导等工作。五是技术技能服务。担任技能大师或技术能手等，开展技术技能培训、绝活技艺传承、社会服务、校企合作、成果转化、技术服务等工作。六是短期服务。根据学校专项工作需要，担任客座教授（专家），从事短期兼职、候鸟服务、教学督导等。七是其他与学校发展紧密相关的工作。

二、校外兼职、兼课教师聘请与管理改革

2009年9月，学校印发了《关于校外兼职教师、校外兼课教师管理的暂行规定》（琼软院〔2009〕83号），主要内容有：外聘教师必须具备的条件、聘用外聘教师的原则、外聘教师的聘用程序、外

聘教师职责、外聘教师的权利、外聘教师的管理、外聘教师聘用期内聘用关系的变更等，该规定促使学校形成一支水平高、能力强，专兼结合的师资队伍具有重要意义，主要内容表现在以下方面：

聘用外聘教师的原则。一是各教学单位根据教学计划和本教学单位教师队伍的知识结构、能力结构的情况，确定某课程理论教学或实践教学需要聘任的外聘教师人选及相应聘任的任务，做到聘任目的明确、教学任务明确、聘任职务明确。二是用人教学单位人员不足，工作确实需要，且在学校现有专任教师中无法解决的，可聘请外聘教师。三是聘用外聘教师时，应优先聘请具有双师素质的教师。四是聘用外聘教师应以能满足教学科研需要为前提，要保证充分发挥在编在岗教师的作用。

外聘教师职责。一是必须熟悉教学计划，配合教学单位完成课程教学大纲的编写，并按要求认真填写学期教学进程表（授课计划），一式三份，一份交教务处，一份存教学单位，一份自留。二是认真备课、编写教案和讲义，教学单位分管教学主任要定期或不定期对其备课情况进行抽查。认真上好每一节课（包括习题课、复习课、辅导答疑、实验课、实训课等），并严格按教学大纲和授课计划执行。三是不断改进教学方法，重视理论教学和实验、实训相结合，帮助学生理解课程的内容，反对注入式，提倡启发式，着重培养和提高学生的自学能力、独立思考能力以及解决实际问题的能力。四是外聘教师必须参加教学单位组织的教研活动，共同探讨教学内容和教学方法，不断提高教学质量。五是按照教学单位对所教课程的要求布置作业，认真批改。对学生的每次作业全批全改。认真做好作业讲评，帮助学生分析作业做错的原因。六是严格执行教学计划规定的教学时数，不得任意变动，如因特殊情况必须增减时，须事先提出书面申请，经所在教学单位审核、教务处批准后方可实施。七是按时上课和下课，做好学生考勤，认真填写教学日志。八是按照教学单位教学要求按时保质接交相关的教学资料。九是配合教学单位完成所承担课程的试卷的命题工作、考试监考工作、试卷的批阅工作。

三、兼职教授、客座教授聘请与管理改革

2007年，学校印发《关于聘请兼职教授、客座教授的暂行规定》（琼软院〔2007〕69号），主要内容有：聘请兼职教授和客座教授的条件、兼职教授和客座教授的义务、兼职教授和客座教授的待遇、聘任程序与办法、管理办法等，该办法加强了校际联系与交流，实现资源共享，从而营造良好的学术氛围，提高人才培养的质量。主要内容表现以下：

1．兼职教授

聘请的兼职教授应是学术造诣较深，有扎实的理论知识和丰富的教学、科研实践经验，其从事的专业与研究方向与学校专业（课程）对口，能满足学校教学、科研工作需要，且每年能保证来学校进行2～4次讲学或进行其他学术交流活动的具有博士学位或高级职称的高等学校、科研企事业单位的教学、研究及管理人员。

2．客座教授

一是在某一学科领域有较深造诣或有重大学术成就，在本学科专业领域作出重大贡献，取得突出成就。对推进学校的专业建设、科学研究和人才培养，促进交流、合作等方面能发挥重大作

用，由于条件的限制只能不定期来学校进行讲学或进行其他学术交流活动的具有副厅以上职务或正高级职称，在全国或省内同行中有影响和声望的专家、学者、较高威望的社会知名人士、政府要员及企业首脑。二是拟聘请的国外客座教授，应对我国友好，学术造诣较深，在本学科领域有较高知名度，具有博士学位或教授职称，并愿意同学校进行合作交流。三是受聘的兼职教授、客座教授必须具有良好的身体素质，能承担定期或不定期的讲学任务或进行其他学术交流活动。

魏应彬校长为中国科学院数学与系统科学研究院数学研究所研究员、博士生导师、中国数学学会生物数学学会理事长陈兰孙教授颁发客座教授聘书

受聘学校兼职教授的人员应承担的义务。一是每年至少指导一门课程的教学或承担一定学时的紧缺课程的教学任务、专题讲座。二是指导专业建设、课程建设和教材编写，或参与拟新开设专业的筹建等项工作。三是联系并合作承担省级以上科研课题，同时担当该课题的主要负责人之一。四是负责一名青年教师的培养工作或承担一定的科研指导任务。五是受聘学校客座教授的人员应承担的义务。六是每年为学校举办1～2次学术报告。七是为学校某一专业的建设提出规划，帮助实施；或为学校发展提出建设性意见，出谋划策；或为学校组织申请省级及其以上科研课题。八是受聘的国外客座教授，能协助学校开展对外交流和对外合作办学。

魏应彬校长为英国伯恩茅斯大学克里斯蒂娜博士颁发客座教授聘书

四、专业带头人、骨干教师与双师素质教师遴选及管理

（一）专业带头人遴选与管理

2017年9月，学校印发《关于专业带头人遴选及管理的规定》（琼软院〔2017〕183号），主要内容涉及：遴选原则、遴选范围、遴选条件、遴选程序、聘期与职责、权利和待遇、管理与考核等，该规定加快了我校专业建设的步伐，提高了专业发展的核心竞争能力，有效地提高了教学质量及产学研结合教育教学水平。具体表现为：

遴选原则：坚持德才兼备、公平竞争、择优遴选、保证质量的原则；坚持专业相关原则，候选人必须是本专业教师；坚持与专业建设相结合的原则，优先遴选校级以上重点建设专业的教师；自愿申请与组织推荐相结合的原则。

遴选范围：专业带头人在全校范围内遴选，在我校担任教学工作满两年的专任教师；专业带头人按学校现有专业设置，每个有在校生的专业设置一位专业带头人；暂时没有合适专业带头人的专业可选聘代理专业带头人，负责该专业的建设、改革与管理工作。

（二）骨干教师聘请与管理

2012年6月，学校印发《关于中青年骨干教师选拔与培养的暂行规定》（琼软院〔2012〕82号），主要内容有：选拔原则、选拔范围、选拔条件、选拔程序、培养期与职责、权利和待遇、管理与考核，主要特色与意义为：

一是该办法加强了学校的师资队伍建设，深化教育教学改革，提高教学水平和教育质量，充分肯定教师的教学成果，确立教学工作在学校的中心地位。二是坚持了德才兼备、公平竞争、择优遴选、保证质量和自愿申请与组织推荐相结合的选拔原则。三是选拔的范围是在学校担任教学工作满两年的正式聘用的专任教师。根据专业课和专业基础课与公共必修课设置骨干教师。骨干教师数量原则上按教学单位教师数的20%进行选拔，每个专业至少设置一名骨干教师。

（三）双师素质教师聘请与管理

2009年，学校印发《关于加强双师素质教师队伍建设工作的暂行规定》（琼软院〔2009〕83号），主要内容有：双师素质教师培养的基本原则、培养对象与要求、培养途径与措施、培养管理、双师素质教师的认定条件、双师素质教师的认定程序、申请认定双师素质教师需提供的证明材料、待遇等。该办法加强了学校双师素质教师队伍建设，加大了双师素质教师队伍的培养力度，建立了一支具有较高教学水平和较强实践能力的教师队伍。

双师素质教师的培养基本原则要求应符合学校专业建设的需要；双师素质教师培养应严格管理，注重实效；双师素质教师培养以内部培训为主，挂职锻炼为辅。培养的对象要求必须在学校承担专业课和专业基础课教学任务的在编在岗，并且年龄在50岁以下的专任教师（含实训指导教师）。

通过实践锻炼逐步实现教师从知识型向技能型转变。原则上无实践工作经历的新任专业课和专业基础课的专职教师先到实训基地相应的岗位上锻炼半年以上，掌握专业实践技能后，再上讲台授课；能承担工学交替、理论与实践一体化教学和指导实训的教学任务；专业课和专业基础课的专任教师应参加国家组织的本专业相关技能等级资格（高级工或技师等）或技术职称资格考试并取得相应证书。

五、退休教师返聘与管理改革

2019年4月，学校印发了《退休人员返聘管理暂行办法》（琼软院〔2019〕57号），对返聘退休人员的原则和条件、返聘程序、返聘人员薪酬待遇、返聘人员管理等做出了具体规定：一是充分发挥退休教师丰富的教学、管理经验，满足了学校教学工作、专业建设、人才培养和管理服务的需要，规范了退休教师返聘工作。二是坚持按需设岗、按需聘任的原则。凡部门现有人员已能满足工作需要的，不安排退休人员的返聘；在专业建设、教学科研、管理与服务有急切需要，且部门缺乏相应的人员，学校根据工作需要可适量聘请符合条件的退休人员。三是坚持优先聘用教学岗位具有高级专业技术职称的退休教师承担教学工作；行政管理人员从严聘用；其他岗位原则上不返聘，确因工作需要的，须经校长办公会或党委会研究同意。四是坚持以岗定薪、本人自愿、双向选择、择优聘用的原则。

二十年来，学校从校内外返聘了唐惠超、张中平、符应彬、符策红等老教师，主要从事党建、关工委、后勤、教育教学与科研等工作，为学校的稳定发展注入了强有力的精神血液。

2022 年度退休教师返聘情况

姓名	性别	返聘时间	工作任务或岗位	备注
唐惠超	男	2022.8—2023.7	特邀党建组织员及关工委常务主任	
程宗安	男	2022.9—2023.8	从事校医室医生工作	
梁其文	男	2022.9—2023.8	从事校医室医生工作	
高方荣	男	2022.9—2023.8	从事书法教学工作	
张中平	男	2022.3—2023.2	特邀党建组织员岗位工作	
吴 薪	男	2022.4—2023.3	从事工程监理工作	
李 莘	女	2021.1—2025.12	从事教学、科研工作	柔性引进人才
王 伟	男	2020.12—2025.11	从事教学、科研工作	柔性引进人才
王先华	男	2022.4—2023.3	从事百年校史编撰与宣传等工作	柔性引进人才
朱 凡	男	2022.11—2023.11	从事椰文化研究中心教学等工作	柔性引进人才
罗 训	男	2020.6—2025.5	指导虚拟现实技术专业建设工作	柔性引进人才

第五节　各个时期的教职工队伍状况

学校升格转型以来，教师队伍人才流动性极大。因此极难完整地统计到每一年的在册人数，现仅从几个年度的统计表中，便可了解二十年来教师队伍变化发展的状况。

一、升格时教职工队伍的状况

学校处于海南琼海师范学校时期的2002年，当年筹备升格时教职工总人数仅有132人，其中干部为108人，工人为24人，但这已经是师范教育时期教师队伍的最大规模。

2003年学校升格后，截至当年年底招收进入学校的教职工人数就有40人，其中教师35人，管理人员5人，开创了办学历史上大幅度增加教职工队伍的新高。

2003年增加教职工（接收大中专毕业生、军转干部、调入等）花名册

姓 名	性别	出生年月	学历	参加工作时间	行政职务	籍贯	民族
钟裕林	男	1963.1	本科	1984.7	教师	海南澄迈	汉
张昌强	男	1969.10	本科	1993.7	管理员	海南文昌	汉
吴晓赟	女	1978.9	专科	2001.8	教师	海南海口	汉
郑业芬	女	1977.12	专科	2001.8	教师	海南琼海	汉
吴萃娴	女	1980.10	本科	2002.8	教师	海南琼海	汉
王会玲	女	1978.11	本科	2002.8	教师	海南琼海	汉
吴 丽	女	1979.6	本科	2002.8	教师	海南海口	汉
王艺瑾	女	1979.11	本科	2002.8	教师	海南琼海	汉
陈 奋	男	1978.9	本科	2002.8	教师	海南海口	汉
黄 昊	男	1979.4	本科	2003.7	教师	陕西	汉
白 蕾	女	1981.1	本科	2003.8	教师	辽宁	满
张 楠	女	1981.3	本科	2003.8	教师	黑龙江	汉
雷燕瑞	女	1980.12	本科	2003.8	教师	陕西	汉
吴素敏	女	1979.9	本科	2003.7	教师	海南海口	汉
赵正文	男	1981.8	本科	2003.8	教师	甘肃灵台	汉
季文天	男	1979.4	本科	2003.8	教师	甘肃皋兰	汉
李俊青	男	1980.6	本科	2003.8	教师	甘肃兰州	汉
杨登攀	男	1979.7	本科	2003.8	教师	陕西乾县	汉
陈 勇	男	1979.8	本科	2003.8	教师	重庆秀山	土家族
张蕾蕾	女	1981.2	本科	2003.8	教师	吉林	蒙
刘 英	男	1979.11	本科	2003.8	教师	吉林	汉
雷华军	男	1979.1	本科	2003.7	教师	湖南	汉
闫魁颖	女	1981.1	本科	2003.8	教师	山西	汉
吴清秀	男	1980.11	本科	2003.8	教师	海南定安	汉
叶 展	男	1981.1	本科	2003.8	教师	湖南望城	汉
刘来权	男	1979.8	本科	2003.8	教师	陕西	汉
曾波霞	女	1980.9	本科	2003.7	教师	湖南	汉
黄江浩	男	1980.11	本科	2003.7	教师	海南定安	汉
陈 燕	女	1978.10	本科	2003.8	教师	海南东方	汉
黎瑞成	男	1977.5	本科	2003.8	教师	海南儋州	汉
符于江	男	1980.10	本科	2003.7	教师	海南临高	汉

续表

姓 名	性别	出生年月	学历	参加工作时间	行政职务	籍贯	民族
赵娜娜	女	1980.10	本科	2003.8	教师	河南	汉
张恒涯	女	1980.2	本科	2003.8	教师	湖南东安	汉
陈 婔	女	1982.11	本科	2003.8	教师	江西新干	汉
黄晓妃	女	1980.5	本科	2003.8	教师	海南琼海	汉
吴云霞	女	1980.9	本科	2003.8	教师	海南万宁	汉
李少锋	男	1980.4	本科	2003.8	管理员	海南澄迈	汉
庞启程	男	1981.10	专科	2003.8	管理员	海南琼海	汉
张春梅	女	1982.7	中师	2002.8	管理员	海南海口	汉

2008年，新增教职工16人，其中博士2人、硕士研究生2人，有教授职称的3人。此后，学校每年都招聘各类人才，学校教师队伍不断发展壮大。

2008 年新增教职工（新招聘、调入）人员花名册

姓 名	性别	民族	出生年月	政治面貌	学历学位	现任职务	现任职务职称层次
魏应彬	男	汉	1963.3	党员	博士	党委副书记 院长	副厅　正高
桂占吉	男	汉	1962.8	党员	博士	副院长	正处　正高
王 晶	女	汉	1984.8	党员	大学本科（学士）	教师	
何 凌	女	汉	1985.5	党员	大学本科（学士）	教师	
王大山	男	汉	1975.5	党员	研究生（硕士）	教师	
庞炳楠	男	汉	1984.11		大学本科（学士）	教师	
刘文佳	女	汉	1985.8		大学本科（学士）	教师	
高 飞	女	汉	1984.7	党员	大学本科（学士）	教师	
申志刚	男	汉	1983.4		大学本科（学士）	教师	
崔 丹	女	汉	1982.4	党员	研究生（硕士）	教师	
刘景祥	男	汉	1984.8		大学本科（学士）	教师	
戴 辉	男	汉	1979.5	党员	大学本科（学士）	教师	
何 岩	男	汉	1986.8		大学本科（学士）		
雷亚莉	女	汉	1986.3		大学本科（学士）		
尚志强	男	汉	1959.12	党员	大学本科（学士）	系副主任	副处　正高
凌 莉	女	汉	1981.8	党员	大学本科（学士）	教师	

二、当前教职工队伍的状况

至2023年3月，学校教职工总人数已经发展到了450人，其中编内人员386人，编外人员（含同工同酬、校聘合同工、长期聘用）62人，挂职2人；除此之外，还聘用兼职兼课教职工72人。

2022—2023学年度第二学期学校人员归属情况：

（一）教学机构（编内人员269人，编外人员25人）

1. 软件工程学院（大数据应用研究中心）

编内人员：肖自乾、杨照明、陈艺卓、李超（女）、陈上、欧军、邢益良、陈经优、黎剑、雷华军、卢彧、马亮、陈敏、吴清秀、王成、杨帆、傅翠玉、张洪、王贞、洪秀金、陈李霞、邓奉先、王晶、符石、陈少晖、李传科、曾维鹏、戴祖国、范高云、王少茹、林明涛、梁新亮、刘欣、周庆标、刘雨楠、杨子江、吴嫚、肖潇、王玮。

编外人员：孔宪瑜、谭净、符贻精、许秀锐。

2. 网络工程学院

编内人员：杨登攀、朱宏文、虞成诚、卢小萍、何军余、白蕾、雷燕瑞、韩武光、王崇、丁从富、张蕾蕾、张国防、何新江、闫魁颖、严敏、陈冠星、吴云、陈雪利、潘海妹、潘萍、郝海妍、王霞、王振宇、吴敏润、许嵩明、李小丽、王君佑、王毓位、李旋飞、谭辉、彭好佑、黄鹏。

编外人员：郭清菊、欧哲铭、扈通、王芬、蔡宝庆、符丹霞、王东燕、王健。

3. 经济管理学院

编内人员：肖友荣、姚坚、周仁云、牛伟贤、王宝泰、符于江、王大山、杜玮、李儒秋、康迪、吴凯、司家斌、文翠、冯绍娜、陈奕名、林静怡、黄媛媛、郑水金、邓洋、符小清、胡翠华、吴薇薇、蒋国文、刘小玉、潘孝君、吴兰娇、李琼汉、蒙元胜、林桂雄、黄燕菲、林彦汝、黄茂。

4. 动画学院

编内人员：张克亮、王娜、王可淦、曾波霞、马健杰、万怡玲、张卫国、郑业芬、张瑞娥、鲍喜桐、吴杨玲、孙雯、文继伟、陈奋、刘文佳、庞炳楠、贺肖云、刘永宁、马瑞智、刘洋、丁石雄、戴敏宏、陈甜甜、张新闻、朱天骄、郭茗、钱静、胡俊玮、杨体莉、欧阳星月、蔡赞宏、赵宝春、于明天、符英汉。

编外人员：冯丽伊、叶宏代、欧若、张艳莉、马楚骅。

5. 机电工程学院

编内人员：李维涛、王韬、王平均、龚雪、周宝富、吴恒玉、吴萃娴、黄果、蔡莉莎、潘云霞、王伟、陆运华、梁帅、刘春霞、符国星、陈小威、崔洋、雷亚莉、林尔敏、何军廷、邱垂斌。

编外人员：李正满。

6. 教育与艺术学院

编内人员：王智忠、李颖、王锦、王艺瑾、王光师、孙江、唐笛、甘丽娅、黄瑞玉、符丽莉、吴晓贇、王晓天、陈哲虹、胡炫、陈燕、车广秀、王会玲、吕烈平、符丹、岳伟娜、何书艺、覃阿驰、柳国海。

编外人员：李挺花、屈卉岩。

7. 国际教育与旅游学院

编内人员：黎明珠、陈业恩、王泽川、黄泽、杨晶、林虹、冯于、李华伟、吴丽、唐小娜、陈娤、李敏、王燕、郭汉英、蒋秀娟、朱丹、何凌、吴婧聆、凌莉、韩秀梅、姚立佳、王瑞娇、袁琴英、宾惠、林天宇、王才吉、刘士祥、朱兵艳、杨春亮、张江丽、许宇宁、何蕾、蔡静、李佩灵、张红娟、温德霖、符光泽、王天。

编外人员：陈颖芬、于越、黄玉婷。

8. 公共教学部

编内人员：莫仕锋、孙有策、吴云霞、黄开平、谭友新、陈若丰、杨少霞、王苗、夏旭光、庞启军、龚莉、齐圆华、陈兴婉、李书清、曾德、杨亚辉、黄晓妃、杨健、孙凌昱、吴金凤、王涛。

编外人员：由丹丹。

9. 马克思主义学院

编内人员：王晓琳、贺东建、马俊涛、袁春竹、张小群、周庆、陈子慧、李际轩、符冠花、钟思婷、卢小青、冯俊苗、曾玲、李梦蕊、卢亭文、符肇秋、高戈、朱国芳。

10. 体育部

编内人员：谭传新、吴书友、王正宝、王家帅、唐武英、陈传秀、李超、欧先亮、周仁端、王玉兰、王世灿。

编外人员：凌敏。

（二）教辅机构（编内人员35人，编外人员7人）

1. 发展规划中心

编内人员：周恩、李明平。

2. 质量监控中心（高等职业教育研究所）

编内人员：覃学峰、季文天、郭英英。

3. 资产管理中心（采购管理办公室）

编内人员：吴琼扬、张春梅、吴生、傅建夫、林桂娣。

4. 继续教育部（职业培训中心）

编内人员：王和民、卢传吉、吴坤明。

编外人员：李秋微。

5. 信息技术中心

编内人员：黄昊、黄江浩、杨学、吴涯、庞启程、蔡笃宁、王琼东。

编外人员：张斌、黄齐强。

6. 图书馆

编内人员：李开、李华玲、黄霞、胡国杰、莫泽军、庞朱盼、高芳李、陈敏、全赛虎、吴丽君、庞伟、黄小利、徐勇、吴乾清。

编外人员：陈静、曾小轩、吴雨声、郭仁燕。

7. 大学生心理健康教育中心

编内人员：李菊顺。

（三）党政管理机构及工、团组织（编内人员82人，编外人员30人，挂职2人）

学院领导：詹少斌、刘明鹏、何锦旭、符传谊、陈娉婷、宋剑杰。

1. 党政办公室（审计处）

编内人员：王清皿、卢裕涛、陈德君、王炽、张群、陈波、王英华、吴运俊。

编外人员：劳永壮、董小雷、黄芝伟、周勇、刘海洋、梅蓉。

2. 组织人事处（教师发展中心）

编内人员：罗孝友、李文锋、张艳鹏、符白云、符广宇、王娟、黄勇、陈冬露。

编外人员：赵巧娘。

3. 宣传统战部

编内人员：周夏雨、高芳娇、李蕾。

编外人员：钟智辉。

4. 纪检监察处

编内人员：刘来权、陈廷锋、周让明、杨明、赵莉、王闯。

5. 学生工作部

编内人员：周文玲、何惠进、周刚、林菊、李昀轩、刘薇、程道健。

挂职人员：伍玉娥。

6. 教务处

编内人员：严丽丽、马杰、符天、史君萍、丰春光、徐靖喻、莫香影、王利芹、廖敬、蔡妹。

编外人员：莫云、曾曦慧。

7. 产学研合作处（产教融合协同创新中心）

编内人员：白晓波、戴辉、欧宗海、刘景祥。

编外人员：蔡珍、马清香。

8. 招生与就业创业处

编内人员：符载冠、刘方明、符东升、黄荣坚、符益畅、姜璐琪、李伊涛。

编外人员：李琦。

9. 财务处

编内人员：赵晓娟、符玉萍、郑德奋、梁挺进、符芬芳、朱雨桐。

编外人员：范莹、陈家敏。

10. 后勤处

编内人员：王康、卓书尧、龙著乾、苏杰、赵长江、陈帅、张昌强、陈光卿、云天玉、杨红、刘海生、黄海波、王晓诗。

编外人员：崔顺天、陈廷敏、陈萍、郑庭旺、李永宝、张初阳、符孝刚、王丹、林灿、郑沁宗、董少芳、陈慧娟。

11. 工会

编内人员：王虹、林斌师。

编外人员：王林森。

12. 团委

编内人员：林其天、李少锋。

编外人员：吴婷莉、潘海燕。

13. 机关党总支

编内人员：郑全军。

第十五章 招生就业创业与对外合作交流和社会服务

2003年学校升格后，秋季招生仅面向海南省招收高职学生。2004年秋季，学校面向重庆、浙江、四川等16个省市计划招生1 449人，录取923人，报到425人。随着学校的内涵建设和办学知名度的提高，招生报到人数逐年提高。2021年，招生报到数达到3 414人，报到率达到93.6%。新冠疫情严重的2022年，录取3 482，报到3 199，报到率也达到91.9%。如今，学校囿于校园面积等条件，招生规模严格控制在3 500人以内。

始终坚持就业工作“一把手工程”。从2020年开始，“一人一案”工作办法向全体应届毕业生推行。2020届毕业去向落实率达到了88.96%；2021届毕业去向落实率为92.35%。即使疫情严重的2022届，毕业去向落实率也达到87.72%。

2006年召开的就业工作会议

学校高度重视毕业生创业工作。目前，已有琼海在线、海南博鳌网、原色动漫工作室等10家学生创业团队进驻大学生创业中心，学生的创业能力逐渐得到提高。

学校升格转制以来，极其重视加强校企合作、深化产教融合，深入开展校企合作交流与研讨，先后与省内外90多家企业积极开展深度合作。通过校企合作开展了共建专业、共培师资、共育学生等项目的工作，实现了校企合作共赢共发展。

学校始终秉承“面向未来、面向国际”的开放办学理念，不断开拓国际交流合作新途径、新模式，培育国际化办学特色；先后出台《临时出国（境）管理规定》《留学生奖学金管理试行办法》《学生出国（境）交流学习资助办法（试行）》《国际学生管理暂行办法》《派出学生管理暂行办法》等一系列规章制度。

第一节　招生与就业创业

一、招生工作

（一）招生发展的历程

2003年升格后，秋季招生仅从全国高等学校统一招生考试中面向海南省招收高职学生，开设现代教育技术、软件技术、辅助设计、网络应用、信息安全、会计电算化、电子商务等7个专业。同时继续面向海南招收初中毕业生小学教育、音乐教育等6个师范教育类专业。学校针对不同群体考生特点，严格人才选拔标准，严肃招生工作纪律，并按照“公平竞争、公正选拔、公开透明、综合评价、择优录取”的原则实施录取工作，严格招生工作的监督管理。

2004年秋季，学校面向全国招生，面向重庆、浙江、四川、陕西、山东、江西、吉林、湖北、黑龙江、河南、河北、福建、广西、湖南、广东、海南等16个省市计划招生1 449人，录取923人，报到425人。其中省外录取人数最多的为湖南省131人，报到人数最多的为广西省61人。学校第一次面向全国招生，由于知名度不高，所以在录取率和报到率方面均未达到招生计划要求，分别为64%和46%。这两项数据，为第二年招生计划制定、学生宿舍安排、新教师招聘、学校软硬件设施配备等提供了重要参考。

2005年，学校高招计划数为1 262人，录取数为1 242人，报到数为694人，录取率和报到率分别是98%和56%。与此同时，学校2005年开始在海南省招收五年一贯制学生，当年录取990人，为历年来五年一贯制录取最多人数，其中师范专业448人（非课改区232人，课改区216人），非师范专业542人（非课改区349人，课改区193人）。报到781人中，师范专业351人（非课改区215人，课改区136人），非师范专业430人（非课改区331人，课改区99人）。2004—2006年，录取新生报到率逐年提高，累计录取5 581名学生，实际报到4 242人，报到率为76%。

2007年5月5日，学校信息技术系2007级计算机应用技术专业专科函授班举行开学典礼，这是学校升格之后独立举办的第一届成人教育专业。6月，师范类专业全部停止招生。截至2007年接受教育部人才培养评估期间，学校全日制在校生人数达到4 465人，办学规模得到拓展。

2006—2010年，录取率一直在84%以上，最高时达到115%；报到率维持在63%以上。2010年，报到率达到70.9%。报到人数从2006年的1 026人增加到2009年的1 598人。五年间，报到人数平均1 350人左右。

2009—2011年，学校年均第一志愿（平行志愿）考生录取率为77.23%，年均新生报到率为83.88%。在全国生源整体减少、高职院校招生日趋困难、校址地处县级市的背景下，学校依靠高质量的人才培养、优异的毕业生就业率与创业率创造了良好的办学声誉，第一志愿（平行志愿）录取率、报到率逐年上升。学校逐渐调整优化招生战略，在校生规模、生源质量相对稳定。

2009—2011 年第一志愿（平行志愿）录取与报到情况汇总表

年份	录取生数	平行志愿录取人数	录取比例 / %	报到人数	报到率 / %
2009	2 485	1 765	71.03	1 993	80.20
2010	2 271	1 773	78.07	1 949	85.82
2011	2 146	1 792	83.50	1 847	86.06
合计	6 902	5 330	77.23	5 789	83.88

2011年1月，学校根据《关于同意海南大学三亚学院等院校招收外国留学生的批复》（琼教高〔2010〕48号）文件，从此具备了招收外国留学生的资格，开始向国际化办学踏出了真正的第一步。

2011年2月，学校召开2010年招生工作总结暨2011年招生工作研讨会。会议在肯定2010年学校在招生工作方面所做出的努力和取得的成绩的同时，提出尽快建立招生工作体系，确立“大招生”的全局观念，合理科学编排招生计划，积极探索招生新体制、新路子，拓宽招生渠道，建立合理的奖惩机制，在全校范围内形成各方联动、全员参与招生的格局。会议要求相关部门要紧紧围绕学校办学特色和优势加大宣传力度，扩大学校的知名度，不断加强对外合作办学，通过合作办学推进学校的招生工作。

2011—2012学年度，全日制在校生6 146人，学生来自全国24个省（市、区），其中面向普通高考招收的三年制学生5 038人，占81.98%，面向初中接收的五年制学生1 108人，占18.02%；大专层次学生5 412人，占88.1%，五年制前三年学生734人，占11.9%。全日制在校生人数比2003年在校生人数翻了2倍多，办学规模不断扩大，短期培训种类、规模也逐步增加，但是，学校整体报到人数有所下降，分别为960人和741人。

面对严峻的招生形势，2012年年底，学校审时度势，加强组织领导，组建招生团队，组织开展招生动员大会，号召教职工及校友为学校招生做宣传，并组建招生队伍到省内进行宣传、省外则到贵州、四川、广东、云南、陕西、河南、福建、河北、湖南等重点生源省份参加高招咨询会，2013年，省外生源录取人数重回2010年水平，达到1 388人。

随着学校的内涵建设和办学知名度在省内外越来越高，此后的招生报到人数也一直稳中有增。2021年，招生报到数达到3 414人，报到率达93.6%。2022年录取3 482人，报到3 199人，报到率91.9%。如今，学校囿于校园面积等条件，招生规模也严格控制在3 500人以内。

（二）中高职和高职本科“3+2”试点项目

为贯彻落实《海南省教育厅关于印发〈海南省职业教育中高职“3+2”分段培养试点项目实施方案〉等六个方案的通知》（琼教职成〔2014〕3号）文件要求。2014年，学校开始积极开展试点项目招生工作，包括和本科院校合作的高职本科“3+2”试点项目及中职学校合作的中高职“3+2”试点项目。

2014年，学校与海南热带海洋学院开展高职本科“3+2”试点项目招生，招生专业为软件技术专业，招生计划为50人。项目招生顺利，文理科录取平均分数均超过500分。2015年，两校在软件技术专业基础上增加动漫制作技术专业，招生计划为50人。两校合作专业和计划保持至今。

与海南华侨商业学校合作办学签字仪式

从2014年开始，学校与海南省商业学校等7所中职院校开展中高职“3+2”试点项目，包含会计等6个专业，招生计划680人。由于宣传不到位等多方面因素，2014年仅录取170多人。2015年到2020年，合作学校和录取人数逐年稳步增加。

2020年，我校与海南科技职业大学签署了高职本科“3+2”联合办学协议，合作专业为大数据与会计、广告艺术设计，招生计划各40人。2020年两专业共录取考生75人，2021年共录取考生80人。

从2021年开始，为响应教育部高职扩招工作，学校又跟15所中职学校开展合作招生工作，合作专业14个，录取考生1 623人。

2022年，合作办学的学校和专业也进一步扩大。学校的招生政策及方向紧密结合海南自贸港建设要求和行业发展趋势，不断创新专业建设与发展模式，积极服务海南战略性产业。至2023年3月，学校拥有招生资格的专业四十多个，有在校生的专业36个，在校生人数达到9 270人。

2013—2022 年新生分类别统计

年份	全日制大专招生			五年一贯制招生人数	专升本人数	合计
	高招人数	单招人数	“3+2”转段			
2013	934	454		350		1 738
2014	1 129	905		350		2 384
2015	1 192	833		500		2 525
2016	1 106	803		500		2 409
2017	1 069	584	120	500		2 273
2018	1 290	245	294	500		2 329
2019	1 195	1 057	348	500		3 100
2020	1 463	559	340	534	96	2 992
2021	1 786	424	455	317	171	3 153
2022	2 158	586	487		251	3 482

二、就业工作

毕业生就业率永远是衡量一所学校教育教学质量和办学水平的重要检验标准。学校成立了由校长担任组长、有关职能部门和各二级学院主要负责人为成员的毕业生就业工作指导委员会；下设就业指导中心（二级学院就业工作领导小组），坚持就业工作“一把手工程”，建立“学校领导统筹，主管部门牵头，职能部门配合，二级学院层层落实”的金字塔形就业工作体系，职责清晰，任务明确。学校每年组织召开就业工作会议，不断加大学生就业工作力度，积极营造教职员工共同关心就业工作的良好氛围。

2007年首届学生就业信息部成立合影

一是加大经费投入，为就业服务工作提供坚实物质保障。学校持续加大就业工作经费的投入，按照国家的规定，就业工作专项经费按当年学费总额的1%予以投入，主要用于毕业生就业服务工作、订单培养及大学生创业中心的建设等方面，充足的经费投入，为建立健全就业服务体系，提高就业服务水平提供了有力的保证。

二是加强队伍建设，提升就业指导专业化水平。为提高就业服务工作人员的素质，提升职业指导专业化水平，学校先后指派多名教师参加海南省职业指导师和SYB创业培训，自编并出版教材《大学生职业发展与就业指导》，并纳入教学的必修课程。

三是紧密依托省人力资源开发局、市就业局和行业协会的就业资源。学校每年举办一场大型毕业生供需见面会和多场小型专题招聘会；积极与企业用人单位签订校企合作协议，形成“订单式”人才培养机制；结合人才培养评估和普通高等学校毕业生就业工作检查评估等工作，深入剖析存在问题与不足，“以评促改”促进就业工作的发展。同时深化校企合作，开展订单培养，构建校企双赢格局。学校基于“实践主导，能力本位，校企合作”的人才培养模式，密切联系行业企业，积极搭建合作平台，于2007年成立校企合作委员会，制定了《校企合作委员会

校政企三方共建就业创业供需对接服务站

章程》、设立了“校企合作基金”，建立了89个实习就业基地，与企业共同编著了31本教材，与企业共同研发的项目有68个，互派师资或专业人士达61人次，实现了校企双赢。五是逐步建立就业指导工作队伍，利用“就业指导”课程对毕业生进行就业的专业指导工作。

2007年毕业生供需会现场

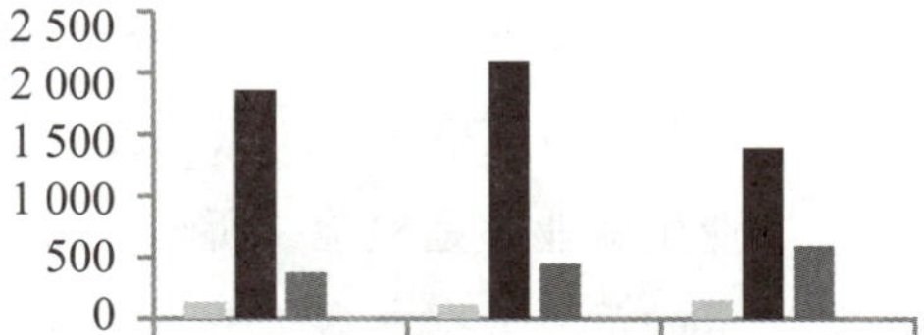

	2009 年	2010 年	2012 年
参会企业 / 个	140	124	157
投档人数	1 860	2 101	1 400
意向录用 / 个	376	450	600
录用比率 / %	20.20	21.40	42.90

2009—2012年供需会基本情况

2006年后，学校依托海南省人力资源开发局，紧密联合琼海市就业局和省内相关行业、企业，在校内举办每年一届毕业生供需见面会，精心组织，深入谋划，积极鼓励毕业生与企业用人单位进行深度见面，共谋就业大局，取得骄人成绩。特别是2010年，学校与海南省人力资源开发局主办，学校数码设计系承办，海南省软件行业协会、琼海市就业局协办的“海南软件职业技术学院2011届毕业生供需见面会”以“放飞激情，成就未来”为主题，邀请了国内124家企事业单位，提供1 000多个就业岗位，学校2 101名毕业生积极投递简历，寻找就业契机。此次供需见面会共有450余名毕业生与用人单位达成了就业意向。广东美的制冷设备有限公司、广东珠海永亚软件培训中心、江苏昆山昆达电脑科技有限公司、海南英利新能源股份有限公司等知名企业，共招录本届毕业生300多名。世界500强企业之一的华为技术有限公司旗下华为聚信科技有限公司，招聘录用了本届86名优秀毕业生。

2010—2012 年毕业生就业率

年份	毕业生人数	初次就业人数	初次就业率 /%	年底就业人数	年底就业率 /%
2010	1 767	1 497	84.72	1 625	92.00
2011	1 682	1 435	85.34	1 564	92.98
2012	1 699	1 498	88.20	1 572	92.47

学校始终将毕业生的就业创业工作贯穿于人才培养各个环节，努力实现更高质量和更充分就业。依据《教育部办公厅关于编制发布高校毕业生就业质量年度报告的通知》（教学厅函〔2013〕25号）文件精神，从2013年开始，近五年学校加强与麦可思公司第三方的合作，麦可思公司为学校提供年度数据跟踪与咨询服务，每年都会编制和发布《海南软件职业技术学院毕业生就业质量年度报告》，以期进一步推动学校的就业和招生、人才培养的联动，促进人才培养与经济社会发展紧密对接，助力培养更多高素质技术技能人才。

学校的就业工作扎实，数据真实，毕业去向落实率在全省高校中都处于第一梯队，连续十年被海南省就业局评为“海南省高校毕业生就业工作先进单位”。

党的十八大召开之后，学校近十届毕业生平均毕业去向落实率达到91.33%。为留住毕业生建设海南自贸港，学校广泛宣传解读国家和地方促进就业创业的政策措施以及海南自由贸易港的独特优势和广阔发展前景，帮助毕业生认清就业形势，知晓政策、用好政策，加强学生就业观教育。2020届毕业生留琼率达75.4%，2021届毕业生留琼率达81.6%，2022届毕业生留琼率达84.62%。

毕业生就业率是检验一所学校人才培养质量的重要标准，也是学校改善教育教学工作，提高教学质量的重要依据。多年来，学校不断完善就业反馈机制，通过就业牵动学校的招生、专业设置、人才培养等多个工作环节，不断健全“招生—培养—就业”三方联动机制。

（一）制定促进毕业生就业工作方案、加强工作部署和督导检查

学校每年根据国内就业形势及早研判并出台就业工作方案，如2020年受新冠疫情和经济环境下行的双重影响，依据人社部、教育部等五部委联合印发的《关于做好疫情防控期间有关就业工作的通知》（人社部明电〔2020〕2号）和全省高校疫情防控暨重点工作推进会精神，构建了全员服务就业、全员推动就业的工作格局，并制定了《2020届毕业生校园招聘工作方案》。

从2017年开始学校就试点困难毕业生“一人一案”工作办法，及早建立困难毕业生就业台账，特别关注了困难毕业生期望的工作单位性质、期望的工作单位行业、期望的工作单位所在地、期望的工作职位类别和未就业原因等困难毕业生关心的问题。从2020年开始，“一人一案”工作办法向全体应届毕业生推行；各二级学院针对本学院的实际特点区分专升本、公务员招考、企事业单位招聘、基层专项、参军入伍等不同群体，为每位毕业生制定不同工作方案，建立毕业生“一人一案”表格，细化掌握每个人的就业升学进度与详细情况，针对不同情况分门别类开展工作。“一人一案”工作办法起到了明显的效果，在新冠疫情的影响下，2020届毕业去向落实率达到了88.96%，2021届毕业去向落实率为92.35%，2022届毕业去向落实率为87.72%。

（二）扩大政策性岗位供给和开拓市场社会化岗位情况

学校认真贯彻扩大普通专升本规模，落实中央决策部署，切实提高政治站位，有效衔接专升本长远规划和当前疫情防控具体举措，积极发动应届毕业生报考专升本，近十年我校专升本人数达到1800余人。以此为契机，学校进一步完善了技术技能人才培养“立交桥”布局，加强了与海南师范大学、海南热带海洋学院的合作，同时加强了师资队伍配备，确保人才培养的质量。

学校积极向海南省人力资源开发局申请海南省见习基地，并于2020年9月11日被批准为第三十三批海南省见习基地，招生与就业创业处积极对接并向二级学院和相关部门发布了《关于做好2020年就业见习基地岗位申报工作的通知》，2020年设立见习岗位25个，2021年设立见习岗位40个，见习工作已在学校全面铺开，见习基地的相关工作正在发挥促进就业的积极作用。

（三）有针对性地开展教育引导工作，疏导毕业生焦虑情绪，缓解就业心理压力

学校就业指导中心和各二级学院充分利用各种网络手段，从线上加强对毕业生网上就业指导，推荐优质就业指导网课，提高学生求职能力，帮助树立正确的就业观。加强求职心理疏导，

组织有经验的职业指导师、毕业班班主任和心理咨询师通过电话、微信、QQ和电子邮箱进行职业指导和心理疏导。

2006年获得职业指导人员资格的教师合影

（四）严格落实“一把手”工程，进一步健全相关机构分工负责、协同推进、校院联动、全员参与的工作机制

学校高度重视就业工作，党政一把手亲自指挥部署每一届毕业生的就业工作，每年都会参加就业工作推进会，分管就业的领导都会亲自参加上级组织的每一次就业工作会议。

各二级学院党总支书记、院长积极推动班主任、辅导员、就业指导老师及专业课教师发挥作用，在思想引领、观念树立、信心提升、资源链接、进度推动、数据汇总、事务处理、问题解决等方面全面落实责任。建立了就业日报、周报、月报制度，每周通报实时就业率，督促帮助各毕业班有针对性地做好毕业生就业指导。

2010—2012 年毕业生对母校满意度调查及用人单位对毕业生满意度调查情况

毕业生对母校满意度				用人单位对毕业生满意度调查	
年度	总人数	满意率 / %	基本满意 / %	满意 / %	基本满意 / %
2010	1 767	93.64	6.3	93.67	6.33
2011	1 682	91.63	8.37	92.13	7.87
2012	1 699	92.86	7.14	95.69	4.31

学校将就业工作作为人才培养环节的重要组成部分，将传统的就业指导拓展为贯穿学生发展全过程的成长指导，将学生的学业规划、职业规划及自身成长发展规划有机结合，系统开展以意识引领、系统认知、能力提升为主题的各类课程及活动，提升学生职业发展竞争力，促进毕业生更高质量和更充分就业。此外，学校持续优化信息精准推送就业服务机制，完善就业服务体系，调查结果显示，毕业生认为辅导求职技能对求职的帮助较大，学校将持续了解学生反馈意见，不断提升服务的规范化和精细化水平。

三、创业工作

学校高度重视对大学生开展创业教育，积极搭建创业平台，不断提升大学生创业意识和创业能力。首先，学校本着先就业、后创业的原则，鼓励有想法、讲创新、肯奋斗的优秀学生在就业指导教师和企业指导教师的指导下，开展创业工作；其次，依据海南省创业大赛实施办法，设立校级创业大赛，以赛促创；另外，建议不同学院、不同专业的学生强强联合，有机结合，发挥各自优势，联合共同创业，逐渐形成了“以教学创、以赛促创、联合共创”的良好创业局面。

大学生创业孵化基地

大学生创业中心

2009年12月，学校成立大学生创业中心，成为全省最早成立大学生创业中心的高校。学校免费为学生创业团队提供场所、设备、技术、指导等方面的支持，为创业学生搭建了一个实践平台。创业中心面积300平方米，有6间独立的创业办公室和一个公用的会议室。2011年12月，海南省人力资源社会保障厅、财政厅、教育厅、共青团海南省委主办，省人力资源开发局和省广播电视总台生活综艺频道承办的2011年海南省创业大赛总决赛中，学校原色工作室20位同学组成的创业团队，凭借《海南传奇》回合制角色扮演类网络游戏项目，经过层层角逐进入总决赛，并最终获得本次大赛高校组二等奖、单项奖最佳创意奖和优秀组织奖，是当时全省唯一一所获此殊荣的高职高专院校。

2022年青年人才就业服务者入驻众创空间

截至2012年年底，已有琼海在线、海南博鳌网、原色动漫工作室等10家学生创业团队进驻大学生创业中心，学生的创业能力得到切实提高。麦可思公司调查显示，学校2010届毕业生“自主创业”的比例（5.1%）比当年全国高职院校平均值（2.2%）高2.9个百分点。

2018年，学校在原有的基础上建设500平方米的海软众创空间并投入使用。

经过多年的沉淀和近年来的建设，创新创业体制机制不断健全，“两类六维”的创新创业课程体系不断完善，创新创业师资队伍不断扩大，基本形成了以创新创业理论课开启创新创业意识教育；以创新创业实践课培育创业能力和引导创新创业方向选择；以跨专业融合培育创业团队；以实验室、众创空间、创业中心等实体场所搭建创新创业平台；以创新创业大赛为抓手，营造校园创新创业氛围；以成果转化和政策激励为措施，激励创新创业；以建立创业导师、学院创业指导员、学校创业中心三级创业指导为手段，帮扶创新创业等创新创业培养模式。

第二节　校企合作工作

学校升格转制以来，极其重视加强校企合作、深化产教融合，深入开展校企合作交流与研讨，先后与省内外90多家企业积极开展深度合作。通过校企合作开展共建专业、共培师资、共育学生等项目的工作，实现了校企合作共赢共发展。

一、设立校企合作机构

2013年3月，为适应学校教育教学及管理的需要，努力提高教育教学水平，确保人才培养质量，学校对内设机构作出调整，设置了校企合作部（创业中心）。为了扩大学校与企业的合作规模，深化合作的长效机制，2021年3月学校成立产学研合作处，负责校企合作工作事务。

二、建立规章制度

2018年，学校依据《职业学校校企合作促进办法》（教职成〔2018〕1号）等文件精神，出台了《校企合作管理暂行办法》，规范了校企合作的方式、内容与流程等。

三、校企合作交流

学校升格以来十分重视校企合作发展，努力探索，不断拓宽渠道，在2007年就基本形成了富有特色的“校企文化”。之后几年，多次前往省内外参观考察，特别是与海南生态软件园投资发展有限公司签订了校企合作协议，成功建设校企合作实训基地，为实现校企零距离奠定了基础。2010年4月，学校借举办2010年海南省高职高专院校计算机技能大赛之契机，召开了主题为“拓展校企合作渠道，创新工学结合模式”的座谈会。之后，网络工程系“计算机网络技术核心课程”教学团队又以“以校企合作为切入点，专业建设成果显著”和“校企共育高技能人才，培养成效显著”的特色成绩获批海南省2010年普通高等学校省级教学团队。2011年10月，学校召开“校企合一、工学结合”专题研讨会，会议再次强调必须走“校企合作、工学结合”之路。截至2012年，学校“实践主导，能力本位，校企合作”的人才培养模式得到更深入贯彻落实。

与海南生态软件园签订战略合作协议现场

2013年11月，学校召开以“深化校企合作、实现合作双赢”为主题的深化校企合作研讨会，深入研究探索校企合作、工学结合人才培养模式，提高人才培养质量。之后几年，学校多次召开专题研讨会，与企业代表、省内中职学校代表，共同商讨进一步创新办学体制，深化教育教学改革，充分发挥职业教育服务海南国际旅游岛建设的功能。

2012年举办校企合作座谈会的现场

2021年5月，学校党委书记詹少斌率队赴华为技术有限公司考察交流，符传谊副校长代表学校与华为技术有限公司签订了战略合作协议，双方将联合探索学校与行业企业联合培养人才模式，探索成立海软华为ICT（信息通信技术）产业学院，开展创新人才培养。同时，双方还将在鲲鹏生态软件应用开发、智慧校园建设、数字化校园转型等方面开展全面合作。

2021年与华为技术有限公司签订了战略合作协议的现场合影

2021年7月，学校召开两场“校企深度合作，就业精准对接”座谈会，41家合作企业负责人参加了座谈会，再次对校企深度合作进行精准对接。

近几年来，为做好书记、校长访企、拓岗、促就业专项行动，与相关单位建立就业合作渠道，努力为毕业生挖掘更多岗位资源，提供更多优质和精准的就业信息，学校领导班子成员共走访200多家企业，为毕业生开拓就业岗位一万多个。

四、校企合作成效

通过校企合作，学校先后与华为技术有限公司、海南省盐业总公司、海南英立大数据服务有限公司等95家企业积极开展深度合作，开展订单班人才培养，联合开展现代学徒制人才培养等，学校“校企一体化”合作办学典型案例被省教育厅选送教育部。其中基于“校企一体化”的《动漫制作技术专业“三级导师学徒制”人才培养模式的创新与实践》获得2018年国家级教学成果二等奖。

第三节　国际合作交流

学校始终将推动教育国际化作为提升学校内涵，加快学校现代化发展的重要战略之一。学校始终秉承“面向未来、面向国际”的开放办学理念，不断开拓国际交流合作新途径、新模式，培育国际化办学特色。十多年来，学校采用“请进来，派出去”的模式，与国际先进办学水平接轨，探索独特的办学品牌和优势，多措并举，国际化办学成效显著。

一、设立国际合作交流专门机构

2013年以前，学校党政办公室下设外事办负责学校的外事工作。2013年成立国际合作交流与继续教育部，设置了国际合作交流科。2015年设立学校一级机构国际合作交流中心，负责国际合作与交流（含港澳台事务及留学生事务）相关工作，与外语与旅游系（国际教育与旅游学院）合署办公，有明确的部门职责和岗位职责。

二、出台国际合作交流规章制度

为了保障国际合作交流中各项工作的有序进行，学校先后出台《临时出国（境）管理规定》《留学生奖学金管理试行办法》《学生出国（境）交流学习资助办法（试行）》《国际学生管理暂行办法》《派出学生管理暂行办法》等一系列规章制度。为了进一步规范教职工因公出国管理，2021年4月重新修订出台了《教职工出国（境）管理规定》。

三、创建国际合作交流英文网站

为了将学校新貌、教学改革、教研成果、国际交流合作等相关英文版新闻实时发布，更好地开展留学生招生与管理工作及外籍教师招聘工作，让更多国际友人了解学校，提升学校国际知名度，获得更多与国际院校合作交流的机会，2015年，学校创建了英文网站，安排专人作为网站信息员。

四、“请进来”洽谈合作

十多年来，学校积极引进，先后有英国、加拿大、美国、澳大利亚、立陶宛等国多个教育机构考察团来学校参观交流，洽谈合作事宜；聘请了3名国外院校知名教授作为客座教授；邀请了6名立陶宛专家来学校开展旅游与酒店方面的讲学；聘请了美国、新西兰、泰国等国家的6名外籍教师到校兼课；与美国、英国、立陶宛、俄罗斯、澳大利亚、印尼、马来西亚、巴基斯坦等8个国家12所国外知名院校及我国台湾6所高校签订合作协议。

2009年9月9日，来自泰国、新加坡、老挝、缅甸、印尼、柬埔寨、菲律宾、文莱等八个国家的东盟校长团的42位代表来访学校。11月11日，英国政府高职教育顾问Ashley Rowlands先生和英国伯恩茅斯普尔学院（Bournemouth & Poole College）驻中国办事处主任贺晓东先生一行四人到校考察洽谈，就合作事宜与学校领导进行了座谈。12月12日，学校与英国伯恩茅斯国立学院签订《课程教学合作交流协议》。

2010年1月19日，日本领信公司董事、总经理林挺然，日本领信公司海南支社董事王晴波一行4人前来洽谈双方合作事宜。6月7日，美国西新墨西哥州立大学Faye Vowell和Phillip Farren副校长一行四人前来洽谈合作办学事宜，并签订合作备忘录。11月12日，美国绿河社区学院Ross Jennings副校长一行三人前来洽谈合作办学事宜，并与学校签订了合作意向书。

2011年1月10日，学校与加拿大温士顿学院签订《中加合作办学协议》。5月6日，新南威尔士州TAFE——西南悉尼学院副总裁黛博拉·乔丽女士和悉尼国际事务联络中心经理张屹峰先生来访并洽谈合作事宜。8月，学校分别与台湾首府大学、台湾亚洲大学签订《学术合作协议书》《学术交流备忘录》。12月5日，澳大利亚国际商会首席麦克果先生前来推介新西兰带薪实习项目。12月17日，新南威尔士州TAFE-西南悉尼学院国际部经理Elizar Franco先生和悉尼国际事务联络中心经理张屹峰先生前来进一步洽谈合作办学事宜。

澳大利亚新南威尔士州TAFE-西南悉尼学院来院洽谈合作事宜

2013年3月5日，学校与立陶宛考纳斯应用科学大学签订《交流合作协议》。3月24日，以赵昆通猜为团长的泰国考察团来考察交流。4月12日，英国伯恩茅斯大学博士生导师徐菲菲博士前来讲学并受聘为学校客座教授。6月，英国伯恩茅斯大学克里斯蒂娜博士来校讲学并受聘为学校名誉教授。11

月，立陶宛考纳斯应用科学大学经贸学院院长及国际部负责人应邀参加了学校的90周年校庆。

2014年10月15日，学校与俄罗斯北方（北极）联邦大学签订合作协议。

2015年2月6日，台湾首府大学一行6人到校洽谈合作事宜。

2016年2月，俄罗斯卡尔梅克国立大学语言学和跨文化交际学院院长Maria Druzhinina带领该校“欧亚背景下职业沟通”硕士项目一行8人来访并参加汉语言短期课程，并进一步洽谈合作事宜。

2016年5月10日，立陶宛考纳斯应用科学大学Mindaugas Misiunas校长来校交流访问，洽谈进一步合作事宜。9月12日，学校与我国台湾首府大学签订合作协议。9月28日，学校与立陶宛考纳斯应用科学大学续签合作协议，合作项目获得欧盟伊拉莫斯项目资助。11月17日，台湾高等职业教育界专家团一行11人莅临学校，就教师培训交流、学生短期研修、学术科研合作等方面进行洽谈，学校先后与5所台湾高等学校签订了交流合作协议。同年12月14日，俄罗斯卡尔梅克国立大学Vladimir Imeev副校长一行2人到校交流访问，洽谈合作事宜。

刘明鹏副院长访问考纳斯应用科学大学

2017年2月20日至25日，立陶宛考纳斯应用科学大学国际关系部主任Jolanta Valiaugiene女士应邀到校开展教学和学术交流活动，并为国际教育与旅游学院师生举办了跨文化交际、旅游、酒店等相关主题的三场讲座。6月19日，我国台湾首府大学副校长郑义晖、国际及两岸事务处处长黄文琛、休闲产业学院院长黄仲麟以及学生代表一行来访学校。同年6月，学校与俄罗斯卡尔梅克大学签订合作协议。

2018年3月15日，俄罗斯卡尔梅克国立大学经济系系主任Niuudlia Pavlova 女士一行3人来访学校，洽谈合作事宜。6月28日俄罗斯卡尔梅克国立大学Badma Salaev校长一行4人来访学校，洽谈深入合作细节。同年9月28日泰国瓦拉亚隆宫皇家大学创新管理学院副院长PRACHAYAPACHARAWAN-UTA先生一行2人来访学校，洽谈交流合作事宜。

2019年3月28日，培生教育集团副总裁一行来访学校并洽谈合作事宜。6月13日，马来西亚理工大学校董一行来访学校洽谈合作事宜。6月26日，学校与马来西亚理工大学签订合作协议。6月17日，立陶宛考纳斯应用科学大学旅游酒店管理系主任一行来校开展“立陶宛的医疗旅游及跨文化交际专题讲座”。6月20日，台湾海峡两岸教育交流促进协会和明道大学代表团来访学校并洽谈合作事宜。7月3日，台湾健行科技大学李大伟一行来访学校并洽谈合作事宜。10月22日，印度NIIT中国区总裁一行三人来访学校并洽谈合作事宜。

五、“派出去”访学研修

为提升专业能力，开拓国际视野，学校共选派100多人次管理干部、骨干教师、汉语教师等赴新加坡、英国、立陶宛、俄罗斯、爱尔兰、美国、德国、澳大利亚、西班牙、泰国、马来西亚、印尼、乌兹别克斯坦等国家以及我国香港、台湾等地区开展研修、培训、学术交流、讲学、汉语教学和文化交流等活动，其中2名教师为国家汉办赴美汉语教师志愿者，1名教师为国家汉办赴乌兹别克斯坦汉语教师志愿者。

为培养具有国际视野和国际竞争力的高素质人才，学校先后选派了69名学生赴立陶宛、俄罗斯等国及我国台湾地区的合作院校交流学习，并为学生提供国际机票和保险等方面的资助。其中，赴立陶宛考纳斯应用科学大学共计17名（2014年1名，2016年2名，2017年3名，2018年6名，2019年5名），俄罗斯卡尔梅克国立大学共计19名（2018年12名，2019年7名），马来西亚理工大学共计13名（2018年7名，2019年6名），台湾共计20名（2016年台湾首府大学11名，2017年台湾景文科技大学3名、台湾修平科技大学3名，2018年台湾首府大学2名）。

教师赴英国伯恩茅斯大学参加培训

学校教师赴新加坡南洋理工学院研修

六、国际教育稳步发展

2011年1月，根据《关于同意海南大学三亚学院等院校招收外国留学生的批复》（琼教高〔2010〕48号）文件，学校从此具备了招收外国留学生的资格。学校严格按照各项管理规定及办法积极开展招生工作，于2015年4月迎来了第一位留学生，来自乌克兰的Vasyl Malanchak。

近年来，学校的国际学生招生工作实现重大突破，有分别来自乌克兰、土耳其、泰国、俄罗斯、白俄罗斯、立陶宛、哈萨克斯坦、塔吉克斯坦等国家学生共计114名（2015年3名，2016年6名，2017年22名，2018年48名，2019年35名），其中多名国际学生获得海南省政府奖学金，立陶宛交换生获得欧盟伊拉莫斯项目资助。

2018年级留学生合影

学校的国际学生大都为本科以上学历，综合素质较高，多次在海南省教育厅举行的国际学生比赛中取得佳绩。2018年12月，学校留学生在海南省“琼州杯”国际学生汉语与才艺大赛中获二等奖，海南省首届“椰风杯”高校国际学生征文比赛中获得二等奖。2019年，学校留学生在省第八届“琼州杯”国际学生汉语知识与才艺大赛中获得三等奖。同年11月，国际留学生代表队在海南国际旅游岛亚太武术公开赛集体项目中荣获金牌“集体项目一等奖”，在个人项目中斩获6枚金牌、4枚银牌、4枚铜牌，学校荣获“优秀组织奖”。

七、对外交流形式多样

2015年，外语与旅游系对俄罗斯北方联邦大学“欧亚背景下职业沟通”硕士项目的硕士学生们开展了远程汉语教学，取得一定成效。该校语言学和跨文化交际学院院长带领该项目7名硕士生于2016年2月22日至3月9日访问了学校，参加了学校举办的汉语言短期课程，体验了中国文化和习俗。

2017年11月24日至12月1日，学校首次举办对外教育培训，为立陶宛考纳斯应用科学大学副校长、旅游相关专业骨干教师及相关院系等部门负责人一行7人举办了为期8天的“‘一带一路’环境下旅游与酒店管理培训项目”。12月9日至23日，又为俄罗斯北方（北极）联邦大学硕士导师以及“欧亚背景下的旅游和职业沟通”研究生共11人举办了为期15天的“‘一带一路’环境下旅游职业沟通与

留学生学习毛笔书写

教育培训项目”。两次培训是学校参与《海南省参与“一带一路”建设教育行动计划（2017—2021年）》中的重要组成部分，是学校服务国家“一带一路”倡议和海南省对外开放大局的重要举措。

此外，学校教师与俄罗斯北方（北极）联邦大学开展联合研究项目，负责编译了教材《北方文化》（Culture in the North）的汉语版本；与乌兹别克斯坦撒马尔罕孔子学院中、乌方教师共同译著双语诗集《撒马尔罕之夜》，这是第一本中国人翻译的瓦希多夫诗集，2021年11月收到中国驻乌兹别克斯坦大使姜岩来信点赞。

第四节　社会服务

一、倾力脱贫攻坚战，助力乡村全面振兴

2016年4月20日，海南省扶贫开发领导小组《关于调整充实定点帮扶单位和帮扶力量的通知》，保亭黎族苗族自治县响水镇合口村是学校定点帮扶村，学校先后选派一批思想进步的教师到合口村担任驻村第一书记，又在不同时期先后选派一些中层领导到合口村协助学校下派的第一书记做好脱贫攻坚工作。当时，合口村委会下辖9个村小组，全村273户1 170人；建档立卡贫困户130户564人，贫困发生率48.2%。2017年年底该村被确定为保亭县深度贫困村，村民人均可支配收入仅为5 680元。

合口村驻村干部周刚（右一）、王可淦（左一）

2018年5月，省委建立省级党员领导干部抓农村党建促脱贫联系点制度，合口村为省委副书记李军抓农村基层党建促脱贫攻坚联系点。从那时起，省教育厅和学校共同帮扶合口村。针对该村落后现状，学校按照“输血与造血相结合”“帮户与帮村相结合”“扶贫与扶智相结合”的工作思路，坚持强基础、补短板、兴产业、育思想，用心用情实施精准帮扶，凝心聚力脱贫攻坚。2016年以来，学校共计投入约350万元助力合口村脱贫攻坚，推动乡村振兴。

在定点帮扶单位合口村承办2021年全省高校定点帮扶工作现场会

经过多方努力，保亭黎族苗族自治县响水镇合口村于2019年10月成功脱贫出列，当年全村居民人均可支配收入达到11 875元，预计2021年年底全村居民人均可支配收入达到18 000元。如今的合口村天蓝地绿生态美，宜居宜业幸福多，广大村民在乡村振兴中获得感、幸福感满满。

（一）筑牢战斗堡垒，夯实乡村振兴组织根基

学校一直注重加强合口村党支部建设，先后选派村“两委”干部11人次参加学校在井冈山、延安、浙江等地举办的专题培训班；组织“两委”全体干部到琼海市红色娘子军纪念园、椰子寨战斗遗址、定安县母瑞山革命根据地纪念园等地接受革命传统教育，到琼海市、文昌市参观学习美丽乡村建设，学习当地先进建设管理经验。

在抓紧抓实定点帮扶工作中，学校党委每月至少有1名党委委员到合口村深入调研，共形成高质量调研报告12篇，为加强基层党建工作，促进合口村的振兴打下坚实的理论基础。学校公共教学直属党支部、机关党总支第一支部与合口村党支部结对共建；学校向合口村捐赠有关党建、种植类等书籍523册，在重要时间节点上门为合口村党员上党课；驻村第一书记集中组织村党员干部开展专题学习63次，进一步完善“三会一课”、主题党日等学习制度，促进全村党员干部积极投身脱贫攻坚、乡村振兴工作，形成“最大公约数”。

几年来，学校派驻合口村原驻村第一书记、原乡村振兴工作队队长周刚在2019年先后荣获“保亭县优秀第一书记”“先进党务工作者”“2019年度海南省打赢脱贫攻坚战先进个人”等荣誉称号。2020年11月，合口村乡村振兴工作队被评为“海南省乡村振兴工作队先进集体”。

（二）聚焦产业发展，激发乡村振兴强大活力

针对合口村水利设施落后、农田灌溉长期缺水导致耕地撂荒的村民生产难题，省教育厅和学校经过调研论证、科学规划，共投入121万元在合口村建设了4个农田电灌站（其中省教育厅投入83万元，学校投入38万元），彻底解决该村7个村小组500多亩农田用水问题，受益群众218户，每年可为该村增加20万元收入，平均每亩地可增收400元。电灌站项目的实施为合口村发展冬季瓜菜产业提供了重要保障，大大提高了广大村民的生产积极性，撂荒的田地没有了，纷纷种上了经济作物。2022年全村种植黄秋葵、豆角、槟榔等经济农作物500亩，销售收入累计达400万元，种植反季节瓜菜已经成为合口村民增收致富的重要经济来源。

在推进美丽乡村建设方面，学校积极支持和参与合口书苑共享农庄建设。该项目已完成投资2 600多万元，总建筑面积约4 200平方米，有40间客房，已成为以手工皂制作、休闲旅游、度假养生、农事体验、国学教育为主题的“网红民宿”。合口书苑火了以后，周围村民也在家门口摆摊卖农特产品，实现在家门口增收致富。此外，省教育厅和学校共投入26万元帮助合口村改善人居环境，其中教育厅投入10万元专项资金购买10辆电动三轮垃圾车、9台斜挎四冲程割草机、1台锯木机用于人居环境卫生整治；学校在合口村安装路灯106盏，并为近百户村民改水改厕、接通水电到户，真正做到打通服务群众“最后一公里”。学校资助23万元用于建设合口村标志性大门、文化长廊和改善村委会办公楼条件，进一步提升合口整村形象，助力乡村全面振兴。此外，5年中还累计投入50万元支持合口村建设了17个公益性岗位。

学校资助建设的合口村大门

（三）倾力助学圆梦，志智双扶助力脱贫致富

定点帮扶合口村以来，学校落实上级有关教育帮扶的各项决策部署，积极开展教育资助政策宣传和教育帮扶工作。积极助力义务教育，做到合口村没有辍学的适龄青少年。

2016年以来，学校为保亭黎族苗族自治县响水镇合口村在学校读书的15名合口村籍学生减免学费、住宿费等共计23万元，并提供勤工俭学岗位和国家助学金等。特别是学校还组织全体党员为合口村贫困户黄群三姐妹（其父亲病故，母亲患精神病）捐赠2.5万元专项资金，用于解决他们义务教育阶段的生活保障。2019年9月，黄群考入我校就读，学校不仅为其减免学费、住宿费，还提供一档助学金和勤工助学岗位。2020年1月省委副书记李军批示，资助4万元帮扶黄群三姐妹；11月黄群同学给李军副书记写感谢信，感恩党和政府的亲切关怀，立志为海南自由贸易港建设贡献自己的火热青春，为家族争光、为乡亲们造福。

（四）坚持送教上门，增强脱贫致富内生动力

2019年，学校积极响应全国高职院校扩招100万人行动，组织发动合口村村民报考高职读书，学校共录取15名合口村村民，并为他们减免第一年学费、教材费近10万元；选派骨干教师每周末到合口村为15名属于“四类人员”的学员上课。同时，充分发挥学校专业人才优势，组织开展乡厨、椰雕、电动车维修、茶艺等技能培训，受训人员362人次，10名村民考取了厨师技能证书。村民陈咏利用学到的烹饪技术，在村里开设“水绿坊田家乐”；27名村民到三亚、保城等地务工。学校累计投入70万元，连续5年组织师生暑假期间到合口村开展“三下乡”社会实践活动，进行家教服务、家电维修、书法培训、普通话培训等，在提高村民的文化水平的同时，提振脱贫致富信心。

二、服务博鳌亚洲论坛

学校每年都派出大批师生作为志愿者参加博鳌亚洲论坛年会的服务工作，其中博鳌亚洲论坛2021年年会期间，国际教育与旅游学院选派了5位教师在美丽乡村留客村、南强村、鳌内村、北仍村等驻点提供中英文讲解服务，接待中外嘉宾团队20余批次。在外国驻华使团参观留客村期间，学校驻点讲解教师除了负责英文讲解任务，还担任琼海市领导的陪同翻译工作。2022年年会期间，学校精心选派36名青年志愿者在博鳌镇南强村、大路坡村、沙美村、留客村，大路镇世界热带水果之窗，潭门镇排港村等年会美丽乡村接待点开展志愿讲解和翻译等工作，用满满的热情、最美的微笑，服务每一位远道而来的客人。

蒋秀娟老师（左三）在为外宾讲解

2017—2021年，蒋秀娟老师作为美丽乡村志愿讲解员，为来琼海访问的巴基斯坦总理夫人、汤加公主、美国前驻华大使、哥伦比亚苏克雷省省长、尼泊尔第四省首席部长、罗马尼亚交通部部长、“一带一路”高端媒体论坛嘉宾、布隆迪外交部一行、各国驻华使节团等几十个国家的外

宾提供英文讲解和口译服务，多次在接待外宾过程中担任市领导的英文翻译。蒋老师还参与美丽乡村志愿讲解员新进志愿者培训课程设计，担任培训导师，培养了大量的志愿者讲解员。2021年蒋秀娟老师入选海南省青年志愿者学校首批专家委员会委员。

三、众志成城战疫情

2020年年初，面对突如其来的新冠疫情，学校党委高度重视保障师生身体健康和生命安全，校领导妥善部署校园疫情防控工作，到一线抗疫，全校上下进入应急状态，坚持师生至上，生命至上，全力开展疫情防控各项工作。第一时间成立应对疫情领导小组，全体中层干部带头参与抗疫工作，组织67名党员参加党员先锋岗，党员自愿捐款42 809.66元，有关部门、各二级学院及时组织开展线上教学，举办抗“疫”英雄进校园先进事迹报告会、主题教育等活动，确保师生身体健康和生命安全。

2021年，学校建立集中、高效、统一的防控指挥体系，形成联防、联治的疫情防控工作机制，根据疫情形势及时优化《两案十制》，做到了防疫形势及时研判，防疫要求及时落实，保障了全校师生健康安全。严格校门管控，坚持“日报告”“零报告”制度，精准掌握师生活动轨迹、健康状况。严格规范食堂管理、防控物资储备，有效建立联防联控机制，加强与属地管理部门沟通，多次开展应急演练。积极推动疫苗接种，教职工疫苗接种率达到100%，学生接种率达99.63%。

2022年，学校党委坚决贯彻习近平总书记关于疫情防控的重要讲话、重要指示精神和党中央决策部署，坚决压紧压实责任，坚持人民至上、生命至上、以人为本，坚持“外防输入、内防反弹”总策略和“动态清零”总方针不动摇，树牢底线思维，科学精准研判疫情，全力筑牢防控，坚决守护好师生生命安全和身体健康，以实际行动捍卫“两个确立”、做到“两个维护”。面对“0331”和“0801”疫情形势的严峻复杂局面，从严从紧、从实从细做好疫情防控工作，学校党委周密部署，组织开展多轮全员核酸检测工作，坚持统筹谋划，坚决筑牢校园防疫屏障，全力保障师生生命安全和身体健康。特别是面对“0801”疫情袭击，学校党委组织54名党员干部成立琼海抗疫志愿服务队，选派32位志愿者驰援三亚、乐东抗疫一线，其中21名党员火线成立2个临时党支部。学校被省委组织部评为支援市县抗击疫情志愿服务工作“表现突出的集体”，3人获评“表现突出的个人”。

驰援三亚抗疫一线志愿服务队临别前的合影

2022年9月，根据疫情形势和上级部门要求，学校实行学生错峰返校。2022年9月30日，学校印发《关于实施校园网格化管理的通知》，文件明确指出，学生返校后，为做好疫情防控工作，筑牢校园安全防线，按照空间划区、避免时空交集的原则，确保风险边界清晰，一旦出现情况能够以最快速度将疫情控制在最小范围，学校决定学生返校后的第一周对校园实行网格化管理。以“缩小活动范围、减少时空交集”为目标，化整为零，根据我校学生公寓的分布情况，将校园划分为若干个小区域，并对这些区域实行网格化管理，避免区域间人员流动，以防止出现感染病例时造成大面积交叉感染。

学校学生返校和疫情防控工作领导小组统筹建立校园网格化管理工作组，组建六支网格区域服务志愿队。其他教职员工在网格化管理期间不得进入网格化区域，各级党政领导干部作为预备队参与校外保障工作，教师居家办公保障教学质量，必要时将抽调参与网格化管理。

将校本部划分为7个网格化区域，其中学生公寓划分为6个网格化区域：第一片区为学生公寓第1、2栋；第二片区为学生公寓第3、4、5、6、12栋；第三片区为学生公寓第7、8栋；第四片区为学生公寓第9、10、11栋； 第五片区为学生公寓第13栋； 第六片区为第16、17栋；第七片区为综合楼区域，设置在校园内除以上7个区之外，主要为前7个区保供服务。网格区域之间采取警戒线隔断，各区域教师、学生只能在本区域活动。住在校内人员严格落实学校疫情防控要求，非必要不外出，加强自我监测，确保校园零感染。

每个区域有驻点校领导1名，另设区长1名、副区长1名，由中层干部担任。下设5个功能组：学生服务组、后勤服务组、协调联络组、安全保卫组、防疫消杀组，均由教职员工和物业公司人员组成。同时学校组织区域内外的志愿者保供团队，为学生提供保障服务。

四、技术服务

2017年，由学校Turbo Snail软件开发团队开发的海南省职业院校技能大赛管理系统交付海南省教育厅使用。学校教师蒋秀娟为琼海市招商局、外事办、旅游委等部门提供招商、宣传、菜单和标识语等翻译、校译服务，为琼海市政府制作的海南自贸港建设琼海实用英语100句动漫视频配音，为琼海市电视台融媒体中心策划的2021年论坛前“打卡乡村会客厅”系列短视频提供英文配音，该系列视频被省台播出、央视点赞。

五、科普活动

2016年，海南省“职业教育活动周”展示与服务活动在省歌舞剧院广场举行期间，省委书记罗保铭、副省长王路和省教育厅厅长曹献坤等领导在学校校长魏应彬的陪同下相继参观了学校展区，与师生们亲切交流。罗保铭书记向魏应彬校长一一询问了学校在校生规模、专业设置、人才培养改革、学生就业等情况，对学校展示的无人机、智能机器人、Cosplay表演、学生动漫作品等办学成果给予了充分肯定，对学校师生良好的专业素养和职业技能表示赞赏。

2019年，海南省“职业教育活动周”职业教育发展成果展在海口市体育馆举行，省教育厅厅长曹献坤、副厅长邢孔政在学校校长魏应彬、省教育厅高教处处长朱双平、职成处处长范敏的陪同下来到学院展区前，向师生详细了解了展示作品的相关情况，对学校办学成果给予了充分肯定，并鼓励师生继续努力，再创佳绩。

魏应彬校长为省教育厅领导介绍我校智能机器人实践教学

2013年，李菊顺被评为“全国优秀社会科学普及工作者”。2014年经海南省第六届“全国优秀科技工作者”评审委员会评审，桂占吉副校长被评为第六届“海南省优秀科技工作者”荣誉称号。

六、咨询服务

学校教师李菊顺兼任海南省大学生心理健康教育研究指导中心委员、海南省高校思想政治教育研究会理事、海南省心理学会理事、海南省心理咨询师协会专家顾问、中央民主同盟海南省委员会教育专委会委员、琼海市民盟教科文卫委员会主任、琼海市第十三届政协委员、民盟琼海市委副主委、琼海市第十六届人民代表大会代表。她多次指导海南省、琼海市就业创业大赛项目，为琼海市教育局、公安局、戒毒所、拘留所、消防大队、电视台，提供定期的培训和各类讲座30余场，受众约2万人次。她主持心理咨询与个案干预、团体辅导、大型团体培训及素质拓展培训、各级各类讲座共计100余场，受众达5万人次左右，接待面询求助者5 000余人次（含社会上的各类求助者），成功干预各类心理危机100余起，社会反响强烈。

学校教师车广秀新浪实名注册博客，迄今共发表心理类文章800多篇，博客点击量逾1 800万，入选新浪名博。在《中国家庭医生》《读者·原创版》《健康时报》等报纸杂志上发表文章100多篇，出版专著《捂着伤口还在》和《好家教培养好孩子》。她的个人专著及博客被新浪网及《南国都市报》等多家媒体报道后产生积极的社会影响。其中，《好家教培养好孩子》入选由中国教育新闻网和中国教育报官方微信联合推荐的“2015年全国教师暑期阅读推荐书目”，对普及家教知识、打造和谐家庭起到积极作用。

为打造国际化、便利化营商、旅游环境，服务海南自贸港建设，2020年8月12日下午，应琼海市外办邀请，学校国际教育与旅游学院派出外教Michael Mann、Varintorn Sintuvongsanon以及四位英语教师参与琼海市外语标识标牌译写审核会，和琼海市外办英语专业工作人员一起对琼海市的外语标识标牌译写稿进行了修改和完善。

七、继续教育与社会培训

升格初举办的琼海市领导干部信息化培训班

2013年5月，学校成立国际交流与继续教育部，主要负责学校国际交流、社会培训及继续教育（高等教育自学考试）工作，当年，学校被琼海市人力资源和社会保障局确定为就业专项资金市属定点培训机构。2015年3月，学校调整成立继续教育部（职业培训中心），主要负责开展社会培训及继续教育（高等教育自学考试）工作，原国际交流职能调整成立国际合作交流中心。继续教育部（职业培训中心）始终以充分发挥优势服务地方、服务海南经济发展为原则，大力支持学校相关职能部门面向社会行业企业，面向社区、基层开展多种多样的继续教育和社会培训工作。学校不断拓宽继续教育形式，与琼海市政府及省内一些市县机关行业、企业、农场、乡村展开深入的合作，针对不同受训对象，进行了深入细致的调研，结合实际，制订了周密、系统且符合海南经济发展实际的培训计划，为受训对象提供更为灵活多样的职业教育和培训工作。

2013年7月，学校在陵水县黎安镇举办为期3个月的海南国际旅游岛先行试验区失地农民劳动技能培训班，共有1 000人次参加；与琼海市联合举办公务员普通话培训班，有来自琼海市党政机关50岁以下的公务员约300人参加。2014年8月，学校举办琼海市事业单位工作人员计算机培训，共有琼海市事业单位35岁以下的工作人员约400人参加。

2015年7月，学校举办琼海市彬村山华侨农场职工再就业培训班，约100人参加了为期14天的培训。8月，学校举办琼海市阳光工程（软件学院点）培训班，约有150人参加，历时15天。暑假期间，学校还对琼海市中原中心学校教师进行计算机培训及考试，71位老师参加，总共培训80课时，71位老师全部通过考试。

学校组织海南省会计从业资格考试，2015年至2016年有在校学生和琼海市附近社会人员约1 000人参加。

2016年5月，学校配合海南省教育厅举办省高职院校教师“互联网+”创新创业教育教学能力提升培训班，该班有来自全省各高职院校教师约100人，共学习5天。从2013年至2016年，学校先后组织琼海市教育系统及其他部门的工作人员参加全省计算机职称培训及考试，约有1 000人次参加。

2017年年底，学校在科技楼604室协助海南奥鹏远程教育中心举办三场海南省乡村信息技术能力集中培训班，每场100人，共80课时300人次。

2019年6月在金隆酒店举办为期2天的餐饮服务与管理及酒店餐饮礼仪的培训班约500人；8月与相关公司联合为琼海市社区举办育婴保姆培训，约60人参加；12月底组织琼海市退役军人在学校图书馆举办计算机技能培训，有退役军人40人参加，共40课。

教师车广秀作为“海南省家庭教育乡村行”公益讲座讲师团成员，2019年深入海南6个市县给近7 000名家长做12场家教公益讲座。2020年，她应邀录制省关工委和省教育厅关工委联合主办的“家庭教育每周一讲大课堂”线上课，主讲的《怎样管理好情绪，做高情商的父母》收看家长逾10万人次。另外，车广秀还作为“海南省家长学校骨干教师培训班”的主讲专家之一，先后到五指山、儋州、琼海、保亭等地为近500名中小学和幼儿园家长、教师骨干作家庭教育指导讲座。

2020年年底至2021年，学校又与海口烁达网络科技有限公司合作举办了三期普通话水平测试，共约1 500人，其中约200人参加培训。

我校社区教育示范基地和老年人示范校在琼海市职业中等学校揭牌成立

为了贯彻落实学校关于《职业教育提质培优行动计划（2020—2023年）》精神，2021年以来，学校在琼海市乡镇进行调研，有针对性地顺利开展少儿美术、书法、烹饪、老年人智能手机等社区教育培训11期350人次。其中10月和11月在龙利坡社区举办少儿美术培训班2期60人、少儿硬笔培训班2期60人；11月和12月在琼海市图书馆举办少儿软笔培训班2期80人，在琼海市图书馆举办老年人智能技术日常应用培训班2期60人，在万泉镇文曲区举办烹饪公益培训班1期30人；12月在长坡镇烟塘社区老年人智能技术日常应用培训班1期30人；万泉镇加城村委会烹饪公益培训班1期30人。同时，学校积极践行全民终身教育理念，与琼海市有关部门推动建设“社区教育示范基地”和“老年大学示范校”，并于2021年12月15日，在琼海市职业中等专业学校门口挂上“海南软件职业技术学院社区教育示范基地”和“老年大学示范校”牌匾。

附：学术交流记事

2004年

8月25日，海口经济职业技术学院名誉院长刘伊文在学校作《人才培养模式的构建》的讲座。

8月25日，海南省教育厅高教处处长黄守超在学校作《海南省高等教育的现状、目标与对策》讲座。

8月26日，海南职业技术学院顾问杨四海在学校作《如何办好高职教育》讲座。

8月28日，海南师范大学副校长张诚一在学校作《与时俱进 做新时代的创新型教师》《高等学校教学管理》讲座。

9月11日，海南省教育厅法规处处长何文生在学校作《关于依法治校和依法治教的基本认识》讲座。

9月11—16日，海南师范大学教授肖少北在学校作《高等教育心理学》辅导报告。

9月17—20日，华南师范大学教授胡劲松在学校作《高等教育法》辅导报告。

9月21—23日，海南大学教授张治库在学校作《高等教育学》辅导报告。

9月24—23日，华南师范大学教授陈岸涛在学校作《高校教师职业道德修养》辅导报告。

11月13日，琼州大学十多位专家受邀到学校对教师课堂教学进行评估。

2005年

8月1日，桂林市教育科学研究所所长曾晓新在学校作《数学教师面临的挑战》讲座。

8月2日，海南大学教授李太君在学校作《网络时代如何上好计算机课程》讲座。

8月3日，海南大学教授黄景贵在学校作《高校科研方法和技巧探索》讲座。

8月5日，桂林旅游高等专科学校党委书记王枬在学校作《教师伦理与教师理想》讲座。

8月29日，海南省教育厅高教处处长黄守超在学校作《海南省“十一五”期间高校发展规划问题》讲座。

2006年

2月23日，德国大使馆公使衔教育参赞刘京辉到学校参观。

2月28日，海南省信息产业局暨海南省软件协会领导到校指导工作。

6月19日，海南省委党校副教授林小妹到校作《弘扬社会主义荣辱观 加强师德师风建设》讲座。

8月26日，永州职业技术学院院长佘国华在学校科技楼作《思路改变出路 评建促进发展》讲座。

8月27日，海南师范大学副校长张诚一在学校作《我的科研之路》讲座。

8月31日，丹麦哥本哈根大学Lille MUKO合唱团到校演出。

10月31日，泰国校长访华团来校交流参观。

11月12日，美国杜邦市市长在琼海市副市长梁振功的陪同下到校参观。

11月20日，印度Invertis管理学院院长Mr. Umesh Gautam、Infosoft技术有限公司常务董事Mr. Ravi Sharma莅临学校参观访问。

2007年

1月9日，北京师范大学博士生导师严士健（数学专业）来校讲学。

3月2日，教育部评估专家、北京交通大学许茂祖教授来校作《高职高专院校人才培养工作水平评估的有关问题》报告。

3月18日，海南师范大学副校长张诚一来校作《评建工作程序的相关问题简介》介绍。

4月23日下午，海南省委党校副校长、海南省行政学院院长彭京宜在科技楼多媒体教室上了一堂《谈谈学习贯彻党章》党课。

5月26日上午，韩国韩世大学校长金圣惠博士一行来校进行学术交流。

9月21日，海南大学信息技术学院副院长陈明锐为学校计算机类专业的学生作题为《软件工程的未来》讲座。

9月29日上午，海口经济职业技术学院副院长仲崇俭一行来校参观交流。

10月31日，由中华人民共和国驻贝宁大使馆经济商务处参赞李朝胜先生率领的中兴集团考察团到校考察。

2008年

1月14日，琼台师范高等专科学校领导、老师来校交流人才培养工作水平评估的经验。

1月15日，海南外国语职业学院领导、老师来校交流人才培养工作水平评估的经验。

1月16日，三亚航空旅游职业技术学院领导、老师来校交流才培养工作水平评估的经验。

4月14日下午，李阳疯狂英语十大王牌讲师之一——胡国强在教学楼前举行了一场大型的英语学习讲座。

11月20日，华中科技大学教授杨晓松在科技楼104多媒体教室为学校师生作《当代数学及其在信息科学技术中的作用》专题讲座。

12月4日，海南省工业经济与信息产业局副局长王静及中国电子科技集团的领导莅临学校参观并洽谈合作办学的事宜。

12月12日，加拿大劳伦斯大学徐绍春博士来校作《软件的演化》专题讲座。

12月26日，海南大学信息科学技术学院教授周开利来校为电子工程系师生作《大学电子设计大赛与学生实践能力的培养》专题讲座。

12月29日下午，学校开展无党派人士政治交接主题教育活动报告。海南省委党校教授唐镇乐作《海南省情》形势报告。

2009年

3月28日，海南省2009年大学外语教学工作研讨会在琼海昌隆酒店会议室召开，校长魏应彬应邀、省教育厅高教处处长张超、全省各高校外语院系院长（主任）出席会议。

7月31日，学校与中山大学软件学院双方签署了《中山大学软件学院和海南软件职业技术学院合作框架协议》《海南软件职业技术学院和广州中大软件工厂有限公司校企合作协议》。

9月9日下午，来自泰国、新加坡、老挝、缅甸、印尼、柬埔寨、菲律宾、文莱等八个国家汉语桥——东盟校长团的42位校长和教育专家到校参观访问。

10月20日下午，学校与中国电信股份有限公司琼海分公司签署了《建设校园网及开展业务合作合同书》。

10月26—27日，党委书记王恩周带领考察组前往中山大学软件学院参观考察。双方举行了院长联席会议，学校副校长桂占吉、中山大学软件学院院长李文军代表各自学校在签字仪式上签字。

11月11日上午，英国政府高职教育顾问Ashley Rowlands先生和英国伯恩茅斯学院、普尔学院驻中国办事处主任贺晓东一行四人到学校考察洽谈并初步达成了合作意向。

2010年

1月19日下午，党委书记王恩周、副校长桂占吉和日本领信公司董事、总经理林挺然，日本领信公司海南支社董事王晴波在综合楼九楼接待室举行合作洽谈会。

3月22日上午，日本领信株式会社董事、总经理林挺然，日本领信株式会社海南支社董事王晴波来校洽谈合作事宜并同学校签订了《创办“软件技术专业”对日订单培养特色班培养合作意向书》。

4月20日下午，英国伯恩茅斯学院、普尔学院驻中国办事处主任贺晓东来校推介中英合作项目。

4月29日下午，副校长桂占吉在综合楼12楼会议室召开企业座谈会，并与琼海电视台、海南瑞邦科技有限公司等企业代表签署了合作意向书。

5月5日上午，学校与吉林大学管理学院在学校签署《关于吉林大学管理学院在海南软件职业技术学院建立EMBA教学基地的协议书》。

5月12日上午，“海南软件职业技术学院与琼海春晖食品有限公司共建实训教学基地”揭牌仪式在琼海春晖食品有限公司举行。

5月21日下午，学校与海南生态软件园全面战略合作协议签字仪式在海口美华荷泰酒店国际会议厅隆重举行。

5月31日上午，大连东软信息学院继续教育学院院长阴成林、院长助理曹勇前来校考察交流。

6月7日，美国西新墨西哥州立大学Faye Vowell和Phillip Farren副校长来校洽谈合作办学事宜，双方签订了“21项目”合作办学项目协议书和“211项目”合作办学项目协议书。

6月15日下午，在海南省澄迈县人民政府举办的盈滨龙水节澄迈县投资推介会暨签约仪式上，校长魏应彬与海南生态软件园投资发展有限公司杨淳至总经理分别代表双方单位正式签署《海南生态软件园研发楼定制合同》。

11月5日上午，学校与中国移动通信集团海南有限公司联合在琼海市昌隆酒店金色大厅举行“中国移动·移动应用商场创业计划——海南软件职业技术学院孵化基地”签约及启动仪式。

11月12日下午，美国绿河社区学院Ross Jennings副校长一行三人来校洽谈合作办学事宜，并与学校签订了合作意向书。

12月2—22日，校长魏应彬、校长助理莫仕锋参加省教育厅组织的高校代表团赴澳大利亚培训考察，与澳大利亚西南悉尼TAFE学院、昆士兰州南岸学院等院校进行了合作交流。

2011年

1月10日上午，学校与加拿大温士顿学院签订了中加合作办学协议。

1月10日下午，教育部职业技术教育中心研究所研究员、所长助理姜大源来校作《工作过程系统化课程开发方法与理论创新》专题报告。

2月25日上午，西藏民族学院工会主席一行30人到校参观交流。

3月11日上午，学校与广东外语外贸大学继续教育学院（公开学院）签订了合作框架协议。

3月12日上午，数码设计系与海南千兆科技有限公司签订《校企合作战略框架协议》。

3月21日，学校与北京科技职业学院在北京洽谈合作办学事宜，双方签订了《合作办学框架协议》和《2011年联合办班协议》。

3月29日下午，全国高职教育研究会副会长、湖南广播电视大学正校级督导、湖南涉外经济学院督导员罗志教授来校作《理念与行动：高等职业教育的昨天今天与明天——从危机到转型》专题报告。

4月8日下午，广州华大广告传媒有限公司总经理、主编钟路明，广州华大广告传媒有限公司网游项目部总经理绍函一行3人来校考察。校长魏应彬向钟路明、绍函颁发客座教授聘书。

5月6日上午，新南威尔士州TAFE-西南悉尼学院副总裁黛博拉·乔丽女士和悉尼国际事务联络中心经理张屹峰先生来校考察访问。

6月17日，学校与中山大学软件学院签订《中山大学软件学院与海南软件职业技术学院2011学年年度合作计划备忘录》。

8月16—23日，学校首次派出以副校长陈修焕为团长，副校长桂占吉、校长助理莫仕锋及各系部和各处室主要负责人为成员的23人考察团，赴台湾佛光大学、台湾清华大学、韩国亚洲大学、中山大学、台湾首府大学、台湾成功大学等高校进行为期8天的考察、交流，并与亚洲大学、台湾首府大学签订了合作办学意向书。

10月1日，学校与北京衡达投资有限公司总裁唐绪衡在海口签订了《北京衡达投资有限公司与海南软件职业技术学院合作办学框架协议》《北京衡达投资有限公司海南软件职业技术学院国家统招计划内高职教育项目联合办班协议》。

11月2日下午，学校与牡丹江大学在学校综合楼九楼会议室召开合作洽谈会，并签订了合作框架协议。

11月11—13日，校长助理莫仕锋、党政办公室主任周运诗参加中山大学软件学院建院10周年庆典大会，并就两院2012年上半年的合作事宜进行了磋商。

11月25日下午，海南外国语职业学院一行30余人在党委副书记莫运深的带领下来校参观交流。

12月1日下午，海南大学教授顾剑受邀来校作题为“智能游戏开发与计算机专业”的讲座；校长魏应彬向顾剑教授颁发了聘任证书，正式聘请顾剑为学校客座教授。

12月5日上午，澳大利亚国际商会首席代表麦克果先生来校推介新西兰带薪实习项目。

12月10日，海南省翻译协会第三届研讨会在学校召开。

12月17日，新南威尔士州TAFE-西南悉尼学院国际部经理Elizar Franco先生和悉尼国际事务联络中心经理张屹峰先生来校洽谈合作办学事宜。

12月18日，海南艺术设计职业教育论坛在学校举行。

2012年

4月21日下午，海南省数学学会第四次会员代表大会在学校召开，学校党委书记王恩周当选为海南省数学学会第四届理事会理事、副理事长，副校长桂占吉当选为第四届理事会理事、高校工作委员会副主任。

5月20日，海南省教育厅正式批准学校与澳大利亚新南威尔士州技术与继续教育-西南悉尼学院共同举办的合作办学项目。双方合作举办游戏软件、软件技术两个高职专科教育项目，共招生5届，每届招生各100人，合作期限为7年。

5月21日下午，学校与海南省华侨商业学校联合办学签字授牌仪式在海南省华侨商业学校隆重举行。

6月5日下午，深圳万泉河科技有限公司董事长王亮来校跟信息管理系商谈校企合作事宜。

6月28日下午，2001届优秀毕业生、广东省中山市肖邦文艺传媒创始人卢鸿杰来校与艺术传媒系洽谈校企合作事宜。

7月3日上午，海南省人力资源开发局副局长赵微到校指导大学生就业服务工作。

7月19日，学校与澳大利亚新南威尔士州技术与继续教育-西南悉尼学院合作举办软件技术专业和游戏软件专业专科项目准予备案并核准编号，中外合作办学取得重大突破。

11月13日下午，中国科学院数学与系统科学研究院数学研究所研究员、博士生导师，中国数学学会生物数学学会理事长陈兰孙来校作题为《数学在自然科学中的应用》的报告，校长魏应彬在接待室正式聘请陈兰孙教授为学校客座教授。

11月19—21日，以海南工商职业学院院长张伯敏为组长的预评估专家组一行5人来校进行人才培养工作预评估。

11月19日上午，学校与海南枫华动漫文化发展有限公司合作框架协议签约仪式在学校举行。

12月10日下午，数码设计系与海南英立科技开发有限公司“2011级英立3G定制班”合作协议签约仪式在学校举行。

12月26日上午，省农业学校（省科技学校）副校长陈少华一行来校参观交流。

2013年

3月24日上午，以赵昆通猜为团长的泰国考察团一行17人在天津市教委国际合作交流处处长周晶，海南省教育厅国际合作交流处科长王彩娟的陪同下来校考察交流。

4月12日上午，英国波恩茅斯大学博士生导师徐菲菲来校讲学并受邀成为学校的客座教授，还与学校就学校学生赴英留学事宜进行交流。

5月26日上午，台湾文化大学教授、上海交大策略与危机管理研究所所长邱毅和上海交大策略与危机管理研究所执行所长苏建诚一行9人应邀来校讲学。

5月31日，三亚城市职业学院院长谭照耀带领一行18人来校参观交流。

6月28日，英国伯恩茅斯大学克里斯蒂娜博士来校讲学并受邀成为学校客座教授。

7月14—23日、7月28—8月6日，学校分两批组织教学与管理骨干赴新加坡南洋理工学院和马来西亚研修学习。

7月2日，三亚理工职业学院执行院长秦杰锋一行13人来校参观交流。

9月6日下午，学校与海南枫华动漫文化发展有限公司校企合作成果汇报会在学校召开。

9月12日上午，海口市第一职业中学校长郑大裕一行6人来校洽谈双方合作事宜，并与学校签订了《海南软件职业技术学院 海口市第一职业中学关于实施中高职衔接五年制联合办学协议书》。

11月9日晚上，中国交响乐团合唱团中外经典名曲合唱音乐会在学校艺术馆举行。

11月15日下午，学校与海南恒翔游艇产业有限公司合作框架协议在综合楼九楼会议室举行签字仪式。

11月30日下午，全国高职教育研究会副会长、湖南广播电视大学正校级督导、湖南涉外经济学院督导专员罗志应邀来校，作题为《质量提升：高职教育与高职院校发展研究》的报告。

12月19日下午，学校与海口市新华信息产业孵化园在学校签订校企合作协议。

12月27日上午，学校在博鳌金海岸酒店与晓雯音乐学校人力资源部签订了“晓雯订单班”人才培养协议。

2014年

2月20日，美国大厨、美食家兼美国美食节目Sauced in Translation（翻译中的调味品）主持人Howie Southworth及节目摄像师Greg Matza来学校拍摄新一期的Sauced in Translation电视节目。

3月4日下午，江苏省教育考试院院长鞠勤一行5人来校考察交流。

4月1日下午，原重庆邮电大学党委书记、博士生导师徐仲伟应邀来校作《网络社会环境下大学生的教育与管理》讲座。

4月18日晚，高雅艺术进校园活动——中央芭蕾舞团在艺术馆举行。

4月27日下午，海南大学党委党校常务副校长、组织部副部长王志芳应邀来校作《积极培育和践行社会主义核心价值观》讲座。

5月21日上午，海南澄迈县长江村镇银行行长王朝勇来校洽谈双方合作事宜。

6月18—20日，副校长桂占吉率领由校企合作部、软件工程系和电子工程系等部门负责人组成的调研组先后赴东莞职业技术学院、深圳金立通信设备有限公司、东莞铭普光磁股份有限公司等高校和企业，就人才培养模式、校企合作体制机制以及校办企业管理和运行机制等问题进行调研交流，并洽谈合作。

6月19日，广西人才服务中心办公室副主任谭志雄一行6人来校考察交流大学生创业及就业工作。

8月，根据学校与立陶宛考纳斯应用科学大学的合作交流协议，学校外语与旅游系袁琴英和12级旅游英语专业学生张滔作为交换师生于8月29日前往学生立陶宛考纳斯应用科学大学进行为期一学期的交换学习。

11月12日下午，广州工程技术职业学院院长樊至光一行来校就“用‘透明’理念办现代学校”进行交流。

2014年11月19日上午，国家无线电频谱管理研究所高级顾问何廷润在来校为学校师生作《无线电管理与频谱管控技术的变革》专题报告。

11月20日上午，第八届中国专利周海南省活动周首场讲座在学校举行。会上，国内知名知识产权保护专家、三环知识产权（集团）总裁温旭作《技术创新与知识产权保护》讲座。

11月21日下午，“与信仰对话，飞Young中国梦”精品报告会在学校举行，海南大学马克思主义学院李辽宁作题为《倡导和践行社会主义核心价值观》专题讲座报告会。

12月23日下午，学校邀请原重庆邮电大学党委书记徐仲伟教授来校作《网络社会公共道德建设》专题讲座。

12月30日上午，唐山学院院长刘学东到校考察。学校校长魏应彬，副校长桂占吉在九楼会议室与刘学东院长就教学改革与职业认证、校企合作、产学研基地建设情况等进行了交流。

2015年

根据学校与立陶宛考纳斯应用科学大学的合作交流协议，学校外语与旅游系的袁琴英老师及12级旅游英语专业张滔同学9月1日至12月22日在立陶宛考纳斯应用科学大学的交流学习结束返回学院。

1月9日上午，学校邀请上海师范大学王锦明教授来校为师生作《CBA职业联赛的发展与篮球新规则的变化》讲座。

2月6日下午，台湾首府大学副校长郑义晖，国际两岸事务处处长黄文琛一行3人来校访问。

3月25日下午，海南外国语职业学院一行11人在李渝凤院长的带领下来校访问交流。

4月14日上午，学校与海南弘远科技有限公司校企合作签字仪式在综合楼九楼会议室举行。

4月28日下午，武汉大学移动互联网应用创新中心主任陈炜然博士应邀在来校作《移动互联网时代的创新与创业》讲座。

4月29日，学校艺术传媒系与宋城集团三亚分公司共建计算机音乐制作专业实训基地初步达成合作意向。

6月11—18日，以海南省教育厅副厅长廖清林为团长的海南省教育代表团对印度、巴基斯坦两国进行了友好访问。学校外语与旅游系主任尚志强随团参加了此次出访。在出访巴基斯坦期间，尚志强参加了与该国教育部长的会见、与该国信德省教育厅长的会谈及访问了COMSATS Institute of Information Technology （CIIT），Pakistan，Institute of Business Administration （IBA），Karachi，Sind Madrassatul Islam University等大学，并同上述大学的管理层及师生进行交流，达成多项合作意向。

6月26日，学校来自乌克兰、阿富汗等国家的首届留学生，顺利地完成了本学期汉语学习任务，离校返国。

7月27—28日，校长魏应彬带领党政办公室、人事处、科研设备处、网络信息中心等部门负责人前往南京信息职业技术学院进行合作交流，并签订了合作协议书。

10月28—30日，副校长刘明鹏率领党政办公室、人事处、后勤处、改革发展研究中心、校企合作部、图书馆等部门负责人先后到南京信息职业技术学院、南京工业职业技术学院、南京交通职业技术学院学习交流。

11月13日上午，梧州职业学院副院长梁小坚一行6人来校考察交流。

11月18—21日，党委副书记、纪委书记陈修焕率领学生处、工会负责人以及系部党总支书记、分管学生工作副主任一行12人先后到贵州工业职业技术学院、贵州民族大学、贵州轻工职业技术学院、遵义师范学院学习交流。

11月30日下午，省社科联主席、党组书记赵康太应邀来校作《发展新理念与全面建成小康社会》专题辅导报告；学校党委书记詹少斌代表学校向赵康太颁发了《海南软件职业技术学院思想政治理论课特聘教授聘书》。

12月1日下午，学校邀请省原省纪委副巡视员、省干部教育培训师资库成员、省高校思想政治理论课特聘教授张士怀来校为全体教职工党员作题为《关于〈中国共产党廉洁自律准则〉和〈中国共产党纪律处分条例〉的解读》的专题讲座。学校党委书记詹少斌代表学校向张士怀颁发了《海南软件职业技术学院思想政治理论课特聘教授聘书》。

12月7日下午，学校邀请海南大学外国语学院党委书记黄丽芹到校作题为《加强和改进新形势下高校基层党组织建设》的报告。

12月27日晚，2015年高雅艺术进校园活动——由陕西省戏曲研究院、西安交通大学戏曲学院副院长董利森带领的秦腔现代剧《西京故事》在艺术馆演出。

2016年

2月22日，俄罗斯北方（北极）联邦大学“欧亚背景下职业沟通”硕士生一行8人在该校语言与跨文化交际学院Maria Druzhinina教授率领下来校学习交流。

2月26日上午，杨好伟教授受邀来校进行教学督导辅导工作。

2月26日晚，中南大学马克思主义学院临床心理学博士唐海波受邀来校作题为“精神卫生条件下大学生心理危机干预”的专题讲座。

3月2日上午，副校长桂占吉在综合楼九楼会议室会见了俄罗斯北方（北极）联邦大学Maria Druzhinina博士，就两校进一步合作事宜进行了洽谈。

3月4日晚，“中俄之夜”联欢晚会在学校艺术馆演播大厅举办；校长魏应彬、三沙卫视副总监华斌、学校外语与旅游系全体师生和俄罗斯北方联邦大学师生共同参加晚会。

3月5日下午，学校与北京龙贝世纪科技股份有限公司在综合楼九楼会议室签订战略合作协议。

3月6—11日，副校长刘明鹏副院长和外语与旅游系（国际交流合作中心）主任尚志强应合作院校立陶宛考纳斯应用科学大学的邀请参加了该校举办的“走向国际”国际周活动。

4月6日上午，加拿大阿尔哥玛大学计算机系系主任徐绍春应邀来校作题为《软件演化》的讲座。

4月7日下午，国家二级动画导演、原中央电视台青少节目中心动画部副主任李捷应邀来校作题为《新媒体与动画的互动性融合》的讲座。

4月20日下午，海南工商职业学院院长关文信应邀来校作题为《职业教师的人文素养》的讲座。

4月22日上午，全国职业院校电子信息类专业校企联盟成立大会在海南琼海召开。学校校长魏应彬应邀参加会议，并在会上作了发言。

4月22日下午，海南大学教授宋静敏应邀来校作题为《黎族传统体育历史与起源释考》的讲座。

4月27日晚，北京大学信息管理系教授王余光应邀来校作题为《阅读，与经典同行》的讲座。

5月10日下午，合作院校立陶宛考纳斯应用科学大学Mindaugas Misiunas校长来校访问。

5月13日下午，“海南省互联网人才培养创新联盟成立大会暨海南省十二大重点产业人才培养创新联盟启动大会”在海南生态软件园召开，学校副校长桂占吉作为联盟发起单位代表出席大会并在会上作为高校代表发言。

6月1日，南京信息职业技术学院党委书记张旭翔一行7人来校交流指导工作。

6月2日下午，学校邀请琼海市委党史研究室主任谢才雄来校作题为《铭记历史 开创未来》党史教育专题讲座。

6月6日上午，台湾首府大学国际及两岸事务处处长黄文琛，休闲管理学系及研究所主任卢炳志，台湾首府大学业界讲师、杉林溪休闲农庄生态教育馆馆长江华章一行三人来校访问交流。

7月6日下午，中国运载火箭技术研究院原党委副书记、研究员级高级政工师李光亚应邀来校作“中国航天发展与航天精神”报告会。

9月8日上午，英国格林威治大学博士生导师马纪新来校作《加强海南软件职业技术学院的科研与教学活动——我的计划》为题的讲座。

9月18日下午，学校邀请海南省学校军事课教学指导委员会委员、海南大学国防教育教研室、安全教育教研室主任黄海宁为2016级新生作以《确立创新型海权观，稳固大国崛起基石》为题的国防教育讲座。

9月21日下午，省委党史研究室的宣讲专家程小斌应邀来校作题为《红军长征与琼崖革命》讲座。

9月20日晚，海南省高校禁毒联盟主席、海南省高校禁毒教育宣讲团团长汪腾来校为基础教育部的2016级新生作禁毒专题教育讲座。

9月23日下午，学校联合琼海市公安局网警大队邀请北京网御星云信息技术有限公司总部市场营销总监黄亮来校作题为《攻防技术安全剖析与网御安全防护思路》的网络安全知识讲座。

10月11日晚，2016年高雅艺术进校园活动——京剧《对花枪》在艺术馆专场演出。

10月23—27日，副校长刘明鹏率领学生处、团委负责人，各系部分管学生工作副主任及学工办主任一行11人先后到泉州幼儿师范高等专科院校、泉州理工学院、漳州职业技术学院、厦门大学学习交流。

根据学校与台湾首府大学两校合作协议，学校选派了外语与旅游系14名师生赴台湾首府大学进行专业研修与交流，外语与旅游系（国际合作交流中心）副主任黎明珠和旅游管理专业教师魏来的专业研修时间为2016年9月9日至2016年10月9日；凌莉的专业研修时间为2016年11月4日至2017年1月4日。11名学生学习时间为一学期，分别在观光事业管理学系、饭店管理学系、烘焙管理学系、企业管理学系和应用外语学系进行专业研修。

10月25日上午，海南师范大学校长林强、教务处处长梁广一行来校指导交流。

11月17日上午，参加首届琼台高等职业教育论坛的台湾高等职业教育界专家一行在海峡两岸教育交流促进协会秘书长路蕙鸿的陪同下来校交流访问。学校与台湾地区5所高校签订了交流合作协议。

11月22日上午，学校图书馆与琼海市边防支队、75571部队、博鳌边防派出所、潭门边防派出所、龙湾港边防派出所共建的5家流动图书馆分馆正式挂牌成立。

11月25日下午，江苏经贸职业技术学院副院长王志凤一行5人来校交流工作。

12月14日上午，俄罗斯卡尔梅克国立大学副校长Vladimir Imeev和孔子学院院长Sodmon Namzhavin 2人来校访问。

2017年

1月15日，学校与哈尔滨云创咖啡有限公司总经理路惠等双方代表签署战略合作协议。

2月20日下午，泸州市外事侨务旅游局副局长甘元生一行5人来校考察交流。

3月1日下午，央视动画有限公司总经理蔡志军一行3人到来校考察交流。

3月8日，达内集团院校事业部总经理周慧一行5人前来学校洽谈合作。

4月12日下午，全国高职研究会专家委员会成员、现代职业教育研究院副院长于雷教授应邀来校作《教学资源库建设的功能与路径交流与研讨》为题的学术报告。

4月21日下午，海南师范大学马克思主义学院党委书记、海南省委讲师团成员黄忆军应邀来校作题为“习近平总书记治国理政新方略”专题讲座。学校副校长刘明鹏为黄忆军教授颁发了“海南软件职业技术学院思想政治理论课特聘教授”聘书。

5月8日下午，海南省创业导师团团长、海南省创业大赛资深评委、海南联合创业投资有限公司董事长、学校客座教授肖华应邀来校作题为《如何撰写创业计划书》的创新创业教育专题讲座。

6月1—5日，副校长桂占吉率国际合作交流中心杨晶和俄语教师李华伟赴俄罗斯卡尔梅克国立大学开展合作交流。

6月2日上午，学校与琼海市就业局，琼海市智源人力资源服务公司共建学生就业创业供需对接服务站签约仪式在就业指导中心举行。

6月13日下午，常州工程职业技术学院党委书记袁洪志来校作题为《建设质保体系，促进内涵发展——常州工程“诊改”工作的进展、方案及思考》报告。

6月15日下午，北京大学王伟教授来校为学校数码设计系全体师生作了以《动漫江湖之我见》为题的培训报告。

6月8日下午，赛迪网总裁、总编辑刘兴波一行3人来校围绕产学协作、合作办学、教培结合等方面进行洽谈交流。

6月19日上午，学校合作院校台湾首府大学副校长郑义晖、国际及两岸事务处处长黄文琛、休闲产业学院院长黄仲麟以及学生代表一行来校交流。

9月2日上午，省纪委派驻教育厅纪检组组长周灵均来校作题为《全面从严治党任务和我们的责任》的党风廉政建设专题讲座。

9月，数码设计系的动漫制作技术专业和外语与旅游系的酒店管理专业入选国家教育部正式公布全国第二批现代学徒制试点单位。

9月11日，2017级国际和我国台湾学生开班仪式在学校举行，学校有关领导及来自俄罗斯、塔吉克斯坦、哈萨克斯坦、立陶宛等4个“一带一路”沿线国家的22名国际生，来自台湾首府大学的6名交换生参加了开班仪式。

11月2日晚，由中央歌剧院国家一级演员王立民、著名女中音歌唱家孙雪曼主持，著名指挥家许知俊执棒的“2017年全国高雅艺术进校园活动”在学校艺术馆举行。

11月13—15日，CIE2017全国高校大数据与人工智能、区块链师资培训班在学校举办。

11月25日，学校面向立陶宛考纳斯应用科学大学举办的“‘一带一路’环境下的旅游与酒店管理教师培训班”在综合楼一楼会议室举行开幕式。

12月11日上午，学校面向俄罗斯北方（北极）联邦大学举办的“‘一带一路’环境下旅游职业沟通与教育培训班”在综合楼一楼会议室举行了开幕式。

2018年

2月1—4日，副校长桂占吉在2018年全国高校深化产教融合、校企合作，实施云教学大数据战略院校中层圆桌会议作《动漫专业三级导师学徒制人才培养模式典型案例》的主题报告。

3月14日上午，琼海市市长符平在琼海市国土局局长李泉、嘉积镇镇长黎纯才的陪同下来校调研考察。

3月15日上午，俄罗斯卡尔梅克国立大学经济系系主任Niuudlia Pavlova女士、Tamara Tsatkhlanova教授和 Elzata Erdnieva 副教授一行3人来校访问。

5月7—13日，学校举办校园开放日活动，吸引了近千名学生和市民到校参观。来自琼海市、万宁市近700名的中职生、中学生在学校进行了一次“高校之旅”，参观了学校图书馆、大师动画工作室、创意手工坊、“机器人实训室”“物联网创新创业中心”、汽车电子技术实训中心、PLC综合实训室、汽车电子技术实训中心、影视动画实训室、艺术馆等地，观看了留学生才艺展示、文艺演出、学生作品成果展。

5月17日下午，海南师范大学财务处处长李云海应邀来校作财务工作专题讲座。

5月18日上午，学校与中国（海南）南海博物馆在博物馆一楼贵宾厅举行战略合作协议签约仪式。

5月21日下午，潮汕职业技术学院董事长兼院长（中国阿波罗教育集团总裁）纪少游、常务副总裁武建设来校交流。

6月8日下午，海南师范大学经济与管理学院副院长张云华应邀来校举办《海南“一区一港”建设：楼市调控与产业定位》专题辅导报告会。

6月12日下午，海南大学政治与公共管理学院院长张治库来校作《以马克思主义为指导，培养德智体美全面发展的社会主义建设者和接班人——习总书记“两个讲话”精神解读》为题的辅导报告。

6月25日下午，湖南师范大学党委书记李民一行7人来校调研指导。

6月28日上午，Badma Salaev校长率领的俄罗斯卡尔梅克国立大学代表团一行4人来校交流访问。

9月14日上午，达内时代科技集团有限公司院校事业部总经理周慧、AI与新创项目部总经理谢远庆一行10人来校洽谈共建人工智能学院事宜。

9月20日上午，海南佳明会计师事务所所长助理、海南海正资产评估事务所所长钟科辉来校举办2018年财务报销（票据管理）专题讲座。

9月26—27日，副校长刘明鹏带领校企合作部、数码设计系等部门主要负责人赴牡丹江大学动画学院和阿里云创新中心哈尔滨经开基地开展合作调研。

9月28日上午，泰国瓦拉亚隆宫皇家大学创新管理学院副院长PRACHAYAPACHARA WANUTA先生和Wang Tiansong先生一行2人来校交流访问。

10月10日上午，海口市第一职业中学郑大裕校长一行3人来校洽谈“3+2”试点项目深化合作事宜。

10月22—23日，校长魏应彬带领校企合作部、软件工程系等部门负责人及骨干教师赴网易（杭州）网络有限公司开展调研考察，并就大数据技术领域的合作开展了深入洽谈。

10月11日上午，北京大学王伟大师工作室在学校实训楼610教室举行揭牌仪式。

11月15日下午，中华主题动画工作室的揭牌仪式在实训楼610教室举行。

11月20日下午，海南省人民政府研究室副主任熊安静应邀来校作《中国（海南）自贸试验区总体方案政策解读》专题辅导报告。

12月4日上午，北京北大方正软件技术学院副院长冯连江一行来校进行后勤管理工作对口业务交流。

12月11日下午，中国社会科学院国家文化安全与意识形态建设研究中心副主任兼秘书长朱继东受邀来校作《新时代意识形态安全面临的挑战和应对》专题报告。

11月23—25日，在2018年第三届海南世界休闲旅游博览会上，学校与合作企业——海南爱心椰雕工艺品有限公司共同参加了本次产品会展。

12月13日上午，北京盛世集团董事长杜建军一行3人来校进行文化项目合作洽谈。

12月13—14日，校长魏应彬带领质量监控中心、改革发展研究中心等部门负责人赴广西职业技术学院和南宁职业技术学院考察交流。

12月18日下午，学校关工委邀请党的十九大代表、海南省“天涯工匠”、中科院深海科学与工程研究所高级技师周皓来校为学生作题为《牢记使命·开启新征程·争当新时代大国工匠》的专题讲座。

12月27日下午，北京蓝墨大数据技术研究院院长商桑来校作题为《智能云教学时代的课堂革命》专题讲座。

12月25—28日，副校长刘明鹏带领后勤处和图书馆有关部门负责人分别前往杭州职业技术学院和宁波职业技术学院进行为期三天的考察调研。

2019年

1月11日上午，数码设计系与海口影动创意文化传媒有限公司联合创立的漫画工作室揭牌仪式在学校举行。

3月28日下午，培生教育集团全球战略合作和投资副总裁Adrian Godfrey、新兴市场战略合作与投资总监高晋轩在海南省教育厅国际合作交流处工作人员的陪同下来校洽谈合作。

4月8日晚，山西省话剧院艺术家全力打造的一部兵团题材大型原创话剧《生命如歌》在艺术馆演出。

4月8日下午，国家督学、陕西省高职诊改专委会主任、陕西工业职业技术学院原党委书记崔岩教授受邀来校，通过报告会、座谈会等形式，指导学校的教学工作。

4月19日上午，陕西国防工业职业技术学院教授孟繁增受邀来校作学术报告。

5月17日上午，《神高考》工作室在学校举行了揭牌仪式。

6月13日，马来西亚理工大学校董兼招生办主任Mohamad Kasim Bin Abdul Jalil博士一行来校访问交流、洽谈合作。

6月20日，台湾海峡两岸教育交流促进协会秘书长路蕙鸿、明道大学国际事务处国际长萧雅柏、明道大学设计学院院长郭致良一行来校访问交流，洽谈合作。

7月3日上午，台湾健行科技大学校长李大伟、餐旅管理系主任杨舒涵、大陆事务项目主管彭雅琪、台湾师范大学教授林薇一行来校访问交流，洽谈合作。

10月22日下午，印度NIIT中国区总裁Kamal Dhuper先生、副总裁徐海峰先生、NIIT中国华南区校企商务拓展总监丁联铭先生一行来校洽谈合作事宜。

10月23日下午，学校与恒大旅游集团在签订战略合作框架协议。

2020年

3月26日，国际教育与旅游学院教师蒋秀娟受邀在蓝墨周四公益课堂网络直播课堂上作题为《以学生为中心，提升网络课堂实效——基于云班课的大学英语教学设计分享》的讲座。全国670余名教师同时在线收看，并参与了互动交流。

4月30日下午，琼海市疾病预防控制中心急传科颜键军科长受邀来校为学校各部门主要负责人、全体辅导员、楼房馆所管理员进行新冠肺炎疫情防控培训。

6月3日上午，琼海市委常委、组织部部长陈兴兴一行8人来校调研交流。

7月10日下午，中共海南省委党校决策咨询部主任毕普云受邀到校作海南自由贸易港建设专题辅导报告。

12月4日下午，“建交40年·中哥友谊”哥伦比亚全国绘画大赛作品中国高校巡展在学校开幕。

12月5日上午，中华饮食名家大讲堂暨南海工匠黄泽技艺传承经验分享会在学校举行。

12月20日，学校和哥伦比亚圣地亚哥卡利大学联合设立博士项目中国教学点，目前已有两名哥伦比亚卡利大学博士生在学校培养。

12月21日上午，北京理工大学国际交流合作处处长刘向东一行来校交流指导。

2021年

3月17日下午，浙江工业大学教授陈庆章应邀来校作题为《如何让课堂教学具有魅力》专题讲座。

4月12—13日，中国高等教育学会职教分会专家委员会委员、现代职业教育研究院专家委员会专家、二级教授于雷应邀来校讲学。

4月27—28日，国家督学、国家“双高计划”建设咨询专委会委员、陕西工业职业技术学院原党委书记崔岩应邀来校讲学。

5月11日上午，国家信息技术安全研究中心李冰受邀来校作《新时期网络安全人才教育和培养》报告。

9月14日上午，海南省委常委、统战部部长苻彩香来校调研并为学生上思政课。

10月13日上午，陕西国防工业职业技术学院党委书记张卫平一行来校考察交流。

11月16日，在中国职业技术教育学会主办的第七届“说专业·说课程·说专业群”研讨会上，学校动画学院教师赵宝春作为全国5大专业群代表之一，分享了“以动漫制作技术为核心的专业群建设”案例。

2022年

2月10日，北京交通大学计算机学院及国家保密学院教授王伟主持的国家重点研发计划“城市智能系统可信任机理与关键技术”项目推进会在学校召开。

第十六章 荣誉奖励

2003年以来，学校华丽转身，低谷起航，高速发展。学校领导班子及时调整办学指导思想，积极转变办学理念和办学方向，从传统的中等师范教育行业转型为信息技术软件IT院校，主要目标是培养当代科技前沿人才。在全体师生员工的共同努力下，秉承“励志笃学、厚德尚能”的校训，学校建设与改革稳步发展，办学规模不断扩大，人才培养质量不断提高，赢得了各级领导、社会各界人士及国内外知名IT企业的充分肯定和赞誉。

第一节 集体荣誉

学校升格转型以来，办学理念不断创新，办学条件不断改善，教学改革不断深化，科研实力明显增强，交流与合作不断扩大，人才培养质量稳步提高，社会服务水平逐渐得到提高，社会效益显著。

一、党团建设荣誉

2003年，学校被共青团中央评为“全国五四红旗团委”。2008、2011年，软件工程系党总支、网络工程系党总支先后被中共海南省教育工作委员会授予“先进基层党组织”称号。2012年，学校被省教育纪工委命名为“海南省教育工委系统廉政文化进校园示范点”。2014年，学校团委荣获“2014年度海南共青团重点工作考核三等奖”。2015年，党委副书记、纪委书记陈修焕应邀参加由中国高等教育学会马克思主义研究会、求是杂志社《红旗文稿》编辑部联合举办的“学习习近平总书记系列重要讲话，加强和改进高校马克思主义理论教育研讨会”，在会上作题为《让青春在弘扬社会主义核心价值观中闪光》的交流发言；学校纪委课题组撰写的调研文章《我省高职院校基层党组织落实主体责任的实证研究报告》荣获优秀奖，并被收入由省纪委调研法规处主编的《提高纪检监察工作法治化、专业化、精细化水平——2015年理论研讨优秀成果汇编》。2016年，电子工程系党总支被评为省委教育工委系统先进基层党组织，信息管理系党总支朱宏文被评为省委教育工委系统优秀党务工作者。2017年，我校3个班级团支部荣获全省高校“活力团支部”称号；其中，数码设计系2016级传媒游戏班团支部荣获2017年全国高校“活力团支部”荣誉称号。

2020年，海南省教育厅公布2020年海南教育系统党建工作有关培育建设项目结果，软件工程学院党总支被确定为“全省党建工作标杆院系”培育建设单位，网络工程学院党总支学生支部被确定为“全省党建工作样板支部”培育建设单位，软件工程学院党总支“打造‘党员有约’品牌，建设服务型党组织”案例被确定为2020年基层党组织党建工作创新案例。2021年，在隆重庆祝中国共产党成立100周年之际，软件工程学院党总支、网络工程学院党总支学生支部、动画学院党总支学生支部和机关党总支第一支部荣获省教育厅党委系统“先进基层党组织”称号。

荣誉证书

海南软件职业技术学院数码设计系16传媒游戏班团支部：

在2017年高校共青团活力团支部创建遴选中，

被评为：

活力团支部

特发此证，以资鼓励！

证书编号：20170800

数码设计系2016级传媒游戏班团支部荣获2017年全国高校“活力团支部”荣誉证书

二、“文明校园”建设

2007年，学校作为海南省首家接受教育部人才培养工作水平评估的公办高职高专院校，以优异成绩通过了评估。其间先后荣获“全国学校艺术教育工作先进单位”“海南省第一届十佳教育信用单位”“教育信用AA级奖”“海南省家长满意学校”等荣誉称号。

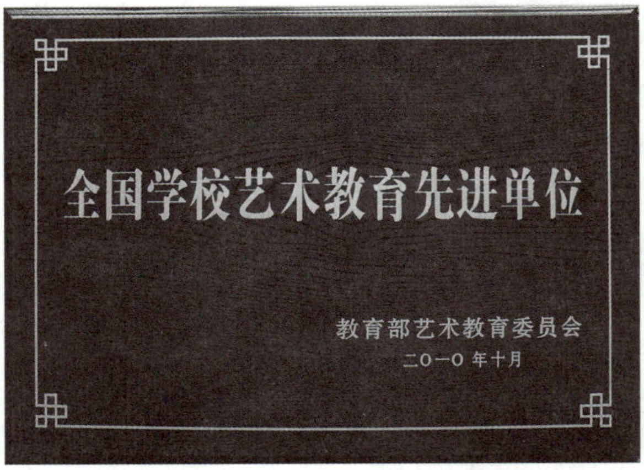
全国学校艺术教育先进单位

教育部艺术教育委员会

二〇一〇年十月

2010年获得全国学校艺术教育先进单位奖牌

第一轮评估结束之后，学校持续发力，不断深化改革创新，加大建设力度，教育教学各项事业发展迅速，成果更是喜人。2009年被省教育厅授予“学校安全工作先进单位”称号；2010年被授予2007—2010年度海南省文明单位称号，再获全国学校艺术教育先进单位称号；2011年被评为海南省教育系统“五五”普法先进单位、海南省第一批依法治校示范校。

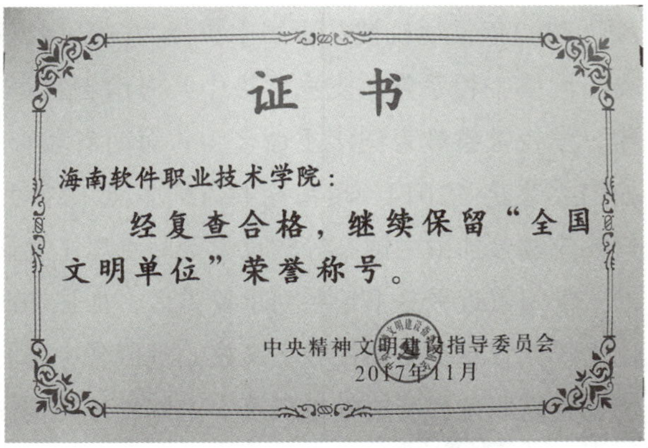
证　书

海南软件职业技术学院：

经复查合格，继续保留“全国文明单位”荣誉称号。

中央精神文明建设指导委员会

2017年11月

2017年获得“全国文明单位”证书

2012年3月，全国精神文明建设工作表彰大会在北京举行。会上公布了《关于表彰第三批全国文明城市（区）、文明村镇、文明单位的决定》，学校被授予“全国文明单位”荣誉称号，这是文明建设综合性评价的国家级最高荣誉。党的十九大召开之后，学校继续团结奋进，积极进取，校园文明建设持续加力。2017年11月，经中央精神文明建设指导委员会复查合格，学校继续保留“全国文明单位”荣誉称号，学校连续三届蝉联“全国文明单位”称号。

2020年11月20日，全国精神文明建设表彰大会在北京举行。会议表彰了第六届全国文明城市、文明村镇、文明单位，第二届全国文明家庭、文明校园，新一届未成年人思想道德建设先进典型等，学校连续四届蝉联“全国文明单位”称号。

三、教学建设荣誉

2012年省高新技术产业人才培养示范基地

教育部人才培养水平第二轮评估工作之前，学校围绕升格发展的契机，重点在IT信息产业建设方面加大投入，取得显著成效。第一轮接受教育部人才培养评估工作期间，学校先后荣获“全国电化教育工作先进单位”“海南省信息化管理示范单位”“海南省现代教育技术实验学校”等荣誉称号。之后又荣获“海南省高新技术产业人才培训示范基地”“全国信息化工程师——NACG数字艺术人才培养工程优秀合作院校”“海南省创新型科技人才培养先进院校”“海南省高等学校图书馆网络化建设合格单位”等荣誉称号，还获批为国家动漫游戏人才培养工程授权合作伙伴、海南东部唯一的高等教育自学考试考点。

党的十八大召开之后，学校入选教育部第一批职业院校信息化试点单位。2013年被中华人民共和国人力资源和社会保障部授予学校开源软件开放与应用测评试点单位。2014年被授予海南省校企合作及创业孵化先进单位。2015年入选全国首批“职业院校数字校园建设实验校”。2017年被国家教育部确定为第二批现代学徒制试点工作单位等荣誉，学校事业发展进入内涵建设的深层次。2018年被中央电化教育馆确定为“职业院校数字校园建设”实验校；被海南省教育厅确定为“海南省优质高等职业院校立项建设学校”。2019年1月，《教育部关于批准2018年国家级教学成果奖获奖项目的决定》（教师〔2018〕21号）发布，由学校副校长桂占吉教授主持的教学成果《动漫制作技术专业“三级导师学徒制”人才培养模式的创新与实践》[①]荣获2018年职业教育国家级教学成果奖二等奖，这是学校在国家教学成果获奖中取得的历史性突破。

四、就业成绩斐然

学校一直以来重视学生就业创业工作，常抓不懈，屡立奇功。2012年，学校作为海南省唯一一所高校被推荐到教育部参评每年一届的全国毕业生就业典型经验50强高校，这是迄今为止继海南大学获此殊荣之后海南省第二所被推荐参评的高校。2014年被评为“2012—2013年度海南省普通高等学校毕业生就业工作优秀单位”，连续六年获此殊荣。2016年1月，学校再次被评为2014—2015年度海南省普通高等学校毕业生就业工作优秀单位，再次充分凸显了学校对毕业生就业的高度重视、强大决心、有效举措和显著成绩。

---

① 详见本章第二节中“教学科研类成果”。

第二节　教师荣誉

二十年以来，学校广大教师积极进取，勇于创新，在党建、管理、教育、教学和科研等方面取得了优异的成绩，为学校事业发展作出了积极的贡献。

学校长期把教师培养和队伍建设列为核心重点工作，先后制定印发了《关于评选优秀青年教师的暂行规定》《关于评选优秀教师和先进教育工作者的暂行规定》《关于教学名师奖评选表彰工作的暂行规定》《关于“十佳教师”评选表彰工作的暂行规定》等一系列规章制度，极大激励了广大教师爱岗敬业、勤奋工作、勇于进取的奋斗精神，充分激发他们工作中的主动性、积极性和创造性，不断提高教育教学质量，为建设一支思想品德高尚、教学能力强、学术水平高的队伍奠定坚实的基础。

一、教师综合类荣誉

学校一直致力于党建引领学校教育事业发展，不断夯实基层组织与阵地建设，加强党员干部学习培训和培养，发挥党员干部的先锋模范表率作用，涌现出一大批优秀的共产党员和党务工作者，形成了一个个先进基层党组织，为党领导下的学校教育事业稳步发展提供了指导思想和理论保障。

2004—2006年，陈修焕、王和民、李开等分别荣获海南省优秀教育工作者、海南省教育工委优秀共产党员和优秀党务工作者称号；2008年6月，罗孝友被海南省委评为“海南省优秀共产党员”并出席在省人大会堂举行的表彰大会。

2009年9月，黄晓宁获得第二届全国青年教师师德演讲比赛一等奖。同年12月，杨亚辉被省教育工委评为省教育工委系统敬业奉献道德模范。2010年8月20日，中共海南省委组织部、海南省人力资源和社会保障厅授予王恩周“海南省委省政府直接联系重点专家”称号。

第二轮教育部人才培养评估工作结束之后，根据《人力资源社会保障部关于公布2014年享受政府特殊津贴人员名单的通知》，经国务院批准，桂占吉获批享受政府特殊津贴。这是学校首位经国务院批准享受政府特殊津贴的专家，也是学校师资队伍建设的又一重大突破。

黄晓宁老师（前排左四）在领奖现场

2017年，桂占吉入选教育部信息化教学指导委员会（2017—2020年）委员，唐惠超荣获海南省关心下一代工作先进工作者称号。2019年，肖友荣参加大会并受聘为全国报关职业教育教学指导委员会跨境电子商务分委会，是该会海南省唯一的副主任委员；严丽丽被评为2019年度全省优秀教育工作者；学校调派保亭县合口村驻村第一书记、乡村振兴工作队队长周刚荣获“2019年度海南省打赢脱贫攻坚战先进个人”称号。

2020年5月，唐惠超荣获“全省离退休干部先进个人”称号。

2021年7月，在隆重庆祝中国共产党成立100周年之际，王康、冯绍娜、黄瑞玉、袁琴英荣获海南省教育厅党委系统“优秀共产党员”称号，姚坚、王虹、李小丽、杨体莉等四人荣获省教育厅党委系统“优秀党务工作者”称号。学校派驻文昌市龙楼镇担任乡村振兴工作队队长、驻村第一书记兼任龙楼镇委副书记朱宏文被授予“海南省脱贫攻坚先进个人”称号。刘明鹏被海南省教科文卫邮电工会第一届委员会评为省教科文卫邮电工会系统“优秀工会之友”。王虹被授予“海南省优秀党务工作者”称号。

二、教学科研类成果

学校升格以来，广大教师及时转变教学理念，深入探究高等职业教育发展趋势和教学规律，紧紧围绕“走出去、请进来”的学习原则，不断提升自身教育教学、教学和科研水平，取得一系列优异的成绩。

（一）教师教研论文屡获佳绩

2010—2012年，教师教学论文获得省级奖项有46篇，其中一等奖6篇、二等奖32篇、三等奖8篇。肖友荣、郑全军、郭英英共同撰写的论文《我国中职与高职教育协调发展对接内容思考》和尚志强、凌莉共同撰写的论文《以推动高职教育国际化作为提高教学质量的重要途径》获海南省高等教育学会教学工作委员会2012年优秀教学论文一等奖。

2015年，朱兵艳撰写的论文《微信平台辅助的高职英语教学模式设计与构建》荣获由教育部指导，中央电化教育馆与中国移动通信集团公司共同主办的第七届的“中国移动‘和教育’杯”全国教育技术论文一等奖。2017年，凌莉提交的论文“A Study on the Application of Cognitive Strategies in Teaching Reading Comprehension——Take the Case of Two Class-hour as an Example”在全国高等院校英语教学学术会议评选中荣获一等奖。

2019年，海南省高等教育学会教学工作委员会年会征文活动评选中，严丽丽、丰春光、史君萍、廖敬共同撰写的论文《诊改视角下忧患意识融入高职院校质量文化建设的探究》获得特等奖；凌莉参评的论文《新型跨文化沟通课堂教学：走向坐言起行》荣获2019年全国高等院校英语教学学术年会暨第四届全国高等院校英语教师教学学术论文评选总决赛一等奖，《旅游英语课堂教学新趋向：以结果为导向教学模式的研究与实践》荣获2020年全国高等院校英语教学学术优秀论文评选一等奖。

（二）教师在各类教学竞赛中获奖

教学名师、骨干教师和青年教师的培养始终是师资队伍建设的首要任务，学校通过青年教师教学、说课、微课等教学比赛，不断加大教学改革，取得较好成绩。2009—2012年，肖友荣、吴恒玉、白晓波、严丽丽先后被评为省级教学名师。王晓琳作为海南省2014年高职高专院校思想政治理论微课教学比赛一等奖获得者，代表海南省“思想道德修养与法律基础”课程参加由教育部高等学校思想政治理论课指导委员会、全国高职高专院校思想政治理论课建设联盟、高校思想政治理论课程研究中心主办的全国比赛，荣获全国高职高专院校首届思想政治理论微课教学比赛二等奖。2016年，朱兵艳、刘士祥、蒋秀娟共同讲授的微课作品 Rising and Falling Tones 荣获全国高职高专英语组一等奖；袁琴英、杨晶共同讲授的微课作品 Taking a Food Order 荣获全国高职高专英语组二等奖。学校也同时被授予第二届中国外语微课大赛优秀组织奖。

2020年，海南省高等职业院校技能大赛教学能力比赛，学校8支队伍参加，共获得一等奖2项、二等奖2项、三等奖4项。其中，动画学院赵宝春团队和国际教育与旅游学院袁琴英团队获得省级一等奖。最终动画学院赵宝春团队代表海南省参加2020年全国职业院校技能大赛教学能力比赛，获得全国三等奖，这是学校历史上唯一获得全国职业院校技能大赛教学能力比赛奖励的团队，是学校历史上的又一次重大突破。

（三）教科研成果突出

升格发展以来，学校始终确定教学工作为中心，高度重视教学科研工作发展，实现了一次又一次零的突破。2010—2012年，教师教学科研成果获得省科学技术奖2项、获得省级科研成果奖8项，省高等学校优秀教学科研成果奖9项。教师获教育部科技进步奖二等奖1项，省科技进步奖一等奖1项、二等奖1项，省优秀科研成果奖二等奖3项、三等奖1项。

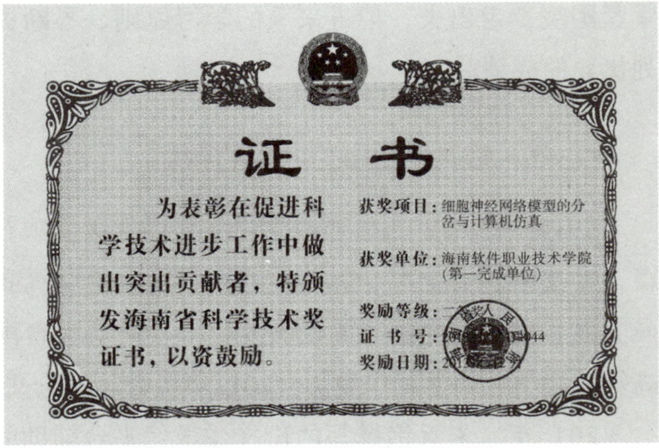

海南省科学技术奖证书

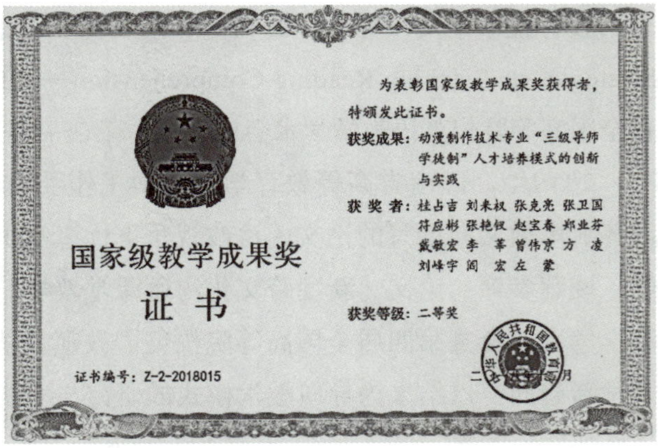

国家级教学成果奖证书

2015年，曾维鹏和蔡莉莎发明的“一种多功能网络环境监测系统”，经中华人民共和国国家知识产权局审查，于2016年4月20日正式授予实用新型专利权（专利号：ZL 2015 2 1033308.2）。这是学校教师在科学研究方面的又一创新性成果。

2016年11月，符应彬、郑业芬、马瑞智创作的作品《黎孕三月三》荣获“首届国际数字艺术设计作品展”金奖，并排名国内金奖院校的榜首。2017年，学校注重教学改革成果的培育工作，首先在校内进行了校级教学成果奖的评审，然后，把前两名推荐到省里参加海南省教学成果奖的评审。桂占吉、刘来权、张克亮、张卫国、符应彬、张艳钗、赵宝春、郑业芬、戴敏宏、李苹、曾伟京、方凌、刘峰宇、阎宏、左蒙等共同完成的成果《动漫制作技术专业“三级导师学徒制”人才培养模式的创新与实践》荣获2017年海南省高等教育省级教学成果奖一等奖，2018年又荣获国家级教学成果奖二等奖，这是学校在国家教学成果奖上取得的历史性突破。

2019年，戴辉、桂占吉、郑全军、严丽丽、季文天共同完成的教学成果“基于产教融合的‘三阶段、双轨制’软件类人才培养模式实践”，荣获中国通信工业协会第一届教学成果一等奖。桂占吉主持的“非线性系统的混沌控制及疾病防控研究”项目获2019年度海南省科学技术奖二等奖，我校是获得2019年度海南省科学技术奖的唯一一所高职院校。

第三节　学生荣誉

二十年来，学校非常重视学生综合素质培养，坚持把学生荣誉和职业技能综合能力与素质培养融为一体，紧抓实践教学这一主线，坚持把参加竞赛活动和建设精品校园文化品牌活动作为提高学生综合素质和职业技能、形成良好学风的重要途径，不断培植学生集体荣誉感，逐步提升团队协作能力，在参加各种竞赛活动中实现了一次又一次零的突破，在海南乃至全国高职院校中产生了巨大反响，为形成学校教学特色品牌奠定了坚实的基础。

一、评奖评优制度

为维护学校正常的教育教学秩序和生活秩序，保障学生身心健康，促进学生德、智、体、美、劳全面发展，依据《中华人民共和国高等教育法》和教育部颁布的《普通高等学校学生管理规定》，结合实际，学校修订了《学生管理规定》《国家奖学金评审管理办法》《国家励志奖学金评审管理办法》等制度，2010年又进行了修订。学校通过三好学生标兵、三好学生、优秀学生干部、优秀毕业生、十佳学子、十佳团干、优秀团干等单项奖，并结合国家奖学金、国家励志奖学金、海南省优秀贫困大学生等上级单项奖，树立了一大批先进典型。

第一轮教育部人才培养评估之始，学校学生先后被评为省级优秀团员、优秀团干部23人，被评为校级“三好”学生标兵、三好学生、优秀学生干部、优秀毕业生有1 254人次；获得国家级奖学金6人，获得校级奖学金634人次。这些优秀典型的树立，极大地激发了学生的学习热情，为师范时期良好学风的延续提供了最基本的保障。

根据2012年学校接受教育部人才培养综合评估工作时统计，以生源地助学贷款、国家奖学金、国家励志奖学金、国家助学金为主，以海南省贫困大学生奖学金、学校奖学金、以勤工俭学、爱心资助为辅为家庭经济困难的学生提供了有效的解决路径，确保每个学生能无忧上大学。2009年至2011年，学生获国家奖学金、国家励志奖学金、海南省优秀贫困生奖学金、学校奖学金、国家助学金、临时补贴、生活补贴、免学费免住宿费、爱心资金等共50 963人次，设置勤工助学岗位697个，共发放奖助学金2 564.319万元。

2014年至2021年间，学校学生共有33人获得国家奖学金（含中职），获得国家励志奖学金1 230人次，国家奖学金提名16人次，海南省优秀贫困生奖学金159人次，中职优秀学生奖学金140人次，学校奖学金4 215人次。2014年至2020年间，学校还有1 572人次获得新生奖学金，获得优秀学生干部及三好学生五千多人次。

二、职业技能竞赛荣誉

舞蹈《穿越》获奖现场

2005年7月，在北京举办的第一届全国大学生艺术展演活动艺术表演类比赛中，学校选送的舞蹈《穿越》《马帮》夺得舞蹈类别的一等奖。《穿越》在人民大会堂举行的闭幕式上演出。同年12月，符婷婷同学参加第三届全国校园歌手大赛荣获专业组第3名、海南省校园歌手大赛专业组冠军，这是学校升格之后，在与本科院校同台竞技的国家级艺术类赛事之中两个专业方向的首次获奖。2006年，学校首次选派学生参加“高教社杯”全国大学生数学建模竞赛并获一等奖，此后几年便成为该项赛事折桂的专业户。特别是学校接受第二轮人才培养评估工作期间，学生参加各类职业技能比赛硕果累累。

2009—2012 年学生参加省级及以上职业技能大赛获奖情况一览表

序号	奖项名称	获奖等级 / 个			
		一等奖	二等奖	三等奖	合计
1	全国职业院校技能大赛	/	/	3	3
2	高教社杯全国大学生数学建模大赛	1	4	/	5
3	全国大学生电子设计竞赛	/	3	/	3
4	红旗杯全国大学生开源软件技术竞赛	5	14	15	34
5	其他国家级竞赛	1	2	5	8
国家级奖项合计		7	23	23	53
6	泛珠三角安利杯计算机作品大赛·海南赛区	2	4	2	8
7	海南省职业院校技能大赛	17	20	21	58
8	全国大学生电子设计竞赛·海南赛区	1	3	2	6
9	高教社杯全国大学生数学建模大赛·海南赛区	5	5	11	21

续表

序号	奖项名称	获奖等级 / 个			
		一等奖	二等奖	三等奖	合计
10	天翼杯海南省大中专学生平面设计大赛	1	1	3	5
11	其他省级竞赛	2	7	25	34
省级奖项合计		28	40	64	132

十八大后，学校开始在国家级职业技能竞赛中屡屡获奖。2013年“首届全国高校数字艺术作品大赛”颁奖典礼在上海城市规划展览馆隆重举行，学校师生参赛的作品共荣获一等奖1项，二等奖3项，三等奖8项，同时荣获“优秀组织奖”。由教育部和工信部联合主办的“瑞萨杯”2013全国大学生电子设计竞赛中，林明秀、郑伟明、马勇等三名学生组成的代表队荣获全国二等奖，这是海南赛区（高职组）获得的唯一全国奖项。

2014年，数码设计系学生林永生代表海南省参赛荣获2014年全国职业院校技能大赛（高职组）动漫赛项一等奖；艺术传媒系学生李净言的原创音乐《黑礼服》、姚建华视频配乐《宵禁》在“2014年中国大学生计算机设计大赛决赛”中，作为当时唯一的高职选手与本科院校同台竞技，在一等奖空缺的情况下，分获电脑音乐制作二等奖和三等奖。

2015年，在全国大学生电子设计竞赛海南赛区竞赛中，学校3支代表队共获得1个特等奖（最高奖）、2个二等奖。同时，由获得特等奖的林煌、莫兰能、文宠哲等3名学生组成代表队在12月参加的全国比赛中荣获高职高专组一等奖，实现了海南省高职高专院校在全国大学生电子设计竞赛获得一等奖奖项上零的突破。

2014年全国职业院校技能大赛颁奖现场

2016年，全国职业院校技能大赛高职组三维动漫制作大赛共有来自全国30个省份与地区的95所高校共128名选手参同台竞技。我校学生邓华东、林志轩代表海南参加了本次角逐并以优异的成绩勇夺两个全国一等奖。这是学校动漫设计与制作专业学生继2014年全国职业院校技能大赛之后，第二次登上全国职业院校技能大赛一等奖的领奖台。

党的十九大召开之后，学校本着“以赛促学”的指导思想，不断加大职业技能培训，又取得一次次重大的突破。2017年 12月，学校学生又在第二届“奥派杯”全国移动商务技能竞赛全国总决赛中代表海南赛区参加全国总决赛，并以优异成绩获得高职组全国一等奖，是商务技能类专业技能竞赛的一次重大突破。2018年，姚冬丽、周菊两位同学创作动漫作品《说说这五年》在“青春新时代梦想新征程”高校学生评论征文活动中喜获全国一等奖。2019年，在第十一届全国大学生广告艺术大赛海南赛区竞赛中，动画学院学生作品获得平面类一等奖1项、二等奖8项、三等奖7项，学校荣获海南省唯一一个“优秀组织单位”称号。

2020年，在首届中国好厨师短视频厨艺作品专项赛总决赛中，烹饪专业选送的4项作品荣获特金奖2项、赛事技术能手1项、最佳推广奖1项，开启了烹饪专业竞技的新起点；在“第十届全国大学生计算机应用能力与信息素养大赛”全国总决赛中，学生赵梦博以总分第一的成绩获得计算机基础（ICT）赛项（高职组）总冠军，学生张祖峰以总分第一的成绩获得 Office 商务应用-文字处理（高职组）一等奖。同年，电子商务专业吴福鑫、陈琬平、吴挺玮、李海娟、邱国柳等5位学生组成的卢本伟战队和李山、李欣镅、黄文钟、岑运皇、羊小丽等5位学生组成的鲸随浪而涌战队在“洽洽杯”全国大学生新媒体运营实战大赛全国总决赛中，分获特等奖和一等奖，学校再获“优秀组织单位”称号。

2014年全国职业院校技能大赛颁奖现场

2021年，动画学院掀起竞赛折桂高潮，其中，学生斩获中国大学生广告艺术节学院奖2021春季赛金奖、第四届中国虚拟现实大赛决赛一等奖和第十五届中国好创意暨全国数字艺术设计大赛全国一等奖。12月，在北京卫视播出的“2021第三届北京国际公益广告大会公益盛典”上隆重揭晓。该学院师生团队报送的作品《消亡》荣获未发布类平面组唯一的一等奖奖项，其他作品还荣获未发布类平面组优秀奖十项、发布类平面组优秀奖四项，再次掀起折桂热潮。

三、其他荣誉

（一）创新创业

升格之后，学校高度重视学生就业问题，坚持把创新创业当作促进学生高质量就业的主要抓手之一，加大就业创业师资培训，紧紧围绕校级、省级和国家级创新创业赛事开展专项培训活动，不断增强学生的职业生涯规划和就业创业能力，取得了良好的效果。

2011年12月，海南省人力资源社会保障厅、海南省财政厅、海南省教育厅、共青团海南省委主办，海南省人力资源开发局和海南省广播电视总台生活综艺频道承办的2011年海南省创业大赛总决赛中，学校原色工作室20位同学组成的创业团队，凭借《海南传奇》回合制角色扮演类网络游戏项目经过层层角逐进入总决赛并获得高校组二等奖、单项奖最佳创意奖和优秀组织奖，是当时唯一一所获此殊荣的高职高专院校。

“挑战杯——彩虹人生”全国职业学校创新创效创业大赛参赛学生

2018年8月17日，2018年“挑战杯——彩虹人生”全国职业学校创新创效创业大赛决赛在南京江宁体育中心落下帷幕。由马杰老师指导，韩正光、陈文艺、黄傲、谢鹏勤、刘慧等同学共同完成的作品《基于传统中医理论的五行查询与养生推荐系统》荣获全国二等奖。这是学校学生首次在该赛项上获奖，实现了学校学生在全国职业院校创新创业大赛中获得奖项零的突破。

2021年，由凌铭泽和蒋国文两位老师作为指导教师，辛杰、王诺、殷梦瑶、张会文、蒙春薇等五位学生组成的队伍获得由教育部、北京市人民政府以及相关部委主办，北京市教委承办的2021年全国职业院校技能大赛高职组“创新创业”赛项三等奖，这是学校在创新创业方面第二次获得国家级赛事奖项。

（二）其他赛事

一直以来，学校始终坚持培养学生的综合素质，并把它作为教育教学工作的主要任务之一。学校以学生社团建设为抓手，由主管部门具体负责实施，结合选修课程开设、宿舍文化建设、课外活动开展等一系列文体活动，极力提高学生的综合素质，取得一系列优异成绩。

表演艺术屡创佳绩：2005年，学校组团参加第三届青少年民乐团队参加北京邀请赛荣获该赛事最高奖项——阳光奖。2006年，学校学生参加教育部主办的“纪念红军长征胜利七十周年”全国大学生演讲荣获三等奖；参加“知荣辱，树新风”全国演讲大赛荣获全国三等奖2个。2009年9月，省文明办、省教育厅、省语委办共同举办了“我们的节日·中秋”诗文朗诵比赛，学校选送的诗朗诵《河颂》荣获大学组一等奖。2012年11月，外语与旅游系学生陈思同参加“我为文明交通添彩”全省十万大学生主题演讲比赛荣获一等奖。

学校民乐团正准备演出

球类竞技开创历史：在2008年海南省大中学生沙滩排球赛中，学校男子沙滩排球队以全胜的战绩夺得高职高专组冠军。在2019年中国大学生沙滩排球冠军赛中，来自全国20多所高校的120多名运动员参赛，由谭传新为领队，王正宝、孔宪瑜为教练员带领的学校男子沙滩排球代表队参赛，经过激烈角逐，电子工程系学生林先皇、信息管理系学生姚实畅获得男子阳光组第一名。在2018—2019CUVA中国大学生排球联赛中，学校男子排球代表队顽强拼搏，勇夺高职高专组全国亚军，是学校建校以来在体育赛事中所获的最高奖项。

学校男子排球队在2018—2019CUVA中国大学生排球联赛的比赛场景

社会评审喜见新功：2013年，由团中央和全国学联主办，中国青年报社和中国高校传媒联盟承办的寻访“中国大学生自强之星”活动中，网络工程系学生李子杰荣获2013年度“中国大学生自强之星”提名奖，并获得“中国大学生新东方自强奖学金”。2014年，计算机网络技术专业学生黎清琼荣获“中国电信奖学金”暨“践行社会主义核心价值观先进个人标兵”，这也是当年全国高校中唯一一名获此殊荣的在校专科学生。2016年，由共青团中央、中国电信集团公司、全国学联联合举办的2016年“中国电信奖学金”暨“践行社会主义核心价值观先进个人”遴选寻访活动，电子工程系学生石招辉最终斩获了“中国电信奖学金·天翼奖”暨“践行社会主义核心价值观先进个人标兵”，成为当年全国唯一一位获此殊荣的专科学生。

涉外教育成果喜人：2019年11月，来自全世界113支代表队共2 000余名运动员参加了海南国际旅游岛亚太武术公开赛。学校选派33名留学生组成学校代表队，一路过关斩将，在集体项目中荣获金牌即“集体项目一等奖”，在个人项目中斩获6枚金牌、4枚银牌、4枚铜牌，学校荣获“优秀组织奖”，领队孙雯老师荣获“优秀领队奖”，艾利克斯老师荣获“优秀教练员奖”。

■ 附：荣誉奖励年谱

2003年

3月，学校团委被团中央授予“全国五四红旗团委”。

2004年

7月22日，在北京举办的第一届全国大学生艺术展演活动艺术表演类比赛中，学校选送的舞蹈《穿越》《马帮》夺得舞蹈类别的一等奖，《穿越》在人民大会堂举行的闭幕式上演出。

2005年

12月4日，在第三届全国校园歌手大赛海南省校园歌手大赛总决赛中，学校学生符婷婷荣获海南省校园歌手大赛专业组冠军。

12月25日，软件工程系学生明秀君（软件工程系）、钟美权（软件工程系）、刘冬梅（软件工程系）参加全国大学生数学建模竞赛荣获海南赛区乙组三等奖。

2006年

3月24日，学校被海南省教育厅授予“人事统计优秀报表单位”称号。

4月，学校在由中共海南省教育工委、海南省教育厅主办的海南省安全文明生态学校创建活动中被评为“三等奖”。

10月11日，郑平云、钟美权、王文欣参加高教杯全国大学生数学建模竞赛（海南赛区）获得一等奖；张建辉、熊恩泉、赖俊获得海南乙组二等奖；攀迦勒、王辉、李瑞获得海南乙组三等奖。郑平云、钟美权、王文欣获得全国乙组一等奖。

10月20日，校长王恩周被海南省人民政府批准为2006年度海南省有突出贡献的优秀专家。

11月3日，学校被海南省企业信用评价中心评为“第一届海南省教育十佳信用奖”“海南省家长满意学校”、信用等级为AA级。

12月底，软件工程系李多思等六位学生获得本年度的国家奖学金；文科部05文秘冯秀琴等4位学生获2006年度海南省优秀贫困大学生一等奖学金；软件工程系张斌等8位学生获2006年度海南省优秀贫困大学生二等奖学金；文科部05文专李桂燕等13位学生获2006年度海南省优秀贫困大学生三等奖学金；信息技术教育系钟少芳等391位学生获得2006年度的国家助学金。

2007年

5月，理科部05小教（1）班被中共海南省教育工委、海南省教育厅、共青团海南省委授予“海南省先进班集体”光荣称号。

9月8日，教师周运诗被评为海南省优秀教师和全省高校优秀思想政治理论课教师。

9月29日，学生孙新陇、李紫薇分别以总分第8和第10的成绩双双荣获“第四届全国高职高专实用英语口语大赛”（海南赛区）三等奖。李紫薇将于10月13日代表学校参加“CCTV”杯全国大学生英语演讲比赛的复赛（海南赛区）。

10月20日，学校数学建模队参加2007年高教社杯全国数学建模竞赛（海南赛区乙组）参赛的7个队全部获奖，其中，一等奖2个，分别是伍辉、李楚辉、金兰团队和苗彦朋、李腾飞、李俊如团队；二等奖2个，分别是李锐、李加宝、匡明团队和张少宇、王群、邝丹华团队；三等奖3个，分别是李伟良、赵慧、谢志兵团队，王万甫、周伟雅、赵璐团队和王虎威、谢明贵、何鑫团队。

2008年

3月7日，学校被琼海市政府授予2007年度人口和计划生育工作先进单位。

3月30日，在李宁中国大学生足球联赛暨2008年海南省大学生男子足球赛中，学校代表队获得高职高专组第二名，学校获得“优秀组织奖”，覃茂丁获得“教练指导二等奖”。

6月14—15日，在海南省第三届大学生文艺汇演舞蹈专场比赛中，学校女子群舞《女兵》获得专业组群舞一等奖，女子群舞《中国妈妈》获得普通组群舞一等奖，双人舞《同行》获得普通组单双三人舞一等奖；男子群舞《狼图腾》获得专业组群舞二等奖，双人舞《回家》获得专业组单双三人舞三等奖。

6月，学校信息技术系教师肖友荣负责的“FLASH动画设计与制作”课程被评为省级精品课程。

6月，在省委宣传部、省教育工委、省教育厅组织开展的海南省第二届高校思想政治理论公开课教学比赛中，学校社会科学部王晓琳荣获高职高专组一等奖（唯一一名），贺东建荣获优秀奖。

6月27日，教师罗孝友被海南省委评为“海南省优秀共产党员”并出席在省人大会堂举行的表彰大会。

9月，在2008年海南省大中学生沙滩排球赛中，由教练王正宝指导的学校男子沙滩排球队以全胜的战绩夺得高职高专组冠军。

9月，在2008年“第五届‘高教杯’全国高职高专实用英语口语大赛”（海南赛区）比赛中，软件工程系08软件技术306班来海龙荣获三等奖、信息管理系08会计电算化201班郑铁青荣获优胜奖。

10月31日，学校数学建模队参加2008年高教社杯全国数学建模竞赛（海南赛区乙组）获得一等奖1个、三等奖2个。

12月，在海南省首届计算机论坛暨海南省计算机学会2008年年会上，校长魏应彬当选为海南省计算机学会理事长。

12月13日，在2008“红旗杯”全国大学生开源软件技术竞赛中，网络工程系学生江诗源获个人银奖，江诗源、周林晨、黎波波等获团队三等奖。

12月26日，在海南省“新卫杯”第二届大学生电子设计竞赛中，学校学生获得本次大赛一等奖1个、二等奖2个、三等奖2个。

12月，软件技术试验室被评为“海南省2008年度高校优秀实验室”，黄果、符天、裴云等三人被评为“海南省2008年度高校实验教学和管理先进工作者”。

2009年

2月9日，舞蹈《中国妈妈》在教育部举办的全国第二届大学生艺术展演中荣获舞蹈类一等奖。

3月，学校计算机应用技术实验中心被批准为省级实验教学示范中心。

3月，学校被评为“海南省2006、2007年度普通高等学校毕业生就业工作优秀单位”。

4月，在海南省高等教育省级教学成果评审中，基础教育部杨亚辉、孙有策、齐圆华、黄晓妃等参与的《以数学实验和数学建模为突破口，促进高职院校数学课程改革》教学成果项目获二等奖。此外，项目组成员编写的《数学建模讲义》和《数学实验实训教程》两本校本教材还填补了海南省高职高专院校在这方面的空白。

4月26日，在海南省第四届大学生翻译大赛中，学校学生周安国荣获二等奖，来海龙、严丽娇荣获优胜奖。

6月，学校被琼海市人民政府评为2007—2008年度消防工作先进单位。

6月，学校《计算机辅助工程绘图》课程被评为省级精品课程。

6月，副校长桂占吉带领的软件技术专业WEB应用系统教学团队被评为省级教学团队，并被推荐申报2009年国家级教学团队。

6月13日，海南省计算机学会组织举办“泛珠三角安利杯”（海南赛区）大学生计算机作品竞赛，学校软件工程系学生获得一等奖一项、二等奖两项、三等奖两项。

9月3日，在第二届全国青年教师师德演讲比赛中，教师黄晓宁代表海南省参赛，并以高校第一名的成绩荣获一等奖。

9月4日，教师罗孝友被海南省教育厅授予“全省优秀教师”“全省高校优秀思想政治理论课教师”称号。

9月，在2008年度海南省大学生志愿者暑期社会实践活动先进集体、先进个人及优秀论文评选表彰活动中，学校计算机服务队被评为“先进实践队”，王宁亚、吴淑娟被评为“学生积极分子”。

9月14日，在2009高教社杯全国大学生数学建模竞赛（海南赛区）中，学校共派出10支代表队参加了本次竞赛，取得了3个一等奖、2个二等奖、4个三等奖的好成绩。

9月29日，在省文明办、省教育厅、省语委办共同举办的“我们的节日·中秋”诗文朗诵比赛中，学校选送的诗朗诵《河颂》荣获大学组一等奖。

9月，在2009年度海南省高等学校优秀科研成果评奖中，陈修焕、钟裕林、霍元极、寇福来、杨亚辉集体申报的《有限域上几种组合结构》获理工类集体系列论文二等奖，李菊顺申报的《大学生心理健康教育》获社科类（著作类）个人编著三等奖，肖友荣申报的《“信息技术课程教学研究”系列论文》获教改类个人系列论文三等奖。

11月16日，在第五届省直属基层工会教职工排球赛中，学校代表队在此次排球赛中荣获高校女子组第二名以及优秀组织奖。

11月23—27日，在第六届海南省普通高等学校青年教师教学大赛中，学校软件工程系教师裴云获高职高专组一等奖，网络工程系教师陈艺卓获优秀奖。

12月，在第三届“红旗杯”全国大学生开源软件技术竞赛中，学校代表队获得团体一等奖1项、团体二等奖1项、团体三等奖2项、个人金奖2项、个人银奖9项、个人铜奖3项的喜人成绩。

12月15日，在海南省第七届大学生排球赛中，学校排球代表队夺得了第三名的好成绩，并获得道德风尚奖。

12月，在海南省首届大学生职业生涯规划大赛中，学校三名学生获优秀奖，学校获得优秀组织奖。

12月，学校软件技术专业被评为海南省高职高专院校特色专业。

12月，在全国大学生电子设计竞赛海南赛区“鑫网网络杯”竞赛中，学校学生刘汉林、徐殿富、黄灿辉获高职高专组二等奖，黄成兴、刘明光、张玉超获三等奖，黄果被评为优秀指导教师，学校获得优秀组织奖。

12月，在2009年海南省第六届高校实验室工作论文评比中，教师戴辉获二等奖，教师王大山获优秀奖。

2010年

1月，教师杨亚辉被评为海南省教育系统“敬业奉献道德模范”。

1月，在海南省第一届高等教育教学研究会论文评比中，教师李仕专获一等奖，唐民丽、肖友荣、符应彬、冯艳丹、尚志强、杨晶、凌丽等7名教师获得二等奖，获奖数量在全省18所高校中名列第二。

1月，在第十八届高教社杯全国大学生数学建模竞赛中，学校9名学生组成的三支代表队夺得二等奖3项。

2月，学校被海南省委教育工委评为2009年度教育工会工作先进单位。

3月，学校被评为琼海市2009年度人口与计划生育工作先进单位。

3月，网络工程系白晓波带领的计算机网络技术核心课程教学团队被评为2010年省级教学团队。

3月28日—4月1日，在2010年海南省大学生男子足球锦标赛中，学校男子足球代表队夺得第三名的好成绩，学校荣获优秀组织奖，覃茂丁、王家帅两位教练被评为优秀教练员。

3月31日，电子工程系教师吴恒玉负责的数字电子技术课程被评为2010年省级精品课程。

4月22日，学校被海南省教育厅授予“2009年度学校安全工作先进单位”。

4月26日，数码设计系教师符应彬主持的动漫设计与制作专业被海南省教育厅评为2010年海南省特色专业建设点。

4月，学校被国家动漫产业振兴基地人才培养工程办公室评为2009年度NACG国家动漫游戏人才培养工程“最佳进步奖”。

6月，海南血液中心授予学校“海南省2008—2009年度无偿献血先进单位”称号。

6月3日，在全省职业院校技能大赛中，学校6个项目荣获一等奖，4个项目获二等奖，5个项目获三等奖。

6月，在2010年泛珠三角（9+3）“安利杯”大学生计算机作品竞赛（海南赛区）中，学校选送的5个作品分别获得1个一等奖、2个二等奖、2个三等奖。

6月25—27日，在教育部等16个部门联合举办的2010年全国职业院校技能大赛中，学校网络工程系和电子工程系学生分别代表海南省参加了“计算机网络组建与安全维护”项目、“嵌入式产品开发”项目比赛。最终，网络工程系的“计算机技术—计算机网络组建与安全维护”项目荣获三等奖。

7月，在全省第十七届多媒体教育软件评比中，学校教师获得一等奖1名、二等奖7名、三等奖1名的好成绩。

7月6日，海南省人力资源和社会保障厅授予副校长桂占吉“2010年度海南省有突出贡献的优秀专家”称号。

6月18日，教师肖友荣主编的《大学计算机基础实践教程》通过立项评审，并获得教育厅3300元项目经费资助，成为本次资助经费最高的项目之一。

8月20日，中共海南省委组织部、海南省人力资源和社会保障厅授予学校党委书记王恩周为“海南省委省政府直接联系重点专家”。

8月8日，《海南日报》头版以《特色办学铸软件技能品牌——海南软件职业技术学院人才抢手》为题，对学校人才培养工作进行了报道。

9月，在2007—2008年度海南省自然科学优秀学术论文评选中，学校副校长桂占吉2007年6月在Chaos，Solitons and Fractals上发表的论文《具有脉冲的非自治细胞神经网络模型的周期解》被评为2007—2008年度海南省自然科学优秀学术论文一等奖。

10月10日，副校长桂占吉当选为海南省第三批“515人才工程”第一层次人选。

10月，在2010高教社杯全国大学生数学建模竞赛（海南赛区）中，学校代表队取得2个一等奖、1个二等奖、3个三等奖的好成绩。

10月，学校任泳乐、张犇两位学生创作的《智能消防小车》荣获“2010年全国大学生电子信息实践创新作品”二等奖。

11月2—8日，在海南省第八届大学生篮球赛中学校学生男子篮球队、女子篮球队均获乙组第四名，学校获得体育道德风尚奖。

11月，学校师生作品在全国第二届校园DV、摄影展示活动竞赛中取得了1个一等奖、1个二等奖、2个三等奖的成绩。

12月5日，在第四届“红旗杯”全国大学生开源软件技术竞赛中，学校网络工程系学生获团队一等奖1项、团队三等奖3项、个人金奖1项、个人银奖5项、个人铜奖8项。学校网络工程系教师杨登攀、陈艺卓被评为最佳指导教师。

12月2—6日，在海南省第七届大中专学生田径运动会比赛中，学校代表队获得一项第一名、一项第二名、四项第三名、团体总分第六名及体育道德风尚奖。

2010年12月17日，在海南省第七届高校实验室工作论文评选活动中，学校选送的三篇论文荣获二等奖。

12月，在海南省大学生电子设计“迅通杯”竞赛中，学校学生张犇、任泳乐、吴森获高职高专组一等奖，陶成武、蔡福余、林鸿荣获二等奖，谢裕艺、刘华赟、刘宽获三等奖。

12月，电子工程系教师吴恒玉被评为海南省第六届普通高等学校教学名师。

12月22日中，数码设计系戴敏宏老师的作品《游戏角色设计》荣获“中国学院奖”首届游戏设计大赛三等奖。

12月28日，在海南省“中国移动杯”大学生创业大赛中，学校学生侯琪、陈国凯、陈孝顺等创业的项目《卓恩科技创作开发有限公司》获“移动手机应用商城最佳设计奖”，学校获优秀组织奖。

2011年

1月，教师李菊顺、王虹撰写的《贯彻落实科学发展观海南高校工会女教职工工作思路与对策》在中国教文卫体工会女职工委员会组织开展的“百年·知识女性与社会发展”论文征集评选活动中获优秀奖。

1月20日，教师车广秀被国家语言文字工作委员会普通话培训测试中心授予“全国优秀普通话水平测试员”。

3月，学校被海南省教育厅评为“海南省高等学校图书馆网络化建设合格单位”。

3月26日，海南省高等教育学会教学教学工作委员会公布2011年优秀教学研究论文获奖名单，学校教师1篇论文获一等奖，4篇论文获得二等奖。

3月，学校被教育部艺术教育委员会评为“全国学校艺术教育工作先进单位”。

3月，学校被琼海市委、市政府评为琼海市2010年度人口与计划生育工作先进单位。

3月，数码设计系辅导员符东升被评为“海南省高校优秀辅导员”。

3月24日，《中国教育报》刊发《校企合作催动学校内涵发展》，报道了近年来学校的校企合作及人才培养工作情况。

4月2日，学校副校长陈修焕撰写的《新加坡理工学院技能型人才培养的特色及实践借鉴》获得“高职院校领导海外培训项目2010年度优秀研修报告奖”。

4月，在海南省建省20周年基础教育论文成果评选中，学校教师撰写的16篇论文获奖。其中，一等奖2篇，二等奖11篇，三等奖3篇。

4月，在2009—2010学年度海南省中等职业学校优秀学生奖学金评选中，学校5名学生获此奖励。

4月，学校被海南省人力资源开发局评为2009、2010年度海南省普通高等学校毕业生就业工作优秀单位，学校连续四年获此殊荣。

5月23日，在2011年全省职业院校技能大赛高职组比赛中，学校学生获一等奖6个、二等奖10个、三等奖8个。

5月，学校被授予2007—2010年度海南省文明单位称号。

5月30日，学校网络工程系计算机网络技术专业被评为省级特色专业建设点。

5月30日，学校数码设计系影视动画核心课程教学团队被评为省级教学团队。

5月30日，学校网络工程系副主任白晓波荣获省级教学名师奖。

5月31日，在2011年海南省普通高等学校公共英语青年教师教学大赛决赛中，外语与旅游系教师吴婧聆获一等奖，袁琴英获优秀奖。

6月7日，在2011年海南省高校思想政治理论课青年教师公开教学比赛中，学校社会科学部崔丹获高职高专组三等奖，张小群获优秀奖。

6月21日，在海南省教育系统庆祝中国共产党建党90周年“颂歌献给党”歌咏活动中，学校获一等奖和优秀组织奖。

6月22日，学校软件工程系教师王瑞庆主持申报的“WEB国际标准”课程被评为省级精品课程。

6月23日下午，数码设计系教师庞炳楠指导，杨新、符哲玮两位学生设计的平面广告作品《盼盼食品·麦香系列》荣获“第九届中国大学生广告艺术节学院奖”银奖，另有6套学生作品获佳作奖。

6月26日，学校学生的1个作品荣获“安利杯”全国大学生计算机作品赛总决赛铜奖和海南赛区一等奖、最佳创意奖，2个作品获海南赛区二等奖，2个作品获海南赛区三等奖。

7月，在第十八届海南省多媒体教育软件评比中，学校教师荣获课件类一等奖2项，二等奖4项。

8月，科研设备处被评为“全国高职高专院校科研工作先进单位”。

8月5日，海南日报刊发《特色办学铸品牌 春华秋实谱新篇——海南软件职业技术学院发展纪实》文章，对学校近年来的办学成绩进行了专门报道。

9月，在第三届海南省高等学校优秀科研成果评奖中，学校共4个科研项目荣获集体成果三等奖。

10月，网络工程系副主任白晓波被评为海南省高等学校优秀中青年骨干教师。

10月，电子工程系学生荣获“瑞萨杯”2011年全国大学生电子设计竞赛二等奖2个，海南赛区一等奖2个、二等奖1个。这是学校首次获得这一赛事的国家级奖励。

10月10日，在2009—2010年度海南省自然科学优秀学术论文评选中，学校2篇论文荣获二等奖、2篇论文荣获三等奖。

10月，社会科学部副主任罗孝友主持的“大学生信仰问题研究——以海南省高职院校学生为例”课题，获批为2011年度教育部人文社会科学研究专项任务项目（马克思主义中国化 时代化 大众化）自筹经费类课题。

10月，外语与旅游系副主任尚志强主持的“英语导游课程开发与教学实践”课题，被教育部高等学校高职高专英语专业指导委员会批准为第三期“全国高职高专英语类专业教学改革课题”中的一般课题（国家资助类课题）。

10月11—15日，在2011年海南省大学生沙滩排球锦标赛中。学校2支学生男子沙滩排球队分别获得乙组“第三名”“第四名”以及“体育道德风尚奖”的好成绩。

10月，数码设计系教师吕永执导的26集电视剧《一夜迷情》在全国众多院线上映。

11月5日、6日，学校学生书法作品参加2011年海南省大学生美术书法作品比赛，获得专业组三等奖1个、普通组三等奖3个的好成绩。

11月18日，在首届“天翼杯”海南大中专学生平面设计大赛中，学校学生荣获一等奖1名（高职唯一）、二等奖1名、三等奖3名，获奖数量位居全省大中专学校第一；优秀选手11名，获奖数量位居全省大中专学校第二。

11月23日，学校被授予“海南省教育系统‘五五’普法先进单位”。

11月28日，在2011全国三维数字化创新设计大赛全国总决赛中，学校数码设计系学生创作团队的作品《地球之殇》荣获现场决赛二等奖，是海南省唯一一部入围决赛并获奖的作品。

12月2日，海南省人民政府颁布《关于2011年度海南省科技进步和科技成果转化奖励的决定》，学校有两个项目获得科技进步奖二等奖，是此次唯一获奖的高职高专院校。

12月5日，学校被确定为海南省第一批依法治校示范校。

12月8日晚，在2011年海南省创业大赛总决赛中，学校学生创业团队的《海南传奇》回合制角色扮演类网络游戏项目，获得本次大赛高校组二等奖、单项奖最佳创意奖，我校学生是唯一进入冠亚军决赛的高职高专院校学生，同时学校荣获优秀组织奖。

12月8日，在第七届海南省普通高等学校青年教师教学大赛中，学校数码设计系教师张瑞娥荣获高职高专组一等奖，电子工程系教师蔡莉莎获优秀奖。

12月11日，《南国都市报》发布题为《海软学子30年爱心接力不间断，敬老院老人把他们当亲人》的新闻，对学校学生为琼海市光荣院、敬老院老人们开展的送温暖献爱心活动报道。

12月，学校173名学生获得2011年度国家励志奖学金，41名学生获得2011年度海南省优秀贫困生奖学金。

12月20日，学校被中央精神文明建设委员会授予第三批全国文明单位称号。

12月22日，在全国大学生数学建模竞赛20周年庆典暨“2011高教社杯”颁奖仪式上，教师杨亚辉被评为“全国大学生数学建模竞赛优秀指导教师”，是全省高职高专院校唯一获奖的教师。

12月23日，学校被琼海市委、市政府评为2011年度人口与计划生育工作先进单位。

12月30日，在第八届高校实验室工作论文评选中，学校教师2篇论文获二等奖，3篇论文获三等奖。

2012年

1月15日，教育部高等学校高职高专计算机类专业教学指导委员会下发《关于公布“IT类专业核心课程资源建设”立项名单通知》，学校主持申报的“JAVA Web 应用开发”和参与申报的“网络组建与维护”两个课程项目获准立项。

2月，在2011年度海南省科技进步奖评选中，教师陈修焕主持，钟裕林、王恩周、李开、符策红、杨亚辉、吴琼扬、霍元极等参与完成的项目“利用有限典型群几何学构作的组合构形”，桂占吉参与完成的项目“基于Web的E-Learning基础理论研究与应用”均荣获海南省科技进步奖二等奖。

3月6日，学校接受了中央文明委授予的“全国文明单位”奖牌。

3月25日，在2012年中国企业科技创新年会暨海南省高新技术发展大会上，学校副校长桂占吉出席大会并被授予“海南省科技创新领军人物”称号。

3月，学校获得由工业和信息化部人才交流中心主管的全国信息化工程师——NACG数字艺术人才培养工程授权，成为“全国信息化工程师NACG数字艺术人才培养工程授权合作院校”。同时还荣获“2011年度全国信息化工程师—NACG数字艺术人才培养工程优秀合作院校奖”。

4月8日，在第三届全国高职高专英语写作大赛（海南赛区复赛）中，学校学生获专业组三等奖1个，公共组二等奖、三等奖各1个。

4月12日，学校电子工程系专职辅导员朱宏文被中共海南省委教育工委、海南省教育厅评为2011年度海南省高校优秀辅导员。

4月14日，《精神文明报》刊载《教书育人结硕果，文明兴校创一流》一文，对学校创建全国文明单位活动进行了专题报道。

4月13日，校长魏应彬主持的2010年度海南省自然科学基金资助项目“基于小波分析算子的行为检测模型研究”和副校长桂占吉主持的2009年度海南省自然科学基金资助项目“细胞神经网络模型的分岔与计算机仿真”顺利通过海南省科学技术厅验收。

4月14—16日，在高职院校领导海外培训项目2012年工作会议上，学校副校长桂占吉撰写的《借鉴澳大利亚TAFE学院办学内涵，深层探索高职办学的新思路》报告荣获由教育部国际合作与交流司、教育部高等教育司、教育部财务司、中国教育国际交流协会联合颁发的“高职院校海外领导培训项目2011年度优秀研修报告奖”。

4月20日上午，在首届海南省高校发明创新大赛中，学校数码设计系学生作品荣获外观设计类三等奖。

4月25—26日，在海南首届辅导员技能竞赛中，学校软件工程系专职辅导员张春霞代表学校参赛并获得优秀奖。

5月2日，在2012年海南省高职高专学生实用英语口语大赛中，学校外语与旅游系学生荣获专业组优胜奖、非专业组二等奖各1个，凌莉被评为优秀指导教师。

5月3日，软件工程系团总支被共青团海南省委授予2011年度“海南省五四红旗团支部（总支）”称号。

5月11日，《海南日报》刊载《企业派讲师进校园培训量身打造未来员工，海软院订单培养千名软件人才》新闻，对学校校企合作成果进行了报道。

5月，海南省教育厅选拔学校9名学生代表海南省参加2012年全国职业院校技能大赛机器人应用、网络应用、电子产品设计与制作三个项目总决赛。

5月，学校被评定为“海南省企业信用等级AA+级（2012年5月7日—2014年5月6日）”“2011年度海南省家长满意学校”“2011年度海南省诚实守信示范单位”。

6月9日，在“2012安利杯大学生计算机作品赛”海南省赛区比赛中，学校5支学生代表队获得了1个一等奖、2个二等奖、2个三等奖的好成绩。

6月18日，在2012年全省职业院校技能大赛高职组比赛中，学校学生荣获信息技术类计算机网络应用团体项目一等奖、二等奖各1个，动漫设计与制作团体项目一等奖2个、二等奖1个、三等奖2个，网页设计与制作团体项目一等奖、三等奖各1个；电子信息类电子产品设计及制作团体项目一等奖、二等奖各1个；现代制造类机器人技术应用团体项目一等奖、二等奖各1个；财会类电子商务经营管理沙盘技能团体项目三等奖2个；现代服务类导游服务与管理形象技能个人项目二等奖、三等奖各1个；艺术设计类海南旅游公益广告创意设计团体项目二等奖1个、三等奖2个。其中包揽了信息技术类所有项目的一等奖。

6月25日，在第十九届全省多媒体教育软件评比中，学校教师获一等奖2个、二等奖3个。

6月29日，数码设计系学生设计的平面广告作品在由中国广告协会主办、《广告人》杂志社承办的“2011—2012第十届中国大学生广告艺术节学院奖”中荣获优秀奖1个、入围奖3个。

6月30日，《南国都市报》刊载《校企合作，订单培养——海南软职院1308人未毕业已就业》一文，对学校校企合作最新成果进行了报道。

7月12日，学校党委书记王恩周入选海南省教育科研规划专家库成员。

8月22日，在2012年全国职业院校技能大赛中，学校学生荣获了高职组“中科杯”机器人技术应用比赛和“思科·企想杯”计算机网络应用比赛两个赛项的团体三等奖。

9月3日，社会科学部李菊顺主持申报的“职业发展与就业指导”课程被评为省级精品课程。

9月5日，电子工程系吴恒玉主持申报的“电子信息工程技术”专业被评为省级特色专业建设点。

9月7日，教师严丽丽被授予“海南省第八届普通高等学校教学名师奖”。

9月13—14日，在海南省第二届产学研合作项目对接会上，学校被授予“海南省创新型科技人才培养先进院校”称号。

11月8日，《海南日报》发布题为《用订单制培养实用人才——海南软件学院千名学生轻松就业》的新闻，对学校2013届毕业生供需见面会相关情况进行了报道。

11月，在第五届全国三维数字化创新设计大赛海南赛区复赛中，学校数码设计系学生团队荣获特等奖1个、一等奖2个、二等奖2个和三等奖1个，包揽了海南赛区所有奖项并代表海南省参加全国现场总决赛。

11月15日，学校入选教育部第一批职业院校信息化试点单位。

11月23日，在“我为文明交通添彩”全省十万大学生演讲比赛中，学校外语与旅游系学生陈思同荣获一等奖。

11月23日，在2012年高教社杯全国大学生数学建模竞赛（海南赛区）评审中，学校学生代表队荣获专科组二等奖2个、三等奖2个。

11月30日，在2012年海南省大学生电子设计竞赛（恩智浦杯）评审中，学校学生荣获高职组二等奖2个、三等奖1个。

12月，在2012年海南省高等教育省级教学成果奖评选中，学校副校长桂占吉主持，王弗雄、符应彬、李俊青、马杰参与完成的成果“高职信息类专业课程体系改革创新的研究与实践”荣获二等奖。

12月25日，在“中视杯”海南首届公益广告大赛中，学校数码设计系教师庞炳楠、蔡赞宏和陈甜甜的设计作品荣获平面类三等奖，数码设计系学生邢攀的设计作品荣获影视类优秀奖，学校荣获“最佳组织奖”。

12月，教师车广秀被评为“全国优秀社会科学普及工作者”。

12月，在海南省妇女儿童问题研究会理论研讨会论文评比中，教师李菊顺撰写的《父母不良教育心态对孩子的“心灵污染”》、李菊顺和王晓琳撰写的《父母与青春期孩子如何有效沟通及赢得孩子的尊敬》、郝海妍撰写的《妇女儿童侵权纠纷仲裁制度研究》等三篇论文荣获优秀奖。

12月28日，在海南省高等教育学会后勤管理研究会常务理事会上，学校后勤处综合科荣获“2012年海南省高校后勤管理服务工作先进集体”称号，李开、吴琼扬荣获“先进工作者”称号，云天玉、陈迅、吴运俊荣获“优秀员工”称号。

2013年

2月，学校肖友荣、郑全军、郭英英撰写的论文《我国中职与高职教育协调发展对接内容思考》和尚志强、凌莉撰写的论文《以推动高职教育国际化作为提高教学质量的重要途径》获海南省高等教育学会教学工作委员会2012年优秀教学论文一等奖；郭英英、严丽丽、丰春光撰写的论文《高职高专院校教学质量监控的研究与实践》获海南省高等教育学会教学工作委员会2012年优秀教学论文二等奖。

3月，学校被评为琼海市2012年度人口与计划生育工作先进单位。

3月，软件工程系教师张春霞获评2012年度海南省高校优秀辅导员。

4月8—14日，在2013年海南省大学生男子足球锦标赛上，学校男子足球代表队夺得了普通组第三名，并获得由大赛组委会颁发的体育道德风尚奖。

在海南省社会科学界联合会2013年度省哲学社会科学规划课题评审中，学校申报的2项课题获准立项。其中，贺东建主持的“人口素质对海南农村贫困家庭的影响的研究-以琼海市农村人口为例”为省社科联资助项目，资助经费2万元；郑全军主持的“职业教育为海南国际旅游岛区域经济发展服务研究”为省社科联自筹经费课题。

5月，学校软件工程系教师戴辉获评2013年海南省高职高专双师型教学名师。

5月，在2013年海南省高职高专教育教学研究成果奖评审中，学校2项教育教学研究成果获“2013年海南省高职高专教育教学研究成果奖”二等奖。

5月，在海南省高职高专院校教育教学改革研究项目评审中，学校申报的6项课题获准“2013年海南省高职高专教育教学改革研究项目”立项。

5月，在2013年海南省高职高专优质核心课程评审中，学校数码设计系的“三维动画基础（3Ds Max）”和软件工程系的“面向对象程序设计——JAVA语言”两门课程被评为优质核心课程。

在2013年海南省高等职业教育研究优秀论文评选中，学校教师撰写的9篇论文获奖。其中，一等奖2篇，二等奖3篇，三等奖4篇。获奖论文录入已出版的《2013高等职业教育研究》内。

6月，学校酒店管理专业（群）教学团队被评为“2013年海南省高职高专院校双师型教学团队”。

6月18—23日，在海南省第九届大学生排球锦标赛中，学校学生男、女排球队分别参加普通组的比赛并双双荣获第二名，学校荣获“优秀组织奖”。

7月18—20日，教师李菊顺被评为“全国优秀社会科学普及工作者”。

7月，信息管理系教师周仁云负责的计算机应用技术专业被评为2013年海南省省级特色专业建设点。

7月，数码设计系教师张卫国负责的“三维动画基础”和网络工程系白晓波教授负责的“计算机网络技术”2门课程被评为2013年海南省普通高等学校省级精品课程。

7月，电子工程系教师吴恒玉教授为带头人的电子信息工程技术专业（群）教学团队被评为2013年省级教学团队。

9月，学校申报的11个项目获海南省教育科学“十二五”规划2013年度课题立项。学校共选送12项课题参与此次评审，其中，由凌莉主持申报的“丰富实践教学的内涵和形式，创新提高旅游英语人才培养质量的模式”等11个项目作为高校职教类一般规划课题获得立项。

10月，在“瑞萨杯”2013全国大学生电子设计竞赛中，学校学生林明秀、郑伟明、马勇等组成的代表队参赛荣获全国二等奖，这是海南赛区（高职组）获得的唯一全国奖项。

10月，学校荣获2013年度党报党刊征订工作优秀奖。

10月，教师李俊青担任主编、魏应彬担任主审的《Java Web程序设计》《Java Web程序设计实验指导》系列教材获得教育部“十二五”职业教育国家规划教材选题立项。

10月28日，在“首届全国高校数字艺术作品大赛”中，学校师生参赛的作品共获一等奖1项、二等奖3项、三等奖8项，学校荣获“优秀组织奖”。

12月，学校网络信息中心副主任李俊青被评为海南省高等学校优秀中青年骨干教师。

12月，在2013海南国际旅游岛青年服务技能大赛中，学校数码设计系教师刘永宁、戴敏宏分别荣获“多媒体制作”项目冠、亚军，两位教师均获得“海南省青年岗位能手”荣誉称号，另外，两位教师还被团省委选拔代表海南省参加全国多媒体制作项目大赛。

12月，教师严丽丽主持，魏应彬、桂占吉、李俊青及海南大学杜文才参与完成的“基于超链接和相关度策略的web搜索算法研究”项目研究成果获第四届海南省高等学校优秀科研成果三等奖。该项目成果申报的系列论文（四篇）均被国际三大检索机构之一——美国《工程索引》（The Engineering Index）收录。

2014年

1月，在2013年“海南凤凰杯——我的中国梦”全省大中小学生征文比赛中，学校学生陈秀惠、云惟章、杨雪飞等参赛作品共获大学组一等奖1项、二等奖2项、三等奖9项，受到海南省教育厅的通报表彰。

2月，学校被评为2012—2013年度海南省普通高等学校毕业生就业工作优秀单位。学校已连续六年获此殊荣。

2月，在2013年度寻访“中国大学生自强之星”活动评选中，网络工程系学生李子杰荣获2013年度“中国大学生自强之星”提名奖，并获得“中国大学生新东方自强奖学金”2 000元。

3月，学校被评为琼海市2013年度嘉积城区人口与计划生育工作先进单位。

4月，学校被评为省档案工作优秀单位，省档案局和省教育厅通报表彰。

4月23—24日，在2014年度海南省高校（高职高专组）思想政治理论课青年教师教学基本功比赛中，社会科学部张小群老师荣获一等奖。

5月，在2014年度海南省应用技术研发与示范推广专项项目立项评审中，由魏应彬主持，张昊等参与的“滨海区域一体化管理信息系统关键技术研究与开发”项目获准立项（批准号ZDXM2014084）。该项目获得省财政厅提供的25万元支持引导经费。

5月10日，在“2014年中国大学生计算机设计大赛决赛”全国总决赛中，教师王晓天、王智忠指导的学生李诤言的原创音乐《黑礼服》、姚建华视频配乐《宵禁》在本次大赛中分别荣获电脑音乐制作二等奖和三等奖。

5月30—31日，在海南省第五届大学生艺术展演活动中。学校派出的5支代表队分别参加了小合唱、器乐、舞蹈等项目的表演，并获得一等奖2项、二等奖1项、三等奖2项。另外，学校选送的9幅书法作品分别荣获三等奖。

6月7日，在第五届“外研社杯”全国高职高专英语写作大赛总决赛中，学校外语与旅游系学生林木英代表海南省英语专业组参加了全国总决赛并荣获三等奖。

6月10—12日，数码设计系学生林永生代表海南省参赛，荣获2014年全国职业院校技能大赛（高职组）动漫赛项一等奖，数码设计系马健杰荣获优秀指导教师奖。

6月，在第八届海南省普通高等学校青年教师教学大赛暨第二届全国高校青年教师教学竞赛选拔赛中，数码设计系张克亮获高职高专组一等奖，外语与旅游系王瑞娇获高职高专组优秀奖。

6月，在2014年度海南省自然科学基金项目立项评审中，教师刘明鹏、符策红、严丽丽、何玲、韩宝如、吴清秀和刘方明等主持的项目均获得立项，并分别获得海南省财政厅提供的资助经费2万元。

6月27日，在全国职业院校技能大赛“艺术专业技能”赛项的比赛中，学校艺术传媒系学生陈家仁、庞虹分别荣获中国舞表演比赛和键盘乐器演奏比赛三等奖。

7月11日，教师杨亚辉于2005年创办、学校大学生创业中心支持项目——琼海在线（www.qionghai.ccoo.cn）被评为“全国人文社会科学普及基地”。

9月，在海南省2014年高职高专院校思想政治理论微课教学比赛中，学校社会科学部王晓琳荣获一等奖、张小群荣获二等奖、贺东建荣获三等奖。

9月26—30日，在2014年海南省“校长杯”乒乓球锦标赛中，教师王燕荣获“高校组女子单打第一名”，学校获得“优秀组织奖”称号。

9月，教师车广秀撰写的育儿专著《好家教培养好孩子》于2014年9月由译林出版社出版发行。京东网、亚马逊及当当网等众多网站同步销售。

10月9—12日，在第六届省直属基层工会教职工排球赛中，学校女排获得女子甲组第二名、男排获得男子甲组第六名的好成绩，学校获优秀组织奖。

10月，在2014年海南省高等学校艺术教育科研论文报告评选中，教师张卫国的论文《基于BTEC模式的动漫专业课程体系改革的研究》获得二等奖。

10月24—30日，在2014年海南省大、中学生沙滩排球锦标赛中，学校学生女子沙滩排球一队和二队荣获大学普通组冠、亚军，男子沙滩排球队荣获大学普通组第四名，学校获得了由大赛颁发的体育道德风尚奖。

10月，社会科学部教师王晓琳荣获全国高职高专院校首届思想政治理论微课教学比赛二等奖。

11月，教师韩宝如被评为2014年海南省高等学校优秀中青年骨干教师。

11月，网络工程系教师陈冠星的一项发明成果“环保型牙膏筒”，经中华人民共和国国家知识产权局审查，于2014年11月26日正式授予实用新型专利权（专利号：ZL 2014 2 0431816.5）。

12月，在2014年海南省大学生电子设计竞赛“NI杯”中，学校参赛队获得高职组一、二、三等奖。

12月，学校副校长桂占吉被评为第六届“海南省优秀科技工作者荣誉称号”。

12月22日，在2014年海南省大学生校园歌手、舞蹈比赛中，学校学生的双人舞《两滴水》和三人舞《家》分别获得民间舞和现当代舞一等奖；《尚梅图》《同窗》分别获得古典舞、现当代舞二等奖；《家·梅表姐》《书痴》分别获得古典舞和民间舞三等奖。学校学生分别获得民族组和通俗组的二等奖、三等奖。

12月，在2014年高等教育省级教学成果评审中，教师肖友荣、尚志强、凌莉、郑全军、刘新华等提交的教学成果《“校企合一”人才培养模式探索与研究》获得二等奖。

2015年

3月3日，学校团委荣获“2014年度海南共青团重点工作考核三等奖”。

3月，学校艺术传媒系李颖被评为“2014年度海南省高校优秀辅导员”。

3月23—25日，在第四届全省辅导员职业能力大赛中，艺术与传媒系辅导员李颖获得一等奖。

3月，在海南省第一届高等院校外语微课大赛中，吴婧聆、黎明珠、王瑞娇老师的微课作品获高职高专组特等奖，顺利进入全国总决赛，杨晶获高职高专组三等奖，学校获优秀组织奖。

3月，学校被评为琼海市2014年度嘉积城区人口与计划生育工作先进单位。

4月，学校外语与旅游系主任尚志强当选中国翻译协会第七届理事会理事。

4月27日，在首届中国外语微课大赛决赛中，外语与旅游系教师吴婧聆、黎明珠、王瑞娇的微课作品获高职高专英语组一等奖。

4月，学校申报的5项省高校教育教学改革研究项目和5项科学研究项目均获批立项。

5月，在海南省社会科学界联合会2015年度省哲学社会科学规划课题评审中，学校申报的3项课题作为一般课题获得立项资助，其中，魏应彬主持申报的“基于CSR&Value Creation原则的旅游开发评价体系构建研究”（项目编号：HNSK（YB）15-25）获得省社科联提供的2.5万元经费资助；李菊顺主持申报的“琼海市就地城镇化实践范例研究”（项目编号：HNSK（YB）15-90）及贺东建主持申报的“海南新型城镇化进程中农民市民化的困境与对策研究”（项目编号：HNSK（YB）15-89）分别获得省社科联提供的2万元资助经费。

5月，学校申报的3项“2015年度马克思主义理论与思想政治教育研究专项课题”经审定批准获得立项。

5月，在2015年度海南省自然科学基金项目评审立项中，学校共有7个项目获得立项。其中，戴辉主持申报的“基于偏微分扩散方程的医学图像边界增强与去噪算法研究及其应用”（项目编号：20156221）获得省财政厅提供的5万元资助经费；龙著乾、刘来权、邢益良、肖友荣、肖自乾、曾维鹏等主持申报的项目分别获得省财政厅提供的3万元资助经费。

5月，在海南省移动互联网创新创业大赛中，由教师戴辉，学生覃展麒、杨豪宇、文宠哲参与的创业项目“会买车移动电商平台”获全国三等奖。

5月21日，在2014年度“中国电信奖学金”评选暨“践行社会主义核心价值观先进个人”寻访活动中，学校2010级计算机网络技术专业学生黎清琼荣获2014年度“中国电信奖学金”评选暨“践行社会主义核心价值观先进个人标兵”，这是全国高校中唯一一名获此殊荣的在校专科学生。

6月14日，在泛珠三角大学生计算机作品赛海南赛区竞赛暨“酷秀杯”海南省大学生计算机作品赛中。学校两部学生作品分别荣获一等奖、三等奖。其中，由教师马杰指导，陈志建、陈雄健、张春辉等学生创作的作品《天天课程表——基于Android的APP》荣获一等奖；由教师王晓天指导，李净言、李京朝两位学生创作的作品《电脑音乐——我不是高富帅》荣获三等奖。

6月18—20日，由教师杨登攀、何岩指导，杜世高、林玄渲、余盛镭三名学生组成的代表队作为海南赛区一等奖获奖团队被推选为海南省代表队参加2015年全国职业院校技能大赛中取得团体二等奖的优异成绩。

6月18日，在2015年全国职业院校技能大赛（中职组）动画片赛项比赛中，学校学生王之玥、杨剑代表海南省参加本次大赛，并分别取得了全国二、三等奖的好成绩。

8月1日，教师严丽丽入选2014年海南省“515人才工程”第三层次人选。

8月18日，在2015年全国大学生电子设计竞赛海南赛区的竞赛中，学校3支代表队获得了1个特等奖（最高奖，获奖的代表队将代表海南省队出征国赛）、2个二等奖。

9月，学校纪委课题组撰写的《我省高职院校基层党组织落实主体责任的实证研究报告》荣获“2015年度全省纪检监察系统调研工作先进单位和优秀调研文章”优秀奖。

9月，在2015年职业院校技能大赛中，学校学生共荣获国家级二等奖2项，三等奖1项；省级一等奖6项，二等奖5项，三等奖19项。曾波霞、赵宝春、杨登攀、何岩、李文锋、马瑞智、文继伟、黎瑞成、庞炳楠等被评为优秀指导教师。学校被授予“2015年职业院校技能大赛优秀组织奖”。

10月，海南省食品药品监督管理局与省教育厅给予创建省级食品安全示范学校食堂奖补资金，学校第二食堂获奖补资金10万元用于创建省级食品安全示范学校食堂。

10月，在第二届“大智慧杯”全国大学生金融精英挑战赛中，由教师符东升、陈奕名分别指导的冯渤、陈正君2名学生获得“金融操盘手”二等奖，候峰荣、梁斌钦等11名同学获得“金融操盘手”三等奖。

11月，在2015年高教社杯全国大学生数学建模竞赛中，学校共选派6支代表队取得了海南赛区一等奖1名、三等奖1名的优异成绩。学校获得一等奖的代表队将代表海南省参加全国奖项的角逐。

11月，在第十三届中国大学生广告艺术节学院奖中，数码设计系学生陈厚宏、杨树文、管增录的作品《用了蘑菇贴、从此无意外》获平面广告类别铜奖；王文洁、黄峥、关志聪等的《爱尚金migo之万人迷篇》等5部作品均获平面广告类别优秀奖；吕梦园、周彩萍、朱雄娟等的《锐澳鸡尾酒之挡不住》等6部作品获平面广告类别佳作奖。数码设计系庞炳楠老师获“杰出指导教师”称号。

12月，教师杨亚辉被评选为第五届海南省助人为乐的道德模范。

12月，经国务院批准，学校副校长桂占吉获批享受国务院政府特殊津贴。这是学校首位享受政府特殊津贴的专家，是学校师资队伍建设的又一重大突破。

12月5日，在2015年全国大学生电子设计竞赛中，学校学生林煌、莫兰能、文宠哲等3名学生组成的参赛队在教师蔡莉莎、曾维鹏的指导下，荣获高职高专组全国一等奖，实现了海南省高职高专院校在全国大学生电子设计竞赛获得一等奖奖项上零的突破。学校自2008年开始组队参赛以来，共荣获全国大学生电子设计竞赛海南赛区最高奖2项、一等奖5项、二等奖9项、三等奖2项，并获2011年、2013年全国大学生电子设计竞赛高职高专组全国二等奖3项。

12月18日晚，由软件工程系教师季文天指导的同杨刚同学的创业项目“蓝核软件”获得“2015海南省创业大赛总决赛”创意组三等奖，学校也荣获本届创业大赛优秀组织奖。

12月，学校被评为全省教育系统“六五”普法优秀等次单位，陈廷锋被评为全省教育系统“六五”普法先进个人。

2016年

1月，学校申报的5项省高等学校教育教学改革研究项目和5项科学研究项目（1项重点课题、4项一般课题）均获批立项。

1月，教师刘士祥和朱兵艳撰写的《关于促进海南民办高等教育发展的建议》（合著），被民盟省委提交作为政协海南省六届四次会议大会书面发言材料。

3月23—25日，数码设计系辅导员王锦荣获第五届海南省高校辅导员职业能力大赛三等奖。

3月，数码设计系学生何钜淳以微电影故事片《时光·爱》获得第十三届中国大学生广告艺术节学院奖最佳导演奖，刘晨以创意影视广告《PHOTO》获得最佳制作奖，教师吕永和庞炳楠获得最佳指导奖。

4月，学校被评为2015年海南省档案统计工作优秀单位。

4月，外语与旅游系教师杨春亮、李超、詹子莹撰写的调研报告《琼海阳江红色旅游发展社会调查报告》被评为优秀调查报告（实践论文）。

4月20日，软件工程系教师曾维鹏和电子工程系教师蔡莉莎发明的“一种多功能网络环境监测系统”，经国家知识产权局审查，正式授予实用新型专利权（专利号：ZL 2015 2 1033308.2）。

5月，学校被评为琼海市2015年度人口与计划生育工作先进单位。

5月，由教师姚坚主持、魏应彬、彭好佑、杨登攀、符天、李维涛、刘来权、韩武光等教师参与完成的“基于车载网络路由协议的研究”科研项目获琼海市2015年度科技进步奖二等奖。

5月13日，由学校学生蔡仁桤、王菲、肖垂略、黄文儒等组成的代表队在全国职业院校技能大赛高职组“电子商务技能”赛项中获得团体二等奖。

5月14—15日，由数码设计系学生朱耀民、陈必倩组成的代表队代表海南省参赛，获得2016年全国职业院校技能大赛高职组园林景观设计赛项全国团体三等奖。

5月19日，由艺术传媒系学生赵一钡、彭姝代表海南省参加2016年全国职业院校技能大赛艺术专业技能比赛，分别在民族唱法和通俗唱法赛项上获得了全国三等奖。

5月20日，由电子工程系教师王伟指导，石招辉、廖明华和卢裕武等学生的参赛作品“海南速捷维修服务有限公司”荣获2016年“创青春”海南省大学生创业大赛创业计划类竞赛三等奖。同时，学校代表队作为全省唯一一所高职院校代表海南省参加全国比赛。

5月22日，由软件工程系学生陈景超、陈浏坛、张建组成的代表队代表海南省参加2016年全国职业院校技能大赛高职组“联想”杯移动互联网应用软件开发大赛，获全国团体一等奖。季文天、龙著乾获优秀指导教师奖。

5月26日，由数码设计系学生邓华东、林志轩代表海南省参赛团队参加2016年全国职业院校技能大赛高职组三维动漫制作大赛，夺得两个全国一等奖。郑业芬、张卫国获优秀指导教师奖。

5月26日，由网络工程系学生江勇、林峰民、林师辉代表海南省参加2016年全国职业院校技能大赛“华三·企想”杯计算机网络应用赛项，夺得全国团体三等奖的好成绩。

6月11日，在2016年中国高校计算机大赛（海南赛区）暨“久其杯”海南省高校计算机大赛与2016年泛珠三角大学生计算机作品赛（海南赛区）中，学校三项学生参赛作品分别荣获一等奖、二等奖和三等奖。

6月，电子工程系党总支被评为省委教育工委系统先进基层党组织，信息管理系党总支朱宏文被评为省委教育工委系统优秀党务工作者。

6月，学校教师在第二届“中国外语微课大赛”海南省赛区复赛中，分别获得特等奖、一等奖、二等奖和三等奖。

8月，在2016年海南省志愿服务项目大赛中，学校选送的“公益琼海·筑梦田园”文明旅游志愿服务项目荣获银奖，并在年底代表海南省参加全国志愿服务项目大赛的角逐。

9月，外语与旅游系教师朱兵艳、刘士祥、蒋秀娟的微课作品Rising and Falling Tones获第二届中国外语微课大赛决赛全国高职高专英语组一等奖，袁琴英、杨晶的微课作品Taking a Food Order获全国高职高专英语组二等奖。学校被授予优秀组织奖。

9月22—27日，信息管理系学生王连冲获得2016年海南省大中专学生羽毛球锦标赛大学普通组男子单打比赛第一名，软件工程系学生符谷友、王旭瑞获得男子双打比赛第二名。

9月24—27日，在2016年全国高等院校英语教学学术会议学术指导委员会评审中，外语与旅游系教师凌莉提交的论文《旅游英语教学模式创新对教学质量贡献的探讨——以海南软件职业技术学院旅游英语专业为例》荣获一等奖。

10月，电子工程系学生石招辉同学获得“中国电信奖学金·天翼奖”暨“践行社会主义核心价值观先进个人标兵”奖，成为全国唯一一位获此殊荣的专科学生。

10月24—27日，数码设计系学生王绍益和网络工程系学生符健南在2016年海南省大学生沙滩排球锦标赛中获得大学男子普通组第二名，信息管理系学生王林森和电子工程系学生林先皇获得大学男子普通组第四名。学校获得优秀组织奖。

11月12日，外语与旅游系教师朱兵艳撰写的论文《微信平台辅助的高职英语教学模式设计与构建》在第七届的“中国移动‘和教育’杯”全国教育技术论文评比中获得全国教育技术论文一等奖。

11月19—23日，在海南省第七届教职工排球锦标赛中，学校代表队分别获得高校男子组第四名、女子组第五名的好成绩，并获得体育道德风尚奖。

12月8日，学校图书馆馆长李开代表学校参加第一届海南省高校图书馆社会服务创新案例大赛比赛，荣获海南省高校图书馆社会服务创新案例大赛三等奖。

12月，由学校选送的11个舞蹈节目参加2016年海南省大学生舞蹈大赛，其中《山中藤缠树》《返乡》和《魂·狼·灵》等3个舞蹈获得一等奖，《起舞弄清影》《遇》《芝麻官》等3个舞蹈获二等奖，《玉魂》等5个舞蹈获三等奖。曹华、唐笛、黄瑞玉、何贤文等获得优秀指导教师奖，其中，唐笛指导的《魂·狼·灵》获得优秀创作奖。

12月，外语与旅游系的社会实践团队——阳江镇红色旅游资源调查团被评为“海南省2016年大学生暑期‘三下乡’社会实践活动优秀团队”，外语与旅游系学生杨志芳、八妹被评为“优秀学生”。

12月29日，学校两组代表队参赛海南省大学生电子设计“NI杯”竞赛，分别获得高职组一等奖和高职组三等奖。

2017年

3月，教师车广秀的征文作品《最是书香能致远》在全国第四届“书香三八”读书活动评选活动中获全国二等奖，并收录在《最美书香——第四届“书香三八”读书活动优秀征文集》一书中。该作品还在海南省总工会组织的“智慧女性·书香家庭”读书征文活动中荣获二等奖。

3月，学校关工委常务副主任、特邀党建组织员唐惠超被评为海南省关心下一代工作先进工作者。

3月16日，在省教育厅组织的“纪念建党95周年·我心向党”征文活动评选中，学校学生选送的四件作品获奖，其中电子工程系学生韦慧权的《没有共产党就没有中华人民共和国》获得大学组一等奖，软件工程系学生云大福的《党旗飘飘，我心向党》获得大学组二等奖，数码设计系学生李俊钰的《我心向党》、电子工程系学生石招辉的《不忘初心 继续前进》获得大学组三等奖，教师周宝富获得“优秀指导教师”称号。

3月23—25日，外语与旅游系辅导员卢小萍获第六届海南省高校辅导员职业能力大赛比赛二等奖。

3月31日，数码设计系学生邓华东荣获2016年度全国高职学生“劲牌阳光奖学金”暨“践行工匠精神先进个人”寻访活动优秀奖。

4月8日，在第二届海南省大学生国家安全知识竞赛中，由学校学生匡霜霜、李若麒、赵一琨组成的代表队荣获本次大赛三等奖。

4月，外语与旅游系辅导员卢小萍获第六届全国高校辅导员职业能力大赛第四赛区复赛三等奖。

5月9日，学校副校长桂占吉当选海南省计算机与电子信息职业教育教学指导委员会主任委员，电子工程系主任肖友荣当选该会秘书长。

5月10日，教师李菊顺和韩宝如入选2016年海南省“515人才工程”第三层次人选。

5月12日，信息管理系学生黄文儒、陈柳茹、肖垂略、甘庆锋等组成的代表队在2017年全国职业院校技能大赛高职组“电子商务技能”赛项中取得团体一等奖的优异成绩，冯绍娜、司家斌荣获优秀指导教师奖。

5月16日，学校教师主持的三项科研项目获2016年度琼海市科技进步奖。其中，严丽丽、李维涛、刘来权、马杰、符天、胡国杰、陈业恩、马俊涛等教师共同完成的“云计算环境下任务调度算法应用研究”科研项目获二等奖；韩宝如、覃学锋、黄果、吴恒玉等教师共同完成的“基于神经网络的模拟电路故障诊断方法的研究”科研项目等获三等奖；曾维鹏、蔡莉莎等教师共同完成的“基于GSM通信模块的智能交互式环境监测仪的应用研究”科研项目等获三等奖。

5月22日，由数码设计系学生陈必倩、吴挺旭、李裕蓉、柳杨等组成的代表队在2017年全国职业院校技能大赛高职组“园林景观设计”赛项比赛中获得团体三等奖。

5月26日，思政教学部教师彭倩、张小群撰写的论文在首届海南省高校思想政治工作学术论坛中分别获得二、三等奖。

5月27日，在海南省纪念建党95周年青少年党史国史知识竞赛中，学校学生王兴唐获得一等奖，符毓丽、李振晨、谢谦、何沛、王晓丽等获得二等奖，梁丹凤、陈嘉奕、裴柱铭等获得三等奖，学校获得优秀组织奖。

6月2日，由教师马杰指导，陈冬明、金沩炜、仲超等共同完成的《“易家人”APP》，刘晓英、郭培林、陈文艺、黎泽芹、李柳萍等共同完成的《大学生竞赛管理一体化平台》及赵贤璇、胡永刚、连孝峰等共同完成的《课堂/会议锁屏神器APP》等三项作品在第八届“挑战杯”海南省大学生课外学术科技作品竞赛决赛中获得三等奖。

6月，由软件工程系教师马杰、李传科为指导老师，学生陈冬明、仲超、连孝锋等组成的代表队在2017年全国职业院校技能大赛高职组“联想”杯移动互联网应用软件开发赛项中获得全国团体二等奖。

6月，由软件工程系学生唐业定、周翔、罗健彬等组成的代表队在2017年全国职业院校技能大赛高职组“大数据技术与应用”赛项中获得全国团体三等奖。

6月11日，在泛珠三角大学生计算机作品赛海南省赛暨“久其杯”“中星杯”海南省大学生计算机作品赛中，学校学生5项作品分别获得一等奖1项、二等奖1项和三等奖3三项。

6月16日，由信息管理系教师郝海妍、司家斌指导，谢道威、甘庆锋、叶世忠、文伟光、谢金豪等学生组成的代表队在第七届全国大学生电子商务“创新、创意及创业”挑战赛酷秀杯海南省赛区选拔赛中获得三等奖。

6月28—30日，学校在2017年海南国际高新技术产业及创新创业博览会中集中展示学校在科研及创新创业领域的成果。

6月30日，学校被评为琼海市2016年度人口与计划生育工作先进单位。

7月12—18日，在第十三届中国大学生沙滩排球锦标赛中，由体育部主任谭传新为领队、王正宝为教练员、信息管理系学生王林森、软件工程系学生王永森为运动员组成的男子沙滩排球代表队参赛，获得全国第五名的优异成绩。学校代表队是本次比赛中全国唯一一所高职院校参赛队伍。

7月，副校长桂占吉入选教育部信息化教学指导委员会委员。

10月28日，在海南省第六届大学生艺术展演中，学校艺术传媒系教师唐笛、何贤文、曹华等指导的舞蹈《彩虹桥》和王智忠指导的声乐小组唱《采茶姐妹》分别获得专业组群舞类一等奖和专业组小合唱类二等奖。

11月，在海南省“学习党代会精神.建设美好新海南”征文活动中，学校选送的四篇教师征文获奖，其中软件工程系林虹的《筑梦启程 逐梦青年 圆梦未来》获得高校教师组一等奖，思政部贺东建的《美丽新海南之花永远绽放在教育热土上》、数码设计系牛伟贤的《立足高校主阵地建设・助力美好新海南发展》获得高校教师组三等奖，外语与旅游系王燕的《携手本土青年志愿者・促进新农村文化建设》获得高校教师组优秀奖。

11月11日上午，学校代表队在海南省第八届教职工篮球比赛中获得了高校女子组第二名、高校男子组第四名的成绩并获得体育道德风尚奖。

11月，由桂占吉、刘来权、张克亮、张卫国、符应彬、张艳钗、赵宝春、郑业芬、戴敏宏、李莘、曾伟京、方凌、刘峰宇、阎宏、左蒙等教师共同完成的“基于产教融合与三级导师学徒制的动漫专业人才培养模式研究与实践”成果荣获2017年海南省高等教育省级教学成果奖一等奖。

12月2日，由信息管理系电子商务专业学生甘庆锋、王碧、王龙腾组成的参赛队代表海南赛区参加第二届“奥派杯”全国移动商务技能竞赛全国总决赛，以优异成绩获得高职组全国一等奖；司家斌、孔令建荣获优秀指导教师奖；学校荣获优秀组织单位奖。

11月29—12月3日，在2017年全国高等院校英语教学学术会议上，教师凌莉提交的论文“A Study on the Application of Cognitive Strategies in Teaching Reading Comprehension——Take the Case of Two Class-hour as an Example”获得本次学术论文评选一等奖。

12月，在2017年海南省学校体育科学论文评选活动中，学校教师撰写的论文荣获一等奖1项、二等奖1项、三等奖2项。

2018年

3月，数码设计系2016级传媒游戏班团支部、网络工程系2016级网络技术302班团支部、外语与旅游系2016级烹调工艺与营养301班团支部，荣获2017年全省高校“活力团支部”称号。

4月，学校被评为2017年“海南省卫生先进单位”称号。

4月27—29日，在第45届世界技能大赛海南省赛区“网站设计与开发”项目海南赛区选拔赛中，软件工程系软件技术专业学生林志凯脱颖而出，将代表海南省参加世界技能大赛中国赛区选拔赛。

5月4日，在中国通信工业协会信息安全与云计算校企联盟2018年年会上，教师戴辉、桂占吉、郑全军、严丽丽、季文天共同完成的教学成果“基于产教融合的‘三阶段、双轨制’软件类人才培养模式实践”，获得中国通信工业协会第一届教学成果一等奖。

5月，艺术传媒系辅导员李颖老师获得“第十届全国高校辅导员年度人物入围”荣誉称号。

5月，学校被评为海南省优质高等职业院校立项建设学校。

5月9日，由电子工程系教师王平均、王伟指导的周鹏、王振达组成的代表队代表海南省在2018年全国职业院校技能大赛“电子产品芯片级检测维修与数据恢复”赛项中获得三等奖。

5月22日，在海南省首届“椰风杯”高校国际学生征文比赛中，学校国际生EVGENIYA BIRYUZOVA（中文名：珍雅）撰写的征文作品《珍雅看海南》荣获二等奖。

5月29日，由学校软件工程学生系寇政、郑国栋、卓丹丹组成的代表队代表海南省参加2018年全国职业院校技能大赛“软件测试”赛项，获得团体三等奖。

5月，在2018（第十一届）中国大学生计算机设计大赛海南省赛中，学校11项作品分别荣获一等奖1项、二等奖6项、三等奖4项。

6月，在“青春新时代·梦想新征程”高校学生评论征文活动中，由数码设计系教师戴敏宏指导的姚冬丽、周菊两位学生创作的动漫作品《说说这五年》获得全国一等奖。

6月8日，在2018年“创青春”海南省大学生创业大赛决赛暨2018年“挑战杯——彩虹人生”海南省职业学校创新创效创业大赛决赛中，由教师马杰指导，韩正光、黄傲、谢鹏勤、陈文艺、刘慧等共同完成的作品《基于传统中医理论的五行查询与养生推荐系统》获得一等奖；梁浒、蓝川涪、金沩炜、刘淳滨、李柳萍等共同完成的作品《基于移动互联网的物品暂存服务平台》获得三等奖。

6月14—20日，由体育部主任谭传新带队，凌敏、王正宝为教练员，由10名学生运动员组成的羽毛球队参加2018年海南省大中专学生羽毛球锦标赛，学校信息管理系学生王连冲获得大学普通组男子单打第一名，信息管理系学生陈元魁、软件工程系学生符谷友获得大学男子普通组男子双打第三名，混合团体赛项中获得第四名，同时获得“体育道德风尚奖”。

8月17日，由教师马杰指导，韩正光、陈文艺、黄傲、谢鹏勤、刘慧等同学共同完成的作品《基于传统中医理论的五行查询与养生推荐系统》在2018年“挑战杯——彩虹人生”全国职业学校创新创效创业大赛决赛中获得二等奖。

8月，在2018年全国职业院校技能大赛中，学校获三等奖4项；在2018年全省职业院校技能大赛中获一等奖9项、二等奖15项、三等奖19项。

8月，学校被评为琼海市2017年度计划生育工作先进单位。

9月，在2018年泛珠三角大学生计算机作品赛海南赛区比赛中，学校8项作品分别荣获一等奖1项、二等奖3项、三等奖4项。

9月28日，学校外语与旅游系凌莉撰写的论文《基于职业岗位的听说技能培养教学模式研究——以酒店职业英语为例》（Studies on Teaching Model of Speaking and Listening Skills Training

Based on the Professional Post （SLSTBPP）——Take Professional English in Hospitality As an Example）在2018年全国高等院校英语教学学术年会上获评选论文一等奖。

10月17—20日，在2018年海南省大学生电子设计竞赛“恩智浦LPC”杯比赛中，学校代表队获得高职组特等奖一项（一等奖第一名）、二等奖一项、三等奖三项。

11月7日，在学校第六届大学生创业大赛总决赛中，艺术传媒系的欧宇轩的参赛项目——“比心微购电子商务有限公司”获得一等奖；数码设计系陈杨川的参赛项目——“都市丛林印象工作室”获得二等奖；信息管理系林乃贵的创业项目——“琼海嘉积低调网络科技中心”获得三等奖。

11月9日，在海南省第八届教职工排球锦标赛中，学校教工男女排球队分别获得高校女子组第三名和高校男子组第五名，学校获“优秀组织奖”，谭传新和林斌师获“优秀教练员”称号。

11月26日，在2018年海南省大学生艾滋病性病防治知识竞赛的决赛中，网络工程系学生张艺文、林蜜、黄译萱组成的代表队荣获本次大赛二等奖。

12月，外语与旅游系朱兵艳、刘士祥夫妇入选第三届全国“书香之家”。

12月，在海南省第七届“琼州杯”国际学生汉语与才艺大赛决赛中，学校留学生JIRAPORN NOISISONG（中文名：王静雅）获大赛二等奖，凌莉获优秀指导教师奖。

12月，学校网络工程系“支教扶贫·梦想同行”教育关爱服务团获2018年海南省大中专学生志愿者暑期文化科技卫生“三下乡”社会实践活动优秀团队，龚雪获2018年海南省大中专学生志愿者暑期文化科技卫生“三下乡”社会实践活动优秀指导教师称号，赵一琨同学获得优秀学生称号。

12月27日晚，在海南省院校禁毒抖音大赛中，学校17广告302班学生陈世繁制作的作品《何必吸毒》获得大赛二等奖，16传媒策划301班学生李贤峰等制作的作品《如果》获得大赛三等奖，14动漫制作501班学生周菊和符为骊制作的作品《禁毒》获得大赛优秀奖。

2019年

1月，副校长桂占吉主持，刘来权、张克亮、张卫国、符应彬、张艳钗、赵宝春、郑业芬、戴敏宏、李莘、曾伟京、方玲、刘峰宇、阎宏、左蒙等参与的教学成果《动漫制作技术专业“三级导师学徒制”人才培养模式的创新与实践》获2018年职业教育国家级教学成果奖二等奖，这是学校在国家教学成果奖取得的历史性突破。

3月，在2019年第五届中国大学生沙滩排球冠军赛中，学校电子工程系学生林先皇、信息管理系学生姚实畅获得男子阳光组第一名，数码设计系学生符健兴、信息管理系学生陈元魁获得男子体院组第四名。

4月10日，学校代表队在“第四届海南省大学生国家安全知识竞赛”中获三等奖。

4月8—18日，2018－2019CUVA中国大学生排球联赛（高职高专组）比赛中，学校男子排球队夺得全国亚军。

4月26日，海南省人民政府发布公告正式宣布保亭县退出贫困县序列。保亭县委县政府给学校发来感谢信，对学校的帮扶和奉献表示诚挚感谢。

5月11日，学校选派的3支代表队在“中国高校计算机大赛——团体程序设计天梯赛”中获全国高校一等奖，其中，HNCST_Team01代表队荣获全国团队三等奖。

5月16日，信息管理系主任肖友荣受聘为全国报关职业教育教学指导委员会跨境电子商务分委会副主任委员，是该会海南省唯一的副主任委员。

5月18日，信息管理系江智慧、王鑫、李莲希、王萌萌等4位学生选手组成的代表队，荣获2019年全国职业院校技能大赛高职组“电子商务技能”赛项二等奖。

5月18日，在上海举行的第十二届中国艺术节演艺及文创产品博览会上，学校创艺工坊作为海南16家参展企业之一亮相海南馆，以海南主题文创产品展示学校办学成果。

5月31日，在第九届“挑战杯”海南省大学生课外学术科技作品竞赛总决赛中，学校团委组织并报送的两个参赛作品入围总决赛，获得二等奖1个、三等奖1个。

6月2日，在第九届全国大学生计算机应用能力与信息素养大赛（暨海峡两岸大学生计算机应用能力与信息素养大赛）中，学校获计算机基础赛项高职组团体二等奖，个人一等奖1项、二等奖4项、三等奖2项；Office商务应用能力赛项文字处理子赛项高职组团体三等奖，个人二等奖2项、三等奖1项；Office商务应用能力赛项电子表格子赛项高职组团体三等奖，个人二等奖1项、三等奖1项；Office商务应用能力赛项简报设计子赛项高职组个人三等奖2项。

6月3日，学校在2019年全国职业院校技能大赛高职组“移动互联网应用软件开发”赛项中获移动互联网应用软件开发赛项全国三等奖。

6月14日，学校在2019年全国职业院校技能大赛高职组“锐捷·企想杯”计算机网络应用赛项中获高职组计算机网络应用比赛团体三等奖。

6月29日上午，教师贺东建的论文在海南省第三届学校思想政治工作学术论坛中获得高等院校思想政治工作者学术论文三等奖。

7月，在2019年（第12届）中国大学生计算机设计大赛海南省级赛中，学校参赛作品获一等奖2个、二等奖2个、三等奖2个。

7月，在“才聚珠江，智AI中华”紫为云·2019泛珠三角+大学生计算机作品大赛总决赛中，软件工程学院学生刘晔、蔡宽、何俐汶的作品《基于RasPi的人工智能魔镜》获专科组二等奖。

9月，在第十一届全国大学生广告艺术大赛海南赛区竞赛中，动画学院学生作品获得平面类一等奖1项、二等奖8项、三等奖7项，动画学院庞炳楠荣获“优秀指导老师”称号，学校荣获海南省唯一一个“优秀组织单位”称号。

9月9日，学校教务处处长严丽丽被评为2019年度全省优秀教育工作者。

9月，在2019年全国大学生电子设计竞赛中，机电工程学院学生陈煜凡、何价琪、杨宏伟等组成的团队获全国二等奖。

11月16—17日，2019年海南国际旅游岛亚太武术公开赛有来自全世界113支代表队共2 000余名运动员参加比赛。学校33名留学生组成的代表队，在集体项目中荣获金牌“集体项目一等奖”。

11月，在2019年全国高等院校英语教学学术年会暨第四届全国高等院校英语教师教学学术论文评选总决赛中，学校国际教育与旅游学院凌莉参评的论文《新型跨文化沟通课堂教学：走向坐言起行》获一等奖。

12月，在2019年海南省高等教育学会教学工作委员会年会征文活动中，学校报送5篇论文，有3篇获奖。其中，严丽丽、丰春光、史君萍、廖敬撰写的论文《诊改视角下忧患意识融入高职院校质量文化建设的探究》获得特等奖，王智忠撰写的论文《基于学生社团活动下的高职艺术公共选修课开设研究》、孙雯撰写的论文《海南自贸区（港）建设视域下传媒专业发展路径探析》分别获得二等奖。

12月9—10日，在2019年海南省普通高等院校军事理论课教师授课竞赛中，学校公共教学部军事理论教研室王锦讲授的《坚守国家安全底线——共筑和谐家园》获二等奖。

12月，教师杨明荣获“2018年度海南省高校优秀辅导员”称号。

2020年

3月，学校在2019年全省职业院校技能大赛中获高职组一等奖7项、二等奖16项、三等奖12项，获中职组一等奖1项；学校获优秀组织奖。

5月，动画学院教师赵宝春入选海南省“南海系列”育才计划第二批“南海工匠”。

由教师赵宝春担任艺术总监、廖坤远及动画学院动漫专业学生参与制作的大型公益网络剧《你好高考》第一季“黑龙江篇”于5月15日在搜狐视频上映。《你好高考》第二季“海南篇”以学校为基地拍摄的工作已经完成。

5月17日上午，学校退休干部唐惠超荣获“全省离退休干部先进个人”称号。

5月17日，学校辅导员、保亭县合口村驻村第一书记、乡村振兴工作队队长周刚获“2019年度海南省打赢脱贫攻坚战先进个人”称号。

5月，动画学院学生创作的四组作品在全国大学生广告艺术大赛组委会联合中国网络视听节目服务协会共同发起的公益广告《战“疫”》命题微博赛中荣获全国二等奖2项、三等奖2项。

7月，由副校长桂占吉主持的“非线性系统的混沌控制及疾病防控研究”项目获2019年度海南省科学技术奖二等奖，学校是获得2019年度海南省科学技术奖的唯一一所高职院校。

9月，学校“动漫创作人才团队”被认定为首批海南省“双百”人才团队。

9月20日，在2020年泛珠三角大学生计算机作品赛海南省赛暨“远光杯”海南省大学生计算机作品赛中，学校10项作品中获一等奖2项（高职组一等奖共5项）、二等奖1项、三等奖7项；学校获得一等奖的《EXTV用户管理内容推送系统》作品作为海南省高职组优秀作品，将代表海南省参加泛珠三角大学生计算机作品赛总决赛。

9月26—27日，在2020年首届中国好厨师短视频厨艺作品专项赛总决赛中，学校4项作品荣获总决赛特金奖2项、赛事技术能手1项、最佳推广奖1项。

9月，在2020年海南省高等职业院校技能大赛教学能力比赛中，学校8支参赛队共获得一等奖2项、二等奖2项、三等奖4项。其中，动画学院教师赵宝春团队和国际教育与旅游学院教师袁琴英团队，将代表海南省参加2020年全国职业院校技能大赛教学能力比赛。

10月17日，由体育部主任谭传新担任领队，王正宝、孔宪瑜、唐武英、凌敏等担任教练员，学校8名学生组成的沙滩排球代表队在2020年海南省中学生运动会沙滩排球比赛暨大学生沙滩排球赛中，国际教育与旅游学院学生黄峪宁、网络工程学院学生王程获得大学男子普通组第二名，国际教育与旅游学院学生孙青莲、经济管理学院学生符世婧获得大学女子普通组第三名的优异成绩；学校获得“优秀组织奖”。

10月24日，教师王瑞娇、吴婧聆、蒋秀娟、郭汉英、唐小娜等组成的团队在第11届“外教社杯”全国高校外语教学大赛（职业院校组）海南赛区决赛中荣获微课组一等奖，郭汉英荣获授课组三等奖。

11月10日，学校获得“99公益日活动”优秀组织奖。

11月，学生苏展宽撰写的优秀思想汇报荣获海南省“院士回母校——线上课堂，重温经典”活动优秀征文、思想汇报一等奖。

11月，软件工程（人工智能学院）学院党总支被确定为“海南省党建工作标杆院系”培育建设单位，网络工程学院党总支学生支部被确定为“海南省党建工作样板支部”培育建设单位，软件工程（人工智能学院）学院党总支“打造‘党员有约’品牌，建设服务型党组织”案例被确定为2020年基层党组织党建工作创新案例。

11月，网络工程学院教师欧军入选2020年海南省“515人才工程”第三层次人选。

11月20日，学校连续四届蝉联“全国文明单位”称号。

11月22日，网络工程学院教师郭清菊、郝海妍指导的计算机应用技术专业的四名学生参加“第十届全国大学生计算机应用能力与信息素养大赛”全国总决赛（线上比赛）。其中赵梦博以总分第一的成绩获得计算机基础（ICT）赛项（高职组）总冠军，张祖峰以总分第一的成绩获得Office商务应用-文字处理（高职组）一等奖，学校代表队分别获得计算机基础赛项高职组和office商务应用能力赛项文字处理子赛项团体二等奖。

12月，国际教育与旅游学院凌莉撰写的论文《旅游英语课堂教学新趋向：以结果为导向教学模式的研究与实践》获2020年全国高等院校英语教学学术优秀论文评选一等奖。

12月3日，在“2020年第七届海南省大学生艺术展演活动”中，学校4个项目参加艺术表演类比赛，分别斩获一等奖2项、二等奖2项。

12月18日，在2020年“洽洽杯”全国大学生新媒体运营实战大赛全国总决赛中，电子商务专业学生吴福鑫、陈琬平、吴挺玮、李海娟、邱国柳等组成的卢本伟战队获特等奖；李山、李欣锢、黄文钟、岑运皇、羊小丽等组成的鲸随浪而涌战队获一等奖；冯绍娜、李儒秋、吴薇薇等获“优秀指导教师”称号；学校荣获“优秀组织单位”称号。

12月19—20日，在“2020冬交会海南农产品烹饪创新大赛”中，国际教育与旅游学院烹饪专业代表队获得金奖6项，黄泽烹饪科学技能大师工作室获得“2020年度推动琼菜创新优秀奖”；学校被海南省总工会授予“优秀组织奖”。

12月，国际教育与旅游学院朱兵艳、刘士祥在首届全国高等学校外语课程思政教学比赛决赛中获高职高专英语组全国二等奖。

2021年

4月24日，在第六届中国高校计算机大赛——团体程序设计天梯赛全国总决赛中，软件工程学院、网络工程学院师生获得全国总决赛高校银奖、海南省高校特等奖；软件工程学院获得全国总决赛团队三等奖，海南省团队特等奖、一等奖；网络工程学院获得海南省团队二等奖。

5月，在2020年全国职业院校技能大赛国赛中，教师陈艺卓指导的“云计算”项目获得高职组三等奖；学校在2020年全国职业院校技能大赛省赛中获高职组一等奖9项、二等奖13项、三等奖15

项，获得中职组一等奖1项。

6月18日，在海南省教育系统“唱响主旋律·奋进自贸港·永远跟党走”庆祝中国共产党成立100周年大合唱比赛中，学校合唱团以第五名的成绩夺得本次比赛二等奖。

6月23—24日，动画学院学生陈星上、姜琴与软件工程学院学生黄克谦组成的参赛团队代表海南省参赛2021年全国职业院校技能大赛高职组“虚拟现实（VR）设计与制作”赛项，荣获全国比赛三等奖。

7月，教师严丽丽主讲的“初识人工智能”被认定为海南省第五批省级高校精品在线开放课程。

7月8日，学校派驻文昌市龙楼镇担任乡村振兴工作队队长、驻村第一书记兼任龙楼镇委副书记朱宏文获“海南省脱贫攻坚先进个人”称号。

7月8日，在2021年全国职业院校技能大赛高职组“创新创业”赛项中，教师凌铭泽和蒋国文作为指导教师带队，学生辛杰、王诺、殷梦瑶、张会文、蒙春薇等组成代表队以全国第十一名的成绩获三等奖。

7月15日上午，学校党委副书记刘明鹏被评为“优秀工会之友”，工会主席王虹被评为“优秀工会工作者”。

8月22日，动画学院16级广告设计502班的禤达侯、18级广告设计302班吴坤庚、17级广告设计502班何李亮共同创作的平面广告作品——乐虎《战无不胜》获中国大学生广告艺术节学院奖2021春季赛金奖，庞炳楠获“金奖指导教师”称号；学校还有14件作品获得优秀奖、32件作品获得入围奖。

9月，软件工程学院学生蔡宽、黄显、符大钰等的作品《基于人工智能的校园着装规范监测应用》获“二十三届中国机器人及人工智能大赛”（海南赛区）创新类二等奖，肖自乾被评为优秀指导教师。

9月，在海南省首届教育系统教职工“喜迎建党100周年”书法、美术、摄影大赛中，教师周夏雨书法作品《陶弘景答谢中书书》荣获高校普通组二等奖；孙江书法作品《习近平念奴娇追思焦裕禄》荣获高校普通组入选奖；孙江美术作品《阳春》荣获高校专业组三等奖；钟智辉摄影作品《打响琼崖革命第一枪》荣获高校普通组二等奖。7月1日，学校机关党总支书记王虹被授予“海南省优秀党务工作者”称号。

9月23日，在深圳国际会展中心举行的第十七届中国（深圳）国际文化产业博览交易会上，学校动画学院椰文化研发中心创作的庆祝建党100周年系列作品得到各级领导和社会各界的好评。

10月12日，在2021高教社杯全国大学生数学建模竞赛（海南赛区）上，软件工程学院参赛团队获省级一等奖1项、二等奖1项、三等奖3项；一等奖获奖团队将代表海南省参加国赛。

10月17—18日，在2021年第四届中国虚拟现实大赛决赛中，动画学院学生林鑫轩、蔡弘士、姚光耀获本次大赛一等奖，动画学院郑业芬、戴敏宏被评为“优秀指导教师”，学校被评为“优秀组织单位”。

10月23日，软件工程学院学生李松林获第六届海南省“学宪法 讲宪法”知识竞赛二等奖。

10月14—16日，学校“渔人与海——海南海产品新媒体工作室”项目团队在第五届中华职业教育创新创业大赛海南省省赛中获高职组第一名，并代表海南省参加全国总决赛。

11月4日，在第十五届中国好创意暨全国数字艺术设计大赛中，动画学院“南海工匠动画技能工作室”赵宝春、马瑞智为指导教师，郭瑀、程方媛、蔡裕龙、吴振华等创作的作品《no作no贷》获全国一等奖；“广告设计工作室”教师庞炳楠、陈甜甜为指导教师，李地辉、李港聪创作的作品《科技海洋·共创未来》获全国三等奖。

11月，中国驻乌兹别克斯坦大使姜岩来信点赞学校教师李华伟为中乌文化交流互鉴所作的不懈努力和积极贡献。

11月4—7日，在2021年全国大学生电子设计竞赛海南赛区“恩智浦MCU杯”赛中，机电工程学院共组织11支队代表学校参赛，获得一等奖2项、二等奖1项、三等奖2项，学校荣获“优秀组织奖”，机电工程学院潘云霞荣获“优秀指导教师奖”。

12月，在2021年第六届全国高等院校英语教师教学基本功大赛优秀课例微课组评比中，凌莉制作的系列英语应用文微课之How to Write a Letter of Thanks获优秀课例评比微课组国家级二等奖。

12月11日，在“2021年外语课程思政优秀教学案例全国交流活动”总决赛中，教师朱兵艳、刘士祥团队代表海南省高职英语组参加全国总决赛并获全国总决赛一等奖。

12月15—17日，在2021年海南省大中专学生田径赛中，学校学生田径代表队共斩获5枚金牌、2枚银牌、2枚铜牌，打破了5项校运动会纪录，最终获得高校普通组第五名的成绩；学校获得“体育道德风尚奖”。

12月，在第三届北京国际公益广告大会创意征集大赛中，学校动画学院师生团队报送的作品《消亡》获未发布类平面组唯一的一等奖奖项，报送的其他作品获得未发布类平面组优秀奖十项、发布类平面组优秀奖四项。

12月11日，在第二十三届中国机器人及人工智能大赛全国决赛中，软件工程学院选派的参赛队获得人工智能创新赛全国二等奖。

2022年

1月14日，学校特聘教授罗训带领团队完成的“新冠预防虚拟交互式数字培训工具”项目入选IEEE2021年度技术公益成功案例集。

2月，在2021年全国职业院校技能大赛国赛中，教师蒋国文、凌铭泽指导的“创新创业（团体项目）”项目和曾浩、马瑞智指导的“虚拟现实（VR）设计与制作（团体项目）”项目获得高职组三等奖。在2021年全国职业院校技能大赛省赛中荣获高职组金奖8项、银奖3项、铜奖6项，优胜奖11项。

3月，学校发展规划中心副主任李明平被命名为第七批海南省岗位学雷锋标兵。

3月29日，在2021泛珠三角大学生计算机作品赛总决赛比赛中，学校参赛作品《基于易班的高校学生服务平台》入围总决赛答辩，最终获高职组二等奖。

4月，学校荣获“2021年度海南省高等学校无偿献血先进单位”称号，蔡菲菲等48名学生荣获海南省高等学校“无偿献血优秀个人”荣誉称号。

10月，在2022年海南省高等职业院校技能大赛教学能力比赛中，学校的4个参赛团队分别获得一等奖1项、二等奖3项。其中，由国际教育与旅游学院教师朱兵艳、刘士祥、蒋秀娟、姚立佳等设计的作品《Grateful Life（感恩生活）》获得公共基础课程组一等奖；由软件工程学院教师陈经优、王晶、符石、杨华生等设计的作品《“北京冬奥会”静态网站开发》获得专业课程（技能）一组二等奖；由软件工程学院教师陈艺卓、肖自乾、王贞、李传科等设计的作品《2022北京冬奥数据分析与可视化》获得专业课程（技能）一组二等奖；由机电工程学院教师蔡莉莎、曾维鹏、黄果、林尔敏等设计的作品《探寻人工智能的世界》获得专业课程（技能）一组二等奖。朱兵艳团队将代表海南省参加2022年全国职业院校技能大赛教学能力比赛。

11月16日，学校被海南省委组织部评为支援市县抗击疫情志愿服务工作“表现突出的集体”，马杰、廖坤远、梁新亮分别被评为“表现突出的个人”。

11月26—27日，教师朱兵艳、刘士祥、姚立佳、蒋秀娟、李华伟团队以海南省特等奖的优异成绩被推荐参加2022年全国外语课程思政优秀教学案例评选，获全国总决赛一等奖。

12月16—17日，教师符光泽、王才吉和吴丽团队参加2022年冬交会海南特色农产品烹饪职业技能竞赛荣获特金奖1项、金奖2项。

12月16日，教师朱兵艳、刘士祥、蒋秀娟、姚立佳团队参赛作品《Grateful Life 感恩生活》参加全国职业院校技能大赛教学能力比赛荣获高职公共基础课程组三等奖。

12月17日，教师王燕指导的我校学生陈琪同学在2022“中国教育电视台·外研社杯”职场英语挑战赛写作大赛全国决赛中荣获全国二等奖。

12月30日，教师凌莉创作的系列英语微课之一Cultural Awareness参加2022年第七届全国高等院校英语教师教学基本功大赛荣获优秀课例评比·微课组全国一等奖。

2023年

2月7日，国家卫生健康委、中国红十字会总会、中央军委后勤保障部卫生局联合印发《关于表彰2020—2021年度全国无偿献血表彰奖励获奖者的决定》，我校荣获“2020—2021年度全国无偿献血促进奖”荣誉称号。

2月9日，学校参赛队伍HNCST-SEC316参加由省委网信办举办的2022年海南省网络空间安全实战攻防演练被授予渗透队伍二等奖。

3月4—6日，教师符光泽老师烹饪作品《天鹅酥》参加中国烹饪协会主办的第七届全国名厨烹饪邀请赛荣获特金奖。

3月10日，中国老年学和老年医学学会公布“2022·首届中国老龄志愿与公益服务高峰论坛”评选结果，学校教师钟智辉摄影作品获“优秀作品奖”。

人　物

1. 王大鹏

王大鹏像
（王大鹏故居存）

王大鹏（1890—1929），中国共产党早期党员，琼东县民选县长，琼东中学创办者。

1890年出生于琼东县泮水乡，1917年考取官费生留学日本。在日期间，他努力观察、研究日本社会的经济、文化和政治状况，想借鉴日本明治维新以来的改革经验改造落后的中国社会。1919年秋，归国后积极参加社会活动。

1921年春，广东军阀邓本殷（现属广西北海人）为收买民心而标榜“琼人治琼”，在琼东试行民选县长。王大鹏在全民选举中当选琼东县长。他在任上竭尽所能做了很多有益于琼东人民与社会的工作。他冲破重重阻力，努力推行社会改革，发展经济，注重教育、交通、治安、文化等各项事业的革新。正如1924年重印的《琼东县志》序中他所写的一样：“鹏自被民选为桑梓服务，四年于兹。几百事宜，在在待举。如学校，如路政，先所必先，急所必急。加以地方久乱，事每掣肘，又值年大凶荒，事尤棘手。”

王大鹏下大力气来抓社会治安，又以嘉积为枢纽疏通了通往县外各地的公路交通，他重点拓展嘉积镇以带动全县商业发展。他认为整治社会最根本的问题在于人，因此他把最大的精力投入教育改革工作。他一上任便派人到南洋向华侨募捐，筹集善款10万余元，建起县立第一高等小学的学生宿舍17间。他又在学校为全县各小学教师举办多期师资短期培训班，同时调集各校校长教员集中学习国语，使学校成为全国较早开始教授国音符号的学校。他先后聘请进步青年杨善集、王文明、陈骏业等担任小学校长，他以半费或免费的优待鼓励女生入学，提倡新文化，发展体育运动、倡导学习白话文和数理化。

王大鹏在办学过程中除了经费问题让他苦恼，更为重要的师资问题也让他煞费苦心，为此他邀请同乡王器民回琼东县协助办学。

王大鹏可谓思贤若渴，经王器民介绍，他聘请了从云南陆军讲武堂毕业回琼的徐成章到琼东担任公安局长并兼职县立第一高等小学校的体育教员。下力气整治社会治安和在学校中推行身体教育。同样经王器民介绍，他聘请了刚刚旅法求学回国的陈公培、罗汉等人到琼东协助办学。经过他的筹措，琼东县先后办起了两所学校。一所叫嘉积农工学校，这是学习日本的职业教育经验创办的职业学校。日本从19世纪中期就一直重视职业技术教育，而我们中国千百年来只把读书当作做官的门路，为此必须改变这种教育制度。办学必须顾及那些赶不上读书年龄的农工，要给他们扫盲，教他们学习文化科学知识、提高劳动技能，这是一个教育普及的问题。另一所就是琼东中学，这是要解决小学教育师资的匮乏和小学毕业生继续升学的中等教育问题，也就是教育提高的问题。

琼东中学创办后，逐步扩大办学规模，王大鹏非常高兴。他于1925年4月又变卖自家田产捐资2 000光洋给学校。当《琼东中学校刊》发行时，他亲自到校出席发刊仪式并致祝词。他对学校的发展充满信心。他说："鄙人忝任县事，即毅然从事筹设（指兴办教育），而当时闻其议者，有谓地小民贫，难于举办；不知'难'之一字，为愚人所用之字典有之，试观是校此数年间，惨淡经营，更有今日，何难之有！"其办学愿望之迫切及精神之坚忍不拔，令人敬佩。

迫于守旧势力的反对，王大鹏于1925年秋辞去县长职务。不久后前往广州参加大革命运动，1927年4月在广州市被国民党当局逮捕入狱，一直被关至12月广州起义后才出狱。

王大鹏出狱后返回海南。1928年8月琼崖苏维埃政府成立时，王大鹏任经济委员会主任负责苏区的经济工作，筹划红军的物资给养，由于采取了一系列切实可行的经济措施，苏区的生产得到很大的发展，从而粉碎了敌人的经济封锁。1929年年初，王大鹏率队前往母瑞山区时与敌人发生激战，在掩护部队突围过程中，他在敌人的乱弹中壮烈牺牲。琼海人民永远不会忘记王大鹏为中国革命和琼海市的发展所作出的巨大贡献。

2．杨善集

杨善集像
（海南档案馆存）

杨善集（1900—1927），中国共产党早期党员，中共琼崖特委书记、琼崖军事委员会主席。琼东县立第一高等小学（琼东中学前身）校长。

1900年出生于琼东县六区北埇乡（今琼海市福田镇）井堪村一个农民家庭。1915年，考进琼崖中学。中学期间，他除了学习规定的课程，还涉猎各种进步书刊，探索人生道路。杨善集受辛亥革命及护法倒袁运动的影响，逐渐树立起了爱国思想，曾邀集有志同学王文明、陈维扬等组织“青年观摩会”。要求会员每周撰写一篇爱国文章传阅，讨论有关革命救国问题。

1919年“五四”运动爆发。这场反帝爱国运动，激发了杨善集满腔的爱国热情，他到处奔走，积极发动学生参加斗争。在琼崖十三中学学生联合会中担任宣传股长。在学联会的领导下，1919年5月20日，海口、府城各校学生上街游行示威，声势震动全岛。同年秋，杨善集从琼崖中学毕业回到家乡，不久被聘到琼东县福田夏试小学任教员，1920年春至1921年冬，在琼东县三合振文高小任教员。

1922年春，杨善集被琼东县进步县长王大鹏聘为琼东县立第一高等小学校长。杨善集利用县长对他的信任，积极整顿校风，领导学生参加新文化运动，还帮助县长推行教育新学制、破除迷信、建设公路、整顿社会治安等新政。因此，引起学校里的守旧派和社会上的反动势力的妒忌，他们勾结在一起，煽动少部分盲从学生罢课闹风潮，诬蔑杨善集勾结官府，霸占学校，误人子弟。幸而不久真相大白，盲从学生很快觉悟，这场风波得以平息。

1922年5月，杨善集辞去校长职务，考进广东公路工程学校。那时，广州是革命策源地，他为了探求革命真理，利用一切机会阅读《新青年》《劳动声》《广东群报》等书刊，接受马克思主义的宣传，积极参加各种社会活动。1923年6月，他参加广州的社会主义青年团外围组织——“新学生社”。12月，被吸收参加社会主义青年团。1924年春，他同洪剑雄等成立了“海外品学观摩会”，出版了会刊《觉觉》杂志。接着又与徐成章、周士第等组织了“琼崖革命同志会”，出版了会刊《新琼崖评论》，杨善集任该刊书记主任。杨善集在这些刊物上发表了大量文章，传播马克思主义，探讨、研究改造社会问题，运用马克思主义的立场、观点，旗帜鲜明、针锋相对地批判当时思想战线上存在的改良主义、无政府主义等反马克思主义思潮，对琼崖青年学生影响很大。

1924年5月，杨善集被党选送到苏联莫斯科东方劳动者共产主义大学学习。11月，他同叶挺等被中国共产党旅莫支部吸收入党，介绍人是陈乔年、刘伯坚。1925年2月，根据共产国际的通知，杨善集与聂荣臻、叶挺等被抽调去苏联红军学校中国班学习军事。1925年8月上旬，为满足国内大革命对干部的迫切需要，杨善集同聂荣臻、王若飞、叶挺、熊雄等人结束了在苏联的留学生活，奉命回国。

1925年8月下旬回国后，9月任中共广东区委宣传部长，10月任团广州地委书记。12月中旬，杨善集被调任共青团广东区委书记。1926年6月任中共广东区委特派员，指导召开中共琼崖第一次代表大会，成立中共琼崖地委。1927年4月22日琼崖反革命事变后临危受命回琼工作；6月召开地委紧急会议，将琼崖地委改为琼崖特委，成立琼崖军事委员会，任琼崖特委书记、琼崖军事委员会主席；7月主持创立琼崖讨逆革命军并任党代表；9月响应党中央“八七”会议关于举行秋收起义的号召，发动和领导全琼武装总暴动，23 日在椰子寨战斗中英勇牺牲，年仅27岁。1957年，琼东县人民委员会追认为烈士。

3. 王器民

王器民像
（海南档案馆存）

王器民（1892—1927），中国共产党早期党员，海南新文化运动主将，创办琼东中学的参与者与联络人。

1892年出生于琼东县塔洋，少有大志。早年曾赴新加坡谋生，后靠亲人资助到上海暨南大学读书。“五四”运动爆发时正在上海读书的王器民赶回海南，和海南学运领导人钟衍林、杨善集、王文明、冯平等发起召开追悼郭钦光的大会，组织示威游行，组织纠察队、宣传队进行宣传，组织抵制日货活动。这位多才多艺的琼东才子通过演讲、报刊、教育和戏曲，在海南掀起新文化运动的高潮。他和徐成章是在海南最早办报传播科学社会主义思想的知识分子。

1920年年初，王器民开始和徐成章筹办《琼崖旬报》，同时也关注琼东县的社会改革，在县城和嘉积办起了文化书局、阅书社、体育场等一批文化设施。作为王大鹏的同乡人，早在1921春，他就向刚刚上任且一向珍重人才的王大鹏举荐了刚从云南陆军讲武堂学习回琼的徐成章到琼东县任嘉积警察局局长并兼琼东县立第一高等小学体育教员，重点解决当时最使人头痛的社会治安问题。徐成章1922年4月在《琼崖旬报》周年纪念的一篇回忆文章中叙述了王器民在这一时期的一些活动。

为了逃避军阀的查禁，王器民于1920年夏避居香港筹办《琼崖旬报》，但因经费困难和战乱使消息隔断而无法出版发行。后来形势有所改变，编辑部便搬回海南，又苦于海南没有印刷厂，王器民便赶赴广州编辑付印，一直至1921年4月7日《琼崖旬报》才出版第一期。该报的发行结束了自1914年中国同盟会会员林文英创办的《琼岛日报》被袁世凯查封后，海南7年没有报纸舆论而与外界消息隔断的局面。《琼崖旬报》在广州出版至第3期就搬回海口印刷，从第1期至第6期都由王器民编辑校对，从第7期开始由香山人冯笃明和曾稀吾编辑。也就是从1921年6月初，王器民趁治病之机回琼东家乡，由于放心不下，三个月后他又到海口接着编辑了第16期至第21期，从第22期开始便由旅欧归国到琼的罗汉编辑。

一年多来，王器民为《琼崖旬报》的出版简直是呕心沥血。他还和徐成章在海口创办友声书社、琼崖文化书局，并使之成为工人识字夜校，同时组织起“琼崖土戏改良社”和“琼崖伶人工会”，以戏剧形式开发民智，帮助民间艺人吴发凤进行琼剧改革并亲自操笔写剧本，一出出出自他和吴发凤笔下的现代文明戏让海南观众如痴如醉，对当时闭塞的海南起了不可估量的启蒙作用。他应王大鹏之邀回琼东县协助办学，先后在全县办起了200多间国民学校，把全县的教育推上了一个新台阶。

王器民虽然没有在琼东中学任过职，但在琼东中学的创办过程中，始终都起着筹划、推动、牵线的作用。他在上海读书时就结识了一批当时的进步知识分子，所以，他很顺利地就把陈公培、罗汉、鲁易等刚从法国归来的进步知识分子招募在《琼崖旬报》的旗下，最后又把他们引荐给王大鹏，协力到琼东的教育事业中来。并在琼东进行革命活动，发展中共党员。

琼东中学创办后，王器民便和徐成章到广州，他开始在广东省政府财政厅工作，同时积极为《新琼崖评论》撰文，指导海南人民争取民主的斗争。不久便被中共广东省委以特派员身份派往南洋工作，最后又到国民革命军第四军第十三师任政治部主任，是国民革命军的杰出政治工作者。这期间，他参加了省港大罢工和讨伐两广军阀的斗争。

1927年4月，国共分裂。王器民最早通过党组织联络广东省中山县的农民武装接应，准备策划国民革命军第十三师在4月23日举行武装起义，但由于叛徒出卖，起义失败。王器民被捕后在监狱里始终坚贞不屈，写下了《墨冤》《磨筋录》等书简，对国民党进行了揭露和批判。后被国民党反动派杀害于江门市。他用生命实践了他的坚定信念——“为求主义实现而奋斗，为谋民众利益而牺牲！”国家博物馆现保存有王器民烈士在狱中写给妻子的一封遗书。

4. 陈公培

陈公培像
（留法纪念馆存）

陈公培（1901—1968），中国共产党创始人之一，琼东中学首任校长。

1901年出生在湖南长沙一个知识分子家庭，早年受无政府主义和空想社会主义的影响，曾宣布脱离家庭，以“无名氏”谐音“吴名”为名，故又名“吴明”。1918年秋考入南京金陵大学学习日语准备留日，但受“五四”新思潮影响，1919年又到北京法文专修馆学习法文，同时参加了李大钊等发起组织的工读互助团。1920年，陈公培到上海，通过报刊宣传资本主义社会矛盾和阶级斗争的观点，结识陈独秀后参加上海共产主义小组，共同为中国共产党的建立做思想上和组织上的准备工作。他是与陈独秀、李汉俊、俞秀松、施存统共同起草中国共产党第一部纲领的五个人之一。

1920年年底，陈公培与赵世炎受陈独秀指派赴法国勤工俭学，参与组织巴黎中国少共支部。陈公培1920年年初在上海认识陈独秀，旅欧勤工俭学时他带着陈独秀给陈延年的亲笔信面交陈延年，并很快影响陈延年、陈乔年兄弟从无政府主义者转变为共产主义者。1921年3月，他与周恩来、赵世炎，以及张申府（周恩来的入党介绍人）、刘清扬夫妇等五人组成巴黎共产主义小组，这是中国共产党成立之前在欧洲建立的共产主义小组，也是共同发起成立中国共产党的国内外8个共产主义小组之一。1921年10月，陈公培和陈毅、李立三、蔡和森、鲁易、罗汉等因参加进占里昂中法大学的斗争被法国政府武装押送回国。陈公培等在广东未遇陈独秀（时陈独秀已离粤抵沪主持中央工作），便和李立三、蔡和森于1921年12月11日赶赴上海。他介绍李立三、蔡和森拜见陈独秀，并和陈独秀一起成为李立三和蔡和森的入党介绍人。接着，受党中央和陈独秀派遣，蔡和森留在上海中央工作，李立三到湖南（江西安源煤矿）从事工人运动，陈公培则到海南岛开辟党的工作。

当陈公培转道香港到达海南时，已经是1922年的秋天。他开始以《琼崖旬报》为阵地大造舆论，使《琼崖旬报》成为中国共产党在海南活动的最早阵地。陈公培在海口《琼崖旬报》工作了一段时间后，便应王器民和王大鹏之邀来到琼东县。

他选择琼东地区并以琼东中学为堡垒发展党员，这显示了他高度的胆识和智慧。琼东地区物产丰富，是海南社会经济最为发达且商品经济最活跃的地区，这里有众多华侨，和民主革命较活跃的新加坡等地有密切联系，有大批前往广州、上海等地求学的进步青年，又有一位具有民主思想、胸怀科学救国的县长。

琼东中学的前身县立第一高等小学校是一块具有民主革命思想的土壤，之前两任校长杨善集、陈骏业和兼课教师徐成章都是海南较早接受了民主革命思想的进步青年，他们在学校工作期间，尽管封建势力异常强大，但他们的民主革命思想已在学校和社会中产生了很大的影响。

陈公培以敏锐的目光发现，20世纪初叶的琼东社会处在极大的矛盾之中，一方面是社会经济迅速发展，另一方面是与这种经济发展不相适应的生产关系依然存在；一方面是民主思想及西方各种思潮不断传播，另一方面是几千年来的封建桎梏仍然禁锢着人们的思想。琼东社会在各种矛盾日益激化下已经是“山雨欲来风满楼”，社会的改革迫在眉睫，一场革命的暴风雨即将到来。

琼东中学附师学校建成后，这位年仅22岁精通法语和日语的湖南青年正式受聘担任首任校长，同时也把他那改革社会、教育为社会需要的精神注入了这所学校。

陈公培虽然担任琼东中学校长的时间不长，但在创建琼东中学的大半年时间里，他为中国共产党在海南发展了一批优秀党员，也为中国共产党在大革命时期能够在广州地区取得主动地位培养和输送了一批优秀干部。他凭渊博的学识和马克思主义理论，使琼东中学一时成为海南进步青年聚集的地方，为中国共产党地方组织在海南的创建做了组织上和思想上的充分准备。陈公培于1924年秋入黄埔军校第二期，和周逸群（鲁易介绍入党）等中共党员在军校中发起成立火星社，发展中共党员，与国民党右派学生进行针锋相对的斗争。在国民党黄埔军校特别党部改选时，他和周逸群当选为特别党部执行委员，后来参加过两次东征和北伐，1927年8月1日参加南昌起义失败后与党组织失去联系。1933年他又参加蒋光鼐福建事变，代表十九路军与红军联络，后来寓居天津、上海等地，一直为中华民族争取民主和自由而斗争。1936年在延安的毛泽东曾给他写过书信，信中称赞他“依然奋斗不懈”的精神，希望他为抗日民族统一战线“大力斡旋”。他解放后曾任中央人民政府政务院参事，政协第二、三、四届全国委员会委员。1981年10月29日《人民日报》发表消息：

> 新华社北京10月27日电　中国人民政治协商会议第四届全国委员会委员陈公培的骨灰安放仪式，今天在八宝山革命公墓举行。陈公培是湖南省长沙市人，解放后曾任中央人民政府政务院参事，政协第二、三、四届全国委员会委员，因受林彪、江青反革命集团迫害，于1968年3月7日在北京逝世。中共中央统战部、政协全国委员会的负责人，陈公培的生前友好和亲属，参加了今天的骨灰安放仪式。

5. 罗 汉

罗汉像
（琼崖一大会址存）

罗汉（1897—1939），中国共产党早期党员，中共琼崖特别支部书记，琼东中学创建的参与者。

1897年出生于湖南浏阳，在北京大学读书时是陈独秀的学生；“五四”运动时与罗章龙等同学组织和领导了北京学生“火烧赵家楼，痛打章宗祥”等爱国行动，并在北京大学参加了社会主义青年团的发起活动。1920年年底赴法国勤工俭学，与李立三、王若飞等人在留法勤工俭学学生中组织“劳动学会”“勤工俭学会”。1921年10月，参加留法学生进占里昂中法大学的斗争，被法国当局武装押送回国。据担任过李立三秘书的李思慎先生回忆，罗汉和陈毅、李立三、蔡和森、陈公培等104人回国的时间是1921年10月13日晚，11月中旬船才到香港。徐成章记述罗汉在海口接着编辑第22期《琼崖旬报》，其时间应在12月之前，可见罗汉赶到海南的时间是相当仓促的。罗汉到海南后受王器民的邀请在海口《琼崖旬报》工作，积极介绍欧洲社会主义革命的理论。

因为琼东办学存在困难重重，1922年春节期间，罗汉受王大鹏和王器民邀请来到琼东。罗汉在海口编辑《琼崖旬报》至第28期，便“因事赴琼东”，徐成章说他是“最热心改进社会的人物”。《琼崖旬报》从第29期开始便由鲁易担任编辑。在琼东，罗汉担任了县立第一高等小学校长，对学校进行了全面整顿。罗汉和王大鹏、王器民、陈公培等有了共识：要同时办两所学校，一所是在县立第一高等小学的基础上创建琼东县立师范学校；一所是创办一所嘉积农工学校。

学校办起来后，琼东县立师范学校的校长由陈公培担任，嘉积农工学校校长由罗汉担任。但由于经费不足，琼东县立师范学校改名琼东中学首先开学，罗汉和王文明奔赴南洋向华侨募捐，筹集嘉积农工学校的办学经费，至1924年2月，嘉积农工职业学校正式开学，罗汉和陈公培等都曾经在两所学校间兼课。

琼东中学和嘉积农工学校建立后，罗汉根据党的指示，1924年秋进入黄埔军校任政治教官，后任国民革命军第四军政治部主任、党代表。1925年年底随军渡海南征军阀邓本殷。1926年2月，中共琼崖特别支部在海口成立，根据中央的安排罗汉留在海南担任中共琼崖特别支部书记、国民党琼崖特别委员会主任委员等职务，这是中国共产党在海南建立的第一个党组织。

1926年6月，罗汉主持召开中国共产党琼崖第一次代表大会，当选为中共琼崖地方委员会委员兼国民党工作部部长，是中国共产党海南地方党团组织的重要创始人之一，为中国共产党在海南的发展作出了很大的贡献。

1926年9月，罗汉受中共中央派遣，到莫斯科东方大学学习。留苏期间，罗汉赞同托洛次基对中国革命的观点，反对斯大林“修正”列宁主义。1928年秋回国后赴北方工作并开始同王文元（王凡西）等留苏学生在北京组织“十月社”，编辑《十月》刊物，宣传托洛茨基的理论和观点，因此与党中央脱离了组织关系。第二次国共合作期间，罗汉曾在南京八路军办事处和叶剑英等联系，准备赴延安协商陈独秀等“回党”工作事宜。1937年9月10日，张闻天、毛泽东联名代表中央致电林伯渠，向罗汉和陈独秀提出了三个条件，因陈独秀不能接受而使他们失去回党工作的机会。此后，罗汉还继续在《汉口日报》发表了《致周恩来等的一封公开信》，叙述1937年8月至10月与叶剑英等“很融洽”的交往情况，驳斥王明、康生对陈独秀和他的诬陷。1939年，罗汉和陈独秀到了重庆，5月3日，日军飞机疯狂轰炸重庆，罗汉在这次轰炸中失踪，弃下保持晚节的陈独秀病困于江津一个叫“聚奎”的学校边。一个为争取民主自由而奋斗的知识分子，一个中国共产党的早期活动家，在追求自己信仰的理想中虽有迷茫和困惑，但能始终如一坚持这一理想并为之奋斗，怎能不让我们后人由衷敬仰。

6．徐成章

徐成章像

徐成章（1892—1928），同盟会员，中国共产党早期党员，琼崖工农革命军东路总指挥，琼东中学创建的参与者兼体育教师。

1892出生于海南琼山县演丰乡，1909年加入琼崖同盟会，1914年参与讨袁运动，1917年入云南陆军讲武堂学习。1920年年初，徐成章从云南讲武堂毕业回到琼崖。

徐成章和王器民同年出生，是革命知己。徐成章是琼山县人，王器民是琼东县人，虽然徐成章早期信仰三民主义，但结识王器民后，在革命斗争中逐渐转变为共产主义者。此后，他在海南的革命活动中基本上都和王器民走在一起。他们一起创办《琼崖旬报》，一起在海口创办“友声书刊阅览社”，陈列革命进步书刊供青年学生阅览。一起找吴发凤、郑长和等琼剧艺人组织土戏改良社、编演文明剧、成立琼崖优伶界工会，又一起赴琼东帮助王大鹏进行社会改造和改革教育事业。

1921年春，他应琼东县民选县长王大鹏之邀，就任嘉积公安局长。在任上，徐成章制定了县章：一是维持秩序；二是截留非法粮食；三是严惩走狗；四是镇压贼徒。他同时又在县立第一高等小学兼任体育教师，在改革旧式教育中首先开设体育课，在社会上造成很大影响。也就在这个时候，在县立第一高等小学改建为琼东中学的时候，他和琼东县各位有识之士商讨创建琼东中学的各项事宜。

琼东中学正在创建时，徐成章于1923年春便带着共产党员的使命到了广州。1924年年初参与创建黄埔军校并担任特别官佐，很多海南青年由他介绍进入黄埔军校；年底，他担任中国共产党直接掌握的第一支革命武装——建国陆军大元帅府铁甲车队队长（接任者为副队长周士第），是中国共产党最早从事武装活动的党员之一。他曾率部支援广宁农民运动和平定叛军的斗争；省港大罢工期间，调任罢工工人纠察队总队长。大革命失败后，徐成章到海陆丰农军工作，配合南昌起义南下部队进占潮汕。1927年10月根据党的指示又回海南工作，任中共琼崖军委委员、琼崖工农革命军东路总指挥。1928年2月在指挥进攻万宁县分界圩敌据点时壮烈牺牲。时中共广东省委给党中央报告，拟送其妻、子到欧洲教养。

7. 陆兴焕

陆兴焕像

陆兴焕（1890—1974），1924—1926年任琼东中学校长。

1890年出生于海南文昌重兴镇敦陶村。1917年毕业于国立广东高等师范学堂（中山大学前身）。1918年，陆兴焕应文昌县国民政府县长陈岛沧之邀，回家乡担任县教育局长。在任上，陆兴焕配合县长陈岛沧，振兴家乡文化教育。陆兴焕思想开放进步，他在局内创办了书报社，定购各种进步书刊，介绍俄国、西欧的文学作品和学术著作。他勤奋工作，筹策文昌的教育事业发展规划，使文昌教育事业长足发展，享誉岛内外，文昌县因此被广东省政府授予“文化县”的光荣称号。

但不久，对教师职业情有独钟的陆兴焕辞去县教育局长的行政职务，到琼崖中学（今琼台师范高等专科学校）任教。1923年秋，陆兴焕参与了钟衍林等人创办私立琼海中学（今海南中学）的工作。

1924年4月，陆兴焕又应琼东县县长王大鹏的邀请来到琼东县担任琼东中学校长。1926年7月，陆兴焕应邀赴万宁县任万宁中学校长。

其时，万宁地区由于社会动乱，学校大多荒废。陆兴焕像此前万宁县有高小学校10余所，国民小学100余所，至此仅剩高小学校数所，国民学校40余所，教育状况不容乐观。为改变万宁县教育的落后局面，县长岑楼召集全县教育行政会议，邀请陆兴焕到县任万宁中学校长，期望能扭转被动的教育局面。

从1928年开始，陆兴焕又回家担任文昌中学校长。在校长任上他曾赴新加坡、马来亚等地，发动华侨捐款，并落实兑现了华侨们以前承诺的全部捐款数目，为文昌中学的发展立下功劳。之后又再次担任文昌县教育局长。他大力加强基础教育，发动群众兴办中小学，使全县中、小学校建设得到了很快的发展，促使文昌县成为广东省名列前茅的文化县，赢得全县人民的赞扬。

抗战期间，从1942年2月至1943年8月，陆兴焕在广东省第九区专员公署教育科任科长，负责抗战时的教育工作。接着，他到设在砰石、梅县一带的中山大学任讲师。

抗日战争胜利后，陆兴焕先后在广州中山大学、珠海大学任教授。

海南解放后，他回到海南。家乡重兴镇于1956年创办起文南中学，当时学校白手起家，困难很多。为了争取华侨支持教育事业，文昌县人民政府任命陆兴焕为校长。为了解决办学困难，陆兴焕给新加坡重兴同乡会写信，陈述实际困难，要求华侨支持。重兴同乡会收到陆校长的信后，立即购置现代化的大汽灯十盏和教学仪器一批，通过海关托运回文南中学，解决了学生上晚修难与教学实验难的大问题，大大提高了学校的教学质量。1959年，刚建立三年之久的文南中学，教学管理之严，教学质量之高，在海南教育界声名大振。

陆兴焕从事教育工作半个多世纪，是海南知名的校长。1974年，陆兴焕在家乡因病逝世。

8．陈绍经

陈绍经（生卒年不详），海南知名校长，琼东中学教师。

陈绍经出生于海南文昌，毕业于燕京大学。毕业后回乡，在琼崖中学（今琼台师范高等专科学校）任教。1923年年初，陈绍经参与钟衍林、王国宪、陆达节、陆兴焕等人创办私立琼海中学（今海南中学）工作，任校董。

1925年年初应王大鹏之邀到琼东中学任教，在学校中大力推崇杜威的教育思想。后来又到省立十三中任教（今嘉积中学）。

1938年，徐闻一中创办时，应在该校任校长的同乡李蕃炽的邀请，陈绍经又到徐闻一中教授英语，对落后的徐闻教育事业作出了贡献。

1950年，海南解放，陈绍经接任海南私立匹瑾中学校校长。

1953年，海南行政公署文教处任命陈绍经为万宁中学校长。

9．黎宗铄

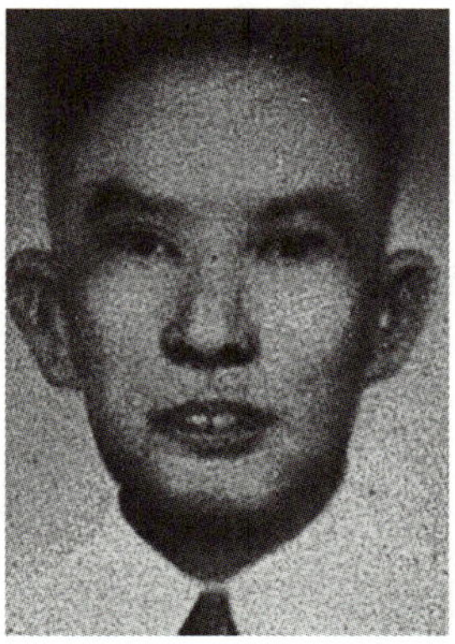
黎宗铄像
（嘉积中学存）

黎宗铄（生卒年不详），1924年7月至1926年元月琼东中学校长。

黎宗铄出生于海南嘉积镇。早年毕业于国立广东高等师范学堂（中山大学前身）数理化部。毕业后曾先后在省立琼崖东路中学、省立琼崖中学、琼山中学、华美中学、匹瑾中学等学校任教。

1924年7月至1926年年初担任琼东中学校长兼数学教员。在校长任上，成立了学校教师孔复初、杨兰波、符传范、符继盈及侨胞数人为委员的募捐委员会，多方筹集资金建设学校，成立了由教职员6人组成的会计审查委员会，预算决算实行校务公开，学校管理走上了规范化。

1926年11月广东省立十三中（现嘉积中学）纪念建校9周年之际，学校掀起“择师”学潮。之后，琼东、乐会各界在嘉积举行大游行，声援省立十三中学生驱逐校长张韬的学潮。之后，由黎宗铄替代张韬担任省立十三中校长。

当时的广东省立十三中，规模很小，仅有初中部，位于嘉积南门，校址“既是狭窄，宿舍多是不敷，学生多寓居市镇”，“宿舍、讲堂、操场、运动场无从着手”，黎宗铄接任校长后，制订“更新十三中，扩大十三中，迁移十三中”的规划，经过考察，决定将学校搬迁到大春坡。一番改革，一番奋斗，终使学校焕然一新，“现在新建的校址，是在嘉积的东北面，地址阔大，实在是建设校舍唯一无二的地方”，“迁移在地势广平、空气清爽，最宜学习读书的北门外”，“迁移在北门外大春坡那边，山川平旷，空气鲜澄的地方。这块地方前面清溪，后枕高阜，风景优秀”。尽管新建学校后来在日军侵琼时被破坏，但学校的形象、学校的精神永远留存在人们的心中。在嘉积中学的建校史中，黎宗铄校长是一个彻底改变了学校面貌的关键人物。

1929年9月省立十三中（嘉积中学）接过琼东中学的师范教育，招收师范一个班（层次为中师）40人，从此成为一所完全中学。

省立十三中（现嘉积中学）开设师范班后，校舍不敷。黎宗铄派员到南洋向华侨募款10万元，建钢筋水泥结构教学大楼一幢于大春坡，省立十三中（今嘉积中学）从此成为一所完全中学。

1931年，黎宗铄又应邀到崖城担任崖县中学（今三亚市第一中学）校长。在任上勤教劝学，积极宣传新文化，改革旧习俗，亲自主编学校刊物《崖中校刊》。《崖中校刊》记载了当时崖县中学学生的年龄、籍贯、婚娶比较图表，还有《崖中校刊》发刊词、崖中概述及校史、校歌，其他论著29篇、诗歌26首、捐款芳名录等，非常详细。该刊创刊号是铅印小32开本，有11万字，虽然仅出版2期，1932年便停刊，但它是目前珍存的较早记载海南教育史事迹的珍贵历史资料。

10．符传范

符传范（1900—1927），中国共产党党员，琼东中学首任党支部书记，琼东中学教务主任。

1900年出生在琼东千秋村。1919年“五四”运动时，在广东省立第六师范学校读书的符传范，和同学钟衍林、王文明、杨善集、陈垂斌、罗文淹等积极响应，他们是海南最早响应“五四”运动的进步学生。

1919年5月18日，海府地区和各县中学的学生代表，在琼崖中学召开了全琼学生代表大会，宣布成立琼崖十三属学生联合会，领导全琼学生运动。大会选举钟衍林为学联会理事长，符传范和王文明、杨善集、陈垂斌、罗文淹等为常务理事。琼崖学联成立后，立即宣布接受全国学联领导，并派代表赴上海参加全国学联会议。从此，琼崖学生运动成为全国学生运动的一部分。

“五四”运动后，符传范到上海震旦大学读书，系统地接受了科学社会主义思想，1924年回家乡在琼东中学任教导主任。他极力宣传新文化、新道德，呼吁男女平等，倡导让妇女有接受教育的权利，提出办女子学校，使妇女能够得到真正的解放。

1925年3月，符传范在学校积极参与出版具有影响力的《琼东中学校刊》，他在刊中有多篇诗文，有对旧社会的积极批判，也有对当前军阀混战、社会动乱、党内外派别斗争不断的担忧，反映了一个知识分子对革命前途的迷茫。也就在这时，他加入了中国共产党。

他又在嘉积市主编出版进步刊物《琼崖东路半月刊》，宣传新文化、新道德，为革命大造舆论呐喊，大胆地宣传马列主义和中国共产党的主张。

1925年冬，以琼东中学的共产党员为主要力量开始筹建中国国民党琼东县党部，学校中不少共产党员以个人名义加入国民党。1926年2月，在第一次代表大会上，符传范和学校校长陈骏业（共产党员）当选为第一届执行委员。

1926年3月，在中共琼崖东路特别支部（部委）的领导下，琼东中学、琼东县城高级小学和县教育局的党员在琼东中学举行会议，成立琼东中学党支部（琼中党支部），符传范任书记。这是中国共产党在海南岛上最早建立起来的基层党组织之一，学校师生有党、团员40多人。这一时期，他担任中共琼东县委组织部长，积极开展创建中国共产党地方党组织的活动。

1927年大革命失败后，黄镇球带兵到琼东，宣布琼东中学为整体赤化学校，把他和时任琼东中学校长的陈骏业列为琼东“四凶”之一，到处张榜悬赏捉拿。

革命同志的鲜血使符传范义无反顾，毅然走上了武装反抗国民党的道路。他带领革命武装转移农村开展斗争，1927年9月15日在双发岭战斗中牺牲。

11. 陈秋辅

陈秋辅像
（海南档案馆存）

陈秋辅（1900—1929），海南东部地区及学校基层党组织的创建人，琼东中学教师。

1900年10月出生在海南琼山县（今属海口市）大致坡镇排城村一个贫穷的农民家庭。陈秋辅幼年在村里私塾念书，天资聪颖，同学都称他为“小先生”，不久，父亲身染重病，因没钱治疗而瘫痪了。1919年秋，陈秋辅考入琼崖中学（今琼台师范高等专科学校）读书，是品学兼优的高才生，这时他开始接触到思想进步的人物，阅读宣传民主、科学和马列主义的书刊，参加游行示威、抵制日货等运动。1923年秋，陈秋辅靠两位在海外做苦工的哥哥支持，考入上海光华大学，深受革命青年学生的影响，思想日趋进步，其间，与琼籍同学许侠夫、符向一等人创办《琼崖讨邓月刊》，揭露军阀罪行，传播革命理论。陈秋辅于1924年1月加入中国共产党，1925年，海外的两位哥哥失业，经济来源断绝，被迫弃学返琼。

陈秋辅回琼后，到琼东中学任教，同时在嘉积农工学校任教务主任兼政治教育主任，授课以《中国革命史》《共产党宣言》《唯物史观》《资本论》《帝国主义浅说》等为主要内容。1925年下半年，陈秋辅与雷永铨一起带领琼东中学和嘉积农工学校师生，支持广东省立十三中学（今海南省琼海市嘉积中学）驱逐压制学生运动的校长张韬的风潮，发动近一万群众加入游行示威的队伍，到处张贴和散发传单，最后广东省教育局决定撤销张韬的校长职务，由黎宗铄接任，“驱张”斗争取得完全胜利。

1926年2月，陈秋辅任中共琼崖东路特别支部宣传委员，他在琼东中学成立了党小组并任组长，这是在琼东地区一个最早的党的地方基层组织。学校在党小组和学生会的领导下，成立宣传队、琼剧队上街和深入农村进行宣传，为群众演出。除在县城宣传外，宣传队还到福田、烟塘、长坡等地演戏，开展宣传男女平等、婚姻自由、拥护国民革命等活动。

1926年6月，陈秋辅调任琼山中学教务主任，发展进步学生加入党团组织。

1927年4月22日，府海发生了反革命事变，陈秋辅转移到三江、大致坡一带农村活动。当时地委书记王文明在离开海口向内地转移途经云龙时，找到原任海口市郊区农民协会办事处主任的冯继周（即冯白驹），授命冯继周、陈秋辅、冯裕江三人组成中共琼山县委员会。陈秋辅任宣传委员，负责十二区的革命斗争活动。他和十二区区委书记郭荣在良官寨村后坡祠堂召开了定田、京化、中秋、排山、三斗排、良官寨、中央坡等村庄的党员会议，成立七村乡党支部。布置七村乡党支部立即集中各村农会的自卫军，到偏僻林密的荆竹庙堂进行军事训练，准备举行武装暴动。初秋，陈秋辅和十二区委率领七村乡的自卫军进行武装暴动，枪毙几个反动分子，没收财产，分配给当地贫苦农民。

1927年11月的一个深夜，陈秋辅带领自卫队袭击蛟塘墟，驻敌闻风逃跑，自卫军烧毁了敌人的炮楼、营房。为了增强自卫队的战斗力，他发动群众，用荔枝树制造荔枝炮。接着又率领九、十、十一、十二区部分自卫队和群众，再次进攻大致坡敌炮楼，取得胜利。1928年2月，陈秋辅在中共琼崖特委第二次代表大会上，被选为特委委员；年底，接任中共琼山县委书记。

1929年6月20日深夜，陈秋辅率领县委武装进攻博布民团据点，因叛徒冯大同通敌，在进军途中遭敌埋伏袭击，他临危不惧指挥应战，不幸中弹壮烈牺牲。

12. 冯裕江

冯裕江（1899—1931），海南省琼山四区（今属海口市美兰区大致坡镇）人。琼东中学教师。

冯裕江在广州读大学期间加入中国共产党。1926年1月随国民革命军返琼工作。后受中共琼崖特委派到琼东工作，在琼东中学任教并兼任嘉积农工学校教务主任。在琼东中学任教时积极发展中共党员，跟陈秋辅、符传范一起创建琼东中学支部并任宣传委员。他在学生中积极宣传科学社会主义理论，引导许多青年学生团结在党组织周围。

1926年下半年，冯裕江受党组织派遣跟陈秋辅回海口工作，任琼山中学校长，陈秋辅任教务主任。

1927年琼崖“四二二”反革命事变，琼山县特别支部书记李爱春牺牲；6月，为了加强琼山县革命斗争的领导，受中共琼崖地委书记王文明委派，冯裕江、陈秋辅同时任海口郊区农民协会办事处主任的冯白驹三人在琼山县合群乡蛟乐坑村（今属海口市美兰区大致坡镇）组建中共琼山县委。冯裕江任组织委员负责组织工作。

1927年下半年，冯裕江与冯白驹等同志到康安村指导工作。1928年在康安村指导成立中共琼山县第六区委员会和康安乡党支部。

1928年夏受中共琼山县委派遣，带领一个驳壳班到澄迈县北部地区的马村，支持马村党支部书记马白山（1955年授开国少将衔）等开展工作。

1929年春又奉命调往临高县。

1931年在临高县的对敌斗争中牺牲。

13．陈致训

陈致训（1903—1932），中国共产党党员、烈士，琼东中学第一届学生。

1903年出生在琼东县长坡牛角村一个书香之家。幼年随父读书，14岁始入里邦高等小学就读；1923年考入琼东中学成为该校的第一届学生。他入学后受校长陈公培的影响很大，接受了社会主义科学，思想进步很快。他认真思考社会问题，在琼东中学的两年时间中，他思想活跃，积极参加各种社会活动，积极在报刊上发表针砭时弊的文章，如《青年婚姻问题》《哀琼崖》和《伤感》等诗文。他号召青年们站起来反对买卖婚姻，提倡结婚自由、离婚自由和男女经济独立。他提出要组织进步的青年社，通过出版物宣传、露天演讲来提高青年的认识，把他们从那吃人的旧礼教、旧制度、旧家庭中解放出来。陈致训还通过诗歌抒发了强烈的情感："天荒特破自于今，革命先来试革心。振聩发聋警醉梦，更头换脑唤迷沈。冲锋队里颅甘破，生力军中志莫禁；所谓微躯肩重任，思今海内尽知音。"在社会上产生了强烈的反响。一时间，琼东社会对买卖婚姻、早婚、多妻买妾制、女子守节等加以诟病。张扬女子独立人格、号召男女接受平等教育、争取男女社交公开、探求女子经济独立、倡导婚姻变革成为琼东社会思想解放的主流。

1925年7月，他怀抱理想到广州入黄埔军校，在第四期步兵科和林彪、张灵甫、胡琏、刘志丹等为同班同学。后因病离校返乡，病愈后被聘任为琼东县千秋高等小学校长。陈致训1926年4月加入中国共产党，被任命为千秋党团小组组长。

1927年大革命失败后，陈致训坚持农村武装斗争。7月，共青团琼东县第五区委成立，陈致训任书记。他带领共青团员到各个村庄去宣传革命形势，带领农民自卫队四处惩治反革命分子，参加全县武装暴动。1928年6月被任命为共青团琼东县委书记。琼崖反击国民党军队"围剿"的斗争受挫后，陈致训和琼东县委书记冯世江等在五区坚持斗争。1929年夏，陈致训积极投身于苏区的恢复工作，协助县委开辟了琼东四区与母瑞山连成一片的革命根据地。他在工作中表现出色。1930年4月，被选为中共琼东县委宣传委员。1931年8月，陈致训又被调任中共琼山县委书记，到任后带领县委领导成员深入各区乡，建立健全各级党政和革命团体组织，开展土地革命运动。由于他的积极工作，仅几个月时间便在全县建立区苏维埃政府6个、乡苏维埃政府58个，并成立了县苏维埃政府，使琼山县出现了土地革命的新高潮。第二年春，陈致训又被调回琼东担任中共琼东县委书记。

1932年4月在海南党内"肃反"运动中和原嘉积农工学校校长雷永铨一起被杀。中华人民共和国成立后，1957年，陈致训被追认为革命烈士。

14．王业熹

王业熹像
（海南档案馆存）

王业熹（1899—1947），中国共产党早期党员，琼崖第一个县级苏维埃政府主席，琼东中学教师。

1899年8月出生在海南乐会县第三区迈汤乡（今琼海市中原镇）的一个农民家庭。王业熹1917年秋考入琼崖东路中学（今琼海嘉积中学），毕业后在邻近的坡头私塾任教员，1922年夏，王业熹随同乡赴新加坡谋生，被育英小学聘任为教员。1923年秋，王业熹在南洋兄弟的资助下，毅然辞职回国，考进了上海远东商业专科学校。

1924年秋，在上海读书的琼崖青年王文明、黄昌炜、陈垂斌、郭儒灏等发起成立"琼崖留沪同学会"，组织了"琼崖新青年社"，出版《琼崖新青年》，王业熹成为该社的首批成员。他积极参加了改造琼崖社会方面的研究和国民革命宣传，思想进步很快。1925年冬，加入中国共产党。

1926年初夏，王业熹受党组织派遣从上海回到琼崖工作，不久被分配到澄迈中学当教务主任。当时共产党员陈垂斌、郭儒灏也到该校教书。他们以学校为阵地，秘密开展党团活动，在进步学生青年中发展党员，6月正式成立中共邓仲支部，陈垂斌为支部书记，王业熹、郭儒灏为支部委员。他们还组织澄迈县革命同志会、澄中学生会、澄中宣传队等，在琼崖西路积极开展革命活动。

1927年2月，王业熹应聘来到琼东中学任教。4月22日，琼崖国民党右派发动了反革命政变，到处捕杀共产党人和进步人士。国民党乐会县党部的右派分子王昌仲亲自率领反动军队包围琼东中学，企图逮捕王业熹等共产党员。但事变发生的当夜，琼东中学的革命师生已向农村转移，使王昌仲等扑了空。反动派的凶残无情，并未使王业熹屈服，反而使他的革命意志更加坚定。他历尽艰险寻找党组织，不久，在乐会县第四区找到了琼崖地委书记王文明等，然后立即投入了新的战斗。

同年7月，中共琼崖特委将各地工农武装统编为琼崖讨逆革命军，并成立琼崖讨逆革命军司令部，王业熹在政治部工作。11月，中共广东省委派杨殷来琼崖指导工作，并改组了琼崖党、团特委。改组后的共青团琼崖特委书记为林树芹，王业熹任组织部长。11月25日，琼崖讨逆革命军第二路军和农军攻占陵水县城，王业熹等被派往陵水县工作。12月中旬，在中共陵水县第一次代表大会上，王业熹、黄振士等当选为委员。琼崖讨逆革命军整编为工农革命军时，王业熹任琼崖工农革命军第一营中共特别支部书记。

为了适应革命形势的发展，1927年12月16日，陵水县召开工农兵代表大会，宣布成立陵水县苏维埃政府，选举王业熹为主席。在王业熹主持的县苏维埃政府的领导下，全县掀起了轰轰烈烈的土地革命高潮。1928年6月，国民党反动县长王鸣亚乘红军北调之机，率部向陵水县苏维埃政权反扑。在敌强我弱的形势下，王业熹等率领陵水县苏维埃政府机关人员和部分红军，撤至北区农村，坚持斗争。投机革命的黎酋王昭夷叛变，率陵崖民团数百人，配合国民党蔡廷锴部三十团500多人，包围并火焚彭谷园村，县委书记许邦鸿等300多人英勇牺牲。王业熹、陈垂斌等突出重围，历尽艰险，终于回到乐会县第四区特委驻地。此时，蔡廷锴部又以重兵进攻乐会县苏区，琼崖革命处于极为困难的环境中。11月，在“城市中心论”的“左”倾思想指导下，琼崖特委机关迁至海口市。对此，王业熹坚决支持王文明的正确意见，主张坚持农村根据地的斗争，同年冬，他和琼崖苏维埃政府机关及红军700多人走上母瑞山，开辟新的农村革命根据地。

1930年4月，广王业熹参加了中共琼崖特委召开的第四次代表大会，当选为委员。1931年3月，全琼第三次工农兵代表大会在万宁四区加荣村召开，王业熹被选为常务委员兼秘书长。同年6月，为了培养革命人才，琼崖苏维埃政府决定创设琼崖高级列宁学校，并决定派王业熹等为教育委员会委员。

1932年8月，国民党陈汉光警卫旅来琼崖“围剿”镇压革命，致使革命根据地和红军遭到了严重打击。特委书记冯白驹、琼苏政府委员长符明经、委员王业熹等率领特委、琼苏政府机关和红军100多人，退入母瑞山，与敌人周旋。经过8个多月的艰苦斗争，最后只剩下冯白驹、符明经、王业熹等26人。在敌人包围圈日益缩小、处境异常困难的情况下，王业熹仍然对革命胜利充满信心，他鼓励同志们说：“革命运动就像大海的潮汐，有退潮，也有来潮。我们革命战士要像在海洋里行船的水手那样：来潮不让风浪翻了船；退潮不让船搁浅。要前进！我们的任务更加重了。我们的党会像舵手一样，指引我们驶向胜利。”在母瑞山的艰苦日子里，他们过着风餐露宿、野菜充饥的艰苦生活，但王业熹和同志们互相鼓励，终于经受了严峻的考验，支撑着革命的红旗始终不倒。

1933年春，王业熹同冯白驹、符明经等20余人突破敌人的重围，潜到琼文地区，找到县委书记李黎明和冯安全、刘秋菊、朱运泽等同志。他们经过了解各地斗争的情况，分析了斗争形势，决定分散到各县以各种职业为掩护，联络同志；重建党的组织和红军游击队，继续打击敌人。年底，符明经、王业熹、李汉、冯安全等被派赴琼西南开展工作。由于陈汉光部的军事“围剿”逐渐延伸到西南地区，当地环境日益恶化，陵崖县委成员已经失散。西南临委成员在交通员吴坤民的引导下，乘车到达儋州的新州、新英港，然后乘船到昌江县的海尾、新街、感恩县的新村坳。在新村坳同崖西区委书记林克泽接上关系，听取他的汇报，得知陵崖县委成员已被迫转移到琼文地区找特委去了。临委考虑到在新村坳无法开展工作，只好重返昌江县的新街地区，以林克泽开的缝纫店为落脚点，秘密开展活动。后来，临委成员分驻昌感、儋县进行秘密活动，虽然找到一些从外地疏散而来和本地潜伏的同志，但是新区的群众基础薄弱，加之环境恶劣，经过一年多的努力，工作局面还是打不开。1935年年底，特委作出解散西南临委的决定，并分别给符明经、王业熹、李汉、冯安全等以纪律处分。1937年秋，鉴于他们愿意改正缺点又积极工作，特委重新作出决定，取消对他们的处分。对此，王业熹胸怀豁达、毫无怨言，参加了昌感县委的领导工作。9月，王业熹、林超常到海尾小学任教，以教书为掩护，从事建党活动，成立中共海尾支部，王业熹任书记。1938年秋，王业熹调回琼崖特委工作。

1938年11月，琼崖抗日民族统一战线形成。1939年2月建立了统战组织琼崖战时党政处。王业熹、刘秋菊、王均等受党的派遣，到设在定安县翰林墟的国民党琼崖守备司令部党政处工作，王业熹任该处组织科长。

1939年6月，国民党反共干将吴道南到琼崖任专员后，掀起“反共”“灭独”（独立总队）逆流。8月，国民党单方取消了党政处，解散了群众抗日团体，辞退了王业熹等我方代表，停止发放我军粮饷等。王业熹被调回琼崖独立总队政训室，协助政训室主任李黎明开展政治工作。1940年1月，李黎明赴延安后，王业熹担负起政训室（后改为政治部）主任和独立总队党委书记的重任。

1944年2月，王业熹担任东定县（战时临时组合县）县长，继续领导东定县人民开展反对国民党顽固派和日军“蚕食”“扫荡”的斗争。1945年5月，王业熹调任琼崖东北区抗日民主政府秘书长，协助冯白驹领导全琼抗日民主政权的工作。

8月抗日战争胜利后，王业熹调任中共琼崖特委秘书长。由于他长期在敌后坚持艰苦的抗日游击战争，工作繁重，因而积劳成疾，患了肾病，但他常以“高义自修无德色，老年长乐有童心”的格言勉励自己，保持着高度的革命乐观主义精神。因处于战争环境，缺医少药，他的病情每况愈下，长期排泄血尿，最终医治无效，1947年5月1日在琼中毛贵地区与世长辞，时年48岁。1953年海南行政公署追认其为革命烈士。

中国革命军事博物馆陈列的一座雕塑《艰苦岁月》，吹笛者的生活原型就是时任琼崖苏维埃政府常委兼秘书长在母瑞山坚持战斗生活中的王业熹。

雕塑《艰苦岁月》

15. 黄昌炜

黄昌炜像
（海南党史研究室存）

黄昌炜（1899—1927），中国共产党早期党员，共青团琼崖地委首任书记，琼东中学教师。

1899年出生在海南琼东县潭门一个中医家庭。自幼文雅好学，甚为父亲宠爱，在私塾读书时成绩优异。1914年秋黄昌炜进琼东县立第一高等小学校读书，1917年高小毕业后，以优异成绩考取广东省立琼崖东路中学（今嘉积中学）。在校期间，他刻苦攻读，成绩优异，尤其国文科成绩常居全班前列。1919年“五四”运动中，黄昌炜开始接触进步思想，产生革命热情，是琼东县学生运动的领导者之一。他站在反帝反封建斗争的前列，上街演说，组织游行示威，在学校非常活跃，他组织游行示威，发动了对新富南等两家店铺抵制日货，把日货烧掉。1921年黄昌炜毕业后，被聘任为琼东县美果小学教员，他用白话文教学，对当时社会的教育产生很大影响。

1922年，黄昌炜考进上海大学社会系，在校积极参加各种社会活动，与琼崖旅沪同学一道创办《琼崖新青年》，开展革命宣传活动。

1924年春，黄昌炜因父亲辞世而辍学，被琼东县民选县长王大鹏聘任为琼东中学教师，后又赴上海求学，和在上海的海南青年王文明、陈垂斌、叶文龙、罗文淹、周逸、符向一、郭儒灏等组织“琼崖新青年社”，出版《琼崖新青年》半月刊，在上海大学设发行处，办刊宗旨与上述《新琼崖评论》半月刊基本相同，约出版30多期。其间，他加入中国共产党。1925年2月至5月，黄昌炜在《新琼崖评论》杂志上发表《祝新琼崖评论一周年纪念》《反对邓本殷借款敬告全国同胞》等文章，有力地抨击反动统治势力，激励琼崖人民为推翻反动军阀统治而斗争。

1925年夏，中共广东省委决定派一批党团骨干到南洋一带开展工作，组织工人运动，黄昌炜就是被派到新加坡的革命者之一。1926年3月，因叛徒告密被捕，被驱逐回国。

回国后的黄昌炜积极从事革命活动，参加筹建琼崖地方党组织工作。6月，中共琼崖第一次代表大会在海口市竹林村邱宅召开，黄昌炜出席了这次大会并在会上当选为地委委员兼任组织部副部长，并被任命为琼崖中路巡视员，共青团琼崖地委成立时当选为书记。

1926年9月，黄昌炜被中共广东区委任命为共青团广东区委秘书长到广州工作。

1927年政变后，于7月受中共广东区委派遣历尽艰险潜回琼崖工作。9月23日，中共琼崖特委书记杨善集牺牲后，他负责特委在琼崖东路的领导工作。椰子寨战斗后，乐会、万宁部队返回乐会四区。为了扩大红色区域，黄昌炜亲自率领乐会、万宁部队向万宁地区远征。10月，黄昌炜指挥部队在万宁四区公庙田进行阻击战，在战斗中不幸牺牲。

16. 詹尊泮

詹尊泮像
（《琼东县志》台湾版载）

詹尊泮（1914—？），抗战时期投笔从戎的琼东县立简易师范学校校长。

1914年出生于琼东县城郊（嘉积镇附近），后考上中山大学，就读于中山大学理学院，毕业后于1939年春回琼东县任琼东县县立简易师范学校校长并在县政府兼任秘书科科长。

抗日战争爆发后投笔从戎，任琼东游击指挥部政训主任。后到陆军辎重兵学校任特别党部秘书，一直都在军中任职，先后担任过军政部卫生人员训练所政治部上校秘书，军事委员会政治部上校科长。

抗战胜利后，詹尊泮任国防部新闻局上校教育专员。他因不满意国民党当前的现状，参与了国民党中少壮派发动的一场“党政革新运动”，他们对国民党和国民党政府的腐败无能感到沮丧和痛愤，强烈要求从党政军各方面展开一场彻底的全盘革新，企图寻求国民党振兴自救之策略和政治革新的途径。

詹尊泮早在1946年10月就在革新派的刊物《革新周刊》第1卷第13期上发表了《论组织与斗争》一文，一针见血地指出：“由于党机器松弛涣散，软弱无力，十几年来，国民党很少靠党的组织力量去斗争。它几乎完全依赖政权和军权的力量去斗争，政权军权不及的地方，党的组织力量亦无法渗透和施展，这是一种本末倒置，也是国民党的一个绝大危机所在。”他在文章中表达了对国民党和政府的腐败无能感到沮丧和痛愤，也对国民党党政弊端进行了激烈的批判。

1947年后，詹尊泮任国防部政工局第一处三科上校科长；1949年春任第四编练司令部少将政工处长、广东省保安司令部少将参议；国民党败退海南时任海南防卫总司令部第64军少将政工处长。

1950年5月到台湾，詹尊泮继续在军中供职并任基隆市政府顾问。1979年退役后任台湾工矿公司专门委员，台北市海南同乡会常务理事。此间詹尊泮主要从事文化研究工作，担任丘海学会副理事长等职。1978年10月他在《丘海学术研究汇编》中发表了《谈明代政治制度》，1980年出版《研究与实践》《海角丛谈》共约60万字的两本书，学术著作颇丰。晚年常有怀乡之情，写有《记忆中的琼东县城》等怀乡散文，1981年春和在台同乡李遴汉、孔铸禹、麦谷登、周长耀、黄守汉、李超杰、黎德劭等重修重印了《琼东县志》（续编），詹尊泮全力以赴，担任主编、总干事。《琼东县志》于1984年在台湾出版。

17. 杨 甫

杨甫像
（北海市委党史研究室存）

杨甫（1907—1990），中共中央党史教研室副主任，琼东中学学生。

1907年出生于海南省琼海县潭门镇龙献村。1926年就读于琼东中学，接受中共党员教师冯世江的教育，积极投身革命活动。1927年5月在学校停课后转入农村参加武装斗争，同年加入中国共产党。历任琼东县（今属琼海县）共青团区委员会常务委员会委员、宣传部长、县苏维埃政府秘书。1929年秋组织安排赴新加坡，后转移到马来西亚进行革命活动。1931年6月，杨甫在新加坡被英殖民当局逮捕，随即被引渡回国，被国民党当局判刑5年，在广州坐牢。1936年，杨甫出狱，到广州湾（今湛江市）晨光小学教书。1938年5月，经中共广东省委批准，杨甫的组织关系得以恢复。

1940年，杨甫到中共广东省南路特委工作。那时候南路特委刚成立，杨甫任特委常委、宣传部长。1941年以中共广东省南路特委常委、钦廉四属特派员的身份到广东合浦（现属广西）工作，领导白石水抗日自卫武装斗争。

“皖南事变” 后，合浦县当局蓄谋对白石水革命根据地发动新的军事进攻。杨甫和合浦中心县委为此采取了相应的对策，用白石水人民抗日自卫武装部队的名义，发表《敬告合浦人民书》重申我党坚持团结抗战、反对投降的原则立场，阐明白石水人民抗日自卫武装斗争的实质，印成传单在钦廉四属地区广为散发，影响很大；发动群众秘密捐献，帮助自卫武装队伍解决困难；开展生产自救，坚持艰苦斗争，终于粉碎了国民党顽固派对白石水地区的第三次“围剿”。后来，中共广东省委指示把白石水武装斗争转变为政治斗争，杨甫从特委即赶回合浦，召开中心县委会议贯彻。尔后，领导四属党组织贯彻中央关于“隐蔽精干”的方针，积极培养和积蓄力量。还亲自举办党员训练班，开展整风学习，使党员受到马克思主义的教育，巩固党的组织。1944年夏，杨甫在廉州开设永信烟庄，化名刘德才为烟庄老板，经常同四属各地党组织负责人和交通员联系，传递情报和书刊，部署工作。同年9月22日，永信烟庄被敌人破坏，杨甫在地下党员的掩护下安全转移。次年冬，任南路人民抗日解放军第一团（老一团）政治督导员，后调到东江纵队任职。

1948年进入中共中央马列学院学习。

解放后先后担任中共中央马列学院中共党史研究室副主任、院党委委员、马列学院二分院副院长兼中国革命问题研究室主任，中共中央高级党校委员会委员、中共党史教研室副主任等职。曾参加《刘少奇文集》和《马克思主义发展史大事记》的编纂工作。1980年4月，担任中国社会科学院近代史研究所顾问。一生致力于中共理论研究和宣传教育事业，多有建树。

1982年离休。离休后多次为家乡提供有关海南党史材料，为海南党史研究工作作出了贡献。

1990年在北京病逝。

18. 王君汇

王君汇像
（嘉积中学存）

王君汇（1903—1991），中国共产党党员，琼海县人大常委会副主任，琼东中学教师。

1903年出生于海南省琼海市塔洋镇珍寨村。早年就读于广州国民大学。1925年参加共产主义青年团，1926年加入中国共产党。任共青团琼东中学支部书记。

1927年大革命失败后，王君汇随革命武装力量撤进农村坚持斗争，担任中共琼东县一区委员会书记，领导农民配合讨逆革命军举行武装暴动，曾参加攻打琼东县城（今塔洋镇）的战斗。

1932年年初，党内开展“肃反”运动，造成人人自危，王君汇被迫逃往马来亚，以执教为掩护，继续坚持革命斗争。初任马共吉礁州委书记，后进入北马中医研究所学医。

抗日战争时期，王君汇任吉礁州抗日救亡爱国活动核心组组长，发动华侨捐物筹款支援祖国抗日战争，抗日战争胜利后，任北马硕莪工会秘书。

1946年参加中国民主同盟。1948年被英殖民当局逮捕入狱。1949年5月被驱逐出境回国。

1951年春，王君汇应海南行政区党委副书记肖焕辉之邀请，出任琼东县人民政府秘书，继任文教科长、嘉积中学校长等职。

1955年11月，王君汇当选为琼东县人民政府副县长。1957年2月当选为县政协副主席。

1958年，王君汇在反右派运动中被打成“右派”，被革除其副县长职务，下放到大路公社卫生院当中医生。从医后，王君汇刻苦钻研医术，关心患者疾苦，常于工作之余为群众义务诊病，受到群众称赞。

王君汇在1979年三中全会后得以改正错划“右派”，于古稀之年仍尽心为党工作。1980年，王君汇当选为琼海县人大常委会副主任、县民盟主任委员，任职期间，还编著出版《大路医门》一书。王君汇于1991年病故。

19. 蔡勇飞

蔡勇飞像

蔡勇飞（1931—？）文化名人，琼东师范学校教师。

1931年出生于海南省海口市，语言文字学家、发明家、汉文字画家、诗词书法家。1954年从中山大学中文系毕业后到琼东师范学校任教。1957年参加中国科学院语言研究所和中央教育部合办的普通话语音研究班汉语方言调查研究专业学习结业。蔡勇飞1959年从教于杭州市学军中学（浙江大学附中），此后先后在浙江师范学院、杭州大学（今浙江大学）、杭州师范学院及杭州汉语文化学院等院校任教。蔡勇飞教授长年从事汉语言文字教学、方言调查研究、辞书编纂等，近年主要致力于汉语言文字现代化、信息化、电脑化、国际化及中外文字比较研究。曾任全国中外语言文化比较学会常务副会长、世界文化艺术研究中心理事、《东方之子》特邀编委等，其论著于国内外颇有影响。他发明的“高低笔号编码计算机输入法”（专利证号：ZL9110367.7），获1993年全国专利博览会科技创新奖；与蔡闯合作发明“实虚笔形（图符）编码计算机输入法”（专利证号：ZL94104133），获首届“中州杯”科技成果展示会金奖，参加第五届亚太地区国际博览会，1995年列入《世界优秀专科技术精选》。蔡勇飞主要著作有近30部，其中《蔡勇飞诗词墨迹》（独著）、《高低码词典》（主编）、《汉语大词典》（参编）、《高低码查字集》（独著）、《仿诗词与书法创作研究》（独著）、《汉英文字比较研究》（与王之光合著）、《蔡勇飞画图解字》（独著）等都是开创性的，在国内外都有很高的赞誉。《汉语中的“汉外合成词”初探》荣获“世界重大学术成果”特等奖。其业绩被列入《中国当代语言学家文库》《中国当代发明家大词典》《中华翰墨经典》《2000中国·杰出人物特集》《中华创业功臣大典》《东方之子》《世界名人录》《世界人物辞海》《世界主流人物辞库》等，2000年荣获“世界杰出人物证书”。

大事记

1922年

春，琼东县长王大鹏邀请罗汉任琼东县立第一高等小学（琼东中学前身）校长，筹办琼东师范学校（琼东中学）建校事宜。

秋，琼东县立第一高等小学（琼东中学前身）招收一个师范班（二年制初级师范类学生）。

秋，王大鹏敦请广东省国语推行委员会，派遣国语注音符号教授李实到琼东县立第一高等小学（琼东中学前身）给师范讲习班学生、琼东县各小学校长和部分教员教授国语注音读书拼音方法，历时一个月，受众百多人。

1923年

2月，陈公培赴琼东县立第一高等小学任教并参与琼东师范学校筹建。

3月16日，参与琼东师范学校筹建的陈公培给施存统写信说："如果还要做点事，非受极严厉的训练不可，并且还要多多地学习……"

4月，琼东县长王大鹏再次筹拨款项，要求尽快把琼东师范学校建成。

5月，琼东县署决定拨县中市场租捐每年的三分之一作学校常资。

5月，因举办师范学校经费不敷，恐难支持。县教育界召开会议讨论，最后会议表决将已经上报广东省政府备案的创办琼东师范学校变通为创办琼东中学（附设师范班）。

6月，琼东县长王大鹏任命陈公培为琼东中学（附设师范班）首任校长。

9月，琼东中学（附设师范班）招收师范生1个班、初中生2个班，合计学生一百余人正式开学上课。

10月，陈公培因工作需要不再担任校长。施传惠接任琼东中学校长。

1924年

1月，县署核准抽收生猪出境捐和抽收嘉积市栏租为琼东中学（附设师范班）增加经费。

2月，施传惠辞去校长职务，姜心培接任琼东中学校长。

3月，学校将原旧县衙尊经阁楼整改为西式洋楼图书馆。

3月，学校学生为募捐委员开展第一次社会捐款活动。

4月，陆兴焕接任琼东中学校长，10天后离职赴任万宁中学校长。

4月，教育局长吴锋文兼代理琼东中学校长。

4月，县署再拨县属海龟捐为学校增加办学经费。

6月，1922年招收的师范班学生举行毕业典礼。

7月，黎宗铄接任校长。

8月，学校增建教室二座，改造校务室、图书馆、仪器室、会客室、阅览室、成绩陈列室、体育器材室、教职员工作室多间。

8月，学校招收初中学生两个班，师范班暂停招收学生。

9月，校建工程因资金困难暂时停工。

9月，县长王大鹏拨1 000银圆并将变卖万寿宫先农田产810银圆资助办学。

10月，学校师生奏军乐、唱爱国歌曲，从县城到嘉积镇举行庆祝辛亥革命纪念日游行活动。

12月，学校呈请广东省教育厅刊给学校校印。

1925年

2月，广东省教育厅核准立案并批准学校各项报告表。

2月，学校多方筹款建设新式校门一座。

3月，学校校务会议讨论决定出版校刊。

3月，学校校务会议再次向内地士绅和海外华侨募捐建校资金（第一次向海外华侨募捐在建校之前）。

4月，全校师生集会追悼民主革命先行者孙中山先生。

4月，学生为募捐委员举行第二次社会捐款活动。

4月，校务会议公举孔复初、杨兰波、符传范、符继盈及华侨数人为学校募捐委员。

5月，海南行政最高长官琼崖善后处长冯纯卿巡察嘉积镇，到琼东中学视察。广东省临时议员、临时琼东县议会议长、学校教师黎宗黔陪同巡视学校。

5月，王大鹏捐款2 000银圆作为学校补充校建资金。

6月，广南八属总指挥邓本殷捐款1 500银圆建设学校品泉楼。琼崖善后处处长冯纯卿捐款200银圆，广南八属联军参谋长陈鸣捐款100银圆。

6月，学校师生设立支援委员会支援上海人民五卅反帝爱国运动。

6月，学校设学生界自治会会议室一间，建浴室多间，操场球场多个。

7月，学校改建音乐教室一间。

1926年

2月，黎宗铄校长辞职，陈骏业接任校长。

2月，以学校教师、中国共产党琼崖东路特别支部宣传委员陈秋辅为小组长成立琼东中学党小组。

3月，中国共产党琼东中学党支部成立，学校教务主任符传范任书记，教师王业琪任组织委员，教师冯裕江任宣传委员。

4月，琼东中学共产党员符传范等筹建中国国民党琼东县党部。

4月，在琼东中学召开中国国民党琼东县第一次代表大会，正式成立国民党琼东县党部，琼东中学校长共产党员陈骏业被选为书记长、教务主任共产党员符传范当选为执行委员，学校教师、共产党员王国淇当选为监察委员。学校部分共产党员以个人名义加入国民党。

5月，琼东中学学生会成立，学生王君汇当选为学生会主席。

5月，学校成立琼剧团，由学生符运华和杨庆芬任团长。

6月，琼东县学生联合会在琼东中学成立，王君汇当选琼东县学生联合会主席。

6月，中共广东区委特派员杨善集回琼参加中共琼崖第一次代表大会，赴故乡琼东中学作演讲，鼓励青年学生积极投身革命运动。

7月，校长陈骏业带领全校师生参加琼东各界援助省港罢工声援会。陈骏业被推举为琼东县各界援助省港罢工声援会主席团四人成员之一。

1927年

4月22日，国民党右派在海口府城地区开始逮捕共产党人，共产党员师生撤离学校，部分师生转入山区农村进行武装斗争。

4月23日，国民党右派琼东县长罗让贤布置“清党”，琼崖警备司令黄镇球带兵到琼东县捕杀共产党人，琼东中学党支部组织委员王业琪及陈世珍、杨庆懋等被捕惨遭杀害。

4月23日，国民党县政府宣布琼东中学为整体赤化学校而停课关闭学校。

1928年

据《广东省政府年刊·民国十七年》（1928年）中“广东全省教育概况”资料统计，大革命失败后，学校仍以“琼东中学”之名与琼山中学、文昌中学、澄迈中学、定安中学、乐会中学、陵水中学和万宁中学等八个县立中学并列在刊。

1929年

国共分裂，大革命失败，学校停课。

1930年

国共分裂，大革命失败，学校停课。

1931年

海南筹备改“琼崖特别行政区”进行教育调研，仍将琼东中学跟省六师、琼山中学、琼海中学、文昌中学、省立十三中等中等学校并列称之为“琼东中学”。

1932年

9月，学校更名为“琼东县简易师范学校”，国民党党员、临时琼东县议会议长麦煜熙担任校长并主持学校复课。

1933年

8月，特大台风损毁学校房屋多间，灾后重建。

9月，黎先简接任琼东县简易师范学校校长。

1934年

9月，邢福田任琼东县简易师范学校校长。当年招收1个班学生46人。

10月，国民党琼东县党部牵头组成“清理南洋募捐建筑委员会”，对琼东中学此前为学校建筑项目向南洋华侨募捐的未清手续及款项进行全面清理，并指控赴南洋募捐员琼东中学教师黎海初、孔复初等人共欠捐款四千余银圆，自应追缴。

1935年

5月，嘉积商会会长王运灏接任琼东县简易师范学校校长。

9月，琼东县民教馆馆长陈镇亚接任琼东县简易师范学校校长。

1936年

9月，国民党琼东县党部监察委员詹栎材接任琼东县简易师范学校校长。

1937年

9月，嘉积商会会长王运灏第二次出任琼东县简易师范学校校长。

1938年

3月，学校师生自发组成抗日救亡宣传队，深入市镇乡村进行抗日宣传，发动各阶层人民结成广泛抗日民族统一战线，共同抗击日本帝国主义侵略者。

1939年

2月，詹尊泮任琼东县简易师范学校校长。

4月，日本侵略军占领琼东县城及嘉积镇。学校毁损，宣布停课。

6月，县教育局长符明德任琼东县简易师范学校校长，部分师生迁移至长坡良玖乡蚂蝗村上课，学生42人。

1940年

7月，学校部分师生随国民党县政府迁至定安县母瑞山，在此设立分校，前任校长王运灏在分校授课。

1941年

1月，伪维持会强令学校部分师生从长坡良玖乡蚂蝗村搬迁至嘉积和县城之间的空旷地带（省十三中旧校址）上课。

2月，伪维持会依附日军驻军营地建校办学，强制进行皇民教育，学日语。

1942年

抗日战争期间，学校停课。

1943年

抗日战争期间，学校停课。

1944年

抗日战争期间，学校停课。

1945年

8月，抗日战争胜利。王运灏将定安县母瑞山分校迁回琼东县大礼乡大园村黎氏祠堂。学校设2个简师班、1个初中班，学生114人。

1946年

2月，学校原教务主任周德鎏任琼东县简易师范学校校长。

3月，学校迁至嘉积郊外大春坡日据时期所办的皇民学校（省立十三中旧校址）。

10月，因省立十三中学从粤北迁回这里，学校再迁至县城日据时所办皇民小学校（今塔洋中学）。因为校舍不足，学生大多寄宿于县城市民房屋。

10月，学校将四个简师班合并成两个简师班。

1947年

2月，省立十三中学迁至嘉积市区后，学校再次迁入大春坡（嘉积中学旧校址即今校址）。

4月，琼东县三青团组织要求学生加入三青团；学校开设军事训练课和军事看护课，军事训练施行于男生，军事看护施行于女生。

9月，学校招收初中3个班学生134名、简师4个班学生94人。全校有学生共228人，教职员工19人。

1948年

3月，嘉积镇商界热心教育的人士捐款、捐物，建成学校礼堂一间、校门一座；华侨王业森、黄才森、陈开钻、李澄林等资助购买图书、仪器、标本等若干。

1949年

9月，学校招收三年制普通科中师班学生52人。学校又形成普师、简师、初中一校三制。

9月，学校开始筹备升格中等师范学校。

11月，驻守琼东国民党32军教导旅到学校号召青年学生参军。

1950年

1月，三青团琼东分团令在校学生中的三青团团员全部加入国民党。

3月25日，海南特区行政长官公署核准，学校正式易名为“琼东县立师范学校”，完成了从初师层次到普通中师层次的过渡。

4月，琼东县政府跟随薛岳部队败退台湾，学校不少青年学生裹挟其中。

1950年

4月26日，琼东县城和嘉积镇解放，学校由海南军政委员会接管领导。

8月18日，海南军政委员会撤销周德鎏校长职务，任命符功海为琼东师范学校校长。

9月上旬，校长符功海出席第一届海南各界人民代表会议第一次会议。

12月，广东省政府文教厅确定琼东师范学校和琼台师范学校、文昌师范学校为海南三所中等师范学校。

1951年

7月下旬，校长符功海出席第一届海南各界人民代表会议第二次会议。

8月，全校教师到琼台师范学校参加为期一个月的海南中等学校教师进修会，听取海南军政委员会文教处处长吴乾鹏《教师思想改造问题》的报告。

8月，学校根据海南军政委员会安排，参与开展抗美援朝、土地改革、镇压反革命三大革命运动。

10月，海南军政委员会将学校移交琼东县人民政府管理。

11月，中共中央发出《关于在学校中进行思想和组织清理工作的指示》。学校开始有计划、有步骤地对教师进行教育、改造和清理。

1952年

7月，校长符功海在镇压反革命运动中被迫害。

8月，黎光亮接任琼东师范学校校长，副校长黄鹤琴调嘉积中学任校长。

9月，学校招收5个简易师范班，这是解放后第一次也是学校最后一次招收的简易师范生。

9月，学校实行人民助学金制度。中师学生每月7.5元，初师学生每月7元，助学金面按100%开支。

10月，广东省文教厅转发教育部颁发的《师范学校暂行规程（草案）》，并颁发《关于试行师范学校暂行规程的指示》，学校教育教学工作逐渐纳入教育部工作轨道。

10月，学校根据广东省文教厅指示，开始逐步减少至停办初中班。

10月，学校准备发展过渡到完全中等师范学校的工作。

10月，琼东县人民政府将嘉积镇教会学校嘉积觉民小学改属琼东师范学校管理，并更名为“琼东师范学校附属小学”。

1953年

3月，县政府财政拨款兴建教室7间。

3月，学校开始实行学生学籍、升学和毕业分配新政策管理。

3月，学校开始执行新的教职员工编制和工资薪酬待遇管理制度。

7月，学校中等师范毕业生72人毕业。至此，学校所有在解放前招收的学生全部毕业。

9月，学校招收中师学生一个班，班名沿袭民国时期两届3个班而定名为第三届第4班。

1954年

9月，学校招收第四届中师生第5班，学生45人。

1955年

1月，校长黎光亮在广东省第一届政协委员会第一次会议上当选为广东省第一届政协委员。

6月，学校筹备执行广东省人民政府文教厅关于师范学校调整的工作指示。

9月，学校招收第五届中师生3个班，定名为第6、7、8班。

1956年

3月，政府财政拨款建设学生宿舍20多间、教室6间。

3月，学校改由海南行政区文教处直接领导。

9月，学校附设初中班移交嘉积中学。接收万宁县初级中学附设师范班学生和乐会县简易师范学校师范班学生。学校从此结束了从中学校附设师范班到师范学校附设中学班的历史，成为一所完全师范专业教育类中等学校。

9月，学校进一步扩招中师生6个班共300人。

1957年

2月，校长黎光亮在琼东县第一届政协委员会第一次会议上当选为琼东县第一届政协委员常委。

3月，学校开始执行《教育部1957学年度中等师范学校教学计划》。

3月，文昌中学学生会派人来学校，要求学校学生会给予该校学生声援，学校学生会和嘉积中学学生会取得联系，准备筹划采取一致行动以响应，琼东县委和县政府发现后及时制止，避免了一场动乱；校长黎光亮被琼东县委撤职，改任副校长主持学校工作。

9月，学校因反右派斗争影响，秋季招生缩减，招中师生2个班88人。

9月，学校开设社会主义思想教育课程。

1958年

1月，全校教师集中学习文件，进行整风。随后转入参加全国性的反右派斗争运动。

3月，曾献章任琼东师范学校校长。他是解放后第一位担任校长的共产党员。

4月，反右派斗争的严重扩大化，不少骨干教师和有才华的中青年教师被划为“右派”。原校长黎光亮及教师林子超、严业超、宋乃琼等被划为“右派分子”后撤职查办。

10月，学校根据上级指示精简人员编制，开展勤工俭学、进行社会主义教育活动。

1959年

1月，学校更名为“广东琼海师范学校”。

2月，学校执行广东省教育厅《中等师范学校暂行教学计划》。

1960年

4月，学校学生洪玉桂赴北京参加全国民兵代表大会，得到了毛泽东主席等中央领导的接见。

5月，曾献章调离学校。

6月，林明甫接任广东琼海师范学校校长、学校党支部书记。

1961年

3月，学校增加政治课教学课时，突出政治教育，教材主要是社会发展史。

7月，学校落实广东省教育厅《中等师范学校教学计划》，全面调整中等师范学校教学科目。

1962年

9月，吴桂民任广东琼海师范学校校长、学校党支部书记。

1963年

3月，全校开展向雷锋同志学习活动。

7月，国家裁撤部分学校，广东省教育厅确定广东琼海师范学校保留。

10月，学校按照教育部《关于调整中等专业学校学生人民助学金标准的意见》规定提高学生人民助学金的补助标准，每生每月9元，其中伙食费7.5元，另1.5元作为困难补助费，由学校集中掌握使用，补助比例仍按100%执行。

1964年

3月，学校开展向解放军学习，开展革命化运动，开展反修防修系列活动。

6月，学校落实海南行政区师范校长会议会议精神，改进招生办法。

1965年

9月，学校学生作为工作队成员奔赴各县参加“四清”运动。

1968年

9月，广东琼海师范学校革命委员会成立，吴桂民任主任。

9月，1967届、1968届和1969届等三届学生全部离校，回农村或上山下乡参加农业生产劳动，学校停课。

1969年

“文化大革命”中期根据广东省革命委员会通知，学校停课。

1970年

3月，王业侯调任广东琼海师范学校革命委员会主任，管理学校停课后学校事务。

1971年

根据广东省革命委员会通知，学校停课。

1972年

根据广东省革命委员会通知，学校停课。

1973年

9月，学校恢复招生，招收工农兵学员156名，编为4个班级。

9月14日，“7314”特大台风肆虐琼海，学校房屋全部坍塌，伤亡师生数人（死亡3人），教学设备毁坏，档案资料大部分丢失。革委会主任王业侯、副主任朱德义等带领师生抗风救灾，重建校园。

9月，“7314”特大台风后，中央及各级政府援建三层教学楼一幢、宿舍数间。

10月，“工人阶级宣传队”（简称“工宣队”）进驻学校。

11月，学校开展“学大寨，赶屯昌”活动。扩建“琼海师范学校农场”（地址为泮水大榕头一带），组织广大师生大种甘蔗等农作物。

1974年

8月，朱德义接任广东琼海师范学校革命委员会主任。

9月，学校依规定通过推荐与选拔相结合招收工农兵学员3个班135名学生。

10月，学校抽调一部分学生下乡当“斗、批、改”工作队员，与农民“三同”（同吃、同住、同劳动），接受贫下中农再教育。

1975年

6月，政府拨款资助学校兴建一间食堂。

9月，学校招收政文、数理、文体三个班及一个实践班（19名学生），共计工农兵学员150名学生。

9月，学校开展学工学农活动，学生参与社会各项活动。

1976年

10月，学校师生庆祝党中央打倒“四人帮”，“文化大革命”结束。

1977年

1月，学校依1976年指标招收政文、数理、农化3个班工农兵学员133人。

9月，学校落实广东省教育厅师范学校工作会议精神，实行面向农村、办新型师范、育新型师资的工作重点转变。

11月15日，学校举行中断多年的学生运动会，将此次运动会定名为“第一届校运会”，同时举办了校庆活动，自此，学校决定每年11月15日为校庆纪念日。

12月，学校为海南农垦局定向招生培训学员30人。

1978年

1月，学校从1977年12月全国恢复高等学校招生考试考生中录取学生3个班共150人。

9月，学校重新确立教学工作为中心，逐渐恢复了正常的教学秩序。

10月，学校从全国高等学校招生考试考生中录取学生4个班共200人。

10月，学校按照《广东省中等师范学校三年制教学计划草案》要求，逐步增设以完善政治、语文、数学、物理、化学、生物学、历史、地理、心理学、教育学、体育、音乐、美术等13门课程。

1979年

9月，学校采用广东省教育厅组织编审的教材。

9月，学生100%享受人民助学金，人民助学金标准按三类工资地区每人每月15元，其中伙食费12元。

10月，学校从全国高等学校招生考试考生中录取新生4个班共190人。

11月，学生每人每月增加临时困难补助2元。

11月，邓焕明任广东琼海师范学校校长、学校党支部书记。

12月，中师生肉价补贴调整为每人每月2元（进修生和代培生没有）。

1980年

3月，部分教师在拨乱反正中恢复工作，回到学校继续任教。

7月，学校恢复中等学校招生考试。

7月，学校教导主任宋乃琼在琼海县第四届政协会议上当选为琼海县第四届政协委员会副主席。

9月，学校录取新生4个班共169人。学校开始为各公社、各国营农场及厂矿等企业中小学校举办系列各类进修班、代培班。

1981年

9月，学校招收普师生4个班共183人。

10月，政府拨款兴建科学馆一幢。

11月15日，学校举行校庆活动，学生运动会同时举行。

1982年

9月，学校招收普师生4个班共184人，进修生1个班40人，代培生1个班69人。

9月，恢复高考后首届大学毕业生若干人分配到学校任教，学校师资力量得到加强。

9月，学校进行教学改革，将培养目标重点为农村小学培养教师。

1983年

5月，政府拨款兴建图书馆一幢。

9月，学校招收普师生4个班共186人，代培生、进修生各1个班共86人。

12月，学校建制提升为县局级事业单位，归广东省海南行政区公署人事局和琼海县教育局领导。

1984年

6月，学校教导主任宋乃琼在琼海县第五届政协会议上当选为琼海县第五届政协委员会副主席。

7月，高荣泰任广东琼海师范学校校长、学校党支部书记。

9月，学校招收普师生4个班180人，代培生、进修生各1个班共86人。

1985年

9月，学校招收普师生4个班共191人（其中普师代培生51人），进修生3个班共81人，代培生1个班45人。

9月10日，全校师生庆祝第一个教师节。

9月，学生每人每月增加临时困难补助2元。

12月，将所有学生肉价补贴调整为每人每月2元，民师中师班学员助学金调整为每人每月25元，民族生另加2元（寒暑假照发）。

1986年

9月，学校招收普师生5个班共230人，其中普师生代培2个班共91人。

1987年

3月，学校实行“地（市）、县共管，以地市为主”的管理体制。

3月，学校教导主任宋乃琼在琼海县第六届政协会议上当选为琼海县第六届政协委员会副主席。

9月，学校招收普师生6个班共316人，其中普师生代培2个班共116人。

1988年

5月，学校更名为“海南琼海师范学校”。

7月，学校落实学生基本功训练项目，在各学科教学中明确规定，并在教学计划上做具体安排，在教学中实施。

9月，学校招收普师生5个班共250人；开设英语专业，招收新生2个班95人。

11月，学校举行校庆67周年活动。邀请原琼东中学老校友、原琼东县人民政府副县长、原琼东县政协副主席、原琼海县人大常委会副主任王君汇到校作有关校史报告。

1989年

3月，学校成立德育工作领导小组。

5月30日，学校实行“省、市、县共管，以省为主”的管理体制。

6月，学校改革传统只设必修课的单一教学模式，设置必修课、选修课、教育实践、课外活动有机结合的新型育人模式。

9月，学校开设美术专业，招收1个班28人；同时招收6个普师班共289人，2个英语班共89人。

9月22日，学校升格为副处级事业单位。

1990年

5月，省教育厅对学校毕业班学生基本功进行抽查评比，学生考核合格，及格率达95%。

9月，学校实行以省管为主，行政上归属省教育厅直接管理。

12月，学校荣获育厅“海南省中等师范学校校园文化建设先进单位”。

1991年

1月，省财税厅把学校的经费列入省教育事业发展经费，由省直接划拨。

3月，学校艺术馆建成。

7月，学校被国家教委评为“全国先进师范学校”。

10月，高荣泰被评为“全国优秀教师”。

1992年

2月13日，省委组织部决定：学校党组织由中共琼海市委管理划归省教育厅党组管理。

2月18日，省教育厅党组决定设立中共海南琼海师范学校总支部委员会。

2月20日，国家教委副主任、团中央书记处书记杨海波视察学校并题“全面育人办有特色”条幅。

3月28日，国家教委师范司副司长孟吉平视察学校时说：“琼海师范学校的校园文化建设超江苏。”

7月10日，省教育厅党组批准：高荣泰为中共琼海师范学校总支部委员会书记，符式腊为中共琼海师范学校总支部委员会副书记。

10月11日，国家教委师范司副司长孟吉平在石家庄召开的全国农村师范教育座谈会上说：“琼海师范学校是全国师范教育一枝花。”

1993年

9月，学校教学开设音乐专业，招收1个班48人。

9月，高荣泰被评为全国教育系统劳动模范。

10月，90级1班获“全国先进班集体”称号。

1994年

6月，学校团委被省直属工委授予“先进团委”称号。

12月，第十届全国人大常委会委员、时任国家教育委员会副主任、国家总督学柳斌视察学校并题词。

12月18日，国家教委师范司司长金长泽视察学校后说：“琼海师范学校的校园文化居世界一流，在全国是数一数二的。”

12月27日，学校升格为正处级事业单位。

1995年

5月，学校文艺队参加全省文艺汇演获全省中师文艺汇演总分第一名。

11月，学校举行第十九届校运会。

1996年

2月，建设教工楼A幢、B幢，有效解决教职工住房紧张的问题。

4月，王恩周任中共海南琼海师范学校总支部委员会书记。

8月，王恩周任海南琼海师范学校校长、学校党总支部委员会书记。

9月，学校开设幼师专业，招收2个班78人。

11月，学校举办校庆活动，国家教委师范教育司发来贺信。

11月，学校建成了总线式ETHERNET校园网络。

1997年

1月，学校荣获海南省教育厅“海南省中等师范学校文明校园”称号。

5月，学校荣获“海南省中等师范学校开展科技制作活动先进单位”称号。

6月，学校建女生宿舍楼一幢。

8月，学校开始建设科技楼。

11月15日，学校举行第21届校运会及校庆活动。

1998年

3月，学校组建文工团。

4月，学校建男生宿舍楼一幢。

5月，学校扩建艺术馆。

5月，学校荣获教育部“全国电化教育工作先进单位”称号。

5月，学校荣获中国教育学会“尝试教学实验研究全国先进单位”称号。

7月，学校率先在海南省大中专学校中建成校园网。

11月15日，学校举行第22届校运会及校庆活动。

1999年

1月，学校开通校园教育教学信息网络。

1月，海南省教育信息化现场会在学校召开。

9月，学校教学开设计算机教育专业，招收3个计算机教育班136人。

9月，学校举办大专学历教育，从全省各小学教师中招收1个数学大专班共23名学生。

10月，学校团委荣获团中央“全国五四红旗团委创建单位”称号。

2000年

5月，学校教育工会被评为“全国教育工会先进集体”。

7月，学校对校园网络进行了局部改造。

12月，学校荣获“全国艺术教育工作先进单位”称号。

2001年

3月，学校对校园网进行全面改造。

3月27—30日，意大利教育专家和联合国教科文组织官员在国家、省市相关领导陪同下对我校进行全面考察评估，落实意大利对华无偿援助“海南基础教育”项目事宜。

4月，省教育厅认定学校为“海南省现代教育技术实验学校”。

4月28日，教育部副部长张保庆到我校视察并题“校园如画　杏坛明珠”。

5月，学校团委荣获共青团中央“全国五四红旗团委创建单位”称号。

9月18日，美国坡拉尔塔学区大学的雅格校长一行莅临学校考察，就联合办学事宜同学校领导进行磋商。

12月12日，国家副总督学、基础教育司司长王文湛来校作《素质教育与人才培养》报告。

12月28日，台湾著名音乐教育家陈功雄博士来校作《“爱”和“乐”全能教育》报告。

2002年

5月，学校建设新教学楼。

5月，学校被中国电化教育协会指定为“实验学校”和“《新型教学模式的研究》的子课题实施单位”。

6月，学校建设食堂管理楼。

8月，学校建成学生宿舍楼第7幢。

9月，学校增设品德与社会、小学科学教育、艺术教育等专业。

10月18日，琼海市人民政府向学校书面复函表示：市政府将一如既往，在财力、物力等多方面大力支持贵校改制创办海南软件职业技术学院。

10月20日，学校向省政府递交《改制创办海南软件职业技术学院建议书》。

11月，学校建成教职工宿舍楼第5幢。

12月，在定安南丽湖召开的专家评审会上，与会专家全票通过学校升格为海南软件职业技术学院。

2003年

3月19日，经海南省人民政府批准“海南琼海师范学校”升格为“海南软件职业技术学院”。教育厅党组决定成立海南软件职业技术学院建校领导小组，王恩周任领导小组组长，王和民、陈修焕为领导小组成员。

3月，校团委荣获团中央“全国五四红旗团委”称号。

4月23日，教育部就“海南琼海师范学校升格为海南软件职业技术学院”予以备案。

6月，学校增设软件技术（二年制）、计算机网络技术（二/五年制）、现代教育技术（二年制）、网络系统管理（二年制）、多媒体设计与制作（五年制）、计算机信息管理（五年制）等专业。

7月22日，在北京举办的第一届全国大学生艺术展演活动艺术表演类比赛中，学校选送的舞蹈《穿越》《马帮》夺得舞蹈类别的一等奖，《穿越》在人民大会堂举行的闭幕式上演出。

8月，学校从全国高等学校招生统一考试中录取新生232人；从海南省中等学校招生考试中录取新生761人，共招收新生993人。

9月6日，学校隆重举行升格为“海南软件职业技术学院”揭牌仪式。海南省副省长林方略、教育厅厅长黄国泰、琼海市委书记陆志远等省厅市领导参加学院揭牌仪式。

10月18日，第一次学生代表大会召开，大会选举产生第一届学生联合会主席团成员，郭祖函当选为学联主席，蔡兴新当选为学联副主席。

11月12日，海南软件职业技术学院第一届田径运动会正式开幕。

2004年

6月，学校增设软件技术（三年制）、软件技术（游戏软件制作三年制）、计算机网络技术（三年）、现代教育技术（三年制）、网络系统管理（三年制）、计算机系统维护（三年制）、多媒体设计与制作（二年制）、计算机应用技术（三年制）、电子商务（三/五年制）、会计电算化（二/三年制）、应用电子技术（三年制）、影视动画（二年制）、信息安全技术（二年制）、文秘（三年制）、音乐表演（二年制）、计算机辅助设计与制造（二/五年制）、信息管理（二年制）、音乐教育（五年制）等专业。

7月3日，教育厅厅长黄国泰、副厅长徐金龙到校视察在学校举行的海南省首次网上评阅试卷工作。

8月底，学校面向全国部分省区从全国高等学校招生统一考试中录取新生1 154人。

11月3日，省教育厅“琼教高〔2004〕104号”文件撤销琼海师范学校建制。

11月11日，学校第二届田径运动会开幕。

11月26日，校园有线电视台网络首播（视频）开通。

12月26日，省教育厅办公室同意学校保留“海南琼海师范学校”印章使用，以便于“意大利政府无偿援助海南基础教育项目”事宜的使用，使用期为2004年11月至2006年6月。

2005年

3月15日，中共海南省教育工委同意学校成立中共海南软件职业技术学院委员会。

4月4日，中共海南省教育厅党组任命王恩周任海南软件职业技术学院院长、党委委员、副书记，王和民任海南软件职业技术学院党委委员、副书记、纪委书记，陈修焕任海南软件职业技术学院副院长、党委委员。

6月15日，海南省教育厅党组决定，莫仕锋任海南软件职业技术学院副院长、党委委员。

7月2日，2005年海南省中考评卷工作在学校全面进行，副省长林方略到校视察评卷场。

7月15日，中共海南省教育厅党组任命陈礼民同志任海南软件职业技术学院党委委员、书记。

10月，新增广告设计与制作（三年制）、图形图像制作（三年制）、电脑艺术设计（三年/五年制）、音乐教育（三年制）等专业。

10月20日，校长王恩周被海南省人民政府批准为2006年度海南省有突出贡献的优秀专家。

11月3日，学校被海南省企业信用评价中心评为“第一届海南省教育十佳信用奖”“海南省家长满意学校”、信用等级为AA级。

12月11日，教育部学生司副司长姜刚、省考试局局长郑万发到学校指导工作。

12月20日，下达给学校本年度国家助学贷款需求额度为人民币240万元，其中2005级新生国家助学贷款需求额度为人民币180万元。

12月21日，海南省第六届大学生篮球赛在学校举行。

2006年

3月18日，第二次学生代表大会召开，大会选举产生第二届学生联合会主席团成员，王敏当选为学联主席，苏敏、胡钦喜、徐哲当选为学联副主席。

4月13日，海南省教育厅厅长黄国泰亲临学校主持召开办公会议，研究学校办学空间征地及“十一五”发展问题。

4月29日，教育部助学贷款督查第四组莅临学校检查指导工作。

8月，新增电子信息工程技术（三年制）、音乐表演（五年制）、计算机辅助设计与制造（三年制）、信息安全技术（三年制）、计算机通信（三年制）、游戏软件（三年制）等专业。

10月20日，校长王恩周被海南省人民政府批准为2006年度海南省有突出贡献的优秀专家。

10月21日，学校共青团第一次代表大会举行，大会选举产生了共青团海南软件职业技术学院第一届委员会，王康、黄昊、王清皿、林其天、潘海妹、符东升、朱宏文、李颖、王娜、谭辉、王敏、何昌能、黄锦为委员；团一届委员会第一次会议选举王康为团委书记、黄昊为团委副书记。

11月13日，琼海市人民政府议定：同意海南软件职业技术学院征用琼师附小及琼师附小至嘉积二中之间的土地拓展办学空间。

11月30日，海南省教育工会第四届直属基层工会教职工篮球赛在学校举行。

12月17日，教育部副部长吴启迪视察学校，鼓励学校要立足软件行业，争创一流业绩，并题词“信息技术人才摇篮”。

2007年

1月11日，海南省人事劳动保障厅确认学校为海南省第六十五国家职业技能鉴定所。

2月27日，学校升格为副厅级事业单位。

3月15日，学校举行“海南省第六十五国家职业技能鉴定所”挂牌仪式。

3月31日，学联二届二次代表大会召开，大会选举产生新一届学联主席团，李传文当选为学联主席，丁小美、胡钦喜、曾虹、赵文轩当选为学联副主席。

4月27日，教育部师范司副司长宋永刚在省教育厅副巡视员吴慎劝、海南师范大学校长韩长日陪同下来校开展调研活动。

5月5日，信息技术系2007级计算机应用技术专业专科函授班举行开学典礼，这是学校升格后独立举办的第一届成人教育专业。

6月，学校师范类专业全部停止招生。

7月13日，校长王恩周与魏廉有限公司法人代表魏廉签订海南软件职业技术学院实验综合楼及新校区建设项目授权书及招商代理协议。

9月8日，教师周运诗被评为海南省优秀教师和全省高校优秀思想政治理论课教师。

10月3日，学校党委会讨论决定：“励志笃学、厚德尚能”为学校校训；“求实创新、和谐奋进”为学校校风。

11月12日，省委副书记、省长罗保铭到学校视察工作。

11月13日，学校举行第五届田径运动会。

11月24日，学校第一届计算机文化节隆重开幕。

12月23—27日，学校接受省教育厅组织的以东软软件职业技术学院院长温涛为组长的高职高专人才培养工作水平评估专家组到校考察评估。

2008年

1月11日，第一届计算机文化节闭幕式暨颁奖晚会在艺术馆演出大厅举行。

4月15日，省委组织部副部长何西庆到学校宣布学校领导班子：王恩周为海南软件职业技术学院党委书记，魏应彬为海南软件职业技术学院院长、党委委员，陈修焕为海南软件职业技术学院副院长、党委委员。

5月3日，学校师苑小区奠基动工。

5月14日，学校党委组织师生员工为四川汶川地震捐款，王恩周书记、魏应彬校长等学校领导带头捐款，全校师生员工共捐款46 198.5元。

5月16日，学校为四川汶川地震举行无偿献血活动。

5月19—21日，全校师生停止一切公共娱乐活动，为四川汶川地震罹难者默哀。

5月21日，学校全体党员为四川地震灾区捐献特殊党费，学校党委捐助5 000元，党员个人共捐助21 622.2元。

5月26日，学校党委书记王恩周在琼海市实验小学新校区向海南省委书记卫留成汇报学校新校区规划情况。

6月18日，学校“FLASH动画设计与制作”课程被评为省级精品课程。

6月20日，教师王晓琳获得海南省第二届高校思想政治理论公开课教学比赛高职高专组一等奖（唯一一名）。

6月27日，教师罗孝友被海南省委评为海南省优秀共产党员。

8月13日，海南省教育厅副厅长李红梅、人事处处长张大海到校开展高职高专人事管理工作调研，并就学校升格为副厅级事业单位后中层管理干部配备问题进行调研。

8月，学校新增动漫设计与制作（三年制）、市场营销（三年制）、音乐表演（三年制）等专业。

8月29日，省委组织部四处处长王有福到校宣布任命桂占吉担任海南软件职业技术学院副院长、党委委员。

9月26日，学校召开民主党派、无党派人士代表座谈会。

10月21日，海南省行风民主评议工作检查组到校开展行风民主评议活动。

10月31日，第二届计算机文化节开幕式在艺术馆演出大厅隆重举行。

11月14日，学校第六届田径运动会隆重开幕。

12月，软件技术试验室被评为“海南省2008年度高校优秀实验室”。

12月13日，学联二届三次代表大会召开，大会选举产生新一届学生联合会主席团成员，程韩当选为学联主席，陈春龙、陈懋龙、候琪、决平当选为学联副主席。

12月25日，第二届计算机文化节闭幕式暨颁奖晚会在艺术馆举行。

12月31日，省委组织部任命桂占吉兼任学校纪委书记。

2009年

2月9日，舞蹈《中国妈妈》在教育部举办的全国第二届大学生艺术展演中荣获舞蹈类一等奖。

3月，学校被评为“海南省2006、2007年度普通高等学校毕业生就业工作优秀单位”。

3月17日，学校计算机应用技术实验中心被批准为省级实验教学示范中心。

3月18日，计算机应用技术实验中心被批准为省级实验教学示范中心。

6月11日，“计算机辅助工程绘图”课程被评为省级精品课程。

6月19日，软件技术专业WEB应用系统教学团队被评为省级教学团队。

6月，学校增设商务英语（三年制）、旅游英语（三年制）、酒店管理（三年制）等专业。

6月20日，学校举办全国大学英语四级考试。

6月28日，第一届第一次教职工暨工会会员代表大会召开。大会选举陈修焕为工会主席，谭传新为工会副主席，选举李开为工会经费审查委员会主任。

8月31日，学校面向全国20个省市招生，招生计划2 250名，录取考生2 255名。

9月2日，国家自然科学基金评审通过由学校副校长桂占吉主持，吴恒玉和唐民丽参与的“基于神经网络模型脉冲同步的保密通信方案的研究”项目，获得22万元资助。这是学校首次申报并获得国家自然科学基金资助的项目。

9月3日，教师黄晓宁代表海南省参赛并以高校第一名的成绩获得第二届全国青年教师师德演讲比赛一等奖。

9月4日，教师罗孝友被海南省教育厅授予“全省优秀教师”“全省高校优秀思想政治理论课教师”称号。

11月5日，学校举办第七届田径运动会。

12月3日，学校第三届计算机文化节隆重开幕。

12月16日，在第三届“红旗杯”全国大学生开源软件技术竞赛中，学校代表队获得团体一等奖1项、团体二等奖1项、团体三等奖2项、个人金奖2项、个人银奖9项、个人铜奖3项的喜人成绩。

12月18日，第一届女教职工代表大会召开。

12月19日，第三次学生代表大会召开，大会选举产生新一届学生联合会主席团成员，侯琪当选为学联主席，决平、孔曦、何莹、安澍靖当选为学联副主席。

12月21日，软件技术专业被评为海南省高职高专院校特色专业。

2010年

3月6日，副校长桂占吉当选海南省高职高专教育研究会第一届理事会副会长。

3月，计算机网络技术核心课程教学团队被评为省级教学团队。

3月31日，数字电子技术课程被评为省级精品课程。

4月14日，师生为青海省玉树藏族自治州玉树地震灾区捐款，共捐款51 101.3元，其中特殊党费13 410元。

4月26日，动漫设计与制作专业被评为海南省特色专业。

4月30日，学校撤销公共教学部、基础教育部总支部委员会和社科与公共直属支部委员会建制；成立外语与旅游系、创业中心（挂靠招生就业处），成立外语与旅游系直属支部委员会、社科与基础教育部总支部委员会。

5月10日，学校在海南生态软件园购置研发楼A-04幢，面积为2 108.88平方米。

6月，学校增设移动通信技术（三年制）、旅游管理（三年制）等专业并于当年招生。

6月10日，学校获国家动漫产业振兴基地的授权，成为国家动漫游戏人才培养工程（简称NACG）授权合作院校。

7月6日，副校长桂占吉被授予2010年度海南省有突出贡献的优秀专家。

7月12日，中国共产党海南软件职业技术学院第一次代表大会召开。大会选举产生了中共海南软件职业技术学院第一届委员会。王恩周、魏应彬、陈修焕、桂占吉、王和民、莫仕锋当选为第一届党委委员。在第一届委员会第一次全体会议上，王恩周当选中共海南软件职业技术学院第一届委员会书记，魏应彬当选副书记；大会选举产生了第一届纪律检查委员会，桂占吉、王和民、王经强、李开、王虹当选为第一届纪委委员。在第一届纪律检查委员会第一次全体会议上，桂占吉当选为第一届纪律检查委员会书记，王和民当选为副书记。

8月20日，党委书记王恩周被授予海南省委省政府直接联系重点专家。

10月10日，副校长桂占吉当选为海南省第三批“515人才工程”第一层次人选。

10月23—25日，学生任泳乐、张犇创作的《智能消防小车》荣获“2010年全国大学生电子信息实践创新作品评选获二等奖”。

会主席，何莹、安澍靖、何慧、吴承鑫为学生会副主席。

11月10日，华为聚信科技有限公司与中南人力集团来校举行专场招聘会，学校电子信息工程、计算机控制技术、软件技术等专业的86名毕业生被录用。

11月13日，第三次学生代表大会召开，大会选举产生新一届学生会主席团成员：孔曦为学生

11月19日，学校举办第八届田径运动会。

11月25日，学校在综合楼前举办《情系母校》大型歌会。

11月30日，学校召开2009—2010学年度优秀学生表彰大会。

12月11日，教育部办公厅主任牟阳春一行在省教育厅副厅长廖清林、省教育厅巡视员支小纪陪同下来校调研。

12月13日，学校和海南省艺术设计协会以及琼海市电视台联合主办的首届海南省艺术设计创意周在学校开幕。

12月23日，教师吴恒玉被评为海南省第六届普通高等学校教学名师。

12月27日，省委组织部任命王和民为海南软件职业技术学院党委副书记、纪委书记。

2011年

1月14日，海南省计算机学会理事扩大会在学校召开。

3月，海南省教育厅、海南省外事侨务办公室、海南省公安厅联合下文，同意学校获取外国留学生招生资格。

3月22日，学校共10个科研项目获批为2011年度海南高等学校科学研究项目。

3月26日，副校长桂占吉当选为海南省高等教育学会教学工作委员会副主任委员。

3月29日，学校被教育部艺术教育委员会评为“全国学校艺术教育工作先进单位”。

3月31日，海南省考试局确定学校为琼海市高等教育自学考试考点。

4月，学校新增旅游管理（三年制）、移动通讯技术（三年制）等专业。

4月22日，2011年海南省职业院校技能大赛（高职组）在学校开幕。

4月29日，海南软件职业技术学院海口教学点在海南商业学校正式挂牌成立。

5月5日，学校被海南省人力资源开发局评为2009、2010年度海南省普通高等学校毕业生就业工作优秀单位，学校连续四年获此殊荣。

5月6日，“天翼杯”首届海南省大中专学生平面设计大赛推介会在学校举行。

5月30日，计算机网络技术专业被评为省级特色专业建设点。

5月30日，影视动画核心课程教学团队被评为省级教学团队。

5月30日，学校网络工程系副主任白晓波荣获省级教学名师奖。

6月21日，学校获得海南省教育系统庆祝中国共产党建党90周年“颂歌献给党”歌咏比赛一等奖和优秀组织奖。

6月22日，“WEB国际标准”课程被评为省级精品课程。

7月1日，学校首次聘请外籍教师到外语与旅游系担任课程教学工作。

8月28日，学校被评为“全国高职高专院校科研工作先进单位”。

8月，学校获批新增财务管理和计算机音乐制作2个专业，于2012年开始招生。

11月10—12日，学校举行第九届田径运动会。

11月11日，“智慧海南·人才20000”结业典礼在学校艺术馆演出大厅举行。

11月23日，学校被授予“海南省教育系统‘五五’普法先进单位”。

11月26日，第一届教职工暨工会会员代表大会第二次会议召开。

11月28日，学校首任校长陈公培（吴明）外甥女曾晓庄女士和丈夫潘家任先生来校参观访问。

12月5日，学校被确定为海南省第一批依法治校示范校。

12月17日，第四次学生代表大会召开，大会选举产生新一届学生会主席团成员，何慧当选为学生会主席，王利强、刘福余、于家当选为学生会副主席。

12月20日，学校被中央精神文明建设委员会授予第三批全国文明单位称号。

2012年

2月20日，学风建设专题网正式上线。

3月2日，教师陈修焕主持，钟裕林、王恩周、李开、符策红、杨亚辉、吴琼扬、霍元极等参与完成的项目“利用有限典型群几何学构作的组合构形”，以及桂占吉参与完成的项目“基于Web的E-Learning基础理论研究与应用”均荣获海南省科技进步奖二等奖。

3月6日，学校接受了中央文明委授予的“全国文明单位”奖牌。

3月9日，学校被海南省教育厅批准为海南省单独招生试点院校。2012年学校单独招生设有会计电算化、计算机网络技术、应用电子技术 3 个专业，学制均为 3 年，各专业招生计划50人。

3月，学校被授予“海南省高新技术产业人才培训示范基地”称号。

3月25日，副校长桂占吉被授予“海南省科技创新领军人物”称号。

4月14—15日，全国高等教育自学考试举行，学校作为海南省琼海考区唯一考点，负责琼海市、万宁市、定安县、屯昌县4个县市考生考务工作。

4月，心理咨询室在教学楼106室正式投入使用。

4月27—28日，2012年海南省职业院校技能大赛（高职高专组）在学校举行。

5月3日，软件工程系团总支被共青团海南省委授予2011年度“海南省五四红旗团支部（总支）”称号。

5月7日，中外合作办学项目评审专家组来校对学校与TAFE NSW-South Western Sydney Institute合作办学项目进行评审。

5月9日，酒店管理专业（群）教学团队被评为“2013年海南省高职高专院校双师型教学团队”。

5月12日，学校2012年高职单独招生考试在综合楼举行。

6月8日，学校被省教育纪工委命名为“海南省教育工委系统廉政文化进校园示范点”。

9月5日，电子信息工程技术专业被评为省级特色专业。

9月7日，教师严丽丽被授予海南省第八届普通高等学校教学名师奖。

9月19日，新增影视广告专业，2013年开始招生。

9月25日，琼海市人民政府市长办公会议议定：同意将海南软件职业技术学院扩建项目征地范围内的176.8亩土地中的90亩土地规划作为学校扩建校区项目建设用地。

10月，学校新增计算机网络技术（二年制）、电子商务（二年制）、会计电算化（二年制）、计算机应用技术（二年制）、动漫设计与制作（二年制）、应用电子技术（二年制）、酒店管理（二年制）、旅游管理（二年制）等专业。

11月4日，国务院国资委商业饮食服务业发展中心在学校举行授牌仪式，海南御膳养生培训考核基地正式在学校外语与旅游系挂牌成立。

11月15日，学校入选教育部第一批职业院校信息化试点单位。

11月15—17日，学校举行第十届田径运动会。

11月17日，第四届第二次学生代表大会召开，大会选举产生新一届学生会主席团成员，尹洪当选为学生会主席，魏鹭芸、刘爽当选为学生会副主席。

12月20日，学校召开人才培养工作评估汇报会。

12月22日，学校召开人才培养工作评估意见反馈会。

2013年

1月11日，开源软件开发与应用能力测评试点单位授牌仪式在学校隆重举行。

4月18—19日，2013年海南省职业院校技能大赛（高职高专组）在学校举行。

5月9日，酒店管理专业（群）教学团队被评为海南省高职高专院校双师型教学团队。

7月20日，教师李菊顺被评为“全国优秀社会科学普及工作者”。

8月27日，海南省人民政府决定：任命刘明鹏为海南软件职业技术学院副院长，免去陈修焕海南软件职业技术学院副院长。

8月28日，省委组织部来校召开会议，宣布任命陈修焕为海南软件职业技术学院党委副书记，任命刘明鹏为海南软件职业技术学院党委委员。

9月，教师李俊青被评为海南省高等学校优秀中青年骨干教师。

9月，新增移动互联应用技术（三年制）、汽车电子技术（三年制）等专业。

9月，第13幢学生宿舍投入使用。

9月12日，电子信息工程技术专业（群）教学团队被评为省级教学团队。

9月12日，计算机应用技术专业被评为海南省省级特色专业建设点。

9月12日，学校“三维动画基础”“计算机网络技术”2门课程被评为海南省普通高等学校省级精品课程。

9月18日，琼海市人力资源和社会保障局确定海南软件职业技术学院为就业专项资金市属定点培训机构。

10月19—20日，全国高等教育自学考试在学校举行。

11月2日，第四届第三次学生代表大会召开，大会选举产生新一届学生会主席团成员，李季当选为学生会主席，林志腾、林志扬、洪梓海、王赫当选为学生会副主席。

11月7—9日，学校举行第十一届田径运动会。

11月14日，海南省第二届艺术设计创意周暨学校第七届计算机文化节学校开幕。

11月15日，学校召开办学90周年暨建院10周年庆祝大会。晚上8时，在艺术馆演播大厅举行“情系海软·感恩前行”校庆文艺晚会。

11月21日，韬奋基金会向学校捐赠1 051册、价值约3.6万元的图书。

12月12日，海南省教育厅与琼海市人民政府共建海南软件职业技术学院签约仪式在学校举行。

12月28日，全国大学生电子设计竞赛（海南赛区“中跃杯”）颁奖大会在学校举行。

2014年

2月25日，“校企一体化”合作办学典型案例被海南省教育厅选送教育部。

2月25日，学校被评为2012—2013年度海南省普通高等学校毕业生就业工作优秀单位，学校已连续六年获此殊荣。

4月19—20日，全省职业院校技能大赛（高职组）分赛区比赛在学校举行。

4月19—20日，全国高等教育自学考试在学校举行。

4月23—24日，教师张小群获得2014年度海南省高校（高职高专组）思想政治理论课青年教师教学基本功比赛一等奖。

4月26日，海南省会计从业资格考试在学校举行。

5月8日，中共海南省委决定：詹少斌同志任海南软件职业技术学院党委委员、书记。

5月26日，首届创业周活动启动仪式在学校举行。

6月10—12日，学生林永生荣获2014年全国职业院校技能大赛（高职组）动漫赛项一等奖。

6月21日，学校第一届教职工暨工会会员代表大会第三次会议召开，91名代表（含列席代表）出席会议。

9月6日，在全省职业技能鉴定机构年检中，学校以年检成绩全省排名第四的成绩通过海南省第六十五国家职业技能鉴定所年检。

11月4日，扩建校区工程正式开工建设。

11月12日，教师韩宝如被评为海南省高等学校优秀中青年骨干教师。

11月13—14日，学校举行第十二届田径运动会。

11月15日，第五次学生代表大会召开，大会选举产生新一届学生会主席团成员，周武当选为学生会主席，何春兰、许世建、邓凯壬当选为学生会副主席。

12月11日，实训楼正式开工建设。

12月16日，“歌舞青春激情梦”第五届社团文化节闭幕式。

12月19日，副校长桂占吉被评为第六届海南省优秀科技工作者。

12月26日，学校在帮扶对象保亭县石峒村举办“情系乡村”文艺演出活动。

2015年

1月10日，学校第五次学生代表大会召开。

1月，新增网站规划与开发技术、传媒策划与管理、智能产品开发三个专业。

3月23—25日，辅导员李颖获得第四届全省辅导员职业能力大赛一等奖。

4月12日，学校举行2015年单独招生考试。

4月17日，实训楼建设项目开工建设。

4月19—20日，全省职业院校技能大赛（高职组）分赛区比赛在学校举行。

4月27日，教师吴婧聆、黎明珠、王瑞娇的微课作品获得首届中国外语微课大赛决赛高职高专英语组一等奖。

5月4日，学校国旗班受邀协助琼海市嘉积镇政府举行升旗仪式。

5月7日，学校扩建校区建设项目被列为海南省2015年重点建设项目。

5月10日，海南省科学技术厅组织有关专家对学校申报结题的四项海南省自然科学基金资助项目进行验收。

8月1日，教师严丽丽入选2014年海南省“515人才工程”第三层次人选。

9月7日，学校举行2015级新生入学暨开学典礼。

9月25日，实训综合楼主体工程封顶。

10月1—5日，学校受邀参展2015年第三届中国（海南）动漫游戏博览会，参展原创动漫作品受到广泛好评，并与海南弘远科技有限公司等企业签订了合作协议或达成合作意向。

10月9日，学校在澄迈县老城镇海南生态软件园购置青年公寓811、812房。

10月9日，学校第七届创业大赛在艺术馆举行。

10月10日，富南物业公司安保团队正式进驻学校。

10月，学校根据《普通高等学校高等职业教育（专科）专业目录（2015年）》对现有专业进行调整专业名称和代码，“会计电算化”更名为“会计”，“动漫设计与制作”更名为“动漫制作技术”，“传播与策划”更名为“传媒策划与管理”，“计算机音乐制作”更名为“音乐制作”。增设物联网工程技术（三年制）、智能监控技术应用（三年制）、环境艺术设计（三年制）、游戏设计（三年制）、歌舞表演（二/三/五年制）、现代流行音乐（三年制）、汽车检测与维修技术（三年制）、烹调工艺与营养（三年制），停招互联网应用技术（三年制）、装潢艺术设计（三年制）、应用艺术设计（三年制）、音乐表演（三/五年制）专业。

11月13—14日，学校举行第十三届田径运动会。

11月21日，第五届第二次学生代表大会召开，大会选举产生新一届学生会主席团成员，侯峰荣当选为学生会主席，邵立、石招辉、王伶悦、钱寒怡当选为学生会副主席。

11月26日，学校在艺术馆隆重举行92周年校庆教职工歌手比赛。

12月5日，电子工程系林煌、莫兰能、文宠哲三位同学组成的参赛队获得2015年全国大学生电子设计竞赛高职高专组全国一等奖，实现了海南省高职高专院校在全国大学生电子设计竞赛获得一等奖奖项上零的突破。

12月8日，学校入选全国首批“职业院校数字校园建设实验校”单位。

12月10日，经国务院批准，副校长桂占吉获批享受国务院政府特殊津贴，这是学校首位享受政府特殊津贴的专家，是学校师资队伍建设的又一重大突破。

12月30日，学校被评为全省教育系统“六五”普法优秀等次单位。

12月31日，学校组队赴定点帮扶单位保亭县响水镇合口村举办“情系美丽乡村”猴年元旦晚会。

2016年

1月3日，学校扩建校区二期工程开工建设。

1月7日，学校被评为2014—2015年度海南省普通高等学校毕业生就业工作优秀单位（连续八年）。

3月19—20日，2016年海南省职业院校技能大赛（高职高专组）三个赛项总决赛在学校举行。

3月24日，海南省工信厅副厅长陈万馨、信息产业处处长曹世平一行3人来校调研。

3月22—25日，学校承担博鳌亚洲论坛2016年年会龙寿洋“夫人外交团”及北仍村“东盟省部级官员考察团”外事活动志愿者服务工作。

4月10日，学校举行2016年单独招生考试。

4月12日，琼海市委书记符宣朝、市长宁虹雯一行来校调研，了解学校办学情况，帮助学校解决发展中遇到的困难和问题。

4月14日，教育部第一批教育信息化试点单位（项目）验收组来校进行“信息化环境下教育教学模式创新探索”项目验收。

4月18日，学校获得海南省中小学（幼儿园）教师省级培训机构资质认定。

4月16日，学校聘请北京电影学院动画学院院长李剑平教授为客座教授。

4月30日，学校举行2016年人才招聘考试笔试。

5月6—7日，2016年海南省“职业教育活动周”展示与服务活动在省歌舞剧院广场举行。省委书记罗保铭、副省长王路、省教育厅厅长曹献坤等相继参观了学校展区并与师生交流。

5月6日，海南省教育厅为学校签发《海南省教育厅高等学院章程核准书第5号》。

5月8日，2016年人才招聘考试笔试工作结束后，19名应聘人员参加面试及相关考核。

5月18日，学校举行创新创业活动月暨第八届大学生创业大赛启动仪式，6月15日下午大赛举行决赛。

5月22日，软件工程系陈景超、陈浏坛、张建三位同学组成的代表队获得全国职业院校技能大赛高职组“联想”杯移动互联网应用软件开发大赛团体一等奖。

5月26日，数码设计系邓华东、林志轩两位同学获得全国职业院校技能大赛高职组三维动漫制作大赛两个全国一等奖。

6月29日，教师朱兵艳、刘士祥、蒋秀娟的作品Rising and Falling Tones荣获第二届中国外语微课大赛海南赛区特等奖；袁琴英、杨晶老师的作品Taking a Food Order荣获一等奖；何蕾、何凌老师的Miss Simile and Mr. Metaphor、《酒店登记住宿》两个作品分别荣获二等奖、三等奖。

8月30日，团中央书记处书记傅振邦在团省委党组成员罗桦、琼海市委常委陈小华的陪同下来校调研指导工作。

9月12日，我院外语与旅游系朱兵艳、刘士祥、蒋秀娟三位老师的微课作品Rising and Falling Tones荣获第二届中国外语微课大赛（决赛）全国高职高专英语组一等奖，袁琴英、杨晶两位老师的微课作品Taking a Food Order荣获全国高职高专英语组二等奖；我院被授予第二届中国外语微课大赛优秀组织奖。

10月10日，学生事务管理中心正式投入使用。

10月28日，海南省2016年高职院校教师“互联网+”创新创业教育教学能力提升培训班结业典礼在学校举行。

11月12日，第五届第三次学生代表大会召开，大会选举产生新一届学生会主席团成员，黄文儒当选为学生会主席，陈昊、黄雅婷、王梓轩当选为学生会副主席。

11月15—16日，学校举行第十四届田径运动会。

11月18日，实训楼完成竣工验收。

12月17日，海南省委组织部任命符史杭同志任海南软件职业技术学院党委委员、副书记、纪委书记。

12月19日，由学校团委主办、学生社团联合会承办的第七届学生社团文化节闭幕。

12月30日，第一食堂项目竣工。

2017年

3月11日，2017年海南省职业院校技能大赛（高职高专组）两个赛项在学校举行。

3月23—26日，学校共派出210余名志愿者承担博鳌亚洲论坛2017年年会外事活动的服务工作。

4月15日，学校2017年单独招生考试举行。

5月3日，学校国际合作交流中心全英文版网站（http：//int.hncst.edu.cn/）正式开通。

5月12日，信息管理系黄文儒、陈柳茹、肖垂略、甘庆锋等四位同学组成的代表队获得2017年全国职业院校技能大赛高职组“电子商务技能”赛项团体一等奖。

5月26日，达内教育集团-海南软件职业技术学院校内实习实训基地揭牌仪式在学校举行。

7月7日，中国共产党海南软件职业技术学院第二次代表大会预备会议在学校举行。

7月8日，中国共产党海南软件职业技术学院第二次代表大会开幕，大会选举产生中共海南软件职业技术学院第二届委员会，詹少斌、魏应彬、符史杭、桂占吉、刘明鹏、莫仕锋、何锦旭当选第二届委员会委员；在第二届委员会第一次全体会议上，詹少斌当选第二届委员会书记，魏应彬、符史杭当选副书记。大会选举产生第二届纪律检查委员会，符史杭、陈廷锋、李际轩、王虹、罗孝友当选中国共产党海南软件职业技术学院第二届纪律检查委员会委员。在第一届纪律检查委员会第一次全体会议上，符史杭当选为第二届纪律检查委员会书记，陈廷锋当选为第二届纪律检查委员会副书记。

7月30日，第16、17栋学生公寓竣工。

11月16—17日，学校举行第十五届田径运动会。

11月17日，学校获得“全国文明单位”称号（连续三届）。

11月18日，第六次学生代表大会召开，大会选举产生新一届学生会主席团成员，薛腾俊当选为学生会主席，张定磊、黄钰婷、李莉莉当选为学生会副主席。

11月29日，由桂占吉、刘来权、张克亮、张卫国、符应彬、张艳钗、赵宝春、郑业芬、戴敏宏、李莘、曾伟京、方凌、刘峰宇、阎宏、左蒙等教师共同完成的“基于产教融合与三级导师学徒制的动漫专业人才培养模式研究与实践”成果荣获2017年海南省高等教育省级教学成果奖一等奖。

12月12日，由学校Turbo Snail软件开发团队开发的海南省职业院校技能大赛管理系统经省教育厅高教处确认后，正式上线投入使用。

12月29日，学校承办的海南省计算机与电子信息类职业教育研讨会暨教学指导委员会2017年会在学校召开。

2018年

1月11日，学校被中央电化教育馆授予全国“首批职业院校数字校园建设实验校”。

1月19日，第二届教职工暨工会会员代表大会第一次会议召开。

3月23日，2018年海南省职业院校技能大赛（高职高专组）三个赛项在学校举行，来自省内7所高等职业院校61名选手参加了比赛。

3月29日，数码设计系2016级传媒游戏班团支部、网络工程系2016级网络技术302班团支部、外语与旅游系2016级烹调工艺与营养301班团支部，荣获2017年全省高校“活力团支部”称号。

4月8—11日，学校选派志愿者参与博鳌亚洲论坛2018年年会服务活动，52名志愿者赴北仍村、南强村、沙美村开展中英文讲解，24名学生志愿者前往博鳌华美达酒店开展会务接待、酒店客房及餐饮服务。

4月10日，省工信厅厅长王静、副厅长陈万馨一行5人来校考察指导工作。

4月17日，学校被评为2017年“海南省卫生先进单位”称号。

5月8日，学校被确定为海南省优质高等职业院校立项建设学校。

5月28日，第十一届大学生创新创业大赛总决赛在学校举办。

6月2—3日，2018泛珠三角大学生计算机作品赛海南省赛暨“久其杯”海南省大学生计算机作品赛在学校举行。

6月26日，学校科学技术协会成立大会暨第一次会员代表大会召开。

9月11日，2018级新生入学开学典礼隆重举行，来自白俄罗斯、哈萨克斯坦、俄罗斯、泰国、乌克兰、越南等6个国家的48名留学生参加了开学典礼。

11月10日，学校（琼海师范学校）933班、958班跟93级琼海籍校友重返母校，向学校扩建新校区捐赠3棵大榕树，总价值近21 000元，为母校95周岁生日献礼。

11月15日，学校举行校史馆开馆仪式。

11月15日，学校举行建校95周年庆祝活动，举办庆祝大会、“情在海软·感恩前行”文艺晚会等系列活动。

11月15日，学校举行第16届田径运动会。

11月24日，第六届第二次学生代表大会召开，大会选举产生新一届学生会主席团成员，贾文宾当选为学生会主席，陈姚绒、李家曹、岑红、瞿文斌当选为学生会副主席。

12月12日，应央视CCTV-7频道节目组邀请，学校艺术传媒系舞蹈团参加在博鳌举办的2018中国农业品牌盛典、中国美丽乡村推介晚会活动。

12月21日，副校长桂占吉主持，刘来权、张克亮、张卫国、符应彬、张艳钗、赵宝春、郑业芬、戴敏宏、李莘、曾伟京、方玲、刘峰宇、阎宏、左蒙等参与的教学成果《动漫制作技术专业“三级导师学徒制”人才培养模式的创新与实践》获2018年职业教育国家级教学成果奖二等奖，这是学校在国家教学成果奖取得的历史性突破。

2019年

4月8—18日，2018—2019CUVA中国大学生排球联赛（高职高专组）比赛在四川省宜宾市南溪区举行，学校男子排球队获得全国亚军。

4月13日，学校举行2019年单独招生考试，543名考生参加了本次考试。

4月16日，学校第二届教职工暨工会会员代表大会第二次会议召开。

4月26日，海南省人民政府发布公告正式宣布保亭县退出贫困县序列。保亭县委县政府给学校发来感谢信，对学校的帮扶和奉献表示诚挚感谢。

5月9日，“Adobe授权培训中心AATC培训基地”授牌仪式暨第一届Adobe ACA世界大赛中国海南赛区校园特色赛在学校举行。

5月13日，学校将原有的10个系（部）调整为8个二级学院、1个公共教学部，体育部保留不变。在软件工程系的基础上成立软件工程学院（人工智能学院），在网络工程系的基础上调整成立网络工程学院，在信息管理系的基础上成立经济管理学院，在数码设计系的基础上成立动画学院，在电子工程系的基础上成立机电工程学院，在艺术传媒系的基础上成立艺术传媒学院，在外语与旅游系（国际合作交流中心）的基础上成立国际教育与旅游学院（国际合作交流中心），在思政教学部的基础上成立马克思主义学院，基础教育部（中等职业教育部）更名为公共教学部。

同时成立软件工程学院党总支、网络工程学院党总支、经济管理学院党总支、动画学院党总支、机电工程学院党总支、艺术传媒学院党总支、国际教育与旅游学院党总支、公共教学直属党支部（将机关党总支原马克思主义学院、公共教学部、体育部的教职工党员调整到公共教学直属党支部），机关党总支保持不变。

6月9日，2019泛珠三角大学生计算机作品赛海南省赛暨“创新云杯”海南省大学生计算机作品赛在学校举行，共有来自省内16所高校的96支代表队参加了此次竞赛。

9月7日，第16、17幢学生公寓投入使用。

9月9日，教务处处长严丽丽被评为2019年度全省优秀教育工作者。

10月13日，学校以万宁教学点为主场，五指山、屯昌、校本部教学点为分会场，召开2019级高职“四类生”扩招新生开学典礼。

10月15日，第一学生食堂投入使用。

10月24日，学校作为全国第二批现代学徒制试点院校顺利通过教育部验收。

10月27日，2019年海南省职业院校技能大赛（高职高专组）四个赛项在学校举行。

11月23日，省委常委、统战部部长肖杰莅临我校宣讲党的十九届四中全会精神。报告会后，肖杰常委实地考察了我校校史馆、动漫大师工作室、3D打印实训室、虚拟现实实训室、椰文化研发中心等了解学校办学情况。

11月23日，第六届第三次学生代表大会召开，大会选举产生新一届学生会主席团成员：林俊、邱梓楠、陈子豪。

12月2日，第八届社团文化节开幕式晚会举行。

12月4日，全国互联网应用产教联盟成立大会在学校举行。

12月1—4日，由中国计算机学会主办、中国计算机学会职业教育发展委员会承办、学校协办的2019年CCF职业教育大会在博鳌召开。

2020年

1月23日，学校召开新型冠状病毒疫情防控工作部署会，学校副校长刘明鹏出席了会议。

1月30日，学校召开第三次新型冠状病毒感染肺炎防控工作会议，再次部署疫情防控工作。

2月21日，学校召开第五次新型冠状病毒感染肺炎防控工作会议。学校疫情防控工作领导小组副组长、副校长刘明鹏出席并主持了会议。

2月27日，学校召开第六次新型冠状病毒感染肺炎防控工作会议，贯彻落实全省高校疫情防控暨高等教育重点工作推进视频会精神。

3月19日，学校召开2020年春季线上教学工作研讨会。

4月30日，学校开展开学复课疫情防控演练。

5月1日，海南省高等院校2020年春季开学疫情防控医疗卫生专家巡回指导团第三组来校指导开学疫情防控工作。

5月10日，琼海市委书记何琼妹来校检查指导开学准备工作。

5月11日，学校迎来疫情暴发后首批返校学生。

5月17日，辅导员、保亭县合口村驻村第一书记、乡村振兴工作队队长周刚获“2019年度海南省打赢脱贫攻坚战先进个人”称号。

5月21日，返校复课第一天，学校举行升国旗仪式。党委书记詹少斌以“众志成城战疫情 共克时艰勇担当”为题、校长魏应彬以“战‘疫’共成长 时代唤担当”为题带头给全体学生上了一堂别开生面的思政课，5 000余名返校学生齐聚“云端”，聆听2020年春季学期开学第一课。

5月27日，扩建校区三期工程建设校区11.8亩争议用地及其相关建设用地征地划拨工作正式完成。

7月30日，中共海南省委组织部批准刘明鹏同志任海南软件职业技术学院党委副书记。省委组织部、省人民政府任命何锦旭、符传谊为学院党委委员、副院长。

9月8日，由副校长桂占吉主持的“非线性系统的混沌控制及疾病防控研究”项目获2019年度海南省科学技术奖二等奖，学校是获得2019年度海南省科学技术奖的唯一一所高职院校。

9月17日，“动漫创作人才团队”被认定为首批海南省“双百”人才团队。

9月29日，省委组织部、省人民政府任命郭树理（北京理工大学教授，博士生导师）为学院党委委员、副院长（挂职两年）。

10月12日，智慧校园大数据中心及基础平台项目建设启动会召开。

10月22—24日，2020年海南省职业院校技能竞赛高职组的4个赛项在学校举办。

10月31日，2020年海南省行业职业技能竞赛-电子信息行业职业技能“5G+MR”资源开发赛项开幕式在学校举办。

11月10日，学校获得“99公益日活动”优秀组织奖。

11月20日，省委常委、统战部部长肖杰来我校宣讲党的十九届五中全会精神，并围绕学校“十四五”规划编制、高等职业教育深度改革、创新创业、大学生成长成才等方面与师生进行互动交流。

11月20日，学校连续四届蝉联“全国文明单位”称号。

11月24日，第七次学生代表大会召开，大会选举产生第七届学生会主席团成员：郁志平、林婧、赵连杰、李子艺。

12月7日，2020年第二届全国高校计算机能力挑战赛（华南赛区区域赛）——数字媒体创新设计赛在学校举行。

12月17日，教师欧军入选2020年海南省“515人才工程”第三层次人选。

12月27日，学校第九届社团文化节开幕式暨2021年元旦晚会在学校举行。

2021年

1月5日，学校举行首届“课程思政”说课比赛表彰大会。

3月14日，学校教师家庭在琼海市“书香自贸港·悦读共成长”亲子朗诵比赛中荣获“二等奖”。

3月28—4月2日，学校举办以“医工融合&国家标准”为主题的第一期博鳌前沿论坛。

4月12—13日，中国高等教育学会职教分会专家委员会委员、现代职业教育研究院专家委员会专家、二级教授于雷应邀来我校作报告。

4月24日，在2021年“第六届中国高校计算机大赛-团体程序设计天梯赛”全国总决赛中，软件工程学院、网络工程学院师生获得全国总决赛高校银奖、海南省高校特等奖；软件工程学院获得全国总决赛团队三等奖，海南省团队特等奖、一等奖；网络工程学院获得海南省团队二等奖。

4月30日，艺术传媒学院更名为教育与艺术学院，艺术传媒学院党总支更名为教育与艺术学院党总支。

5月8日，第二届教职工暨工会会员代表大会第三次会议召开。

6月9日，学校举办“百年党史 诵读中国”经典诵读大赛。

6月18日，在海南省教育系统“唱响主旋律·奋进自贸港·永远跟党走”庆祝中国共产党成立100周年大合唱比赛中，学校合唱团以第五名的成绩夺得本次比赛二等奖。

6月29日，师生创作的海南红色主题连环画系列作品“琼崖怒潮”正式首发。

7月2日，机关党总支书记王虹被授予“海南省优秀党务工作者”称号。

7月5日，学校举办“听党话·感党恩·跟党走”庆祝中国共产党成立100周年书画作品展。

7月6日下午，学校召开41家合作企业负责人“校企深度合作，就业精准对接”座谈会。

7月11日，教师严丽丽主讲“初识人工智能”被认定为海南省第五批省级高校精品在线开放课程。

7月8日，学校派驻文昌市龙楼镇担任乡村振兴工作队队长、驻村第一书记兼任龙楼镇委副书记朱宏文获得海南省脱贫攻坚先进个人称号。

7月29日，海南省委组织部任命陈娉婷同志为海南软件职业技术学院党委委员、纪委书记，省纪委、省监察委员会任命陈娉婷为海南省监察委员会驻海南软件职业技术学院监察专员。

9月14日，省委常委、统战部部长苻彩香来我校调研并上思政课。课前，实地考察了我校校史馆、虚拟现实技术工作室、人工智能体验中心等地，了解了学校的基本情况。

10月9日，海南省人民政府正式任命何锦旭为海南软件职业技术学院副院长，正式任命符传谊为海南软件职业技术学院副院长。

10月31日，共青团海南软件职业技术学院第二次代表大会胜利召开，大会选举共青团海南软件职业技术学院第二届委员会委员，林其天、王可淦、李少锋、卢小萍、牛伟贤、黄译萱、梁新亮、龚雪、吴薇薇为委员，林其天同志为团委书记，王可淦、黄译萱为团委副书记。

11月26日，成立离退休干部党支部，学校党支部（不含直属党支部）由原来的19个增加到20个。

11月29日，第八次学生代表大会召开，大会选举产生第八届学生会主席团成员：张会文、李松林、李子艺、庞妙雨。

12月23日，海南省人力资源开发局（海南省就业局）和学校联合主办的2021年海南自由贸易港招才引智活动在学校举行。

12月26日，学校与中国联通（海南）创新研究院、中国-哥伦比亚智网互联实验室联合设立的数字孪生与智网互联创新实验室，在中国联通（海南）创新研究院会议室正式揭牌。

12月28—29日，2021年海南省设计教育大会在学校举行。

12月29日，省委常委、统战部部长苻彩香来我校宣讲党的十九届六中全会精神。

2022年

1月11日，国家自然科学基金委员会批准学校成为“国家自然科学基金依托单位”，这标志着学校具备了独立申报和承担国家自然科学基金项目的资格。

3月10日，我校召开“能力提升建设年”暨深化拓展“查堵点、破难题、促发展”活动动员部署会议。

3月16日，设有书画音乐室、瑜伽形体室、阅览室、棋牌室、健身室和儿童启智室等活动室的教职工活动中心正式启用。

4月3—4日，学校40名党员行走在抗击疫情一线，合力构筑疫情防控“红色屏障”。

4月13日，学校被确定为海南省“双高计划”建设学校，软件技术群和动漫制作技术群为高水平专业群。

5月13日，特聘教授、贵州师范学院退休教授王先华在科技楼104报告厅举办师德师风专题讲座。

5月18日，第二届教职工暨工会会员代表大会第四次会议召开。

6月20日，学校与海南热带海洋学院联办本科2022届毕业生毕业典礼暨学士学位授予仪式在学校艺术馆举行，姚光耀等77名学生被授予学士学位、颁发大学本科毕业证书。

6月28日，学校作为省内唯一的高职院校获批设立海南省知识产权信息公共服务网点。

6月28日，学校隆重举行2022届学生毕业典礼。

6月29日，学校与海南师范大学联办本科2022届毕业生毕业典礼暨学位授予仪式在艺术馆隆重举行。

7月1日，学校与琼海市联合举办的2022年海南省万名大学生乡村科普行（琼海站）暨海南软件职业技术学院暑期“三下乡”社会实践活动正式启动。

7月1日，学校举行2022年“光荣在党50年”纪念章颁发仪式，为唐惠超、欧继清两位老党员颁发纪念章。

8月6日，为落实省委要求组织省直机关青年志愿服务队支援三亚疫情防控工作有关要求，我校党委第一时间发出紧急通知，号召广大青年党员干部教职工奋勇参加志愿队伍支援三亚战疫一线，王可淦、吴运俊、王锦、黄勇、梁新亮、周庆标、王健等7位同志挺身而出，组成海南软件职业技术学院青年志愿服务队，奔赴三亚抗疫一线开展志愿服务工作。

9月1日，海南就业驿站海软青年人才就业服务站在我校众创空间举行揭牌仪式。

9月20日，我校收到中共三亚市委、三亚市人民政府送来的感谢信，对我校在本次疫情防控期间所做的工作表示充分肯定和感谢。信中说：“你们心系三亚，火线驰援，充分展现了顾全大局、闻令而动的政治担当，生动诠释了一方有难、八方支援的互助精神，充分体现了守望相助、风雨同舟的深情厚谊。”

10月7—9日，2022级新生错峰分批报到注册。

10月27—28日，老生错峰分批陆续返校报到注册。

11月16日，学校被海南省委组织部评为支援市县抗击疫情志愿服务工作“表现突出的集体”，教务处副处长马杰、动画学院教师廖坤远、软件工程学院辅导员梁新亮分别被评为“表现突出的个人”。

11月，省委组织部、省人民政府任命宋剑杰（湖南科技职业学院软件工程学院院长）任海南软件职业技术学院党委委员、副院长（挂职两年）。

11月26—27日，教师朱兵艳、刘士祥、姚立佳、蒋秀娟、李华伟组成的团队以海南省特等奖的优异成绩被推荐参加全国职业院校教学能力比赛，荣获2022年外语课程思政优秀教学案例全国一等奖，我校荣获优秀组织奖。

12月1日，省委常委、统战部部长苗延红到我校宣讲党的二十大精神，并到校史馆、南海工匠工作室、数字孪生与智网互联实验室、人工智能体验中心等场所进行实地察看，详细了解我校学科建设和专业发展情况。

12月12日，第九次学生代表大会召开，大会选举产生第九届学生会主席团成员：周彤、雷清凯、黄光林、莫子琳。

12月13日，2022年海南省大学生社区实践计划优秀社区实践团队和优秀工作项目评选中，一批优秀社区实践团队和优秀工作项目受到表彰。

12月14日，学校邀请党的二十大代表、“七一勋章”获得者、琼海市潭门镇潭门村党支部书记王书茂同志到校为广大师生宣讲党的二十大精神。

12月14日，学校全体领导班子成员及中层干部集中前往琼海市总工会参观“严守纪法底线 筑牢清廉根基”2022年全省党员干部警示教育巡回展（琼海市展区）。

12月17日，陈琪同学荣获2022“中国教育电视台·外研社杯”全国英语写作大赛二等奖。

12月16日，教师朱兵艳、刘士祥、蒋秀娟、姚立佳团队参加全国职业院校技能大赛教学能力比赛，荣获高职公共基础课程组三等奖。

12月16—17日，教师符光泽、王才吉和吴丽老师参加2022年冬交会海南特色农产品烹饪职业技能竞赛荣获特金奖1项、金奖2项。

12月30日，教师凌莉参加2022年第七届全国高等院校英语教师教学基本功大赛，荣获优秀课例评比·微课组全国一等奖。

2023年

2月1日，教师符天在政协第十四届琼海市委员会第二次会议上作题为《关于支持百年老校海南软件职业技术学院发展的建议》的大会发言。

2月7日，学校荣获“2020—2021年度全国无偿献血促进奖”荣誉称号。

2月9日，学校荣获2022年海南省网络空间安全实战攻防演练赛二等奖。

2月22日，学校党委书记詹少斌讲授题为《学习贯彻党的二十大精神 在海南自贸港建设中奋发成才建功立业》的开学第一课。

2月23日，学校选派80名优秀学生参加服务博鳌亚洲论坛2023年年会志愿者培训。

2月25日，海南省“中式面点师”职业技能等级认定考试在我校举行。

3月4—6日，教师符光泽参加第七届全国名厨烹饪邀请赛荣获特金奖。

3月8日，学校举办首届“雷锋志愿服务文化节”开幕式。

3月12日，学校承办的首届“久其女娲杯”海南省大学生低代码编程大赛圆满落幕。

3月14日，学校公布2023年为师生办实事的九个项目。

3月15日，海南省教育系统党的二十大精神“百人宣讲团”成员，海南大学党委委员、马克思主义学院院长张云阁教授到我校宣讲党的二十大精神。

3月15日，海南生态软件园管理局副局长高辉、副局长乔飞，行政主管姚丽娜一行3人到我校座谈交流。

3月16日，学校召开2023年关心下一代工作会议。

3月21日，成立中共海南软件职业技术学院机关党总支纪检监察处党支部，党支部党员为学校纪委书记和纪检监察处全体党员，党支部委员会设书记和组织纪检委员、宣传统战委员，由纪检监察处党支部召开党员大会选举产生党支部委员会。

附　录

说明：

1. 本附录所辑文稿，不论文笔之高下，以事关学校且有时代特征为原则。
2. 为阅读方便，本附录辑录文稿时将繁体字转为简体字。
3. 文稿中有些字迹由于史籍蚀缺难以辨认，故在辑录时以□标识。
4. 为背景比较复杂的部分文稿撰写按语。
5. 辑录之文稿以时间为序。

1．《琼崖旬报》创办之经过（摘录）

徐成章 1922年4月

编者按：1921年年初，徐成章应王大鹏之邀到琼东县任公安局长，并在县立高等小学上体育课，跟王器民一起协助王大鹏兴办教育并筹划创建县师范学校。在此之前后，徐成章和王器民一直都在一起筹办《琼崖旬报》，又在琼山、文昌、琼东一带从事琼剧改革的活动，组织“土戏改良社”和“琼崖伶人工会”，1922年参加陈继虞组织的琼崖讨逆军反对军阀统治。

文章中所说的“爱少年君抱病回里”“罗君因事赴琼东”“鲁君因事繁多”就是指曾担任过《琼崖旬报》编辑的王器民、罗汉、鲁易等人先后辞去《琼崖旬报》编辑而应王大鹏的邀请到琼东县办学之事。

我们的琼崖，从《琼岛日报》被封，创造《琼岛日报》总理林君格兰，被那人面兽心的陈世华枪毙之后，从此四百万的岛民，就没有代表舆论的机关了。

我们生长琼崖，瞧着琼崖人民程度之低下，知识之浅薄，没有相当的言论机关来指导，使他们醉生梦死，都不知岛外的情形怎么样。所以稍明近来世界大势的人，莫不为琼崖前途抱悲观，我们也有见及此。在民国9年夏，特地集合同志，拟招收股份，开办日报。但是从《琼岛日报》被封之后，有些借办报馆的名，在南洋骗钱，只招股而不办报的，致失信南洋侨胞。后起者虽然热心办报，也未免被侨胞疑为骗徒，不能招到股份。我们不得已，变换方针，先组织《琼崖旬报》，从发起的朋友们自己拿款出来办。当时约集了几百块钱，本拟在海口出版。只是那个时候，桂派凶恶异常。李根源又率边防军来琼驻扎，稍有觉悟的青年，则疑为乱党。我们在海口办报的思想，就不能实现了。于是决定在香港设立，等政治光明的时候，才搬回琼。当时即公举爱少年君（即王器民）为编辑主任，先住香港租保德街十九号门牌为筹办处。

这个时候，陈君继虞在万陵独立，响应粤军，收编各处民军民团，攻破定安澄迈各县，分兵进攻府城。我凭良心之驱使，也投入旋涡中，东奔西走，或为军事计划，或为议和代表，都不得空顾及办报的事，我就写信他们两君，将旬报搬回琼州。到民国十年春，琼崖民军改编，我充当粤军警备游击队第十九统领部副官，来驻府城，重同爱少年瑞东两君及各同志商量，筹办我们旬报的出版。

那个时候，旬报社公举爱少年君兼日报编辑员，曾稀吾君兼日报校对，林天尧君兼日报会计。当时又公举爱少年君赴穗买纸，并请编辑主任。……

民国十年四月七日，本报在广州出世了。一年来的惨淡经营，在琼州香港不能产生，竟得在广州出世。这是我们奋斗的精神第一次的成功。

在广州印刷第一、第二两期。第三期便搬回海口印刷。第四期顺社会的舆论，才改为十天出一册。

爱少年君在穗垣一方面代日报买纸回琼。一方面请香山人冯笃明君回琼为琼崖日报总编辑，但冯君未来琼以前，日报已由吴德馨王白天两君主持出版，而爱少年君回琼之后，坚辞不就日报编辑，专担任旬报编辑。

……

本报从出版起，至第六期，系爱少年君主持编辑事务，从第七期到第十五期因爱少年君抱病回里，请冯君笃明替任论著编辑，曾稀吾君代理新闻编辑，从十六期起，又由爱少年君编辑至廿一期止，才交罗汉君主持。罗君刚从欧洲回国，来琼担任教席，系最热心改进社会的人物，完全尽义务，担任本报编辑，至廿八期。罗君因事赴琼东，编辑的职任，交代鲁易君主持。鲁君也是刚从欧洲回来的，对于世界近来的趋势，非常明了，能介绍欧洲最近的社会主义学说，给琼崖人研究。倘琼人能从研究而知现在潮流的趋势，觉悟起来，大家负改造琼崖的责任，这是本报莫大的荣幸。鲁君热心做事，尽义务编辑，与罗君同。从周年纪念后，鲁君因事繁多，本报特请刚从北京来琼的李实君为本报主持编辑事务。

（原载1922年《琼崖旬报》第36期，海南档案馆藏）

2．记琼东县立第一高小学生之怪剧

一九二二年七月二十七日

黎　师

编者按：作者黎师的生平不详，或为跟罗汉有交往的中共早期党员、革命烈士黎竟民。学校（琼东中学）就是在文中所述的琼东县立第一高等小学的基础上创办起来的，黎师的文章中所说的情况，指的是罗汉应王大鹏之邀到琼东县来协助办学并筹备将县立高等小学校创办为县师范学校时在县立高等小学校任校长时的事情，下文罗汉“拟开除六十九名学生通知家长函”也于此文之中转载。

琼东县立第一高小学校，开办有多年了。他的成绩，只替社会上制造了无数的土棍、流氓。自从王县长接任后，即决意力加整顿，以学生毕业后之无用途也，又拟改办职业学校。只是该校从来的校长教员，都是迎合学生，保持饭碗的，所以就养成一种不听教训惟我独尊的风气。王县长既决心整顿，当然对于校长一职，要慎重延致。先聘杨善集君为校长，以办事认真，不见容于同事及学生，不到三个月，竟被他们以武力驱逐。后来又极力延致本报总编辑兼琼山师范、琼山中学国文教员罗汉君接任校长。书函请求不允，又连三次专人来府城敦聘，且托本报同事徐成章君从中力助，情不可却，始去接取。当接收之时，王县长面嘱，无论如何，务必认真整顿，将十余年之恶习，铲除尽净。罗君是一个光明磊落，勇于任事的人，受了这种重大的委托，自然把己身的利害丢开，向前做去。果然，不到一个月，就有一部分的饭桶教员，与一些品行不端的学生，勾结起来，在端午节后，就发生了驱逐校长的怪剧。此事要在别人，必定生气不干了。但是罗君因王县长委托之重，期望之殷，再加以责任心重，竟不顾他们的武力，还是抱定宗旨做下去，并把顶不安分的学生，开除了六七十名，又把此次怪剧经过的情形，很详细地通知各学生家长，并希望家长对于不适当处，加以纠正，尤足见罗君任事之诚恳。记者亦办学多年，素主宽大主义。但对于此等已失去人格的学生，认为有取严厉手段之必要，是亦（刑乱国用重典）之意耳。

（原载1922年《琼崖旬报》第36期，海南档案馆藏）

3．罗汉校长拟开除六十九名学生通知家长函

罗　汉

编者按： 罗汉在1920年跟周恩来、邓小平、李立三、蔡和森、赵世炎、陈毅、聂荣臻、李维汉、陈公培等一起在法国勤工俭学。1921年10月，罗汉从法国里昂上船回国后在香港下船到广州，然后便来到海南岛。罗汉初在府城一些学校任课，后应徐成章和王器民之邀担任《琼崖旬报》编辑。后又在王大鹏托徐成章的极力邀请下到琼东县参与办学，在琼东县立第一高等小学担任校长并筹备将这所学校改办成琼东中学。这是他在琼东县立第一高等小学校长任上为整顿校风校纪而写的通知家长函。

△△先生钧鉴：

弟来贵处不久，地方情形多不熟悉。接掌此校甫至一月，致令学生酿成罢课风潮，有负贵家长热忱之期望，真是万分抱歉。然而起事原因，及经过情形，应当详细奉闻，以明真象，并希批评乖谬．指示善后办法。

当弟接办此校时，便和学生详细说过，尊重他们的自治团体，所有学生间发生之小问题，均由他们自治会解决。弟不过居第三者地位，尽赞助和指导之责而已。因为如此办法，方能发展学生之个性，一脱从前学校专制之陋习。此外弟还可以一心进行教授方法之革新，与整顿校舍等事，不必亟亟只以管理一件为虑。

惟有一事为弟生平所痛恨，亦为普通学校所必禁者，即戕贼人性最毒之烟酒。所以弟到校后，便牌示厉禁。弟以为青年吸烟喝酒，多半由于有此等嗜好之成年人所传授，所以弟敢斗胆牌示，希望同事与来宾，有此等嗜好者，亦藏之私室，勿为学生所见，免得耳闻目见，不知不觉而成习惯。

至（端节）日，本校循例放假。教员学生大半回家，迄至复行上课时，乙班国文教员杨兰波先生，忽然来信辞职。弟以杨先生系在本校历年辛苦之老教员，此刻辞职，又聘不出相当的人接手，所以随即去信挽留。信内还说了即有不当尊意之处，亦祈帮忙维持至暑假再行商量的话，但是杨先生复信，坚执不来，并说了许多客气抱歉的话。弟处此无法可设之际，只好自己暂行兼教乙班国文。过了一星期，因为弟的事情多，没有时间改卷，还是非请人帮忙不可，后来始蒙王县长介绍一位在县公署办事的彭尚先生尽纯粹义务帮忙，担任乙班国文。彭先生从前是在云南中华新闻报社等几家报馆任总编辑职的，现在肯尽义务担任高小国文教员，自然是由其热心教育，受为社会服务之高尚精神激动所致。

彭先生第一个星期上课，学生并无不满意之表示。到本月十九日，是第二个星期，乙班学生突有多数人实行罢课，并威逼其他同学，不许上彭先生的课。弟当时问他们，为什么缘故反对彭先生，又无一人出头回话，只一味侮辱、谩骂，仅在本校办事处黑板上写了“我们原反对游击队员彭为教员”几个字。弟当时将请彭先生来担任课程系一刻找人不到，由县长介绍来尽纯粹义务的话告诉他们，随托前任校长吴君探得他们罢课的意思不过是：

（一）不学白话文，因为嘉积中学还没有作白话文。

（二）取消禁止吸烟喝酒的牌示，请杨兰波先生回校教国文。

弟当时告诉他们：有不愿学白话文的，自己尽可以多研究文言体的文字，学校里不教白话文，是不便的。因为白话文已经多人的研究，实在比文言文易学，并且有用、明了，曾经全国教育会议议决，并通令各省小学改用语体课本，教语体文。本校下学期还打算用新制语体文课本，此刻自然也不能废除白话文不教。至于请杨先生回校，是办不到的事。因为他回信不来，非常坚决。取销禁止烟酒的牌示，是更不必，因为并没有禁止同事和来宾在教员的私室吸烟喝酒。罢课各学生，听得弟这样答覆他们之后，不惟不遵，反当面骂弟为牛，握拳呼打数次。最无道理是迁怒人家父母，任意辱骂。弟睹此情形，觉得太无体统，不得不将为首滋事之李学清等五名开除，其余附和罢课，在寝室喧哗者，记过。意欲令其悔悟，待风潮平息，紧张之意气弛缓了的时候，再设法使开除各生复学。殊不知罢课各生，毫不遵从，并且发动丙级学生加入捣乱。同班学生不赞成此种妄动者，只得请假避开，其余在校各生，便作出种种不是学生应作之举动。譬如置铅粉（毒物）于茶壶里，将秽物置弟办事处案上，及脸盆里出无理之匿名帖，夜间掷石于屋上，如此种种，不能尽述。

现在弟已奉县长面谕，再将滋事各生六十九名开除。开缺各生，如查出有委实被迫附和者，仍可斟酌情形，准其复学。以上均系此次风潮之实在情形，如有处置乖谬之处，敢烦贵家长明白指摘，弟惟诚恳领教，以补前愆。端此奉达。即祝健康。

弟 罗汉　十一、六，廿六。

（原载1922年《琼崖旬报》第36期，海南档案馆藏）

4. 吴明给施存统的两封信

陈公培

编者按： 吴明即校友陈公培，吴明是他在留学法国和回国后相当长的一段时间里使用的别名。这两封信是他在1923年应王大鹏之邀在海南琼东县立高等小学任教并协力将县立高等小学筹建为县立师范学校工作时写给施存统的信。

施存统，著名"人民音乐家"施光南的父亲，浙江金华人，早期革命活动家、共产党早期领导人，跟陈公培都是建党前在上海活动的中共最早的党员之一。施存统还参与了建党前8个共产主义小组之一的东京共产主义小组的组建工作。1922年5月5日，在中国社会主义青年团第一次全国代表大会上施存统当选为团中央书记。这两封信是陈公培跟施存统的思想交流，也可以说是向施存统汇报海南的青年工作情况。陈公培从法国回国后，跟蔡和森一起留在上海中央工作，蔡和森主要做宣传工作，陈公培主要做青年工作。

1922年4月，在法国的赵世炎为了组织、开展青年团的工作，迫切地给陈公培来信询问在国内"青年团有否总机关，并除章程外尚有其他规约或印刷品否？如有请即转告速寄来"。"青年团对C.P.（共产党）之关系如何？常有何义务与责任？应与何机关接洽？国内青年团是以地域建立，抑只总的一个？执行委员会如何组织法、产生法？"并请吴明"速寄关于青年团一切的书报印件等来"，并"请转告青年团总部指示应有的方略等等"，"请你转告存统希望他与我通信"。陈公培此后受中央派遣来海南，也是带着青年工作使命而来，目的就是在海南发展更多青年参加到党的组织中来。

陈公培曾回忆说："1921年冬回国。经过广州时，知道广东的社会主义青年团人数很多，据说有一千多人，先是谭平山、谭植棠负责。"这就是他选择来海南的缘由。在这两封信中，可以看到陈公培当时在海南的工作环境异常恶劣，同时也可以了解到陈公培当时在海南的思想变化。信中所说的到"那里"去享苦的"那里"就是指军队。

来琼之前，陈公培想通过教育来向青年宣传科学社会主义，团结更多青年参加到党团组织中来，因此来琼后在一些学校教书、积极协助王大鹏施展"教育救国"的理想。但在现实中，他看到了社会的弊端，看到了军阀的残暴肆虐，也在徐成章的影响下思想发生了重大的转变，向往武装斗争，相信了枪杆子里面出政权，希望通过武装斗争来实现自己的理想。这就是陈公培在建校后，首任校长仅仅当了几个月时间便离去的原因，这就是他投笔从戎的原因，陈公培也是在中共建党初期的早期党员中主张进行武装斗争的为数不多的党员之一。

第一封信中说到的"此间有一位毛孟屏"，海南党史研究部门皆认定毛孟屏为"在琼崖的中共早期党员"，但并没有找到可查的史料证明。依陈公培信中所说，毛孟屏不过是由陈公培在法国勤工俭学时的同学熊雄介绍他认识的在嘉积市的一个普通人。为什么熊雄要介绍陈公培认识此人？因为陈公培知道熊雄认识许多军界人士，所以向熊雄叙说自己有志于从军，希望熊雄能引荐认识军界人士。熊雄便为陈公培介绍了一些军界人物，包括后来有名的陈铭枢等。陈公培说毛孟屏也有去学陆军之志，但一直至陈公培离琼很久后的1924年，毛孟屏仍滞留在嘉积镇。毛孟屏原在保定军校毕业，据此判断，毛孟屏如果不是邓本殷在嘉积驻军的一个下层军官，便是在嘉积镇从事经商活动的一个商人。

（一）

示悉：

我是一匹野马，如果还要做点事，非受极严厉的训练不可——并且还要多多的学习，因此，如果不到那里去学习数年，希望可说是很少少。

黄孝贞，我好像很熟识，又好像太模糊了。如果要道信的话，请他先写封信来我好。

家庭的事，真是使我窘极。

生死都置之度外，痛苦是不用说了。现在算是忧乐多忘怀。

此间有一位毛盂屏，旅欧C.P.员熊雄介绍我认识，亦有往“那里”去学陆军之志（他原在保定军官毕业），并能多觅旧时同学同去。

“革命家非享乐主义者”。享点苦也好。

此祝

光亮兄健适

孝贞先生统此致意

明　三月十六

（二）

光亮兄：来示并通告敬悉

琼州方面，在粤局未变化前，本有六人（我、鲁易、罗汉、徐成章、徐天柄、李实），但后三人既未经中央通过，而鲁易与我还因李实及其他事故正在待罪之中，罗汉又远赴南洋，所以此间事务很难于发展。现在李实在上海，鲁易赴福建泉州军中，徐天柄在上杭东路讨贼军步兵第二旅作参谋长，徐成章在广州湘、粤、桂联军第口支队司令部，亦参谋长之列，罗汉在南洋为琼州琼东县嘉积农工学校募捐，在琼州的就是我一人。在一种这样的情形中，很难于作报告。

现在且将此方可说的说一说，就算作琼崖方面的报告：

一、地方情形：琼州环悬海中，地近热带，与内地文化隔绝，黎、苗杂处，统计：汉族繁殖之地才占全岛三分之一（沿海），人口才三分之二。产业以农为主，在南方有渔盐之利。全岛无一工场。成年男子多赴南洋，工作大部分皆女子担负，且全系农工。全岛有中等学校五所，然办理不善，学生头脑极守旧，深受孔二之毒。女子缚于礼教，受教育的机会绝少。教会势力，在教育界中绝大，且深入黎、苗人中，岛中产业不发达，人民在南洋经商作工者多，故生活全仰给南洋，岛上事业一视南洋为荣枯。在政治上，琼岛为广东之一部，自然随广东政局为转移。陈炯明柄政以来，以琼崖统治权委之由行伍出身之邓本殷①。邓氏为钦廉人，陈氏由漳州回粤，邓氏以从龙之资格，取得琼崖善后处长。去年六月粤乱后，因军饷缺乏，遂大弛赌禁，现琼岛全境杂赌盛行，妇孺相率为赌徒，全岛遂成赌国。

二、青年团体：青年思想锢蔽，前已言之。所谓青年团体有二：（一）全琼学生联合会（各地分会属之），（二）青年互助社（约六十人，北大卒业生钟衍林主持，彼现任琼崖第六师范教员）。学生会的情形与其他各地一般，但更幼稚。青年互助社较佳，但以服务社会不问政治相标榜。

三、劳动者组合：去年海口有琼崖工人互助社，隶属于广州谢英伯之工人互助社。今年改组，章程由鲁易起草。人数约二百，以接水工人（为旅馆往轮船接客），制鞋工为最多，亦有剃头工人、帆船水手，去年海员罢工，该社曾与之合作，不输送粮食出口（现由吴清川等主持）。

四、S.Y.①员之势力：琼州自一九二一年十二月罗汉来琼，在琼山各中学等学校任职，与徐成章合作，始稍有新气象。后鲁易、李实、吴明随后来在各中学及徐成章等所办之报社作事，共集合六人始言及团体组织。其中，罗汉、鲁易（书记）、李实、吴明均为教员，徐成章及徐天柄在军队中，各能作相当活动。去年因琼属西沙群岛有被日人骗取之事，曾发起示威运动。非基督教同盟运动，此间亦曾响应，但无甚结果。在各青年团与劳动团体中，其潜势力亦不薄。现虽团员星散，然徐成章及徐天柄属琼人，其势力当常存在。徐成章等所创之《琼崖旬报》，出版至今三年。去年曾由团体发起《琼岛日报》，但因款项及种种问题已归失败。旬报因股东对于社会主义持拒斥态度，殊不能作宣传机关，加以政治上的压迫，更不能有所发挥。《琼岛日报》曾出若干期，言论尚称如意，然因政治关系及款项问题中止。二报均以南洋销行较多，但亦不过二千份。编辑人为罗汉、鲁易、李实、吴明等。

五、附记：琼属十三县，地方交通极不便，而近来匪祸特甚，政治亦不清明，现来在军治之下，人民尤其困苦。教育腐败，学生思想陋劣，故目下极难活动。但工人团体当称坚固，而本地团员徐成章及徐天柄等在社会上还能活动，故根基已立。因为此间是特别情形，目下更加无团体行动之可言，本来无从作报告，略将大要情形叙述如上，恕未能照格式。

西北从军事，我想由C.P.交涉较妥。但鲁易前在上海运动此事时，闻中央不赞成，以为此并非要着。这话我想不十分确实。我不知道仲甫的《造国论》是否中央所赞成，若是赞成的，则其第一步所主张组织国民军打倒军阀的计划中的国民军将校何所取材？我想，现在开始养成无产阶级将校，至少也要十年后才可用。十年内我们虽不必作什么 CouPaetat1@，十年后我们总应当在军队中有点相当势力了。你既然赞成这事，就请你努力活动。我个人是算不了什么，不过我希望中央的人哀矜那班赤手空拳向军阀的刀头送死的工人与平日受打的学生及无故坐狱被抄的同志，稍许筹备点武力做后援，也可免得蹑手蹑脚作老鼠般的活动。

听说董锄平、鲍惠僧在南洋也还活动，我主张琼州与南洋取联系，他们也赞成。

吴明　5月

（海南档案馆藏）

5．回忆党的发起组和赴法勤工俭学等情况（摘录）

陈公培

编者按：陈公培初到海南，曾在琼山从事教学活动，但由于府海地区邓本殷军阀统治过于残酷，工作不好开展，后在徐成章和王大鹏的邀请下来到琼东。在琼东，陈公培在罗汉任校长的县立高等小学任课，后在县立高等小学的基础上创办了琼东中学并任首任校长，同时也在嘉积工业学校任课。此期间，他发展了中国共产党在海南的第一批党员。下述的"鲁易，罗汉和海南岛本地人徐成章、徐天炳、王大鹏、严风仪、王文明、王器民"，除鲁易和罗汉是跟他同时从法国回国的大陆人，徐成章和徐天炳虽是琼山人但此时期大多时间都在琼东活动，而王大鹏、严风仪、王文明、王器民等都是琼海（今称）人。

我在法国住了一年，于1921年冬回国。经过广州时，知道广东的社会主义青年团人数很多，据说有一千多人，先是谭平山、谭植棠负责。

……

1922年秋，我到海南岛，发展了十来个同志，现在记得的有：鲁易，罗汉和海南岛本地人徐成章、徐天炳、王大鹏、严风仪、王文明、王器民。我们通过教书，进行活动。接触面很狭，做不了多少工作。以后因当地反动势力的压迫，仍回大陆。直至1925年，国民革命军到海南，党的势力在海南岛才扎下了根。

……

1922年我们在海南岛，通过教书进行工作。在嘉积工业学校、琼山师范、第六中学和琼山中学等处都有我们的同志。那时我们没有严格的组织生活，有时大家在一起讨论讨论《响导》上的文章。吸收同志也没有经过什么手续，所以还不能称为"党员"，我们和中央有通信联系，中央给我们的指示也不很具体。

1956年

（中共一大会址纪念馆、曾晓庄编《陈公培文集》）

6.《琼东中学校刊》出版发行祝词

王大鹏　1925年3月

编者按：王大鹏，琼东县县长，琼东中学创办人。

琼东之为邑，纵横仅数十里，至褊小也。近来感受外界潮流，于兴学一途，较前颇觉增进：计初小校约有数百间，高小校约十有余间，为数尚属不少；而县立中校，独付阙如，未免俾一般升学士子，有向隅之叹，故鄙人忝任县事，即毅然从事筹设，而当时闻其议者，有谓地小民贫，难以举办；不知“难”之一字，为愚人所用之字典有之。试观是校此数年间惨淡经营，更有今日，何难之有！尤幸者：自去年夏间，得黎君筱景来长斯校，积极整顿，如增建教室，扩充班数。及其余校中诸务，无不悉心规画，井然有条。此校为全邑最高学府，当亦不愧为一邑教育楷模也。今校内有校刊之举，盖为鼓吹文化之一事，闻而实获我心，爰为之聊缀俚词以颂曰：

国家要政，举学育人。琼东中学，筹设维新。
群英聚会，济济莘莘。宣扬文化，责在吾身。
校刊出世，牖发天真。潜移默化，去垢除尘。
抱定宗旨，择精取神。锐意猛进，邹鲁海滨。

7.《琼东中学校刊》发刊词

王大鹏　1925年3月

宣传与交通，为促进社会文化之利器，谈文化者类能言之。吾国沪宁京粤，外国通都大邑，文化特别进展，皆宣传之力，交通之功也。琼东位琼崖之腹地，交通未便，宣传绝渺，社会文化因而□□，自昔为然。今路政粗备，交通问题，似可解决。唯宣传一事，尚属幼稚；言语宣传，不可多□，文字宣传，更寥晨星。所以地方人士，既乏新智之灌输；又少公研之机会。致社会龌龊，文化□□，理固然矣。同人有见及此，逐欲先从事文字方面，广为宣传，期收社会文化增进之效益，爰□□社，出版校刊，关于改造社会文化诸大问题，悉心研究，各抒特见。载诸刊端，公同商讨。则印行之日，抑即琼东社会文化进展之动机也。尚希邦人士子，垂察而教正之。

（两词原载《琼东中学校刊》，琼海市档案馆藏）

8．《琼东中学校刊》之感言

王泉永

编者按：王泉永，1925年琼东中学校友，生平不详。

出版品为促进智识之主干，亦为灌输文明之利器，且能介绍学术，交换智识，以及社会各种之设施，非出版品之鼓吹，不能奏其效也。故观一国之教育，与地方之文明，及人民之程度若何，全视出版品之有无为断。今吾琼东中学有校刊出版焉。夫琼东分为六区，各区皆立高等学校及国民学校，总而计之，高等国民学校有数百间，可称琼东教育之普及也。窃思本校自创立以来，日新月异，而岁不同，昔则高等名称，今则改为琼东中学附设高小，民国十三年，黎君宗铄任校长以来，对于本校之办理设施，极有成绩，而创办校刊，实为美品。何则？全县教育之发振，全赖本校为表率，全县各校之学术，全赖本校为模范，而校刊之出，又可以促进琼东新事业，增进琼东人民之新知识，唤起琼东人民之新思想，打破其腐败之观念也，今校刊告成，因有感而作此言；唯作者，学识淡陋，东鳞西爪，在所不免，阅者诸君，原谅改正为祷。

（原载《琼东中学校刊》，琼海市档案馆藏）

9. 学校捐赠铭

编者按：本资料来源于《琼东中学校刊》及学校部分档案资料，由于年代久远，有些名字字迹模糊，看不清者无法录入。由于时间久远、学校历经磨难，资料缺失，有不少仁人志士的善举没有保存下来，故本铭无法做到完整，定有不少仁人志士之捐赠遗漏于志。本铭只记捐赠时其人其款，不论其人后来之所行所为，即使不称芳名，也不应匿去其人有此善举。海外侨胞捐赠活动另外造册不计其中，失记。1925年募捐集款时由于校刊赶紧出刊，尚有多数捐赠簿尚未收回，故校刊上未登出。海外捐赠部分失记。本资料保留原繁体字记录。不同的历史时期，各种币值也不同，不管捐赠数目的多少都不改捐赠者之初衷，本志也不做捐赠数目的统计。

1924 年捐赠情况（海外部分失记）

时间	姓名		单位（公司）或职务	款额
1924	王仁恩		黄埔军校第五期少尉书记教官（琼东嘉积镇人同泰昌号）	20 元（银圆）
1924			文化书局	20 元（银圆）
1924			琼益公司	15 元（银圆）
1924	吴华浓			10 元（银圆）
1924	云逢瀛		五四运动时在广州和阮啸仙等担任学生运动领袖（文昌人）	10 元（银圆）
1924	陈善策			10 元（银圆）
1924	吴维爵			5 元（银圆）
1924	陈善猷			5 元（银圆）
1924	黄昌炜		中共琼崖第一次代表大会 13 名代表之一，广东早期革命领导人	5 元（银圆）
1924	林名山			5 元（银圆）
1924	林镜川			5 元（银圆）
1924	何区长		琼东县嘉积区	5 元（银圆）
1924			发兴昌宝号	4 元（银圆）
1924			傅成源宝号	4 元（银圆）
1924			新富南宝号	4 元（银圆）
1924	毛孟屏		海南党史认之为早期来琼中共党员	3 元（银圆）
1924			茂兴宝号	3 元（银圆）
1924			源裕盛宝号	3 元（银圆）
1924	黎彦基			3 元（银圆）
1924	张泰深			3 元（银圆）

续表

时间	姓名		单位（公司）或职务	款额
1924	李文辉			3 元（银圆）
1924			保和堂宝号	2 元（银圆）
1924	杨维昱			2 元（银圆）
1924			悦丰宝号	2 元（银圆）
1924			黄兴昌宝号	2 元（银圆）
1924			锦章宝号	2 元（银圆）
1924	赵国渊			2 元（银圆）
1924	陈学海			2 元（银圆）
1924	王业滋			2 元（银圆）
1924	苏继三			1 元（银圆）
1924	王诗圣			1 元（银圆）
1924	何运质			1 元（银圆）
1924			黄梅盛宝号	1 元（银圆）
1924			长兴宝号	1 元（银圆）
1924			源隆宝号	1 元（银圆）
1924			诠兴宝号	1 元（银圆）
1924			会昌宝号	1 元（银圆）
1924			远昌宝号	1 元（银圆）
1924			运兴隆宝号	1 元（银圆）
1924			宝兴昌宝号	1 元（银圆）
1924			聚合昌宝号	1 元（银圆）
1924			永源利宝号	1 元（银圆）
1924			统记宝号	1 元（银圆）
1924			琼盛兴宝号	1 元（银圆）
1924			恒裕兴宝号	1 元（银圆）
1924			我亦商店	1 元（银圆）
1924			发盛昌宝号	1 元（银圆）
1924	王大振			1 元（银圆）
1924	符傅镇			1 元（银圆）
1924			恒泰宝号	1 元（银圆）
1924			琼福安宝号	1 元（银圆）

续表

时间	姓 名		单位（公司）或职务	款额
1924			谦和隆宝号	1 元（银圆）
1924			益丰宝号	1 元（银圆）
1924			裕兴昌宝号	1 元（银圆）
1924	陈能善			1 元（银圆）
1924			琼乐安宝号	1 元（银圆）
1924	黄懿颜			1 元（银圆）
1924			永源昌宝号	1 元（银圆）
1924	孔玉光			1 元（银圆）
1924	杨仲蚀			1 元（银圆）
1924	李遴鸿			1 元（银圆）
1924	杨柞雄			1 元（银圆）
1924	李应春	琼东县福田人	大革命时期担任文昌县农民协会主任，1928 年牺牲	1 元（银圆）
1924			王新宝同号	6 角（银圆）
1924			卫生宝号	5 角（银圆）
1924			永合昌宝号	5 角（银圆）
1924			王发利宝号	5 角（银圆）
1924			王益泰宝号	5 角（银圆）
1924			钊记宝号	5 角（银圆）
1924			泰升宝号	5 角（银圆）
1924			学利宝号	5 角（银圆）
1924			恒裕昌宝号	5 角（银圆）
1924			协源兴宝号	5 角（银圆）
1924	施德球			5 角（银圆）
1924			琼昌隆宝号	5 角（银圆）
1924			共和治宝号	5 角（银圆）
1924			长德宝号	5 角（银圆）
1924			协丰宝号	5 角（银圆）
1924			广裕丰宝号	5 角（银圆）
1924			王芬记宝号	5 角（银圆）
1924			天德药房	5 角（银圆）
1924			通美宝号	4 角（银圆）

续表

时间	姓名		单位（公司）或职务	款额
1924			儒记宝号	4 角（银圆）
1924			南兴昌宝号	3 角（银圆）
1924			和盛宝号	3 角（银圆）
1924			何标记宝号	3 角（银圆）

1925 年建校捐赠情况（部分，其余失记）

时间	姓名	别名	单位（公司）或职务	款额
1925	王云程	王大鹏	琼东县民选县长	2000 元（银圆）
1925	邓品泉	邓本殷	广东南部八属总指挥	1200 元（银圆）
1925	冯纯卿		琼崖善后处处长	200 元（银圆）
1925			海口精华公司	200 元（银圆）
1925	陈鸣尘	陈丹书	广东南部八属联军参谋长、第二师师长	100 元（银圆）
1925	王学程			100 元（银圆）
1925	姜景东			100 元（银圆）
1925	陈学海			50 元（银圆）
1925			嘉积发盛昌宝号	50 元（银圆）
1925	黎先篆			50 元（银圆）
1925	李位南			50 元（银圆）
1925			嘉积益隆宝号	50 元（银圆）
1925			嘉积发兴昌宝号	40 元（银圆）
1925	林雨亭			30 元（银圆）
1925			嘉积琼益公司	30 元（银圆）
1925			嘉积悦礼宝号	20 元（银圆）
1925			嘉积聚合昌宝号	20 元（银圆）
1925			嘉积顺兴隆宝号	20 元（银圆）
1925			嘉积源隆宝号	20 元（银圆）
1925			嘉积茂兴宝号	20 元（银圆）
1925			海口荣安宝号	20 元（银圆）
1925	王耕讓		王耕让	10 元（银圆）
1925			嘉积成源宝号	10 元（银圆）

10. 莲塘诗二首（1925年）

编者按：琼东中学初址，在今塔洋镇政府旁，前面有一莲塘，塘中植莲，即古会同县八景之一。莲塘中央建有一亭，传亭上有福建上杭林汉琴题之“水心亭”。1925年5月，时任琼崖善后处长（海南当时最高行政长官）的冯纯卿，公务巡察嘉积镇时，亲临学校（琼东中学）察看。其间，学校（琼东中学）教师、广东省临时参议员、临时琼东县议会议长黎宗黔等人陪同冯纯卿夜游莲塘水心亭，饮酒和诗。

水心亭夜饮（七律）

黎宗黔

池塘张盖叶森森，亭伴莲花出水心。八角窗开催下榻，规圆扇摆懒弹琴。
座来君子洗青眼，船没渔翁藏绿荫。习习凉风香渍酒，醉看明月报宵深。

夜游莲塘水心亭（七律）

冯纯卿

十里湖池夜气森，亭亭妙处见天心。
一樽美酒澄清境，满座香风拂素琴。
溽暑都消烦涤尽，红尘不到碧云阴。
南来幸遇斯贤宰，净植名流意味深。

（原载《琼东中学校刊》，琼海市档案馆藏）

11. 陈致训诗三首（1925年）

编者按：作者为校友陈致训，海南琼东（今琼海市）长坡人，琼东中学第一届学生，中共党员，1924年入黄埔军校第四期。国共分裂后在琼参加武装斗争，先后担任过中共琼山县委书记、中共琼东县委书记，在坚持武装斗争中牺牲。中华人民共和国成立后被追认为革命烈士。

本校校刊出版有感而作

呱呱坠地自今朝，志气高超耸云霄。
不愿当时议论调，只谋本校曙光昭。
于斯足耀琼东里，何必堪夸世界遥。
惟是仍嫌年幼稚，安能适应新思潮。

衰琼崖

桃源海外气清幽，怒放红花遍处周。
物换星移情恋恋，景迁事过恨悠悠。
倾聆岛地风声切，侧眺南天雨色忧。
触目伤心长叹息，抚今思昔泪频流。

读琼东杂志有感而作

天荒特破自于今，革命先来试革心。
振聩发聋警醉梦，更头换脑唤迷沈。
冲锋队里颇甘破，生力军中志莫禁。
所谓微躯肩重任，思今海内尽知音。

（原载《琼东中学校刊》，琼海市档案馆藏）

12. 忆琼东县水心亭

黄守汉

编者按：作者为校友黄守汉，海南琼东（今琼海市）乐古昌村（今属长坡镇）人，琼东中学第一届师范毕业生。毕业后初在家乡当小学校长，后考入黄埔军校第五期，1926年参加北伐战争。中华人民共和国成立后又从事文化工作，在诗歌创作上有一定成就。

县师范学校前面，有一大莲池，广袤二三里，水深数尺，下尽淤泥，遍植莲藕，每届盛夏，荷花红白满池，香溢数里。其莲实肥而壮，煮熟汤如乳汁，嫩柔而甘，气味特殊，故选为进贡品。时王县长（指王大鹏）更在池之中央，建一水心亭。亭形六角，登其上可以浏览全景。笔者当年就读县师范，每当假期，约二三好友登临游览，令人心悦神怡，曾有诗记事云：

七律一首

水心亭上望池塘，宛若仙人入醉乡。
藕叶田田吹倩影，荷花朵朵送清香。
鲜甘味郁称奇品，驿路飞车送庙廊。
昔日繁华频入梦，思量一度一回肠。

又五律一首

连宵炎暑逼，好友约扁舟。
水上人声噪，荷香风里收。
紫黄芳泽丽，绛白气清幽。
岂独敦熙癖，诗人记胜游。

（原载台北版《琼东县志·增补资料》）

13．第一次和第二次国内革命战争时期的一些情况（摘录）

杨　甫

编者按：这是校友杨甫1982年12月为琼海县党史办公室写的回忆录。杨甫，原名吴世栋，琼东县（现海南省琼海市潭门镇龙献村）人。1926年在琼东中学读书时受中共党员冯世江的教育影响，积极投身革命活动。1927年5月在学校（琼东中学）停课后转入农村参加武装斗争，同年加入中国共产党。历任琼东县共青团区委员会宣传委员、县苏维埃政府秘书。1929年秋组织安排赴新加坡。1948年进入中共中央马列学院学习。

中华人民共和国成立后先后担任过中共中央马列学院中共党史研究室副主任、院党委委员、马列学院二分院副院长兼中国革命问题研究室主任，中共中央高级党校委员会委员、中共党史教研室副主任等职。曾参加《刘少奇文集》和《马克思主义发展史大事记》的编纂工作。1980年4月，担任中国社会科学院近代史研究所顾问。一生致力于中共理论研究和宣传教育事业，多有建树。

（一）

1925年下半年，国民革命军过琼，驱逐了军阀邓本殷之后，海南岛即开始进入国民革命运动的高潮中。

我于1926年春季考入琼东县立初中一年级读书（18岁）。原来我的思想是比较落后的，读书是为了出人头地，显扬父母，不关心历史政治。但是大革命的洪流，是挡不住的历史波涛，同别的青年学生一样，我也被卷进革命运动中来了。

1926年上半年，广东省革命政府派来了一位叫张难先的人，来海南岛琼东县当县长。原来的县长姜飞，是个昏庸腐朽、顽固反动的家伙。随着邓本殷的败走，姜也逃之夭夭。张难先是位开明进步的县长，他积极开放和支持革命左派和群众革命运动。自他到来后，琼东县的革命形势的发展面貌为之一新。

其实，琼东县的革命运动的蓬勃发展，主要的是由于共产党的得力的推动和领导。共产党员是各方面工作的骨干。当时的琼东县国民党县党部书记，就是共产党员符传范，县教育局长是共产党员刘裔祺。琼东县中学的许多教员如郭儒灏（国文老师）、冯裕江（社会课老师）、符传范（兼训育主任）等，都是共产党员。各区的区党部负责人和区长大都是共产党员。第六区（福田墟）的区长就是共产党员吴世经（龙献村人）。他们在工农群众中，尤其是青年学生中威信很高。

在工农群众中，特别是在青年学生中影响更大的是，杨善集返回海南。杨善集，福田墟附近的北埇村人，出身书香家庭。原是琼东县立第一高小学校校长，满腹经纶，才华横溢。只因人个儿长得矮小，学生瞧不起他，甚至围攻他。他气愤之下就不当校长而到广州工业学校去读书，不久加入中国共产党，随后又被派去苏联留学，1924年国共合作后回国。1926年返回海南岛，他到处作演讲，同人谈话。是年夏天他来到琼东县城，在琼东中学一连演讲三天，讲了伟大的俄国十月革命，苏联的社会主义建设，世界革命形势；又讲了反对列强反对军阀的中国国民革命，国民革命军的东征北伐的胜利；还讲了共产党人在国民革命中的勇敢精神和先锋模范作用，以及广东各地的学生运动、妇女运动、工农运动轰轰烈烈的状况。杨善集演讲时的鼓动性极大，把广大听众完全吸引住了，满堂肃静，雅雀无声。另一方面，杨善集的艰苦朴素，平易近人，没有架子，对人热忱的作风，是很感动人的。他夜以继日地工作，不知疲倦地活动，跟学生们一起就餐，粗布衣着，工作累了就随便在课堂里的桌凳上瞌觉。他不喜欢人们“招待”他。他时时处处表现出革命者的榜样。大家都知道他是共产党员。他的言行对我的教育和影响很大。我和许多青年学生一样，认为杨善集的革命人格是高尚的，共产党员就是这样子。

与此同时，我们党的刊物“响导”周报，《中国青年》《犁头》周报等，大量在海南各地发行，琼东中学各班同学都能阅读到这些书刊。我读到这些报刊，是由教员冯裕江介绍的，他还常常找我谈话，解释国民革命和国共合作的道理。党的报刊的教育和杨善集的演讲，是我的革命启蒙，使我逐渐倾向革命。

在共产党的领导下（当时党在琼东县和整个海南岛的组织情况和领导机关负责人，我不清楚），群众革命运动蓬勃发展。首先，以在嘉积市的省立第十三中学为中心，加上琼东中学和仲凯农工学校（在嘉积）的学生运动，搞得热火朝天，各中学都成立了学生会，并成立琼东全县学生联合会。领导革命的学生领袖，都是各校的共产党员学生和先进分子：如嘉积中学（十三中）的刘裔祺、黄心源、李修献、王铭业、吴世经等，琼东中学的吴世焯、王以金等，都是当时很活跃的积极分子。仲凯农工学校是专门培养做工农运动的骨干分子的，革命师生也不少，但主要人物记不起来了。在县城和嘉积市，除了学生运动高涨外，广大群众也发动和组织起来了，如店员工会、理发工会、驳船工会、农民协会、妇女协会等，全县的农民协会也成立了。我只记得县农会的主要负责人之一是符邦定（第六区岑上村人，他也是第六区农会的主要负责人）。全县妇协主任是李秀清（第一区人）。

最引人瞩目的，是势如排山倒海的农民运动。全县各区都成立了农会，农民以剑戟、梭标、鸟枪以及少数的“七九”“五响”步枪武装起来。“打倒列强！”“打倒军阀！”“打倒土豪劣绅！”“实行二五减租！”等革命口号，响彻城乡。广大农民群众扬眉吐气，威风凛凛。而地主豪绅则销声匿迹，惶惶不可终日。农民到处抓土豪劣绅，恶霸地主戴高帽子游街。我记得第六区最大的恶霸李多瓒（山兰园村人）被农民拖到福田墟戴高帽子游街。这个被农民恨之入骨的家伙跪在地上哀哀求饶，当日的威风尽以扫地，人心大快。真的革命胜利之日，就是群众开心之时。

1926年7月国民革命军进行北伐战争后，琼东县的群众运动更加沸腾了，经常召开群众大会，贴标语，散传单，喊口号，游行示威。如列宁、孙中山逝世周年纪念，支援省港大罢工，庆祝北伐军胜利等，都必召开群众大会，参加大会的有国民革命军部队、农民武装队伍、各校学生、各城镇工人和市民等。由于县城和嘉积市没有空阔场地，全县性的群众大会常在县城和嘉积市之间的“大村坡”举行。

1927年约4月中旬末的一天晚上，琼东中学校园里正在演戏，突然听说一些平时很积极活动，出头露面的人物，如符传范、刘裔祺、冯裕江、郭儒灏、陈骏业（校长）等都跑掉了。我当时觉得奇异，但不知其所以。第二天早晨，国民党军队包围了学校，听说“蒋介石清党”“抓共产党”，我才明白这是怎么回事。当时我虽不是共产党员，但也积极参加革命活动，而且常和革命老师（冯裕江等）接近，害怕出事。因此，我偷偷地离开学校，逃回家乡（龙献村）来了。可是，一到家又听见乡下也一样乱抓乱杀，我的村中兄弟吴世经（共产党员，当时是第六区区长）已被国民党反动派枪杀了，城乡一片混乱，白色恐怖。因此，我不敢呆在家，便躲在山林中藏起来。

（二）

我离校回家后，听说黄洋村的黄心源、锦东村的李修献和我村的吴世焯等，也都从嘉积和县城跑回来了，躲在山林里不敢露面。我知道他们都是共产党员，便通过家人的联系，找到了他们，向他们表明我对时局的看法，坚决跟共产党走，反对国民党的反动统治和白色恐怖。经过他们的教育和帮助，我终于1927年8月由吴世焯为介绍人光荣加入中国共产党。入党宣誓仪式是在山林里秘密举行的。

“四一二”清党后，海南党组织的领导机关指示：共产党员要到农村中去发动农民，组织武装暴动。起初是进攻“白村”（如墨香、山兰园、坡头等村），杀反动分子，没收他们的财物，烧毁他们的房屋。当时叫作对付白色恐怖的“红色恐怖”。暴动越搞越大了，1927年冬我们的工农武装几百人进攻了福田墟（第六区的政治中心），只赶跑了反动民团就撤回来了。1928年春，我们动员各区的群众武装围攻了琼东县城，攻下了县城，但没有占领，很快就撤回来了。这两次暴动都胜利了，也没有任何伤亡，政治上影响更大，共产党的声势又起来了。这时候，我们收集了民间的枪支和搜缴反动派的枪支，建立起工农武装队伍。各村的反动头目都跑到市镇、县城或外地去了。琼东县的第六区，东自沿海的草塘、潭门，西至黄洋、上市等村，北自风门、马园，南至福田墟附近的北埇、茂鼎等村，方圆数十里一大片的地方，便形成了工农武装割据的地区了。

自1927年冬至1928年年初，我们村（龙献村）先后吸收的男女新党员，有吴世强、吴大梓、吴世梓、吴大谦和我等十来人，成立了党支部，吴世焯为党支书。后来在锦东、墨香、黄竹坡、下灶等村发展了党员。1928年年初，龙献村党支部扩大成立为万安党支部。此外，黄洋、古所、马园、墩头、岭上等村都成立了党支部。1928年上半年，成立了中共第六区区委，书记吴世焯，组织委员黄心恕（宣传委员记不清了）。共青团第六区区委书记杨庆芬，组织委员黄心恕，我为宣传委员。中共琼东县委和共青团何时成立记不清楚了，只知道1928年上半年第一任县党委书记是刘裔祺，委员黄心源、李修献等，共青团县委书记冯振璠。党、团县委机关都驻在第六区境内。

（琼海市党史研究室藏）

14. 琼崖绥靖公署关于琼东中学黎孔募捐控案公告

编者按：这是刊载在1934年8月由陈济棠签署的《琼崖绥靖月刊》上的琼崖绥靖公署政令。国共分裂后，由国民党政府主持，县党部执委王诗禄，县议员黄昌炎，原琼东中学教师林旭初，琼东中学校长黎筱景（黎宗铄），南洋华侨陈和卿、王以贯，时任琼东县立简易师范学校校长邢福田等七人为委员组织"清理南洋募捐建筑委员会"对1925年琼东中学赴南洋募捐款项进行清理后的公告。

（一）

指令琼东县县长李藻兴据呈报将办理黎海初控案情形请察核文。

呈悉。该募捐员黎海初等，果系共欠捐款四千余元属实，自应追缴，以重公帑，唯细核据缴案卷，黎海初原呈称，募捐簿中，亦有酬劳之例，每学生募捐至百元者，免本人宿费一年，初中生并免学费一学期，募多者类推，一学生募捐一百元，获酬劳一十多元，经近加二之数，而黎前校长个人在内地嘉积海口等埠募捐，共三千四百余元，费去四五百元，亦去加二不远，清理南洋募捐建筑委员会，业经认为妥当等语。事果非虚，则该黎海初等出洋募捐，经过年余，跋涉百余埠之多，其劳苦与费用，当出乎内地募捐者之上，今内地募捐者所支之数，已为清理委员会所公认，而黎海初所支者，则予以追究，衡情酌理，岂得谓平。况成例具在，自应一律看待，若彼薄此厚，亦复难昭折服。究竟该募捐员所称各节，是何实情，而经手所支符炳南画像费五百七十元及在外洋时由校支银一百九十余元，又何以不予公认。仰即分别查明呈复核办，再查据缴案卷，悦丰号保释黎海初之切结，系声明被清理委员会控告欠缴款项，限十日内清理，并非限十日内清缴，并饬知照。

此令。

附原呈：

现奉

钧署法字第五四零号训令内开：

"现据琼东县民黎海初略以：控案诉辩，未蒙详讯，恳请提案讯明，以免因公受屈，等词，具呈到署，并附缴琼东县中学校舍募捐建筑委员会征信录二本前来，当批：呈附均悉，据称各节，是何实情，候行琼东县县长将该案始末缘由，及经办情形查明具报，再行核夺，仰即知照！此批。在词，除揭示外，合将副呈检发，仰该县长即便遵照办理具报！此令。副呈随发。"等因；奉此，自应遵办。查属县县立师范学校，于民十四年间，因教室宿舍多既坍（壊），不敷应用，乃由全校教职员公推教员孔复初、黎海初出洋募捐，以便重新建筑。当时募有捐款三四万元，又公推黎莜景、林学初、杨祚汪，三人为建筑委员，专司建校事宜。迨民十六年间，募款已收过半，校舍亦将建竣。不意□乱陡起，催收捐款及建筑工作，中途停顿，迄今手续未清。查该募捐员所收得之捐款，尚欠数千元未见清缴，而该校以迭遭去岁风灾，倒塌殆尽，又值经费支绌，无法维持，乃提出校务会议，决议呈县组织清理南洋募捐建筑委员会，并推荐县党部执委王诗禄，县议员黄昌炎，前建筑委员林旭初、黎筱景，南洋华侨陈和卿王以贯，现任师范学校长邢福田等七人为委员，当经分别照委，并饬切实清理募捐未清手续及款项，列册具报在卷。查该清理会成立后，前建筑会所有簿据，已移交该会接管清理。及后查得黎海初、孔复初二募捐员收支数目，各拖欠二千大元以上，业据缴具募款收支统计表连同会议录，呈诉究追各在案，此属县受理黎孔二募捐员被控一案经过缘由也。职以事关于清理公款，乃即票传黎孔二募捐员到案质讯，七月十四日到案者仅黎海初一人，经将案由讯明，并劝谕该员将不应得之款如数缴会，以清手续，该员亦即具结遵谕清缴。不料该员延不履行。且票传二次，均伪托有病避不到案。直至第三次传讯，该员始具呈辩诉：并指前中学校长黎宗铄为原派遣人，请传案质讯等情，及传集双方质讯，乃该员又匿不到案，询据黎宗铄称："黎孔二员出洋募捐，系由全校教职员所公举除准发原薪及舟车费外；并无规定有何折扣。当黎孔二员募得捐款三万余元返国时，不但非我经手，且已去职日久，何得捏我为派遣人，而自认为手续清妥。其诡辩实不攻自破"等词，在卷。该员假托有病屡传不到，正拟拘案严追，以重公款，乃复捏词瞒控，显系藉资搁案。拟恳严究，以肃刁风。奉令前因，理合备文将办理黎海初等被控一案经过详情连同所有案卷呈报。

钧署察夺。实为公便。谨呈

（二）

指令琼东县县长为办理黎海初控案奉令据情附缴征信录及募捐册呈复察核等情仰遵照。

指饬各节查明办理仍将遵办情形报查文（政字第一一四八号）（二三，十，廿九。）

呈及附件均悉。该校募捐简章，既无酬劳加二之规定，该黎孔两募捐员扣存之捐款，如无其他正常理由，自应复实追缴，而黎海初所支符炳南画像费，若查明确无是事亦应如数照追。至于黎孔两募捐员出洋募捐，跋涉经年，捐款又颇著成绩，不无征劳，其家属所支款项，为数无多，姑免追究，以示宽厚。他如孔募捐员借给庄耿双款二百余元，倘乏充分理由，亦应追缴，以重公帑。合将该县原缴案卷一束，及征信录募捐册各一本，随文发还，仰即遵照指饬各节，分别查明辨理，仍将遵辨情形具报，此令。

计发还案卷一束，征信录及募捐册各一本。

附原呈：

现奉

钧署政字第九八O号指令，据职府呈一件，将办理黎海初控案经过情形具报察核由，内开：

"呈悉。该募捐员黎海初等，果系共欠捐款四千元余元属实，自应追缴，以重公帑，惟细核具缴案卷，黎海初原呈称，募捐簿中，亦有酬劳之例，每学生募捐至百元者，免本人宿费一年，初中生并免学费一学期，募多者类推，一学生募捐一百元，获酬劳一十多元，经近加二之数，而黎前校长个人在内地嘉积海口等埠募捐共三千四百余元，费去四五百元，亦去加二不远，清理南洋募捐建筑委员会业经认为妥当等语。事果非虚，则该黎海初等出洋募捐，经过年余，跋涉百余埠之多，其劳苦与费用，当出乎内地募捐之上，今内地募捐者所支之数，已为清理委员会所公认，而黎海初所支者，则予以追究，衡情酌理，岂得谓平，况成例具在，自应一律看待，若彼薄此厚，亦复难昭折服。究竟该募捐员所称各节，是何实情，而经手所支符炳南画像费五百七十元及在外洋时，由校长支银一百九十余元，又何以不予公认。仰即分别查明呈复核办，再查据缴案卷，悦丰号保释黎海初之切结，系声明被清理委员会控告欠缴款项，限十日内清理，并非限十日内清缴，并饬知照。此令。”等因；奉此，当经令饬县立中学清理南洋募捐建筑委员会，查明具，以凭转报。去后，兹据该会呈复称：

兹谨将原令训示各节，分别陈明，恳为转报。原令节开：“黎海初原呈称，募捐簿中，亦有酬劳之条，每学生募至百元者，免本年宿费一年，初中生并免学费一学期，募款多者类推。一学生募捐一百元，获酬劳一十多元，经近加二之数。”等因；查学生捐款，并无开支一切费用，故其捐款及百元者，乃免收宿费一年，学费一学期，以示酬劳，籍资鼓励，其时初中生每名每年收宿费二大元，每学期收学费七元五角，两共收大洋九元五角尚未及捐款加一，而募捐员谓为：“经近加二之数。”岂非石破天惊之算法？依照学生捐款优待规条，在捐款项下并无损失分文，其与黎募捐员等之由募捐现款项下自行开支一切募捐费用及月薪者，岂可今日而语？若该募捐员等欲援学生捐款优待条例，则应如学生不支一切募捐费用，及不支薪金，而本校亦自依照此例，准该募捐员等血统子孙，来校读书，永远免收学宿等费，该募捐员等情愿否耶？原令节开：“黎前校长个人，在内地嘉积海口等埠募捐共三千四百余元，费去四五百元亦去加二不远，清理南洋建筑委员会业经认为妥当。”等因；此事现据黎前校长宗铄函称：“查宗铄个人，于民十四年亲赴海口三次嘉积数次劝捐，共银三千四百余元，惟开支车膳各费共银七十元，另柬请茶酒等费二十八元有奇，两费共支九十八元余，以三千四百元而匀算九十八元，尚不及百分之三，去加二盖亦远矣！上列支账已于铄校长任内报销，并印发征信录公布，嗣查于民十七年八月建筑委员会编印之总征信录复行再次重印，可从该总征信录之第五六页一阅便悉。黎募捐员呈控之内地支费四五百元，未知何所据而云然；仰该募捐员系由征信录内之南洋内地共费七百余元中，减去该两募捐员家人支二百余元后，剩存约五百元，遂指为宗铄内地募捐用费，是亦不知详细查账之极。现特将南洋内地支费之七百余元，分析言之，查此款约可析为四部：（一）为铄内地劝捐费九十八元，（二）为南洋募捐员出发舟车取款二百八十余元，（三）为映印校图相片寄南洋及登南洋报纸支七十余元，（四）为黎孔两募捐员出发后之数目内，家人来校支取二百三十四元，（四）共支七百余元，其中内地仅支费九十八元，余者俱用于南洋募捐之项，此等事实，一查民十七年八月编印之总征信录第五六页及各次征信录，便可了然。黎募捐员所称内地捐款支费四五百元一节，自可不攻而破，岂得含混误传而淆观听。”等语；观此，则黎募捐员对于该征信录南洋内地募捐共费银栏内开支，不加分析，含混其词，妄指内地募捐款支费九十八元为四五百元，已属可笑；又以该款匀计，仅当捐款百分之三，而竟妄称为“亦去加二不远”。是又所谓妙算惊人矣！黎募捐员初则曰“经近加二之数”，再则曰“亦去加二不远”，是不啻“酬劳加二”，一如真有其事者；然所谓“酬劳加二”一语，乃黎孔两募捐员藉以侵吞捐款之妄词，而本校募捐简章中，并不斯条，不难复按；本校关于南洋募捐之一切文据中，并无片纸只字涉及“酬劳加二”之事；本校又并无“酬劳加二”之文据，给与黎孔两募捐员，岂可信口雌黄，故造妄词耶？就无论任何机关团体捐款，其待募捐员至多支给薪金及费用，断无“酬劳加二”成例者。是所谓“酬劳加二”者，不特为本校募捐简章及其他文据所无，且非情理以内之事，黎募捐员等，毋乃以收存捐款太多，不舍交出，乃妄造“酬劳加二”之说，以期掩蔽其贪婪之心，真所谓作伪心劳矣！原令节开：“黎海初出洋募捐，经过年余，其劳苦费用，当出乎内地募捐之上，今内地募捐者所支之数，已为清理委员会所公认，而黎海初所支者，则予以追究，衡情酌理，岂得谓平？况成例具在，自应一律看待，若彼薄此厚，亦复难昭折服。”等因；查黎募捐员等，在南洋募捐，其膳宿等费，除由南洋侨胞供应外，黎募捐员独自支去募捐一切费用银一千五百八十六大元二角八分，当经送交职会核准，孔募捐员独自支去募捐一切费用银五百四十五大元，亦经送交职会核准备在案，是职会对黎前校长内地募捐所支费用，（九十八元）及黎海初等在南洋募捐所支一切费用，均经一律承认。且对黎孔两募捐员，各又准支月薪五百四十六元。（三十元一个月以十八个月计算）是其待黎募捐员海初等之隆厚，且远过于内地募捐员矣。今黎孔两募捐员，竟欲异想天开，于支募捐一切用费及薪金之外，又各强行截留巨额捐款，衡情酌理，通耶？否耶？而本校又何贵乎有此仅得其名之募捐耶？似此任意强行截留巨额捐款，以肥私囊，职会自难予以承认。原令文开：“而经手所支符炳南画像费五百七十元，及在南洋时由校支银一百九十余元，又何以不予公认。”等因；查黎募捐员海初，如确曾支付符炳南画像费五百七十元，何以迄今七载，竟无一个画像交与本校？又无符炳南经手领款收据交出，似此支款，手续既欠完备，又无画像，实足使人难以置信，职会自未便予承认。又黎募捐员在南洋募捐时，既开支一切费用外，又给薪金，优待已属备至，何得额外支款给其家属，且核其所开支募捐一切费用，其中滥支浮支账目甚多，例如：支买皮笈银三十一大元五角，支买毡被银十八大元，又买墨水笔银七大元五角，凡此皆私人所用之物，职会追念前劳，均不加以指摘，权予承认，是职等之不欲多事，已可概见。总之，职会对黎募捐员，所支募捐一切费用银一千五百八十六大元二角八分，予以承认，并准支给薪水五百四十大元，对其支付符炳南画像银五百七十大元，及其家属支银一百九十三大元九角，予以否认，对其强行截留所收捐款一千二百四十大元七角二分，认为不合，应即交出，统共黎募捐员，应交出银二千零零四大元六角二分。对于孔募捐员，所支募捐一切费用银五百四十大元，予以承认，并准支给薪金五百四十大元，对其私借给庄耿双银二百一十六大元，及支其家属银八十九大元，予以否认，对其强行截留所收捐款银一千九百四十八大元，认为不合，应即交出，统共孔募捐员应交出银二千二百五十三大元。黎孔两募捐员，既各截留本校捐款金额，如此巨大，今反捏词呈报，抗不交出，其顽梗刁狡，欲盖弥彰，而瞒耸上峰，群情尤为愤痛；奉令前因，理合具文连同本校募捐薄一本，（内载募捐简章，并无“酬劳加二”之条，可以查核，）本校募捐建筑征信录一本，（第五六页中，有关于黎海初呈报内地募捐费去四五百元，经黎前校长宗铄指出谬妄，可以查核，）呈请钧座察核，恳予转报：

“琼崖绥靖公署赐予分别令饬募捐员黎海初迅将其所截留收存本校捐款银及否认其滥支银共二千零零四元六角二分。该募捐员孔复初，迅将其所截留收存本校捐款银及否认其私借与滥支银共二千二百五十三大元缴会，以维教育，而昭征信，实为学便。”等情；计缴募捐簿一本，募捐征信录一本。据此，查该会呈称各节，系属实情。又查该募捐员黎海初孔复初等所领去募捐册据，多无缴还。间有缴还，亦非捐款人亲笔签题，均系出诸该募捐员手笔，其中有无情弊，尚须查询另案追问。奉令前因，理合备文据情转报：

钧署察核，准予分别限令该募捐员黎海初孔复初等，将扣存捐款如数清缴，以昭征信，而利教育，实为公便。

（原载《琼崖绥靖月刊》民国二十三年八月号，广州市中山图书馆藏）

15. 记忆中的琼东县城（摘录）

詹尊泮

编者按：作者为校友詹尊泮，海南琼东（今琼海市）附城昌文园村（今属琼海市塔洋镇）人，国立中山大学理学院毕业，1939年曾任学校（琼东县立简易师范学校）校长。日军侵琼后投笔从戎参加抗战。

县城在嘉积市之东，相距约十二里，而我家在县城之南，距离约八里左右，但和我较密切的则是嘉积市。在民廿八年之前，我只偶尔去县城游览而已；直到廿八年春，我因任县立简易师范校长和兼县府科长的关系，才在县城住了三个月，方有较清楚的印象。

县城，是吾县政教中心，县政府、县立师范、县立高小、县救济院、平民医院、县民教馆等当时均集中于此，商业区则仅有一条狭长的街道，隔日市集一次，非集墟之日，则整个县城冷冷清清，只有办公人员、学生和住户而已。在民国以前，琼东号称有八景，这八景的名称是：端山耸翠、赵水凝香、奎塔凌霄、溢溪泻碧、白鹤摩空、佛子露顶、奇峰多异、大海澄潭，而前三个胜景可说都在县城。但在我的印象中，端山并不怎么耸翠，倒是赵水凝香和奎塔凌霄则名符其实。盖县前池塘，即是赵水所聚，塘中遍植莲藕，每到夏天，塘内莲花盛开，继而莲蓬结实累累，清风阵阵催送莲花香味，偶而泛舟其中，或在池塘中央的亭子上，把酒煮茶乘凉，确是一种称心乐事，尤其所产莲子，肥硕味美易煮，为莲中之佳品，在元明清时代列为贡品，远近驰名……

至于聚奎塔……此塔称为县治文峰，成为县中胜景之一。计塔有七层，高九丈，建筑颇为宏伟。后来，塔的左右，尚陆续建有文昌阁及观音堂，清嘉庆年间，（知县江秋）且奉上谕，于文昌阁内立吕祖牌位附祀，真可谓儒释道三位一体矣。塔周围树木扶疏，风景宜人，昔日士子，常借住其间，潜心读书。登塔环眺，远近景物悉收眼底，已往骚人墨客，常吟诗志胜……

（台北版《琼东县志·增补资料》）

16. 琼东革命运动的摇篮

陈锦爱

编者按：陈锦爱，海南琼海人，原琼海市党史研究室主任。

1924年至1927年，在中国的大地上爆发了一场席卷全国的革命运动，史称“大革命”。琼东中学的开办适逢其时。它在大革命中诞生和成长，被誉为琼东革命运动的摇篮。

琼东中学的创始人王大鹏于1922年参加中国共产党，是琼崖最早的中共党员之一。王大鹏的政治倾向对琼东中学的办学方向产生了深刻影响。琼东中学的第一任校长吴明是中共中央直接派来海南开展革命运动的第一个中共党员。在琼东中学的教师中，有不少琼崖早期中共党员，如陈秋辅、冯裕江、王业熹、刘裔祺、符传范等。琼东中学是琼崖革命先驱杨善集、王文明开展革命运动的重要基地。杨善集每到学校，都与学生住在一起，向学生详细介绍苏联十月革命和北京、广州等地的学运情况，动员琼东学生在大革命中发挥先锋队和突击队作用。王文明也常到琼东中学给师生作报告，宣传国共合作意义和北伐战争的形势。学校上课时，进步教师经常在课堂上宣传革命形势。琼东中学学生、解放后曾任中央党校党史研究室副主任的杨甫说，琼东中学教师冯裕江就是他走上革命道路的启蒙者和带路人。当时琼东中学校园有着浓厚的革命氛围，各班学生都能阅读到中共中央主办的革命刊物《中国青年》《向导》。

琼东中学较早成立党团和学生会组织。1925年11月，琼东县学生联合会在琼东中学成立，该校学生王璧和（即王君汇）当选为主席。1926年2月，共青团琼东中学支部成立，王璧和当选为书记。3月，中共琼东中学支部由琼东中学、县城国民学校、县教育局的9位党员在琼东中学成立，琼东中学教务主任符传范当选为书记。何家轩先生的文章说该支部的书记是陈公培（即吴明），是为误记。因为吴明已在1923年10月就卸任赴嘉积农工学校任语文教员。在学校党团组织和学生会的领导下，全校有三分之一以上的学生参加了共青团组织。

在大革命的洪流中，琼东中学生成立了文艺宣传队，演出现代文明戏，如《大义灭亲》之类内容进步的节目。学生还经常集队上街游行示威，发表演说，书写标语，呼喊口号，支持工农运动和省港大罢工，宣传国民革命。学生还积极到农村活动，发动农民参加农会，组织农民自卫军，斗争土豪劣绅，打击土匪。1927年4月22日琼崖反革命事变之夜，中共琼崖地委通知各市县革命力量立即转移到农村。琼东中学有一百多名师生跟随党组织转移到烟塘地区，参加了武装反击敌人的官村战斗。事变发生时，国民党琼东县署在全县通缉10名革命骨干，诬之为“四凶六恶”，其中琼东中学师生占5名。事变之后，县署借口整体“赤化”，关闭了琼东中学。此后，琼东中学师生大多继续坚持参加革命斗争，其中杨甫、王业熹、符传范、刘裔祺、陈秋辅、冯裕江、陈致训、王璧和、杨庆芬、符运华等人成为琼东甚至琼崖革命斗争的领导骨干。

（原载《琼海市报》2001年11月20日）

17．回忆在琼海师范学习的日子

韩茂畴

编者按： 作者为校友韩茂畴，海南万宁人，广东琼海师范学校1973级学生。毕业后在万宁前后任职过中学教师、县委干部、县教师进修学校校长、万宁中学校长，后在海南师范大学继续教育学院从事教师培训工作至退休。

一九七三年，国家恢复"文化大革命"后的中等师范学招生，招生考试由县教育统一组织，在各公社设点统考，根据分派指标由公社进行初选。初选的考生再集中到县城参加全县统一考试，最后由县统一录取。

广东琼海师范学校由于受"文化大革命"的影响，一九六七年停止招生。我们是六年后恢复招生的第一批学生。其中琼海、万宁各45名，儋州65名，共155名。他们是我国中师办学历史上最特殊的一届学生：年龄及文化程度差距很大，大多数是经历过"文化大革命"的老三届毕业生，有上山下乡和回乡知青，也有应届高中毕业生；近半数有担任过民办教师的经历，也有高中刚毕业没有从教经历的青年；最大年龄三十岁，最小的十九岁；社会经历的差距也大，已婚成家的占比较大，也是这届学生的特点之一。

九月中旬，155名新生开始分为4个班级，一个学期之后，学校发现学生的文化程度差异较大，不利实施教学，又改为按实际水平重新组班，我被分在731班任学习委员。这届学生的特殊性还在于刚恢复招生，尚没有成熟的教材，因此所有的课本都是重新编写、油印的。浅蓝色封面的16开讲义，散发着油墨的芳香。当我们翻开讲义时发现，很多内容是我们高中阶段学过的，现在算是复习。但也有少数初中刚毕业的学生认为课程很难。

基于学生年龄结构和知识结构的差异，有些教学理念很新的老师开始尝试教学改革。教语文的司徒光炽老师毕业于"文化大革命"前的华南师范学院中文系，他主张学生在课堂上要充分发表自己的见解，不管是否正确，训练表达能力也是中师教学的目标之一，是一种体验。结合这届学生的特点，他选择了班上部分有民师经历的老三届学生当"小老师"给同学们上课，开始了"学生教学生"的尝试。记得让我教的是高尔基的《海燕》，司徒老师拿个板凳坐在讲台侧面静静地听着，课后还认真仔细地进行点评。在当时，这是一种新颖的、颠覆传统的教学方式。我们在琼海师范学校学到了传统课堂上学不到的东西，特别是课堂教学的实践体验，给我的教书生涯留下宝贵的经验。

这届学生的特殊性还在于一进校门就经受了一场超强台风的洗礼，终生难忘。一九七三年九月十三日，我们走进学校报到，安顿好住宿。晚上，有的同学到嘉积电影院看电影，部分同学在陌生的校园中悠闲漫步，看看这初次见面的校园的面貌。在校门口对面的水渠坝坡上，有一群同学在闲聊，憧憬着两年之后命运的安排。

皎洁的月光下，还很生疏的校园异常静谧，根本没有台风前的一点迹象。到了深夜两点，突然刮起狂风暴雨，强台风来了！校长和老师们逐个宿舍催促我们迅速撤离。一轱辘爬下床用手电筒往操场一照，平坦的操场上一片狼藉；狂风吹断的树木、杉木桁条、椽子横七竖八，随处可见，推测别处的校舍已经倒塌。当我们慌张地冲出宿舍不久，整幢宿舍便轰然倒塌，想起那情景都觉得后怕。刚进学校不到一天的我们，被台风刮得晕头转向，找不着北。我还清楚记得当晚的“逃离”经过：当我冲出宿舍的一刹那，人被狂风裹挟着踉跄行走，完全失去了自控的能力。我癫狂地被风驱赶着，突然觉得身体下坠，原来是掉进了一条深沟里。深沟在操场的西南面高坡上，是当时用来引水灌溉农田的水利沟。此时，沟中有水，沟底横挂着一棵倒下的树木。我坐在树干上，只听见头顶呼呼的风声，大雨还下个不停，在风雨中一直熬到了天亮。大约早七点，大风终于渐渐地停了。我爬出“救命沟”，眼前的一切让我们傻了眼：操场上，横七竖八地散落着桁条、椽木、树枝和瓦片，除了操场东侧低洼处的几间瓦房外，整个学校已被夷为平地。宿舍倒塌了，树木折断了，教学楼不见了，所有的教学设备、图书几乎毁于风雨；有的老师仓促中穿着短裤，呼唤着自己失散的孩子名字。风雨逐渐停了，老师和学生被学校组织起来，忙着营救倒塌房子下被埋的老师和学生，校园一片狼藉，一片混乱，惨不忍睹！那次台风，学校伤亡较大：台风前正在学校培训的民师转正班学员被倒塌的房子压死有三名，重伤的老师有三位（都是被压断了腿），重伤学生一位，是被台风吹刮到油棕树上，满身都是血。整个琼海县房屋倒塌无数，死伤者不计其数。据气象部门记载，1973年14号台风为18级的超强台风（73米/秒）。

此后的两年，是恢复校园建设和学习并行的艰苦过程。学校东边低洼处未完全倒塌的饭堂大厅，被修整成为四间教室。操场东边道路旁临时搭建的低矮的油毡纸房是我们的宿舍。在火辣的阳光暴晒下，屋里弥漫着浓浓的油毡味道；每天早晚，搬砖头、卸石灰、卸木料成了我们的课外“必修课”，以致我们把早操后搬砖头戏称为“广播操第九节”！当时由广东省援派的基建队帮我们重建教学大楼，但由于经费不够，盖房所用的沙子大部分是师生到塔洋镇联新河中捞取的；石灰是师生们到潭门海里捞的珊瑚石灰石自己动手烧的，碎石是师生自己动手敲打的，挖地基也是由各班级师生分摊负责。一年多之后，新的教学楼、师生宿舍陆续建成，学校恢复了正常的教学秩序，我们也成了灾后重建学校的见证者和参与者！

恢复招生后的首届琼海师范学生，在学习课本知识的同时，参加农业生产是重要任务之一。

一九六九年，广东省革委会核心小组召开会议，研究教育革命问题。“教育革命”的一个重要内容是改革教学内容、方法和招生、分配等教育制度，课堂教学不再是学校的主要任务；“教育革命”的另一个重要内容是改革领导体制。一九六八年八月中旬，根据毛泽东“工人阶级必须领导一切”“贫下中农管理学校”的指示，“工宣队”“贫宣队”甚至“军宣队”进驻了学校。

一九七三年进驻琼海师范的“工宣队”是来自“二厂”（在嘉积镇双拥路旁的海南第二农机修造机械厂）的老冯、老陶、老莫几位工人师傅，他们参与学校的管理，带领学生“学习屯昌经验”开展生产。此外，我校师生还参加了琼海县的“红土岭”“泮水岭”秋治坡造梯田大会战。

在海南，曾出现“屯昌教育革命”的典型。屯昌县学习“朝农”（辽宁省朝阳农学院）和大寨的办学经验，提出“把教育纳入农业学大寨的轨道”“与十七年对着干”等口号。屯昌县委组织200人组成的工农讲师团，开进中小学校，走上讲台，扩大工农兼职教师队伍。全县中小学校开荒造田，大办农场，整治大寨坡，大种高产蔗，参加社会“斗、批、改”运动等。这些作法得到当时中共广东省委、国务院科教组、教育部中小学司的肯定，并被总结为“屯昌教育革命经验”

加以推广。

在学校的组织下，我们参观学习了屯昌枫木中学的经验，迅速开展开荒种植甘蔗的运动。位于琼海县泮水坡的琼海师范校办农场是我们种植甘蔗、毛薯等的生产基地；学校周边的荒地也被开垦出一块块甘蔗园，班与班之间进行劳动竞赛、产量竞赛。同学们一有空就钻进蔗园里，松土、除草，拔除枯叶，精心管理；早晨五点钟就起床挑着粪箕到附近农村去捡牛粪，作为甘蔗肥料，以致有的甘蔗长到手腕般粗；泮水坡的校办农场离学校很远，步行来回约需一个半钟头，一天的劳动回来精疲力尽。每学期，劳动时间约占去了一半，好在学校对课程考试要求不太严格。

除学校组织的劳动之外，我们还承担了下乡当工作队的任务。一九七四年，我校731班被分在到泮水公社大坡大队当工作队。有的同学在小学里代课，有的帮助农民劳作，均住在农民家中“三同”。我当时被分在大坡大队南汉村的一个淳朴的大叔家里，生活上对我很照顾。他家里虽经济状况不好，但总能保证有热饭热菜。每天跟着队里的农民下地干活，有时到嘉积镇食品站去挑猪粪。后来大队要举办“阶级斗争展览会”，我们又被抽调到大队部去协助画画、抄写。

除了在校内甘蔗地和校农场参加劳动外，学校还经常响应县政府号召参加“秋治坡”运动。一九七四年秋天，琼海县政府组织全县力量在中原黄思治坡修梯田，七三届的学生也踊跃参加。各班分头住在农民家里，当时的口号是：“日干三刻，夜加一班！”另一个版本是：“两个六点半，中午不休息，晚上加一班！”现在想起来都有点不可思议。

一九七五年春季，七三届进入了实习阶段。731班的同学分几个小组分别到九曲江公社联光小学、长坡公社青葛小学、长坡中心小学、文市公社文市中心小学等学校实习，实习的同学除了按要求听课、上课外，还要指导学校治理坡地修梯田。学校便组织一个“修梯田小组”，组长是数学老师程作起，我是被他点名的组员之一。任务是用科学的方法指导小学校修造梯田。在同学们在小学实习的时候，我们也分头下到学校进行指导。一个一米多高的木质大圆规，半腰横杆的中点系一个铅坠子，利用等高线原理确定梯田的平面，也算学有所用。

一九七五年七月，我们拿到了人生第一个由政府颁发的有效毕业证书，完成了从农民到教师的华丽转身，进入了“体制”内，开始了教书育人的历程。

在琼海师范学习的两年，是我们人生经历中的转折时期。我们在这里学到了中等师范学校的课程内容，丰富了自己的知识储备。又在老师身上学到了教学技能，尤其是借鉴了很多当过民办教师的优秀同学的教学经验，为我们的教书生涯奠定了坚实的基础；琼海师范的领导和老师也给了我们榜样的力量，在两年边学习边建校的过程中，校长、总务及班主任都身先士卒与学生一同劳动。731班班主任周伟老师年纪较大，但他从不缺席班级的劳动；连校医黎红医生为了建校，都兼任了手扶拖拉机手角色，利用业余时间运载建筑材料。正是在全校师生的共同努力下，灾后重建工作才这么顺利。我们也真正领会了“学高为师，身正为范”校训的真谛，并以之为终身的座右铭。

万宁县当年在琼海师范的毕业生基本分配到中小学任教，后来部分同学从政或从事其他工作，不少还担任了中小学校长。但他们都兢兢业业，不忘初心，在各自的岗位上辛勤耕耘，不辱使命。我们很平凡，但不平庸，足可告慰母校的栽培！

从一九七三年学校恢复招生以来，琼海师范学校连续招收多届中师学生，培养了大批中小学教师。对“文化大革命”十年后基础教育师资力量严重不足提供了一定的补充，为我省基础教育作出了巨大的贡献。

随着我省教育事业的发展需要，琼海师范学校完成了培养小学师资的历史使命，于2003年升格为职业专科院校，更名为海南软件职业技术学院。学校转型升级，办学规模、档次有了很大的发展和提高。

岁月如梭，四十多年后的一天我重返母校时，唐惠超同学为我当向导。这位731班的同学因为当年表现优秀，多才多艺，毕业后留校任教。在学校升格前曾任海南琼海师范学校副校长，学校升格为海南软件职业技术学院后任科研设备处处长。我们流连于美丽的校园中，感到既熟悉又陌生：七三年台风后建起的教学楼和部分宿舍已被拆除，当年校门口左右两侧的池塘和甘蔗地上，新建的科技馆和艺术馆雄伟壮观；操场西面建起了教学楼和图书馆大楼，再往西面是专家楼和几幢学生宿舍楼；操场南面、正对着校门的是高高耸立的是综合大楼（教学、办公两用），综合楼再往南面是两栋实训楼和学生公寓楼，当年这里是琼师附小的校园；操场东北侧是学生食堂和几幢教师、学生宿舍楼；主校道东侧的艺术文化长廊，是学院展示教育教学成果的阵地。徜徉在曲径通幽的艺术文化长廊中，欣赏着师生们优秀的书法、绘画作品，感觉学校的艺术教育成果不凡，今非昔比。艺术文化长廊周围花木扶疏，紫荆花、三角梅在夏日里灿烂如霞，绿草如茵，环境优美宜人。

旧貌已换新颜，光辉前景可期！但七十年代简陋的学习环境，艰难的建校经历，愉快的学习生活，师长的以身示范，知识和技能的增进，仍是我们最美好最暖心的记忆。岁月的痕迹，永远铭刻在我们心里最温暖的地方，是我们人生一笔丰厚的财富！

（2021年3月）

18．岁月沧桑　砥砺前行

唐惠超

编者按：作者为校友唐惠超，海南万宁人，学校（广东琼海师范学校）1973级学生。毕业后留校任教，担任过学校（海南琼海师范学校）副校长，后在学校（海南软件职业技术学院）任科研设备处处长、机关党总支书记至退休。

1973年广东琼海师范学校恢复招生，但谁也没有料到，一场重大灾难就在新生报到这一天晚上悄然降临。历史上罕见的强台风袭击了琼海，造成人民生命财产的重大损失，广东琼海师范学校同样深受其灾难。

7314惊魂

这一年，因“文化大革命”停办了七年的广东琼海师范学校恢复招生。招生办法是采取群众推荐与文化考试选拔相结合，广东省海南行政区教育局统一录取；招生对象是上山下乡和回乡知青、民办教师、退伍军人和社会青年。按海南行政区教育局的招生计划安排，本校录取新生155人，生源来自琼海、万宁和儋县，其中琼海县45人、万宁县45人、儋县65人。

9月13日，满怀欢喜的新生陆续到校报到，数年静寂的校园又恢复了蓬勃生机，每一个学生脸上无不显露出喜悦之情，深感能有机会再进学校读书而高兴。当天晚上，秋高气爽，皓月当空，群星闪烁。整个嘉积镇城区万家灯火一片辉煌，人们还沉浸在中秋佳节后的喜悦气氛中。趁着这么好的天气，新生们三五成群在学校大操场草坪上赏月聊天，有些还到嘉积电影院去看电影。当晚嘉积电影院放映的是朝鲜著名故事片《卖花姑娘》，同学们在观看影片回来的一路上还兴致勃勃地谈论着该影片中的美好情节，无比开心。谁也料不到，一场大灾难就在几个钟头后降临……

重返校园的激动，让新生们聊天到深夜还无法入睡。约凌晨1点多钟，一阵阵狂风呼啸而至，风雨交加打在房顶上噼里啪啦响个不停，狂风肆虐，电闪雷鸣，不时还听到大树被刮倒和房屋倒塌的声音，让人心惊肉跳。惶恐中，学校革委会主任（校长）王业侯全身湿透，焦急地冲进学生宿舍说，他住的宿舍已倒塌了，因为学生宿舍是大教室，比较牢固，安慰学生们不要怕，还要求学生都集中坐在双架床的下铺比较安全。但不到10分钟，就听到隔壁房子倒塌的声音，我们住的房子顶上瓦片也被掀开，实在恐怖。校长叫我们马上撤离，还告诉大家相互手钩着手不要被风吹散，但我去拉门时，门已变形拉不开，后经多人合力终于将房门打开。大家刚冲出房门，就被狂风吹散在地上打滚，有些同学被风卷到油棕树头上，满身是血；大多数的师生都被狂风吹滚到学校西南面的水利沟和双沟溪里，趴在溪岸斜坡上，双脚还浸在水里，全身瑟瑟发抖，身体比较瘦弱的张华显老师颤颤悠悠，嘴里喃喃地说，这下死了，死了……

终于熬到了天亮，风停了，雨也小了，从台风魔掌中逃过劫难的老师和同学们疲惫不堪陆续返回学校，看到满目疮痍的惨状，大家都惊呆了。学校的房子几乎全部倒塌，仅剩下学校东边低处的食堂不全倒，但屋顶上的瓦片也几乎被风刮掉了；在学校操场和人行道上，横七竖八全是桁条椽子，到处瓦砾，一片狼籍，学校的一切教学设备都毁于一旦。

早上约八时，校革委会主任（校长）王业侯、副主任朱德义等领导紧急召集各班班长开短会，布置救灾工作。首先是清点人数、查伤亡师生，抢救受伤者。当时有一位女教师是被砖头压住了下半身，正在痛苦地呻吟着，师生们急忙用门板做担架，将她送往县人民医院，半路上她痛苦地大叫一声后就不呻吟了，到了医院，医生说她不行了，早已断气了。还有几位老师都是被砖头、桁条打伤了腿，师生用锄挖、用手扒，一直忙到中午12时，才将另两位遇难老师的尸体挖了出来，学校立即通知遇难者家属，并安排将遗体运回其家乡安葬。遇难的这三位老师（杨庆莲、莫萍、王大修），他们当民办教师多年，马上就能在1973年秋季来临的时候转正为公办教师，是当年全县民办教师转正的幸运者，来琼海师范参加培训刚结束，马上就要分配到中小学任教，多少亲友都在等着为他们庆贺。可有谁料到，他们却已魂断琼师。

7314台风5天后，中共中央、国务院、中央军委发来了慰问电，对琼海县遭受14号强台风袭击造成的严重损失深表关怀，并立即派出中央慰问团和医疗队前往灾区，向遇难者家属表示悼念和慰问，协助灾区对因灾受伤和患病者进行治疗，对灾区的生产和生活做好安排。

当时，代表党中央前来慰问的中央军委作战部副部长，是一位经历过朝鲜战争的老战士。当他踏上琼岛大地，站立在嘉积被狂风铲平的街头，看到那些痛别至爱亲人、收拾破碎家园的哭泣灾民，顿时眼睛发热，强忍的泪水流了下来。他说："我参加过朝鲜战争，也没有看到这么悲惨的景象。飞机轰炸、大炮轰击，也没有在这么短的时间造成这样的人员伤亡，这么严重的财产损失。"琼纵的老战士也说，在海南的战争史上，还没有哪一场战斗在4个小时之内死过这么多人，而这场没有预兆的台风却在4个小时的肆虐中，夺去我们900多人（受灾县）的性命。

据当时琼海县委生产救灾指挥部9月22日初步统计，在台风中琼海县死亡708人（后来统计实际死亡人数是771人），受伤5 356人，房屋倒塌206 600余间，受灾人口近24万人，占全县总人口的85%。我校的损失也非常惨重，教学楼（类似嘉积中学的红楼）、图书馆、科学馆、八间大教室、教师和学生宿舍几乎全部倒塌，地势较低的师生食堂仅剩下骨架，教学设备全部被毁；三位老师不幸遇难，三位老师受重伤（都被砸断了腿），所幸一百多名学生中仅有几位受轻伤。

在党中央的关怀和支持下，灾区的全体干部群众化悲痛为力量，不畏困难，团结一心，自力更生，艰苦奋斗，迅速恢复生产，恢复家园。时任海南行政区教育办公室主任刘青云也率领慰问团到我校进行慰问，勉励全体师生团结奋斗，自己动手，抗灾自救，恢复校园，在废墟上重建琼海师范学校的艰难日子从此开始。

学校重建的艰难日子

看到灾后疮痍满目，师生们都很灰心，学校要不要继续办下去的问题引起了师生们的广泛关注和猜测。有些师生担心琼海师范从此就完了，再也办不了了；还有些师生议论说，根据目前现状，要上课就只能合并到琼台师范学校去。在校长王业侯、副校长朱德义等领导的坚持和带领下，按照党中央慰问信的精神，动员全体师生勇敢地战胜困难，充分发挥党团员和班干部的骨干带头作用，奋发图强，团结一心，艰苦奋斗，恢复校园，恢复上课。

为解决全体师生的住宿问题，上级拨来了军用帐篷，此外，师生们自己动手捡来桁条、椽子、木板，垒砌砖石，盖起了十多间简易低矮的油毡纸房，供师生住宿。接着又将未被完全刮倒的食堂修葺成四间简易的教室，既当教室又当饭堂。就在这简陋的条件下，师生恢复了上课。

一方有难，百方支援。在党和政府的关怀下，海南行政区各市（县）和湛江地区派来了基建队，帮助我校修建教师、学生宿舍；海南基建队援建我校教学大楼。因上级拨的经费不够，挖地基是由各班级师生分摊负责，盖房子所用的石灰是师生们到琼海潭门海里捞来石灰石自己烧的，所用的沙子绝大部分是师生们到琼海县塔洋镇联新河中捞取的，碎石也是师生们自己动手打的。每天早上，搬砖头是师生们必不可少的“早操”，下午第八节活动课是打碎石（任务分派到师生各人）。一年后，教学楼和师生瓦房宿舍终于盖好，教学和生活秩序基本恢复正常。

由于这一届学生的文化程度差异较大不利实施教学，学校便将学生按实际水平编班，分为四个班。其中731班几乎都是“文化大革命”前海南中学和各市县重点中学的高中生，很多内容是他们高中时已学过的，任课老师也只能是让这些学生自学复习，还选择该班部分有民师经历的老三届学生当“小老师”给同学们上课，开始了“学生教学生”的尝试。在当时，这是一种新颖的、颠覆传统的教学方式。这种课堂教学的实践，也给这一届学生留下了宝贵的经验。

学工学农，勤俭办学

当时，为响应“农业学大寨，普及大寨县”的号召，贯彻“工人阶级必须领导一切”“贫下中农管理学校”的指示，琼海师范学校也进驻了“工宣队”，来自海南农机修造机械厂的工人师傅（老冯、老陶、老莫）参与学校的管理。带领全校师生“学习屯昌经验”，开荒地造梯田，将位于学校北面（琼海县泮水坡）的“琼海师范农场”重新办起来，作为学农基地，种植甘蔗、毛薯、木薯等农作物，并植树造林，挖井、盖房，每天都安排一个班学生到农场参加生产劳动。由于校办农场离学校较远，步行来回约需一个半小时，师生劳动一天回来已筋疲力尽，加上学校地处大春坡是加积地区海拔最高，当时也没有安装自来水管，师生生活用水仅靠几口小水井，井水每天经常被打干，师生们有时甚至一天也不洗澡，脏衣服也无法天天洗，生活相当艰难。此外，我校师生还参加了琼海县的“红土岭”“泮水坡”全民造梯田大会战。为了勤工俭学，师生们还将学校周边的荒地开垦种植甘蔗和瓜菜，并开展班级之间的劳动生产大竞赛，学生们还起早摸黑到附近农村去捡牛粪，甚至到厕所粪池中挑人粪尿作肥料，种出来的甘蔗榨糖分配给师生，瓜菜都卖给学校食堂，一方面改善师生生活，一方面也作为班上的活动经费，如订阅报纸等。此外，学校还办起了校办工厂，生产教学算盘、肥皂等供师生所用。后来还办起了印刷厂，印制出版《习字帖》供小学生所用。

1974年下半年，学校还按照琼海县的安排，抽调一部分学生下乡当“斗、批、改”工作队，与农民“三同”（同吃、同住、同劳动），有的在小学代课，有的帮忙举办“阶级斗争展览馆”，以上这些活动也是学生学工学农、接受“贫下中农再教育”的过程。

从1974年至1976年，学校还是采取推荐与选拔相结合的办法招生，招生对象还是上山下乡和回乡知青、民办教师、退伍军人和社会青年，招生指标分配到市（县）。其中1974年招收普师3个班135人；1975年招收新生150人，其中政文班1个（46人）、数理班1个（44人）、文体1个（41人）、实践班1个（19人）；1976年招收普师4个班137人，1978年在本届毕业生中（1976年入学）

有2人（符史良、叶刚）被学校推荐参加全国高考，被中山大学录取。

在这几年中，我校为了加强劳动教育，要求新生入学时每人必带一件劳动工具（锄头或粪箕），学生每学期除了正常上课外，参加生产劳动不少于四个周，校园里的椰子树全都是这几届的学生种的，当时是用大胶轮拖拉机从琼海市长坡镇椰林大队运回学校，每株椰树有几米高一吨多重，一次只能运2～3棵。每年农忙期间，学校还组织师生们到学校附近的塔洋、泮水、温泉、万泉、大路等乡镇帮忙农民割稻，有时还帮助农村生产队兴修水利，搞农田基本建设，学生们在参加劳动的过程中增强了劳动观念和劳动技能，培养了“亲农”感情。作为师范生参加这些社会实践活动，也为做好我国农村基础教育工作留下了浓厚的底色。

19．没有琼师就没有我的今天

王贻江

编者按： 作者为校友王贻江，海南琼海人，广东琼海师范学校七八届一班学生，毕业后从事教育事业。

当您看到这篇文章的标题之时，是否会联想到我是一位狮口余生的幸运儿？真想知道平凡人生有多幸运，请耐心读完本文自然会揭晓答案。

我曾经是广东琼海师范学校（以下简称琼师）七八届一班的学生。可我非常幸运地比同班同学提前在母校学习了三个月。那是在1978年3月的一天，在家乡务农的我突如其来接到博鳌中学关于参加高考补习班选拔考试的通知。改变命运的机会终于来了，不容分说我就赶考去了。经过考试挑选，没想到我很幸运地被选中参加高考补习班。于是我在同年4月的一天，第一次来到了琼海师范学校。我站在校门口，凝视着著名书法家麦华三题写的校名——广东琼海师范学校。这就是培养人类灵魂工程师的殿堂。

老师的老师

进校报到后的第二天，高考补习班就开课了。这是我人生中第一次经历的每天时间最长、最紧张的学习生活。每天早上5点钟起床自我安排学习内容进行早读，晚上学习到11点后才休息。这是在此之前从小学一直到高中毕业从未有过的学习经历。尽管补习班的学习生活紧张辛苦，但是同学们的学习兴致都很高。那是因为辅导我们学习的是老师的老师，他们都是当时琼海县具有一流教学水平的老师。能有幸成为他们的学生，多么辛苦地学习都不觉得累，而且是一种享受，我们享受到学习进步的快乐。

当时王光射副校长辅导我们的数学，他所讲授的数学知识分析透彻，再加上他那工整流利的板书使解题的具体过程一目了然。上课时，你只要专心地跟着他指导的思路就很容易理解所学的知识。自我感觉好难的数学题，一经他讲解分析就会觉得并不难了。他不愧为师者典范。还有辅导我们语文学科的司徒光炽老师，他与众不同。在我的记忆中，似乎他给我们上语文课从未带教案本，而带到课堂的只是语文课本或试卷和作业本。开始我很质疑上课连教案本都没带的老师能上好课吗？可事实是，上完一节课下来，我感觉到他所讲授的课文好像是他自己编写的那样胸有成竹。他指导学生写作文，除了选取范文作分析指导外，特别注重从班上学生中选出写得最好的文章让同学们分享，以此激励同学们学有榜样，还对文章美中不足之处加以批改达到锦上添花。能有这样的老师指导我们学习真的太幸运了。

我心目中的王者

经过整整三个月的鏖战，高考已经临近。选择报考学校（大学或中专）是决定命运的关键。根据直觉，如果报考大专有可能考取但没有绝对把握，而报考中专那是稳操胜券。我为了稳妥起见，我最终报考了中专，那是因为年龄不饶人，当年（1978年）如果没考中，第二年我就超龄再也没机会报考了。高考说来就到了。经过两天全力以赴应考，我顺利地完成了语文、数学、政治、物理加化学五门学科的考试。考完之后真的感觉轻松好多。一是心情轻松多了，二是没想到体重减轻了9斤，按三个月计算平均每天体重减轻50克。苦其心志，空乏其身，这是人生起跃必经的考验。

久等的高考分数终于张榜公布出来了，我的考试成绩排在琼海县报考中专考生的第三名。选择就读学校还需认真考虑，按分数报两个志愿，根据本人的专业爱好，我第一志愿选报了海南技工学校，第二志愿选报了琼海师范学校。但与我同时考试入围的考生的录取通知书都发下来了，可是我的录取通知书却迟迟没到。到教育局去查询，才了解到因为我是农民的儿子，海南技校不予录取。当时我真的想不明白农民的儿子怎么啦？再等等，最终琼海师范学校的录取通知书寄来了，我被正式录取在广东琼海师范学校就读。似乎是命运的安排，人生所走的每一步都是算数的。可我不仅每走一步要算数，而且所说的每一句也是要算数的。记得我高中毕业后，村小学老师缺员，学校派老师来请我去当民办教师，我当时谢绝说："我要当就当正式老师不当民办教师。"而今被录取在琼师就读，毕业后就是正式老师啦。这就应验了要当就当正式老师的诺言。但话说回来，当时第二志愿被录取的可能性不大，可是琼海师范还是录取了我。说句心里话，没进琼海师范就没有我的今天。写到这里是该点题了。在动物世界中，雄狮是人们心目中的王者。而在现实社会中，"琼师"是我心目中的王者。"琼师"和雄狮正好谐音，我将人们心目中的王者与我心目中的王者相提并论并不为过，这是出于我对母校的一种感恩方式。在我的人生经历过程中，的确是没有"琼师"就没有我的今天。

学不可以已

新学期开始了，我作为正式录取的学生再次走进校园，一切都是那么熟悉。唯独增加了更多的新同学，看到更多的笑容。七八届共招4个班216名新生。报到后，我被安排在七八一班就读，住在离教室最近的那一排宿舍里，可以说是对新入学的学生最好的安排。我们班的55位同学中，唯独王运周同学是从应届初中毕业生中录取的，其他大多数是社会青年，还有9位大哥大姐是以民师参加高考被录取的，我们都是改革开放之初恢复高考后的受益者。每一位同学对能有这样再读书学习的机会都十分珍惜。荀子《劝学》中的第一句"学不可以已"一直鞭策着我认认真真地完成学业。

在语文科任符茂尧老师教学指导下，我不仅更加扎实地掌握了语文科的基础知识和基本技能，而且更重要地学会如何做人和为人师表。从符老师的《落花生》教学中，我深刻地体会到"人要做有用的人，不要做只讲体面，而对人没有好处的人"的真正含义，而且成为我的行为准则。还有从《荔枝蜜》一文中，我学到了像蜜蜂一样勤劳勇敢的农民为自己、为别人、也为后世子孙酿造出生活的蜜的奉献精神。这其实也就是琼师人（我的老师）的高贵品质。

班主任王国精老师是我们班的数学科任，他对我们的数学知识水平非常了解。因为我们绝大多数是高中毕业的学生，师范学校的数学教材内容与高中数学教材难度相当，我们班大多数同学学习数学科没多大压力。王老师除了让我们扎扎实实地学好基础知识和掌握基本技能之外，总是想方设法提高我们的数学知识与能力水平。有一次，王老师给我们留下几道课后作业题，平时的课后作业我们没用多长时间就完成上交了，可这一次的作业题不一般，其中有一道三角函数的证明题真够难，甚至连班上的数学高手一时半会儿也解决不了。大家经过共同讨论来寻求解决方案，但因证明题解题的步骤多，大家各执己见，无法破解，最后只好各自为战。功夫不负有心人，最终陈光深同学第一个找到了解决问题的证明方案。这个苦苦寻求解题方案的过程让大家受益匪浅。在王老师的精心指导下，经过不断学习和训练，我们的数学知识水平和能力得到进一步提高。

基础学科是我们的必修课程，而专业知识音乐艺术等尤为重要，不可或缺。艺术是文化价值的一种形态，而音乐是艺术的一种门类。我在琼海师范接受正规的音乐教育那是前所未有的。担任我们音乐课程教学的是李述桐老师。李老师从指导我们学简谱视唱开始，把我们逐步带进音乐的殿堂。我还记得第一次接触到豆芽曲（五线谱）的时候，心里十分疑惑，这到底是怎么整的啊？可是经过老师的指导，我较快地弄明白这五线谱和简谱都是乐曲的表示形式，它们互联互通。当我第一次学会五线谱视唱，完成将简谱改编成五线谱的作业并获得满分时，真正感受到了音乐给人们带来的更多的精神享受与快乐。在老师的指导下，经过短暂两年课次并不算多的音乐课程学习和训练，我学会了视唱、演唱、弹奏等音乐学科的基础知识和基本技能，并顺利地通过了音乐学科的考试。1980年8月从琼海师范毕业，至今已经四十多年了，可当年李老师上课时指导我们演唱《青年圆舞曲》的情景，那优美的旋律和撼动人心的节奏，是永远留在我人生中的一段最美好的记忆，“蓝色的天空像大海一样……让我们唱一支团结之歌”。

“琼师”是培养教师的摇篮，是我走上教师生涯的奠基之地。在当时的条件下，学校总是想方设法为我们提供最好条件的教育。汉语拼音是学习普通话的基础，发音的准确程度决定着讲普通话是否标准。当时由于受方言的影响，甚至在教师队伍中，能准确地读汉语拼音、讲规范的普通话的为数也不多。学校为了我们学好汉语拼音，讲好普通话，特地请回已经退休了的杨宗秀老师担任我们的语音课教学。她来自祖国的首都北京，当时学校最适合担任语音教学的老师非她莫属。每当我听她讲课的时候，总是感觉耳目一新。那时候还没有电视，我们要欣赏标准普通话，只能听广播电台播音员的讲话，也只能听其声而不见其人。而当时，站在我们教室的讲台上，为我们上语音课的老师讲的普通话完全可与广播电台的播音员相媲美。我们不仅能聆听到她准确的语音，还能看到她的音容笑貌，她就在我们的教室里，就在我们的身边，如此高雅极且其规范的语音教学你能不折服吗？听杨老师的课真是一种享受。在当时的课堂上，每一位学生都非常自觉地接受她的教育，这也是我在此之前从未得到的最高标准的语音学习。

受益终身的批评

以上净是利好的学习收获使我终身受益，可挨批评也受益终身，让我更加难忘。担任我们班语法课程教学的是刚从大学毕业的王高海老师。他的年纪跟我差不多。他年轻有为，具备师者的奉献精神和高尚品质，更有严师出高徒的管理风格。他为更好地完成教学任务，提高我们的知识水平和能力，补课是他在学校里的专利，他付出的总比别人更多。有一天，我们班的课程表上安排的那一节是自习课。按同学们的学习习惯，自习课可以在教室或图书馆自已安排学习内容进行自习。那一节自习课我正在图书馆查找学习资料，需要做笔记，可我当时没带笔记本，因此便快步上楼到教室里拿笔记本。当时教室的门半开着，看不到讲台，而我的座位正好在门口边第二列第二行，我一进教室就在我的座位上坐下。教室里很安静，没想到王老师正在给同学们补课，他就站在讲台上。王老师看到我闯进教室没有报告，一时来气了，当着全班同学对我进行了够严厉的批评："你将来是要当老师的人，连最起码的礼貌都不懂，这还行吗？以后如何管教你的学生呢？"面对老师的批评，我无声接受。从小学到高中毕业，以分数论英雄，我一直是老师心目中的宠儿，从未挨过老师的批评，这是我当学生头一回受到老师的批评，而且是当着全班同学的面。自习课，我不知道老师在补课而没报告，但老师上课时，有学生走进教室不报告，老师能不批评吗？我感到有点委屈，下课后，老师离开教室时，我紧随其后，向老师说明原委并道歉："王老师，刚才学生不知道您在上课而走进教室却不报告，真对不起，向您道歉，下不为例。"当时老师和我面对面，他一句话也没说，但我看到老师的脸一下子红了，好像对我说："对不起，让你受委屈了。"事后，此情此景，一直留在我的记忆中。经过这样的一件事，我懂得，要处理好一件事情，了解情况是处理问题首要条件。参加工作后，我在学校担任班主任或管理工作过程中，遇事总是首先了解情况，查明事实真相，然后再做定夺。处理事情达到让人心服口服的良好效果。挨批评似乎是不愿接受的事，但能从中吸取教训会终身受益。

在琼海师范读书学习虽然只有短暂的两年，但它是我人生经历中最精彩的一页，当中有我难以忘怀的美好记忆。任何一段来之不易的经历都不应该随着时间流逝而被淡忘，它值得我们永远铭记。琼师人的精神历久弥新，她将在一代代的琼师人的传承中愈加鲜活，让我们为曾经是一位琼师人感到骄傲和荣耀。我也曾是琼师人，不枉在此走一回。衷心祝愿我的母校明天会更好！

2022年4月

20. 辛勤的园丁 辉煌的业绩

1995年3月28日《海南青年报》

本报特约记者 姚珠江 记者 陈志刚

在琼海市，关心教育的人们往往怀着崇敬的心情谈及高荣泰，他太神了，到了哪间学校，那间学校就旧貌变新颜……

高荣泰，1935年出生于琼山市一个穷苦农民家庭，他自小天资聪颖，过目成诵。1950年2月以第一名考入定安县中学就读，1952年2月以优异成绩，考入琼台师范学校读书，1955年5月参加中国共产党，同年7月中师毕业。继而考入海南中学教师训练班数学科学习。1957年8月专科毕业后分配到琼海市温泉中学当教师。1958年2月，年仅22岁的他，就被提拔为该校校长，从此开始了他30多年中学校长的生涯。他先后在琼海市朝阳中学、华侨中学、嘉积中学、劳动大学担任学校党政主要领导干部，负责学校的全面工作，他一贯以从严治校著称，每到一处都创建一番辉煌业绩。1982年8月，他就任琼海市教育局副局长，1984年8月，就任海南琼海师范学校校长兼党总支书记。

由中学到中师，不同的工作环境，不同的教育对象，不同的培养目标，他又干得怎么样呢?

长期的教育实践，使高荣泰深深体会到人才靠教育，教育靠教师，而教师则靠师范院校来培养。中等师范学校是培养小学教师的摇篮，是国家基础教育的基础。作为师范学校校长，他感到责任更为重大。高荣泰上任伊始，就系统地重新学习师范教育的理论，认真领会国家对师范教育工作的指示，深入调查琼海师范的历史与现状，制定了“坚持德育为首，加强科学管理，深化教学改革，加强基地建设，优化育人环境，改善师生生活，创建一流师范，培养合格师资”的治校纲领。在他的精心治理下，琼海师范办得卓有成效，屡获殊荣：1989—1991连续三年被评为省先进师范学校；1990—1993年分别被评为省中师校园文化建设、省爱国卫生工作、省精神文明建设先进单位；1991年被评为全国先进师范学校，受到国家教委的嘉奖。高荣泰在创建一流师范中以无私的奉献精神，忘我的工作态度，强烈的事业心，高度的责任感，赢得了上级与群众的赞扬，1991年被评为全国优秀教师；1992年被省教育厅机关党委授予优秀党务工作者称号；1993年被评为海南省优秀党员，全国教育系统劳动模范。

德育为首 铸造师魂

中师办学的任务，是培养合格的小学教师。高荣泰围绕中师的培养目标，认真探索育人途径，注意抓师生的思想政治教育工作，把德育摆在学校一切工作的首位。学校的一切工作都以“铸造师魂、陶冶师表、提高师识、培训师能、磨砺师志、塑造师表”为出发点，两代师表一起抓，做到学校无小事，事事是教育，教师无小节，处处为楷模。

1. 成立专门机构，加强德育工作的管理。即一个中枢（领导小组）、三级管理（校级管理为主导、年级管理为主线、班级管理为主体）；制定德育工作实施方案，突出德育的方向性、整体性和层次性。以爱国主义教育为中心，以心理品德教育、行为规范教育、专业思想教育为基础，寓德育教育于各科教学之中，强调德育教育的渗透。与此同时，并十分重视发挥党组织的战斗堡垒作用和共产党员的先锋模范作用。全校32名党员人人都有自己的联系班、联系人，随时掌握师生的思想动态，进行及时的、有效的思想政治教育。

2．狠抓“校风”建设，创建良好的育人条件。高荣泰认为，要办好学校，培养人才，必须树立良好的校风、他根据师范教育的特点，从1985年起就提出了“严谨治学、为人师表”的校风、“学高为师、身正为范”的校训、“严谨、勤奋、敬业、创新”的教风、“尊师、守纪、勤学、进取”的学风。这对师生职业道德、行为规范的培养，对教育教学质量的提高，都起着积极的作用。全体师生自觉以此来勉励自己，鞭策自己，形成了良好的校风。

3．建设“文明宿舍”，占领思想政治教育阵地。宿舍虽是学生的住房，却是社会的窗口，各种各样的不健康思想、言论、行为都可以在这里自由泛滥，腐蚀灵魂。高荣泰敏锐地瞄准了这个目标，大抓文明宿舍建设，配备专职人员加强管理，使之成为对学生进行德育教育的重要阵地。每个宿舍都铺上地板胶，挂上窗帘，统一购置的蚊帐、被褥、枕头，安放得整整齐齐，有棱有角，各种生活用品也都排列有序，特别是每个房间的主人都以自己的聪明才智，创造出许多书法、图画、手工等作品，来表现各自不同的志趣。真是琳琅满目，各有千秋，亦庄亦谐，雅俗共赏。军人的庄严，学生的活泼，生活的情趣，时代的风采，都写在学生的宿舍里。

由于坚持德育为首，铸造师德，广大师生的思想政治觉悟大大提高，近年来，有8名教职工申请参加中国共产党，有100多名学生申请参加共青团。901班被评为全国优秀班级，受国家教委嘉奖。李瑞山、郑荣贵同学被评为省级优秀学生干部、优秀团员，荣获“大特区青年建设者”奖章。毕业出去的学生也安心农村小学工作，并取得优异的成绩，普遍受到用人单位的欢迎。

深化改革　提高质量

教学工作是学校的中心工作，琼海师范始终以教学为本，从严治教，从严治学，千方百计提高教学质量。

1．成立教学工作领导小组，全面负责日常教学工作。他们制定《教学质量考核标准》《课堂教学评估办法》《教师工作量和质的考核评估方案》等，以狠抓教风，充分调动教师的积极性；制定《“优秀学生”“特优学生”奖励制度》《学生各项基本功考核制度》《学生德、智、体、美、劳全面考核评审制度》等，以狠抓学风，提高学生思想政治和科学文化素质，依照新教学方案和新大纲精神，在所有学科中进行“四块一体”的教学改革，进行“学教同步”、“学为教”的改革试验，从多方面加强学生“教”的能力的培养，使他们毕业后能迅速适应小学教学的需要。

2．联系实际，培养急需教师。高荣泰深入到琼海、万宁、屯昌、澄迈等市县几十所小学调查研究，发现当前农村小学存在三大问题：一是五六年内将出现高年级语文、数学两科教师严重断层的局面；二是图、音、体教师奇缺，严重影响学生的全面发展；三是迫切需要一批能够指导小学生进行热带经济作物种植技术的兼职教师。面对当前实际，高荣泰采取了一系列措施深化教学改革，使培养目标具有很大的针对性。

其一，深化语文、数学这两个基础学科的改革，培养学生具备小学高年级语文、数学教学的能力。高荣泰亲自兼课，参与制定语文、数学教改方案，指导教研活动。如语文科以强化培养学生的教学能力为目标，进行“学教同步”“学是为了教”的整体改革，开设“口才学”“写作系列训练”“小学语文教学法辅导”等选修课，组织朗诵表演队、成立《椰韵》文学社、出版《椰韵》文学报等等。从多方面训练学生的听说读写的能力，加强学生“教”的能力的培养。

其二，加强体艺教学，培养学生具备图、音、体学科的教学能力。琼海师范体艺师资力量比较薄弱。高荣泰一方面聘请有文艺专长的教师来校兼课，一方面选派文艺教师到艺术院校进修，解决师资建设问题。在体艺教学上，提出了“教、练、做”合一，重在“练、做”的教学原则，提高学生的体艺素质，为毕业后从事小学图、音、体教学打下扎实的基础。

其三，加强劳动观点和生产技能教育，成立热带经济作物种植小组，建设劳动实践基地，办好生物园、热带作物园，培养学生具有指导小学生种植热带经济作物的能力。

3. 实行开放式办学，启动竞争机制。老一套的教学模式几乎是封闭或半封闭式的，不利于培养一专多能的小学教师，应该实行开放式办学，启动竞争机制，让学生在公正平等的竞争中磨炼自己，勤奋成才。于是，高荣泰亲自策划设计建造500米艺术长廊，作为开放式办学的基地。艺术长廊是红砖橙瓦墙体结构，25个大圆拱门和56个大橱窗设置合理，墙壁上一块块历代名家的墨迹勒石，一幅幅名胜古迹的瓷砖壁画镶嵌其间，分外壮观；橱窗内，一篇篇文采初露的学生习作，一张张精美雅致的诗书画影，展示了学生的成长和进步，也反映了丰富多彩的校园生活。学生在这个园地里培养爱好，发展专长，在普及的基础上提高，在提高的指导下普及，从而提高他们的素质。

4. 加强教育实践，培养为师能力。高荣泰为了引导学生接触社会、了解社会、深入小学、熟悉儿童，锻炼学生组织、交际、管理、教学等为师能力，改变了以往三年级见习一个周、三年级实习一个月的老套套，采取以下措施，加强教育实践。

一是培养学生“入学即入教”的意识，要求每个学生要与家乡小学建立一个联系班，经常保持联系，利用假期、假日回去组织小学生参加歌舞、书法、科技、野游活动，接触小学，熟悉儿童。

二是每年寒、暑假要求学生回乡进行小学教育调查，每学期写一篇调查报告。并拜家乡小学一个优秀教师为师，指导自己的教育见习和实习。

三是增加实习密度，变一次实习为两次实习。三年级第一学期回乡实习两周，叫作适应性实习，其目的是让学生初步了解农村教育现状，适应艰苦环境，做好毕业上岗的思想准备。三年级第二学期教育实习四个周，叫作提高性实习。这次实习是在领导能力强、师资水平高、教学质量好、管理规范、设备齐全的城镇小学进行，为他们今后改造农村小学提供借鉴。

由于琼海师范牢固地树立教学为本的指导思想，教师正正经经地教，学生扎扎实实地学，教学成绩甚为显著。1989年以来，全省中师语文、数学统考，都名列前茅。在全省中师生手抄报比赛、美术作品比赛、书法比赛、珠算和体育基本功考核、文艺汇演等方面，也取得非常突出的成绩。琼海市举办小学语文阅读课教学比赛，获奖者大都是琼师近几年的毕业生。省中师青年教师调教比赛，琼师教师获得语文一等奖、数学二等奖。全国青年教师论文评比，琼师教师荣获两个全国一等奖、两个三等奖。在1994年全省中师联检中，琼海师范夺得六个总分第一名中的五个总分第一名。

艰苦创业　优化环境

1984年以前，琼师除有一幢教学楼和科学馆是钢筋水泥建筑物外，教师和学生都住在瓦房里；所谓校道，不过是走的人多了而已；不太宽阔的操场，坑坑洼洼，高低不平；房前屋后，花草凋零，树木杂乱；加上教学设备简陋，生活用水奇缺……高荣泰意识到如此办学条件，不利于培养人才。于是，他昼夜操劳，多方筹款，精心规划，艰苦创业。

1．1984年以来，国家对琼海师范的基建投入只有268万元。而高荣泰却精打细算，用这有限的资金，建起7幢教师套间楼、5幢学生宿舍楼、还建图书馆、艺术馆、校门食堂、总面积12 350平方米，最大限度地改善了办学条件。

2．琼海师范面积125亩，地势西高东低，高低差达6米，平面图略似正方形。高荣泰根据地形特点，进行全面规划，合理布局，综合整治。以校门、教学楼、科学馆的中点为轴心线，每隔40米画一直线与轴心线平行，把校园南北走向分成六等份，进行平整。中间两个等分为一个平面，划为教学区；东西部分每一个等分为一个平面，分别划为教师生活区和学生生活区。高荣泰发动全体师生发扬自力更生、艰苦奋斗的革命精神，平整土地，筑挡土墙，修排水沟，整治校容校貌。他身先士卒，以身作则，给师生以巨大动力。几年来，平整校园52 890平方米；修排水沟1 370米，面积1 644平方米；筑挡土墙1 260米，面积1 200平方米。并巧用挡土墙筑石板座位300米，面积290平方米。铺设纵横交错、四通八达的石板校道26条，长2 471米，面积5 980平方米。共建16个小花园于每幢楼房的前面。校园里树木成荫，绿茛如茵，百花争艳，四季飘香，校容校貌建设初具规模。

3．为了进一步美化学校环境，加强校园文化建设，达到环境育人的目的，高荣泰亲自策划，精心设计，筹集资金，除在校园里建设500米艺术长廊外，还因地制宜在最高一层挡土墙上，建了一条150米小万里长城，城高3米，设山海关、八达岭、嘉峪关三个关口和两个烽火台，十分逼真。城墙上嵌上毛主席诗词《清平乐·六盘山》墨迹勒石，更起到画龙点睛的作用，让学生领略“不到长城非好汉”的情趣，他精心挑选90首中国历代名人名诗和312条古今中外名人格言，选用五种字体在116块花岗岩石板上精雕细刻，嵌镶在城墙上，组成长城文化长廊，让学生受到中华民族优秀文化传统的熏陶。

校园里还有石雕双龙戏珠、金水桥、泰岱仙桥、师志亭和师恩亭……诸多曼物，以及艺术园、锦绣园、热作园、生物园……使琼海师范成为花园式、园林式的学校。国家教委副主任柳斌、师范司司长金长泽去年先后视察了琼海师范，都给予高度的评价。

忠于事业　忘我无私

高荣泰三十多年来，把全部心血奉献给党的教育事业。1986年2月17日《海南日报》发表长篇通讯《老园丁的塑像》，1992年《特区展望》第4期发表的人物专访《文明的使者》，写的都是高荣泰的事迹。高荣泰的家离学校二公里，除坚持正常上班外，不管寒假、暑假，还是节日、假日，也不管烈日当空，还是刮风下雨，他都要到学校来，或找师生谈心，或潜心钻研业务，或检查监督在建工程，或处理其他事务，从不间断。一年365日，真正属于他的时间只有春节前后的5天！他事必躬亲，所有计划总结、规章制度、请示报告都亲自起草，从不叫人代劳。1990年10月，为了编纂《琼海师范管理手册》一书，他一连五个晚上挑灯夜战，通宵达旦。他在1992年撰写的教育论文《坚持德育为首，加强学校管理》，被选收入《中国教育百家》。1991年10月，他爱人住院治疗达两个月，他的两个儿子都在广州工作，在琼海工作的女儿也已出嫁成家，家里仅他同老伴俩。在这种情况下，他仅利用上班前、下班后的片刻时间到医院照顾病人，从不告诉学校任何人，也从不请过半天假。

高荣泰到琼海师范后，了解教师有“难”：一是住房难，二是家属就业难，三是用水难。他意识到，要办好学校，首先要解决教师的实际困难，只有安其居，才能乐其业，只有乐其业，才能创其业。于是，他创造条件解决教师住房问题。1984—1986年，他争取海南二次拨款30万元，建起6栋32套单家独院三房一厅和四房一厅套间房，安排中、高级讲师居住。1992年他又筹集资金新建1栋10套、改建1栋8套套间房，安排助讲以上教师居住。1993年又改建1栋11套套间房，大大改善了教师居住条件。而他却仍在一个10来平方米的单人小房里办公，真使人不禁想起杜甫的诗句……他广开就业门路，31名教工家属全部在校内安排就业，解除了教工的后顾之忧。他千方百计解决师生用水问题，1990年打了3口深水井，日出水量200立方米。同时接通嘉积自来水厂的输水管道，引采了自来水，基本解决了学校用水的困难。

啊，多么辉煌的业绩！高荣泰以高尚的品德和宽广的胸怀，以渊博的学识和革命的胆略，以强烈的事业心和高度的责任感，以高超的领导艺术和卓越的管理才能，赢得了上级领导的支持和广大师生的信赖，琼海师范才年年上新的台阶。琼师之所以有今天的辉煌，是他呕心沥血、多谋善断以及全体师生共同努力的结果。

高荣泰，作为优秀党员，他不愧于这个光荣的称号；作为师范学校校长，他不辱于组织对他的任命；作为全国教育系统劳动模范，他不损于人民给他的荣誉。他的精神，他的气质，他的品格，他的胸怀，已在人们的心中竖立起一尊光辉的塑像！

21. 红色基因　匠心筑梦

——写在海南软件职业技术学院建校95周年之际

2018年11月15日《海南日报》

本版策划 撰文　丁丁

海南软件职业技术学院的历史可追溯到1923年创立的琼东中学（附师学校），至今已有95年的办学历史。2003年3月由原海南琼海师范学校升格为省属公办全日制高等职业院校，2018年5月，成为海南省优质高等职业院校立项建设学校。学校坚持立德树人的根本任务，传承“读书与革命 教育和国家”的红色基因，秉承“励志笃学 厚德尚能”的校训精神，不忘初心，匠心筑梦，谱写了让人民满意、学生出彩的高等职业教育灿烂华章。

红色基因　读书与革命　教育和国家

1921年春，留学日本归国返乡的王大鹏被民选为琼东县（现海南省琼海市）县长。他变卖自家田产捐资2 000银圆，向社会募捐和派员到南洋发动华侨捐资集得银圆10多万元，多方筹资创办县立师范学校。1923年5月，王大鹏召集县教育界人士举行会议表决，将已呈广东省教育厅核准备案的琼东师范学校变通为琼东中学（附师学校）。1923年6月，县政府任命陈公培为第一任校长，暑假期间筹备招收了初中2个班、师范1个班，计学生104人。1923年9月开始上课，王大鹏亲自主持了学校落成暨开学典礼。第一任校长陈公培，湖南省长沙人，他在创建琼东中学期间发展了鲁易、罗汉和海南本地人徐成章、徐天炳、王大鹏、严凤仪、王文明、王器民等10多位革命骨干成为海南第一批入党的中共党员。

琼东中学坚持“读书与革命　教育和国家”的革故鼎新思想，紧跟时代潮流，为国共合作时期的大革命运动培养了大批革命骨干，很多校友成为中国民主革命的中坚力量，有的进入了黄埔军校，有的北上投入到大革命运动潮流中，有的成为海南当地国共两党的主要领导力量，尤其是学校为中国共产党培养了大批革命干部，成为海南早期革命史上培养革命干部的一个政治摇篮。

此后，学校先后经历了琼东县简易师范学校、琼东县立师范学校、琼东师范学校、广东琼海师范学校、海南琼海师范学校到海南软件职业技术学院的办学历程。虽数易校名，几迁校址，办停交替，但学校师生始终坚持传播文明、启发民智、革故鼎新、经世济用，始终与国家和民族共兴衰、共荣辱、共奋进。

匠心筑梦　励志笃学　厚德尚能

琼东中学创办伊始，就实行分班级管理、分科目授课的新式教学管理方式，尊崇让人的本能和社会生活相结合、以适应社会需求的教育理论。建有图书馆、仪器室、工艺室、成绩展览室、音乐室、会议礼堂、食堂、学生会会议室、运动场、球场、戏台等。倡导体育精神，开设体育课程，组织学校球队，组织童子军活动。倡导使用白话文，推广国语。组织学生参加一些校内外的劳动，如建筑施工、公路修建等。

海南琼海师范学校时期，坚持面向现代化，面向世界，面向未来，形成了校园文化建设、信息技术教育及艺术教育三大办学特色，为社会输送了一批又一批的合格教师，涌现出了一大批基础教育领域的教学骨干、教学名师、教育管理专家。1991年被原国家教委评为“全国先进师范学校”，1998年被教育部授予“全国电化教育工作先进单位”，2001年被教育部授予“全国学校艺术教育工作先进单位”。

举办高等职业教育后，海南软件职业技术学院聚焦厘清工匠精神的内涵和当代价值，着力弘扬和培育工匠精神。学院实施“实践主导，能力本位，校企合作”的人才培养模式，形成了“产教融合、校企合作”的协同育人特色，取得了显著成效。“动漫制作技术专业‘三级导师学徒制’人才培养模式的创新”获得了成果鉴定专家组的高度评价，认为“该成果经过4年多的理论研究与实践探索，效果突出，在国内外产生了一定影响。课题成果具有独创性、新颖性、实用性，是现代学徒制的一种新范式，具有一定的示范作用。专家组一致认为，该成果达到国内领先水平，具有重大的推广应用价值。该成果荣获2017年海南省高等学校教学成果奖一等奖、2018年国家级教学成果奖二等奖。

学院现有来自全国27个省（直辖市、自治区）的在校生近7 000人，教授19人、副教授80人，具有博士、硕士学位144人，具有双师素质的教师168人。聘请候鸟型高级专家4名，聘请校外兼职教师49人，客座（特聘）教授60人，外教3人。专任教师中有享受国务院政府特殊津贴专家1人，省有突出贡献的优秀专家1人，省“515人才工程”第一层次专家1人和第三层次专家2人，省科技创新十大领军人物1人，省优秀教师4人，省高校教学名师4人，省高等学校中青年骨干教师2人。

近五年，学院教师在省部级以上教学科研评比中获得奖励140项，其中，国家级教学成果奖二等奖1项、海南省科技进步奖二等奖4项、海南省教学成果奖一等奖1项、海南省教学成果奖二等奖5项，2位教师被评为“全国优秀社科普及工作者”、大学生创业项目——琼海在线被授予“全国人文社科普及基地”；研发的6项成果获国家实用新型发明专利；主持省部级以上各类科研项目170项，其中，国家级项目2项、海南省自然科学基金项目44项、海南省教育厅项目81项、海南省哲学社会主义科学规划项目10项；出版专著35部，主编教材137部；在学术期刊公开发表论文1 428篇，其中，全国中文核心期刊52篇，SEI、EI、CPCI-SSH等国际权威刊物检索收录学术论文169篇。

近五年，学生参加国家级、省部级各类比赛获奖425项，其中获得国家级一等奖7项、二等奖8项、三等奖24项，在2016年全国职业院校技能大赛中学院荣获全省高职4项一等奖中的3项，在2017年全国职业院校技能大赛中荣获全省高职唯一的1项全国一等奖。学院师生研发的6项成果获国家实用新型发明专利。学院在省创新创业大赛中荣获优秀组织奖5次，学生荣获全国职业学校创新创效创业大赛二等奖等省级以上创新创业奖20余项。毕业生年平均就业率93.6%，用人单位对毕业生满意度均在92%以上。

学院坚持开放办学，全面深化“五位一体”协同育人和国际交流合作。与省内外87家企业积极开展深度合作，与7所中职学校合作开展6个专业的“3+2”分段培养和连续培养专科专业教育；与海南热带海洋学院合作开展2个专业的“3+2”分段培养校企合作本科专业教育；积极响应“一带一路”倡议，主动服务国家对外开放大局，与英国、美国、澳大利亚、立陶宛、乌克兰、俄罗斯、白俄罗斯、哈萨克斯坦、泰国等国以及中国台湾地区的院校和教育组织建立了友好合作关系，开展合作办学、教学与学术交流、师生互访。同时，每年面向“一带一路”国家和地区招收留学生。

学院坚持以服务社会为己任，近五年，为企事业单位解决技术难题和研发项目235项；为琼海市乃至周边市县企事业单位开展培训1.6万人次；连续9年服务博鳌亚洲论坛年会，提供翻译、讲解等服务；组织近1万人次服务琼海市美丽乡村建设和“三市一区”创建等活动。

学院高质量的人才培养和良好声誉得到社会各界的充分认同与高度评价。学院被授予全国文明单位、全国学校艺术教育工作先进单位、全国高职高专院校科研工作先进单位、国家教育部第二批现代学徒制试点单位、全国首批职业院校数字校园建设实验校、海南省毕业生就业工作优秀单位、海南省优质高等职业院校立项建设学校等20多项荣誉称号。

未来愿景　全力创建特色鲜明的优质高职名校

2017年7月，学院第二次党代会明确了未来发展目标：“从现在起，到2020年，初步建成特色鲜明的地方性一流优质高职院校。到建校100周年时，力争建成在国内同类院校中领先的特色鲜明的优质高职名校。办学特色更加显著，人才培养、科学研究、社会服务、文化传承创新、国际交流合作整体水平全面提升，具备在国家职业教育体系框架内举办更高层次高职教育的条件和水平。”

随着经济社会深度发展、产业加速转型升级、信息化3.0时代的到来，国家“一带一路”“互联网+”“大众创业、万众创新”“中国制造2025”行动计划等重大战略的实施，海南持续推进互联网产业等十二个重点产业布局，特别是伴随海南自由贸易试验区和中国特色自贸港的建设，海南软件职业技术学院将再扬风帆，重新起航，在未来的竞争中抢占发展制高点，赢得发展先机，全面推进改革创新，全力创建特色鲜明的优质高职名校。

22．海南软件学院的硬功夫

2019年6月24日《海南日报》

本报记者　华晓东　刘袭　袁宇　　通讯员　李超

一座几近百年的老校，没有沉寂于岁月的风霜烟雨，却以风华正茂的姿态力创全国一流。

海南软件职业技术学院（以下简称海南软件学院）脱胎于1923年创立的琼东中学。如今，她老树新芽、老校新颜，凭借办学硬功夫，在强手如林的国内高职院校中，奋勇争先，赢得了自己的一席之地。

育才教学模式别开生面

一所学校的社会地位，取决于培养出什么样的人才。

琼海师范学校于2003年升格为海南软件学院。近5年来，党委书记詹少斌带领党委一班人立志办全国优质高职院校。海南软件学院连续两次成为通过教育部人才培养评估的公办高职院校、获“全国文明单位”称号的高职院校。

育才，育专才，育与产业发展前沿契合的专才，是海南软件学院秉持和坚守的办学之道；而让这条道路越走越宽的，则是“产教融合”的办学模式。围绕服务海南自贸区、自贸港建设，该校目前建成软件开发与服务、电子商务、数字艺术设计等五大专业群，其中动漫专业教学质量拔尖，达到全国一流水平。

近5年来，从这些专业走出去的学生达7 492人，遍布全国各省区市，不乏在阿里巴巴、腾讯视频、央视动画公司、中国惠普等前沿企业工作的优秀学子。

育才，自是办学的题中应有之义。但是育才又不是简简单单就能够实现的，特别是一所高职院校，如何确立自己独特的教学模式、人才培养模式，是一道需要拿出改革勇气和魄力才能回答好的重大课题。

桂占吉教授是北京理工大学博士、华中科技大学博士后，既精湛于学术，又擅长于教学。他大胆革除传统教学模式的弊端，根据动漫人才成长规律，变教师为“师傅”、变学生为“徒弟”，“师傅”手把手带“徒弟”，实干真做。经过7年探索和创新，全国独创的“三级导师学徒制”教学模式，荣获国家级教学成果奖二等奖。在获取国家级教学成果奖方面，海南软件学院由此实现历史性突破。

育人新模式让高素质人才不断冒出，在全国大赛崭露头角。2014年至今，动画学院荣获国际数码艺术展金奖1个、全国职业技能大赛一等奖3个。

名师出高徒。为了挖到名师，海南软件学院下了一番功夫。北京大学王伟教授是我国著名动画前期设计艺术家、动画美术教育家，两位学院领导和动画学院负责人先后4次专程到北京拜访他，“三顾茅庐”真心求才。2017年年底，王伟教授被感动而来海南。

中国戏曲学院李莘教授、加拿大特效动画师左蒙等行业领军人物，也被海南软件学院领导挖来，组成大师团队。

学生学业的突飞猛进，缘于全国知名大师手把手地指点。2014级学生周菊入学前没有绘画基础，但有幸成为李莘教授的徒弟，2018年6月，在李莘教授指导下，她创作的动漫作品《说说这5年》，获评全国高校征文一等奖。

央视动画公司等前沿企业，与偏居一隅的海南软件学院合作“联姻”，大师团队是“红娘”。海南软件学院创作的《可乐狗》《金锣号》《红色娘子军》等，先后在中央电视台播放，网络视频点播量超1.2亿次，突破地域限制，在全国名声大噪。

不落传统学科体系的窠臼，别具一格通过软件项目开发等方式，传授学生实战技能。30岁出头的中山大学硕士毕业生马杰副教授，创办的风驰蜗牛软件研发团队，成了海南软件学院的一张名片。2018年8月，他带领5个学生开发的中医养生软件项目，获全国职业学校创新创效创业大赛二等奖。2006年至今，风驰蜗牛软件研发团队的项目，先后获省级一等奖10个、国家级二等奖2个。团队历届学生队员，因实战技能高，毕业后全部对口高薪就业。

教学和育人模式的改革创新，收获了丰硕成果。近5年来，海南软件学院教师获省级以上各种教学成果奖140个，其中获国家教学成果二等奖1个，全国微课教学比赛一等奖2个、二等奖2个。

提技产教结合突出实战

聚焦高端产业和产业高端，服务经济高质量发展，为中国产业走向全球产业中高端提供高素质技术技能人才支撑——这是新时代赋予优质高职院校的新使命。

在校生近7 000人的海南软件学院，2018年又迎来重大历史机遇：获批为海南省优质高等职业院校立项建设学校。新使命、新机遇，为实现3年内建成优质高等职业院校的目标，院长魏应彬带领骨干教师苦干实干，倾力打造培养高素质技术技能人才高地。

教学与产业发展趋势紧密结合，培养产业急需的技能型、应用型创新创业学生。海南软件学院发掘和培养学生创新创业特质，重在提高学生技术技能。

是不是高素质技术技能人才，全国大赛是初次检验的战场。全国权威大赛代表产业发展方向和趋势，与社会前沿需求紧密相连。

今年5月11日，“中国高校计算机大赛-团体程序设计天梯赛”2019年颁奖典礼在浙江大学举行。全国274所高校的761支参赛队展开激战，海南软件学院3支参赛队脱颖而出，荣获一等奖（高职组）。

海南软件学院首次获这一权威大赛的大奖，学生创新创业的高技术技能通过了检验。参赛获奖的大二学生刘友谊，不需担心明年毕业后能否找到工作，现在就有大公司找上门，指定要参赛获奖的学生。

教学与产业融合越紧密，学生就业率越高。海南软件学院2018届毕业生就业率达95.16%。

勇于站立时代潮头，盯紧产业发展方向，迅速调整专业设置，培养适应产业发展趋势的新型人才。5月下旬，海南软件学院获教育部批准增设人工智能学院，全国仅9所高职院校获批设立我国首批人工智能学院。新设的大数据技术与应用专业，也即将招生。

抛弃传统“压缩饼干式”教学方式，海南软件学院把专业教育与创新创业教育融合，培养创业技能型人才，为海南重点行业和支柱产业提供强有力的人才支撑。

海南软件学院人工智能学院原来的传统实验室，都变为现在的新型工作室。负责人肖自乾说，多个专业教师组成混合团队，在工作室指导学生提高创新创业实战能力。近年学生参赛先后获得国家级一等奖3个；2018年毕业生对口就业率，高于全国平均水平。

人工智能学院创建新型网络全栈工作室，深化改革复合型技术技能人才培养模式。6月初，记者看到10多个学生正备战全国大赛。2017级学生袁丽苹主攻前端页面专业，但她却接受后端专业教师杨帆副教授的指导。经过前端、后端训练后，她的逻辑思维更清晰，前后交流不畅的难题得以破解，成为复合型人才。

把握全球产业发展、国内产业升级的新机遇，与行业全国领军企业深度合作，形成校企命运共同体，开发适应产业最新需求的课程，培养高素质技能型人才。海南软件学院经济管理学院即将与阿里巴巴（中国）教育科技公司合作，引入淘宝大学的课件、案例，培养适合电子商务前沿企业需求的人才。

校企联办“订单班”，培养应用型人才。海南软件学院“订单班”学生，大二时在企业的实践基地上课，提前接触真实的企业、项目和设备，学生不需实习，可直接上岗，就业率高。

海南软件学院与海南英立科技开发公司合办4个“订单班”，1年培养学生200人左右。“订单班”学生受到省内外企业的欢迎，也被行业全国领军企业看好，去年有5人被腾讯和阿里巴巴聘用。

在全国大赛中，高素质技术技能学生不断冒尖。近5年来，海南软件学院学生获省级以上各种比赛奖459个，其中获国家级一等奖10个、二等奖18个、三等奖34个。

开放合作办学走向世界

故步自封关门办学，必然走向衰败；打开大门放眼世界，才能走向未来。

无论是服务于海南自贸区、自贸港建设，还是适应“一带一路”建设需求，海南软件学院必定要开放办学、稳步探索走向世界。

自2010年获得招收外国留学生资格始，海南软件学院迈开提升国际化水平的稳健步伐。2018年秋季学期，招收留学生50多人，分别来自俄罗斯、泰国、越南等“一带一路”沿线6个国家。目前，与美、英、加等10多个国家16所高校合作，向发达国家的优质高校看齐。

放眼全球，世界优质职业高校如林，特色专业数不胜数。海南软件学院结合海南的实际需求，引进国外高职名校的优质教育资源，开设特色专业课程，服务地方经济发展。

立陶宛的医疗旅游行业，在世界排名前列。考纳斯应用科学大学是立陶宛国立高职名校，排名位居全国第一，医疗旅游是其特色专业，在欧洲名声响亮。博鳌乐城国际医疗旅游先行区进入快速开发建设的新时期，缺的正是医疗旅游的大量专业人才。

看中考纳斯大学的特色专业，2013年至今，海南软件学院与考纳斯大学深层次合作，请专门研究医疗旅游的拉明塔博士来学院给教师培训。海南软件学院国际教育与旅游学院负责人尚志强说，已在旅游专业课程中融入拉明塔博士的医疗旅游研究成果，双方准备合作编写教材、编制课程，开设医疗旅游专业，服务乐城国际医疗旅游先行区。

海南处于21世纪海上丝绸之路的重要节点，海南软件学院服务海南开发大局和国家战略，与“一带一路”沿线国家院校合作，既招收优秀的外国留学生，又储备了外教资源。

俄罗斯北方（北极）联邦大学是俄罗斯十大联邦大学之一，在校生2.5万人，海南软件学院与其深度合作。北方（北极）联邦大学硕士毕业生艾力克斯2年前作为交换学生，来海南软件学院留学1年。他毕业后，2018年9月再次来海南软件学院留学。他坦言，自己喜爱中国文化、海南文化。今年7月毕业后艾力克斯将留校，准备教计算机、俄语和英语，“我要做增进两国文化交流的使者”。

23．海南软件职业技术学院：让学生的理想插上翅膀飞翔

2019年7月31日《海南日报》

本版策划 撰文 摄影 欧若 浙人

海南软件职业技术学院是2003年3月经海南省政府批准设立，教育部备案，由原海南琼海师范学校升格而成的，主要培养信息、软件行业的高素质技术技能人才，是省属公办全日制高等职业院校，至今已有96年的办学历史。学校坐落在红色娘子军的故乡、博鳌亚洲论坛永久会址所在地琼海市中心。

学生自主创作的机器人在省“职业教育活动周”展示中受到参展嘉宾关注

2018级留学生合影

学校设有软件工程学院（人工智能学院）、网络工程学院、经济管理学院、动画学院、机电工程学院、艺术传媒学院、国际教育与旅游学院、马克思主义学院等8个二级学院和公共教学部、体育部等2个教学部。共开设专业32个，形成了以电子信息大类为主，艺术设计传媒、财经、旅游、文化教育等大类为辅协调发展的专业布局。现有国家级骨干专业1个，省级特色专业5个，省

级骨干专业2个，省级精品课程13门，省级教学团队4个。现有全日制在校生近7 000人。

学校贯彻“人才为根本、教学为中心、技能为主线、质量为生命、特色为追求”的办学方针，秉承“质量立校、人才强校、特色名校、服务兴校、依法治校”的办学理念，坚持“以服务为宗旨、以就业为导向、走产学结合发展道路”的办学方向，实施“实践主导，能力本位，校企合作”人才培养模式，形成了“产教融合、校企合作”的协同育人特色。

学校是海南省优质高等职业院校立项建设单位，是海南唯一一所连续两次顺利通过教育部人才培养工作评估的公办高职院校；也是国家设计教学创意中心、国家动漫游戏人才培养工程授权合作伙伴、人力资源和社会保障部开源软件开发与应用能力测评试点单位、科技部行业专业资质资格培训基地、海南省高新技术产业人才培养示范基地。学校连续9年蝉联“全国文明单位”称号，连续8年蝉联“海南省普通高等学校毕业生就业工作优秀单位”。学校还被授予全国学校艺术教育工作先进单位、全国首批职业院校数字校园建设实验校、教育部第二批现代学徒制试点单位、全国高职高专院校科研工作先进单位、全国五四红旗团委、国家设计教学创意中心等20多项称号。

办学条件优势明显

学校建有5个中央财政支持建设的高规格职业教育实训基地；建有98个校内实践基地，52个校外实习实训基地，省级实验教学示范中心2个；建有技能大师工作室6个、椰文化协同创新中心、大学生众创空间、大学生创业中心、软件研发中心、信息处理中心、艺术设计研发中心；建有千兆校园网、通讯网、监控广播电视网三网合一的信息化虚拟平台，实现校园Wi-Fi全覆盖；建有大学生创业中心、软件研发中心、信息处理中心、艺术设计研发中心和第65国家职业技能鉴定所。中央财政支持高等职业学院提升专业服务产业发展能力项目2个，中高职、高职本科“3+2”人才培养试点项目9个。与海南英立科技有限公司、深圳市中亚成教育科技有限公司等企业开展4个订单班人才培养。成立校办企业海南海软动漫制作有限公司入驻海南生态软件园产学研基地，开展校企一体化联合培养。

学校建成了一支专兼结合的高水平师资队伍，现有教职工476人，专任教师286人，同时，聘有校外兼职教师135人，客座（特聘）教授60人，外教3人。专任教师中教授25人、副教授95人，具有博士、硕士学位168人，具有双师素质的教师166人。专任教师中有享受国务院政府特殊津贴专家1人，省有突出贡献的优秀专家1人，省“515人才工程”第一层次专家1人和第三层次专家2人，省科技创新十大领军人物1人，省优秀教师4人，省高校教学名师4人，省高等学校中青年骨干教师1人。

教学科研成果丰硕

学校实施“实践主导，能力本位，校企合作”的人才培养模式，针对中招生、高招生、单招生、合作本科班生实际，量身定制培养方案和课程体系及考核方式；校企共建专业，订单培养就业；推行“招生即招工、入校即入厂”的现代学徒制培养；项目引领，模块化教学；引领“互联网+”高职教育，线上线下互动教学；课证融合，学赛结合；工作室培育，铸时代工匠。《人民日报》《中国教育报》《精神文明报》《海南日报》和《中国职业技术教育》等各大媒体和期刊对学校人才培养工作的突出特色及成就多次进行了专题报道。特别是“三级导师学徒制”人才培养模式的创新与实践，效果突出，在国内外产生了很大影响。该成果被专家组鉴定为现代学徒制的一种新范式，达到国内领先水平，具有重大的推广应用价值。2018年，该项成果荣获国家级教学成果二等奖。

近五年，学校教师在省部级以上教学科研评比中获得奖励140项，其中，国家教学成果二等奖1项，全国微课教学比赛一等奖2项、二等奖2项、三等奖2项，省教学成果奖6项，省科技进步奖二等奖4项，省优秀科研成果二等奖1项，在“国际数字艺术设计作品展”中荣获金奖1项、银奖2项、铜奖1项；国家实用新型发明专利7项；主持省部级以上各类科研教改项目170项，其中，国家级项目2项、省级项目168项；出版专著35部，主编教材137部；发表论文1 428篇，其中，全国中文核心期刊52篇，SEI，EI，CPCI-SSH等国际权威刊物检索收录169篇。

人才培养成效显著

近五年来，学生参加国家级、省部级各类比赛获奖466项，其中获得国家级一等奖10项、二等奖19项、三等奖34项，特别是2016年全国职业院校技能大赛荣获一等奖3项（全省高职仅4项），2017年全国职业院校技能大赛荣获一等奖1项（全省高职唯一1项），大学生男子排球队荣获2018—2019CUVA中国大学生排球联赛（高职高专组）亚军。学校在省创新创业大赛中荣获优秀组织奖6次，学生荣获全国职业学校创新创效创业大赛二等奖等省级以上创新创业奖20余项。学校每年都组织召开校园“双选会”近20场，为毕业生开展SYB创业培训，为经济困难毕业生发放每人1 500元的求职创业补贴。近三年，生源质量逐年提升，招生计划完成率、学生就业率、对口就业率和用人单位满意度逐年提高。2018届毕业生年底就业率为95.16%，用人单位对毕业生满意度为95%；2019届毕业生7月10日就业率已经达到94.87%。

国际合作不断拓展

学校坚持开放办学，先进的育人模式与教育理念蜚声海内外，与俄罗斯、立陶宛、澳大利亚、美国、英国、加拿大、巴基斯坦、马来西亚、印度尼西亚、泰国等10余个国家和地区16所高校建立了友好合作关系，开展合作办学、教学与学术交流、师生互访。乌克兰、俄罗斯、泰国、立陶宛等国家的本科生和研究生慕名来校学习，每年招收留学生50余名。

社会服务扎实推进

近年来，为企事业单位解决技术难题或进行项目研发600余项，与社会各界合作举办了海南省高职院校教师“互联网+”创新创业教育教学能力提升培训、海南省乡村教师信息技术能力提升培训班、琼海市餐饮服务与管理及酒店餐饮礼仪的培训班等各类培训累计1.6万人次；连续10年服务博鳌亚洲论坛年会，提供翻译、讲解等服务；积极开展精准扶贫工作，投入100多万元、组织师生2000人次参与脱贫攻坚工作，特别是2016年以来，学校为保亭黎族苗族自治县合口村完成特色养殖业、电商服务中心、电灌站等项目建设，保亭县委特意发来感谢信；学校作为海南省教育厅和琼海市共建学校，琼海市市委、市政府给予了学校鼎力支持，协调解决学校改革发展中的有关问题，倾力支持学校扩建校区建设、学生就业创业等方面工作；组织1万余人次服务琼海市美丽乡村建设和“三市一区”创建等活动。同时，选派2名教师为国家汉办赴美汉语教师志愿者，为俄罗斯北方联邦大学“欧亚背景下职业沟通”硕士项目开展远程汉语课程及指导，为立陶宛考纳斯应用科学大学和俄罗斯北方联邦大学师生分别开展了“一带一路环境下旅游与酒店管理师资培训”和“一带一路环境下旅游职业沟通与教育培训”。

二级学院亮点纷呈

软件工程学院

学院现开设软件技术、移动互联应用技术、云计算技术与应用、物联网工程技术以及大数据技术与应用等5个专业，建有海南省优质院校特色专业群1个，其中软件技术专业是省级特色专业、骨干专业。现有专任教师45人，其中教授7人、副教授18人、高级工程师1人，“双师”素质型教师占83.1%，硕士学位及以上教师占86.7%；现有兼职教师27人，其中高级工程师19人；建有省级教学团队1个。近年来，专任教师主持或参与国家级课题2项，荣获中国通信工业协会教学成果奖一等奖1项，省级教学成果奖1项，琼海市科技进步奖二等奖1项、科技成果转化奖二等奖1项、三等奖1项；获得国家实用型专利2项。实施“岗位主导、项目引领，实践创新融合”的人才培养模式，积极探索工作室教学模式。学生获得国家级一等奖3项、二等奖3项、三等奖5项，其中全国职业院校技能大赛一等奖1项、全国大学生电子设计大赛一等奖1项、中国高校计算机大赛一等奖1项，中国“互联网+”大学生创新创业大赛二等奖1项。学生就业率和对口率高，深受用人单位的欢迎。

网络工程学院

学院现开设计算机网络技术、信息安全技术、计算机应用技术等3个专业。建院15年，网络工程学院为海南省乃至全国培养了大批的IT专业人才。计算机网络技术、计算机应用技术专业是省级特色专业，计算机网络技术核心课程教学团队是省级教学团队。共有教职工31人，其中专任教师26人，外聘行业技术指导师27人。专任教师中，教授1人，副教授12人，省级教学名师1人，CCNP认证10人；硕士学位教师21人，“双师”素质型教师26人。学院与多家企业展开合作，实施“任务驱动、项目主导”的教学模式，学生在校学习期间以商业化模式参加企业实际项目实战，学生的专业技能与市场“零距离”接轨。近年来，学生参加国家级、省级专业技能大赛获奖近86项。学生就业率和对口率高，深受用人单位的欢迎。

经济管理学院

学院现开设会计专业、财务管理专业、电子商务专业和市场营销专业等4个专业。与海南英立科技开发有限公司、海南新中北科技有限公司、中教畅享（北京）科技有限公司、与阿里巴巴（中国）科技有限公司等企业开展深度合作。会计专业和财务管理专业确立了“理实一体、课证融合；会计工厂、工学结合”的人才培养模式。近年来，会计专业及财务管理专业学生多次获得海南省职业技能比赛会计及沙盘比赛奖项，其中一等奖2项、二等奖8项、三等奖12项。另外，会计教研室专业教师合编规划教材1部，建设网络在线资源库1个（包含7门课程）。电子商务专业和市场营销专业确立了“课、训、证、赛、创”一体化渐进式人才培养模式。学生参加的各类电子商务技能比赛，获得全国一等奖2项、二等奖2项、三等奖1项，海南省一等奖4项、二等奖7项、三等奖11项。创新创业方面，成立电商创新创业工作室，由具备丰富实战经验的老师带领学生进行真实项目的电子商务运营。学生就业率和对口率高，深受用人单位的欢迎。

动画学院

学院现开设动漫制作技术、广告设计与制作、环境艺术设计、游戏设计、虚拟现实技术、现代教育技术等6个专业。“三级导师学徒制”的动漫专业人才培养模式，荣获2018年国家职业教育教学成果奖二等奖、2017年海南省高等教育教学成果奖一等奖；被教育部、财政部立项建设艺术设计（动漫方向）实训基地，被中国职业技术教育学会立项为国家级设计创意教学中心；建有海南省省级特色专业、骨干建设专业各1个，省级教学团队1个，省级精品课程2门，省级精品在线开放课程1门。影视动画教学团队被评为海南省级教学团队。教师获得省级以上奖励213项，其中国家级奖励86项。学生获得全国职业院校职业技能大赛一等奖3项、二等奖1项、三等奖3项，在行业组织的国家级竞赛中获奖35项，近5年在海南省职业院校技能大赛等省级赛事中获奖128项。学院与央视动画有限公司等行业龙头企业合作生产在中央电视台等平台播出的高水平动画片8部，完成海南本土设计服务项目100余项，校企合作开发游戏项目12个，原创《鹿回头之邦溪的故事》等海南本土题材动画片18部，制作《红色娘子军》等红色题材动画项目5项。学生就业率和对口率高，深受用人单位的欢迎。

机电工程学院

学院现开设应用电子技术、电子信息工程技术、工业机器人技术、汽车检测与维修技术、新能源汽车运用与维修等6个专业。其中电子信息工程技术专业为海南省特色专业、应用电子技术是校级重点建设专业，两个专业均为中央财政支持建设项目。现有教职工23人，其中教授4人，客座教授3人，副教授5人，高级技师1人，双师素质教师占90%，培养了省级教学名师2名，省级骨干教师1名，省级教学团队1个。与知名企业的紧密合作，大力推行“产教融合、工厂教学、梯队协同、岗位循环”人才培养模式改革与实践。学生在全国大学生电子设计竞赛获一等奖1项，二等奖3项，全国职业技能大赛中国家级三等奖1项；省级竞赛中获最高奖2项，省一等奖9项，二等奖9项，三等奖4项，在创新创业竞赛中获奖4项。学生就业率和对口率高，深受用人单位的欢迎。

艺术传媒学院

学院现开设音乐表演、歌舞表演、现代流行音乐、音乐制作等4个专业。专任教师有省级先进教育工作者1人，省级师德标兵1人，省级优秀辅导员1人，国家级优秀指挥奖获得者1人，国家级优秀指导教师4人，省级优秀指导教师10多人次。学院坚持以实践教学为抓手，以国家职业技能大赛、大学生艺术展演活动为契机，以班级基本功会演为载体，结合学校及地区扶贫慰问、送文化下乡等多种文化艺术活动，积极开展学生综合素养和专业技能的实践教学与培训，逐步形成了“练中学、演中学、赛中学”的实践教学模式。学生获得国家级一等奖3项，二、三等奖若干项，省级一等奖近20项。由于学院艺术教学模式科学实效，成绩突出，学校也先后两次被评为“全国学校艺术教育先进单位”。学生就业率和对口率高，深受用人单位的欢迎。

国际教育与旅游学院

学院现开设旅游英语、旅游管理、酒店管理、烹调工艺与营养4个专业。现有教授和副教授6人，外籍教师3人，英语/俄语导游3人，中国烹饪大师3人。加强专业实践教学，组织学生赴景区、酒店开展实践教学活动。近年来，学生在中英文导游服务大赛、中餐主题宴会服务比赛、客房服务技能与管理、英语口语等比赛中获得省级及以上奖励以上40人次。社会服务获高度评价，学生在企业实习期间和博鳌亚洲论坛期间，获得企业和博鳌亚洲论坛指定服务单位的高度评价。学生就业前景好。学生就业率和对口率高，深受用人单位的欢迎，许多毕业生已成为单位领导、骨干、驻海外项目经理、外语培训主管。2010年12月，学院获得招收外国留学生资格。学院每年招收高学历留学生50名左右，逐步形成了“热情欢迎，更高标准”的国际学生教育品牌。每年约三分之一的国内学生有机会获得学校资助，赴国外境外合作院校参加一学期以上专业研修，且获得资助的学生逐年增多。

24. 百年海软词（二首）

王先华

编者按：王先华，贵州省桐梓县人。贵州省人民政府督学；原贵州师范学院继续教育学院副院长、教授；海南软件职业技术学院特聘教授。

疏帘淡月·百年海软

端山古塾。咏海软弦歌，天涯荣辱。红色基因浸染，塔洋书屋。狼烟血色书生泪，好男儿，从戎扛纛。万泉河畔，英雄花蕊，火红千簇。　沁园春，金风栉沐。泽南粤桃李，琼东篁竹。历代园丁，宝岛杏坛赓续。琼师八秩迎蝉蜕，立潮头再谱新曲。泮宫今岁，百年华诞，八方遥祝！

春从天上来·百年海软

南海无涯。忆百载风流，教化千家。篁竹呈秀，桃李芳华。蝉蜕海软堪嗟。万泉悠悠去，绕嘉积，哺育工娃。铸师魂，匠心来筑梦，最美琼花。　琼东博鳌玉带，又毓秀钟灵，玉月浮槎。昔日侨乡，端山书院，西学东渐高牙。有公培罗汉，家与国，血染丹砂。木棉花，志士英雄泪，红色仙葩！

后 记

《海南软件职业技术学院百年校史（1923—2023）》（简称《百年校史》）是学校第一部完整的校史，在学校党委及学校领导的高度重视、悉心指导和鼎力支持下，编写组全体同仁经过整整两年时间的写作、修改、统稿、编辑，三拟提纲、五校文稿，今天终于可以付梓出版了。

学校有一部完整的校史，可以显现学校在历史发展过程中逐渐形成的属于自己的独特文化与精神传承，起到“存史、资政、教化”的作用。校史文化是一种环境教育力量的财富，是校园文化的主要组成部分，对学生的健康成长有着巨大的影响，对学校所有师生员工的身心发展、外在行为都有着潜移默化、耳濡目染的教育功能。《百年校史》是对学校历史的追忆，不忘初心；是对学校走过来的道路认真思索，担当使命；是对学校发展历程加以总结取得经验和教训而继续负重前行。

百年风华，百年弦歌。编写《百年校史》的过程中，我们深感学校100年的发展历史是一部中华民族的奋斗史，是一幅中国共产党领导中国人民争取解放、振兴中华的壮丽画卷。其中有艰苦创业之慨叹，有曲折求索之执着，有开拓前行之坚韧，有改革创新之奋发，有挫折错误之痛心，有累累硕果之豪情！学校百年的历史饱蘸丰厚的文化底蕴，书写红色革命篇章，在南海之滨编织黉门彩霞，在万泉河畔筑梦铸魂。继往开来，承传统文化之光，育代代民族英才。

百年校史，记录了中国共产党人谋人民之幸福、谋民族之复兴的豪情壮志；百年校史，记录了一代代师生披一身历史风云，大浪淘沙，为中华民族教育兴国披荆斩棘、砥砺奋进；百年校史，记录了一代代校友洗民族之屈辱，壮弱国之气魄，御外敌之侵虐。艰苦卓绝，继文化之精髓，兴科技之创新。

百年世纪，转瞬而逝，其间历经中国共产党初创时期的曙光，历经军阀统治时期的大革命风暴，历经国共分裂的白色恐怖，历经抵抗日寇侵略的艰苦卓绝，历经国内战争的天翻地覆，历经共和国创建的百废待兴，历经社会主义道路的曲折坎坷艰难探索，历经改革开放的革故鼎新高歌猛进。学校赓续红色精神的办学思想，坚持科学、正确的办学理念。薪火相传一百载，学脉绵延不绝发扬光大，杏坛桃李芬芳人才辈出，学校今天意气风发，成绩令人瞩目。

然而，迩来百年寒暑，风雨课堂也极不平凡，学校在百年沧桑中灾难一劫接着一劫，变革一波连着一波。遭遇过国共分裂时期的白色恐怖，遭遇过日寇侵琼时期的焦土抗战，遭遇过国共内战时期的战火焚烧，中华人民共和国成立后又遭遇了“文化大革命”时期的“破四旧”，遭遇了1973年掠过琼海百年不遇的特大台风。因此，学校的史料档案保存缺失，追溯无稽，编写组只好从校外查考有关史料，从琼海市到海南省，从本地到广州各地，从各级有关档案管理部门、图书馆到各级党史研究机构，查阅了大量相关资料，并积极走访健在的老校友，补充各时期的校史材料，洋洋八十余万字，图文并茂，史料翔实，终辑成册。

在《百年校史》出版之际，我们在此衷心感谢热心的校友及其亲属给予我们提供相关材料；感谢海南和琼海两级党史研究室的历任领导和工作人员、广东省档案馆、广州中山图书馆、中山大学图书馆所给予我们的帮助；感谢学校各部门为我们撰送材料以及全校师生员工迎接百年校庆的热情给予我们以最大的鼓舞。在此还要特别感谢王先华教授给予我们的指导和帮助，在我们的写作过程中从结构到语言都提出了宝贵的意见。

另外，由于学校历史档案资料缺失，校史写作工作起步较迟，从各部门收集到的材料也参差不齐、优劣各异。虽然通过种种努力，弥补其中的缺失与不足，但细心的读者定会发现《百年校史》中还是有些结构不甚完善，有些语言没有接近志体的简练质朴，有些材料挖掘不够充分完整，等等。但由于时间所限，这些缺憾只能期冀下一轮编修校史时再去匡正、改进了。

一百年，多少先贤不辞筚路蓝缕；一百年，多少校友不断谱写新歌；一百年，海角黉门日新月异。“前仆后继人应在，如君不愧轩辕孙”，纵观学校发展的历史历历在目灿烂辉煌，横看学校呈现的面貌朝气蓬勃蒸蒸日上，这是琼东古老大地上的一块丰碑，这是南海之滨一片绚烂的彩霞，这是万泉河上一朵美丽的浪花。

编写组
2023年6月